2023

中国反侵权假冒年度报告

国家质量强国建设协调推进领导小组办公室　编

中国言实出版社

图书在版编目(CIP)数据

2023中国反侵权假冒年度报告 / 国家质量强国建设
协调推进领导小组办公室编. -- 北京：中国言实出版社，
2023.8

ISBN 978-7-5171-4569-1

Ⅰ.①2… Ⅱ.①国… Ⅲ.①侵权行为—民法—研究
报告—中国—2023②伪劣产品—行政执法—研究报告—中
国—2023 Ⅳ.①D923.04②D922.294.4

中国国家版本馆CIP数据核字（2023）第157089号

2023中国反侵权假冒年度报告

责任编辑：曹庆臻
责任校对：王建玲

出版发行：中国言实出版社
　　地　　址：北京市朝阳区北苑路180号加利大厦5号楼105室
　　邮　　编：100101
　　编辑部：北京市海淀区花园路6号院B座6层
　　邮　　编：100088
　　电　　话：010-64924853（总编室）　010-64924716（发行部）
　　网　　址：www.zgyscbs.cn　　电子邮箱：zgyscbs@263.net

经　　销：新华书店
印　　刷：北京虎彩文化传播有限公司
版　　次：2023年8月第1版　　2023年8月第1次印刷
规　　格：889毫米×1194毫米　　1/16　　23.75印张
字　　数：663千字

定　　价：398.00元
书　　号：ISBN 978-7-5171-4569-1

《2023中国反侵权假冒年度报告》编辑委员会

主 任

况　旭　　国家市场监督管理总局执法稽查局局长

副主任

汤兆志　　中央宣传部版权管理局副局长

何　嘉　　中央政法委员会综治督导局副局长

邱国栋　　中央网络安全和信息化委员会办公室网络综合治理局副局长、一级巡视员

赵怀勇　　国家发展和改革委员会财政金融和信用建设司副司长

任爱光　　工业和信息化部科技司副司长

许成磊　　公安部食品药品犯罪侦查局二级巡视员

金武卫　　司法部立法三局副局长

傅道鹏　　财政部行政政法司副司长

温雪峰　　生态环境部固体废物与化学品司副司长

董洪岩　　农业农村部农产品质量安全监管司二级巡视员

李　明　　商务部条法司副司长

韩继鹏　　文化和旅游部文化市场综合执法监督局副局长

李　斌　　中国人民银行征信管理局副局长

庞雪松　　国务院国有资产监督管理委员会办公厅副主任

邱连柱　　海关总署综合业务司副司长

沈甫明　　国家税务总局稽查局一级巡视员

王　健　　国家广播电视总局政策法规司副司长

王晓浒　　国家知识产权局知识产权保护司副司长

王国梽　　国家机关事务管理局中央国家机关政府采购中心副主任

赵　兵　　国家林业和草原局国有林场和种苗管理司二级巡视员

夏新东　国家邮政局市场监管司副司长

冯　光　国家疾病预防控制局监督一司副司长

吴利雅　国家药品监督管理局政策法规司一级巡视员

林广海　最高人民法院知识产权审判庭庭长

王　健　最高人民检察院第四检察厅二级高级检察官

沈　文　中国国际贸易促进委员会法律部副部长

委　员

赵　杰　中央宣传部版权管理局执法监管处处长、二级巡视员

李　薇　中央政法委员会综治督导局处长

赵　冬　中央网络安全和信息化委员会办公室网络综合治理局新闻信息服务处副处长

吴丕达　国家发展和改革委员会财政金融和信用建设司信用处处长

高鹏飞　工业和信息化部科技司技术基础处四级调研员

王　飞　公安部食品药品犯罪侦查局知识产权和制售伪劣商品犯罪侦查处处长

王英明　司法部立法三局二处四级调研员

李　彤　财政部行政政法司中央行政二处二级调研员

高兴保　生态环境部固体废物与化学品司固体废物处处长

赵华军　农业农村部农产品质量安全监管司应急与评估处处长

胡国磊　商务部条法司知识产权法律处一级调研员

周　磊　文化和旅游部文化市场综合执法监督局执法协调处副处长、二级调研员

武　晋　中国人民银行征信管理局信用秘书处处长

周光明　国务院国有资产监督管理委员会办公厅电子政务与信息化处副处长、二级调研员

孙晓璐　海关总署综合业务司知识产权处副处长

王明科　国家税务总局稽查局合作协调处处长

周　勇　国家市场监督管理总局执法稽查局双打督查联络处处长

韩尊亮　国家市场监督管理总局执法稽查局双打督查联络处二级调研员

曹祎宇　国家市场监督管理总局执法稽查局双打督查联络处副处长

刘少栋　国家广播电视总局政策法规司法规处处长

朱晓东　国家知识产权局知识产权保护司综合业务处处长

张智慧　国家机关事务管理局中央国家机关政府采购中心电子化和专项采购处副处长

陈　光	国家林业和草原局科技发展中心新品处处长
刘胜中	国家邮政局市场监管司安全监管处副处长
孙守红	国家疾病预防控制局监督一司预防接种监督处处长、一级调研员
闫林海	国家药品监督管理局政策法规司执法监督处一级调研员
许常海	最高人民法院知识产权审判庭综合办公室主任、三级高级法官
纪敬玲	最高人民检察院第四检察厅三级高级检察官助理
沈佩兰	中国国际贸易促进委员会法律部条法处处长
于　航	北京市市场监督管理局公平竞争处处长
孙广臣	天津市市场监督管理综合行政执法总队副总队长
张晓海	河北省市场监督管理局执法稽查局三级调研员
许　锋	山西省市场监督管理局执法稽查处处长
邱　磊	内蒙古自治区市场监督管理局执法稽查局副局长
郭铁成	辽宁省市场监督管理局执法稽查局二级调研员
郎　利	吉林省市场监督管理厅执法稽查局局长
姜玉龙	黑龙江省市场监督管理局执法稽查局副局长
周　琦	上海市市场监督管理局执法稽查处副处长
管　云	江苏省市场监督管理局价格监督检查和反不正当竞争处四级调研员
石增根	浙江省市场监督管理局执法稽查处处长
梁永彬	安徽省市场监督管理局执法稽查处处长
陈　桦	福建省市场监督管理局执法稽查局副局长
黄国根	江西省市场监督管理局执法稽查局（反垄断局）二级调研员
郭　冬	山东省市场监督管理局执法稽查局四级调研员
丁朝中	河南省市场监督管理局反垄断处二级调研员
王焕斌	湖北省市场监督管理局执法稽查局局长
任德志	湖南省市场监督管理局执法稽查局副局长
成　恩	广东省市场监督管理局执法监督处副处长
梁　燕	广西壮族自治区市场监督管理局综合行政执法局副局长
王立明	海南省市场监督管理局市场监督行政执法局局长
苏陪西	重庆市市场监督管理综合行政执法总队副总队长
张光界	四川省市场监督管理局执法稽查局一级调研员

周立新　　贵州省市场监督管理局执法稽查处处长

赵浩伟　　云南省市场监督管理局执法稽查处副处长

平　卫　　西藏自治区市场监督管理局市场稽查协调处处长

郑爱民　　陕西省市场监督管理局稽查局副局长

王有生　　甘肃省市场监督管理局综合行政执法局局长

吴　杰　　青海省市场监督管理局执法稽查局局长

雷　聪　　宁夏回族自治区市场监督管理厅执法稽查局局长

张云松　　新疆维吾尔自治区市场监督管理局执法稽查局局长

纪　强　　新疆生产建设兵团市场监督管理局执法稽查局局长

行业专家

秦占学　　中国建筑材料流通协会会长

丁　宇　　中国外商投资企业协会优质品牌保护工作委员会主席

张洪波　　中国文字著作权协会总干事、法人代表

朱严政　　中国音乐著作权协会副总干事

马继超　　中国音像著作权集体管理协会副总干事

殷荣伍　　中国防伪行业协会秘书长

马　夫　　中华商标协会会长

《2023 中国反侵权假冒年度报告》编辑部

总　　编　张朝华

执行总编　谢冬伟

副 总 编　郑学伟

编　　辑　安森东　　许晓凤

英文翻译　郑学伟

地　　址　北京市东城区安定门外大街 56 号

电　　话　010-82260247

传　　真　010-82262152

编辑说明

一、打击侵犯知识产权和制售假冒伪劣商品工作，事关人民群众健康安全，事关公平竞争市场秩序，事关创新型国家建设。为认真总结打击侵权假冒工作情况，持续推动打击侵权假冒工作，我们编辑出版中国反侵权假冒年度报告，全面反映上年度中国反侵权假冒工作总体情况。

二、本报告设综述、部门工作、地方工作、行业协会工作、典型案例、政策法规、大事记7个栏目，涉及原全国打击侵犯知识产权和制售假冒伪劣商品工作领导小组27个成员单位和全国31个省、自治区、直辖市和新疆生产建设兵团相关工作，为中国反侵权假冒和知识产权保护工作提供重要参考。

三、本报告由原全国打击侵犯知识产权和制售假冒伪劣商品工作领导小组办公室会同成员单位及省级领导小组办公室组成编委会负责审定，编辑部设在国家市场监督管理总局发展研究中心。

四、本报告在编辑过程中得到原全国打击侵犯知识产权和制售假冒伪劣商品工作领导小组成员单位和各省、自治区、直辖市、新疆生产建设兵团等有关单位的大力支持，得到相关行业协会的积极帮助，谨此表示衷心感谢。本报告所涉及的单位名称、相关人员职务均以截稿日期为准。

五、打击侵权假冒工作政策性强、涵盖范围广，水平所围，本报告难免有不足、缺憾之处，敬请批评指正。

《2023 中国反侵权假冒年度报告》编辑部

2023 年 6 月

序

2022年是党和国家历史上极为重要的一年。全国打击侵权假冒工作坚持以习近平新时代中国特色社会主义思想为指导，深入贯彻落实党的二十大精神，强化统筹协调、积极开拓创新，凝心聚力、扎实推进，打击侵权假冒工作全面推进，服务经济社会发展的能力和水平不断提高，知识产权强国建设步伐不断加快。

在顶层设计方面，中共中央、国务院印发《关于加快建设全国统一大市场的意见》，对知识产权保护工作作出部署。全国打击侵权假冒工作领导小组印发年度工作要点，细化职责分工。《反垄断法》《农产品质量安全法》修订公布，《市场主体登记管理条例》《促进个体工商户发展条例》公布施行，一系列司法解释、部门规章以及规范性文件相继发布。

在行政执法方面，围绕互联网、重点民生、体育赛事等重点领域，农村和城乡接合部等重点区域，进出口、寄递、知识产权申请和代理等重点环节，开展"剑网"、"铁拳"、"龙腾"、"蓝天"、北京冬奥知识产权保护等专项行动，有效维护消费者和经营者权益，规范市场秩序。

在司法保护方面，司法机关加大刑事打击力度，深入开展"昆仑2022"等专项行动，组织开展依法严厉打击制售假药劣药犯罪重点攻坚专项工作。持续加大检察监督力度，推进知识产权检察职能集中统一履行。深入推进知识产权民事、行政和刑事案件审判"三合一"工作机制，优化审判资源配置，优化知识产权申请再审案件办理流程。

在治理方式方面，全面推进企业信用风险分类管理，建立健全信用管理工作机制。知识产权管理执法部门与司法机关协作能力不断提高，专利侵权纠纷行政裁决规范化建设试点、全国商业秘密保护创新试点等工作持续推进，海外知识产权纠纷应对指导水平不断提升。

在宣传引导方面，发布一系列工作年度报告、典型案例等，多角度展示工作成效。主动引导行业自律，规范知识产权代理行业，规范网络直播营利行为，推动平台经济规范健康持续发展。开展普法宣传教育，举办一系列主题宣传活动，全方位营造良好社会氛围。

在国际合作方面，《区域全面经济伙伴关系协定》（RCEP）正式生效，"中国加入《数字经济伙伴关系协定》（DEPA）工作组"正式成立。积极参加"盘古""奥普森""阻止"等联合行动。成功举办中国知识产权保护高层论坛、2022年打击侵权假冒高峰论坛、第五届"保护知识产权 打击侵权假冒国际合作"虹桥分论坛、第十九届上海知识产权国际论坛等，为打击侵权假冒交流互鉴搭建重要多边平台。

2022年，中国持续加大知识产权保护力度、持续开拓打击侵权假冒工作新局面的努力和成效，赢得国际社会充分肯定。世界知识产权组织发布的《2022年全球创新指数报告》显示，中国排名继续上升，位列第 11 名。

新时代、新征程，打击侵权假冒工作将坚持以习近平新时代中国特色社会主义思想为指导，全面贯彻党的二十大精神，认真落实党中央、国务院决策部署，深入推进国家质量强国建设协调推进领导小组工作安排，进一步提高政治站位，强化责任担当，进一步加强统筹谋划，聚力协调推进，在激发全社会创新创业热情、维护经营者消费者合法权益、支撑国际一流营商环境建设等方面不断作出新贡献。

国家质量强国建设协调推进领导小组办公室

2023 年 6 月

目　录

一、综　述

二、部门工作

三、地方工作

四、行业协会工作

五、典型案例

六、政策法规

七、附　录

Contents

Ⅲ．Provinces' Efforts

IV. Efforts of Trade Association

V. Typical Cases

VI. Laws and Regulations

VII. Attachment

一、综　述

I. Summary

全国打击侵权假冒工作综述

2022年是党和国家历史上极为重要的一年。世界百年未有之大变局加速演进，世界之变、时代之变、历史之变以前所未有的方式展开。面对风高浪急的国际环境和艰巨繁重的国内改革发展稳定任务，中国政府作出一系列重要部署，知识产权强国建设步伐不断加快，打击侵权假冒工作全面推进，有效激发了全社会创新创业热情，有力支撑了国际一流营商环境建设。习近平总书记在多个重要场合强调知识产权保护、打击侵权假冒工作。2022年10月，习近平总书记在党的二十大报告中指出，要加强知识产权法治保障，形成支持全面创新的基础制度。

中共中央、国务院印发《质量强国建设纲要》，统筹推进质量强国建设，全面提高我国质量总体水平；印发《关于加快建设全国统一大市场的意见》，对知识产权保护工作作出重点部署。中共中央办公厅、国务院办公厅联合印发《关于推进社会信用体系建设高质量发展促进形成新发展格局的意见》，强调"健全知识产权侵权惩罚性赔偿制度，加大对商标抢注、非正常专利申请等违法失信行为的惩戒力度，净化知识产权交易市场"。联合印发《关于新时代进一步加强科学技术普及工作的意见》，要求"加强科普成果知识产权保护"。国务院知识产权战略实施工作部际联席会议办公室组织实施《知识产权强国建设纲要和"十四五"规划实施年度推进计划》，印发《2022年知识产权强国建设纲要和"十四五"规划实施地方工作要点》，明确推进知识产权强国建设的重点任务和工作措施。印发《深入实施〈关于强化知识产权保护的意见〉推进计划》，明确2022—2025年重点任务和工作措施。

全国打击侵权假冒工作领导小组坚决贯彻习近平总书记重要讲话和指示批示精神，深入贯彻落实党的二十大精神，积极开拓全国打击侵权假冒工作新局面，各成员单位、各地勇于担当、综合发力，打击侵权假冒工作服务经济社会发展的能力和水平不断提高。

一、全面优化统筹协调

各地区、各部门加强知识产权协同保护，围绕行政执法与刑事司法衔接、日常监管与执法办案衔接，以及区域间打击侵权假冒、知识产权保护一体化，完善工作体制机制等，作出富有积极成效的探索。

（一）推进统筹部署

全国打击侵权假冒工作领导小组召开年度全国打击侵权假冒工作电视电话会议、印发年度工作要点，部署重点任务、细化职责分工。领导小组办公室召开办公室主任会议，对各地开展打击侵权假冒绩效考核，有效推动属地责任落实。为进一步加大统筹力度，国务院成立国家质量强国建设协调推进领导小组，负责统筹协调质量强国建设工作。成立集中打击整治危害药品安全违法犯罪工作领导小组，负责统筹协调集中打击整治危害药品安全违法犯罪工作。

（二）推进部门协同

国家知识产权局、最高人民法院、最高人民检察院、公安部、市场监管总局联合印发《关于加强知识产权鉴定工作衔接的意见》，进一步深化知识产权管理执法部门与司法机关在知识产权鉴定工作中的合作。最高人民检察院、国家知识产权局发布《关于强化知识产权协同保护的意见》，优化协作配合机制，整合知识产权行政和司法资源，加快构建大保护工作格局。市场监管总局与国家知识产权局签署知识产权执法保护工作备忘录，加强日常监管与执法办案衔接，构建分工负责、密切配合、齐抓共管的工作机制。国家版权局、国资委、国管局等部门完善软件正版化工作机制，强化协调配合，增强工作合力，防范侵权盗版。中央政法委与全国打击侵权假冒工作领导小组办公室将打击侵权假冒工作列入平安建设（综治工作）考评体系，发挥考核"指挥棒"作用，督促属地责任落实。

（三）推进区域协同

北京、天津、河北市场监管部门推进"1+N"执法协作体系，签署《京津冀营商环境一体化框架协议》，着力推动监管执法领域系统、数据、信息互通。河北、山西签署《冀晋两省跨区域打击侵权假冒执法合作协议》，建立案件线索移送、证据互认等工作机制。上海、江苏、浙江、安徽知识产权部门联合签署《长三角地区知识产权更高质量一体化发展框架协议书2.0版》《长三角地区数据知识产权保护合作协议书》，在更高起点上推进区域知识产权发展与保护一体化。广东、广西知识产权部门签署《粤桂两省区专利行政执法协作协议》，完善跨省区行政执法协作机制。四川、重庆市场监管部门开展"巴蜀味道"知识产权联合执法专项行动。各省（区、市）积极推进知识产权强国战略和创新驱动发展战略，全国31个省（区、市）和新疆生产建设兵团印发知识产权强国建设纲要（2021—2035年）配套文件，29个省（区、市）印发地方"十四五"知识产权规划，确保如期高质量完成全部任务。

二、着力夯实法律保障

各地区、各部门结合侵权假冒行为新趋势、知识产权保护新要求，在促进发展、加大保护、规范行业秩序、完善体制机制等方面，及时作出回应、及时完善法律法规，法治保障更加坚实。

（一）着力促进发展

《反垄断法》修改实施，在第一条立法目的中增加"鼓励创新"，更好平衡保护知识产权和促进公平竞争之间的关系。加快《商标法》及其实施条例新一轮全面修改工作，及时回应社会关切，维护社会公平正义和公平竞争市场秩序。推进地理标志专门立法工作，提升地理标志专用权保护水平。《市场主体登记管理条例》公布施行，作为中国第一部统一规范各类市场主体登记管理的行政法规，为保护市场主体合法权益、促进创业创新、维护市场秩序提供法治保障。《促进个体工商户发展条例》公布施行，对鼓励和支持个体工商户提升知识产权创造运用水平作出明确规定。最高

人民法院公布施行《关于适用〈中华人民共和国反不正当竞争法〉若干问题的解释》，对仿冒混淆、商业诋毁、网络不正当竞争等社会关注的不正当竞争行为进一步明确和细化，妥善处理发展和安全、效率和公平、活力和秩序的关系。发布《关于加强中医药知识产权司法保护的意见》，指导构建中医药知识产权大保护格局，推动中医药事业和产业高质量发展。

（二）加大保护力度

《农产品质量安全法》修订公布，进一步明确县级以上地方人民政府属地责任和农业农村、市场监管等部门责任，明确农产品生产经营者应当对其生产经营的农产品质量安全负责，保障"舌尖上的安全"。自1997年颁布实施以来，《植物新品种保护条例》首次进行全面修订，进一步加大种业知识产权保护力度。最高人民法院、最高人民检察院发布施行《关于办理危害药品安全刑事案件适用法律若干问题的解释》，对相关犯罪的定罪量刑标准作出全面系统规定，明确依法严惩假劣药犯罪和妨害药品管理犯罪，依法严惩危害药品安全犯罪，保障公众用药安全。农业农村部、公安部、市场监管总局、国家知识产权局等7部门发布《关于保护种业知识产权打击假冒伪劣套牌侵权营造种业振兴良好环境的指导意见》，提高种业知识产权保护水平。

（三）规范行业秩序

进一步细化知识产权监管相关规定。市场监管总局发布施行《商标代理监督管理规定》，规范商标代理行为，提升商标代理服务质量，维护市场正常秩序。发布施行《药品网络销售监督管理办法》，规范药品网络销售和药品网络交易平台服务活动，并专门规定药品监督管理部门应当对药品网络销售企业或者第三方平台提供的商业秘密严格保密。修订施行《医疗器械生产监督管理办法》《医疗器械经营监督管理办法》，进一步规范医疗器械生产、经营活动，保证医疗器械安全、有效，并专门规定药品监督管理部门及其工作人员对调查、检查中知悉的商业秘密应当保密。公布《食品相关产品质量安全监督管理暂行办法》，规定生产者、销售者对其生产销售的食品相关产品质量安全负责，禁止在食品相关产品中掺杂、掺假、以假充真，

禁止伪造产地、伪造或者冒用他人厂名、厂址、质量标志。

（四）完善体制机制

市场监管总局修订施行《关于禁止滥用知识产权排除、限制竞争行为的规定》，完善知识产权领域反垄断制度规则，增强制度科学性、针对性、可操作性。中央网信办、国家发展改革委、工业和信息化部、财政部、人民银行等 13 部门修订施行《网络安全审查办法》，规定网络安全审查坚持防范网络安全风险与促进先进技术应用相结合、过程公正透明与知识产权保护相结合。最高人民法院公布施行《关于第一审知识产权民事、行政案件管辖的若干规定》，进一步完善知识产权案件管辖制度，优化四级法院审级职能定位和审判资源配置，解决各地第一审知识产权案件管辖标准不一、管辖布局不够完善、当事人诉讼不便等问题。发布《关于印发基层人民法院管辖第一审知识产权民事、行政案件标准的通知》，确定具有知识产权民事、行政案件管辖权的基层人民法院及其管辖区域、管辖第一审知识产权民事案件诉讼标的额的标准。

三、不断强化行政执法

各地区、各部门深化重点领域、重点市场、重点环节、重点产品整治，经营者、消费者权益得到更好维护，市场秩序进一步规范、市场环境进一步净化。

（一）聚焦重点领域整治

在互联网领域，国家版权局、工业和信息化部、公安部、中央网信办联合开展打击网络侵权盗版"剑网 2022"专项行动，共删除侵权盗版链接 84 万条，处置侵权账号 1.54 万个，查处网络侵权案件 1180 件。中央网信办开展 2022 年"清朗"系列专项行动，聚焦网络谣言和虚假信息、网络水军等乱象问题，加大突出问题治理力度，累计清理违法和不良信息 5430 余万条，处置账号 680 余万个，关闭网站超过 7300 家。国家版权局、公安部、文化和旅游部等联合开展院线电影版权保护专项行动，持续保持打击院线电影盗录传播高压态势。市场监管总局发挥网络市场监管部际联席会议作用，开展 2022 年网络市场监管专项行动，严厉打击"三假直播"（假人气、假优惠、假商品），依

法查处销售侵权假冒伪劣商品等违法行为；加大标准网络侵权盗版打击力度，清除电商平台侵权盗版标准商品链接 4000 余个，关闭侵权标准网站 12 家。

在重点民生领域，市场监管总局开展 2022 年民生领域"铁拳"行动，针对群众反映强烈、社会舆论关注、侵权假冒多发的重点领域和区域加大行政执法力度，查处商标侵权、假冒专利等违法案件 4.4 万件，涉案金额 16.2 亿元。严厉打击非法制售口罩等防护用品行为，查处伪造产品产地及伪造冒用他人厂名、厂址、认证标志等案件 313 件。编写成品油、加油站和燃气灶具执法指引，指导加强执法工作。与国家发展改革委、税务总局联合开展成品油、非标油整治，严厉打击以假充真、以次充好、以不合格产品冒充合格产品等质量违法行为。开展商品过度包装集中整治行动，端午、中秋等节日期间对节令商品进行重点执法检查，查办一系列违法违规行为，发布三批 30 多件典型案例。发布《2022 年产品质量国家监督抽查计划》，对生活家居、农业生产、建筑装修、道路交通等多个领域产品实施国家监督抽查。国家卫生健康委发布《食品安全标准与监测评估"十四五"规划》，保障公众饮食安全健康。福建大力开展净化重点市场环境专项整治工作，持续开展督导检查。江西持续开展网售药品、医疗器械及化妆品专项整治。贵州探索建立酒类产品市场监管及知识产权保护协作机制。云南开展"打假护牌"专项行动。西藏积极开展地理标志产品运用促进项目。新疆生产建设兵团开展重点市场专项整治。

在体育赛事领域，国家版权局、文化和旅游部、广电总局等 6 部门开展冬奥版权保护集中行动，检查实体市场 8.9 万余家，推动网络平台删除涉冬奥侵权链接 11.07 万个，处置侵权账号 10072 个。海关总署结合国内外重大赛会推进知识产权专项保护，扣留侵犯奥林匹克标志知识产权货物 459 批次、10.08 万件，侵犯世界杯相关知识产权货物 81 批次、2.54 万件。国家知识产权局联合市场监管总局开展北京 2022 年冬奥会和冬残奥会奥林匹克标志知识产权保护专项行动，查处侵犯奥林匹克标志专有权违法案件 300 余件。国家知识产权局对 71 件奥林匹克标志予以公告保护，对北京冬奥组委提交的 14 件专利申请和 315 件商标申请予以

保护；第 22 届国际足联世界杯足球赛期间，严厉打击恶意抢注"世界杯""拉伊卜"等行为，驳回商标注册申请 26 件。

（二）聚焦重点区域整治

在农村和城乡接合部区域，农业农村部、公安部、最高人民法院、最高人民检察院、工业和信息化部等 7 部门开展全国农资打假专项治理行动，规范农资市场秩序；强化农产品质量安全监管，"守底线""拉高线"同步推，"保安全""提品质"一起抓，巩固农产品质量安全稳定向好态势。市场监管总局加强农资化肥等重点产品质量执法，与农业农村部共同督办化肥违法典型案件。市场监管总局、农业农村部、公安部等部门联合开展农村假冒伪劣食品整治，推进农村食品生产经营规范化建设试点，惩治农村食品安全违法行为。国家林草局加大引进林草种子、苗木检疫审批与监管工作力度，强化植物新品种保护，2022 年授予植物新品种权 651 个。国家药监局开展农村和城乡接合部药品安全专项整治，加大对农村药品案件查办和风险排查力度。内蒙古加强农村牧区和城乡接合部市场治理。辽宁开展农作物种子监管专项行动、农药市场执法检查工作。黑龙江开展"农资打假保春耕"行动，以种子、化肥、农药、农膜、农机用油等为重点品种开展执法检查。河南强化对假冒伪劣产品源头和农村假冒伪劣食品专项执法行动。湖南开展"湘剑"护农暨"农资打假"联合行动。新疆全力打击生产经营农村假冒伪劣食品违法犯罪行为。

在侵权假冒伪劣商品销毁方面，全国打击侵权假冒工作领导小组办公室组织开展 2022 年侵权假冒伪劣商品全国统一销毁行动，18 省（区、市）同步销毁侵权假冒伪劣食品、药品、服装鞋帽、烟酒、出版物等商品逾 30 大类、100 多个品种，重量超过 3000 吨，货值达 5 亿元。生态环境部加强无害化销毁指导工作，"3·15"国际消费者权益日、"4·26"世界知识产权日，北京、浙江、江苏等地自行组织假冒伪劣消防产品、盗版出版物等销毁行动，形成强大声势。

（三）聚焦重点环节整治

在进出口环节，海关总署开展全面加强知识产权保护"龙腾"行动、寄递渠道知识产权保护"蓝网"行动、出口转运货物知识产权保护"净网"行动，扣留侵权嫌疑货物 6.1 万批，涉及货物数量 7793.9 万件。在寄递环节，国家邮政局督促寄递企业严格落实邮件快件实名收寄、收寄验视、过机安检三项制度，打击寄递侵权假冒物品违法行为。2022 年，各级邮政管理部门共开展行政执法检查 3.1 万人次，办理行政处罚案件 6077 件。在知识产权申请和代理环节，国家知识产权局从加强专利申请行为精准管理、加强重点违规行为治理等 8 方面，严厉打击非正常专利申请行为。开展知识产权代理行业"蓝天"行动，重点整治代理非正常专利申请、恶意商标申请、无资质专利代理等违法行为。国家知识产权局、市场监管总局联合开展商标代理行业专项整治，规范商标代理行业秩序，全年累计约谈代理机构 7400 余家，责令整改 4500 余家。

四、严厉开展司法保护

司法机关持续保持打击侵权假冒犯罪高压态势，持续提高综合司法保护能力和水平，持续提升司法审判效能，司法保护体制机制不断完善，司法保护效果更加凸显。

（一）强化刑事打击

公安部组织全国公安机关深入开展"昆仑 2022"等专项行动，全年破获侵犯知识产权和制售伪劣商品犯罪案件 2.7 万起。组织开展依法严厉打击制售假药劣药犯罪重点攻坚专项工作，侦破一批制售假药劣药、妨害药品管理等犯罪案件，切实维护百姓生命健康安全。组织开展严厉打击危害食用农产品安全犯罪活动，挂牌督办重大跨区域案件 28 起，全链条维护食用农产品质量安全。推动完善社会共治格局，密切警企协作，开展"惠民利企"调研走访活动，畅通举报投诉渠道；指导各地探索创新"知识产权警务联络官""知识产权保护工作站"等警务工作机制。

（二）强化检察监督

最高人民检察院持续加大检察监督力度，推进知识产权检察职能集中统一履行，综合司法保护作用得到加强，改革成效逐步显现。2022 年 7 月，在全国组织开展为期一年半的"依法惩治知识产权恶意诉讼"专项工作，要求各地检察机关聚焦批量维权诉讼案件，精准甄别恶意诉讼行为，切实维护人民群众和中小微企业合法权益。截至2022年底，全国共有29个省级检察院成立知识产权检察部门。全年检察机关共批准逮捕涉嫌侵犯知识产权犯罪嫌疑人3600余人，提起公诉1.3万人；办理知识产权民事行政诉讼监督案件937件，同比上升72.2%；批准逮捕涉嫌生产销售伪劣商品犯罪嫌疑人3900余人，提起公诉1.4万余人。

（三）强化司法审判

最高人民法院深入推进知识产权民事、行政和刑事案件审判"三合一"工作机制，合理定位四级法院审级职能，优化审判资源配置，健全管辖科学的司法保护体制，提升审判工作质效。进一步完善国家层面知识产权案件上诉审理机制，优化知识产权申请再审案件办理流程，加强监督指导，确保法律正确统一适用。开展智慧服务、智慧审判、智慧执行、智慧管理，建成全业务网上办理、全流程依法公开、全方位智能服务的智慧法院。广泛开展网上立案、网上开庭、网上证据交换、异地执行、网上接访等，实现"审判执行不停摆、公平正义不止步"。2022年，各级法院新收一审、二审、申请再审等各类知识产权案件52万余件，审结54万余件（含旧存，下同），比2021年分别下降约18%和9%。加大惩罚性赔偿力度，2022年侵犯知识产权案件判赔额较2018年增长153%。

五、探索高效监管服务

各地区、各部门积极探索治理新模式、拓宽纠纷化解新渠道，在提升监管执法效能、提供优质高效服务等方面，取得明显成效。

（一）深化信用监管

市场监管总局全面推进企业信用风险分类管理，通过国家企业信用信息公示系统归集并记于市场主体名下知识产权信息9876.25万条，充分发挥信息公示和信用监管在知识产权保护中的作用；探索推进生产企业质量信用分类监管和质量分级，研究起草《工业产品生产企业质量信用评价规范》。国家知识产权局印发《知识产权信用管理规定》，建立健全信用管理工作机制，通报25起严重违法失信案件。国家药监局发布《关于加强医疗器械生产经营分级监管工作的指导意见》，规定按照信用状况制定分级监管细化规定，动态调整监管级别。山东打造"诚信山东"品牌，扎实推进社会信用体系建设重点工作任务。

（二）推进智慧监管

国家版权局、中国人民银行实现全国著作权质权登记信息统一查询。国家知识产权局持续推进知识产权审查提质增效，发明专利、商标注册等均提前完成国务院确定的审查周期5年压减目标任务。发布知识产权政务服务事项办事指南、企业知识产权保护指南，编制知识产权电子证照标准。专利、商标证书实现电子化，公布公告实现"掌上查"，"好差评"制度更加健全。商标公告查询服务在国务院客户端小程序上线，国家知识产权公共服务网百度小程序、全国专利商标代理公共服务平台微信小程序上线运行。商标注册便利化改革持续深化，马德里商标国际注册业务全面实现电子化。

（三）高效化解纠纷

国家知识产权局、司法部推进专利侵权纠纷行政裁决规范化建设试点，公布第一批试点验收结果，确定第三批8个试点地方；深化行政裁决示范建设成果推广，推介经验做法，健全制度规定，发挥在专利侵权纠纷化解中的作用；全年办理专利侵权纠纷行政案件5.8万件，同比增长16.8%。司法部指导成立中国网络文艺知识产权纠纷人民调解委员会，加强互联网领域知识产权纠纷调解工作。最高人民法院推进多元化纠纷解决机制，加强诉前在线调解，努力实现案结事了人和。贸促会成立中国国际经济贸易仲裁委员会知识产权仲裁中心，为中外当事人提供优质仲裁服务。陕西设立中国（陕西）知识产权维权援助中心"一带一路"涉外维权西安分中心，为加强知识产权海外保护、涉外知识产权纠纷化解提供支撑和服务。

（四）提升服务水平

市场监管总局部署开展全国商业秘密保护创新试点工作，公布第一批20个创新试点地区名单，指导各地市场监管部门将保护关口前移，加强对企业商业秘密保护帮扶指导。截至2022年底，全国已建立商业秘密保护指导站（联系点）、示范企业、示范基地6535个。贸促会积极开展海外知识产权纠纷应对指导，切实维护权利人合法权益，助力中国企业走出去。强化展会知识产权综合服务，探索优化为我国企业提供展前、展中和展后知识产权服务。吉林设立首家海外（韩国）知识产权维权援助工作站，制发《韩国知识产权保护工作指引》，进一步强化关键环节、重点领域知识产权保护。海南制发《商业秘密保护管理和服务规范》地方标准，推进商业秘密保护工作。青海成立涉外经济合作法律服务团队，为企业走出去提供高效专业法律服务。宁夏加强对老字号企业、科技密集型企业等市场主体商业秘密保护，指导企业建立商业秘密保护制度。

六、广泛凝聚社会共识

各地区、各部门通过召开新闻发布会、情况通报会、政策吹风会等形式，介绍总体情况、发布典型案例，全面展示打击侵权假冒工作成效。积极培育良好公众意识、行业风气、社会氛围，社会各界参与打击侵权假冒的凝聚力和执行力进一步增强。

（一）宣介工作成效

全国打击侵权假冒工作领导小组办公室发布《中国知识产权保护与营商环境新进展报告（2021）》《中国反侵权假冒年度报告（2022）》，国家版权局发布《2021年全国著作权登记情况通报》，海关总署发布《2021年中国海关知识产权保护状况》，国家知识产权局发布《2021年中国知识产权保护状况》《中国商标品牌发展指数（2022）》，最高人民法院发布《中国法院知识产权司法保护状况（2021年）》《2021年中国法院10大知识产权案件和50件典型知识产权案例》，最高人民检察院发布《检察机关知识产权综合性司法保护典型案例》《检察机关保护知识产权服务保障创新驱动发展典型案例》，海关总署发布《2021年中国海关知识产权保护典型案例》，公安部发布多批打击农资、食品、药品、知识产权犯罪典型案例，市场监管总局、公安部、农业农村部联合发布农村假冒伪劣食品专项执法行动十大典型案例，市场监管总局发布质量违法典型案例。湖北召开"百日行动"打击食品药品犯罪联合行动成果新闻发布会。甘肃录制《今日聚焦》专题栏目，以视听形式讲好知识产权故事。各地区、各

部门全方位、多角度展示保护知识产权、打击侵权假冒有效举措、典型经验、亮点工作。

（二）规范行业秩序

国家发展改革委、市场监管总局、中央网信办、工业和信息化部、商务部、税务总局等部门联合发布《关于推动平台经济规范健康持续发展的若干意见》，明确提出"进一步健全适应平台企业创新发展的知识产权保护制度"，优化平台经济发展环境。中央网信办、税务总局、市场监管总局发布《关于进一步规范网络直播营利行为促进行业健康发展的意见》，强调"网络直播发布者、网络直播服务机构严禁利用网络直播平台销售假冒伪劣产品"。商务部加强电子商务知识产权保护工作，推动电商平台不断完善知识产权保护技术和规则，落实市场主体责任，与监管部门和权利人加强合作，共同打击在线销售侵权假冒商品。国家知识产权局指导开展"弘正气 提质量"知识产权代理行业作风建设年活动，发布《知识产权代理行业服务公约》，指导知识产权代理机构作出承诺。

（三）培育社会意识

中央宣传部组织媒体宣传《知识产权强国建设纲要（2021—2035年）》等重要文件和政策法规，发布2021年中国版权十件大事，开展中国版权金奖评选表彰工作。司法部在中国普法网、中国普法官方微博、微信、手机客户端开展打击侵权假冒相关主题法治宣传活动。2022年中国普法微信公众号共发布侵权假冒相关文章230篇，阅读量共计2936万。国家知识产权局印发《全国知识产权系统法治宣传教育第八个五年实施方案（2021—2025年）》，对知识产权"八五"普法工作进行全面部署。相关部门举办全国知识产权宣传周、全国食品安全宣传周、国家网络安全宣传周、全国质量月、全国安全用药月，开展"知识产权服务万里行"等活动，营造共同保护知识产权的良好环境氛围。

七、持续深化国际合作

中国政府坚持合作共赢理念，统筹国际国内两个大局、两种资源，参与国际规则制定，深化跨境交流合作，全球影响力进一步显现。

（一）参与全球治理

2022年1月1日，中国作为成员国之一的《区域全面经济伙伴关系协定》（RCEP）正式生效，标志着全球人口最多、经贸规模最大、最具发展潜力的自由贸易区正式落地。5月5日，《海牙协定》《马拉喀什条约》在中国生效，国内企业已通过海牙途径提交外观设计国际申请超千件。8月18日，"中国加入《数字经济伙伴关系协定》（DEPA）工作组"正式成立，加入谈判全面推进。

商务部、国家知识产权局、农业农村部等推进中欧地理标志合作，在顺利实现244个中欧地理标志产品互认互保的基础上，完成第二批350个产品清单公示。商务部积极推动世界贸易组织框架下新冠疫苗知识产权豁免达成一致，在谈判关键时刻发挥建设性作用。积极融入知识产权全球治理，深度参与世界知识产权组织、世界贸易组织等框架下的大数据、人工智能、基因技术、遗传资源、传统文化表现形式等国际规则制定。

（二）参与联合执法

公安部与各国执法部门加强沟通协调，积极构建互利共赢的新型执法合作关系，深度参与全球知识产权治理，大力加强知识产权刑事执法国际交流，持续参与国际刑警组织框架下打击假药犯罪"盘古"行动、打击食品犯罪"奥普森"行动等联合行动，有效应对跨国侵权假冒犯罪问题。海关总署积极参加世界海关组织打击非法、假冒、不符合标准药品和医疗物资进出口国际联合执法行动及"阻止"联合执法行动，对侵权假冒防疫物资跨境流通实施有效打击，强化知识产权全链条保护。

（三）拓展合作平台

成功举办中国知识产权保护高层论坛、2022年打击侵权假冒高峰论坛、第五届"保护知识产权　打击侵权假冒国际合作"虹桥分论坛、第十九届上海知识产权国际论坛、第四届国际工商知识产权论坛、第九届中国公平竞争政策国际论坛，为交流互鉴、增进共识搭建重要多边平台。成功主办第十四届金砖国家知识产权局局长会议，审议金砖五局8个合作领域工作进展。积极参加世界知识产权组织第63届成员国大会，深化中美欧日韩五局合作、"一带一路"知识产权合作，开展知识产权领域对非援助项目，中国知识产权工作国际影响力日益提升。

（撰稿人：郑学伟）

二、部门工作

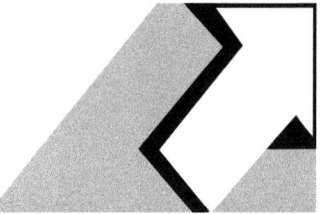

II. Departments' Efforts

中央宣传部打击侵权假冒工作报告

2022年是贯彻落实《版权工作"十四五"规划》关键之年。一年来，各级版权主管部门紧紧围绕迎接宣传贯彻党的二十大主线，以习近平新时代中国特色社会主义思想为指导，认真落实习近平总书记关于宣传思想工作和知识产权保护工作重要讲话精神，按照宣传思想工作要点、全国打击侵权假冒工作要点部署，坚持稳中求进、守正创新，强化日常监管，加大专项治理，提升打击效能，进一步加大对侵权盗版的打击力度，取得显著工作成效。

一、工作部署、主要措施和工作成效

（一）加强顶层设计，完善版权法律制度体系

推进版权法规和政策制度建设。充分发挥立法在促进版权社会治理中的重要作用，积极推进《中华人民共和国著作权法实施条例》《著作权集体管理条例》等行政法规和部门规章修订工作，指导广东省出台《广东省版权条例》。推动《关于为盲人、视力障碍者或其他印刷品阅读障碍者获得已出版作品提供便利的马拉喀什条约》于2022年5月5日对中国生效，研究制定了《以无障碍方式向阅读障碍者提供作品暂行规定》，极大丰富我国阅读障碍者的精神文化生活，展现我国大力发展残疾人事业、充分尊重人权的国际形象，保障阅读障碍者的文化权益。

（二）强化专项整治，营造良好版权环境

强化重点领域专项整治，相继开展冬奥、青少年、院线电影、电商平台等重点领域版权专项整治行动。一是开展冬奥版权保护集中行动，整治非法传播冬奥会和冬残奥会赛事节目及相关活动的侵权行为，严厉打击各类涉冬奥作品的侵权盗版行为。集中行动期间，各级版权执法部门共出动执法人员18.5万人次，检查实体市场相关单位8.9万余家，推动各视频、社交、直播、电商及搜索引擎平台删除涉冬奥侵权链接11.1万

个、处置侵权账号10072个，有效保障了冬奥版权保护秩序。二是开展打击院线电影盗录传播专项行动，严厉打击春节档、国庆档等院线电影盗录传播违法犯罪行为，规范电影市场版权秩序。专项行动期间，共公布8批57部重点档期的院线电影预警保护名单，监测发现33个涉院线电影盗录源头，查办院线盗录重点案件21件。三是开展青少年版权保护季行动，重点整治寒暑假期间权利人和广大家长反映强烈的危害青少年权益的侵权盗版问题，着力规范电商平台销售出版物的版权秩序，重点打击盗版盗印、非法销售、网络传播侵权盗版教材教辅、畅销儿童绘本等违法犯罪行为。专项行动期间，各级版权执法监管部门出动执法人员36.9万人次，检查实体市场场所23万余家（次），查办侵权盗版教材教辅、儿童图书重点案件601件、移送司法机关75件，注销违法网上书店2158个。四是开展打击网络侵权盗版"剑网2022"专项行动，严厉打击文献数据库、短视频和网络文学等重点领域的侵权盗版行为，强化NFT数字藏品、"剧本杀"等网络新业态版权监管，持续巩固历年专项行动成果，压实网络平台主体责任，不断提升网络版权执法效能。专项行动期间，查办各类涉网侵犯著作权案件1180件、移送司法机关87件，删除侵权盗版链接84万条，关闭侵权盗版网站（APP）1692个，处置侵权账号1.54万个。五是开展"新风2022"集中行动，以"秋风"专项行动为平台，部署各地"扫黄打非"部门强化日常监管、专项治理、案件查办等工作，查缴侵权盗版出版物792万余件，有力打击出版市场侵权盗版活动，部署北京、上海、江苏、浙江等地强化电商平台管理责任，督促平台严格规范网络店铺经营活动。六是对印刷容易对消费者产生误导的广告宣传品和作为产品包装装潢的印刷品开展专项整治行动，引导印刷企业坚定文化自信，维护健康有序市场环境。

（三）加强日常监管，突出重点案件查办

一是加强案件查办。以案件查办为版权执法监管工作重中之重，指导各地积极查办各类侵权盗版案件。2022 年，全国各级版权执法部门共检查实体市场相关单位 65.35 万家（次），查办侵权盗版案件 3378 起，移送司法机关 174 起，涉案金额 12.58 亿元。其中，河北南宫查办"9·14"侵犯著作权案，查扣侵权盗版教科书共计 100 余万册，查封盗版图书生产线 1 条；重庆大渡口查办"4·21"侵犯著作权案，捣毁存储窝点 1 处，查获盗版幼儿英语启蒙绘本 3.7 万余册，涉案金额 400 余万元；江苏徐州查办罗某某等人侵犯著作权案，查扣 1657 万余册盗版电子书，成功打掉一个非法产业链。二是加强协调督办。加强与新闻出版、广播影视、扫黄打非、通信管理、互联网信息管理、公安等部门的协作，推动版权行政执法与刑事司法有效衔接，形成多部门密切配合的打击侵权盗版工作格局。不断加大对侵权盗版大案要案的协调督办力度，2022 年，版权主管部门会同全国双打办等五部门联合挂牌督办 5 批 119 起版权重点案件，会同工信部门关闭了 813 个传播侵权盗版作品的网站。三是强化线索核处。充分发挥"扫黄打非"举报中心作用，及时受理、核处相关举报线索，积极回应群众关心关切。2022 年，核处相关举报线索 259 条，据此形成案件 101 起。严查非法仓储、印刷、复制、传播、销售等重点环节，推动案件深挖溯源、扩线打击。四是加强印刷监管。完善印制质量引导监管机制，对北京、湖北、重庆等地印刷企业开展"双随机、一公开"抽查，严厉打击盗版盗印行为，组织开展"3·15"印刷复制质检活动和中小学重点教材印制、环保质量检查，对印制批质量不合格的责任单位进行行政处罚，对印刷复制单册（片）质量不合格的责任单位进行约谈。

（四）加强督促检查，巩固正版化工作成果

积极推进教育、医疗等特定行业软件正版化工作，加强对各地区各部门软件正版化工作指导，推动各地区各部门落实软件正版化工作政策措施，完善软件正版化工作机制，巩固党政机关、国有企业和金融机构软件正版化成果。加强软件正版化工作督促检查，聘用第三方机构对部分中央单位、中央企业、金融机构、

民营企业和部分地区软件正版化工作进行核查，共核查单位 199 家、计算机 6.61 万台，核查结果在网上公布。

（五）广泛宣传培训，建设良好人文环境

开展多角度、多层次、全方位版权宣传工作，加强版权正面引导，培养社会公众自觉尊重和保护版权的行为习惯。举办《马拉喀什条约》落地实施推进会、2022 国际版权论坛、2022 网络版权保护与发展大会、《马拉喀什条约》落地实施系列主题展览，编辑出版《中国版权年鉴 2021》，评选发布中国版权十件大事、打击侵权盗版十大案件等。加强版权工作业务培训，与最高检联合举办"知识产权案件办理同堂培训"，切实提升基层版权工作人员的业务水平。

二、对策建议

（一）完善版权法律制度体系

贯彻实施好新修改的著作权法，加快推进《著作权法实施条例》《著作权集体管理条例》和民间文学艺术作品著作权保护条例等配套法规的制定、修订工作。加快推进《著作权行政处罚实施办法》《作品自愿登记试行办法》《计算机软件著作权登记办法》《举报、查处侵权盗版行为奖励暂行办法》等规章和规范性文件的修改完善。研究制定《版权行政执法指导意见》，建立健全统一协调的版权行政执法标准、证据规则、案例指导制度和督办奖励机制，研究制定新领域新业态版权保护政策措施。

（二）强化版权全链条保护

开展打击网络侵权盗版"剑网 2023"专项行动、青少年版权保护季行动、院线电影盗录传播专项整治等，落实版权主动监管和重点作品预警机制，严厉打击网络重点领域侵权盗版行为，持续巩固历年专项整治成果，推动形成良好版权生态。充分发挥版权行政执法的特点和优势，加大行政处罚惩处力度，对群众反映强烈、社会舆论关注、侵权盗版多发的重点领域和区域重拳出击、整治到底、震慑到位。

（三）持续推进软件正版化工作

进一步完善软件正版化工作机制，加强推进使用正版软件工作部际联席会议成员单位协调配合。部际

联席会议联合督查与聘用第三方机构年度核查相结合，进一步加强督促检查和考核评议力度。结合网络强国建设和国家软件发展规划，拓展软件正版化工作范围和领域。

（四）提升执法监管效能

加强两法衔接，健全与司法机关信息共享、案情通报、案件移送制度，促进行政执法标准与司法裁判标准统一，形成有机衔接、优势互补的运行机制。健全跨区域、跨部门版权保护协作机制，加强跨区域线索移转、案情会商、案件协查、源头追溯、信息共享、案情通报及联合办案，完善部门间联合挂牌督办、督导检查、线索通报等机制。

（五）推动社会共治

充分调动版权保护社会力量，完善版权纠纷多元化解决机制，培育和发展版权调解组织、仲裁机构、公证机构、鉴定机构，鼓励行业协会、版权联盟建立版权保护自律、信息沟通、快速维权等机制，推动完善行政执法与调解仲裁对接机制和版权侵权纠纷鉴定工作机制。

三、典型案例

（一）天津谭某某运营盗版网络文学APP案

2022年4月，根据巡查线索，天津市公安局红桥分局对该案进行调查。经查，2019年以来，谭某某以合法公司为掩护，指使他人利用自行编写的"爬虫"软件从国内知名网络文学网站盗取网络文学作品1万余部，投放至自行设立的APP中运营，并注册多家空壳公司通过网络平台投放广告，非法获取会员费、广告费7500余万元。目前，已批准逮捕6人，取保候审9人。

（二）黑龙江钟某某等网络销售侵权教辅图书案

2022年6月，根据工作中发现线索，哈尔滨市阿城区公安局对该案进行调查。经查，2019年11月以来，钟某某、袁某某等未经著作权人许可，非法印制并通过网络销售侵权盗版中小学教辅图书，违法犯罪网络涉及22个省区市，查扣半成品盗版图书15万余册，盗版图书生产设备47台，涉案金额1亿余元。目前，钟某某、袁某某等15名犯罪嫌疑人已被采取刑事强制措施。

（三）安徽邓某某网络传播院线电影案

2022年6月，根据公安机关移转线索，芜湖市版权行政执法部门对该案进行调查。经查，2019年下半年以来，邓某某未经著作权人许可，通过设立网站擅自向公众提供动漫、电影、电视剧等共计230部作品的高清在线播放服务，其中包括51部国家版权局重点作品版权保护预警名单中的影视作品。其通过境外广告商网络投放广告等方式非法牟利，并以境外虚拟货币形式结算。2022年9月，邓某某被处以罚款20万元的行政处罚。

（四）福建刘某某微信小程序侵权案

根据投诉线索，福州市公安局在版权行政执法部门配合下对该案进行调查。经查，昆山某公司盗取福建某公司小程序源代码，修改后制作6款小程序通过社交软件运营非法牟利，非法经营额约25万元。2022年，法院以侵犯著作权罪判处刘某某等有期徒刑八个月至一年六个月不等，并处罚金80万至120万元不等。

（五）浙江黄某网络传播电子书案

2021年9月，根据报案线索，杭州市西湖区公安局对该案进行调查。经查，2020年以来，黄某等成立公司，未经著作权人许可，通过"扒书"等形式盗取电子书，再通过电商平台销售侵权盗版电子书密钥，涉及电子书20余万部，非法经营额100余万元。2022年8月，已对11人采取刑事强制措施。

（六）河南某文化传媒公司网络传播短视频案

2022年10月，根据报案线索，南阳市桐柏县公安局对该案进行调查。经查，发现某文化传媒公司窃取他人拍摄并制作的100余部、1000余集短视频，进行网络传播非法牟利。经过哈希值比对，认定某文化传媒公司侵犯他人著作权。2022年12月，该文化传媒公司实际控制人吴某某被采取刑事强制措施。

（七）重庆童某某盗录传播春节档院线电影案

2022年2月，根据国家版权局移转线索，云阳县公安局在版权行政执法部门配合下对该案进行调查。经查，2022年春节期间，童某某连续盗录多部春节档院线电影，并上传至自行设立的网站向公众播放，通过社交软件与湖南、湖北、甘肃等10余个省市的18

人组成销售网络牟取非法利益。2022 年 12 月，法院以侵犯著作权罪判处童某某有期徒刑一年，并处罚金 5500 元。

（八）宁夏朱某某网络传播盗版案

2022 年 5 月，根据网络巡查获得线索，石嘴山市平罗县公安局对该案进行调查。经查，2020 年以来，朱某某以营利为目的，通过在境外搭建引流网站诱导网民充值注册 VIP 会员，未经著作权人许可，将影视作品 10 余万部、电子书近 100 万部通过网盘及社交群组给 VIP 会员分享，牟取非法收益。目前，朱某某已被采取刑事强制措施。

（撰稿人：叶婷婷）

中央政法委员会打击侵权假冒工作报告

2022 年，中央政法委坚持以习近平新时代中国特色社会主义思想为指导，全面贯彻落实党的二十大精神，认真贯彻落实党中央决策部署，按照 2022 年全国打击侵犯知识产权和制售假冒伪劣商品工作要点分工安排，结合自身职责，统筹协调有关部门做好打击侵权假冒工作，推动建设更高水平的平安中国。

一、开展专项整治，打击相关违法犯罪

根据党中央决策部署，牵头中央 12 部门组织开展为期半年的打击整治养老诈骗专项行动，把依法查处和打击整治涉老"食品""保健品"等领域诈骗违法犯罪作为其中重点，其间全国共立案侦办养老诈骗刑事案件 41090 起，打掉犯罪团伙 4735 个，排查整治各领域涉诈问题隐患 22398 个，推动一批制售涉老假冒伪劣商品、危害老年人身体健康的违法犯罪被依法严惩，推动 6 类老年用品列入重点工业产品质量安全目录，有力打击震慑了涉老领域侵权假冒等违法犯罪、规范了相关涉老商品制售活动。组织协调公安等政法单位，依法打击涉非标油等劣质油品违法犯罪活动，针对篡改加油机芯片实施作弊等偷逃税犯罪组织开展集群战役，首次运用"破坏计算机信息系统罪"对其实施专项打击，并于 2023 年初集中收网，一举抓获一批犯罪嫌疑人、侦破一批刑事案件。

二、强化司法保护，营造良好法治环境

组织推动政法各单位深入贯彻落实习近平法治思想和总体国家安全观，完善执法司法政策措施，深化知识产权司法保护机制改革，依法保护知识产权和各类市场主体合法权益。推动完善知识产权案件上诉审理机制、惩罚性赔偿制度等，指导做好涉 5G 通信、新能源新材料、高端装备制造等高新技术领域案件依法审理工作，依法惩治侵犯商业秘密、恶意抢注商标等违背诚信原则和商业道德行为，加大对关键核心技术和新兴产业、重点领域知识产权以及传统品牌、老字号、驰名商标等司法保护力度。支持检察机关组建知识产权检察办公室，一体履行刑事、民事、行政检察等职能，全面做好知识产权检察工作。2022 年，全国法院共审结一审知识产权案件 48.1 万件；全国检察机关共起诉侵犯商标权、专利权、著作权及商业秘密等犯罪 1.3 万人，办理知识产权民事行政诉讼监督案件 937 件。

三、立足标本兼治，促进深化源头治理

组织召开专题工作交流会，推动各地充分发挥德治教化作用，引导明礼诚信等成为全社会共同的道德规范，进一步夯实预防侵权假冒行为的道德根基。总结推广广西河池、云南怒江等地对餐饮行业开展全覆盖监督检查等经验，推动整治食品药品等重点领域制假售假、失信败德问题。完善市域社会治理现代化试点工作指引，把加强社会公德建设作为其中重点内容，推动全社会发扬中华民族重信守诺传统美德，弘扬与社会主义市场经济相适应的诚信理念、诚信文化、契约精神，加快个人诚信、商务诚信、社会诚信等建设。

总结推广各地典型经验，充分发挥基层红白理事会、道德评议会、善行榜等平台载体在平安建设中的重要作用，营造保护知识产权、反对侵权假冒的良好社会氛围。

四、加强考评推动，确保工作落实落地

继续将打击侵犯知识产权和制售假冒伪劣商品违法犯罪纳入平安中国建设考核评价指标体系，严格执行《健全落实社会治安综合治理领导责任制规定》，完善考评机制，强化结果运用，协调推动各地各有关部门依法履职尽责，将打击侵权假冒各项工作任务落实到位。

下一步，中央政法委将认真贯彻党中央有关决策部署，按照相关分工安排，结合自身职能，统筹协调政法单位，与市场监管部门密切配合，依法严厉打击侵权假冒违法犯罪，系统化整治突出问题，积极推动继续将打击侵犯知识产权和制售假冒伪劣商品违法犯罪纳入平安中国建设考评体系，不断增强齐抓共管合力。

（撰稿人：郭伟）

中央网络安全和信息化委员会办公室打击侵权假冒工作报告

2022年，中央网信办坚持以习近平新时代中国特色社会主义思想为指导，全面贯彻党的二十大精神，认真落实党中央、国务院有关加强知识产权保护工作部署，进一步加大打击网上侵权假冒工作力度，深入清理整治各类违法违规信息和账号，压实网站平台主体责任，推动形成健康有序、风清气正的网络环境，取得积极成效。

一、深化重点整治，从严打击侵权假冒行为

配合国家版权局等主管部门，围绕重点领域、重点产品，严厉打击侵权假冒违法犯罪行为。一是联合国家版权局等部门开展打击网络侵权盗版"剑网2022"专项行动，聚焦短视频、网络文学等版权领域急难愁盼问题，集中整治未经授权对视听作品删减切条和改编合辑短视频、未经授权传播网络文学作品等侵权行为，依法查处通过网站平台销售侵权制品行为，切实维护权利人合法权利。二是配合国家版权局等部门开展冬奥版权集中保护行动，集中整治短视频平台公众账号未经授权提供冬奥赛事节目盗播链接、集中批量在网络平台上传传播冬奥赛事节目行为，切实规范冬奥赛事传播秩序。三是针对部分经营者公开或变相冒用军队名义，生产销售"军中茅台"等假冒伪劣商品问题，联合中央军委后勤保障部等部门发布通告，严禁任何单位和个人利用中国人民解放军和武装警察部队名义进行商业营销宣传，严禁线上线下销售"军"字号烟酒等商品。

二、聚焦网络乱象，压实网站平台信息内容管理主体责任

深入开展2022年"清朗"系列专项行动，围绕网络直播、短视频、应用程序等重点环节，持续强化网站平台主体责任意识，自觉防范虚假宣传和造假行为。一是开展"清朗·整治网络直播、短视频领域乱象"专项行动，从严打击直播、短视频"图文不符"、带货商品与实际货品不一致等虚假宣传行为和带货中对产品效果、交易数据、用户评价等进行夸大或造假行为。二是开展"清朗·移动互联网应用程序领域乱象整治"专项行动，从严惩处应用程序提供者刷虚假下载量和好评、上架版本与实际运营版本不一致、内嵌非法软件等违规行为。三是开展"清朗·打击网络谣言和虚

假信息"专项行动，督促网站平台加强技术手段建设，制定完善网络谣言和虚假信息处置处罚细则，最大限度挤压网络谣言和虚假信息生存空间，营造清朗网络环境。

三、坚持多管齐下，持续做好涉侵权假冒网络举报工作

一方面拓展举报矩阵，在互联网违法和不良信息举报中心官网、"网络举报"移动客户端外链"全国12315平台""中国扫黄打非网"等举报平台，科学引导网民向有关职能部门举报侵犯知识产权和假冒伪劣商品问题。另一方面畅通举报受理渠道，将侵害公民、企业法人和其他组织肖像、姓名、名称、隐私、名誉等合法权益的举报线索及时转交有关部门处置。

四、突出正面引导，强化打击侵权假冒网上宣传

一方面积极宣介有关部门打击侵权假冒工作有效举措，聚焦重点区域、重点市场、重点商品监管执法，围绕群众反映强烈、社会舆论关注、侵权假冒多发的重点领域，及时报道有关部门与企业、社会组织开展合作，共同治理侵权假冒问题进展成效，释放权威信息，反映工作亮点。另一方面做好知识产权保护相关法律法规网上普法宣传，结合世界知识产权日、中国品牌日，以及春节、国庆等重要时间节点，加强知识产权普法宣传，围绕商标法、专利法、著作权法以及民法典、外商投资法等涉知识产权保护相关规定，做好网上宣传解读，并通过报道典型案例提升民众维权

意识和法律素养，强化社会守法意识，积极营造知法、守法的浓厚网络氛围。

五、细化规章制度，积极推动互联网法律法规体系建设

针对网上侵权假冒问题，在制定部门规章中不断细化相关制度规定。制定出台《互联网用户账号信息管理规定》，明确互联网用户注册、使用账号信息，应当遵守法律法规，不得假冒、仿冒、捏造政党、党政军机关、企事业单位、国家（地区）、国际组织、新闻媒体等的名称、标识，不得假冒、仿冒、恶意关联国家行政区域、机构所在地、标志性建筑物等重要空间的地理名称、标识等。制定出台《互联网信息服务深度合成管理规定》，明确任何组织和个人不得利用深度合成服务制作、复制、发布、传播法律、行政法规禁止的信息，不得利用深度合成服务从事危害国家安全和利益、损害国家形象、侵害社会公共利益、扰乱经济和社会秩序、侵犯他人合法权益等法律、行政法规禁止的活动。

下一步，我办将继续按照知识产权强国建设有关部署要求，配合市场监管总局等主管部门，紧盯网上侵犯知识产权和制售假冒伪劣商品新动向新问题，不断创新监管方式，提升治理效能，采取更严措施、更高标准，深入清理整治重点领域、重点环节网上侵权假冒顽症痼疾，同时广泛开展正面宣传引导，巩固提升网上打击侵权假冒工作成效，切实营造知识产权保护网上良好氛围。

（撰稿人：张伟星）

国家发展和改革委员会打击侵权假冒工作报告

近年来，国家发展改革委会同社会信用体系建设部际联席会议各成员单位，以习近平新时代中国特色社会主义思想为指导，深入推进社会信用体系建设，在助力打击侵权假冒方面发挥了积极作用。

一是加大信用信息归集公示力度。牵头建立全国信用信息共享平台，联通46个部门和所有省（区、市），广泛归集共享包括知识产权领域、侵权假冒领域信用信息在内的各类信用信息。依托平台创立"信用

中国"网站,推动行政许可、行政处罚信息在 7 个工作日内上网公示,实现知识产权领域、侵权假冒领域信用信息等各类信用信息"一站式"查询,日访问量突破 2 亿次。

二是完善失信惩戒措施。按照《国务院办公厅关于进一步完善失信约束制度 构建诚信建设长效机制的指导意见》(国办发〔2020〕49 号)要求,牵头制定了《全国失信惩戒措施基础清单(2022 年版)》,规范

界定了失信惩戒措施的种类及适用对象,对包括有知识产权领域(行业)特定严重失信行为的市场主体实施清单化管理,确保失信惩戒始终在法治轨道运行。

下一步,将积极配合相关部门做好侵权假冒领域诚信体系建设工作,发挥全国信用信息共享平台总枢纽作用,归集共享公示知识产权领域、侵权假冒领域信用信息。

（撰稿人：刘梦雨）

工业和信息化部打击侵权假冒工作报告

工业和信息化部全面贯彻党的二十大精神,按照全国打击侵犯知识产权和制售假冒伪劣商品工作领导小组部署,重点做好互联网领域侵权假冒治理和软件正版化等方面的工作,弘扬法治精神,传播知识产权保护理念。

一、2022 年度已开展工作

（一）强化互联网基础管理,提升网络溯源能力

印发《工业和信息化部办公厅关于开展互联网"清源"专项行动的通知》,结合互联网违法违规活动治理工作要求,对 2022 年信息通信行业网络治理工作进行部署,明确职责任务,细化工作要求,要求各地通信管理局切实督促基础电信企业、网络接入服务商、域名服务商强化技术能力建设,加强信息报送和监督检查,为侵权假冒治理工作做好支撑服务。

（二）加强反侵权假冒治理,依法查处网络违法违规活动

着力提升网络技术管理能力,积极协同市场监管等部门开展反侵权假冒等专项行动,集中力量对涉侵权、盗版等各类网络有害信息开展专项整治工作。2022 年以来,部省两级电信主管部门配合市场监管等部门依法处置涉侵权假冒等违法违规网站(APP)4.3 万余个,有效净化了网络环境。

（三）持续做好软件正版化工作

配合中央宣传部对有关单位开展正版化督促检查,推动正版化检查扩围、下沉。通过加强软件正版化检查工作督查指导,进一步提升地区和单位软件版权保护意识,促进完善软件正版化长效机制,巩固工作成果,持续推进软件正版化工作制度化、规范化、标准化。

（四）提升企业知识产权保护意识和能力

工业和信息化部与世界知识产权组织签订双方合作谅解备忘录,加强知识产权中小企业保护等方面的合作。持续开展"制造业知识产权大课堂"培训,支持专业机构围绕"全面加强知识产权保护""商标侵权经典案例解析"等主题,面向企业等创新主体开展深入培训,2022 年累计培训 2000 余人次。组织专业机构在全国知识产权宣传周期间举办知识产权主题宣讲活动,营造良好的知识产权保护氛围。

二、典型案例

通过工业和信息化部知识产权推进计划支持《开放科学环境下科研成果首发权益保护策略研究》等项目,分析开放科学环境下科研成果的知识产权保护情况,开展预印本平台建设探索实践,提出保障科研成果首发权益的政策措施。

三、下一步工作考虑

按照双打工作领导小组工作部署，立足部门职责，继续做好打击侵犯知识产权和制售假冒伪劣商品工作。一是进一步强化ICP备案、域名和IP地址等互联网基础管理，健全"部—省—网络服务提供者"三级体系架构，不断提升技术管控手段和能力，为侵权假冒治理工作提供有效支撑。二是完善与市场监管等部门的协同工作机制，及时处置涉侵权假冒违法违规

网站（APP），保障人民群众合法权益。三是积极组织电信和互联网企业加强互联网领域侵权假冒治理工作宣传和科普教育，传播安全理念，营造良好的社会风气。四是弘扬法治精神，有力推动软件正版化相关工作。五是实施工业和信息化部年度知识产权推进计划，推动企业知识产权保护能力提升，持续开展"制造业知识产权大课堂"培训，组织开展知识产权保护宣传活动。

（撰稿人：张茜）

公安部打击侵权假冒工作报告

一、全国公安机关打击侵权假冒工作情况

2022年，公安部深入学习贯彻习近平总书记关于加强知识产权保护工作的重要论述，认真贯彻落实党中央、国务院部署要求，组织全国公安机关进一步强化责任担当，充分履行打击犯罪职能，深入推进夏季治安打击整治"百日行动""昆仑2022"等专项行动，依法严打侵权假冒犯罪，2022年共破获侵犯知识产权和制售伪劣商品犯罪案件2.7万起，坚决遏制此类犯罪多发高发势头，全力服务保障高质量发展。

（一）着力强化风险防控，护航安全发展

始终坚持以人民为中心的发展思想，依法严厉打击侵害群众利益的侵权假冒犯罪活动。紧紧围绕食品安全，全面落实"四个最严"要求，严厉打击侵权假冒、有毒有害、不符合安全标准等食品领域犯罪，破获四川"4·11"制售假酒案、安徽"11·4"制售有毒有害食品案等一批重大案件，努力让人民群众吃得更放心。紧紧围绕粮食安全，破获河南张某等人制售假冒品牌种子案、四川"8·27"制售假农药案等涉农资犯罪案件，有力净化农资市场秩序。紧紧围绕药品安全，集中侦破广东"2·15"、浙江"1·21"假药案等药品领域犯罪案件，切实维护人民群众生命健康。紧紧围绕生产生活安全，严打制

售假冒伪劣建筑材料、家用电器、学生儿童用品等突出犯罪，组织侦办广东"3·15"制售"非标"线缆案等典型案件，积极配合行业主管部门开展源头治理。

（二）着力强化产权保护，服务高质量发展

聚焦创新驱动，组织侦办四川"10·26"侵犯国有企业技术秘密案等技术领域案件，为加快建设科技强国提供法治保障。聚焦复工达产，组织侦破天津"3·30"制售假冒伪劣石油专用物资案、山东"5·15"制售假冒品牌建筑材料案，保障企业产销迅速恢复。聚焦消费环境，紧盯群众反映集中的"网红""直播带货"等网上售假问题，集中破获一批利用网购模式欺诈售假案件，净化网络环境，提振消费信心。聚焦营商环境，坚持依法平等保护，严打侵犯各类市场主体知识产权犯罪，指导山西、安徽、福建、河南、四川等地公安机关侦破一批大要案件，增强企业投资发展信心。2022年8月，第四届民营经济法治建设峰会将公安机关"开展'昆仑'专项行动依法严厉打击侵犯知识产权犯罪"评选为"新时代加强民营经济法治建设"十大事件。

（三）着力强化协作配合，形成工作合力

密切两法衔接，会同中宣部等部门开展"剑网2022""冬奥版权保护""打击院线电影盗录传播""青

少年版权保护季"等专项行动，联合督办一批大要案件。会同国家知识产权局等部门制定出台《关于加强知识产权鉴定工作衔接的意见》，深化知识产权管理执法部门与司法机关在知识产权鉴定工作中的合作，强化知识产权全链条保护。密切司法协同，配合最高人民法院、最高人民检察院研究起草知识产权刑事司法解释，进一步完善入罪标准、法律适用。密切警企协作，开展"惠民利企"调研走访活动，听取意见建议，畅通举报投诉渠道；指导各地探索创新"知识产权警务联络官""知识产权保护工作站"等警务工作机制，推动完善社会共治格局。

（四）着力强化宣传引导，营造良好氛围

积极融入大局，在"4·26"知识产权宣传周期间开展主题宣传，组织各地公安机关同步联动，发布系列新闻稿件和典型案例，通报公安机关打击侵权假冒犯罪工作情况，取得良好成效。紧盯重要节点，在元旦、春节、"双十一"期间加强法治宣传和预警提示，积极营造全民参与浓厚氛围。注重形象展示，依托多双边国际执法合作机制，与有关国家和地区围绕重点跨国跨境案件开展执法合作；应国际刑警组织邀请，继续参加打击跨国侵权假冒犯罪领域"奥普森""盘古"等联合执法行动，牢牢把握国际场合话语权，充分展示我负责任大国形象。

二、下一步工作建议

近年来，知识产权刑事保护工作不断向纵深推进，刑事打击力度持续增大，刑事保护效能持续提高，但侵权假冒违法犯罪的总体形势仍复杂严峻，犯罪形态结构呈现网络化、高技术化、产业化等特点，公安机关依法保护知识产权工作离党中央的要求和群众的期待还存在一定差距。下一步，公安部将深入贯彻党中央、国务院决策部署，指导各地公安机关不断加大对各类侵权假冒犯罪的打击力度，切实保障广大人民群众和企业的合法权益，服务保障高质量发展。

（一）持续高压严打

持续深入开展"昆仑"等专项行动，依法严厉打击各类侵权假冒犯罪，强化对重点领域的打击整治，挂牌督办一批重特大案件。

（二）深化部门协作

健全完善行政执法和刑事司法衔接工作制度，会同中央宣传部等部门开展专项打击整治行动。加强与检法机关的配合，研究制定关于办理侵犯知识产权刑事案件的司法解释和立案追诉标准。

（三）强化执法合作

依托多双边执法合作机制，围绕重点跨国跨境侵权假冒犯罪案件与国外执法部门加强沟通合作。充分发挥国际刑警组织主渠道作用，积极参与其组织开展的全球联合行动。

（四）加强法治宣传

围绕重要时间加强法治宣传教育，大力宣传公安机关打防侵权假冒犯罪工作措施和战果成效，适时公布典型案例。

三、典型案例

（一）打击侵犯冬奥会、冬残奥会知识产权犯罪典型案例

2022年1月，北京市公安机关根据网上摸排线索破获"1·01"制售盗版"冰墩墩""雪容融"案，抓获犯罪嫌疑人10名，打掉制假售假窝点6处。按照公安部统一部署，浙江、江苏、福建、陕西、四川、辽宁等地公安机关接续深挖串并线索，全面展开侦查工作，先后破获一批案件，抓获一批犯罪嫌疑人，缴获一批侵犯北京冬奥会、冬残奥会商标权、著作权的吉祥物玩偶、挂件、运动服、纪念章等商品，捣毁一批制假售假窝点，关停一批涉案网店，为北京冬奥会、冬残奥会成功举办创造了良好的知识产权保护法治环境。

（二）打击妨害地域特色经济发展侵权假冒犯罪典型案例

2022年9月，黑龙江省双鸭山市公安机关立足本地旅游特色产业，根据群众举报线索破获"9·20"制售假冒品牌滑雪设备案，抓获犯罪嫌疑人35名，捣毁生产、仓储窝点8处，查扣假冒品牌滑雪服、滑雪板、滑雪镜等运动装备6000余件（套），半成品1万余件（套），切实维护消费者合法权益和公平竞争市场秩序，服务"冰雪旅游经济"高质量发展。

（三）打击侵犯民营企业知识产权犯罪典型案例

2022 年 9 月，河南省郑州市公安机关根据权利人举报线索破获"8·11"假冒民营企业品牌光模块案，彻底摧毁生产、仓储、销售犯罪全链条，抓获犯罪嫌疑人 34 名，打掉制假售假窝点 7 处，查扣假冒品牌光模块成品、半成品 8100 余块，及时打击震慑阻碍民营企业创新发展的犯罪活动，全力护航民营经济高质量发展。

（撰稿人：何曌）

司法部打击侵权假冒工作报告

2022 年，司法部认真贯彻落实《国务院关于新形势下加强打击侵犯知识产权和制售假冒伪劣商品工作的意见》，积极推进相关立法工作，加强打击侵权假冒法治宣传，指导各地开展知识产权纠纷调解工作，提高公证法律服务水平，为打击侵权假冒工作提供有力法治保障和高质量法律服务。

一、积极推进相关立法工作

按照党中央、国务院决策部署和全国人大常委会、国务院年度立法工作计划，积极推进农产品质量安全法、专利法实施细则修改等工作，推动完善保护知识产权和打击侵权假冒相关法律制度。农产品质量安全法已由第十三届全国人大常委会第三十六次会议于 2022 年 9 月 2 日修订通过，自 2023 年 1 月 1 日起施行。修订后的农产品质量安全法进一步加大对冒用农产品质量标志违法行为的打击力度，提高处罚额度，规定农产品生产经营者冒用农产品质量标志或者销售冒用农产品质量标志的农产品的，违法生产经营的农产品货值金额不足五千元的，并处五千元以上五万元以下罚款，货值金额五千元以上的，并处货值金额十倍以上二十倍以下罚款。

二、加强打击侵权假冒法治宣传

一是推动各地各部门贯彻落实中共中央、国务院转发的全国"八五"普法规划，适应实施创新驱动发展战略需要，大力宣传知识产权保护、科技成果转化等方面法律法规，促进科技强国建设。二是组织开展打击侵权假冒相关专题宣传活动。联合有关部门组织开展了

"3·15"国际消费者权益日、"4·26"知识产权宣传周系列宣传活动，指导各地和相关部门开展知识产权保护集中法治宣传。2022 年 4 月，会同中央宣传部、农业农村部以"美好生活·民法典相伴"为主题，在全国部署开展了第二个"民法典宣传月"活动，大力宣传民法典关于知识产权保护、侵权责任等相关内容。三是充分运用新媒体新技术开展法治宣传。在中国普法网、中国普法官方微博、微信、手机客户端开展打击侵权假冒相关主题法治宣传活动。2022 年中国普法微信公众号共发布侵权假冒相关文章 230 篇，阅读量共计 2936 万。在全国法治动漫微电影作品征集展播、全国百家网站微信公众号法律知识竞赛、"我与宪法"微视频征集展播等新媒体活动中，把打击侵权假冒相关法律法规列为重要内容，不断增强宣传的吸引力和感染力。

三、指导各地开展知识产权纠纷调解工作

2022 年 2 月，制定下发《司法部关于开展矛盾纠纷排查化解专项活动的通知》，对统筹推进知识产权纠纷调解工作提出要求。指导各地根据知识产权纠纷化解需要，在条件成熟的地区和行业设立知识产权纠纷调解组织，发挥调解职能作用，快速有效化解知识产权纠纷。截至 2022 年底，全国共有知识产权纠纷人民调解组织 1700 余个，人民调解员 6900 余名。2022 年，全国人民调解组织共调解知识产权纠纷 3.8 万件。

四、提高公证法律服务水平

加快推进公证电子存证方面的有关工作，会同中国公证协会积极组织有关专业委员会开展调研论证，

研究起草了《公证行业电子存证业务服务规范（试行）》初稿，目前正按计划修改完善。加强公证人才队伍建设，吸收既懂知识产权领域专业知识，又懂公证业务的复合型高素质人才加入公证行业。指导推动各地加强知识产权保护公证服务中心建设，湖北、安徽、江苏等地先后成立知识产权保护公证服务中心，为知识产权保护提供一站式专业化公证服务。会同中国公证协会指导各地有针对性地开展知识产权业务培训，提升业务技能，提高办证质量。2022年，全国公证机构办理涉及知识产权的保全证据、合同、声明、资格、权属等类型公证25余万件。

（撰稿人：王帅）

财政部打击侵权假冒工作报告

财政部积极做好打击侵权假冒工作经费保障。2022年，安排市场监管总局执法稽查专项经费1415万元，支持查处包括知识产权领域违法案件在内的大案要案、典型案件等，净化市场环境，维护市场秩序；安排国家知识产权局知识产权保护专项经费2269万元，支持完善知识产权保护体系、开展知识产权法律制度建设以及相关安全保障与风险防控等工作；安排文化和旅游部全国文化市场综合执法专项经费640万元，统筹支持文化市场产权执法与规范整治等工作。此外，安排公安部昆仑行动、侦查办案费等专项经费，支持开展包括打击侵权假冒在内的相关工作。下一步，将立足现有资金渠道，继续做好相关工作经费保障，为打击侵权假冒提供有力支持。

（撰稿人：李彤）

生态环境部打击侵权假冒工作报告

生态环境部按照《国务院关于新形势下加强打击侵犯知识产权和制售假冒伪劣商品工作的意见》（国发〔2017〕14号）和相关文件的要求，配合相关部门印发《2022年全国打击侵犯知识产权和制售假冒伪劣商品工作要点》，严格重点产品监管，持续督促地方做好侵权假冒商品环境无害化销毁工作。

一、主要措施和工作成效

（一）积极开展假劣油品整治行动

为配合做好2022年度全国打击制售假冒伪劣商品工作，我部将假劣油品整治作为污染防治攻坚战任务予以部署。2022年12月，我部印发《深入打好重污染天气消除、臭氧污染防治和柴油货车污染治理攻坚战行动方案》，提出对柴油进口、生产、仓储、销售、运输、使用等全环节开展部门联合监管，全面清理整顿无证无照或证照不全的自建油罐、流动加油车（船）和黑加油站点，坚决打击非标油品。并在2023年首届全国移动源污染防治培训中，指导各地生态环境部门结合在用机动车和非道路移动机械检查，形成常态化油品抽测机制，与各地公安交管、市场监管、住房建设等部门深入完善联合监管模式。

2022年9月，我部组织专人赴河南郑州、商丘等地对柴油货车、非道路移动机械、社会加油站抽样检测、共计87个样品，发现7个样品硫含量超标，样品超标率8%。经溯源，有关部门已对相关违法企业进行处罚。2022年3月，我部结合大气污染强化监督帮扶，对河北省廊坊市、保定市等地抽检 57 个柴油样品，发现 6 个样品硫含量超标，样品超标率 10.5%。在当地生态环境、市场监管、公安部门联合追溯下，发现超标样品源自正规石化企业下游的储运环节。

（二）做好侵权假冒商品环境无害化销毁

为做好收缴的侵权假冒商品环境无害化销毁工作，按照《关于做好侵犯知识产权和假冒伪劣商品环境无害化销毁工作的通知》（环办〔2012〕126 号）、《关于进一步做好侵犯知识产权和假冒伪劣商品环境无害化销毁工作的通知》（环办函〔2014〕1830 号）、《关于加强侵权假冒商品销毁工作的意见》（打假办发〔2020〕3 号）等相关文件要求，生态环境部督促指导各省（市、区）公开并适时更新持有危险废物经营许可证企业名单，做好收缴的侵权假冒商品的环境无害

化销毁和过程监管，及时报送销毁情况，确保应销毁尽销毁，防止侵权假冒商品再次流入市场和销毁造成二次污染，并配合开展相关绩效考核。根据各级生态环境部门统计数据，2022 年全国共销毁药品、烟酒、食品、日用品、出版物、化妆品、服装等侵权假冒商品约 9121 吨。

二、相关工作对策建议

建议进一步加强油品流通环节监管、明确油品销售企业向用车企业售卖油品时应提供符合国六标准的车用燃料。杜绝用车企业以非机动车燃料假冒车用油品加注运输车辆，避免车辆长期使用假冒油品造成超标排放。

（撰稿人：高兴保）

农业农村部打击侵权假冒工作报告

2022 年，按照党中央、国务院统一部署，农业农村部会同其他全国农资打假部际协调小组成员单位，积极开展农资打假专项治理行动，各地各部门协作配合，上下联动，齐抓共管，紧盯突出问题，强化监管执法，严查违法行为，农资市场秩序不断好转，农资打假工作取得积极进展，为保障粮食安全和农产品质量安全提供了有力支撑。

一、积极组织农资打假专项治理

2022 年 3 月 21 日，我部联合最高人民法院、最高人民检察院、公安部等六部门在京召开全国农资打假专项治理行动视频会议，总结 2021 年工作，动员部署 2022 年农资打假专项治理行动。印发《2022 年全国农资打假和监管工作要点》，将视频会议精神和各项重点任务进行明确和落实，指导各地农业农村部门突出重点区域、重点品种、重点环节，强化农资产品质量监督抽检，狠抓违法案件查处，提高农资监管能力。4 月 14 日，印发《农业农村部办公厅关于开展 2022 年放心

农资下乡进村活动的通知》，指导各地结合工作重点，围绕主题、注重实效、面向农民、深入乡村，从产销信息、品牌农资、技术服务、宣传引导、案例警示五个方面开展放心农资下乡进村活动，提高农民群众质量意识和维权能力。

二、深入开展农资产品监督抽查

积极开展排查检查、监督抽查，坚持问题导向，改进管理手段，切实提高监管的精准性和有效性。组织开展种业监管执法年、"绿剑"护农保春耕系列执法等行动，加大问题产品和重点企业的监督抽查力度，开展种子、肥料、农药、兽药、饲料和饲料添加剂等产品的监督抽查工作。吉林、江苏、浙江等省通过监督指导、巡查检查、执法抽检等多种形式，加强对农资销售集散地、农资批发市场、粮食和菜篮子产品主产区周边农资销售点的管控，加强对农产品生产主体农资使用情况的检查，加强对网络销售平台和商户的识别排查，强化重点对象、重点区域和重点品种的执

法抽检。

三、不断加大违法行为打击力度

依法查处制售假劣农资、破坏农资市场秩序、侵害农民利益的违法行为对制假售假的不法分子形成有效震慑。农业农村部门共出动执法和科技人员近70万人次，曝光案件近2000件，销毁假劣农资产品20余万公斤，金额310余万元。北京市认真梳理办结的农资打假案件，遴选出"某种业有限公司生产经营劣种子案"等四个案件代表性强、处罚力度较大、警示作用较强的案例作为农资打假典型案例，在"北京美丽乡村"公布，有力震慑制售假劣农资违法行为。上海市联合市场监督管理、生态环境等部门集中销毁农业执法过程中没收的5吨假劣农资，并在东方城乡报及上海三农等平台及时报道，消除安全隐患。江西省向社会公开假劣农资投诉举报电话，积极处理群众投诉举报，做到"有报必接，接案必查，查必到底"。

四、持续发挥部门协同联动作用

充分发挥农资打假部门协调机制作用，凝聚部门间工作合力。针对假劣种子问题，联合最高人民法院、最高人民检察院、工业和信息化部、公安部、市场监管总局、国家知识产权局印发《关于保护种业知识产权打击假冒伪劣套牌侵权营造种业振兴良好环境的指导意见》；聚焦化肥质量问题，联合市场监管总局印发《关于严肃查处假冒伪劣化肥问题坚决维护农资市场秩序和农民合法权益的紧急通知》，要求各地压实工作责任、全面开展化肥产品监督检查、严肃查处假劣化肥问题、加强对农民的宣传教育。各地各相关部门在农资打假巡查检查和案件查办等工作中，加强协同联动、信息共享、联合执法、案情通报和案件移送等，进一步织密农资监管网。

五、扎实推动农资宣传指导服务

各地农业农村部门在做好疫情防控的同时，因地制宜，因情施策，通过各种形式扎实开展本区域放心农资下乡进村活动，以送政策法律、送识假辨假知识、送科技信息、送放心农资为重点，面对面为农民提供农资打假咨询服务，帮助广大农民群众擦亮眼睛，提高农民群众质量安全意识和识假辨假能力，维护农民群众合法权益。发放宣传资料1600万余份，举办现场咨询培训近3万场次，接待咨询群众400万余人次，受理1万余人次投诉举报，展销农资产品近3000万公斤，金额近2亿元。河北、江西、河南等省份依托电视、网络、两微一端、新媒体平台等多媒体，多形式、多角度、多方位地宣传农资法律法规和识假辨假知识，并组织农业技术专家、执法人员深入田间地头、农资经营门店、合作社和种、养龙头企业等开展培训、农技服务，传授农资识假辨假知识和科学合理使用方法，推广安全用药和绿色防控技术，各主体农资法律法规、打假维权知识和依法维护自身权益的能力逐步提高。

六、切实保障农资供应质量稳定

针对2022年部分化肥农药品种价格高企的实际情况，督促指导各地开展农资供需调度、市场行情监测和协调解决困难等工作。加大重点农资品种供应力度，畅通农资物流运输和末端配送渠道，确保农资供得上、供得足。组织信誉较好的农资生产、经营企业展销有机肥、低残留农药和可降解农膜等优质农资产品。黑龙江省推动倍丰集团等系统农资经营企业与国内外优质大型厂商建立战略联盟，确保倍丰集团以高标准高质量放心肥供应市场。辽宁省畅通投诉举报渠道，设置价格投诉举报热线电话，及时受理农民群众价格维权投诉举报，检查农资经营业户并发放提醒告诫函超1000份。四川省对农资经营主体开展信用等级评价，公布诚实守信经营、产品质量过硬的农资经营企业名单，引导农户选择信用等级更高的农资门店进行农资采购。

2023年，将坚持用心用情用力用智组织各地开展农资打假这一重点工作。一是开展排查检查，各地集中开展一次春耕农资拉网式的排查，不定期开展巡查检查，加强暗查暗访、飞行检查。二是强化执法办案，结合季节时令，针对肥料、农药等主要农资产品农民群众反映突出的问题适时组织开展专项整治行动，始终保持农资打假高压严打态势，提高农资打假执法办案数量和质量，发挥农资打假执法办案打击震慑效果，推动农资打假专项治理工作有效落实。三是开展放心农资下乡进村活动，畅通绿色优质农资供应主渠道，确保好农资能下乡进村、到田到户，让农民买得到、用得上。同时，要广泛宣传识假辨假知识，引导农民群众合理购买、科学使用农资。四是推动解决网络销售假劣农资问题，联合相关部门打出组合拳，开展农资打假"净网"行动，细化线上销售农资管理制度规范，压实网络平台和商户的主体责任。对违法违规的网络平台和商户，加强排查、识别和查处，维护线上农资市场秩序。五是完善协同联动机制，进一步完善农资打假协作配合机制，增强农资打假工作合力。强化上下联动、区域协同，加大协同打击力度，监管动真格，整治见实效。

（撰稿人：赵岩）

商务部打击侵权假冒工作报告

2022 年，商务部深入贯彻习近平总书记在中央政治局第二十五次集体学习时的重要讲话精神，认真落实党中央、国务院关于强化知识产权保护的决策部署，按照《2022 年全国打击侵犯知识产权和制售假冒伪劣商品工作要点》具体分工，积极做好打击侵权假冒和知识产权保护相关工作，助力营造市场化、法治化、国际化营商环境。

一、2022 年开展工作及成效

（一）积极参与知识产权国际规则制定

1. 积极推动世贸组织就新冠疫苗知识产权豁免达成一致

商务部积极参与世贸组织框架下新冠疫苗知识产权豁免议题磋商，强调对发展中成员疫苗可及性和可负担性问题的支持和关注，加强与美国、欧盟、印度和南非等成员的沟通互动，推动各方弥合分歧，在谈判关键时刻发挥了建设性作用，为世贸组织第 12 届部长级会议就新冠疫苗知识产权豁免达成一致作出重要贡献。

2. 积极推进自贸协定知识产权相关工作

一是高质量实施区域全面经济伙伴关系协定（RCEP），提升区域内知识产权整体保护水平。二是积极推进中国—尼加拉瓜、中国—以色列、中国—海合会等自贸协议知识产权章节谈判，推动通过自贸协定加强知识产权保护。三是深入研究《全面与进步跨太平洋伙伴关系协定》（CPTPP）知识产权章节，推动对接国际高标准知识产权规则。

（二）深入推进知识产权国际合作

1. 深入做好中欧地理标志协定实施工作

召开中欧地理标志联合委员会部级会议，审议通过联合委员会议事规则和下一步工作计划，并就推进中欧地理标志协定实施、加强双边务实合作进行交流。举行中欧地理标志协定司局级磋商，讨论落实联合委员会工作计划。与欧方同步公示协定第二批地理标志产品保护清单。此外，还通过举办论坛、研讨会等方式，与欧方合作推广中欧地理标志产品，深化中欧地理标志合作，强化双边农产品贸易。

2. 不断加强知识产权多双边交流

先后召开中瑞经贸联委会知识产权工作组第 11 次会议、中俄经贸分委会知识产权工作组第 13 次会议以及中欧知识产权工作组第 25 次会议，与外方政府部门深入交流打击侵权假冒工作新进展，明确下一步合作方向和内容。工作组会议期间举办产业圆桌会议，讨论解决中外企业关注的侵权假冒问题。上述会议的召开，促进了中外双方在知识产权保护方面的交流互鉴。

牵头组织相关部门，参加亚太经合组织第 54、55 次知识产权专家组（IPEG）会议，积极参与相关议题讨论，主动宣传我打击侵权假冒等知识产权保护工作进展。

（三）大力支持企业海外知识产权维权

1.加强知识产权预警和维权援助平台建设

指导中国保护知识产权网，开展知识产权公共服务，帮助企业解决维权信息获取渠道窄的痛点，推动加快实施企业走出去战略。一是及时增设最新专题。设立中欧地理标志专栏，包括协定综述、地理标志产品介绍及检索、地理标志法律法规以及相关网站链接等内容，方便公众查询了解中欧地理标志协定及产品，促进地理标志产品宣传推广。二是及时发布预警信息。2022年，共编辑发布《知识产权海外风险预警专刊》12期，《知识产权国际快讯（周刊）》48期，英文版 *IPR Focus* 电子期刊24期，利用微信公众号推送微信国际新闻快讯125期，及时答复在线咨询问题。三是持续打造基础信息平台。持续更新主要国家和地区知识产权立法、执法和司法动态，帮助企业了解国外知识产权最新进展，便利企业进行知识产权海外维权。2022年，网站共发布信息8000余条，翻译外语新闻及政策文件近百万字。目前，网站汇集知识产权相关法律法规、规范性文件568部，知识产权国际条约33部，知识产权双边协定13部，20多个重点贸易对象国家和地区知识产权环境指南，600余家国外知识产权服务机构名录，已成为企业获取海外知识产权信息的重要平台。

2.利用双边渠道推动解决企业关注

通过我驻外使馆（团）经商处及有关商协会，了解我走出去企业知识产权保护诉求，并在中欧、中俄等知识产权工作组机制下向外方提出，帮助企业进一步了解有关国家（地区）知识产权法律和实践，积极推动解决企业纠纷。

（四）平等保护中外企业知识产权权益

1.推动电商平台落实知识产权保护责任

2022年4月，商务部向省级商务主管部门下发加强电子商务知识产权保护的工作通知，推动电商平台不断完善知识产权保护技术和规则，落实市场主体责任，与监管部门和权利人加强合作，共同打击在线销售侵权假冒商品。

2.推动解决外方合理关注诉求

跟踪研究主要贸易伙伴发布的知识产权保护和执法报告，及时关注国外知识产权权利人打击侵权假冒商品的合理诉求，推动完善我知识产权保护制度，简化优化我知识产权保护程序。

3.强化外资企业知识产权保护

联合有关部门出台《关于以制造业为重点促进外资扩增量稳存量提质量的若干政策措施》《关于进一步鼓励外商投资设立研发中心的若干措施》等文件，进一步加强重点行业、领域外资企业知识产权保护。依托重点外资项目工作专班做好服务，畅通与重点外资企业的沟通渠道，了解诉求，积极推动解决。

二、下一步工作考虑

下一步，我们将继续以习近平新时代中国特色社会主义思想为指导，全面贯彻党的二十大精神，深入落实党中央、国务院决策部署，不断深化知识产权保护国际合作，为中外企业营造良好营商环境，推动高质量发展。

一是积极参与完善知识产权国际规则。深入参与世贸组织、亚太经合组织、金砖国家等多边平台知识产权议题磋商，积极推进自贸协定知识产权议题谈判，牵头开展与主要贸易伙伴商签地理标志双边协定谈判相关工作。

二是务实开展知识产权双边交流合作。继续深入做好中欧地理标志协定实施工作。充分利用双边知识产权工作组机制，加强与主要贸易伙伴的知识产权交流合作，推动解决企业关切。

三是持续做好知识产权海外维权工作。继续指导中国保护知识产权网及时更新发布国外知识产权动态，通过知识产权国别环境指南等为企业提供信息服务。继续做好在境外展会上设立知识产权服务站及企业参展培训工作，维护企业正当权益。

（撰稿人：胡国磊）

文化和旅游部打击侵权假冒工作报告

按照《2022 年全国打击侵犯知识产权和制售假冒伪劣商品工作要点》，文化和旅游部扎实推进文化市场领域打击侵权假冒相关工作。

一、工作措施

（一）跨部门开展联合执法行动

1. 开展冬奥版权保护集中行动。2022 年 1 月，国家版权局、工业和信息化部、公安部、文化和旅游部、广电总局、国家网信办联合印发《关于开展冬奥版权保护集中行动的通知》，部署开展为期三个月的冬奥版权保护集中行动。文化和旅游部细化工作任务，部署各地文化市场综合执法机构加强举报受理处置，加大非法传播冬奥赛事节目巡查力度，查处涉冬奥作品侵权盗版行为，坚决清理整治突出问题，努力营造良好版权环境。这期间，通过全国文化市场技术监管与服务平台交办涉冬奥版权举报线索 59 条，指导北京、海南、湖南等 22 个省（区、市）共查办涉冬奥版权案件 125 起，批评教育、责令改正 451 家次。

2. 开展青少年版权保护专项行动。联合中宣部版权局印发《关于进一步加强青少年版权保护工作的通知》，部署加强青少年版权保护工作，打击盗版盗印、非法销售、网络传播侵权盗版教材教辅、畅销儿童绘本等危害青少年权益的违法违规行为，为青少年健康成长营造良好的版权保护环境。

3. 开展院线电影版权保护专项行动。联合中宣部版权局、电影局等部门开展院线电影版权保护执法行动，保持打击院线电影盗录传播高压态势。2022 年，共办结院线电影版权保护案件 213 件。

（二）加大涉及版权案件督查督办力度

2022 年，与中宣部版权局、广电总局等多部门联合督办重大案件 79 起，顺利查办北京某公司侵犯革命纪念场馆著作权案、温州某公司涉嫌网上销售涉冬奥版权"冰墩墩"相关产品案、北京某游戏涉嫌侵犯著作权案、广东某科技有限公司未经著作权人许可发行其作品案等一批涉案金额较大、社会影响恶劣的重大案件，得到媒体及公众广泛好评；涉及刑事犯罪的，及时移送公安机关依法办理。据不完全统计，2022 年全国文化市场综合执法队伍共办理涉及版权事项案件 1670 余起，符合重大案件情形的有 162 起。

（三）加强文化市场综合执法重大案件管理

修订重大案件评选标准和评分细则，开展 2021—2022 年度文化市场综合执法重大案件评选工作，从全国各地报送的 261 起案件中评选出 85 起违法情节严重、社会影响恶劣的年度重大案件，其中包括江阴某网络科技有限公司侵犯著作权案；广州某信息技术有限公司未经著作权人许可，复制其作品案；郭某侵犯著作权案；珠海某新网络科技有限公司未经许可，通过信息网络向公众传播广播电视案；河南某电子商务有限公司未经著作权人许可，复制并通过信息网络向公众传播其作品案等 11 起版权类案件，我局对办案单位及办案人员进行了通报表扬。

（四）做好涉及侵犯知识产权举报工作

根据热线整合后实际情况，升级改造原"12318 全国文化市场举报平台"为"全国文化和旅游市场网上举报投诉处理系统"，优化举报投诉受理转办工作流程，进一步畅通群众举报投诉渠道。依托举报投诉处理系统及时接收分办群众网络举报，全年共处理群众各类举报信息 31935 条，受理转办其中涉及侵犯知识产权的有效举报线索 495 条，做好跟踪督办，确保各类违法违规行为得到及时查处。

下一步，我局将在市场监管总局的统筹协调下，指导各地文化市场综合执法机构持续加大打击侵权假冒工作力度，加强执法协作和重大案件督办，提升知识产权保护水平。

二、典型案例

1. 根据举报线索，天津市文化和旅游局执法人员联合天津市公安局，对天津某科技有限公司位于天津市宁河区的印刷车间、位于天津市西青区的办公地点和仓库同时开展执法检查。经查，该公司存有大量印制粗糙、印色模糊的出版物，均涉嫌为非法出版物。现场扣押的图书共计 200 种 42033 册，涉案金额 148 万余元。执法人员将现场抽取的样书向高等教育出版社申请认定，认定涉案样书均为侵权复制品。由于该案违法情节已达到刑事追诉标准，该案移交天津市公安局公安机关。

2. 联合全国"扫黄打非办"，挂牌督办北京某技术有限公司未经著作权人许可通过信息网络向公众传播其作品案。该单位违反《中华人民共和国著作权法》第五十三条规定，未经著作权方同意，征集权利人享有著作权的美术作品的摄影图片，以庆祝建党 100 周年为由牟取不正当利益，被处以罚款 25 万元的行政处罚。

3. 联合中宣部版权局，挂牌督办济南某图书有限公司侵犯著作权案。该单位发行侵权盗版出版物总计 45 种 299886 册，总码洋 3007477.72 元，由于该案违法情节已达到刑事追诉标准，济南市文化和旅游局将该案移交司法机关，当事人被判处 3 年 6 个月至 1 年 6 个月、缓刑 2 年不等的有期徒刑，并处罚金 10 万元至 100 万元不等。

（撰稿人：周磊）

中国人民银行打击侵权假冒工作报告

人民银行配合发展改革委贯彻落实《国务院办公厅关于进一步完善失信约束制度　构建诚信建设长效机制的指导意见》（国办发〔2020〕49 号）文件精神，2022 年 12 月联合印发《全国公共信用信息基础目录（2022 年版）》《全国失信惩戒措施基础清单（2022 年版）》，明确 12 类公共信用信息收集规则及 14 类失信惩戒措施，依法依规开展失信惩戒，为打击侵权假冒工作提供信用政策支持。

下一步，人民银行将继续配合发展改革委推动社会信用体系建设，持续更新完善《全国公共信用信息基础目录》《全国失信惩戒措施基础清单》，为打击侵权假冒工作提供信用政策制度保障。

（撰稿人：朱烽枫）

国务院国有资产监督管理委员会
打击侵权假冒工作报告

国务院国资委认真贯彻落实党中央、国务院决策部署，按照有关工作要求，结合国资央企工作实际，持续推动中央企业落实软件正版化工作主体责任，巩固工作成果。

一、2022 年工作情况

国务院国资委作为全国打击侵权假冒工作领导小组成员单位，按照职责分工，指导所监管中央企业开展软件正版化工作。

（一）主要措施

一是加强工作部署，强化组织保障。印发《关于做好 2022 年中央企业推进使用正版软件工作的通知》，督促中央企业落实推进使用正版软件工作要求。进一步推动中央企业建立自上而下的软件正版化工作组织机构，部分中央企业成立推进使用正版软件工作领导小组。

二是建立长效机制，强化资产管理。推动中央企业巩固完善软件正版化工作长效机制，强化软件资产管理，建立健全软件正版化工作制度和软件日常使用、软件配置、台账管理、安装维护等方面工作管理制度。

三是持续推广联合采购，建立常态化机制。根据中央企业软件联合采购需求，依托中央企业电商、联盟等优势资源搭建联合采购平台，组织中央企业开展软件联合采购，最大限度降低软件采购成本。同时，积极探索开展 SaaS 应用试点和推进使用正版软件云服务新模式，进一步降低软件采购成本。

四是强化督促检查，创新核查方法。进一步强化督促检查，指导中央企业建立常态化督查机制，利用信息化手段，加大对所属企业的督查力度，及时掌握所属企业使用正版软件情况，确保软件正版化工作成效，不断巩固扩大软件正版化成果。指导有关中央企业全力配合第三方机构检查组开展中央企业软件正版化现场核查。

（二）工作成效

2022 年，中央企业软件正版化工作取得显著成效。截至目前，中央企业集团总部软件正版化率达 97.96%，并涌现出一批软件正版化工作先进典型。我委推荐参评的中国海洋石油集团有限公司、国网冀北电力有限公司、中国铁建股份有限公司、中铁物总资源科技有限公司等 4 家企业荣获 2022 年中央企业"全国版权示范单位（软件正版化）"。

二、存在的问题及建议

（一）存在的问题

中央企业规模体量大、职工人数多、业务结构复杂、信息化发展水平参差不齐，软件正版化工作推进难度较大。目前，中央企业还未完全实现 100% 软件正版化。

（二）有关建议

一是建议国家有关部门加快推进国产软件产业发展，促进国产软件产品标准化，为软件正版化工作提供更完善的解决方案。

二是建议全国打击侵权假冒工作领导小组加强统筹指导，协调更多资源组织相关培训和指导，开展优秀解决方案和案例推广，供各单位在推进软件正版化工作中参考。

（撰稿人：唐世金）

海关总署打击侵权假冒工作报告

2022 年，全国海关全面贯彻习近平新时代中国特色社会主义思想，深入学习党的二十大精神，坚决贯彻落实习近平总书记关于知识产权保护工作的重要指示精神，按照《知识产权强国建设纲要（2021—2035 年）》等党中央、国务院的决策部署，坚持打击侵权与服务创新并重，在开展专项行动、优化服务举措、强化内外协作、深化国际合作等方面取得新的成效。

一、2022 年知识产权海关保护工作情况

2022 年，海关总署着力推动知识产权海关保护能力提升工程实施，印发《海关总署关于"十四五"时期加强和完善知识产权保护工作的意见》，就进一步强化海关知识产权保护工作提出 12 项措施并督导落实。全国海关共采取知识产权保护措施 6.46 万次，实际扣留进出口侵权嫌疑货物 6.09 万批、7793.85 万件。全年

审核通过备案申请 21356 件。

（一）强化整治关键领域、重点环节侵权

组织开展全面加强知识产权保护"龙腾行动 2022"，应对进出口侵权违法新态势，深入推进大数据实战应用，推动查获精准度整体提升。遏制市场采购贸易方式侵权多发态势，厦门海关实施专项治理，扣留市场采购贸易方式出口侵权商品 38 批，扣留香水、玩具、休闲鞋、烤面包机等侵权货物 56.23 万件。严厉打击"贴身""入口"等关乎生命健康安全的商品，上海、天津、广州、深圳等海关查获侵权火花塞、滤清器、轴承等汽车配件 16.18 万件。

（二）严厉打击进出口高风险渠道侵权

开展寄递渠道知识产权保护"蓝网行动 2022"，组织执法力量集中加大对"化整为零""蚂蚁搬家"式进出口侵权行为的打击力度，累计扣留邮递、快件渠道侵权商品 3.73 万批、384.99 万件。及时关注侵权商品"渠道漂移"现象，加强跨境电商等新兴业态领域知识产权保护，拱北海关在跨境电商渠道扣留涉嫌侵权商品批次同比增长超过 3 倍；太原海关连续在邮递渠道查扣出境侵权嫌疑商品 239 批次。

（三）有力保护出口转运货物知识产权

开展出口转运货物知识产权保护"净网行动 2022"，行动范围扩大至广东省内所有海关及其他相关重点口岸海关，形成区域联动保护网络，重点打击通过货运、寄递渠道将侵权货物输往香港或者经由香港转运至北美、欧洲、南美、东南亚、"一带一路"沿线国家和地区的违法行为。行动期间，深圳海关在快件渠道扣留侵权嫌疑电容 156.6 万件；拱北海关扣留涉港澳侵权嫌疑货物 362 批次、90.01 万件。

（四）持续关注重大赛事、消费热点相关知识产权

结合重大赛事举办的时间节点，加强对北京 2022 年冬奥会、残奥会和 2022 年卡塔尔世界杯相关知识产权保护，扣留涉嫌侵犯奥林匹克相关知识产权货物 459 批、10.08 万件；扣留涉嫌侵犯世界杯相关知识产权货物 81 批、2.54 万件。加强对室内娱乐、电子消费品的关注，昆明海关在边民互市监管过程中扣留 8 批、36 台侵权嫌疑电视机；成都、济南、长沙等海关开展专项行动陆续查获侵权游戏卡牌 203.13 万件。

（五）科技赋能助力执法手段智能化

全面推广使用"商标智能识别"智能应用，在查验环节辅助执法关员在线甄别侵权商标，加快进出口货物知识产权状况验核速度。开展知识产权海关保护备案系统改造升级，推动实现"互联网＋海关"政务服务平台"一号登录、业务通办"。天津海关探索建立"机检审像知识产权保护影子商品库"，在机检审像中实现对侵权风险的"智能提示"，查发涉嫌侵犯雄鸡商标权锄头、冰雪奇缘著作权儿童自行车等货物 1.7 万余件。

（六）优化服务举措支持企业创新维权

聚集企业实际需求，鼓励引导国内外权利人申请知识产权海关保护备案，提升企业知识产权维权能力。将高新技术企业、中小企业知识产权保护作为专项行动重点任务，查办涉及高新技术企业知识产权侵权案件 85 起，查办涉及中小企业知识产权侵权案件 126 起。郑州海关指导艾草企业强化知识产权海关保护，鼓励企业打造自主品牌，助力艾草企业走出去；深圳海关与 13 家权利人企业签订"云确权"合作备忘录，实现线上快速确权。

（七）内外协同打造打击侵权假冒立体防控体系

加强关际合作，南京、宁波、上海海关协同查获侵犯商标权的发电机组 5 批，共计 4931 台，案值达 516.93 万元。加强关地合作，海关持续深化与市场监管、版权、烟草专卖部门和法院等地方行政、司法机关的合作，广东分署与广东省高院等 11 个部门联合印发《关于强化广东知识产权协同保护的备忘录》。加强关企合作，充分发挥权利人企业、行业协会、维权联盟作用，江门海关结合中国摩托车出口基地的产业特点，助力关区企业摩托车出口连续 4 年保持正增长。

（八）强化国际合作，积极参与全球治理

积极参与各种形式双边、多边知识产权国际执法合作，积极推动《中欧海关知识产权执法行动计划（2021—2024 年）》生效实施，统筹规划下阶段双方合作重点；远程方式召开中俄海关知识产权工作组会议，持续推动《中俄海关关于加强知识产权边境执法合作备忘录》的落实。进一步加强与欧、俄、日、韩等国家和地区海关的知识产权案件数据交换、案件信息共享、立法及执法实践交流，不断提升合作成效。

二、下一步工作打算

坚持以习近平新时代中国特色社会主义思想为指导，深入学习贯彻党的二十大精神和习近平总书记关于知识产权保护的重要指示精神，从国际战略高度和进入新发展阶段要求出发，紧紧围绕促进建设现代化经济体系、激发全社会创新活力、推动构建新发展格局等目标，扎实做好知识产权海关保护工作。

一是持续开展进出口重点领域专项整治。针对重点领域、重点渠道、重点商品、重点国家地区持续开展知识产权保护专项行动，积极开展跨部门、跨区域执法协作，加大新业态、新领域知识产权保护力度，保持严厉打击进出口侵权违法行为高压态势。

二是提高知识产权保护服务水平。提升知识产权海关保护备案审核效率和政务服务水平，强化鼓励有知识

产权保护需求的企业就企业商标、核心专利等申请海关保护备案，引导企业积极运用知识产权海关保护措施维护合法权益，提升企业知识产权维权能力，推动知识产权海关保护执法全流程数字化，全面提升执法效能。

三是营造良好知识产权保护社会氛围。加强知识产权海关保护政策解读和宣传，多渠道、多角度全面宣传海关打击侵权假冒成效。充分利用海关知识产权保护展示中心的宣教功能，举办知识产权海关保护成果专题展，加强对公众的知识产权保护宣传教育。

四是深化知识产权海关保护国际合作。进一步加强知识产权海关保护多双边机制性合作，积极参与世界海关组织、世界知识产权组织等国际框架下的全球知识产权治理，充分吸收借鉴知识产权海关保护国际优秀经验，交流宣介中国海关知识产权保护理念和制度，不断拓展国际合作领域。

（撰稿人：夏鹏飞）

国家税务总局打击侵权假冒工作报告

2022 年，税务总局认真贯彻落实全国打击侵权假冒领导小组会议精神，充分发挥税收职能作用，积极完成打击侵权假冒各项工作任务。

一、2022 年工作开展情况

（一）加强组织领导，提高政治站位

税务总局高度重视打击侵权假冒工作，按照《2022 年全国打击侵犯知识产权和制售假冒伪劣商品工作要点》，专门制发文件要求各地将打击侵权假冒工作同税收工作紧密结合，对相关行业领域的涉税违法问题进行核查检查。各地税务部门明确工作职责，制定工作方案，确保不折不扣完成任务。

（二）查处涉税违法，提升工作合力

各地税务部门依托税务、公安、检察、海关、人民银行、外汇管理局六部门打击虚开骗税违法犯罪工作机制，聚焦侵权假冒重点治理的领域，对社会关注度高、

违法问题高发的成品油、医药等行业开展税务检查，全年累计检查企业 1253 户，有效提升综合治理力度。

（三）营造舆论氛围，扩大宣传引导

税务总局将打击侵权假冒宣传融入税收宣传，要求各地税务部门利用办税服务厅、微信公众号等媒介引导纳税人缴费人诚信守法经营。各地税务部门共开展打击侵权假冒税收宣传 697 次，通过对一系列典型案例的曝光，有效地震慑了涉税违法犯罪行为，提高了社会公众的纳税意识和税法遵从度，营造出保护知识产权、自觉抵制侵犯知识产权和假冒伪劣商品的良好社会氛围。

二、下一步工作打算

2023 年，税务总局将深入贯彻习近平总书记关于加强知识产权保护和打击侵权假冒工作系列重要指示精神，继续落实全国打击侵权假冒工作部署，加强税

收监管和税务稽查，增强打击侵权假冒综合治理力度。

（一）进一步发挥税收职能作用

按照全国打击侵权假冒领导小组工作安排，积极参与和配合打击侵权假冒各项行动。结合税收重点工作，对侵犯知识产权和制售假冒伪劣商品相关领域的涉税违法问题依法进行税务检查和处理。

（二）积极做好成员单位日常工作

发挥税务专业优势，积极建言献策，认真做好年度考核、工作调研等相关工作；及时整理并报送税务系统打击侵权假冒工作信息，全面反映税务部门配合开展打击侵权假冒工作采取的措施和取得的成效。

（撰稿人：智行）

国家市场监督管理总局打击侵权假冒工作报告

2022 年，国家市场监督管理总局认真贯彻落实党中央、国务院决策部署，持续强化打击侵权假冒统筹协调力度，深入推进知识产权执法，不断加强反不正当竞争、重点产品质量等领域执法，多措并举维护市场公平竞争秩序和消费者合法权益，取得积极成效。

一、组织开展执法行动

（一）持续开展民生领域案件查办"铁拳"行动

市场监管总局印发《2022 民生领域案件查办"铁拳"行动方案》，针对群众反映强烈、社会舆论关注、侵权假冒多发的重点领域和区域加大行政执法力度。召开全国执法稽查系统暨"铁拳"行动部署会议，召开"铁拳"协调机制联络员会议和部分省市"铁拳"行动座谈会、全国"铁拳"行动交流活动，持续推动行动开展。定期梳理各地报送的典型案例，筛选亮点工作和特色做法，编发"铁拳"行动简报 14 期，推广交流各地工作经验，引导行动开展。2022 年，全国市场监管部门共查办民生领域案件 20.6 万件。

（二）扎实推进知识产权执法

围绕贯彻落实《知识产权强国建设纲要（2021—2035 年）》《"十四五"国家知识产权保护和运用规划》及其推进计划，部署加大重点领域、重点产品执法力度，严厉查处商标侵权、假冒专利、恶意申请注册商标等违法行为。对部分案件进行组织查办和督查督办。加大标准网络侵权盗版打击力度，清除电商平台侵权盗版标准商品链接 4000 余个，关闭侵权标准网站 12

家。大力开展北京 2022 年冬奥会和冬残奥会奥林匹克标志知识产权保护专项行动，查处侵犯奥林匹克标志专有权违法案件 300 余件，对 80 个先进集体和个人通报表扬，为冬奥会、冬残奥会顺利举办营造良好环境。2022 年，全国市场监管部门共查处商标、专利等领域违法案件 4.35 万件，涉案金额 16.2 亿元，向司法机关移送 1072 起。

（三）深入开展重点产品质量执法

以农资、汽配、建材、家电、成品油、儿童用品、学生用品、塑料购物袋、康复辅助用品等为重点，统筹开展不符合强制性标准、以假充真、以次充好、以不合格产品冒合格产品等质量违法行为执法工作，狠抓执法办案，精准重拳出击，查处了一批有重大震慑力的大案要案。严厉打击非法制售口罩等防护用品行为，查处伪造产品产地及伪造冒用他人厂名、厂址、认证标志等案件 313 件。开展商品过度包装、"天价"月饼集中整治，全国市场监管部门共检查经营者近 90 万户次，检查商品 154 万余件；查处过度包装经营者 1404 户次，过度包装商品 5190 件，责令改正 2773 次；立案查处月饼过度包装、天价月饼和蟹卡蟹券案件 172 起。编写成品油、加油站和燃气灶具执法指引，指导加强执法工作。与国家发展改革委、税务总局共同印发《全国成品油行业专项整治工作方案》，开展成品油、非标油整治。发布《2022 年产品质量国家监督抽查计划》，对生活家居、农业生产、建筑装修、道路交通等多个领域产品实施国家监督抽查。

（四）不断强化反不正当竞争专项执法

市场监管总局会同相关部门组织开展医疗卫生领域商业贿赂和医药价格违法专项整治、医疗美容行业突出问题专项治理、教育收费专项检查。及时发布《涉疫物资价格和竞争秩序提醒告诫书》，为生产经营者划出"九不得"红线。针对布洛芬、N95口罩等涉疫药品、医疗用品价格快速上涨问题，快速部署加强监管执法。聚焦新经济新业态、民生和新消费领域、商业营销中焦点问题，深入开展专项整治。印发《反不正当竞争部际联席会议工作要点》，更好凝聚部门合力。指导各地建立健全反不正当竞争协调机制，形成全国横向协同、纵向联动的反不正当竞争工作格局。

（五）组织开展网络市场监管专项行动

发挥网络市场监管部际联席会议作用，联合部署2022网络市场监管专项行动，开展网售"一老一小"用品抽查8742批次、查处"一老一小"用品质量案件347件，查处"三无"外卖案件1497件、"三假"直播案件968件，依法查处带货商品与实际货品"货不对板"、销售侵权假冒伪劣商品、使用假冒的检验检测报告等违法行为，维护商家和消费者合法权益。

二、推动完善制度建设

（一）健全信用分类监管

2022年1月，印发《关于推进企业信用风险分类管理进一步提升监管效能的意见》，在市场监管系统全面推进企业信用风险分类管理工作，推动分类结果在"双随机、一公开"监管中常态化运用，双随机抽查问题发现率平均提高51.9%，取得明显阶段性成效。全面推进企业信用风险分类管理，通过国家企业信用信息公示系统归集并记于市场主体名下知识产权信息9876.25万条，充分发挥信息公示和信用监管在知识产权保护中的作用；探索推进生产企业质量信用分类监管和质量分级，研究起草《工业产品生产企业质量信用评价规范》。

（二）加强严重违法失信名单管理

指导各地市场监管部门持续加大对严重违法失信经营主体的查处力度。2022年，全国各级市场监管部门累计将184户（名）故意侵犯知识产权、严重破坏公平竞争秩序的经营主体列入严重违法失信名单，通过国家企业信用信息公示系统予以公示。在"3·15"期间，市场监管总局对销售侵犯商标专用权电池等严重违法失信名单典型案例进行集中曝光，有力震慑侵权假冒等违法行为。

（三）规范网络市场秩序

国家发展改革委、市场监管总局、中央网信办、工业和信息化部、商务部、税务总局等部门联合发布《关于推动平台经济规范健康持续发展的若干意见》，明确提出"进一步健全适应平台企业创新发展的知识产权保护制度"，优化平台经济发展环境。中央网信办、税务总局、市场监管总局发布《关于进一步规范网络直播营利行为促进行业健康发展的意见》，强调"网络直播发布者、网络直播服务机构严禁利用网络直播平台销售假冒伪劣产品"。2022年5月至10月，市场监管总局组织开展"百家电商平台点亮"行动，实现平台亮照、亮证、亮规则，推动信息公开、规则透明。

（四）推进商业秘密保护创新试点

部署开展全国商业秘密保护创新试点工作，公布第一批20个创新试点地区名单，指导各试点地区积极探索多元有效的商业秘密保护机制，以点带面推动全国商业秘密保护水平整体提升。指导各地市场监管部门将保护关口前移，加强对企业商业秘密保护的帮扶指导。截至2022年底，全国已建成商业秘密保护指导站（联系点）、示范企业、示范基地6535个。

（五）完善知识产权执法工作机制

与国家知识产权局签署知识产权执法保护工作备忘录，加强日常监管与执法办案衔接，构建分工负责、密切配合、齐抓共管的工作机制，共建知识产权大保护格局。与国家知识产权局联合印发《关于开展商标代理行业专项整治行动的通知》，部署打击恶意申请注册商标等违法行为。

（六）细化知识产权监管规定

发布施行《商标代理监督管理规定》，规范商标代理行为，提升商标代理服务质量。发布施行《药品网络销售监督管理办法》，规范药品网络销售和药品网络交易平台服务活动。修订施行《医疗器械生产监督管理办法》《医疗器械经营监督管理办法》，进一步规范医疗器械生产、经营活动，保证医疗器械安全、有效。公布

《食品相关产品质量安全监督管理暂行办法》，规定生产者、销售者对其生产销售的食品相关产品质量安全负责，禁止在食品相关产品中掺杂、掺假、以假充真，禁止伪造产地、伪造或者冒用他人厂名、厂址、质量标志。

三、积极开展宣传培训

（一）组织开展集中宣传活动

2022年知识产权宣传周期间，筛选并在总局网站、局属媒体曝光商标侵权、假冒专利、恶意申请注册商标等典型案件20件。制作知识产权执法短视频，在"3·15"前后向社会播发。参与筹备中宣部"这十年"新闻发布会。召开"2022民生领域案件查办'铁拳'行动"发布会、全面加强冬奥知识产权保护专场新闻发布会、知识产权保护社会满意度调查新闻发布会。

（二）加强培训教育基础工作

着力加强全系统执法能力培养，组建市场监管总局综合执法人才库、专家库，首批219名地方执法骨干入选总局人才库。举办全国市场监管执法办案电子数据取证大比武活动，开展知识产权执法培训，全面调动全系统执法干部学习新知识、新技术的热潮。编印《市场监管执法稽查疑难案例评析》等执法指导书籍，提升业务指导针对性和有效性。

（三）深化国际交流合作

与世界知识产权组织等共同举办中国国际进口博览会"保护知识产权 打击侵权假冒国际合作"虹桥分论坛，在中国国际服务贸易交易会举办"打击侵权假冒高峰论坛"，邀请国际组织、驻华使馆（团）、中外企业代表等参会，系统宣传我国保护知识产权工作成效，着力提升打击侵权假冒全球治理水平。积极参加中欧、中俄、中瑞、中日知识产权工作组会议交流磋商，对中美、中俄、中瑞等双边会晤关注问题及时作出回应。

（撰稿人：曹祎宇）

国家广播电视总局打击侵权假冒工作报告

一、加强法律制度建设

为加强行业管理，做好顶层制度设计，根据国家有关立法工作安排，我局在《广播电视管理条例》等现行法规基础上，经深入调查研究，广泛听取意见，起草形成《中华人民共和国广播电视法（征求意见稿）》，于2021年面向社会公开征求了意见，现已上报中宣部。在立法起草过程中，注重加强与广播电视和网络视听节目服务有关的知识产权保护，在法中拟定了相关条款，要求从事广播电视活动和网络视听节目服务活动的组织和个人应当增强知识产权意识，提高创造、运用、保护和管理知识产权的能力。

二、做好各项打击侵权假冒工作

一是做好电视剧、网络剧、网络电影备案公示审核工作。在审核过程中高度重视版权保护工作，对于重复申报和有版权纠纷的剧片，及时协调有关省级广电部门处理研究办理，并在后续备案公示审核中谨慎把关。

二是加强广播电视商业广告播出管理。整治虚假和夸张夸大宣传等典型突出违规问题，约谈了相关省局及卫视频道主要负责人，查处了一批违规频率频道和"百年退翳方"、"活甚伊号"等违规广告，维护了人民群众利益。

三是定期开展对电视购物频道的监看检查，及时办理涉及侵权假冒问题的群众投诉举报。2022年，转办涉及服饰无吊牌、衣领无印标以及胶囊产品无生产日期的群众投诉问题共3件。

四是持续开展全国各级电视台播出境外影视剧（含动画片）抽查监看工作，发现并整改违规播出未经批准的境外影视剧1部。

五是为保障冬奥会和冬残奥会赛事传播秩序，有效维护奥运版权及相关权利，我局与国家版权局等6部门于2022年1月至3月启动冬奥版权保护集中行动,对各类传播平台开展版权监管,着力整治未经授权通过广播电视、网站(APP)、IPTV、互联网电视等平台非法传播冬奥赛事节目的行为。重点打击短视频平台公众账号未经授权提供冬奥赛事节目盗播链接、集中批量在网络平台上传播冬奥赛事节目的行为,以及网络主播在直播中未经授权传播冬奥赛事节目的行为。要求各广播电台和电视台不得非法传播冬奥赛事节目,引导、监督、督促网络视听平台,不得违规使用冬奥赛事节目的音视频节目信号。

六是指导中国网络视听节目服务协会修订《网络短视频内容审核标准细则》,明确规定短视频节目中不得出现"未经授权自行剪切、改编电影、电视剧、网络影视剧等各类视听节目及片段的具体内容",进一步压紧压实短视频平台审核职责,督导建立完善版权侵权预警机制和涉及版权内容的过滤准则,尽量消减侵权危害并保护好合法短视频内容。

七是积极开展非法卫星地面接收设施整治工作。2022 年全国共整改、取缔违规销售点 2.19 万余处,封堵非法短信广告、销售网站网址 8.4 万余条(个),收缴、拆除、置换非法卫星接收设施 36.79 万余套(件);依法管理在华落地境外卫星电视频道,将 2 家非法接收单位纳入统一管理。

三、加强宣传报道,推动优秀节目创作

一是通过全国广播电视系统宣传工作例会,指导各级广播电视媒体和网络视听平台加强宣传教育引导,宣传知识产权保护工作重大部署和积极成效,做好典型案例宣传,以案释法,有效引导舆论,开展舆论监督,彰显我国打击侵权假冒行为的坚定立场和决心,在全社会营造积极打击侵权假冒的良好氛围。二是积极组织广播电台、电视台和网络视听节目服务机构,加强精品创作,讲好中国故事,展示文明大国、负责任大国形象,把向公众普及、推广打击侵权假冒知识融入日常广播电视和网络视听宣传报道中,利用广播电视新闻、公益广告和网络短视频等多种节目形态,向公众宣传保护知识产权的重要意义,普及推广打击侵权假冒基本知识。2022 年,公益广告《保护知识产权就是保护创新》在 42 个央视卫视频道累计播出 35537 条,取得了积极的宣传效果。三是推动短视频与长视频平台的影视版权合作,围绕长视频内容的二次创作与推广等方面展开探索,"版权"与"流量"不断聚合,以期实现视听内容价值最大化。四是贯彻落实中共中央、国务院转发的《中央宣传部、司法部关于开展法治宣传教育的第八个五年规划(2021—2025)》,起草通知印发全系统,把打击侵权假冒法治宣传列为"八五"普法期间的工作内容之一,并按照"谁执法谁普法"普法责任制的要求,明确了具体的工作措施,加强组织实施,确保相关普法宣传落实到位。

(撰稿人:李冰)

国家知识产权局打击侵权假冒工作报告

一、法治化水平持续提升

一是形成《中华人民共和国商标法修订草案(征求意见稿)》,明确查处商标侵权行政案件和刑事案件的双向移送机制,优化商标侵权赔偿数额的计算方法,引入商标侵权公益诉讼。二是配合司法部推进《专利法实施细则》修改工作,明确全国有重大影响的专利侵权纠纷界定标准,完善专利纠纷处理和调解制度。三是推进地理标志立法工作,研究形成地理标志条例立法框架和主要内容,加强地理标志专用权保护。

二、全链条保护进一步加强

一是制定印发《知识产权维权援助工作指引》,完

善维权援助工作程序和服务标准。2022年全国知识产权维权援助机构共办理维权援助申请7.1万余件，提供咨询指导服务4.6万余次。二是持续推进知识产权纠纷调解，截至2022年底，指导和管理的人民调解、商事调解等各类调解组织1200余家，2022年受理调解案件8.8万件。三是发布《商品交易市场知识产权保护规范》，首次明确商品交易市场知识产权保护管理的推荐性国家标准。四是落实重大专利侵权纠纷行政裁决和药品专利纠纷早期解决行政裁决机制，审结首批重大专利侵权纠纷行政裁决案件2件和药品专利侵权早期解决行政裁决案件70件。五是印发《全国知识产权行政保护工作方案》，进一步提升全国范围内知识产权行政保护的质量、效率和水平。全国共办理专利侵权纠纷行政案件5.8万件。六是会同国家市场监督管理总局圆满完成北京2022年冬奥会和冬残奥会奥林匹克标志知识产权保护专项行动，各地共开展专项检查20余万人次，收到并处置涉及奥林匹克标志知识产权侵权违法线索2316件，组织查办侵犯奥林匹克标志专有权案件300余件，产生广泛社会影响。

三、公共服务体系进一步完善

一是知识产权公共服务机构实现省级层面全覆盖，累计达到134家。完成首期技术与创新支持中心筹建目标并开展三年运行效果评估。遴选认定高校国家知识产权信息服务中心23家，国家级重要服务网点累计348家。二是深入实施知识产权公共服务能力提升工程。指导地方发布知识产权公共服务事项清单，编发《知识产权政务服务事项办事指南》。三是知识产权保护信息平台及国家知识产权大数据中心和公共服务平台立项工作取得重要突破。四是向地方知识产权管理部门、知识产权公共服务体系节点网点单位配置的标准化数据种类增至55种，向具备数据加工和分析利用能力的市场主体按需免费提供知识产权标准化数据。

四、国际合作进一步深化

组织相关部门及产业界代表参加WIPO执法咨询委员会（ACE）第15届会议并发言，展示中国政府尊重和保护知识产权的坚定立场，介绍我国在知识产权执法和意识提升方面的工作成效。在2022年金砖国家合作主场外交框架下，成功主办第14次金砖国家知识产权局局长会议。

五、宣传教育工作深化加强

一是开展案例宣传。2022年全国知识产权宣传周活动期间发布2022年度专利、商标行政保护十大典型案例、专利复审无效十大案件等一系列信息，发挥教育警示作用，提升知识产权保护意识。二是强化信息发布。围绕知识产权系统深入学习贯彻党的二十大精神、新时代知识产权事业发展成就等主题举行新闻发布会12场，及时发布权威信息。围绕冬奥会知识产权保护、打击非正常专利申请等社会热点，及时回应群众关切。持续开展"蓝天"专项行动宣传报道，通报对多家代理公司的行政处罚，在局属媒体平台开展宣传，倡导保护创新成果，促进代理行业健康发展。三是深化普及教育。继续推进中小学知识产权普及教育，建成以教育师资培训为实体，以远程教育平台和社交媒体账号为两翼的教育新模式，有效提升青少年尊重和保护知识产权的诚信意识、规则意识。

（撰稿人：朱丹）

国家机关事务管理局打击侵权假冒工作报告

按照全国打击侵犯知识产权和制售假冒伪劣商品工作领导小组办公室工作分工和总体安排，国家机关事务管理局严格按照资产管理标准和政府采购相关规定，从源头上做好软件政府采购工作，确保采购到的软件正版安全、质量可靠，为深入推进软件正版化工作提供了支撑，为推动知识产权强国战略实施夯实基础。

一、中央行政事业单位软件资产管理

为贯彻落实党中央、国务院关于软件资产管理工作要求和《行政事业性国有资产管理条例》相关要求，进一步规范和加强中央行政事业单位软件资产管理，国管局资产司积极推进中央行政事业单位软件资产管理制度标准建设，2022 年修订完善了《中央行政事业单位软件资产管理办法》和《中央行政事业单位软件资产管理工作指南（试行）》。

二、正版软件政府采购

2022 年，中央各级预算单位在国管局中央国家机关政府采购中心（以下简称国采中心）运营的正版软件采购网上共采购软件 22.61 万套，金额 1.49 亿（其中，操作系统 8.14 万套，金额 7315.11 万元；办公软件 3.40 万套，金额 1978.33 万元；数据库软件 162 套，金额 1735.98 万元），进一步夯实了软件正版化工作基础。

三、信创软件产品价格谈判

国采中心 2022 年调研信创相关企业，了解市场信息，邀请有关专家共同研究产品成本和价格构成，对技术指标和报价体系进行梳理，与公安部和国家密码局等行业主管部门密切合作，共完成 2 次价格谈判，产品总数 410 款，涉及的软件厂商 56 家。国采中心为规范谈判流程，防范廉政风险，提高采购效率，节约财政经费，严格按照《中央国家机关政府采购中心有关货物和服务价格谈判工作规程》，精心编制价格谈判文件，严密组织谈判过程，产品价格平均降幅达到 15% 以上，保护了软件企业的研发积极性，促进了软件产业的健康发展，发挥了政府采购的政策功能，助力保护知识产权、维护国家信息安全战略目标的实现。

四、加强电子卖场品牌管理

国采中心在中央国家机关政府采购电子卖场中嵌入品牌管理模块，并持续进行监测管理。厂商上架商品前需申请品牌，由中心审核通过后，才可以关联品牌与商品，形成"厂商—品牌—商品"关联机制，有效预防了违规侵权使用他人品牌上架"山寨"商品等现象，进一步维护了公开、公平、公正的政府采购市场环境。

五、软件框架协议采购

国采中心 2022 年对政府采购相关的软件厂商进行了深入调研，与第三方技术支撑单位中国信通院通力合作，已完成操作系统、办公软件、中间件、杀毒软件、虚拟化软件、安全软件、版式软件、签章软件的框架协议采购需求编写工作。在充分征求中央各部委采购人意见基础上，按照财政部颁布的《政府采购框架协议采购方式管理暂行办法》（财政部令第 110 号），完成了《中央国家机关软件及相关服务框架协议采购实施方案》的制定工作。

六、软件正版化督查

在国家版权局的指导下，由国采中心王勇刚副主任任组长，国管局、国家版权局组成的联合督查组，2023 年 1 月赴广州市对广东省直机关及省属国有企业进行了软件正版化督查工作。通过督查，提升了督查对象的软件正版化意识，促进了督查对象维护国家信息安全和供应链安全职责的更好发挥。

七、下一步工作打算

下一步国采中心将积极落实国家保护知识产权、信息安全自主可控战略，继续增加正版软件框架协议采购品目，持续扩大软件联合采购范围，推动国产软件生态建设，引导企业夯实以安全可控为核心的国家信息产业基础。

（撰稿人：吕晓斌）

国家林业和草原局打击侵权假冒工作报告

一、工作部署

为认真贯彻落实《知识产权强国建设纲要（2021—2035年）》，切实做好2022年打击制售假劣林草种苗和侵犯植物新品种权工作，根据《2022年全国打击侵犯知识产权和制售假冒伪劣商品工作要点》，2022年6月9日，国家林业和草原局办公室印发了《关于组织开展2022年打击制售假劣林草种苗和侵犯植物新品种权工作的通知》（以下简称《通知》），要求各地正确认识现阶段打击侵权假冒工作面临的新形势，加强种苗市场监管，强化植物新品种权保护，强化宣传教育，加大侵权假冒案件查处力度。《通知》下发后，各省（含自治区、直辖市，下同）林草主管部门高度重视，分别下发文件，部署本省林草双打工作。内蒙古自治区、湖南省、海南省、四川省、新疆维吾尔自治区将林草种苗质量监管和假劣种苗案件查处列入林长制考核指标，狠抓种苗质量。

二、主要措施及工作成效

（一）开展林草种苗质量抽检

为保证大规模国土绿化行动种苗供应与使用质量，严把造林绿化种苗质量关，我局组织国家级林草种苗质量检验机构于2022年4月至11月对河北、山西、内蒙古、辽宁、吉林、湖南、云南、西藏等8个省、自治区开展林草种苗质量抽检工作，同时部署其他省份开展自查。全国共抽检了453个县（市、区、旗）、948个用种用苗单位的种苗质量，林木种子样品合格率为82.7%，草种样品合格率为77.4%，苗木苗批合格率为96.7%。2023年初，利用林长制简报对抽查结果进行了通报，提高了各地的质量意识。

（二）开展林草种苗行政许可随机抽查

为加强对林草种苗行政许可事中事后监管，我局于2022年7月至8月组织开展了林草种苗行政许可随机抽查，组成2个检查组，赴北京、福建2个省（市）的4家公司开展"进出口林草种子生产经营许可证核发""林木种子苗木（种用）进口审批""普及型国外引种试种苗圃资格认定""国务院有关部门所属的在京单位从国外引进林草种子、苗木检疫审批"许可事项的事中事后监督检查。4家企业检查结果均为合格。检查结束后，国家林业和草原局向被检查企业反馈了抽查结果。同时，将本次检查全部结果录入国家"互联网＋监管"系统。

（三）开展打击侵权假冒林草植物新品种专项行动

各省级林业和草原主管部门组织力量集中开展专项行动，加强组织领导，健全机构，建立健全植物新品种权行政执法体系。重点对各种林木、花卉博览会、交易会等大型专业市场加大打击力度，及时查处有关违法行为，规范市场秩序，保护品种权人的合法权益。加大植物新品种权行政执法能力建设，加强行政执法队伍建设，强化宣传引导，形成了打击侵犯植物新品种权的强大态势。

（四）完善植物新品种保护体制机制

积极推进《中华人民共和国植物新品种保护条例》修订工作，与农业农村部共同成立条例修订工作小组，召开条例修订座谈会，研究相关修订内容，并征求各方专家建议，根据新修改的《种子法》要求形成条例修订征求意见稿，向社会公开征求修订意见。举办林草新品种分子测试技术研讨会，推动建立林草实质性派生品种（EDV）制度，更好地激励原创育种和原始创新。启动了《林草植物新品种保护行政执法办法》修订的前期研究，开展了广泛调研，听取大家的意见和建议，推进行政执法和司法衔接。

（五）完善林业和草原植物新品种测试体系

加强林草植物新品种测试体系顶层设计，优化测试机构布局，督导南昌测试站加快筹建进度，批复设立海南崖州测试分中心，保障植物新品种保护工作顺利开展。举办林草植物新品种测试分中心工作座谈会，指导相关测试站开展鉴定等工作，更好地服务于行政执法和司法诉讼案件。

（六）加强人才队伍建设

举办林草植物新品种及知识产权保护与管理培训班，组织开展5次有关植物新品种保护的国际培训，对各省林业和草原主管部门、林草高校、林草综合测试站、测试分中心、分子鉴定实验室等单位的相关人员开展培训，共培训700余人次。各省级林业和草原主管部门分别开展林草种苗行政执法与植物新品种保护培训，共培训2000余人次，提高了林草种苗和植物新品种行政执法人员的水平和办案能力。

（七）加大案件查处力度

2022年，全国共查处假冒伪劣、无证、超范围生产经营、未按要求备案、无档案等各类种苗违法案件217起，罚没金额113万余元。其中，查处制售假冒伪劣种苗案件37起，罚没金额近50万元。

其中，江苏省组织开展全省林草种苗质量抽检和林草种苗行政执法专项行动，共立案查处生产经营假劣种苗等案件38件，罚没金额59.94万元，7件7人移送司法机关；湖北省组织开展打击侵犯林草植物新品种权和制售假劣林草种苗专项行动，共查处假劣种苗案件14起；湖南省查处无证生产经营油茶苗木等违法案件15起；四川省查处各类林草种苗违法案件22起；重庆市查处各类林草种苗违法案件30起，罚没金额22.65万元。

（八）加强普法宣传

各地进一步学习宣传贯彻新修改的《种子法》，增强和提高林草种苗从业人员的法律意识，提高公众植物新品种保护意识。北京市在首都园林绿化公众号和政务网开设宣贯专栏，印发宣传材料，组织知识竞赛，种苗管理和种苗企业人员数百人参加。重庆市开展《种子法》宣传45场（次），编印《种子法及配套法规知识汇编》等资料，受众人数5万多人次。陕西省利用植树节、科普日等活动，现场指导生产经营者规范填写标签和自检记录等，健全生产经营档案，印发宣传材料8万余份、画报400余幅。

（九）做好打假工作绩效考核

一是修订林草系统打击侵权假冒工作评分标准。经认真研究，进一步讨论完善了考核各省份打击制售假冒伪劣林木种苗和林业植物新品种权工作考核体系，力求完整、准确评价各地工作情况，有效促进有关工作的开展。

二是对各地打假工作情况进行部门考核打分。按照全国打击侵权假冒工作领导小组办公室要求，做好部门考核打分工作，通过打分鼓励先进、督促后进，促进各地双打工作的提升。

三、对策建议

（一）进一步强化部门联合、政企联合，形成合力，严厉打击互联网销售林草种苗中存在的无证经营、侵权假劣、虚假宣传等违法行为，避免管理真空。

（二）建议尽早确定并下发打击侵权假冒绩效考核打分标准，以便指导各地进一步做好双打工作。

（撰稿人：薛天婴、王地利）

国家邮政局打击侵权假冒工作报告

一、2022 年工作情况

（一）强化组织部署

加强寄递安全制度顶层设计，12 部门联合出台《关于进一步加强邮件快件寄递安全管理工作的指导意见》，强调要做好寄递渠道打击侵权假冒专项工作，以净化寄递安全环境为重点，以落实企业安全主体责任为抓手，深化部门协作，依法落实各部门职责，大力提升寄递安全整体水平。加强组织领导，在全国邮政管理工作会议、全国邮政市场监管会议等各种会议中，部署加强寄递渠道安全监管，打击整治寄递侵犯知识产权物品和假冒伪劣商品违法行为。

（二）严格落实寄递安全"三项制度"

督促寄递企业严格执行实名收寄、收寄验视、过机安检"三项制度"，落实《禁止寄递物品管理规定》，当面验视用户交寄的物品，一旦发现疑似侵权假冒等禁止寄递物品，寄递企业不得收寄。持续开展实名收寄问题整治，加大人证核验系统在邮政快递领域的应用，集中整治"实名不实"问题。规范寄递协议用户安全管理，加强协议用户备案和背景审查，对于生产销售主要产品属于侵权假冒的，寄递企业不得为其提供协议服务。加强从业人员教育培训，严格加强寄递安全管控措施，严查严纠、严防严治侵犯知识产权物品和制售假冒伪劣商品违法寄递行为，筑牢行业安全工作防线。寄递企业以落实"三项制度"为抓手，主动发现、报告、协助公安机关和市场监管部门破获涉侵犯知识产权和制售假冒伪劣商品等案件的意识和能力明显提升。

（三）加强监管能力建设

强化寄递渠道安全监管"绿盾"工程信息系统应用，深入推进视频联网、安检机联网应用，严查寄递侵犯知识产权物品和假冒伪劣商品等多发性违法违规寄递行为。强化安检设备配置与使用管理，加强邮件快件安检员队伍建设，加快应用邮政业智能安检设备，依托科技手段提升过机安检质效。严格监管执法，深入实施"双随机、一公开"监管、"互联网＋监管"、跨部门协调监管，依法严肃查处侵权假冒违法违规行为，着力压实企业安全主体责任。2022年，全国各级邮政管理部门共计开展邮政市场"双随机、一公开"行政执法检查3.1万人次，检查市场主体1.4万家次，查处整改违法违规问题5328个，办理邮政市场行政处罚案件6077件，实施行政罚款5453万元。

（四）深化寄递安全综合治理

会同公安部、国家互联网信息办公室开展邮政快递领域个人信息安全治理专项行动，加强寄递安全源头治理，破获窃取贩卖快递信息案件206起，打掉犯罪团伙65个，抓获犯罪嫌疑人844名，查获泄露信息2.2亿余条，涉案金额9600余万元。在全国两会等重大寄递安保时段，下发通知督促各级邮政管理部门和各寄递企业全面排查整治安全隐患，严防各类侵权假冒物品流入寄递渠道，坚决遏制重特大事故发生。

二、2023年下半年工作计划

（一）以健全机制、加强执法为抓手，压紧压实寄递企业主体责任

发挥邮政快递业安全生产协调领导机制作用，督促寄递企业完善安全管理体系，健全安全管理机构，落实安全生产主体责任和安全保障统一管理责任。推动邮政快递领域平安员队伍建设，完善举报奖励机制，充分调动一线快递从业人员同侵权假冒违法犯罪行为作斗争的积极性。部署各地邮政管理部门强化打击侵权假冒的执法检查，综合运用事件通报、制发警示函、约谈主要负责人等措施落实企业主体责任，保持违法违规寄递行为监管的高压态势。

（二）以专项行动、重大活动为契机，严厉打击侵权假冒违法行为

17部门联合开展平安寄递专项行动，提升部门间沟通协作力度，健全违法线索移交处置机制，及时受理相关部门移交违法线索，严查侵权假冒违法寄递行为。深入推进重大事故隐患排查整治2023行动，督促各地、各企业严格落实《邮件快件处理场所、营业场所安全管理规范化二十条细则》硬措施，持续纠治作业场地"四不"问题，督促企业持续具备安全生产条件，提升硬件安全防护水平。以杭州亚运会等重大活动、重点时段寄递安保工作为主线，在巩固既有工作成效基础上，进一步深化寄递渠道涉枪涉爆、涉毒涉危、侵权假冒等重点隐患综合整治，不断加强寄递安全管控措施，确保重大活动期间寄递渠道万无一失。

（三）以智能监管、联合监管为支撑，提升智能化科技化监管能力

结合"绿盾"工程（二期）建设，推动寄递安全数据研判中心建设，强化对高风险人群、侵犯知识产权物品、制售假冒伪劣商品和重点运递方向分析预警。

加大安全专项投入力度，加快推进重点部位、关键环节智能安检设备应用，提升安全管控能力。深化寄递安全综合治理，加强部门协作配合，对寄递渠道社会安全工作实行齐抓共管、综合治理。

三、相关建议

（一）建议强化部门协作

寄递渠道具有点多线长面广、人货分离、隐蔽性强等特点，安全问题触点多、危害大、防范难，违法线索收集难、调查取证难，发现查处难度大。建议进一步深化部门间协作配合，及时互通信息和案件线索，开展联合侦办打击，严防各类侵权假冒商品通过寄递渠道流通。

（二）建议加强相关专业技能培训

侵权假冒商品种类多，寄递企业现有技术手段和查验能力还不能有效甄别复杂多样的各类侵权假冒商品。建议由各地市场监管部门牵头，召集快递企业负责人、安全员以及相关从业人员进行培训，宣传相关法律法规，讲授各类侵权假冒物品的种类、物理特征、性质等，提高从业人员辨识能力和对异常快件的警惕意识。

（撰稿人：李中汉）

国家疾病预防控制局打击侵权假冒工作报告

为切实加强抗（抑）菌制剂监管，严肃查处违法违规行为，2022 年国家卫生健康委、国家疾控局部署开展了抗（抑）菌制剂乱象治理工作，取得明显成效。

一、工作部署情况

国家卫生健康委、国家疾控局和各地均高度重视抗（抑）菌制剂乱象治理工作，对工作进行周密部署。

（一）加强顶层设计

印发《国家卫生健康委办公厅关于进一步加强抗（抑）菌制剂监督管理工作的通知》（国卫办监督函〔2022〕178 号），对各地抗（抑）菌制剂乱象治理工作提出明确要求。印发《国家卫生健康委办公厅关于印发 2022 年国家随机监督抽查计划的通知》（国卫办监督函〔2022〕201 号），将开展抗（抑）菌制剂乱象治理工作与"双随机"工作有机结合，并纳入 2022 年全国打击侵犯知识产权和制售假冒伪劣商品考评。

（二）加强组织领导，推进工作落实

各地均成立抗（抑）菌制剂乱象治理工作领导小组，明确职责分工、建立工作责任制，纳入年度目标考核。按照国家卫生健康委要求，结合实际，及时制定并印发抗（抑）菌制剂乱象治理实施方案，明确工作目标、内容、进度安排和保障等。组织召开抗（抑）菌制剂乱象治理工作推进会、专题工作会议和阶段工作调度会，明确分工、落实责任。

二、主要措施

各地根据国家卫生健康委相关工作要求，通过培训与督导、组织监督检查和抽检等一系列举措，扎实开展抗（抑）菌制剂乱象治理工作。

（一）建立多部门协作监管机制，形成监督合力

一是建立部门联合协作机制。发现打着抗（抑）菌制剂的幌子，行冒充药品、在临床用于治疗疾病之实的，及时移交药品监管部门。发现抗（抑）菌制剂存在网络违法违规宣传疗效等行为，及时移交网络监管部门。二是建立省际案件协查机制。发现非本辖区生产企业的不合格抗（抑）菌制剂，及时向生产企业所在地卫生健康行政部门或监督执法机构通报情况。三是充分发挥打击侵犯知识产权和制售假冒伪劣商品工作领导小组办公室机制作用，发现辖区电商平台网上商铺违法违规宣传抗（抑）菌制剂的，及时通报网络监管部门并积极配合其约谈。指导电商平台规范证照公示，设置警示语，提示消费者"抗（抑）菌制剂

不是药物，不具有治疗、护理、保健作用"。

（二）广泛宣传动员，形成高压态势

充分利用新闻媒体广泛宣传动员、营造治理抗（抑）菌制剂乱象的社会氛围；充分发挥社会监督作用，设立投诉举报电话、网络信箱等，多渠道广泛征集线索；对抗（抑）菌制剂违法违规添加禁用物质和夸大宣传等行为坚决予以严厉打击，依法依规从严从重处罚。曝光典型案例，形成高压态势，发挥震慑作用，确保治理工作取得实效。

（三）加强培训与督导，提高执法能力

各地组织召开消毒产品监管培训会，重点培训监督检查内容、方法以及抗（抑）菌制剂膏、霜剂型的抽查采样要求、送检要求等，统一标准，提高监督执法能力。各地还加强对专项工作督导检查，及时解决工作中遇到的各类问题，确保乱象治理工作扎实有效推进。

（四）突出重点，开展监督检查和产品抽检

一是全面摸底排查抗（抑）菌制剂生产企业。各地坚持横向到边，纵向到底的原则，摸清辖区抗（抑）菌制剂生产企业底数并逐一排查，重点检查卫生许可是否有效，生产项目、类别、条件是否与卫生许可证一致，查看生产过程记录、原料进出货记录、产品批次检验记录等内容是否符合要求；检查抗（抑）菌制剂卫生安全评价报告内容是否齐全合格并备案。二是加强辖区抗（抑）菌制剂经营、使用单位的监督检查。重点检查医药公司、零售药店、母婴店、商场超市、婴幼儿洗浴及游泳场所、医院等机构销售使用的抗（抑）菌制剂产品名称、标签、说明书、包装等是否规范，是否存在违法违规宣传疗效和标注禁用物质等情况。三是加强网络巡查。重点对辖区内的电商平台开展巡查，检查电商平台的经营者是否按照《消毒管理办法》《消毒产品标签说明书管理规范》要求，索取生产企业卫生许可证并予以网上公示；经营者是否在商品标题、详情页中使用不规范用语，是否存在违法违规宣传疗效等情况。四是组织开展抗（抑）菌制剂膏、霜剂监督抽检。各地在经营、使用单位随机采样30个抗（抑）菌制剂膏、霜剂并送检，重点检测是否非法添加激素类等禁用物质。

三、工作成效

（一）加大了对抗（抑）菌制剂的监督检查力度

共排查抗（抑）菌制剂生产企业2476家，发现存在违法行为企业82家。共检查抗（抑）菌制剂经营、使用单位89962家，抽查产品116475件，发现不合格产品3352件。共组织抽检2506个抗（抑）菌制剂膏、霜剂型，发现非法添加禁用物质产品216个，共检测出氯倍他索丙酸酯、咪康唑、特比萘芬等非法添加禁用物质27种。

（二）加强了电商平台网络巡查

辽宁、江苏、广东、贵州、上海、山东、甘肃、湖南及新疆对辖区内136个电商平台经营单位进行了巡查，发现102家经营单位未按照要求索取生产企业卫生许可证并予以网上公示，71家经营单位在商品标题、详情页中使用不规范用语，125家经营单位存在违法违规经营和宣传抗（抑）菌制剂的行为。

（三）严厉打击了违法违规行为

各地对抗（抑）菌制剂夸大宣传、添加禁用物质等行为依法依规从严从重处罚。检查抗（抑）菌制剂生产企业2476家，共立案107起，行政处罚122家，罚款金额49.86万元；检查抗（抑）菌制剂经营、使用单位89962家，共立案1164起，行政处罚990家，罚款金额202.66万元。对涉嫌构成犯罪的，依法向公安机关移送，有效防范不合格产品流入市场。

四、对策建议

一是进一步修订完善消毒产品监管法律法规。修订完善《传染病防治法》《消毒管理办法》等法律法规，规范处罚的种类、金额和处罚权。从法律层面，增加违法成本，加大惩处力度，明确标准要求。二是深化多部门联动的消毒产品监管协作机制。探索疾控、市场监管、药品监管等部门建立以信息共享为基础的部门协作机制，构建部门协同、多方联动的监管体系，形成长效监管机制。三是持续加大抗（抑）菌制剂监督查处力度。各级疾控部门进一步加大对抗（抑）菌制剂抽检力度，组织开展消毒产品专项执法行动，依法严肃查处违法行为。

（撰稿人：刘爽）

国家药品监督管理局打击侵权假冒工作报告

2022 年，国家药监局按照全国打击侵权假冒工作领导小组办公室工作统一部署和要求，充分发挥职能作用，持续开展打击侵权假冒工作，取得了显著成果。

一、工作部署

国家药监局高度重视打击侵权假冒工作，扎实做好打击侵权假冒相关工作，在局务会上传达学习党中央、国务院关于打击侵权假冒相关文件精神，研究贯彻落实措施。一是认真安排部署，贯彻落实 2022 年全国打击侵权假冒工作电视电话会议精神，在 2022 年全国药品监管工作会议上，安排部署打击侵权假冒相关工作。将打击侵权假冒工作融入药品安全专项整治行动中，针对药品、医疗器械、化妆品领域群众反映强烈的突出问题，以严厉打击制售假药劣药、违法生产中药饮片、网络非法销售为重点，严查严防严控安全风险，集中深入开展药品安全专项整治。二是细化工作要求，按照原全国打击侵犯知识产权和制售假冒伪劣商品工作领导小组办公室《2022 年全国打击侵犯知识产权和制售假冒伪劣商品工作要点》要求，组织相关业务司局深入研究，进一步明确了 2022 年国家药监局打击侵权假冒工作的落实措施。

二、主要措施

2022 年初，国家药监局、市场监管总局印发《关于深入开展药品安全专项整治行动的方案》，开展全国药品安全专项整治行动。在深入开展药品安全专项整治行动中，我局始终加大对重点领域、关键环节侵权假冒行为打击力度。

（一）不断强化打击侵权假冒法治保障

推进《药品管理法实施条例》修订，出台《药品网络销售监督管理办法》《医疗器械生产监督管理办法》《医疗器械经营监督管理办法》等规章，发布《药品召回管理办法》《医疗器械临床试验质量管理规范》《化妆品生产质量管理规范》等规范性文件，打击"两品一械"侵权假冒法治保障不断强化，各级监管部门执法办案规范性持续提升。

（二）不断加大打击侵权假冒工作力度

按照《关于深入开展药品安全专项整治行动的方案》统一部署和要求，针对"两品一械"侵权假冒突出问题进行重点整治，充分发挥职能作用，查处侵权假冒违法行为。在药品领域，严厉打击无证生产行为，制假"黑窝点"；严厉打击注册造假行为；严厉打击中药饮片、中成药生产过程中的掺杂使假、染色增重、虚假投料等违法行为；严厉打击从非法渠道购进使用原料；严厉打击编造生产记录、检验记录等行为。在医疗器械领域，严厉打击无证生产行为；严厉打击注册备案造假行为；严厉打击编造生产记录、检验记录等行为。在化妆品领域，严厉打击无证生产行为；严厉打击注册备案造假行为；严厉打击非法添加、使用禁用原料、超范围或超限量使用限用原料等行为。

（三）不断强化重点环节风险排查

国家药监局高度重视药品安全风险，印发《药品年度报告管理规定》（国药监药管〔2022〕16 号），在国家药监局药品监督管理统计系统上建设了药品年度报告采集模块，为药品监管部门开展监督检查、风险评估、信用监管等工作提供参考材料和研判依据；印发《药物警戒检查指导原则》《关于进一步加强含麻醉药品复方制剂和含精神药品复方制剂购销管理的通知》《关于进一步做好药品出口证明类文件有关工作的通知》等文件，指导各级药品监管部门科学、规范开展药物警戒检查工作，进一步加强含麻精药品复方制剂的管理，强化出口证明类文件的出证管理工作。持续加大医疗器械"线上清网，线下规范"治理力度，重点排查疫情防控、投诉举报和舆情关注较为集中的医疗器械，以及医疗器械网络交易服务第三方平台履行法定义务情况，重点关注从事医疗器械网络销售的企业是否按要求展示医疗器械生产经营许可证件或者备案凭证，所售产品是否有医疗器械注册证或者备案凭证；在网上发布的医疗器械适用范围、禁忌症等信息，是否与经注册或者备案的相关内容保持一致，是否存在未经许可或者备案从事网络销售，是否存在提供伪造的经营证照进驻平台开展经营活动，是否存在经营范围超出其生产经营许可或者备案范围；产品销售时是否存在对产品断言功效、虚假宣传等违法违规行为。组织开展化妆品"线上净网，线下清源"专项行动。将化妆品"线上净网，线下清源"专项行动与药品安全专项整治相结合，以未注册或者未备案、标签违法宣称、存在重大质量安全风险、侵权假冒的化妆品为重点开展整治工作。

三、工作成效

一年来，围绕药品安全专项整治行动，"两品一械"领域打击侵权假冒工作，取得了积极成效。

（一）推动出台打击危害药品安全违法犯罪的重要制度

协同"两高"修订《关于办理危害药品安全刑事案件适用法律若干问题的解释》，联合市场监管总局、公安部、最高人民法院、最高人民检察院出台《药品行政执法与刑事司法衔接工作办法》，联合市场监管总局印发《关于进一步加强案件查办工作的意见》，完善打击侵权假冒案件查办工作机制，促进严格规范公正文明执法。

（二）"两品一械"侵权假冒案件查办成效显著

深入开展药品安全专项整治行动以来，各地药监部门按照"四个最严"要求，围绕集中查处一批大案要案、公布一批典型案例、移送一批犯罪线索，全面加大执法办案力度，严惩打击"两品一械"侵权假冒违法行为。2022年，全国共查处"两品一械"侵权假冒违法案件1.8万余件。其中，生产销售假劣药品类案件0.9万余件；生产销售不符合标准的医疗器械类案件0.8万余件；生产销售假冒化妆品类案件0.09万余件。捣毁制售假窝点223个，向司法机关移送案件

2149件。辽宁、吉林、江苏、浙江、山东、湖北执法办案成绩突出，被司法部评为全国执法先进单位和个人。

（三）风险防控扎实有力

一是紧盯重点品种、重点区域、重点环节，加大日常监管力度。按照国家局统一部署，深入开展药品注册研制和生产现场联合核查、高风险药品生产企业自查自纠和专项检查、药品经营使用环节专项检查、医疗器械质量安全风险隐患排查、新冠病毒检测试剂质量安全监管、化妆品"线上净网 线下清源"专项行动等。全国日检查巡查同比大幅增长。二是建立风险管理清单。黑龙江建立省级、局级、分管领导级、处室级四级风险动态台账。山西建立风险隐患清单、问题线索清单、整改销号清单、督办落实清单管理模式，四个清单相互转化、滚动更新、闭环管理。宁夏督促企业在全面梳理自查基础上建立主体责任、风险隐患"两个清单"。三是强化风险发现与处置。多地综合监督抽检、投诉举报、不良反应（事件）监测、网络监测等风险信息，及时开展风险会商与处置。

（四）协同联动协作机制不断深化

一是行刑衔接机制不断完善。指导各地药品监管部门与公安、检察机关建立信息共享联合工作机制，定期就联动联查、假药认定、联合督办等进行会商。二是跨部门联合办案成效明显。天津、山西、山东、河南等省（市）药监局与公安、市场监管部门联合召开深入开展药品安全专项整治行动会议，联合印发开展药品安全专项整治行动方案。江苏、浙江、福建、山东、广东、广西、四川等地联合公安查办货值超亿元大案，有力震慑了违法犯罪分子。三是跨区域协同不断加强。北京牵头建立京津冀联合办案快速响应和协查机制，协助核查案件线索130件。

下一步，国家药监局将按照党中央、国务院关于打击侵权假冒工作要求，根据市场监管总局具体安排部署，把此项工作列为常态化重点工作，进一步加大工作力度、提高工作水平、创新工作方式、完善工作制度，以重点工作为牵引、以专项整治为突破，全国推动打击侵权假冒工作扎实开展。

（撰稿人：王涛）

最高人民法院打击侵权假冒工作报告

2022 年，最高人民法院坚持以习近平新时代中国特色社会主义思想为指导，全面贯彻落实党的二十大精神，深入学习贯彻习近平法治思想，深刻领悟"两个确立"的决定性意义，增强"四个意识"、坚定"四个自信"、做到"两个维护"，紧紧围绕"努力让人民群众在每一个司法案件中感受到公平正义"目标，依法服务高质量发展大局，依法严厉惩治侵权假冒行为，切实保障民生权益，积极营造市场化法治化国际化营商环境。

一、立足审判职能，依法惩处侵犯知识产权和制售假冒伪劣商品犯罪

人民法院充分发挥审判职能作用，依法公正高效审理案件，维护群众切身利益，保护"货真价实"，依法惩治侵犯知识产权和制售假冒伪劣商品等刑事犯罪。

2022 年，人民法院新收侵犯知识产权罪一审案件 5336 件，审结 5456 件（含旧存，下同）。其中，数量较多的侵犯注册商标类犯罪案件收案 4971 件，审结 5099 件，侵犯著作权类犯罪案件收案 304 件，审结 302 件。新收生产销售伪劣商品罪一审案件 7642 件，审结 7684 件。其中，数量较多的生产销售有毒、有害食品罪，收案 3497 件，审结 3564 件，生产销售伪劣产品罪，收案 2000 件，审结 2069 件。审理罗某洲等八人假冒注册商标罪案，正确界定商标使用行为，有力打击了数字环境下的新形态商标犯罪；审理北京某肿瘤药品有限公司销售假药案，依法惩处药品公司和相关责任人员通过非法渠道采购并销售假药，严重危害公众用药安全的违法犯罪。

开展智慧服务、智慧审判、智慧执行、智慧管理，建成全业务网上办理、全流程依法公开、全方位智能服务的智慧法院。广泛开展网上立案、网上开庭、网上证据交换、异地执行、网上接访等，实现"审判执行不停摆、公平正义不止步"。

二、心怀国之大者，保障创新驱动发展和科技强国建设

2022 年，人民法院主动融入和服务国家战略，持续加大对原始创新技术、种业种源等重点领域和新兴产业的知识产权司法保护力度，服务保障创新驱动发展和科技强国建设。2022 年，人民法院共审结知识产权民事一审案件 457805 件、审结行政一审案件 17630 件。

加强医药知识产权保护。出台中医药知识产权保护指导意见，全面加强中医药、中药技术秘密、传统医药类知识产权司法保护，促进中医药传承创新发展。

提升种业知识产权保护水平。印发《最高人民法院关于进一步加强涉种子刑事审判工作的指导意见》，依法加大对涉种子犯罪的惩处力度，净化种业市场，维护国家种源安全。与农业农村部等部门联合印发《关于保护种业知识产权打击假冒伪劣套牌侵权营造种业振兴良好环境的指导意见》。

促进数字经济健康发展。加强数据云存储、数据开源、数据确权、数据交易、数据服务、数据市场不正当竞争等案件审理，强化对平台经营者合法数据权益保护，及时回应新领域新业态司法需求及社会关切，推动新兴产业健康发展。

三、加强审判监督指导，统一法律适用标准

加强反垄断和反不正当竞争司法。出台《最高人民法院关于适用〈中华人民共和国反不正当竞争法〉若干问题的解释》，对反不正当竞争法"一般条款"、仿冒混淆、虚假宣传、商业诋毁、网络不正当竞争行为等问题作出细化规定，统一裁判标准。研究起草新的反垄断民事司法解释，并向社会公开征求意见。召

开新闻发布会，发布不正当竞争和反垄断典型案例各10件，强化公平竞争司法审判，维护市场竞争法治秩序。

加强危害药品安全犯罪刑事司法。会同最高人民检察院联合修订发布《关于办理危害药品安全刑事案件适用法律若干问题的解释》，适应药品监管执法司法的新情况、新要求，充分发挥司法职能作用，依法严惩制售假劣药犯罪，切实保障药品安全，有力维护人民群众生命健康。

进一步优化知识产权案件管辖布局。制定《最高人民法院关于第一审知识产权民事、行政案件管辖的若干规定》，配套发布《关于印发基层人民法院管辖第一审知识产权民事、行政案件标准的通知》，合理定位四级法院审判职能，优化审判资源配置。全国具有知识产权民事案件管辖权的基层法院已达558家，基本实现每个中级人民法院辖区内至少有1个基层人民法院具有知识产权民事、行政案件管辖权。最高人民法院加大指导力度，推进全国25个高级人民法院、236个中级人民法院和275个基层人民法院开展知识产权"三合一"审判机制改革。

加强调查研究。研究起草《关于充分发挥审判职能作用依法惩处涉医疗美容犯罪的指导意见》，规范医疗美容行业诊疗秩序和市场秩序。贯彻落实刑法修正案（十一），会同最高人民检察院起草《关于办理侵犯知识产权刑事案件适用法律若干问题的解释（征求意见稿）》，并向社会公开征求意见。

发布《最高人民法院知识产权案件年度报告（2021）》、2021中国法院十大知识产权案件、五十件典型案例以及农资打假、妨害疫情防控、危害药品安全、医疗美容违法犯罪和种业知识产权司法保护典型案例，积极营造加强知识产权保护的社会氛围，推动司法维护公平正义更加深入人心。

四、加强协同协作，推动构建大保护工作格局

人民法院持续加强与行政机关协同配合，加强司法审判与行政执法衔接协作，促进行政执法标准与司法裁判标准统一，推动形成打击侵权假冒工作合力。

进一步加强协同配合。最高人民法院与国家知识产权局联合印发《关于强化知识产权协同保护的意见》，健全13项具体举措；与国家知识产权局等部门联合印发《关于加强知识产权鉴定工作衔接的意见》；与国家药品监督管理局等部门联合印发《药品行政执法与刑事司法衔接工作办法》，顺畅药品行政执法与刑事司法衔接机制；与有关部门研究制定《市场监督管理行政执法与刑事司法衔接工作办法》《农产品质量安全行政执法与刑事司法衔接工作办法》。继续与农业农村部等部门联合开展农产品质量安全"治违禁　控药残　促提升"三年行动，着力解决部分食用农产品的禁限用药物违法使用、常规农兽药残留超标等问题；与国家市场监管总局等部门联合开展为期半年的医疗美容行业突出问题专项治理工作，治理医疗美容行业市场乱象；会同相关部门建立健全集中打击整治危害药品安全违法犯罪协调机制。

积极推进多元纠纷化解。深化落实与国家知识产权局建立的"总对总"在线诉调对接工作机制，开展诉调对接并探索行政调解协议司法确认工作。全国30个地区实现知识产权调解组织全覆盖，入驻调解组织、调解员持续增长，人民法院委派诉前调解纠纷9万余件，调解成功率超过80%，有效化解知识产权纠纷。加强与国家版权局等单位的沟通，推动建立版权保护领域"总对总"在线诉调对接机制。

五、深化国际合作，扩大知识产权司法保护国际影响力

人民法院着力加强知识产权国际司法交流与合作，依法公正审理涉外知识产权案件，平等保护中外权利人，深入推进国际知识产权诉讼优选地建设，我国知识产权司法的国际影响力不断提升。

依法公正审理涉外知识产权案件，妥善处理与国际贸易有关的重大知识产权纠纷，对内外资企业、中外权利人一视同仁、平等保护。2022年，全国法院审结涉外知识产权一审案件近9000件，效果良好。

积极参与世界知识产权组织框架下的全球知识产权治理，深化知识产权领域多边、双边司法合作，促进知识产权司法保护经验交流。最高人民法院法官参

与撰写由世界知识产权组织编写并出版的《专利案件管理国际指引》，有力促进国际社会更多的知识、司法方案和最佳实践的交流传播。

（撰稿人：张赫）

最高人民检察院打击侵权假冒工作报告

一、检察机关 2022 年打击侵权假冒工作情况

2022 年，全国检察机关坚持以习近平新时代中国特色社会主义思想为指导，认真贯彻落实习近平总书记关于打击侵权假冒犯罪工作的重要指示批示精神，充分履行法律监督职能，依法严厉惩治生产销售假冒伪劣商品犯罪和侵犯知识产权犯罪，积极参与诉源治理，服务保障国家经济社会高质量发展，取得积极工作成效。

（一）依法严厉打击侵权假冒犯罪，发挥法律震慑作用

一是充分运用批捕、起诉职能，加大侵权假冒犯罪打击力度。2022 年，全国检察机关始终保持打击生产销售伪劣商品犯罪、侵犯知识产权犯罪的高压态势，共批准逮捕侵权假冒犯罪 4586 件 7584 人，起诉 13895 件 27038 人。各级检察机关综合运用自由刑、罚金刑、禁止令等组合量刑建议，加大危害食品药品安全、侵犯知识产权犯罪成本，确保形成有力震慑效果。

二是加强对重大敏感案件的督办指导，确保案件办理质效。最高检与公安部、国家药监局联合挂牌督办 3 批 29 件危害药品安全犯罪案件和医疗美容领域药械犯罪案件；指导办理河北"瘦肉精"羊肉系列案、上海梅陇镇"问题猪肉"案、河北沧州制售伪劣绝缘子案等舆论高度关注案件，确保案件办理质效。会同国家版权局、全国双打办等六部门联合挂牌督办 2 批 80 余起重大侵权盗版案件。组织编写知识产权综合司法保护指导性案例，发布 2 批 15 件典型案例，发挥案例指导和引领示范作用。向最高法抗诉"蒙娜丽莎"商标行政纠纷案，再审采纳抗诉意见并改判，促进审查标准和司法裁判标准的统一。

三是积极发挥法律监督职能，有效预防有案不立、有案不移、以罚代刑等问题。建议行政执法机关移送制售假冒伪劣商品犯罪案件 2373 件 2529 人，监督公安机关立案 744 件 900 人，纠正漏捕 241 人，纠正遗漏同案犯 954 人，纠正移送起诉遗漏罪行 103 人。建议行政执法机关移送侵犯知识产权犯罪 431 人，监督公安机关立案 341 件，监督撤案 322 件。

（二）依托专项行动，推动打击侵权假冒活动深入开展

一是开展医疗美容行业突出问题专项治理。2022 年 9 月，最高检联合市场监管等 11 部门共同开展为期半年的医疗美容行业突出问题专项治理，印发检察机关内部贯彻落实通知，对医疗美容行业制售伪劣药品等行为予以专项治理。

二是持续推进食用农产品"治违禁 控药残 促提升"专项行动。重点打击农药兽药残留严重超标、非法制售使用"瘦肉精"等禁限用物质犯罪，始终保持对危害食用农产品安全犯罪的高压态势。2022 年 1 月，最高检与农业农村部等七部委印发《关于保护种业知识产权打击假冒伪劣套牌侵权营造种业振兴良好环境的指导意见》，依法从严从快批捕起诉种业领域假冒伪劣犯罪。3 月，会同农业农村部等联合召开全国农资打假专项治理行动视频会议，发布依法惩治危害农资安全犯罪 4 起典型案例。联合农业农村部等研究修改《农产品质量安全领域行政执法与刑事司法衔接工作办法》，配合市场监管总局修改《食品违法添加非食用物质名录》相关规定，目前仍在进一步完善中。

三是组织开展惩治知识产权恶意诉讼专项工作。按照中央政法委部署，最高检 2022 年 7 月下发通知，

在全国组织开展为期1年半的"依法惩治知识产权恶意诉讼"专项工作。要求各地检察机关全面履行知识产权刑事、民事、行政检察职能，聚焦批量维权诉讼案件，精准甄别恶意诉讼行为，重点关注虚假公证、虚假诉讼问题，加强对涉嫌犯罪线索的移送，积极参与对恶意注册、囤积商标等突出问题的行业治理，斩断灰色"产业链"，切实维护人民群众和中小微企业合法权益。

（三）完善制度机制建设，着力提升打击侵权假冒犯罪能力

一是加大修订司法解释力度。2022年3月，会同最高法修订《关于办理危害药品安全刑事案件适用法律若干问题的解释》，统一危害药品安全刑事案件司法标准尺度。与最高法共同起草《关于办理侵犯知识产权刑事案件适用法律若干问题的解释（征求意见稿）》，已征求相关部委意见，下一步拟向社会公开征求意见。

二是加强专业化建设。最高检加强知识产权检察办公室建设，整合刑事、民事、行政检察职能，统筹推进知识产权检察工作。2022年3月，制定发布《最高人民检察院关于全面加强新时代知识产权检察工作的意见》，明确当前和今后一段时期知识产权检察工作的指导思想、基本原则、目标任务和具体举措，为新时代知识产权检察工作提供指引。2022年以来，10个省级院新成立知识产权检察办公室，推进综合司法保护。截至目前，全国已有29个省级院成立了知识产权检察部门。

三是强化业务培训。2022年4月，开展全国检察机关药品检察业务线上专题讲座，指导河北、安徽、河南等地检察机关邀请当地公安、药品监管、市场监管、法院等部门同志开展同堂培训。2022年9月，组织为期一周的危害食药安全犯罪案件办理线下专题培训，强化培训的针对性和实效性。2022年9月，最高检会同国家知识产权局、中央宣传部、最高法院，联合举办知识产权案件办理疑难复杂问题同堂培训，更新执法司法理念，破解办案难题，促进执法司法标准统一。

（四）加强内外联动配合，推动行刑衔接机制完善

一是完善制度规范。联合国家药监局等部门制发《药品行政执法与刑事司法衔接工作办法》，完善药品领域行刑衔接配合机制，增加打击危害药品安全违法犯罪合力。两高《关于办理危害药品安全刑事案件适用法律若干问题的解释》中规定了反向行刑衔接的有关内容，明确对于被不起诉或者免予刑事处罚的行为人，需要给予行政处罚、政务处分或者其他处分的，依法移送有关主管机关处理。

二是加强沟通交流。最高检与市场监督管理总局有关部门以强化双打工作为主题开展座谈，就强化行刑衔接、联合督办案件、提供专业支持、加强业务沟通等达成一致意见。与农业农村部围绕兽药领域进行联合调研，就专业问题深入交流。各地检察机关结合办案，通过走访、会签文件、联席会议、联合督办等方式，进一步加强与市场监管、公安等单位的协作配合。试行行政机关专业人员兼任检察官助理制度。最高检制定《行政机关专业人员兼任检察官助理工作办法（试行）》，要求各地检察机关根据专业化办案需求，以特邀方式聘任农业农村、市场监管等部门专业人才担任检察官助理辅助检察办案。

三是开展保护知识产权特色专项。北京、重庆等地检察机关着力加强老字号企业知识产权保护，通过依法惩治侵犯商标权犯罪、实质性化解行政争议、推动社会综合治理等多种方式，助力老字号企业创新技术、提升品牌经营管理能力。上海、四川等地检察机关从刑事、民事、公益诉讼等多角度，加强地理标志知识产权检察保护。上海浦东新区检察院对"南汇8424西瓜"地理标志集体商标被侵权案开展支持起诉，参与地理标志保护。四川天府新区检察院通过行政公益诉讼，推动蜀锦地理标志和国家级非物质文化遗产保护运用。

（五）融入大保护格局，积极参与社会综合治理

一是胸怀"国之大者"服务创新发展。2022年北京冬奥会、冬残奥会举办期间，最高检加强统筹指导，北京检察机关出台专门方案，组建知识产权检察保障团队，加强涉奥知识产权保护，履行国际公约，依法追究生产销售涉冬奥侵权产品犯罪，为冬奥筹办举办营造良好的法治环境。

二是加强诉源治理。检察机关积极研究典型个案、类案背后的深层次原因，能动履职研究制发检察建议，帮助相关行政机关或涉案单位堵塞制度机制漏洞，促进社会治理方式现代化。对于不起诉案件，涉嫌行政违法的，及时移送行政机关处理，做好"后半篇文章"，提高侵权假冒代价，避免处罚漏洞。

三是抓好法治宣传。最高检认真落实"谁执法谁普法"的普法责任制，在"3·15"国际消费者权益日、"4·26"知识产权宣传周、"6·7"世界食品安全日等重要节点积极开展普法宣传，发布检察机关依法惩治制售假冒伪劣商品、危害农资安全犯罪典型案例和知识产权保护典型案例。通过案例宣传，彰显检察机关依法从严打击侵权假冒违法犯罪的立场和决心，有效震慑违法犯罪，提升群众维权意识和能力。

二、工作建议

一是进一步深化部门协作。推动各部门完善协作机制，共同研究实践中存在的问题，凝聚各方共识，形成大保护格局。

二是进一步强化行刑衔接。推进研究制定食品领域、知识产权领域行刑衔接规范性文件，形成打击侵权假冒犯罪工作合力，维护市场公平竞争秩序。

三是进一步加强行政监管。推动相关行政执法机关强化监管力度，堵塞监管漏洞，切实解决有案不立、以罚代刑等问题。

下一步，检察机关将以习近平新时代中国特色社会主义思想为指导，坚决贯彻落实党中央决策部署，依法严厉打击制售侵权假冒违法犯罪，强化刑事、民事、行政、公益诉讼检察综合履职，推动形成反侵权假冒的多元共治新格局，为国家经济社会高质量发展营造良好法治环境。

（撰稿人：王健、杨丽）

中国国际贸易促进委员会打击侵权假冒工作报告

2022 年，中国贸促会坚持以习近平新时代中国特色社会主义思想为指导，积极发挥双打工作领导小组成员单位功能作用，认真落实《2022 年全国打击侵犯知识产权和制售假冒伪劣商品工作要点》相关工作安排，持续做好贸促领域打击侵权假冒相关重点工作，更好服务国家营商环境优化。

一、服务中美斗争和双边机制

（一）全力做好中美经贸摩擦应对工作

2022 年，中国贸促会积极开展美特别 301 调查审议应对工作，广泛收集企业意见，积极组织知识产权领域专家学者撰写书面评论意见，向美国贸易代表办公室（USTR）递交了专业书面评论意见，展现我国在知识产权保护方面作出的努力和知识产权立法、司法和执法方面取得的进展。跟踪美国 301 调查征税情况，就美相关限制措施对我企业影响开展调研，为中美谈判提供有力参考。

（二）积极服务知识产权双边机制建设

积极配合政府参加中瑞、中俄、中欧等双边知识产权工作组会议，广泛征集企业在走出去过程中所面临的问题，推进涉外知识产权沟通机制的完善，协助各方解决国内外权利人面临的问题。充分发挥工商合作机制作用，积极推进双边机制项下涉外商事法律合作，建立 18 个双边商事法律合作委员会，通过联合调解、商事仲裁、知识产权、法律咨询等方面合作，打造全球商事合作交流网络，帮助企业化解纠纷、防范风险。

二、不断深化知识产权国际合作

（一）深度参与世界知识产权组织工作

2022 年 4 月，中国贸促会会长任鸿斌视频会见 WIPO 总干事邓鸿森，并签署《中国贸促会与世界知识产权组织合作谅解备忘录》。作为 WIPO 长期观察员，中国贸促会积极派员参加 WIPO 成员国大会、各常设委员会和专业工作组相关会议，积极发声表达中国观点，参与规则制定。深度参与 WIPO 马德里体系相关工作，编写中英文《中国申请人马德里申请状况和申请潜力分析报告》，并在马德里体系第 20 届工作组会议会前发布，在会上积极发声，努力推动马德里体系引入中文作为工作语言。与 WIPO 合作举办马德里体系系列推广活动，首站浙江站活动于 2022 年 9 月在线上成功举行，超过 30 万人次观看培训直播，帮助企业深入了解马德里体系，提升企业国际知识产权布局意识和水平。

（二）不断加强与非政府国际组织的交流合作

加大对国际商会（ICC）、国际保护知识产权协会（AIPPI）、国际许可贸易工作者协会（LES）等国际组织工作力度，增强我在知识产权国际规则和标准制定中的话语权，深入参与知识产权全球治理。不断加强知识产权国际化人才培养，积极推荐有关专家在国际保护知识产权协会（AIPPI）、国际许可贸易工作者协会（LES）、国际商会（ICC）、国际商标协会（INTA）等国际非政府组织任职。2022 年，推荐高文律师事务所管健律师担任世界知识产权组织独立咨询监督委员会成员，我会所属专商所胡刚同志当选 INTA 董事。

（三）积极搭建国际知识产权交流平台

2022 年，中国贸促会先后成功举办中美企业知识产权交流会、第四届国际工商知识产权论坛等知识产权领域品牌活动，为中外工商界知识产权加强对话、增进互信、促进合作搭建交流平台，凝聚国际知识产权保护共识，充分展示中国知识产权事业取得的巨大成就。

三、积极做好知识产权公共服务工作

（一）积极开展海外知识产权维权援助工作

推动落实《关于加强海外知识产权纠纷应对工作的指导意见》，继续推进国家海外知识产权纠纷应对指导中心海外分中心机制建设，完善海外纠纷应对服务网络，完善地方和行业贸促机构海外知识产权工作机制。与相关部委、地方政府合作，开展"一带一路"和 RCEP 国家知识产权制度梳理、搜集典型案例，编写相关国家知识产权保护指南和报告，帮助出海企业了解重点国别知识产权制度的最新进展和诉讼特点及趋势，更好地应对海外知识产权纠纷。

（二）创新展会知识产权保护工作模式

强化展会知识产权综合服务，不断探索优化为我国企业提供展前、展中和展后知识产权服务，提升我国中小企业知识产权保护意识和应对纠纷能力。迪拜世博会期间，积极在中国馆提供知识产权保护服务。在 2022 中国—中北美洲和加勒比地区数字展会、2022 年中国—中东欧国家国际贸易数字展览会等数字展会上，上传英文版的中国知识产权保护通讯，为参展企业提供在线知识产权咨询服务，开拓线上展会的法律服务新模式。

（三）推动打造知识产权纠纷多元解决平台

为回应国际关切、满足国内企业需要，中国贸促会大力推进知识产权仲裁调解工作，充分发挥中国贸促会调解中心知识产权专业委员会专业平台作用，积极引导当事人利用调解方式解决知识产权纠纷。2022 年 7 月，成立中国国际经济贸易仲裁委员会知识产权仲裁中心，打造知识产权纠纷多元化解决专业平台，推动知识产权仲裁工作规范化、专业化、国际化发展。在广泛征询全国人大、最高法、发展改革委、民政部、司法部等有关中央单位意见的基础上，全力推进中国国际知识产权仲裁委员会建设。

（四）广泛开展知识产权对外宣传

2022 年，中国贸促会通过官方网站、官方微信公众号和新媒体平台、企业跨境贸易投资法律支援平台（以下简称贸法通）和贸易报社等渠道开展多平台、多方式、多渠道的知识产权宣传。发挥贸法通平台功能作用，通过中、英、日、韩、蒙、俄、老、缅等多语种优势，通过法律查明、案例查询、风险预警、交流互动等为一体的"一站式"涉外商事法律公共服务，积极宣传知识产权工作。有效利用驻外代表处外联平台，借助参加外事活动、走访当地政府部门等机会，积极宣传我国知识产权政策措施。主办《中国专利与商标》双语杂志，宣传介绍中国知识产权最新政策动态，积极向国际社会宣传中国知识产权保护最新成就。

四、下一步工作考虑

（一）不断提升全球知识产权保护指数研究水平

完善全球知识产权保护指数研究，增加重点评估

国家，持续开展全球知识产权信息收集工作，完善指数研究体系，发布全球知识产权保护月度观察报告和年度指数报告，客观真实反映各国知识产权保护状况，为国际社会提供知识产权保护领域相对中立的全球公共产品，更好服务政府部门对外谈判，服务企业走出去参与国际合作竞争。

（二）进一步完善知识产权纠纷多元化解决机制

充分发挥中国国际经济贸易仲裁委员会知识产权仲裁中心和中国贸促会调解中心知识产权专业委员会的功能作用，打造专业化平台。加强知识产权仲裁、调解专业人才队伍建设，打造知识产权仲裁调解专家库，提升知识产权仲裁、调解专业化规范化水平。持续加强知识产权仲裁、调解服务的宣传推介，积极引导知识产权主体选择仲裁、调解等方式高效解决知识产权争议。

（三）深度参与知识产权全球治理

继续深化与 WIPO 相关合作，推动落实《中国贸促会与世界知识产权组织合作谅解备忘录》，发挥 WIPO 长期观察员身份作用，代表中国工商界积极参与全球知识产权治理。继续推动 WIPO 马德里体系引入中文作为工作语言，加大参与数字经济、人工智能等新领域新业态知识产权规则制定。加强与 AIPPI、ICC、LES、INTA 等非政府国际组织交流与合作，积极宣传我国知识产权保护进展，主动参与知识产权全球治理。

（撰稿人：郑育杰）

三、地方工作

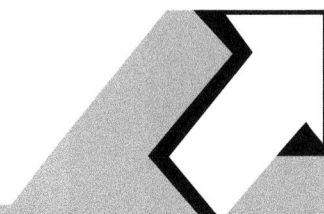

Ⅲ. Provinces' Efforts

北京市打击侵权假冒工作报告

一、基本情况

2022年，北京市打击侵权假冒工作坚持以习近平新时代中国特色社会主义思想为指导，认真贯彻落实党中央、国务院决策部署，按照全国打击侵权假冒工作领导小组办公室要求，围绕《2022年北京市打击侵犯知识产权和制售假冒伪劣商品工作要点》，加强统筹协调，突出重点领域和重点市场治理，加大执法力度，强化对外宣传，北京市打击侵权假冒工作取得积极成效。行政执法查处打击侵权假冒类案件5426件，罚没款9807万元，捣毁窝点39个；抓获犯罪嫌疑人742人，判决165人。

二、数据情况

（一）案件查办情况

持续保持对侵权假冒行为的高压态势。2022年，全市成员单位行政执法部门共查处打击侵权假冒类案件5426件，罚没款9807万元，捣毁窝点39个；公安机关侦破侵犯知识产权和生产销售伪劣商品刑事案件583件，抓获犯罪嫌疑人742人，涉案金额2110万元；检察机关依法批捕侵犯知识产权犯罪案件106件161人，起诉案件92件152人，监督公安机关立案16件16人；审判机关共受理侵犯知识产权和生产销售伪劣商品刑事案件81件，审结102件，判决165人。

（二）数据和信息报送情况

按照全国打击侵权假冒工作领导小组办公室要求，及时报送打击侵权假冒案件查处、侵权假冒商品无害化销毁、重点市场治理等数据。进一步做好信息报送工作，编辑印发北京市打击侵权假冒工作专报26期，向全国打击侵权假冒工作领导小组办公室报送工作信息203条。

三、典型案例

（一）查处生产销售假冒北京环球度假区文创产品案

2022年8月18日，市公安局环食药旅总队根据通州分局上报线索，牵动通州、朝阳、门头沟分局，会同市市场监管执法总队，通过循线追踪、深度经营，全链条侦破了生产销售假冒北京环球度假区文创产品的犯罪团伙。抓获主要涉案人员21人，捣毁生产销售、储存窝点8处，现场起获各类假冒文创产品4.6万余件，假冒商标标识7.7万个。经初步审查，上述犯罪团伙累计生产销售假冒北京环球度假区文创产品21.86万余件，初查涉案金额3714万余元。

（二）查处少儿教辅教材盗版侵权犯罪窝点案

2022年8月31日，公安机关联合宣传、文化执法、版权等20余家单位，共出动270余名执法力量，对线索指向较为集中的某图书批发市场及周边地区开展规模化多部门联动打击整治行动，分别在北京市朝阳区、江苏省宿迁市联合开展集中收网暨清查，累计抓获涉案团伙成员34人，捣毁售假窝点24处，现场扣押《小学生必背古诗词》等盗版侵权图书4.6万余册。目前，杜某、胡某等30名涉案嫌疑人均因侵犯著作权罪被刑事拘留。

（三）全链条打击制售假酒犯罪团伙

中秋、国庆前夕，公安机关依托夏季治安打击整治"百日行动"，持续加大对食品领域制假售假打击整治力度。前期，在工作中陆续发现并掌握了4个涉及北京市多个地区制售假酒的犯罪团伙。根据部署，环食药旅总队组织朝阳、丰台、石景山、门头沟、房山、通州、顺义、昌平、大兴等9个公安分局，联动市区两级市场监管部门对制售假酒犯罪团伙开展集中收网行动。共捣毁用于制假售假窝点及仓储库房37处，查扣假冒多种知名品牌白酒 1.1 万余瓶，起获各类假冒商标、瓶盖、防伪标识等包装材料 50 余万件，依法刑事拘留犯罪嫌疑人 37 名。

四、经验做法

（一）统筹协调有力推进

市领导对打击侵权假冒工作高度重视，2022 年 8 月 11 日，组织召开 2022 年北京市打击侵权假冒工作会议，市打击侵权假冒工作领导小组副组长、局长高念东总结上年度全市打击侵权假冒工作，市领导出席会议并讲话，对打击侵权假冒工作提出要求。印发《2022 年北京市打击侵权假冒工作要点》等文件，对全年的工作进行安排部署，组织各成员单位贯彻落实。

（二）重点治理扎实有效

一是强化互联网领域治理。网信、市场监管、公安、商务等 12 部门，联合印发《北京市落实 2022 网络市场监管专项行动实施方案的通知》，聚焦外卖、直播等重点领域，集中促销活动等重要节点，禁限售商品、药品、医疗器械、化妆品、"一老一小"用品等重要商品，促进平台经济持续健康发展；市场监管、版权、海关、公安等部门开展"剑网""网剑""龙腾""春雷"等专项行动，不断优化营商环境。二是强化农村地区治理。农业农村部门开展农资打假专项行动，销毁假劣种子 500 余公斤，向种业企业负责人、市民发放手册、折页、手提袋等宣传品 1500 余份，提升和净化农村消费环境。三是强化重点产品治理。聚焦防疫用品、妇幼老用品等重点产品，持续开展民生领域案件查办"铁拳"行动，围绕食用油掺杂掺假、神医神药等虚假违法广告、医美领域虚假宣传等十二个领域，先后查处并公开了某国际商贸（北京）有限公司进行虚假商业宣传案、某食品科技有限公司生产经营超保质期食品案等典型案例，维护市场秩序、守护民生安全。四是强化重点渠道治理。北京海关加大涉嫌侵权出境邮包查办力度，严厉查办损害人民群众利益的案件，牢牢守住安全质量底线。"双十一"前夕，市场监管部门公布北京森之脉生物科技有限公司擅自使用同仁堂商标实施商业混淆案等网络交易执法领域典型案例。

（三）协作联动不断完善

京津冀知识产权部门联合签署《京津冀知识产权快速协同保护合作备忘录》，围绕新领域新业态知识产权保护研究强化合作；京津冀文化和旅游部门联合签署《京津冀地区文化市场综合执法战略合作框架协议》，明确在案件协查、人员互训和交叉挂职等方面加强交流；京津冀市场监管部门积极推进"1+N"执法协作体系，签署《京津冀营商环境一体化框架协议》，强调在监管执法方面，着力推动监管执法领域系统、数据、信息互通；京津冀三地集中时段开展出版物市场执法检查行动；北京市市场监管等六部门联合印发开展依法惩治知识产权恶意诉讼专项工作实施方案，加大对知识产权不正当维权案件的审查力度；北京市通州区、天津市武清区、河北省廊坊市推动建立定期联系、行政执法联动等五大机制。

（四）优化考核促进工作

落实全国打击侵权假冒工作年度绩效考核要求，牵头涉考单位和部门，分类分项认真做好考核材料的起草整理、汇总上报工作；按照北京市委平安建设领导小组办公室的统一部署和要求，组织相关市级成员单位，优化对各区年度打击侵权假冒工作考核内容，组织对各区打击侵权假冒工作情况开展考核，促进工作全面提升。

五、工作亮点

（一）加强冬奥会保障

市打击侵权假冒工作领导小组办公室印发《关于进一步做好 2022 年北京冬奥会、冬残奥会期间打击侵权假冒工作的通知》，市场监管、城管执法、商务、文化和旅游、文化市场综合执法等部门，联合制定印发《北京 2022 年冬奥会和冬残奥会市场经营秩序专项治理工作方案》，对冬奥会、冬残奥会保障工作提出具体要求；市、区两级市场监管部门联合对前门、大栅栏地区销售、使用北京冬奥会吉祥物"冰墩墩"、北京残奥会吉祥物"雪容融"及衍生纪念品、饰品情况进行检查；公安机关查办全国首例侵犯北京冬奥吉祥物形象著作权刑事案件。全市 16 家单位、32 名个人，被国家知识产权局、国家市场监督管理总局、北京 2022 年冬奥会和冬残奥会组织委员联合表彰为北京 2022 年冬奥会和冬残奥会奥林匹克标志知识产权保护突出贡献集体及个人。

（二）开展销毁活动

认真落实全国及北京市侵权假冒伪劣商品集中销毁制度，积极参加全国打击侵权假冒工作领导小组办公室组织的"十八省（区、市）侵权假冒伪劣商品统一销毁行动"，集中销毁防护服、白酒、化妆品、服装等 50 余种，货值约 400 万元侵权假冒伪劣商品，中国新闻网、北京电视台等多家媒体给予报道，全国双打办、最高检、海关总署及北京市打击侵权假冒工作领导小组成员单位、各区相关人员参加活动。据统计，2022 年，全市共销毁烟酒、药品、建材、食品等品类的侵权假冒商品累计超过 165 吨。

（三）积极宣传引导

积极参与全国双打办主办的大型论坛活动，承办的打击侵权假冒高峰论坛荣获 2022 年中国国际服务贸易交易会最佳会议活动；在"3·15""4·26"等重要时点，各部门、各区积极组织开展知识产权宣传系列活动。市政府新闻办与市知识产权办公会议联合举行新闻发布会，发布 2022 年度北京知识产权保护状况；市场监管、知识产权、检察机关、审判机关多部门发布一系列保护知识产权典型案例，导向作用明显；市领导小组办公室组织在公交、地铁站牌投放公益广告，提升人民群众对打击侵权假冒工作的认知度。

六、存在问题及下一步工作打算

一是个别单位、部门内部工作调整后交接不及时，造成工作联络不畅；二是部门和区域协作工作需进一步加强。

2023 年是全面贯彻落实党的二十大精神开局之年，是实施"十四五"规划承上启下关键之年。北京市打击侵权假冒工作要深入学习贯彻党的二十大精神，坚持以习近平新时代中国特色社会主义思想为指导，认真贯彻落实习近平总书记关于保护知识产权、打击侵权假冒重要指示批示要求，按照全国和北京市的统一部署，结合实际，加强协调联动、强化重点治理、完善协调保护、推进社会共治，推动全市打击侵权假冒工作再上新台阶。主要做好以下五方面工作。一是进一步加强协调联动。进一步加强区域、部门协调联动，不断提升打击侵权假冒工作合力。二是进一步强化重点治理。持续推进互联网领域、农村市场、进出口环节等重点领域、重点产品治理。三是进一步完善协调保护。强化线索通报、信息共享、结果互认，持续推进行刑衔接。四是进一步推进社会共治。充分发挥协会、学会等行业组织作用，加强沟通联系，通报情况、共商对策。五是进一步扩大宣传教育。充分发挥传统媒体和新媒体作用，强化线上线下宣传，大力宣传打击侵权假冒工作。

（撰稿人：韩建中）

天津市打击侵权假冒工作报告

2022 年，天津市委、市政府始终坚持以习近平新时代中国特色社会主义思想为指导，认真贯彻落实习近平总书记关于知识产权保护工作的重要指示批示精神，紧紧围绕迎接宣传贯彻党的二十大主线，按照 2022 年全国打击侵权假冒工作电视电话会议精神，紧紧围绕天津建设国际消费中心城市和区域商贸中心城市、打造知识产权保护高地和创造运用强市目标，将打击侵权假冒工作作为维护市场秩序、维护公平竞争、维护人民群众利益、促进经济高质量发展的重要内容，与疫情防控统筹开展，与京津冀协同发展战略紧密结合，不断加强组织领导，统筹推进工作开展，创新工作举措，完善工作机制，依法严厉打击侵权假冒违法犯罪，切实保护消费者和权利人的合法权益，全力营造市场化、法治化、国际化营商环境，助推高质量发展。

一、基本情况

2022 年以来，市打击侵权假冒工作领导小组办公室（以下简称市双打办）统筹协调各区、各成员单位，按照市委、市政府统一部署，各司其职、各负其责，坚决扛起政治责任，落实好"疫情要防住，经济要稳住，发展要安全"的重要要求，扎实做好"六稳"工作、落实"六保"任务，严厉打击侵权假冒违法犯罪，扎实推进知识产权强市建设，促进公平有序竞争，打造放心消费环境，持续优化营商环境，在落实知识产权"严保护、大保护、快保护、同保护"上取得了显著成效。

2022 年，全市各级打击侵权假冒行政执法部门共查办涉及侵权假冒行政案件 2209 件，办结 2490 件，罚没金额 3102.65 万元，捣毁窝点 7 个。

全市公安机关共侦破侵权假冒犯罪案件 545 起，抓获犯罪嫌疑人 825 人，涉案总金额 3.81 亿元，并发起跨省市集群战役 11 起，承办部督案件 10 起，获公安部贺电 8 次。

全市检察机关针对侵权假冒犯罪案件，批准逮捕 37 件 59 人，提起公诉 209 件 294 人，建议行政执法机关移送 43 件，监督公安机关立案 36 件 38 人，提前介入、引导侦查取证 104 件，纠正侦查行为违法 4 件，提出抗诉 5 件。

全市法院共受理侵权假冒刑事案件 236 件，审结 189 件，判决 323 人，法定审限内结案率 100%。

二、主要做法和工作亮点

（一）加强组织领导，统筹协调推进

市委、市政府深入学习贯彻习近平总书记关于知识产权保护工作的重要讲话和指示批示精神，市委常委会会议、市政府常务会议多次研究部署知识产权保护工作，天津市第十二次党代会明确将"建设国际消费中心城市和区域商贸中心城市""打造知识产权保护高地和创造运用强市"列为未来 5 年的工作目标，对加强消费领域知识产权保护作出部署安排。市委主要负责同志批示要求"强化知识产权全链条保护，打造

知识产权高地城市和创造运用强市"。张工市长要求"打击侵权假冒、保护知识产权、守好质量安全底线，持续优化全市营商环境和创新创业环境，有力支撑高质量发展"。2022 年，首次以市委、市政府名义印发了《天津市知识产权强市建设纲要（2021—2035 年）》，明确了中长期战略重点和短期工作目标，强化知识产权强市建设系统观念。市领导批示审定《2022 年天津市打击侵犯知识产权和制售假冒伪劣商品工作要点》，明确目标任务，压实工作责任。

市双打办坚持立足全局、高效服务，紧盯年度各项工作目标，通过制定方案、调研督导、业务培训、绩效考核等多种途径，强化组织领导，细化任务分工，压实工作责任，不断加强横向沟通和纵向指导，促进各区、各部门始终把打击侵权假冒工作摆在重要位置，落实好地方属地责任和部门监管责任，在全市范围形成了"横向协作、纵向联动、同频共振、整体发力"的工作格局，确保年度打击侵权假冒工作各项任务高质量落实。全年共印发各类文件 28 件，培训人员 338 人次。

各区双打工作领导小组认真贯彻落实市双打办各项工作部署，提高政治站位，坚持把打击侵权假冒工作作为贯彻党中央决策部署和习近平总书记重要指示批示精神的重要政治任务来抓，通过强化体制机制建设，推动任务落实。河西区委、区政府完善工作机制，全力构建大保护工作格局。区一把手主持召开区政府常务会议研究部署全区双打工作，高规格推动区委理论中心组开展知识产权专题学习。研究制定《河西区关于强化知识产权保护的重点任务安排》《天津市河西区打击侵犯知识产权和制售假冒伪劣商品工作要点及任务分工》等文件，明确工作重点，层层压实责任，推动形成齐抓共管的工作格局，统筹推进双打任务有效落实。北辰区政府充分发挥镇街政府属地责任和三级监管网作用，建立市场监管所、派出所、镇街政府组成的联防联控治理队伍，通过昼夜排班、挂图作战，开展地毯式排查，确保镇不漏村、村不漏巷、巷不漏户，全面排查各类风险隐患，厘清薄弱环节，消除监管盲点。

各成员单位全面落实市委、市政府关于打击侵权

假冒工作要求，结合自身职能，细化阶段性工作任务，突出工作重点，全力推动打击侵权假冒工作向纵深发展。市公安局联合市市场监管、市文化执法查处的侵犯冬奥版权系列案件、网络视频平台直播带货销售假冒品牌商品案件等一系列重大案件，多次得到国家部委、市领导的批示表扬。市检察院加强顶层设计和总体部署，专题召开全市刑事检察工作会议、全市知识产权检察工作会议，明确工作重点和任务。出台《天津检察机关关于全面加强新时代知识产权检察工作的实施意见》，提出新时代天津检察机关知识产权检察工作"四个着力"工作目标、"四个一体化"综合履职模式等22项实施意见。市药监局持续加强对全市药品安全工作的组织领导和统筹协调，严格落实天津市人民政府办公厅印发的《关于调整成立天津市药品安全委员会暨集中打击整治危害药品安全违法犯罪工作领导小组的通知》精神，健全机构、完善机制，加大打击力度，系统推进集中打击整治危害药品安全违法犯罪专项行动。连续三年组织深入开展全市药品安全专项整治"利剑行动"，查办药品安全违法案件数量年均增长51.36%。

（二）深化重点治理，强化监管执法

1. 加强全链条监管，规范防疫物资市场秩序

市市场监管委深入开展防疫物资质量执法工作，从线上线下、生产销售、回收处置、检验检疫等环节，严厉打击生产销售不符合相关标准的产品，以假充真、以次充好或者以不合格产品冒充合格产品以及生产销售"三无"产品等违法行为。组织各区市场监管局对防疫物资生产、流通、认证等环节开展地毯式排查，共计检查各类防疫物资经营单位22938户次，出动执法人员33043人次，查办违法案件33件。充分利用电商平台扩大案源，对制售假劣产品的违法行为进行追溯，切实落实源头查处工作，持续加强与公安机关、检察机关的密切配合，深入推进行刑衔接工作。

2. 加大整治力度，强化知识产权执法

市市场监管委以农村市场"山寨"酒水饮料、节令食品为查处重点，针对违法行为高发的白酒、服装、汽配等行业，不断向直播带货等网络电商领域延伸，重拳出击查办了一系列侵犯知识产权、扰乱市场经济

秩序的案件。全年共查办知识产权违法案件432件，其中移送公安机关17件，涉案金额929.8万元，罚没款654.94万元。查办的刘某销售侵权假冒白酒案和某代理公司以不正当手段扰乱商标代理市场秩序案被总局选为典型案例公开发布。市市场监管综合行政执法总队知识产权执法支队获总局奥林匹克标志知识产权保护突出贡献集体，3人获总局奥林匹克标志知识产权保护突出贡献个人，1人获总局知识产权保护工作成绩突出个人。

3. 严查不正当竞争，促进公平交易

市市场监管委以保健品、教育、房地产、防疫物资为重点行业领域，以互联网、微信公众号、抖音等电商平台宣传为重点检查途径，对混淆行为、虚假或引人误解的宣传、"养老诈骗"、"刷单炒信"、"流量造假"等行为为重点检查内容，积极探索对商业贿赂等领域的执法方法，拓展执法领域，严厉查处侵犯商业秘密、商业贿赂违法行为。今年以来，共开展跨区域、跨部门协作执法13次，查办违法案件162件（其中办结154件），罚没款1096.67万元。建立商业秘密保护联系单位178个、建立商业秘密保护基地10个，天津滨海高新区被总局选为20个全国商业秘密创新试点地区之一。

4. 加大重点环节治理，确保药械化安全

市药监局深入推进2022年药品安全"利剑行动"，抓实生产环节质量安全，以擅自改变生产原料、工艺、标准等为重点，依法查处168家违法违规生产企业。聚焦非法渠道采购、使用假劣药、擅自配制药品、麻精药品流弊等重点问题，排查检查基层医疗机构1333家次，立案20件。加强监督抽检科学性和靶向性，完成药品抽检6153批次、医疗器械抽检404批次、化妆品抽检850批次。完善不良反应监测体系，收集、分析、评价"两品一械"不良反应（不良事件）报告28031例。

5. 加强农资监管，开展执法打假

市农业农村委抓住重点农时，以农村与城市结合部、菜篮子主产区为重点领域，加大种子、农药、兽药、饲料等农资的抽检力度，有效打击制售假劣农资违法行为。开展2022年天津市农资打假专项治理行

动，共抽检农资产品 1340 批次，其中抽检农药 268 批次，合格率 97.4%；抽检兽药 172 批次，合格率 98.8%；抽检饲料 600 批次，合格率 99.7%；抽检种子 198 批次，合格率 98.5%；抽检肥料 100 批次，合格率 100%。组织开展春季、秋季农资市场检查活动，共出动执法人员 17733 人次，检查生产经营单位 6004 家次，共查处农资打假案件 97 起，罚没金额 112 万元，其中 3 起移送公安部门。

6. 加大版权保护力度，营造清朗版权空间

市委宣传部版权部门会同电影主管、文化市场行政执法等部门，出动联合执法人员 3848 人次，实地检查巡查 1861 家次，办结版权案件 59 起，涉案金额 109 万元，移送公安机关案件 4 起，关闭侵权盗版网站/APP1 个，罚款 57.7 万元，吊销许可证 2 家。2022 年版权处被国家版权局评为查处重大侵权盗版案件有功单位。市文化市场行政执法总队网络支队被授予"第九届全国服务农民、服务基层文化建设基层文化市场综合执法队伍先进集体"称号，2 名执法人员被评为 2022 年全国"扫黄打非"先进个人，获得文旅部执法局通报表扬。

7. 打击侵权盗版，净化文化市场

全市文化和旅游执法部门共出动执法人员 8104 人次，检查出版物市场和网络文化经营单位 3798 家次，查办版权案件 24 起，罚款 377050.6 元，吊销许可证 1 家，收缴侵权盗版及非法出版物 20 万余件，移送公安刑事立案 3 起。市公安机关侦办的"7·21"印售盗版教材教辅案社会反响强烈，成效显著。

8. 严守国门，有力打击进出口侵权违法行为

天津海关持续加强海运、邮寄等多渠道执法，共对 208 批次进出口货物、物品采取知识产权海关保护措施，查扣侵权嫌疑商品 127 批次，59.56 万件，案值合计人民币 2197.87 万元，查办侵权案件连续 8 年入选"全国海关知识产权保护典型案例"。"4·26"知识产权宣传周期间，查办的南京某公司出口侵权电焊条案入选全国海关知识产权典型案例。

9. 加强消毒产品备案管理，保障消毒产品卫生安全

市卫生健康委认真做好消毒产品网上备案，组织

完成消毒产品随机监督抽查任务 50 单，完结率 100%。全市共检查 968 户经营单位，抽查产品 2425 个，其中不合格产品 26 个，给予行政处罚 26 件，罚款 2.42 万元。主要违法行为涉及产品标签（说明书）不规范、违法违规宣传疗效以及卫生安全评价报告不规范等。

10. 严查骗取疫情防控税收优惠违法行为，全力维护金融安全稳定

市税务局将打击侵权假冒工作与打击骗取疫情防控税收优惠等违法行为专项工作紧密结合，重点摸排、精确打击骗取涉疫免税、减税、留抵退税等税收优惠的行为，以及利用税务机关在疫情防控期间提供的办税便利虚开发票、骗取出口退税等涉税违法行为。

11. 严格质量抽查，保护林木种苗

市规划资源局有力打击侵犯林木种苗知识产权和制售假冒伪劣商品行为。严格落实种苗质量抽查，定期对各区植树造林种苗质量进行抽查，着重检查重点工程造林良种使用情况，良种使用率均达 100%。开展打击假冒伪劣和保护植物新品种权专项行动，发放宣传手册 1 万余份，出动执法人员 360 人次，执法车辆 150 台次，抽查种子生产经营单位 200 余家、造林地 20 余处，有效地制止了制售假劣林木种苗违法犯罪行为。

（三）组织开展专项行动，提高打击效能

1. 聚焦重点节日，部署专项行动

市双打办聚焦春节、中秋、国庆等重点节日，组织各区、各成员单位，针对节日消费特点，聚焦重点商品、重点环节、重点区域，部署开展节日期间集中整治行动，严厉打击侵权假冒违法行为。专项行动期间，共计出动执法人员 18690 人次，检查企业 12820 家次，立案 193 件，办结案件 205 件，案值 106.17 万元，移送公安案件 12 件；共侦破各类侵犯知识产权和制售伪劣商品犯罪案件 160 余件，抓获犯罪嫌疑人 195 名，捣毁窝点 151 处，涉案金额 7600 余万元。

2. 打出组合"铁拳"，连续专项整治

市市场监管委、市知识产权局连续组织知识产权"云端""蓝天""铁拳""老字号""知识产权执法保护百日专项行动"等重点领域专项执法行动。指导各区开展专利、商标、地理标志侵权违法行为专项整治，

在"3·15"国际消费者权益日、"4·26"世界知识产权日、国庆等重要时间节点组织开展专项行动，切实加强全市狗不理、桂发祥等老字号保护力度。将知识产权保护、双减、校园周边食品安全治理等专项执法行动与"铁拳"行动密切结合，聚集打击食品安全、产品质量安全、特种设备安全、违法广告等重点违法行为，重拳出击，联合公安连续查处5起通过快手、抖音等平台直播带货销售假冒商品案件，现场查扣假冒香奈儿、LV等50多个国际知名品牌，1000多个品种，货值近130万元，成功打掉5个直播售假犯罪团伙，对网络直播售假违法犯罪行为形成强力震慑。今年以来，共计查处违法案件13985件，结案14068件，罚没款9774.08万元，移送149件。

3."利剑"出鞘，全面净化药械化市场

市药监局紧抓药品安全专项整治"利剑行动""一条主线"，聚焦严查违法违规行为、全面排查风险隐患"两大任务"，坚持系统三级联动、行刑高效衔接、部门横向协作"三项协同"，突出重点品种、重点区域、重点对象、高风险行为"四个整治"，筑牢体制机制建设、药品监管网络、稽查办案能力、检验监测能力、科学监管能力"五大支撑"，实现执法办案数量质量双提升。全市共结案1631件，同比增长30%，罚没款1983万元，查办大案要案26件，查处重点领域案件121件，移送涉嫌犯罪案件14件，吊销生产经营许可证9家。"天津市博爱生物药业有限公司生产假药小败毒膏案"入选国家药监局药品安全专项整治典型案例。协办"公安部督办'8·02'生产销售假药案"，作为新法实施后首件典型案例，受到公安部表彰、被最高人民检察院官微等媒体报道、获评中国外商投资企业协会优质品牌保护委员会"2021—2022年度知识产权保护十佳案例"。

4."剑网""秋风"出击，加强版权保护

市委宣传部（市版权局）联合市委网信办、市公安局、市通信管理局、市文化市场执法总队等单位开展天津市打击网络侵权盗版"剑网2022"专项行动，出动联合执法人员3848人次，实地检查巡查1861家次，查办侵权案件21起，行政罚款35.59万元；坚持"线上＋线下"共同发力，扎实深入开展"青少年版

权保护季"行动，共出动执法人员8104人次，检查出版物市场和网络文化经营单位3798家次，查办版权案件24起，罚款377050.6元，吊销许可证1家，移送公安刑事立案3起；检查出版物经营单位（含网络书店）210家次，检查印刷复制企业1863家次，收缴侵权盗版及非法出版物20万余件，依法查处违法违规经营单位93家。2022年版权处被国家版权局评为查处重大侵权盗版案件有功单位。

5.加强海关保护，开展"龙腾行动"

在"龙腾行动2022"框架下，天津海关部署开展了寄递渠道知识产权保护"蓝网行动"和出口转运货物知识产权保护"净网行动"。依法查扣侵犯天津机械进出口有限公司和北方国际集团天津同鑫进出口有限公司商标权锄头、足球等商品六批7.6万余件。建立"机检审像知识产权保护影子商品库"和"高发频发侵权商品与常见贸易国别关联参照表"，以智能设备辅助查验，精准查发伪瞒报侵权行为。通过机检审像等智能设备辅助查验，查发涉嫌侵权货物9批，涉及侵犯凤凰牌商品权自行车鞍座、冰雪奇缘著作权儿童自行车等商品1.7万余件。

（四）强化司法保护力度，严厉打击刑事犯罪

1.公安重拳出击，开展"昆仑""剑网"行动

全市公安机关坚持对侵权假冒犯罪"零容忍"的工作态度，坚持以"昆仑""剑网""冬奥版权保护""整治侵权盗版教材教辅"等专项打击行动为抓手，紧盯工矿产品、汽配燃油、教材教辅、网络侵权等重点领域的突出侵权伪劣犯罪问题，严格遵循"打源头、端窝点、摧网络、断链条、追流向"的工作方针和"大保护、同保护、严保护、快保护"的工作目标，坚决查处组织者、经营者、获利者，坚决斩断犯罪链条，对全市侵权伪劣犯罪分子形成强力震慑，有力遏制了侵权假冒犯罪的蔓延势头。

2.检察机关介入，督导案件办理

全市各级检察机关充分发挥法律监督职能，依法履行立案监督、审查批捕、审查起诉、诉讼监督职责，不断完善侵权假冒类案件办案机制。督办2起全国"扫黄打非"办、最高检等单位联合督办案件，三级联动加强案件指导，定期报告工作情况。市检三分院办

理的全国首例以合理许可费认定损失数额的涉外侵犯商业秘密案件，受到最高检张军检察长及天津市领导的批示肯定，该案被选为最高检指导性案例备选案例。红桥区院办理的申某某等人生产销售假冒品牌桶装水案入选最高检发布的惩治制售假冒伪劣商品犯罪典型案例。

3. 挥动审判利剑，严格司法保护

市高级人民法院坚持"司法主导、严格保护、分类施策、比例协调"的知识产权司法保护基本政策，发挥司法审判重要作用，有效打击制裁各类知识产权违法犯罪行为。发布《天津法院 2022 年知识产权司法保护工作要点》《天津市高级人民法院关于加强中医药知识产权司法保护的审判委员会纪要》，持续加大对"卡脖子"技术以及新兴产业、重点领域的知识产权司法保护力度，释放创新驱动原动力。深入推进知识产权审判机制改革创新，着力破解影响和制约知识产权司法事业发展的问题和短板，健全案件审理专门化、管辖集中化、程序集约化的知识产权案件审判体系。推动打击侵权假冒工作有序开展，进一步净化市场环境、维护群众利益、促进经济高质量发展。

（五）强化政治担当，积极推动京津冀协同联动执法

1. 强化京津冀执法协作，合力打击侵权违法行为

市市场监管委着力加强三地沟通交流，整合京津冀执法协作需求，深化执法协作机制建设，持续推动京津冀执法协作相关文件和政策落实，推进《京津冀营商环境一体化发展监管执法领域合作框架协议》达成共识，实现京津冀执法协作体系再创新、再升级。

2022 年 8 月，京津冀三地市场监管部门协同开展打击侵犯 CoCo 都可奶茶商标专用权执法行动，共涉及三地 236 家奶茶制售经营主体。这是截至目前体量最大的一次京津冀联合执法行动，对进一步优化区域营商环境，服务区域协调高质量发展具有重要意义。

2. 开展区域协作调研，推动两级执法联动

持续推进京津冀三地海关知识产权保护执法协作，信息共享，疑难共商，协同防范侵权商品"口岸漂移"；加强与外商投资企业优质品牌保护委员会、出口知识产权优势企业工作委员会等维权联盟和行业协会

合作，在培训、宣传等方面强化关企互动互助。通过制定《知识产权司法与行政执法联动保护协作机制》，联合签署《加强知识产权保护协作备忘录》，确立了"联系紧密、交流顺畅、协作高效"的行刑衔接工作原则，进一步完善了天津市知识产权全链条保护工作机制。

3. 开展区域执法座谈，加强京津冀协作交流

开展京津冀打击传销执法交流会、京津冀知识产权执法业务线上培训，进一步提升市场监管执法队伍能力素质和执法专业化水平。市检察院举办京津冀加强知识产权司法保护公检法同堂培训班活动，三地检察机关、天津法院、公安系统共计 500 余人通过网络会议平台在线同步参训。市检一分院与河北省唐山市检察院会签《关于经济犯罪检察工作、知识产权检察工作、开展涉案企业合规工作协作配合的意见》，就跨区域涉案企业合规审查、重大案件联合督办制度进行探索。

4. 承接移送案件线索，提高区域协作成效

天津市场监管委全年移送京冀案件线索 3 件，接转京冀案件线索 8 件。依托框架协议强化执法协作机制，提高京津冀协同打击侵权假冒违法行为的工作成效。其中，北京市市场监管局通报的天津极果优品商贸有限公司未经奥林匹克标志权利人许可为商业目的使用奥林匹克标志系列案件线索，市市场监管委立即对线索进行研判分析，迅速开展线上及线下的执法检查工作，对线索中涉及企业逐一排查，锁定证据后迅速行动，重拳涉冬奥作品的侵权盗版违法行为，全面提升了区域协作办案成效。

（六）坚持打建结合，构建长效机制

1. 加强舆论宣传，营造良好氛围

市双打办始终坚持打击与宣传相结合，将打击侵权假冒与宣传工作同部署、同推进，制定《天津市 2022 年打击侵权假冒宣传工作方案》，对全市年度打击侵权假冒宣传工作作出部署，组织各区、各成员单位围绕重要时点、重点部署、重大行动，通过各类平台和载体，开展丰富多彩专题宣传活动。结合对中国正式生效的版权国际条约《马拉喀什条约》，策划拍摄了 2022 年版权宣传主题宣传片，组织"传统媒

体＋新媒体"进行全面宣传，在地铁、户外大屏等播放次数超过 200 万次。组织开展"天津市 2022 年版权宣传主题发布会""天津市作品著作权登记工作成果展"。既善于回应群众期待，又主动挖掘引导社会的关注，结合典型案例，策划开展集中宣传，展示全市打击侵权假冒的坚定决心和显著战果，引起全社会的广泛共鸣，在社会上形成打击侵权假冒人人有责、人人参与的良好氛围。在日常工作中，市双打办积极做好全国打击侵权假冒网天津站的日常维护工作，及时收集各成员单位、各区打击侵权假冒工作亮点及工作成效。

2. 组织集中销毁，巩固打击成效

市双打办会同各区、各有关部门坚持依法处置、无害化处理、杜绝再流通的原则，严格执行销毁程序，确保全年销毁活动符合疫情防控与安全节能环保要求，根据不同侵权假冒商品特性分别采取拆解、碾压、填埋、焚烧、生化等方式实施销毁，切实做到科学分类处置。全年销毁活动的重点门类包括但不限于查获的侵权假冒伪劣防疫物资、食品、药品、化妆品、婴幼儿用品、老年用品、服装鞋帽、汽车配件、建材电器、机械设备、假劣种子等。2022 年，全市共计销毁侵权假冒商品 156 万余件，货值金额 1602.79 万元。全年销毁活动充分展示了全市打击侵权假冒工作取得的新进展、新成效，有效维护了人民群众和中外权利人的合法权益，震慑了违法犯罪，警示了不法分子，普及了法治观念，彰显了全市严厉打击侵权假冒伪劣违法犯罪行为的坚定决心，亮明了全市持续打造知识产权保护高地城市和创造运用强市的鲜明态度，在全市掀起了新一轮打击侵权假冒工作高潮。

3. 加强工作交流研讨，推动行刑衔接

市双打办组织开展 2022 年度市打击侵权假冒工作培训，就知识产权刑事案件办理及行刑衔接相关问题进行集中授课，并对各成员单位提出的问题进行了详细解答，进一步提升打击侵权假冒工作人员责任意识和业务能力，有效推动解决两法衔接工作中存在的问题。市药监局设立药品安全执法协作办公室，建立信息共享联合工作机制，共建药品安全违法犯罪线索信息研判平台。共同研究制定涉案药品检验认定工作规程和指导原则，统一认定标准，畅通涉案产品检验认定绿色通道。建立形成多部门联合培训、调研机制，加强业务交流，开展走访座谈，对相关协查请求迅速办理、及时反馈，全市打击假劣产品业务能力显著提升，形成严厉打击违法违规行为的合力，加强行政、司法部门的密切协同，推动行刑衔接工作高效顺畅。

4. 发布举报奖励办法，营造共建共治共享良好氛围

市市场监管委联合市财政局出台《天津市市场监管领域重大违法行为举报奖励暂行办法》，制定《天津市市场监管领域重大违法行为内部举报人奖励与保护细则（试行）》，将知识产权领域侵权行为作为重点内容纳入其中。保护内部举报人的合法权益，完善社会公众参与机制，增强监管的针对性、有效性，化解重大风险和推动社会共治，加快推进全市市场监管治理体系和治理能力现代化。为进一步严厉打击食品安全、药品安全、特种设备安全、工业产品质量安全、知识产权等市场监管领域违法犯罪行为，提供了有力保障。

三、存在不足之处

一是工作进展不平衡。个别地方打击侵权假冒长效机制尚不完善，有的区执法经费、人员编制不足，部门支持力度不够，影响工作落实。监管执法仍然存在宽松软的问题，综合治理能力还需进一步提升，行政执法手段和效能需进一步加强。

二是互联网领域侵权假冒案件依然多发。售假手法花样翻新，利用新信息技术实施的侵权假冒行为不断出现，监管查处难度加大，执法监管能力亟待提升。

三是两法衔接工作力度有待加强。两法衔接案件信息录入还存在不规范、不完整、不及时等现象，平台潜力发挥还不够充分，部门间、区域间打击侵权假冒信息共享作用有待提升。

四、下一步工作

2023 年，天津市将继续坚持以习近平新时代中国特色社会主义思想为指导，全面贯彻落实党的二十大精神，按照全国双打办的工作部署，结合全市工作实

际，重点做好以下四方面工作。

（一）进一步加强组织领导，压实工作责任

深入学习贯彻习近平总书记关于加强知识产权保护、打击侵权假冒工作重要讲话和指示批示精神，将打击侵权假冒工作作为保障国家知识产权战略深入实施、维护公平竞争的市场秩序、完善市场化法治化国际化营商环境的重要举措。各行政执法机关要立足本职，站在讲政治和顾大局的高度开展侵犯知识产权和制售伪劣商品犯罪打击工作，胸怀大局、勇于担当，进一步增强责任感、使命感、紧迫感，用打击侵权假冒犯罪的实际行动，践行党和人民赋予我们的光荣使命。

（二）进一步强化部门协调联动，形成打击合力

进一步完善侵权假冒法律体系、全面建立惩罚性赔偿机制、加大侵权假冒违法惩处力度，让生产经营者不敢、不愿、不想制假售假。下一步，我们将积极协调各有关行政部门，加大两法衔接工作力度，实现司法优先、案件优先，最大限度保障案件侦办。推动建立由公、检、法、司和各行政监管部门参与的联席会议制度，定期组织召开联席会议，强化沟通协作，实现信息共享，形成打击侵权假冒犯罪合力。

（三）进一步加强重点领域治理，查办大案要案

聚焦重点产品、重点领域、重点环节、重点市场，大力推进侵权假冒治理，严厉打击在线销售侵权假冒商品、虚假广告、虚假宣传、刷单炒信等违法行为。持续开展农村和城乡接合部市场治理，从生产源头、流通渠道、消费终端多管齐下，净化农村市场环境。持续推进进出口侵权假冒治理，开展"清风""龙腾"行动，聚焦"一带一路"沿线国家和地区，统筹进出口双向监管，严厉打击跨境制售侵权假冒商品违法犯罪行为。

（四）进一步加强舆论宣传，推进社会共治

打击侵权假冒工作头绪多、任务重，既要干好，还要宣传好、发好声，及时把成效宣传出去。各地各部门要通过广播电视、报纸杂志、网络媒体等多种渠道，开展全方位、立体式宣传，把握正确舆论导向，解读法规政策措施，曝光剖析典型案例。同时，做好查处侵权假冒案件信息公开工作，依法、主动、及时公开案件信息，接受人民群众监督，对不守法、不诚信企业形成约束和震慑，营造全社会保护知识产权、打击侵权假冒良好舆论氛围。

（撰稿人：高强）

河北省打击侵权假冒工作报告

2022 年，河北省打击侵权假冒工作坚持以习近平新时代中国特色社会主义思想为指导，严格按照全国打击侵权假冒工作领导小组的部署要求，在河北省委、省政府坚强领导下，全面落实 2022 年全国打击侵权假冒工作电视电话会议精神，认真贯彻 2022 年全国打击侵权假冒工作要点，主动担当作为，坚持依法治理、强化两法衔接，坚持专项整治、打建结合，坚持统筹联动、社会共治，强化一体化侵权假冒执法打击，不断探索加强打击侵权假冒长效机制建设，持续推进全省打击侵权假冒工作取得新成效，全力保安全、护稳定、促发展，着力推动经济社会高质量发展。

全年共立案查处侵权假冒行政违法案件 5016 件，移送涉嫌犯罪案件 96 件，捣毁黑窝点 20 个；破获犯罪案件 1708 件，抓获犯罪嫌疑人 4118 名，涉案金额 10 亿余元；批捕 219 件 311 人，起诉 693 件 1090 人；判决生效 755 件 1350 人，有效震慑和遏制了侵权假冒违法势头，保护了企业和消费者合法权益。

一、强化知识产权行政保护

（一）深入落实知识产权强国战略部署

省政府领导组织召开学习贯彻《知识产权强国建设纲要（2021—2035 年）》和《"十四五"知识产权保

护和运用规划》专题会；以省知识产权战略实施工作领导小组名义组织召开2022年度实施《知识产权强国建设纲要（2021—2035年）》和《"十四五"知识产权保护和运用规划》推进工作调度会；印发《河北纲要》重点任务分工方案、省"十四五"知识产权保护运用规划2022年实施推进计划和2022年河北省知识产权战略实施工作要点。

（二）知识产权强国建设取得新成效

按照国家知识产权强国强省强市部署要求，推动石家庄、唐山、廊坊大厂县、石家庄高新区等三类6个单位成功入选首批国家级知识产权强国建设试点，审定各单位以属地政府或管委会名义制定试点示范实施方案印发并报备，指导唐山市以市政府名义召开国家知识产权强市建设试点城市工作部署推进会，研究制定《河北省市场监督管理局、石家庄市人民政府共建知识产权强市合作会商工作要点（2022—2025年）》。

（三）知识产权质量实现稳步提升

一是组织实施"惠企助创育高"专利资助项目。经创新主体自愿申报、市局初审、专家评审、社会公示、党组审定，受理资助申请6090项，完成对2021年度1852项国内授权发明专利、75项PCT授权发明专利的资助，累计资助969.8万元，惠及516家企事业单位。二是高标准、高质量推进非正常专利申请核查处置工作。通过健全数据分析和撤回定期报告制度，重点整治遏制非正常专利申请重复提交问题，承办劝撤非正常专利申请案件两批共计8938件，实际撤回8514件，年度撤回率达95.26%，排名全国第三位，高于全国平均水平。三是打击申请人商标恶意注册行为取得新进展。转发《国家知识产权局关于持续严厉打击商标恶意注册行为的通知》，印发《河北省市场监督管理局关于进一步加强打击申请人商标恶意注册行为的通知》，按照国家知识产权局《转办函》要求，指导石家庄、保定等市查办处理涉嫌恶意抢注奥运健儿姓名及相关热词商标等案件。

（四）地理标志保护工作成效显著

一是顺利通过国家知识产权局"地理标志产品专用标志使用核准改革试点"验收。二是地理标志专用标志审核备案工作全面提速。持续优化"三个一"工作模式，专用标志核准审查效率明显提升，全年新增地理标志专用标志用标企业332家，达到662家，用标覆盖率达到63.7%，完成年度目标任务。三是深入基层一线，对地理标志培育工作开展帮扶指导。先后赴故城、晋州、顺平、滦南等县（市），进企业、进协会，对地理标志产品培育、专用标志使用管理等工作进行指导，受到地方政府和企业的一致好评。四是完成全省中欧地理标志保护与合作协定第二批清单产品受理公示准备工作。

（五）冬奥会奥林匹克标志保护圆满完成

印发《河北省2022年冬奥会和冬残奥会奥林匹克标志知识产权保护行动实施方案》，建立了底数摸查、网上线索监测、行政约谈等机制。冬奥会期间，共行政约谈重点企业2100家，开展奥林匹克标志保护专项检查4114次，办理案件89起，高质量完成冬奥会奥林匹克标志保护工作。

二、扎实开展重点难点治理

（一）强化互联网领域侵权假冒治理

一是组织开展"剑网2022"等专项行动。全省各级版权部门共出动检查人员36万余人次，检查各类经营单位12.2万余家次，责令改正174家次，警告312家次，责令停业整顿14家，查处各类案件479件，收缴各类侵权、非法出版物2万余册（张）；组织开展冬奥版权保护集中行动，行动期间共出动检查人员28400人次，检查经营单位8200余家次，网络巡查百余小时，查处涉奥侵权案件3起；印发《河北省2022年推进使用正版软件工作计划》，国产办公软件全覆盖的市县两级政府完成数量173个，国产操作系统全覆盖的市县两级政府15个。二是强化电子商务领域知识产权保护。印发《2022年全省知识产权行政保护实施方案》《关于指导跨境电商平台和跨境电商加强知识产权保护的通知》，指导9家跨境电商平台和75家跨境电商制定知识产权保护规则，与阿里巴巴集团签署《助力电商企业发展和政企联动合作长效机制备忘录》，共同规范淘宝平台内经营者经营活动，完善线上线下一体化保护机制。三是开展"清朗·燕赵净网2022"网络生态治理专项行动。网信系统累计清理网上淫秽色情、游戏赌博等各类有害信息 30.49 万余条，查处违法违规网站 5108 家，查处违规互联网用户公众账号 994 个，对严重扰乱互联网信息传播秩序、破坏网络生态的 1134 家网站依法关闭。开展"夯基础、强管理，迎接党的二十大"全省网站基础信息核查专项行动，共核查网站 168686 家网站，督促 12961 家网站整改。

（二）加强农村地区侵权假冒治理

一是开展农资打假行动。印发《关于深入推进 2022 年"治违禁　控药残　促提升"三年行动的通知》，切实解决禁限用药物违法使用、非法添加和常规药物残留超标问题。查办农药安全案件 430 件，移送司法机关 15 件，罚没款项 233 万元，集中公布典型案件 8 起，韭菜种植使用腐霉利案件被列为 2022 年全国 10 个典型案件之一。开展农资专项治理，检查农资企业（商店）2.4 万家次，立案查处化肥、种子案件 413 件，罚没金额 157.1 万元，曝光农资打假典型案例 4 件。二是开展假冒伪劣食品整治行动。按照《农村假冒伪劣食品整治行动方案（2020—2022 年）》要求，印发《关于深入开展 2022 年农村假冒伪劣食品整治工作的通知》，每季度召开食安委成员单位风险防控联席会。积极开展"守查保"专项行动，针对重点产品、重点行为、重点区域，严厉打击农村食品安全违法违规行为。共检查食品生产主体 47859 户次、食品销售主体 496870 户次、餐饮服务主体 268316 户次、批发市场和集贸市场等 15542 户次、网络食品交易第三方平台 2548 个次，组织监督抽检 383421 批次，取缔无证无照生产经营主体 793 户，吊销食品生产经营许可证 14 个，行政处罚案件 15501 件，查扣违法食品 153456.79 公斤，货值 1454.25 万元，罚没款合计 10733.92 万元，移送公安机关 276 件。三是开展打击侵犯林草植物新品种权专项行动。印发《关于开展 2022 年林木种苗行政执法检查和种苗质量抽查工作的通知》，开展林草种苗行政执法和种苗质量抽查活动，对 5 个市 9 个县 23 家生产经营和使用单位的苗木质量进行检查，苗木质量合格率 100%，未发现无证、无签、生产销售假劣种苗、假冒植物新品种等违法行为。

（三）深入开展重点产品治理

一是开展药品安全整治专项行动。组织召开 20 余次会议进行调度部署，实施周汇报、月调度制度，每月对各市工作进行调度，对案件查办情况进行通报排名，层层传导压力。共查处药品（含医疗器械、化妆品）案件 9914 件，其中普通程序案件 7560 件，罚没 6500.3 万元，捣毁制假售假窝点 15 处；普通程序案件中药品案件 4151 件，医疗器械案件 2120 件，化妆品案件 1289 件。二是开展民生领域案件查办"铁拳"行动。印发《2022 年河北省民生领域案件查办"铁拳"行动方案》，对 14 类民生领域违法行为展开"铁拳"行动。共查办各类民生领域案件 25231 件，罚没金额合计 2.25 亿元。其中重点案件查办 20992 件，移送公安机关案件 233 件，向总局报送典型案例 158 件。三是开展打击消毒产品侵权假冒专项行动。组织对消毒产品经营使用的医药公司、商场超市、医疗机构等重点单位开展监督检查，随机抽查消毒产品生产企业 261 家，监督抽查 247 家，合格 233 家，合格率 94.3%，抽检消毒产品 315 份，合格 308 份，合格率 97.8%；检查抗（抑）菌制剂生产企业 144 家，立案 11 家，罚款 2.95 万元。

（四）严格进出口等领域整治

一是开展"龙腾行动 2022"专项执法行动。加强中欧班列、市场采购等新型贸易渠道侵权假冒监管力度，加载布控指令 34 条，侵权查验 90 余票，采取保护措施 4 次，始终保持打击侵权的高压态势。落实《北京海关　天津海关　石家庄海关推动京津冀协同发展工作实施方案》，组织开展京津冀海关知识产权保护联合线上培训、知识产权企业专题培训等各类培训 17 次，参训人员 900 余人次。二是保持烟草打假打私高压态势。联合省公安厅印发《2022 年全省打击涉烟违法犯罪工作要点》，严防严控境外非法卷烟入境、严厉打击境内制假、深入开展重点环节专项行动等重点任务落实。查处假私烟案件 3889 起，查获假私烟 3036.5 万支；查处案值 5 万元以上假私烟案件 63 起，拘留 285 人，逮捕 117 人，判刑 107 人。三是持续推动海外知识产权保护。印发《关于进一步加强知识产权涉外风险防控体系建设的通知》，建立了省、市、县三级互通，知识产权、商务、贸促会横向互联的纠纷应对指导体系，指导石家庄、邯郸等市局建立海外知识产权保护预警平台。共发布海外知识产权风险预警信息612条，办理涉外知识产权争议案件10件，维护了企业海外合法权益。

（五）推动"打假保名优"活动落地见效

不断增强服务意识和创新意识，围绕打造更有吸引力、更具竞争力、更加富有活力的河北营商环境，印发《2022年河北省"打假保名优"活动实施方案》，锚定重点区域名优企业，选取788家有品牌带动效应的龙头企业、知名品牌企业和外省在冀知名品牌生产经销企业，建立打击侵权假冒常态化协作机制，精准对接企业利益诉求，精准开展包联帮扶，集中治理行业"潜规则"问题，全力服务企业高质量发展。累计走访企业3641家次，收集侵权假冒线索3054条，逐一制定针对性解决措施，建立省市县三级市场监管协同联动机制推进工作落实，切实帮助企业解决"烦心事、忧心事"。共查办侵权假冒衡水老白干、六个核桃、凉白开、蓝月亮、骆驼、南孚、耐克、阿迪达斯等名优品牌案件2145件，涉案货值1625.72万元，为各类市场主体创造充足公平市场空间。"打假保名优"活动被人民网、中国质量报、学习强国平台、河北新闻网、河北日报等多家媒体宣传报道。

三、强化司法打击保护力度

（一）突出大案牵引，推动破案攻坚

坚持以刑事打击为主不动摇，紧盯侵权假冒犯罪的重点区域、重点领域，依法实施精准打击。印发《关于进一步加强打击侵犯知识产权犯罪工作的通知》，与"昆仑2022""铸盾2022"专项行动同步部署推进。坚持以大案侦办为引领，强化挂牌督办，实施统一指挥，组织各地开展破案攻坚。组织保定市县两级公安机关成功破获联想集团举报制售假冒品牌服务器专用硬盘案；从全省抽调警力配合邢台市公安机关查办"5·14"销售假冒国内外知名品牌标识案，成功打掉横跨河北、山东等省份的集领标、吊牌、胸标、包装袋生产、批发、服装制假等多环节"一条龙"的专业犯罪团伙。全省公安机关共侦破侵权假冒等各类犯罪案件1708起，抓获犯罪嫌疑人4118人，涉案金额10亿余元，公安部8次发来贺电表示祝贺。

（二）依法履职尽责，强化检察监督

聚焦食药领域、医疗美容领域和疫情防控相关产品，持续强化对食品药品特别是疫苗、医用口罩、医用防护服、核酸检测试剂等防疫用药品和医疗器械犯罪的打击力度。统筹疫情防控和案件办理，采取远程提讯、视频开庭的方式，充分发挥审查批捕、审查起诉、立案监督、侦查监督和审判监督职能，依法从重从快打击侵权假冒违法犯罪。全省检察机关共批准逮捕侵权假冒案件219件311人（生产销售伪劣商品罪124件183人，侵犯知识产权罪95件128人），提起公诉693件1090人（生产销售伪劣商品罪461件683人，侵犯知识产权罪232件407人），监督公安机关立案21件23人（生产销售伪劣商品罪15件17人，侵犯知识产权罪6件6人）。

（三）坚持常抓不懈，提升审判质效

把打击侵权假冒工作摆在突出位置，严格侵权假冒犯罪案件审限监督，加大对危害食品、药品安全犯罪，侵害知名商标建筑材料、汽车配件商标权犯罪、假冒伪劣农资坑农害农犯罪等危害民生领域和社会公共安全的侵权假冒犯罪的打击力度，全面落实知识产权审判"三合一"工作机制。全省法院判决生产销售伪劣商品罪、侵犯知识产权罪、生产销售有毒、有害食品罪等涉侵权假冒案件755件1350人。

四、健全打击侵权假冒长效机制

（一）完善双打工作机制

领导小组办公室强化统筹协调和协作配合，建立健全领导小组议事规则、办公室日常工作、联络员会议、行刑衔接、绩效考核等机制，打击侵权假冒工作合力不断提升。2022年3月31日，组织召开省打击侵权假冒工作领导小组会议，省政府副省长、打击侵权假冒工作领导小组组长出席会议并讲话，全面部署2022年全省打击侵权假冒工作。印发全省打击侵权假冒工作要点，部署开展重点领域治理、知识产权保护、打击违法犯罪等24项打击侵权假冒工作。组织省委宣传部、省公安厅、省文化和旅游厅、省农业农村厅、石家庄海关、省市场监管局等相关成员单位大力开展"剑网2022""秋风2022""昆仑2022""春雷2022""龙腾2022""铁拳""打假保名优"等11个专项行动，对重点领域、重点环节的侵权假冒行为重拳出击。高度重视工作落实和打击侵权假冒绩效考核，12次组织相关成员单位召开联络员会议进行调度，制定工作台账，明确责任分工和完成时限，推进各项工作有效落实。

（二）提升协作联动水平

深入推进打击侵权假冒区域协作、部门联动和全社会协同，加快构建共治共建共享的治理格局。一是推进区域协作。与北京、天津签署《京津冀营商环境一体化发展监管执法领域合作框架协议》，加强京津冀行政执法办案合作，推动京津冀行政执法一体化进程。与湖北、山西建立执法协作机制，联合开展打击侵权假冒行动，打造区域执法协作品牌。二是推进部门联动。贯彻落实《关于加强行政执法与刑事司法衔接工作的指导意见》，不断健全行政执法部门与公安、检察、法院行刑衔接机制，树立执法权威，加大对违法犯罪案件查处力度。

（三）不断增强服务能力

强化知识产权企业服务，建立展会知识产权纠纷快速处理机制，明确展前、展中、展后知识产权侵权行为受理程序和要求。强化商标、专利、品牌保护，建立"打假保名优"常态化协作机制和知识产权纠纷多元化解机制，累计走访名优企业4230家次，收集侵权假冒线索3528条，精准对接企业利益诉求，帮助企业解决"烦心事、忧心事"和难点、堵点。

五、传播打击侵权假冒"河北声音"

一是开展系列宣传。组织成员单位围绕"3·15"国际消费者权益日、"4·26"世界知识产权日等重要时点，全省共组织开展220余场次宣传活动，营造打击侵权假冒的良好社会氛围。二是组织销毁活动。2022年7月，省市场监管局组织民生领域案件查办"铁拳"行动罚没物品集中销毁活动，销毁食品、运动鞋、童车等10大类110余吨假冒伪劣商品。2022年11月，领导小组办公室组织公安、农业农村等成员单位参加侵权假冒伪劣商品全国"1+17"统一销毁行动（河北分会场），销毁食品、药品、烟草、日化品、农资、鞋服、非法出版物等10大类190多吨侵权假冒伪劣商品；指导各市县开展销毁活动20余次，销毁假冒伪劣商品30余类200余吨，向社会各界表明河北打击侵权假冒违法犯罪行为的鲜明态度和工作决心，有效提升了全省打击侵权假冒工作的影响力。三是召开新闻发布会。2022年12月，召开2022年度打击侵权假冒工作情况新闻发布会，向社会各界发布全省打击侵权假冒工作成效，人民网、央广网、中国质量报、河北日报、河北广播电视台、长城新媒体等10余家媒体进行直播和宣传报道。

六、当前打击侵权假冒工作面临的形势和问题

在全国打击侵权假冒工作领导小组和省委、省政府的领导下，全省打击侵权假冒工作虽取得了一定的成效，但我们也清醒地认识到，当前全省打击侵权假冒工作仍面临不少挑战和问题。一是"无接触"消费、直播销售等消费新模式快速发展，电商平台侵权假冒问题进一步凸显，对打击侵权假冒工作提出了更高要求。二是局部性侵权假冒问题依然存在，互联网领域、农村及城乡接合部市场、小商品集贸市场侵权假冒问题时有发生。三是各市工作推进不平衡，"上下联动、横向协同"的执法联动机制还需要进一步完善。

七、下一步打击侵权假冒工作安排

2023年，河北省将以习近平新时代中国特色社会主义思想为指导，认真学习贯彻党的二十大精神，增强使命感责任感，坚持打击惩治并举，强化统筹协作，层层压实责任，不断完善工作机制，加大侵权假冒打击力度，持续优化营商环境、有效保障人民群众和市场主体合法权益，为促进河北高质量发展提供有力保障。

（一）创新工作方式

针对侵权假冒行为新变化新特点，创新监管方式，深入分析侵权假冒趋势动态，提升行政执法、刑事司

法和监管部门效能。统筹推进信用监管、智慧监管和"双随机、一公开"监管，增强侵权假冒防范预警和早发现、早查办、早处置综合能力。

（二）聚焦重点领域

对直接关系疫情防控、生命健康和公共安全的重点领域，严格落实习近平总书记提出的"四个最严"要求，杜绝屡罚屡犯、屡禁不止，坚决防范遏制重大质量安全问题发生。一是确保食品等重要民生商品安全。健全从农田、工厂到百姓餐桌的全流程质量追溯体系，加强食品全链条综合治理，严格防疫保供、进口冷链、社区团购、校园及周边餐饮零售场所等食品安全管控。二是加强农资产品的监管。落实好《关于保护种业知识产权打击假冒伪劣套牌侵权营造种业振兴良好环境的指导意见》，深入开展农资打假专项治理，依法严惩制假售假等违法行为。三是严把工程材料质量关。加强对工程建设领域钢筋、水泥、电缆等重要工程材料的质量监管，加大抽检频次，严防掺杂使假、以次充好。

（三）统筹线上线下

着眼优环境、促消费，强化假冒伪劣源头治理、渠道治理。一是加强电商平台监管。解决网络侵权假冒持续化、分散化、链条化问题，压实平台企业质量安全主体责任和严格审核把关责任。对落实主体责任不力、自查自纠不严、侵权假冒多发的，强化监管整治举措。保持线上线下监管一致、同标同质，持续净化网络市场，促进实体消费健康发展。二是规范新型消费业态。针对直播带货、社区团购、盲盒销售、微商等侵权假冒多发，进一步明确各方责任，划出底线红线，消除监管盲区，促进消费新业态新模式扩容提质和规范健康发展。三是持续加大农村等重点市场整治。盯紧农村和城乡接合部市场，坚决打击坑农害农行为，促进乡村振兴。健全完善制度机制，结合实际加强常态化有效监管，巩固集中整治成效。

（四）强化法治保障

重点解决侵权违法成本低、维权成本高、震慑力不足等突出问题。一是加大惩戒力度。严格遵照执行最高人民法院《关于审理侵害知识产权民事案件适用惩罚性赔偿的解释》，严惩恶意侵权、重复侵权、群体

侵权，以及商标抢注、非正常专利申请等行为。强化"处罚到人"导向，健全信用惩戒、任职限制、终身追责等制度，建立侵权违法高压线。二是强化行刑衔接。健全知识产权侵权案情通报、案件移送和联合调查等快速处理机制，畅通速查、快审、严判渠道。三是提升震慑遏制的效果。加强对重点案件、新型案件的指导督办，必要时挂牌督办、组织跨区域联合查办，重拳打击并公布一批群众反映强烈、社会舆论关注的典型案件，统筹好点上打击与面上治理，发挥典型案件震慑作用，及时曝光"黑名单"。

（五）推动社会共治

进一步加强组织领导，压实各方责任，持续完善各方参与、齐抓共管、协同高效的工作机制。深化跨区域打击侵权假冒执法协作，不断完善京津冀打击侵权假冒工作协调机制。加强社会共治，畅通投诉举报渠道。发挥行业自律作用，共同构建打击侵权假冒工作格局。

八、对全国打击侵权假冒工作的意见建议

近年来，在全国双打办的大力支持和帮助下，河北省打击侵权假冒工作取得了明显成效。针对日常打击侵权假冒工作实际，提出如下建议：

一是建议定期组织打击侵权假冒工作交流学习。通过各省间交流学习，取长补短，互相借鉴，进一步提升全国打击侵权假冒工作整体水平。

二是建议全国双打办加强指导调研。通过对各省工作督导指导，推动各地工作能力不断提升。

打击侵权假冒，关系人民群众切身利益，关系经济高质量发展，关系社会和谐稳定，是一项重要的"民心工程"，需要社会各界进一步提高打击侵权假冒意识，齐抓共管、常抓不懈。河北省双打办将继续同社会各界一道，在全国双打办和省委、省政府的坚强领导下，攻坚克难、真抓实干，始终保持高压态势，奋力开创打击侵权假冒工作新局面，更好维护广大权利人和消费者的合法权益，营造良好的市场环境，为谱写新时代河北高质量发展新篇章贡献智慧和力量！

（撰稿人：王英智）

山西省打击侵权假冒工作报告

2022 年，山西省打击侵权假冒工作始终坚持以习近平新时代中国特色社会主义思想为指导，全面贯彻党的二十大精神，按照党中央、国务院关于打击侵权假冒部署要求，积极推动《知识产权强国建设纲要（2021—2035 年）》实施，坚持依法治理、打建结合、统筹协作、社会共治原则，持续发力、久久为功，严厉打击侵犯知识产权和制售假冒伪劣商品违法行为，持续激发市场主体创新活力，依法保护权利人、消费者合法权益，打击侵权假冒工作取得积极成效。

一、扎实做好重点领域整治

2022 年，全省各级打击侵权假冒工作领导小组和各成员单位按照党中央、国务院和全国双打办的部署要求，坚持目标导向、问题导向，深化重点领域整治，完善区域协作机制，持续开展集中打击行动，保护知识产权、打击侵权假冒工作成效显著。

（一）突出重点领域整治，加大行政执法力度

省委宣传部、省版权局突出专项行动引领，提升执法巡查、线索转化、案件移送能力，持续加大查处侵犯著作权行政案件执法力度，全年共出动执法人员 21600 余人次，检查出版印刷单位 1300 余家次，检查网上书店 430 余家。聚焦难点，联合公安等部门开展院线电影版权保护工作，积极查办院线电影盗录案件；围绕热点，加强冬奥版权保护工作，全省共查处涉冬奥版权行政案件 8 起；突出重点，做好青少年版权保护工作，深入开展"青少年版权保护季"整治行动。注重新闻出版市场监管，持续深化"秋风"专项行动、印刷复制发行专项整治和网上书店清理整治活动。聚焦权利人和人民群众反映强烈的网络侵权盗版问题，狠抓网络环境下的打击侵权盗版工作，联合公安、网信、通信管理等部门，深入开展"剑网行动"，加强网络版权全链条保护，严厉打击违规网站、短视频、网络直播、体育赛事、在线教育等领域的侵权盗版行为。重点查办了李某宝涉嫌侵犯著作权案件、"12·12"剧本杀侵犯著作权案、马某栋涉嫌网上书店售卖盗版书籍案、宋某永博客侵犯著作权案件、争渡读屏软件侵犯著作权案件。其中"12·12"剧本杀侵犯著作权案为全国首例剧本杀案件，被国家版权局、公安部等 4 部门联合督办。组织各市对各类出版物市场、印刷企业、物流市场开展检查，对电商平台、社交平台、知识分享平台等各类网络平台开展巡查，发现侵权盗版问题，深入开展整顿治理，积极查办侵权盗版案件，有力规范版权市场秩序。省国资委下发《关于开展软件正版化工作督导检查的通知》。对省属企业集团本部进行了全覆盖检查，同时对部分所属企业进行了抽查。组织省属企业积极申报版权示范单位，其中山西杏花村汾酒厂股份有限公司、山西焦煤被授予"2022 年度山西省版权示范单位"称号。省工信厅持续开展计算机预装正版操作系统软件监管，督促全省境内的计算机生产厂商出厂销售的计算机预装正版操作系统软件。省市场监管局制定印发《2022 年知识产权行政执法专项行动方案》，加大对重点领域和区域执法力度，查办商标侵权、假冒专利及地理标志案件 604 件，比去年增长 29.3%，公布知识产权典型案例 10 件。查办专利侵权纠纷办案量为 70 件，较 2021 年的 39 件增长 79.4% 件；专利侵权纠纷案件以行政裁决结案的 26 起。下发《关于严厉打击侵犯北京 2022 年冬奥会和冬残奥会奥林匹克标志知识产权违法行为的通知》，严厉打击侵犯奥林匹克标志专有权行为，提升全社会保护知识产权的意识。按照国家知识产权局部署要求，印发《2022 年山西省知识产权行政保护工作实施方案》，将驰名商标的保护纳入辖区重点保护事项，查办涉驰名商标案件 197 件，驰名商标保护工作取得显著成效。围绕民生领域和群众关切的重点领域开展

反不正当竞争专项执法行动和医疗卫生领域商业贿赂专项整治，紧盯农产品、抗疫防护用品、食品等重要商品，以及技术、数据等重要要素市场，打击商业标识仿冒混淆行为，加强商业秘密保护，共查违法案件137件，罚没款305.45万元；检查医药企业395家，检查医疗卫生机构数量341家。聚焦市场流通领域突出问题，组织开展市场流通领域扫黑除恶整治工作，认真做好《反有组织犯罪》宣传贯彻工作，严厉打击网络传销、侵权假冒及无照经营等违法行为，清除危害食品、药品、特种设备和产品质量安全的风险隐患。开展集中整治商品过度包装专项行动，整治"天价月饼"和蟹卡券泛滥等问题。印发《2022民生领域案件查办"铁拳"行动方案》，重点对食用油掺杂掺假、成品油质量违法、劣质燃气具、加油站计量作弊等涉安全产品的质量违法行为进行查处，着力化解和防范风险，规范和维护良好市场秩序。太原海关多维度深层次收集知识产权侵权风险线索情报，以出境国际邮件为侵权查发主要阵地，加大对寄往北美、俄罗斯、欧洲等重点国家邮包的查验力度。2022年查扣侵权商品239批，涉及阿迪达斯、耐克、古驰等三十余个知识产权权利人，主要查扣商品类别为服装鞋帽、饰品等。省农业农村厅全力推进农资打假专项治理行动，开展假劣化肥、"农资忽悠商"集中整治，全年查处农资违法案件1499件，罚没款281.4万元，移送司法机关6件。切实加强种业市场监管，开展打击植物新品种侵权假冒专项行动，查办案件271件，涉案种子10129公斤。省药监局深入开展药品安全专项整治行动，深挖制假源头，摧毁售假网络，查处"两品一械"案件4632件，罚没款4243万元，其中责令停产停业12家，移送司法机关24件；联合公安机关成功破获李某云、崔某花回收医保药品重大系列案，捣毁非法经营药品窝点3处，查获涉案药品134种10714盒。省卫生健康委组织开展消毒产品监督抽检和抗（抑）菌制剂乱象治理，抗（抑）菌制剂生产企业监督检查全覆盖，检查消毒产品经营、使用单位1808家，查办案件82起，罚款21.4万元。省林草局突出林草种苗重点领域专项整治，查处种苗违法案件6起，罚款金额共1.2万元。部署开展林草种苗质量监督抽查和执法检查工作，共抽查6市、9个省直林局56个苗木生产经营单位，涉及15个树种，148个批次的苗木。省网信办积极部署开展网上侵权假冒信息清理工作，发挥舆情监看矩阵作用，全时段、全网域、全平台加强侵权假冒网上舆情巡查，对重要舆情线索第一时间通报相关部门，并配合做好线下核查、处置工作。省委政法委组织开展教育、金融放贷、市场流通等重点行业领域整治，治理行业领域突出问题。发挥省委平安建设领导小组办公室职能作用，将打击侵权假冒违法犯罪工作纳入平安山西建设年度考核重要内容，提升打击成效。省发改委信用信息共享平台归集涉及知识产权领域行政处罚179条，其中包括广告虚假宣传和违反商标法等内容，依法依规通过"信用中国（山西）"网站信用信息公示系统予以公示。省文旅厅部署开展文化市场"夏安"行动、"开学季"校园周边专项整治等专项行动，重点查处校园周边文化市场无证销售出版物、经营盗版教辅资料和非法出版物等行为，重拳打击通过网络传播、销售盗版影视作品、音乐作品、文学作品等行为，文化和旅游部转办的46件举报案件（其中侵犯知识产权举报10件）、3件督办案件，全部办结。省商务厅运用"双随机、一公开"的监管方式，对成品油零售、外商投资、对外劳务合作等396家企业进行监督抽查，严厉打击侵权假冒行为。省通信管理局建立24小时违法违规网站应急处置机制，配合相关成员单位处置违法违规网站132个，全省网站备案43937个，网站备案率100%。人行太原中心支行积极推进省级征信平台建设，"信通三晋"服务平台已归集共享税务、工信、人社等部门和单位涉企信用信息1.1亿条，服务相关企业累计查询信用报告7518次，促成授信1554.15亿元。省邮政局开展快递市场秩序整顿和末端网点专项治理行动，共出动执法检查人员8589人次，检查邮政快递企业及网点2800余家，停业整顿10家，立案查处202起。

（二）强化刑事打击，扩大社会震慑效果

省公安厅积极部署打击食药环和侵犯知识产权犯罪"昆仑"专项行动，全省公安机关共侦办各类侵权假冒刑事犯罪案件303起，侦办公安部督办案件12起，分别是太原"1·03"销售假药案，太原某醋业有限公司生产销售伪劣产品案，太原李某龙等人（利用药品）诈骗案，太原薛某东等人假冒注册商标案，太原"3·18"非法制售降糖药品案，太原"12·12"涉嫌侵犯"剧本杀"著作权案，阳泉"7·08"掩饰、隐瞒犯罪所得案（涉医保药），长治沈某良等人生产销售伪劣产品案，晋城"3·03"生产销售伪劣产品案，晋城"7·17"非法经营案，临汾"12·13"生产销售伪劣产品案，运城"3·26"生产销售伪劣产品案。其中，临汾"12·13"生产销售伪劣产品案。太原李某龙等人（利用药品）诈骗案和太原"3·18"非法制售降糖药品案受到公安部贺电表扬；临汾"12·13"生产销售伪劣产品案，被公安部列为"昆仑2022"专项行动挂牌督办案件和夏季治安打击整治"百日行动"挂账督办重点案件，受到省领导批示肯定和公安部贺电表扬。

（三）强化司法保护，营造公平竞争环境

省法院充分发挥法院的审判职能，健全打击侵权假冒行政执法与刑事司法两法衔接机制，完善纠纷多元化解决机制，持续推动构建司法保护、多元调解、社会治理协同推进的全链条工作格局，全面提升打击假冒伪劣产品和知识产权司法保护水平。2022年省法院共受理各类侵犯知识产权和制售假冒伪劣商品犯罪案件236（旧存50件），已结案件258件，全部在审限内审结。省检察院以"打击侵权假冒""食用农产品三年专项行动""强化知识产权保护""农资打假"等专项行动为抓手，持续推进打击侵犯知识产权和假冒伪劣商品违法犯罪工作，为切实维护全省平稳健康的市场经济秩序贡献出山西检察力量。2022年，全省检察机关对侵权假冒类案件审查逮捕168件290人，批准逮捕128件196人；审查起诉385件671人，起诉234件398人；建议行政执法机关移送涉嫌犯罪案件8件8人。发现食品、药品安全领域公益诉讼案件线索998件（行政公益诉讼案件线索921件，民事公益诉讼案件线索77件），办理食品药品安全领域案件799件（行政公益诉讼立案696件，民事公益诉讼立案103件）。

（四）强化队伍建设，提升履职尽责能力

全省打击侵权假冒工作建立了组织网络机制，形

成了26个省级成员单位、11个市、117个县（市、区）三级联动的行政执法、刑事执法、司法审判、快速维权、仲裁调解、行业自律、社会监督协调运作的工作格局。省双打办于2022年12月15日至16日，在太原组织了为期2天180人参加的打击侵权假冒业务培训，各市双打办组织线上线下开展打击侵权假冒、知识产权执法、行刑衔接等业务培训9次，培训受众1000余人。省市场监管局于2022年9月25日至30日，在太原组织为期6天130人参加的知识产权执法培训，围绕专利、商标执法实操及知识产权保护运用服务体系建设等内容进行培训。建立知识产权执法业务指导体系，完善省对市、市对县（区）分级指导机制，就商标侵权、假冒专利等案件的法律使用、规范程序、案件定性等问题进行具体研判指导。省委宣传部、省版权局于2022年12月21日举办了全省线上版权工作培训，主要对版权执法、软件正版化工作及新修订实施的《中华人民共和国著作权法》的宣传贯彻进行行业业务培训，切实提升基层版权管理、执法人员业务素质，解决全省版权工作中存在的问题，达到了统一思想、提高认识、提升素质的目的。省农业农村厅优化省市县联动机制，在种子等农资市场检查中，探索开展了"一地触网、全省联动，一地通报、全省摸排"的做法，有效打击了不法商贩。省林草局以宣贯《种子法》为抓手，组织开展种苗执法和新品种保护培训17期，培训人员达3000余人次。太原海关组织开展了针对不同受众、不同内容的知识产权执法能力线上培训，主动开展对企培训、送策上门、现场指导，全年共举办各类知识产权培训7次，参训关员和企业人员累计700余人次。省公安厅围绕重点打击领域，全省公安机关食药侦部门共参加公安部培训4期，省厅组织的"公安食药侦大讲堂"培训会5期，参训民警4000余人次，通过对新制定出台的打击食品、药品、知识产权领域违法犯罪司法解释和案件协同侦办进行培训，有效提升了食药侦民警的法律应用水平、专业知识素养和侦查办案技能。省检察院积极参与最高检组织的各类经济犯罪检察业务网络培训。联合法院、公安、市场监管、药监等相关单位，借力优势培训资源，开展全省食品、药品安全司法解释同堂培训。

针对"检察机关在办理侵权假冒案件中作用发挥不够充分""法制宣传力度还需加强"等问题，在全省检察机关开展"强化法律文书"的释法说理工作，把释法说理工作贯穿接访和办案全过程。省法院于2022年5月7日，召开全省法院知识产权审判工作推进会，并进行业务培训。通过学习培训，开阔了工作视野，找出了工作短板，开启了工作思路，明确了工作目标，进一步推动了知识产权审判工作，为实现全省深化转型综改发展战略目标提供了有力的司法保障。省贸促会会同山西华炬律师事务所、山西国晋律师事务所及山西中昌律师事务所签订了战略合作协议，为涉外企业提供外贸相关法律培训，对企业进行境外知识产权保护的讲解和知识产权保护服务。

二、典型经验及特色

（一）加强统筹协调，进行高位推动

山西省委、省政府高度重视打击侵权假冒工作，将其纳入全省经济社会发展的总体部署来抓，列入平安山西建设考核的重要内容。2022年，全省各级各有关部门按照党中央、国务院和省委、省政府的部署要求，提高认识、统一思想、聚焦重点、扎实推进，勇于创新、担当作为，完善机制、密切配合，持续开展重点领域整治活动，全省打击侵权假冒工作成效稳步提升。省双打办充分发挥领导小组办公室统筹协调作用，围绕重点任务和部门职责，制定印发《2022年全省打击侵犯知识产权和制售假冒伪劣商品工作要点》，扎实推进重点领域整治工作落实到位。第一时间组织各成员单位召开全省打击侵权假冒工作会议，研究部署全年打击侵权假冒工作事宜，并对重点任务做好跟踪推进。各市人民政府打击侵权假冒领导小组和省级各成员单位认真落实打击侵权假冒目标责任，真正做到了人员、工作责任、经费的三落实。省级各成员单位都落实了专人负责双打工作责任，实行联络员所在处室牵头相关业务处室配合的工作机制。省财政厅高度重视打击侵权假冒工作，将相关工作经费列入年度预算予以保障，并在预算执行过程中加强监管，2022年省财政安排打击侵犯知识产权和制售假冒伪劣商品相关经费467.08万元，主要用于打假执法办案、抽查

监督、举报投诉业务办理等。

（二）营造舆论氛围，深化信息宣传

发挥新闻媒体的正面引导和舆论监督作用，省市场监管局、省公安厅分别召开新闻发布会，大力宣传各领域打击侵权假冒工作取得的显著成效。积极应用报纸、电视台等传统媒体和网站、微信公众号、抖音等新兴媒体解读政策措施、发布典型案例、宣传先进经验，普及知识产权和识假辨假知识，畅通侵权假冒投诉举报投诉渠道，营造打击治理侵权假冒良好社会氛围。

一是传统媒体和新兴媒体共同发力。省政府新闻办定期组织召开新闻发布会，安排重点部门发布打击侵权假冒工作成果，指导协调各市新闻办和有关部门在当地主流媒体和门户网站，对双打工作进展、阶段性成果、发现的问题及处理情况等信息进行公开。省公安厅、省市场监管局组织召开公安机关打击食药环和知识产权领域犯罪阶段性成效新闻发布会，围绕公安、市场监管等部门依法严厉打击侵权假冒违法行为及工作成效进行了通报，并回答了大家关心的问题。省市场监管局举行知识产权专题新闻发布会，就打击侵权假冒、知识产权保护等工作专题通报，并现场解答大家关心的问题。发布知识产权典型案例10例，发布食品、产品质量、计量、广告等典型案例46例，中国质量网、中国食品安全网、中国市场监管报、山西日报等媒体单位多次对山西打击侵权假冒工作做了宣传报道。省广播电视局充分发挥媒体宣传优势，通过新闻消息、专题专栏等多种形式，全方位、多层次、多形式对打击侵权假冒进行宣传报道，制作播映了《"土坑"酸菜曝光　你还敢吃吗？》《铁拳出击　阳泉市集中销毁13499件价值侵权假冒伪劣商品》《严打世界杯热词商标恶意抢注行为》《太原法院"春雷行动"：卖醋侵犯商标权　赔偿八万元拒不执行》等一大批以打击侵权假冒为主题的新闻报道。统筹新媒体矩阵，用好山西网络广播电视台、黄河PLUS客户端、山西新闻联播微信公众号等"两微一端一短"平台，先后发布《1元买27集〈扫黑风暴〉遭盗版侵权，版权方呼吁观众合法观看》《假冒商品涉及多品牌，低价直播背后有何猫腻？警方揭开造假全过程》《山西销毁假

冒伪劣农资 34.2 吨，查办案件 1681 件》《消防联合检查，让假冒伪劣"无处遁形"》《长治举行"守护安全、畅通消费"假冒伪劣物品集中销毁活动》等打击侵权假冒相关推文，在全社会营造了良好舆论氛围。省委宣传部围绕迎接宣传贯彻党的二十大主线，以"全面开启版权强国建设新征程"为主题，自 2022 年 4 月 20 日起，在全省范围内集中组织开展版权宣传周活动。围绕版权创造、运用、保护、管理、服务各个环节，积极利用广播电视、门户网站、短视频平台、户外 LED 屏等宣传平台，积极开展宣传。各级版权部门在主流媒体、各类网站播放宣传公益视频、版权知识；通过主题宣传漫画、民间文艺等通俗易懂的宣传方式，深入农村、社区、机关、商户及公园、广场发放宣传资料、开展在线承诺等活动。省司法厅利用法制宣传日等主题活动，发挥微信、今日头条、抖音等新媒体传播面广、渗透力强的优势，向广大群众宣传《专利法》《著作权法》《商标法》等法律法规，营造全社会尊重知识产权、抵制侵权假冒良好社会氛围。太原海关充分利用"4·26"知识产权宣传周、"8·8"海关法治宣传日等契机，结合我关促进外贸保稳提质政策宣讲活动，详细介绍知识产权海关保护政策，宣传海关打击假冒侵权典型案例。持续强化打击侵权假冒信息宣传，先后在海关总署官方微信公众号"海关发布"、中国打击侵权假冒工作网、山西经济日报等媒体刊登有关报道 12 篇，营造打击侵权假冒的良好氛围。省委网信办积极开展侵权假冒网上宣传和舆论引导工作，组织黄河新闻网、山西新闻网、山西网络广播电视台等重点新闻网站平台全面开展宣传报道，开设"打击侵权假冒"专题专栏，及时报道全省打击侵犯知识产权和制售假冒伪劣商品工作开展情况，共推送刊发稿件 2830 篇，阅读量 461 万人次，为全省双打工作营造了良好网上舆论氛围。

二是加强工作简报编发和信息交流。省双打办全年发布工作动态、地方风采等各类信息共 156 篇。省市场监管局积极开展知识产权保护社会满意度调查和商标专利执法，在中央、省级媒体宣传执法办案情况 80 余次，上报"铁拳"行动典型案件 56 件，商标、专利行政保护典型案例 10 件。省农业农村厅发放各种宣

传资料 45.9 万份，接待咨询群众 6.15 万人次，受理投诉举报 56 件，同时，展销农资产品 32 万公斤，8300 台件，金额达 613 万元。省检察院通过"12309"平台，以电话、信箱等方式，畅通群众参与专项行动渠道，引导公众提高辨识能力，增强法治维权意识，从消费端预防危害药品安全犯罪发生。通过传统媒体、"两微一端"，大力宣传开展侵权假冒工作的举措、成效，切实提高群众知晓度、参与度、满意度。省法院在 2022 年第 22 个世界知识产权日宣传活动期间，在"山西高院"微信公众号连续发布 5 起 2021 年度山西省知识产权司法保护典型案例；2022 年 7 月 26 日，在"山西高院"微信公众号发布 10 起依法惩治危害食品安全犯罪典型案例，通过发布典型案例，教育群众，同时彰显人民法院打击侵权假冒的违法犯罪行为，保障人民群众生产、生活安全的决心。省公安厅 2022 年召开 4 次新闻发布会，向媒体发布打击侵犯知识产权犯罪典型案例，集中宣传打击侵犯知识产权犯罪工作成效，教育引导群众提升防范意识，营造了全社会共同打击侵犯知识产权犯罪的浓厚氛围。省税务局积极发挥税收职能，将打击侵权假冒工作与各项税收日常工作结合，积极开展打击侵权假冒普法知识宣传活动，通过各种各样的宣传活动，扩大宣传声势，充分利用各个办税服务厅电子显示屏、报纸、杂志、微信等进行大力宣传，促使纳税人诚信经营，提升行业自律，形成社会共管共治、经济良性健康发展新局面。

三是组织侵权假冒商品销毁活动。省生态环境厅全面统筹，提升危险废物利用处置能力，截至 2022 年底，由省级发放危险废物经营许可证的经营单位共有 61 家，较 2021 年增加 10 家，总利用处置能力为 239.215 万吨／年，较 2021 年底提升 47.91 万吨／年，主要经营类型为废矿物油综合利用、水泥窑协同处置、含铅废物利用等。组织各市做好具备无害化销毁能力企业名单公布，在各市生态环境局官网公布了辖区内具备无害化处理能力的名单信息，有力促进了各地收缴的侵权假冒伪劣商品的及时、有效、无害化处置。2022 年全省各市公布的危险废物持证单位、废弃电器电子产品持证单位、液态类及其他固废处置单位等具备无害化处理能力的相关单位有 306 家，较 2021 年增

加11家。强化侵权假冒商品环境无害化销毁环境监管，按季度做好信息调度并按时向生态环境部与省打击侵权假冒办公室完成信息报送。省双打办深入贯彻全国打击侵权假冒工作办公室、国家市场监督管理总局等9部委印发的《关于加强侵权假冒商品销毁工作的意见》，省市县双打办协同市场监管等执法部门及时组织对执法检查中查获的侵权假冒伪劣商品进行集中销毁，其中大同、晋城两地分别申请承办全国双打办集中组织的侵权假冒商品统一销毁行动。2022年全省共销毁假冒伪劣烟酒、化妆品、油品等各类物品159.5吨。省公安厅联合太原公安机关依法对查获的各类假冒伪劣白酒、包材、制假工具进行销毁。大同公安机关联合市场监督管理等部门集中销毁假冒伪劣保健品和大量制假工具、假冒包装材。阳泉公安机关联合市场监管部门、汾酒驻阳泉打假办集中销毁一批假冒伪劣汾酒。农业农村厅开展了2022年度全省假冒伪劣农资集中销毁活动，共无害化销毁假劣农资60.7吨，销毁的产品主要来自各级农业农村部门查处收缴的无证生产经营、超过保质期、擅自添加其他物质、含量不达标等假劣农资，震慑了农资领域违法违规行为，保障了人民群众利益。宣传、海关、文旅等部门及全省各级市场监管部门分别组织了侵权假冒商品销毁活动。

四是畅通投诉举报渠道。省市场监管局全力做好对全国12315平台（山西）、山西消费维权手机投诉平台、山西12315话务平台和山西12315短信平台等四个平台系统的运维管理工作，安排专人定期督查检查热线平台畅通率，指导各市局完善消费维权服务站"七进"和建立"ODR"工作机制。印发《关于进一步提高12315平台举报按时核查率的通知》《关于对各市12315效能评估评价指标完成情况的检查通知》，全面加强对各市12315效能评估评价的考核督办通报工作，认真做好省级12345转办工单的处置工作，继续做好与山西日报、山西综合广播、山西市场导报等媒体合作定期发布"全省市场监管类投诉举报数据分析报告暨消费提示"工作，极大保障消费者的知情权和选择权，努力营造安全放心舒心消费环境。2022年，山西省市场监管部门通过全国12315平台共接收产品掺杂掺假、以假充真、以次充好、以不合格产品冒充合格产品的投诉4555件；举报638件，专利投诉5件，举报2件，已立案的58件。假冒商品主要集中在：服装鞋帽、家具用品和装修材料。省财政厅设置举报平台，甄别在政府采购领域涉及侵权假冒方面的违法行为，持续关注并加大对政府采购违法失信行为的曝光和惩戒力度。省商务厅公布商务"12312"等举报热线，建立投诉举报处理制度，鼓励人民群众通过举报热线等参与打击制售假冒伪劣食品等各类违法行为，自觉做到不买假、不售假，努力营造自觉抵制假冒伪劣商品的良好氛围。省林草局通过11个市、9个省直林局设立的打击侵犯知识产权和侵犯植物新品种权案件的举报电话和网站，积极宣传植物新品种保护政策，鼓励社会公众举报侵犯知识产权和侵犯植物新品种权案件，维护种苗市场的健康秩序。

（三）注重顶层设计，加强机制建设

一是完善区域合作机制。为加强跨区域打击侵权假冒执法合作，各级各部门立足新发展阶段，侵权假冒违法行为特点，积极探索构建协同高效、统一规范、共享共用的跨区域打击侵权假冒执法合作机制。省双打办与河北省打击侵权假冒领导小组办公室签署《冀晋两省跨区域打击侵权假冒执法合作协议》，建立案件线索移送、证据互认、协助调查、信息共享、交流互训等打击侵权假冒工作机制，强化两省跨区域执法合作，全面提升两省打击侵权假冒执法合作常态化、规范化、高效化水平。晋城市针对区位特点和侵权假冒工作实际，与河南省焦作市市场监管局、济源产城融合示范区市场监管局签订跨区域执法联动响应和协助工作机制战略合作协议，形成执法办案合力，加大对市场监管领域违法行为的惩戒力度，营造规范有序的市场秩序。

二是完善行刑衔接机制。以制度建设为抓手，加强行政执法机关与公安机关之间的线索通报、案件移送和受理，强化检察院对案件移送、受理、立案的监督机制，确保行政执法与刑事司法衔接工作有关制度落到实处。省市场监管局、省公安厅、省检察院、省药监局建立了行政执法与刑事司法衔接的联席会议、线索通报协查、涉案物品检验鉴定、案件移送、信息共享、案件咨询、扫黑除恶联动、普法培训等工作机制，省检察院、省公安厅联合印发《加强检察机关提前介入经济犯罪案件侦查工作质效座谈会纪要》，提升公安执法和检察监督规范化水平和办案质效。积极推进建立"数字检察"，创建"行政执法机关移送侵权假冒犯罪案件专项监督"数据模型，以大数据服务推进行刑衔接工作。省农业农村厅、省公安厅等部门联合制定《关于保护种业知识产权打击假冒伪劣套牌侵权 营造种业振兴良好环境的实施意见》，提高种业知识产权保护水平，建立完备的种业知识产权保护制度体系，有效遏制假冒伪劣、套牌侵权违法犯罪行为。省法院、省检察院、省公安厅、省知识产权局联合印发《关于联合开展依法惩治知识产权恶意诉讼工作会议纪要》，坚决惩治知识产权恶意诉讼，维护正常经济社会秩序，切实保护广大人民群众和中小微企业合法权益。省公安厅会同相关行政部门在全省组织开展打击生产销售伪劣液化石油气专项会战，进一步密切了部门间工作衔接，切实形成了打击整治合力。

三是完善政企协作机制。积极探索构建政企协作打击侵权假冒工作机制。省双打办印发《净化重点市场工作方案》，组织省市场监管局、太原市市场监管局、尖草坪市场监管局，联合太原锦绣国际装饰城，采取"行业自律、市场监管、社会监督"三位一体的监管模式，严把市场主体准入关，规范主体资格；加强法律法规宣传，营造氛围；严格执法，强化保护。2022年，出动执法人员863人次，检查市场经营户1536户次，查处违法案件32件，罚没款13.7万元，通过整治规范市场主体，严厉打击侵权假冒伪劣违法行为，营造了良好的市场环境。太原海关与山西省知识产权保护中心签订《关于建立知识产权保护协作框架协议》；联合山西省市场监管局、省商务厅、省贸促会组织涉外企业知识产权工作座谈会，现场回应解决企业开拓海外市场中遇到的侵权假冒困难问题。

三、存在的主要问题

一是部门之间的配合协作不够密切，联合查办大案要案的力度有待提升。二是执法人员能力素质有待提升，人员的知识储备、执法能力与当前打击侵权假冒任务要求仍有差距。三是电子取证等新的执法手段运用不多，部分侵权假冒案件多发频发的问题不能从根本上加以解决，深入研究和解决问题的能力欠缺。

四、工作建议意见

一是要强化案件查办工作交流。适时在全国范围内组织开展打击侵权假冒执法工作交流活动，增强跨区域、多部门执法协作力度，相互学习交流工作中好的做法和先进经验，提高各省打击侵权假冒工作创新意识。

二是要完善优化信息系统建设。目前打击侵权假冒信息系统存在功能单一、系统分散和数据要素不全等现象，建议进一步优化整合现有各个系统，便于各地准确掌握侵权假冒相关信息，有针对性地开展打击侵权假冒工作。

三是要加大激励机制建设。进一步加大打击侵权假冒先进个人、办案能手及优秀案例的评选活动，完善表彰激励制度，予以适当的物质及精神奖励，进一步提高成员单位和基层执法人员工作积极性和荣誉感。

（撰稿人：赵秋生）

内蒙古自治区打击侵权假冒工作报告

内蒙古自治区打击侵权假冒工作坚持以习近平新时代中国特色社会主义思想为指导，贯彻落实党中央、国务院决策部署，根据全国打击侵权假冒工作安排，按照高质量发展要求，全面落实新发展理念，坚持依法治理、打建结合、统筹协作、社会共治的原则，深入开展重点领域治理，强化刑事打击与司法保护，加强部门协作联动，完善长效机制建设，营造法治化营商环境，取得了阶段性成果。

一、基本情况

（一）强化组织保障

经自治区人民政府同意，2022年4月，对自治区打击侵权假冒工作领导小组组成人员进行了调整，自治区人民政府分管副主席任自治区打击侵权假冒工作领导小组组长，自治区人民政府副秘书长、自治区市场监管局局长任自治区打击侵权假冒工作领导小组副组长，落实了各成员单位负责人及联络员，为全区打击侵权假冒工作有序深入开展提供了组织保障。各盟市、旗县打击侵权假冒工作领导小组办公室根据成员单位人员变动情况，及时报请政府进行调整，促进了当地深入推进打击侵权假冒工作。

（二）完善制度建设

一是起草了《2022年内蒙古自治区打击侵犯知识产权和制售假冒伪劣商品工作要点》，充分征求成员单位意见后印发。内容就持续开展重点难点治理、加大行政保护力度、全力提升司法保护水平、有序推进法规制度建设、全面增强社会保护意识、扩大宣传教育引导等方面进行全面部署，明确工作任务，落实责任分工，形成打击侵权假冒工作合力。二是为深入贯彻落实全国双打办、中央宣传部、最高人民法院、最高人民检察院等九部门联合印发的《关于加强侵权假冒商品销毁工作的意见》，自治区双打办制定印发了《内蒙古自治区侵权假冒商品销毁工作制度》，进一步完善了制度保障。

（三）落实工作任务

一是及时组织自治区双打办成员单位和各盟市打击侵权假冒工作领导小组参加了2022年全国打击侵权假冒工作电视电话会议。自治区、盟市、旗县分别设立了分会场，自治区人民政府副秘书长孙利剑等各级领导小组组长、副组长、办公室主任及成员单位负责人、联络员参加了会议。二是按照全国双打办《关于做好信息报送和数据统计工作要求》，每月督促各相关

行政执法部门按时报送《地方行政执法部门查办案件统计表》，并及时汇总上报。三是按照全国双打办要求，向中国打击侵权假冒工作网（内蒙古）报送工作动态、地方风采等信息，确保网站信息及时更新和正常运维。

（四）强化绩效考核

打击侵权假冒工作纳入内蒙古社会治安综合治理工作（平安建设）考核，自治区双打办积极参与对盟市的社会治安综合治理工作（平安建设）年终绩效考核，制定《2022年打击侵权假冒工作绩效考核细则》《内蒙古自治区打击侵犯知识产权和制售假冒伪劣商品违法犯罪活动绩效考核办法》《2022年打击侵权假冒督查实施方案》，对全区各盟市打击侵权假冒工作情况进行考核。

二、重点措施及成效

（一）组织开展侵权假冒案件查办工作

相关成员单位围绕农资、食品、药品、文化用品等重点产品，以商场、超市、专业市场等为重点，组织开展执法检查行动，严厉查处各类侵权假冒违法犯罪行为。全年全区行政执法机关共查办侵权假冒案件3541件，办结3407件，涉案金额1330.32万元，罚没金额3331.76万元，移送司法机关61件7人；公安机关破案355件，抓获犯罪嫌疑人487人，涉案金额31067.13万元；检察机关批捕案件104件186人，起诉147件289人，监督公安机关立案6件6人；审判机关受理案件123件，审结122件，判决369人。

（二）加强打击侵权假冒工作部署

制定印发《关于做好2022年内蒙古自治区打击侵犯知识产权和制售假冒伪劣商品工作的通知》就加强农村牧区和城乡接合部市场治理、加大对药品领域全链条保护力度、加强奥林匹克标志、官方标志、特殊标志保护等方面进行工作部署。

（三）推进双打行刑衔接平台建设

2021年12月，自治区市场监管局建成内蒙古自治区双打领域行政执法与刑事司法衔接平台，目前已与中央平台完成对接，实现信息互联互通。4月21日上午，自治区双打办召集全区29个成员单位召开自治区

双打行刑衔接平台工作推进会，对自治区双打行刑衔接平台功能操作进行培训。分别于4月24日，5月12日、13日组织各盟市双打办及成员单位开展双打行刑衔接平台培训。全年各类行政执法单位向司法机关移交24件侵权假冒涉刑案件。

（四）开展打击侵权假冒销毁工作

截至12月底，自治区双打办在组织销毁假冒伪劣商品中主要包括食品烟酒、纺织服装、建筑管材以及侵权假冒农资产品等55个品种、193.29吨，货值284.33万元。其中，市场监管部门紧抓"3·15"国际消费者权益日、"4·26"世界知识产权日等重要时间节点，联合盟市市场监管部门及成员单位，开展集中销毁活动，共销毁假冒伪劣商品76.77吨，货值162.88万元。均采用无害化处理，符合环保要求。

（五）积极推动建立联动执法协作机制

一是加强部门执法联动。自治区市场监管局、公安厅、检察院、法院、药监局印发《内蒙古自治区市场监管领域行政执法与刑事司法衔接工作实施（暂行）办法》，被公安部七局以典型经验在全国推广；自治区市场监管局、知识产权局、公安厅印发《关于在打击侵犯知识产权违法犯罪工作中加强行政执法与刑事司法衔接配合的暂行规定》，严厉打击侵犯知识产权违法犯罪活动。二是开展跨区域执法协作。自治区双打办联合印发《京津冀晋蒙五省（区、市）打击侵权假冒区域协作共同指引》；自治区公安厅与北京市公安局签订《京蒙食药环侦业务领域合作协议》；自治区市场监管局签订《东北三省一区市场监管部门知识产权执法协作备忘录》；自治区知识产权局签订《华北五省市区知识产权行政保护协作协议书》《黄河生态经济带知识产权保护合作协议书》，取得了积极成效。三是开展跨部门执法协作。自治区市场监管局执法稽查局、自治区公安厅环食药侦总队、自治区农牧厅综合行政执法局、锡林郭勒盟羊羊牧业股份有限公司、内蒙古额尔敦羊业股份有限公司共同签署《政企联合打假促进内蒙古牛羊肉产业高质量发展战略合作备忘录》。四是全区12个盟市知识产权局全部签署知识产权执法保护协议，"区内盟市全覆盖、周边省区全贯通、重点省

市有协作"的知识产权执法保护工作协作机制初步建立。

（六）加强打击侵权假冒宣传工作

制定印发《2022年内蒙古自治区打击侵权假冒宣传工作方案》，围绕"3·15""4·26"等重要节点，开展专题宣传活动。按照全国双打办要求，向中国打击侵权假冒工作网（内蒙古）报送工作动态、政策法规等信息，确保网站信息及时更新和正常运维。

（七）严格执行报送信息制度

按照全国双打办《关于做好信息报送和数据统计工作要求》，每季度督促各相关成员单位按时报送打击侵权假冒案件数据、销毁数据和重点市场整治数据，进行统计汇总及时上报全国双打办。制定印发《关于进一步做好2022年中国打击侵权假冒工作网信息发布工作的通知》，进一步规范信息发布。全年向中国打击侵权假冒工作网（内蒙古）报送信息146条。

三、严厉打击商标侵权假冒行为

各盟市市场监管部门针对食品、化妆品、防疫用品、农资、汽车配件等重点商品和集贸市场、批发市场等重点场所，加大监管执法保护力度，严厉查处各类商标侵权假冒行为，全区市场监管部门先后查处侵犯五粮液（白酒）、国窖1573（白酒）、德高（建材）、劲霸（男装）、丰镇月饼（食品）等一批侵权假冒商标案件。截至12月底，全区市场监管系统共查处商标侵权案件306件，案值241.4万元，罚没175.16万元；查处假冒专利案件30件，办理专利侵权纠纷案件273件（含电商案件250件）。

四、存在的问题

一是因机构改革，有些盟市打击侵权假冒工作领导小组相关工作人员缺少，因此工作无法有效衔接，信息渠道不畅，影响了打击侵权假冒工作时效。二是随着打击侵权假冒工作受到全社会的高度关注，打击侵权假冒工作机构薄弱、工作人员不足、工作人员业务不熟练与工作任务和工作量不断增加的矛盾日益凸显，在一定程度上影响各项工作的深入开展、做深做

细。三是打击侵权假冒工作多数设在市场监管局执法稽查部门，执法稽查部门案件查办工作繁多、专项任务繁重，在打击侵权假冒工作方面投入精力不足。四是个别成员单位和盟市对打击侵权假冒工作重视程度还需提高，报送相关信息力度需要加大。

五、下一步工作安排

下一步，内蒙古自治区打击侵权假冒工作领导小组办公室将继续认真贯彻落实全国打击侵权假冒工作电视电话会议精神，充分发挥统筹协调作用，组织配合、督查指导各盟市、各成员单位工作。一是加强执法规范化建设。协调公安厅、检察院、法院等单位推进两法衔接平台建设，进一步加强部门联动和

行刑衔接，健全完善线索通报、案件移送、联合执法、研判会商等工作机制。二是健全考评机制。继续将打击侵权假冒犯罪工作纳入对盟市绩效考核评价体系，要求各盟市做好打击侵权假冒工作，优化全区营商环境。三是推动区域协作联动。贯彻落实《京津冀晋蒙五省（区、市）打击侵权假冒区域协作共同指引》，继续推动跨层级、跨地域、跨部门执法协作。四是加强宣传引导，推进社会共治。围绕重要节点开展宣传活动，及时曝光典型案例，实施有效引导。发挥社会监督共治作用，积极营造良好的法治环境和公平竞争的市场环境，助推全区经济高质量发展。

（撰稿人：李芬芳）

辽宁省打击侵权假冒工作报告

2022 年，辽宁深入学习贯彻习近平总书记重要讲话和指示批示精神，认真落实全国打击侵权假冒工作电视电话会议工作部署，在省委、省政府的坚强领导下，结合辽宁地方实际，对 2022 年全国打击侵权假冒工作要点进行了细化分解，进一步压实责任，强化担当作为，强化两法衔接，坚持专项整治、打建结合，坚持统筹联动、区域部门共治、社会共治，推进全省打击侵权假冒工作取得新成效。

一、主要工作情况

据统计，2022 年全省各成员单位累计出动执法人员 21.8 万人次，检查各类商户企业 27.5 万户，查获各类侵权假冒案件 4422 件，涉案金额 9 亿多元，移送公安 288 件，捣毁窝点 170 个，组织全省各级执法部门开展假冒伪劣侵权产品集中销毁活动 51 次，宣传报道 946 次。主要做法如下：

（一）抓组织领导，突出贯彻落实

发挥省打击侵犯知识产权和制售假冒伪劣商品工作领导小组办公室组织协调作用，在成员单位之间进

行案件线索沟通排查和经验交流；召开 2022 年度全省打击侵权假冒工作领导小组会议，省政府副省长、省打击侵犯知识产权和制售假冒伪劣商品工作领导小组组长主持会议并讲话，全面部署 2021 年全省打击侵权假冒工作。印发《2022 年辽宁省打击侵犯知识产权和制售假冒伪劣商品工作要点》，组织对重点区域、重点市场、重点产品、重点环节开展专项整治，明确工作任务，细化工作措施，落实工作责任，省打击侵权假冒工作领导小组办公室充分发挥组织协调作用，加强同各部门的协作配合，推动落实全国打击侵权假冒重点工作深入开展。根据总局下发的重点工作任务提醒印发《2022 年度辽宁打击侵犯知识产权和制售假冒伪劣商品违法犯罪活动绩效考核办法》和《2022 年打击侵权假冒绩效考核维度及评分细则》，强化工作落实情况的监督考核工作。充分利用对各地级以上市平安建设（综治工作）考核，将打击侵权假冒问题作为重点治理和排查整治的重要内容，确保各项工作落到实处。

（二）抓专项治理，强行政执法

省委宣传部加强与公安、市场监管、网信等部

门的执法协作，持续开展院线电影盗录传播，涉北京2022年冬奥会、冬残奥会版权作品专项执法行动，青少年版权保护季等专项行动，及时查办侵权案件，《敦煌壁画全集》网络侵权案已申请列入国家版权局挂牌督办案件，及时发布重点作品版权保护预警名单，各部门协同配合，维护出版市场秩序。完成全省2788家印刷企业年度报告和公示、将63家印刷企业列为重点监管对象；完成全省4397家出版物发行单位年度核验，对157家单位予以暂缓核验；开展"3·15"出版产品印刷复制质检活动和中小学重点教材印制环保质量检查工作。开展"扫黄打非·秋风2022"专项行动，会同省文旅厅等部门印发《辽宁省密室剧本杀管理规定（试行）》，维护意识形态安全和文化安全。组织开展"剑网2022"专项行动，聚焦解决群众反映强烈的违法违规问题，加强督查和案件查办，重拳整治各类侵权盗版活动，极大震慑违法犯罪活动。全省备案网站主体6.6万个、备案互联网信息服务8.7万个，网站备案率100%，备案准确率99.71%，清理空壳类网站2.2万个，查处各类违法违规网站574个，有力打击了网络违法违规行为，进一步净化网络生态。全省各级新闻出版行政部门共计检查企业2800余家，约谈、通报批评等处理62家，行政处罚38家。

省市场监管部门出台《关于全面加强市场监管行政执法工作的指导意见》及行政处罚程序、扣押没收财物处置等一系列配套制度，全省查办"铁拳"相关领域案件7649件、移送54件，罚没款金额合计3669万元。其中，食用油掺杂掺假违法案件12件；减肥、壮阳等食品非法添加案件64件；成品油产品质量违法案件457件；加油站计量违法案件16件；"神医""神药"等虚假违法广告案件117；医疗美容领域虚假宣传27件；气瓶违法案件20件；燃气具质量违法案件64件；电梯违法案件25件；未成年人开展"无底线营销"违法案件65件；食品安全案件6782件。

全年部署开展7大类117种4500批次产品质量监督抽查工作，完成烟花爆竹、化肥、危险化学品、儿童和学生用品、建筑材料、燃气具、成品油、电动自行车及配件、消防器材等119种4582批次产品质量监督抽查工作。经检验，260家279批次产品不合格，不

合格发现率6.1%。其中，生产领域71家77批次产品不合格，不合格发现率4.1%；流通领域189家202批次产品不合格，不合格发现率7.5%。通过省局官网和微信公众号发布产品质量监督抽查通报，并将抽查情况通报相关部门，交办企业所在市级市场监管部门对监督抽查中发现的不合格产品生产和经销企业依法进行后处理。截至目前，已结案26件，罚没款1.79万元。全年完成盲盒、儿童太阳镜、旅游商品等18种300批次产品质量安全风险监测工作。风险监测情况已向社会公布，并向有关部门通报风险监测预警信息。开展成品油行业专项整治工作。一是参加全省部署的成品油专项整治驻企调查相关工作。二是加强成品油生产企业监督检查。三是开展成品油产品质量专项监督抽查。截至目前，抽查成品油经销单位2000家5913批次产品，经检验，142家经销单位173批次产品不合格，不合格发现率为2.9%。已发布5次成品油专项抽查通报，交办相关市市场监管部门对不合格企业开展后处理工作，结案1起，罚没款1万元。四是组织各级市场监管部门开展成品油产品质量监督抽查工作。截至目前，各市共计划抽查成品油2416批次，已完成抽样2011批次，完成检验1166批次，发现40批次不合格，已移交相关执法部门立案查处，立案11起，结案1起，罚没款8.983万元。目前该项工作正在开展中。

省药监局成立了"全省药品安全及集中打击整治危害药品安全违法犯罪工作领导小组"，领导小组由分管副省长高涛同志任组长，相关部门的负责同志任副组长，组建了执法督导处；印发了《辽宁省药品安全责任约谈办法》，制定了《推进市县药品监管能力标准化建设实施意见》。印发了《辽宁省药品监督管理局关于常态化开展药品安全行政执法工作监督指导的通知》《辽宁省药品监督管理局关于开展医疗器械和化妆品经营使用环节常态化暗访检查工作的通知》，深入全省各市、县暗访检查药械化经营使用单位开展暗访检查，累计暗访3283家，发现问题线索426条，均交由属地市场监管局开展进一步调查处置；与省公安厅和部分地市食药侦支队先后召开工作座谈会5次，联合制定《药品案件检验检测绿色通道工作规定》。累计联合办案188次，协助抓捕262人，移送公安机关案件192

件，其中药品 190 件，医疗器械 2 件；移送公安机关案件线索 62 条，其中药品 60 条，医疗器械 2 条；累计出具假药认定函 210 份；拨付药品安全行刑衔接检验检测经费 75.2 万元。针对医疗机构中药制剂委托配制使用情况，对受托配制单位履行制剂配制职责情况及配制产品情况进行检查，累计对 7 家医疗机构院内制剂委托加工生产使用情况开展飞行检查。按照国家药监局部署，持续加强药品网络销售监测，发现涉嫌违法线索 32 条，办结 26 条，其中立案 1 件，责令改正 14 件。完成抽样检验 2204 批次，发现不合格产品 44 批次，其中药品 1040 批次，不合格 18 批次；医疗器械 264 批次，不合格 15 批次；化妆品 900 批次，不合格 11 批次，对发现的不合格产品均已立案查处。全年共办理投诉举报 1226 件，其中 12315 平台 608 件，办结 517 件；12345 平台 618 件，办结 556 件。全省累计查办行政执法案件 10848 件（普通程序案件 2406 件，简易程序案件 8442 件），移送公安案件 192 件，罚没金额 2222.66 万元，处罚到人案件数 6 件，处罚到人 17 人。

省卫健委共抽取消毒产品生产企业 112 家，占生产企业总数的 37.97%。其中关闭 8 家，实际监督检查 104 家，任务完结率 100%。此次消毒产品监督抽查工作从生产条件、生产过程、原材料卫生质量、卫生安全评价报告、标签（铭牌）、说明书、净化车间、生产用水、出厂检验报告、生产记录、是否使用禁用物质和生产设备设施等方面对消毒产品生产企业进行监督检查，现场监督不合格企业 6 家和抽样检测不合格产品 4 种。

省林草局下发《辽宁省林木种苗打假和查办侵犯植物新品种权案件工作实施方案》，2022 年共查处种苗案件 3 件。构建林业行政信息与刑事司法衔接工作共享平台，实现与司法机关执法、司法信息互联互通，及时将行政执法中查办的涉嫌构成犯罪的案件移送司法机关处理，防止以罚代刑；利用全省企业信用信息公示系统，加强信用监管，推进辽宁省"互联网＋监管"平台推广应用。

省烟草专卖局打牢完善"政府领导、部门联合、多方参与、密切协作"的打假打私体系，联合相关部门组织开展"护航 2022""净网"等专项整治行动，与省邮政管理局、省市场监管局、省网信办重新签署合作框架协议，进一步凝聚外部执法单位强大合力；持续巩固统一指挥、联合侦办、成果共享的"全省一盘棋"打假打私格局，全省共侦办四级以上重大案件 39 起，省督案件 6 起，获国家局、公安部督办案件 1 起。对烟丝烟叶非法经营活动采取严厉打击、集中整治、分区施策、追根溯源等举措。在烟叶收购季的重要节点，依托"护航 2022"专项行动，严厉打击烟丝烟叶非法经营活动，坚决切断制假原料向境内境外地下窝点的供应链，查获非法经营烟丝烟叶 539.72 吨。全省共查获假烟数量 2655.70 万支，同比下降 60.63%，占查获各类违法卷烟总量的 15.13%，较去年同期减少 14.1 个百分点；案件 1524 起，同比下降 50.90%；假烟金额 2093.91 万元，同比下降 63.71%；市场环节查获假烟 449.27 万支，同比下降 68.05%，占查获假烟总量的 16.92%；运输、仓储环节查获假烟 2206.43 万支，占查获假烟总量的 83.08%。侦办四级以上重大案件 39 起，省督案件 6 起，获公安部、国家局督办案件 1 起，追究刑事责任 212 人。

（三）突出重点领域专项整治和集中治理

一是持续开展互联网领域侵权假冒治理。省委宣传部坚持将网络领域作为版权保护主阵地，加强大数据、人工智能、区块链等新技术开发运用，深入开展对新型传播平台的版权重点监管工作。指导北方国家版权交易中心建设完善超级维权系统，通过大数据检索，及时发现著作权侵权行为，协助相关权利人依法开展维权活动。监测检索涉及著作权与知识产权线索约 22000 条，其中近 1500 条通过快速纠纷调解机制达成和解。省委网信办深入开展"清朗·打击流量造假、黑公关、网络水军""清朗·MCN 机构信息内容乱象整治""清朗·打击网络直播、短视频领域乱象"借党的二十大进行商业炒作、整治虚假广告、打击"军"字号烟酒等系列网络生态治理专项行动。全年共清理网上违法违规信息 1760 条，处置网络平台违法违规网站（账号）884 个，封堵"锦州在线"等假冒新闻、政务网站 3 家；处置"衡水资讯""探探在线""开原市媛媛鞋店""朝阳老祁"等涉嫌侵权网站（账号）62 家

（个），"南海研究论坛"等违规发布涉军信息网站账号47家（个），约谈炒作"丹东核酸造假"等网络主播7人，删除网络谣言及虚假信息285条。

二是集中开展农资打假专项整治行动。省农业农村厅下发了《2022年全省农作物种子监管专项行动工作方案》《辽宁省农业农村厅办公室转发农业农村部办公厅关于开展2022年农药监督抽查的通知》《辽宁省农业农村厅关于开展2022年农药市场执法检查工作的通知》，要求企业切实落实安全生产主体责任，查找风险隐患，防范安全生产事故发生。在肥料方面严把登记审核关，开设肥料审批绿色通道，开设科学施肥与肥料打假知识讲座。2022年共出动检查人员2万余人次，检查各类农资生产经营企业、门店等1.8万余家，抽取样品5000余份；立案315件，办结258件，移送司法机关5件，罚没金额381.8万元。

三是开展进出口环节侵权假冒治理。大连海关开展代号为"龙腾行动2022""蓝网行动2022""净网行动2022"的知识产权海关保护专项执法行动，聚焦重点渠道、重点领域、关键环节，强化侵权风险分析与布控，提炼总结关区侵权高风险要素，不断提升布控精准度，通过风险布控，在大窑湾、北良港等口岸先后查获某贸易公司出口侵权旧鞋案、某公司出口侵权圆珠笔案等典型案件，有效发挥了风险管理在知识产权海关保护工作中的作用。全年累计对侵权嫌疑货物采取知识产权海关保护措施106批次，其中查扣侵权嫌疑货物67批次，涉及商品25.37万件，同比增长5倍，有力地震慑了侵权违法行为，维护了公平有序的进出口贸易秩序。沈阳海关加大数据分析力度，针对沈阳关区9610出口跨境电商申报清单大幅增长，重点加强对跨境电子商务渠道侵犯知识产权违法行为的打击力度，全面推广"新一代查验管理系统移动端商标智能识别应用"提升现场查验效率，提升对侵权商品的监管效能。与大连海关、南京海关、天津海关、青岛海关、哈尔滨海关、长春海关、满洲里海关等多次进行经验交流、案件通报等关际协作，加强与行业协会、进出口商会、权利人维权联盟等组织的协作，同中国外商投资协会品牌保护委员会（品保委）建立常态化沟通，加强与地方知识产权保护部门沟通，与辽宁省市场监管局、辽宁省商务厅、辽宁省知识产权局、沈阳市市场监管局、沈阳市知识产权局、沈阳市营商局、辽宁自贸试验区沈阳片区管委会、中国（沈阳）知识产权保护中心等开展合作，加强地方知识产权保护合作，加强对企服务和宣传，与省市场监管局联合开展侵犯商品集中销毁行动，提升知识产权海关保护的影响力，营造知识产权保护氛围。全年共查获侵权商品1670批、15601件，同比分别上涨1.5%、33%。其中货运渠道7批次、7834件；邮递、旅检和跨境电商渠道共1663批次、7767件。

四是加强打击寄递环节侵权假冒行为。省邮政管理局整治快递"黄牛"、落实三项制度、安全设备不符合行业标准等行为，整治利用快递服务"刷单"和寄递安全、市场无序竞争、农村快递末端服务违规收费、快递服务作业不规范问题，同时依法深化快递包装绿色治理。2022年共出动执法人员1690人次，检查企业836家次，下达责令改正通知书39份，立案处罚23起。

五是积极推进侵权假冒商品无害化销毁。省双打办督促各市根据《关于加强侵权假冒商品无害化销毁工作的意见》建立相应的侵权假冒伪劣商品环境无害化处理机制。生态环境部门指导地方持续开展相关执法检查，合理设置抽查比例，依法查处存在的生态环境违法问题，配合有关部门做好侵权假冒伪劣商品无害化销毁过程的环境监管，确保销毁过程符合相关要求，防止二次环境污染。2022年，全省生态环境系统共开展侵权假冒伪劣商品实施无害化处置19批（次），累计销毁不合格保健品、服装、洗化产品、食品、药品、水泥等110.8002吨，另参与口罩、饮料、箱包、手表首饰、侵犯奥林匹克标志专有权商品、非法出版物等物品的处置工作，销毁过程符合环境保护无害化有关规定。另外，在11月10日，沈阳作为分会场参与全国统一销毁行动，销毁侵权假冒物品160余吨，价值2000余万元。

（四）加快引领知识产权强省建设，强化知识产权保护

省知识产权局根据《北京2022年冬奥会和冬残奥会奥林匹克标志知识产权保护专项行动实施方案》，

协同行政执法机构共开展检查470余次，出动执法人员2000余人次。积极发挥行政裁决防范化解矛盾作用，制定《辽宁省专利侵权纠纷行政裁决规程》，规范专利侵权纠纷行政裁决程序，严格依法行政，提高专利侵权纠纷行政裁决的质量和效率，辽宁经验被国家知识产权局、司法部列入第二批全国专利侵权纠纷行政裁决建设典型经验做法并在全国推广。组织编印《辽宁省专利侵权纠纷行政裁决投诉指南》，进一步畅通专利侵权纠纷行政裁决受理渠道。发布2021年度专利侵权纠纷行政裁决相关典型案例，发挥典型案例示范指导作用。组织召开国家知识产权局专利行政执法保护政策文件宣贯会，规范专利侵权纠纷行政裁决标准。协调国家知识产权局技术调查官参与大连、盘锦裁决案件处理。运用驰名商标保护手段加大对知名品牌合法权益的保护，梳理了全省曾被行政认定并持续使用的驰名商标，形成涉驰名商标案件联系人名单，对查处商标违法案件中需要驰名商标保护的做到及时保护、援引保护和重点保护。印发《辽宁省知识产权局关于贯彻国家地理标志保护和运用"十四五"规划的实施意见》，制定全省地理标志的工作目标，明确了贯彻落实国家知识产权局地理标志"十四五"规划的工作任务。加快推进以信用为基础的分级分类监管试点工作，制定《辽宁省知识产权信用分级分类监管办法（试行）》，明确失信主体认定、失信惩戒、分级分类监管等有关事宜。梳理《辽宁省信用信息归集共享项目清单》，在信用信息共享平台实现6类知识产权信用信息实时录入、按需共享。开展知识产权领域严重违法失信行为认定及惩戒工作，指导市局将大连市法院司法建议函提出的"故意侵犯知识产权，构成犯罪的"行为主体纳入省市场监管系统严重失信名单，实施联合惩戒。2022年，全省处理专利纠纷行政裁决案件59件，结案56件；调解专利纠纷案件20件，结案20件；查处商标侵权行政案件335件，结案321件；查办假冒专利案件70件，结案68件；查办地理标志和官方标志行政执法案件54件，结案54件。

省委宣传部持续推进软件正版工作。按照辽宁省推进使用正版软件工作联席会议全体会议精神，制定印发了《关于开展2022年度软件使用情况督导检查工作的通知》，对政府机关、国有企业、金融机构、教育机构等软件使用情况进行检查，重点检查制度建设和责任落实情况、正版软件管理情况、计算机软件安装情况，发现问题及时整改，确保规范使用正版软件。

（五）以刑事打击为手段，以司法保护为载体，全面净化侵权假冒违法环境

省公安厅深入推进"昆仑2022"专项行动，制定下发打击侵犯知识产权专项行动、打击制售伪劣成品油专项行动、打击网络侵权盗版"剑网"专项行动实施方案，共破获侵犯知识产权和制售伪劣商品犯罪案件1263起，抓获犯罪嫌疑人1561人，打掉犯罪团伙56人，端掉制假窝点114个，涉案金额23亿余元。加强案件督导，发挥大要案牵引作用。定期汇总全省各地在侦案件情况，从数据中梳理出严重影响企业创新发展、危害群众生命财产安全的重点案件，采取专案专办、案件督办、参与侦办等方式，对案件侦办过程中遇到的法律适用和证据规格等难点问题，指导办案单位邀请检察机关提前介入，与法制部门共同研讨解决，有效提升案件侦办的质量和效率。坚持情报导侦，广辟线索来源。紧盯网络重点人群和重点领域，针对侵权假冒和制售伪劣商品犯罪前科人员重操旧业比例较高的规律特点，有效运用行政部门的专业优势和公安机关打击犯罪的手段能力，加强与市场监管、版权等行政部门的线索移送和信息共享。与阿里巴巴、京东、腾讯等企业进行高效合作，强化对网络交易平台案件线索的搜集。强化与品保委、行业协会等的沟通交流，进一步拓展案件线索来源渠道。深化协作联动，推动形成合力。对在打击犯罪过程中发现的突出问题和薄弱环节，研究制定解决方案。从强化措施、健全制度等方面着手，不断改进完善打击整治的长效机制，进一步堵塞漏洞、消除隐患；涉及其他主管部门的，及时通报相关情况，联合推动源头治理。

全省检察机关批准逮捕侵权假冒犯罪97件157人，提起公诉378件688人，监督公安机关立案69件72人。

依法从快办理涉疫类、种业领域、侵犯商业秘密等案件，全面推进知识产权刑事案件权利人权利义务告知工作，深入推进知识产权检察职能集中统一履行，加强部门联动配合，与省市场监督管理局等部门签订《辽宁省市场监管领域行政执法与刑事司法衔接工作实施细则》《商业秘密保护管理规范》，与省农业农村厅共同制定《关于保护种业知识产权打击假冒伪劣套牌侵权营造种业振兴良好环境的指导意见》，联合省农业农村厅等部门开展食用农产品"治违禁 控药残 促提升"专项行动，严厉打击农药兽药残留严重超标、非法制售使用"瘦肉精"等禁限用物质犯罪，维护人民群众舌尖上的安全；与省知识产权局共同出台考评方案，共同推进侵犯知识产权刑事案件权利人诉讼权利义务告知工作开展。省检察院引进省市场监督管理局、省药品监督管理局两名专家为"特邀检察官助理"，在虚假广告、虚假宣传、危害药品安全犯罪等工作中，发挥专业优势。两位特邀检察官助理，面向全省范围授课，弥补专业知识不足；同时助力案件查办，推动两法衔接协同配合走向更深处。

省法院开展"强化知识产权司法保护"专项活动，从"坚持司法为民，努力提升知识产权司法服务水平"等五个方面提出 14 项具体措施，全面强化知识产权司法保护。今年以来，全省法院受理知识产权民事案件 11195 件，同比增幅为 62%，审结 8234 件，在案件大幅增长的情况下，一审案件结案率为 73%，同比基本持平。一审案件平均审理周期为 56 天。全省知识产权一审民事案件网上立案 7291 件，占受理知识产权民事一审案件的 69%。依法支持当事人的调查举证申请，积极推行律师调查令制度，全省法院受理涉知识产权民事执行案件 293 件，执结 227 件，首执到位率为 46.59%。申请执行金额 461117317.53 元，执行到位 423917003.84 元，执行到位率 91.93%。加强部门协作，形成工作合力。与省知识产权局联合印发《关于建立知识产权纠纷在线诉调对接机制的通知》，联合农业农村厅等单位建立保护种业知识产权打击假冒伪劣套牌侵权协调工作机制，并联合印发《关于保护种业知识产权打击假冒伪劣套牌侵权营造种业振兴良好环境的指导意见》，联合省知识产权局出台《关于开展知识产权纠纷行政调解协议司法确认工作的办法（试行）》，推进在法院开展知识产权行政调解司法

确认工作；联合市场监督管理局等部门建立"辽宁省公平竞争联席会议制度"，切实推动全省维护公平竞争各项工作取得新成效。全省法院共受理侵权假冒刑事案件 422 件，审结 325 件，判决 724 人。其中侵犯知识产权刑事案件 165 件，已审结 133 件，判决 327 人。其中占比较大的两类案件是：假冒注册商标罪 35 件，销售假冒注册商标的商品罪 91 件。加强罚金刑的适用，剥夺犯罪分子再次侵犯知识产权的能力和条件，罚金总额为 2322 余万元。受理生产销售假冒伪劣商品罪 257 件，已审结 192 件，判决 397 人。其中受理生产销售伪劣产品罪 106 件，生产销售有毒、有害食品罪 109 件，两类案件占生产销售假冒伪劣商品罪的 84%。

（六）加强信用环境建设

省市场局率先在市场监管领域推行企业信用风险分类管理改革，突出抓好企业信用风险分类管理与"双随机、一公开"监管的有机结合、一体推进。分领域制定信用分级分类监管细则，实现市场监管领域信用风险分类管理全覆盖。市场监管、税务、公安、海关等 30 余个省直信源单位与省信用信息共享平台之间实现了网络互联互通、数据传输和信息整合。截至目前，信用平台共归集数据 24.4 亿条。省信用信息共享平台已与省政务服务平台实现系统对接，将市场主体信用红黑名单等公共信用信息作为前置审批重要参考依据，在受理事项时实现对公共信用信息"逢报必查""逢办必查"。在税务、金融、海关、环保、交通、工程建设、医疗卫生等领域开展信用分级分类监管，对守信者"无事不扰"，对失信者"利剑高悬"。

（七）发挥宣传引导作用，强化社会共治

省双打办下发《关于做好 2022 年打击侵权假冒宣传工作的通知》，部署全省开展形式多样的打击侵权假冒宣传工作，并及时将各地区各部门优秀宣传做法上报全国双打办。省委宣传部统筹协调中央和省内"报、台、网、微、端、屏"各平台媒体资源，广泛开展版权普法宣传。将版权宣传活动与全民读书节活动、"扫黄打非"进基层、"绿书签"行动等重点工作相结合，进一步提升版权宣传的影响力和覆盖面。公安机关在"3·15"国际消费者权益日、"4·26"知识

产权宣传周、质量月等重要节点，制定并下发宣传活动方案，组织全省食药侦系统开展进企业、进校园等各种形式的主题活动，通过主流媒体、网络平台等渠道宣传打击战果、宣讲法律知识、畅通举报渠道，以此提升各类市场主体的知识产权保护意识和能力。密切关注各类敏感舆情，对网络平台涉及全省重点区域的负面舆情，及时迅速查明实情，实时掌握舆论动态，严密措施有效应对。省法院利用"3·15"国际消费者权益日，开展进社区、进商圈等普法宣传活动，提高广大人民群众打击制售伪劣商品犯罪的法律观念和意识。利用"4·26"世界知识产权日，不断强化知识产权司法保护宣传。召开新闻发布会，发布中英双语版2021年度全省法院知识产权司法保护白皮书和十大典型案例。省烟草局在"3·15""6·29"等重要日期节点，组织开展全省普法宣传活动，采取公开销毁违法违规卷烟、曝光重大典型案件、开展执法宣传、卷烟真伪鉴别咨询、送法进卷烟诚信互助小组活动等方式，向社会主动展示打假成果，加强法律知识普及宣传。

二、主要工作亮点

（一）发挥省打击侵犯知识产权和制售假冒伪劣商品工作领导小组办公室协调统领作用，召开联席会议，组织协调领导小组各成员单位的打击侵权假冒工作协调推进，同时进行案件线索沟通排查和经验交流。

（二）省公安厅紧盯网络重点人群和重点领域，针对侵权假冒和制售伪劣商品犯罪前科人员重操旧业比例较高的规律特点，重点关注、着重研判相关前科劣迹人员。有效运用行政部门的专业优势和公安机关打击犯罪的手段能力，加强与市场监管、版权等行政部门的线索移送和信息共享。与阿里巴巴、京东、腾讯等企业进行高效合作，强化对网络交易平台案件线索的搜集。强化与品保委、行业协会等的沟通交流，进一步拓展案件线索来源渠道。

（三）省税务局成功查处了"布谷三号"、"猎鹰"系列、朝阳"啄木鸟"系列、沈阳"5·05"、阜新"战斧一号"等12个虚开骗税团伙案件和1个涉税"黑中介"，涉及木材加工、交通运输等9个行业，

抓捕犯罪嫌疑人175人。今年以来，查获涉及虚开发票企业1281户，涉及虚开增值税专用发票45.35万份，涉及金额2309.77亿元，税额320.33亿元；涉及虚开增值税普通发票4013份，涉及金额2.99亿元，税额3149.08万元；涉及用于骗税、骗抵发票20余万份、价税合计117亿元，涉及下游20多个省市430余户企业，涉及留抵税额3.5亿、出口退税额9000万元。

（四）省法院加强对知识产权司法保护的力度，开展"强化知识产权司法保护"专项活动。专项活动从"坚持司法为民，努力提升知识产权司法服务水平"等五个方面提出14项具体措施，全面强化知识产权司法保护。今年以来，全省法院受理知识产权民事案件11195件，同比增幅为62%，审结8234件，在案件大幅增长的情况下，一审案件结案率为73%，同比基本持平。一审案件平均审理周期为56天。全省知识产权一审民事案件网上立案7291件，占受理知识产权民事一审案件的69%。依法支持当事人的调查举证申请，积极推行律师调查令制度，加大依职权调查取证力度，依法制裁不予配合调查取证的违法行为，切实减轻当事人的举证负担。全省法院共签发涉及知识产权案件的律师调查令75份，适用证据保全7件。加大知识产权裁判执行力度，确保知识产权权利人的胜诉权益得到及时实现。全省法院受理涉知识产权民事执行案件293件，执结227件，首执到位率为46.59%。申请执行金额461117317.53元，执行到位423917003.84元，执行到位率91.93%。

（五）省检察院深入贯彻落实《最高人民检察院关于全面加强新时代知识产权检察工作的意见》，完善知识产权检察体系建设，加强对辖区内知识产权检察机构设置的统筹，因地制宜推动组建专业化办案团队。截至目前，全省14家市级检察院已实现组建知识产权检察专门办案组或指定专人办理知识产权案件。其中，沈阳市院设立了具有独立编制的知识产权检察部门，为全国首家；大连市院、营口西市区院成立涵盖民事、刑事检察职能的知识产权办公室，为逐步推开知识产权检察职能集中统一履行积累宝贵经验。

三、存在的问题以及下一步工作计划

在取得成绩的同时，我们也清醒地认识到，全省打击侵权假冒工作仍然存在一些问题短板。一是工作进展不平衡，有的地区对打击侵权假冒工作重视程度不够，工作措施不严，责任落实不力，一定程度上影响了全省打击侵权假冒工作的成效；二是一些领域侵权假冒问题仍然存在，互联网、农村和城乡接合部侵权假冒问题的治理仍需久久为功，改善程度不如预期；三是企业主体责任落实不到位，一些市场经营主体法律红线意识欠缺，企业治理不到位，主体责任没有完全落实；四是执法力度还需加大，执法队伍建设还需多措并举。这些问题需要在今后工作中采取有力措施，切实加以解决。

2023 年，辽宁省将坚持以习近平新时代中国特色社会主义思想为指导，认真贯彻落实党的二十大精神，努力在新起点上开创辽宁打击侵权假冒工作新局面，推动全省打击侵权假冒工作迈上新的台阶。

四、工作建议

（一）加强对各省、市打击侵权假冒工作领导小组办公室的人员培训，强化基层的能力建设。

（二）推动建立覆盖全部市场监管领域执法信息的全国统一的执法录入平台，强化案件录入的质量和效率。

（撰稿人：郭铁成）

吉林省打击侵权假冒工作报告

一、基本情况

2022 年，吉林省打击侵权假冒工作坚持以习近平新时代中国特色社会主义思想为指导，认真贯彻落实党中央、国务院决策部署，按照省委、省政府工作安排，坚持依法治理、打建结合、统筹协作等原则，组织召开吉林省双打工作领导小组会议，省委常委、常务副省长、省双打工作领导小组组长蔡东出席会议并讲话。根据全国双打办有关要求，制定印发《2022 年吉林省打击侵权假冒工作要点》和《2022 年吉林省打击侵权假冒工作要点细化措施方案》，组织开展双打业务培训会议，组织开展吉林省两法衔接试点工作，推进双打工作压实压细。全省各地区、各成员单位通力协作，依法打击侵权假冒违法犯罪，及时公开侵权假冒案件信息。全省行政执法机关共办结侵权假冒案件 1180 件，案值 1280 万元，罚没金额 2934 万元；全省公安机关破获案件 593 件，抓获犯罪嫌疑人 1856 人，涉案金额 4.3 亿元；检察机关受理提请批捕侵权假冒案件 224 件 513 人，批捕逮捕 91 件 178 人；审判机关共新收（含旧存）侵权假冒案件 445 件，审结 418 件。

二、主要做法和取得成效

（一）重点领域和市场治理力度进一步加大

一是互联网领域侵权假冒治理持续推进。省版权局协调省委网信办等单位联合开展打击网络侵权盗版专项治理"剑网 2022"专项行动，指导查处代某龙、夏某磊盗录院线电影案，有效规范了市场秩序，2022 年全省共查办网络侵权案件 9 件，涉案金额 111.9 万元。市场监管部门督促删除违法商品信息 228 条，责令整改网站 2 个次，查处违法违规案件 27 件。省药品监管局与国家局南方所签订药品网络销售监测服务协议提升违法违规线索发现率，检查网络医疗器械备案企业 1976 户，责令改正 156 户；处置国家医疗器械网络交易监测平台推送的可疑情况信息 94 条，监测筛选化妆品疑似违法线索 192 条。省委网信办坚持宣传教育、依法打击、整治规范三箭齐发，清理有害信息 96 条，协调相关部门依法注销 58 家违法违规网站备案信息，封堵违法网站300余家，有效遏制网上涉侵权假冒违法违规信息滋生蔓延。二是农村治理持续深入。省农业农村厅会同省市场监督管理厅、省公安厅、省工业和信息化厅、省供销合作社、省畜牧业管理局等6部门，联合印发《吉林省2022年农资打假专项治理行动实施方案》，组织开展放心农资下乡活动，出动农技、执法人员4264人次，发放宣传材料19.81万份，展销农资价值621.8万元，检查农资生产经营场所7.6万个次，查办农资违法违规案件2515件，涉案金额190余万元，有力净化农资市场环境。省公安厅联合农业农村、市场监管部门开展打击假劣农资专项行动，查处案件5起，抓获犯罪嫌疑人28人，涉案金额2200余万元。省市场监督管理厅开展民生领域案件查办"雷霆""铁拳"行动中，查办案件4474件，案件总值2565.95万元，罚没款金额5271.02万元。种业监管方面，省农业农村厅印发《吉林省关于保护知识产权打击假冒伪劣套牌侵权营造种业良好环境的实施意见》，制定种业执法年活动方案，检查种子生产企业397个次，门店8467个次，基地119个，吊销经营许可证21家，有效净化种业市场。三是重点产品治理持续强化。省公安厅查扣有毒有害保健品、假药、侵权商品等10余万件，涉案金额4.3亿余元。省药监局立案查处违法违规案件183件，捣毁制假售假黑窝点15个，检查中药饮片和中药制剂生产企业151户次，发现问题956项，组织医疗器械抽样440批，检查医疗器械第三方交易平台3家，处置国家医疗器械网络交易监测平台推送的可疑情况信息94条，责令整改企业75户。省卫健委组织抽检抗（抑）菌制剂产品32种，随机抽查消毒产品近70家，现场检查40家，任务完结率100%。省生态环境厅建立全省废铅蓄电池集中收集体系，在各市州建设废铅蓄电池收集单位，具备废铅蓄收集能力64.61万吨，全年累计完成13.79吨、38872件和524升的假冒商品环境无害化销毁指导工作。四是重点渠道监管持续提升。长春海关开展"龙腾行动2022""蓝网行动2022"知识产权海关保护专项行动，在寄递环节持续加大对"化整为零""蚂蚁搬家"式进出口侵权行为的打击力度，查获侵权邮件13批次，涉及

侵权物品25件。省市场监管厅办结侵犯知识产权违法行为投诉举报1980件，办结投诉756件，办结举报1224件，为消费者挽回经济损失8.13万元，罚没款5.33万元，办结涉及制售假冒伪劣商品举报4391件，立案318件，罚没款33.21万元。邮政管理局与省烟草专卖局联合打击物流寄递环节涉烟违法行为专项行动，切实将涉假私卷烟等违法物品堵截在寄递渠道之外。

（二）行政保护力度明显提升

一是专利保护力度持续加大。省市场监管厅不断健全专利侵权纠纷行政裁决工作机制和制度，组织对三批次共7702件疑似非正常专利申请进行核查，办理专利侵权纠纷案件303件，较2021年同比增长112%，办理专利类行政处罚案件9起，罚没金额7.44万元。印发《关于加强层级化商标专利等知识产权执法业务指导的提示函》，建立层级化商标专利执法业务指导体系和案件指导数据汇总机制，答复下级单位请示或同级公检法等单位函询的疑难案件16件，提升专利保护水平。二是商标权保护水平不断提升。省市场监管厅印发《吉林省2022年知识产权行政保护工作要点》，积极进行商标侵权案件的查处，查办涉及商标案件186起，罚没金额合计327.17万元，其中涉及7件驰名商标侵权案件，组织开展地理标志产品标准符合性监督抽查，对10户生产加工企业的19个批次地理标志产品进行了现场抽样质量检测，立案查处了某火锅店未经授权擅自使用、伪造"苏尼特羊肉"地理标志产品专用标志案和某粮米加工有限公司未经授权擅自在包装袋上标注"万昌大米"地理标志产品标志案，进一步推进地理标志保护。全省新建12家知识产权维权援助站，培训2000余人，指导商标注册634件，提供咨询1100余次。与省贸促会联合印发《关于加强海外知识产权纠纷应对机制建设的实施意见》，提升海外知识产权纠纷应对指导能力。设立首家海外（韩国）知识产权维权援助工作站，制发《韩国知识产权保护工作指引》，进一步强化关键环节和重点领域的知识产权保护。三是著作权保护能力持续加强。省委宣传部组织开展"秋风""护苗""净网"等专项行动或专项整治，检查各类文化商店、出版物市场、印刷企业、

代章复印店等 3500 余处，收缴非法、侵权盗版出版物 10 余万件，核验电商平台出版物经营许可信息 1173 家，发现假证 601 件，依法查处侵权盗版、非法经营类案 30 余起，查处吴某鸣发行非法出版物、南某侵犯著作权案等一系列大案要案。印发《关于开展软件正版化工作检查的通知》，对 40 家县级党政机关和 8 家省国资委监管企业和教育、医疗、金融、民营企业进行软件正版化工作现场检查，营造自觉使用正版软件的良好社会环境。四是持续加大奥林匹克标准、特殊标志保护力度。省市场监督管理厅印发《吉林省关于北京冬奥会和冬残奥会奥林匹克标志知识产权保护专项行动实施方案》，指导辖区开展北京 2022 年冬奥会和冬残奥会奥林匹克标志知识产权保护专项行动，处理奥组委要求协助调查案件线索 1 起，立案查处侵犯奥林匹克标志专有权案 8 起，立案查办了吉林省友道知识产权代理有限公司代理注册申请"谷爱凌"商标行为和吉林省福丰达酿酒有限公司恶意申请注册"塔利班""共同富裕"商标行为。指导长春市知识产权局入驻汽博会，开展参展企业知识产权侵权风险排查、纠纷调解与调处等工作，提升特殊标志保护力度。五是植物新品种保护力度不断提高。省林草局制定打击制售假劣种草种苗和侵犯植物新品种权的工作计划，确定专门工作机构和人员，举办 2022 年全省林草种苗质量监管培训班，对新品种保护工作进行重点培训，对全省各类种苗交易会、大型专业市场进行了三次检查，积极构建合法使用授权植物新品种的良好氛围。省农业农村厅强化农业植物新品种保护，2022 年全省审定新品种 269 个，认定通过非主要农作物新品种 20 个，全年受理工艺试验、绿色通道试验、联合体试验和特用品种试验等渠道的参试品种 2251 个次，受理同一适宜生态区引种备案品种 320 个，建立新品种展示评价基地 10 个，展示评价新品种 756 个次。组织检测种子样品 4929 份，查处案件 195 件，涉案金额 46 万余元。

（三）司法保护水平明显提升

一是刑事案件精准打击力度加大。全省公安机关侦破部督案件 11 起，核查公安部相关线索 862 条，公安部食药侦七局 6 次下发贺电，对全省侦办的重大侵权假冒案件予以鼓励。举办成果集中宣传展示活动 9 次，发布典型案例 20 起，会同市场监管部门联合开展侵权假冒伪劣商品集中统一销毁行动，集中销毁涉案商品 25.65 万件，营造良好的社会舆论效果。二是检察监督职能持续优化。2022 年全省检察机关充分发挥批捕、起诉职能，共受理提请批捕侵权假冒案件 224 件 513 人，批准和决定逮捕 91 件 178 人，不批准逮捕 132 件 332 人，其中批捕生产销售伪劣商品犯罪 76 件 134 人，批捕侵犯知识产权犯罪 15 件 44 人。共受理移送起诉侵权假冒案件 692 件 1950 人，起诉 385 件 906 人。主动提前介入侵权假冒案件 419 件，制发涉侵权假冒检察建议 14 份。在办理以深井水过滤方式生产桶装水冒充品牌矿泉水的制假售假案件中，支持省消费者协会提起民事公益诉讼，推动被告人在承担刑事责任的同时，承担销售假冒注册商品赔偿金 9.3 万元，取得良好社会示范效果。三是审判工作质效进一步提升。全省法院 2022 年共新收（含旧存）侵权假冒案件 445 件，审结 418 件，其中生产销售伪劣商品犯罪案件 400 件，审结 378 件；侵犯知识产权犯罪案件 45 件，审结 40 件。发布吉林省十大民商事典型案例，其中三件为知识产权保护案例，体现全省对知识产权保护的重视。吉林省皓月商标权纠纷案件被最高人民法院选入 2021 年全国五十件典型知识产权案件。

（四）制度机制建设不断完善

一是信用监管作用进一步加强。省市场监管厅印发《吉林省知识产权领域以信用为基础的分级分类监管试点工作方案》《关于推进企业信用风险分类管理进一步提升监管效能的实施方案》，指导全省深入开展知识产权领域信用分级分类监管工作。确定长春、四平、通化为省级信用试点城市。印发《关于加强严重违法失信名单管理工作的通知》，依法依规开展知识产权领域严重违法失信行为认定及惩戒工作。将严重侵犯注册商标罪的行为列入严重违法失信名单管理，并实施相应管理措施，对相关违法行为起到有力的震慑。二是行刑衔接工作进一步完善。省公安厅会同省市场监管、农业农村、商务等部门健全完善了情报互通、线索移送以及执法协作等方面工作机制，协调省市场监督管理厅设立 50 万元专项经费，用于办理食品类案件的检验鉴定；协调烟草、畜牧部门对全省公安机关办理烟草类、瘦肉精类案件全部进行免费检验鉴定。联合农业农村、市场监管部门开展打击假劣农资专项行动，查处案件 5 起，抓获犯罪嫌疑人 28 人，涉案价值 2200 余万元。切实保护群众合法权益、维护了种业市场秩序、保障了粮食安全。三是区域协作联动进一步深化。省市场监管厅积极推动《辽吉黑蒙四省区专利侵权纠纷行政裁决合作协议》落实，长春、吉林、延边三地签订《长吉图知识产权保护协作框架协议》，加强跨地区知识产权行政保护协作与交流。省农业农村厅与新疆、内蒙古自治区相关部门分别签发《关于建立种子打假监管省（区）际联合执法协调配合工作机制的协议》，联合推行区域内种子打假工作机制。省双打办会同辽宁、吉林、黑龙江双打办联合签署印发《东北三省打击侵犯知识产权和制售假冒伪劣商品工作区域执法协作备忘录》，形成信息通报、案件侦查、联席会议、线索移送、案件协办和日常联络六项机制，有效提升区域联动工作。

（五）社会保护意识持续增强

省双打办结合工作实际，采取多种形式对打击侵权假冒工作宣传进行全方位、多视角、立体式宣传报道，在行业内部和影响力较大的媒体载体平台进行宣传报道，截至目前，在中国政府网、人民日报客户端、人民网、人民号、经济日报、中央广播电视总台（新闻联播、央广网、央视频、国际在线）、中国新闻网、新华网、新华财经、新华社客户端等国家级媒体发布相关宣传信息 74 篇，通过微信公众号转载和发布打击侵权假冒工作微文 22 篇，在《市场监管通讯》刊发打击侵权假冒行动相关信息 28 篇，持续营造良好宣传舆论效果。在知识产权宣传周期间，全省法院以线上和线下结合的方式，探索图文音视频等多种形式开展知识产权普及宣传活动，省法院法官走进广播电台直播间进行普法宣传。省检察院通过检察新媒体平台累计发稿 128 篇。公安机关召开新闻发布会，举办成果集中宣传展示活动，发布典型案例 20 余起。

（六）业务能力培训扎实有效

省委宣传部举办全省宣传领域党的二十大精神与法治工作培训班，对全省党委宣传部的分管领导和执法业务骨干开展推进使用正版软件和版权执法监管培训。长春海关克服疫情影响，全年开展知识产权培训 12 次，涉及一线执法官员 472 人。省农业农村厅组织开展全省农业农村综合行政执法大比武活动，进一步提升全体农业执法人员执法能力。省药监局组织开展网上集中学习培训，举办业务（普法）大讲堂，为药品监管人员和药品生产企业质量负责人讲解新颁布《药品生产监督管理条例》，提高监管人员业务能力和企业自律管理能力。省市场监管厅举办知识产权行政保护培训班，加强知识产权行政执法人员执法办案能力建设。

三、工作亮点和经验做法

（一）推进品牌化建设，实施综合执法提质工程

一是扎实推进"铁拳"行动。省市场监管厅在总局"铁拳"行动基础上，结合工作实际充实完善，把农资产品虚假宣传、农村山寨食品欺骗误导两项社会高度关注的行为纳入重点查处内容，组织开展"铁拳攻坚双百战役"执法行动，同时印发指导手册、召开推进会议，做到边行动、边总结、边提升。在"铁拳"行动带动下，全省共查办各类案件 6534 件，罚没 9753 万元。二是打造吉林"雷霆"执法品牌。从 2020 年起，省市场监管厅连续三年部署开展全省"雷霆"执法行动，打造全省特有的执法品牌，执法内容涵盖农资、食品安全、质量安全、知识产权等领域，切实维护广大经营者和消费者合法权益。三是加强宣传造势。坚持"边打边喊"，省市场监管厅发布典型案例 8 批次 56 件，组织参加侵权假冒伪劣商品全国集中统一销毁行动，集中销毁假冒伪劣商品 95 吨，货值 1200 余万元，充分展示市场监管部门履职尽责良好形象的同时，有效震慑不法经营者。

（二）推进专业化建设，实施执法人才培养工程

一是开展典型案例巡讲活动。省市场监管厅围绕"铁拳""雷霆"行动的重点任务和各地反馈的执法疑难问题，组织 14 名优秀执法办案人员成立 5 个巡讲团

分赴各市（州）开展优秀典型案例巡讲活动10场，全省4200余名综合执法人员参与巡讲活动，有效解决了基层执法人员本领恐慌。二是筹备建立全省综合执法人才库。省市场监管厅制定出台《吉林省市场监督管理厅综合执法人才库管理暂行办法》，在全省市场监管系统选拔一批综合执法业务骨干进入人才库并实施动态管理，通过典型引领，推动全省市场监管执法人员执法能力全面提升。三是创新设立执法稽查基层联系点。省市场监管厅确定15个执法稽查工作基层联系点单位和22个研究课题，通过总结推广经验，破解执法难题，以点带面更好地促进新形势下市场监管执法稽查工作，不断提高全省综合执法队伍发现问题、研究问题、解决问题的能力水平。

（三）推进信息化建设，实施智慧执法升级工程

一是加大执法办案区建设力度。省市场监管厅推广长春市市场监督管理局朝阳分局经验，不断提高办案区建设标准和基层覆盖面，指导有条件的地区探索建立专业化电子取证室，全省建立规范化执法办案区34个。二是全面普及"网上办案"模式。强化平台联通、系统集成、数据共享、手段创新，提高执法办案处置效率。按照"谁办案、谁录入"的原则，全省市场监管系统统一使用全省市场监管综合执法办案平台进行案件录入，案件录入率达100%。三是完善执法办案平台功能。省市场监管厅推进综合执法数字化、智慧化建设，分类完善执法案例库、人才库、文书库等功能模块，开发即时视讯功能，将试点地区执法人员执法记录仪、基层视频信号与智慧监管平台进行对接，实现省、市、县、所执法即时联动。四是加强部门协作，高位推进知识产权保护工程。（1）深入构建知识产权保护体系。省市场监管厅积极推动省政府与国家知识产权局会商共建新产业体系知识产权强省。建成吉林省、长春市两个国家级知识产权保护中心。长春、四平分别获批国家知识产权强市建设示范城市和试点城市。长春知识产权生态小镇全面运行。吉林省2023年获得第23届中国专利奖金奖2个、优秀奖5个，全省专利商标质押融资超过35万元。（2）加强司法保护。省检察院主动对接中国（吉林）、中国（长春）知识产权保护中心，与省知识产权局会签

《关于强化知识产权协同保护工作的意见》。探索建立知识产权检察案件专家咨询、专家辅助人参与办案制度，向检察机关推荐24名技术调查官和2名特邀检察官助理，为检察机关办理知识产权案件提供人才技术支持。（3）强化刑事保护。省公安厅聚焦高质量发展，全力服务创新，会同省市场监管、农业农村、商务等部门健全完善情报互通、线索移送以及执法协作等方面工作机制，协调省市场监管厅设立50万元专项经费，用于食品案件的检验鉴定；协调林草、畜牧对全省公安机关办理烟草类、瘦肉精类案件进行免费检验鉴定，侦破的榆树市"11·02"特大非法制售瘦肉精案件、四平市杨某某非法添加瘦肉精案件，获韩俊省长3次批示肯定。

四、存在问题及建议

目前存在的问题是，侵权假冒线索发现难、案件落地难、取证固定难、处罚执行难等，尤其是互联网领域侵权假冒治理，需要加强跨地域、跨区域、跨部门执法协作，强化全国一盘棋思想，一处预警，全链条全方位打击。建议进一步完善跨地域执法协作机制建设，加强执法协作和提升能力手段方面培训。

五、下一步工作打算

2023年，按照全国双打工作部署，发挥省双打办统筹协调作用，加强知识产权全链条保护，深化跨区域跨部门执法协作，全面提升打击侵权假冒全省治理水平。一是强化重点领域治理。加大对互联网领域、农村和城乡接合部市场等区域环节监管力度，严厉打击制假源头，保持高压打击态势。二是强化日常监管执法整治。聚焦民生需求和社会关切，强化节假日市场重点治理，围绕疫情防护用品和食品药品农资等重点商品，加强监管执法整治。三是强化行刑有效衔接。发挥检察监督职能作用，推进执法协作机制建设，加大行刑紧密衔接，加强知识产权司法保护。四是强化宣传教育引导。发挥社会监督作用，围绕重要时间节点，营造社会舆论氛围，推进社会共治格局。

（撰稿人：沈哲奇）

黑龙江省打击侵权假冒工作报告

2022年，黑龙江省坚持以习近平新时代中国特色社会主义思想为指导，深入贯彻落实习近平总书记重要讲话和指示批示精神，全面落实党中央、国务院决策部署，紧扣黑龙江全面振兴发展的现实需要，把打击侵权假冒工作作为重塑黑龙江营商新环境、保护激励创新创业、维护消费者合法权益的重要举措，以完善制度机制为目标，以问题治理为导向，精心组织、压实责任、综合施策、集中攻坚，工作取得明显成效。省双打办从商务部门划转到市场监管部门后，在全国双打办的指导下，年度绩效考核成绩在2018年全国位列三档23名的基础上，实现了一年一个台阶的跨越式发展，2019年全国位列二档第9名、2020年全国位列一档第3名、2021年全国位列一档满分历史性好成绩。为此，时任省长胡昌升同志做专门批示：值得表扬！2022年，破获侵权假冒刑事案件1936起，涉案金额26亿余元；起诉双打犯罪案件146件218人；审结双打犯罪案件231件407人。侦破公安部督办大要案件18起，发起全国集群战役（协查）13起，被公安部贺电表扬14次。双鸭山侦破的姚某某等制售假种子案、哈尔滨"8·24"假冒注册商标案等一批案件被公安部等多部委评为"全国打击侵权假冒经典案件"；齐齐哈尔黄某某制售假劣减肥食品案、黑龙江启动春季农资打假专项治理行动等经验做法被中央媒体宣传报道。全年没有发生系统性侵权假冒恶性案件及由此产生社会影响的事件，为促进全省经济健康发展和社会和谐稳定提供了有力保障。

一、提高政治站位，在组织领导和制度机制建设上提供有力保障

双打工作是贯彻落实党中央、国务院决策部署，是践行新发展理念、保护和激励创新创业、深化供给侧结构性改革的重要举措，是优化营商环境、实现高质量发展、满足人民群众日益增长的美好生活需要的内在要求。黑龙江省委、省政府高度重视，作出一系列部署和安排。

（一）构建工作机构，强化组织保障能力

省政府成立了双打工作领导小组，由28个成员单位组成，加强制度建设，明确职责分工，强化协同联动，依法依规开展工作。根据全省机构改革实际，省、市、县三级双打办从商务部门向市场监管部门整体划转，省、市、县政府相继完善了双打工作组织机构，落实了人员和经费。省双打办联合市（地）双打办开展订单式、上门式培训，先后赴伊春市、双鸭山市、哈尔滨市为当地双打成员单位及各行政执法部门工作人员开展业务培训，合计300余人。公安机关持续举办全省公安食药环侦骨干培训班、龙江食药环侦大讲堂、食药环侦综合数据应用平台培训班，积极参加公安部食品药品犯罪侦查局组织的各类业务培训，不断提高队伍专业素质和依法办案能力水平。省法院举办"龙法讲坛"第九期讲座。加强知识产权保护，全省设立中国（黑龙江）知识产权保护中心，2022年，发明专利授权7978件，同比增长34.4%；有效发明专利拥有量达3.9万件，同比增长19.9%；有效商标注册量达43.9万件，同比增长16.6%；获第二十三届中国专利奖金奖1项、银奖1项、优秀奖7项；发展知识产权金融服务联合体成员单位43家，专利商标质押融资登记金额21.5亿元。省知识产权保护部门制定《商标品牌指导站工作制度》等制度，建成商标品牌指导站46家，市（地）覆盖面达100%。

（二）完善工作制度，强化长效治理机制

构建长效机制，制发了《黑龙江省打击侵犯知识产权和制售假冒伪劣商品重大案件协调督办工作规则》等3个制度文件，制发全省2022年双打工作要点，明确任务分工，落实工作责任。将双打工作纳入地方政

府绩效考核体系，将考评结果运用到平安建设（综治工作）考核评价中，省双打办会同省委宣传部等13个成员单位依据2022年考核办法确定的任务分工，对13个市（地）双打工作开展非现场考核评价。省制发《黑龙江省强化知识产权保护促进高质量发展的实施意见》，强化各级政府知识产权保护责任。省出台的《黑龙江省优化营商环境条例》中明确县级以上政府及其部门应当落实监管责任，查处制售假冒伪劣商品等危害生产经营秩序，侵害专利权、商标权、版权等知识产权的违法犯罪行为。省委出台《黑龙江省关于加强知识产权审判领域改革创新实施细则》，省法院积极推进知识产权审判"三合一"改革和知识产权法院、法庭建设，完善知识产权审判体系。省市场监管局联合省财政厅出台《举报制售假冒伪劣产品违法行为线索奖励实施意见》。省市场监管局牵头制定并落实黑龙江省强化反垄断深入推进公平竞争政策的具体措施及深入落实公平竞争审查制度的指导意见、经营者反垄断合规指引等10项配套制度规则，在全国率先全面推行公平竞争审查"内部特定机构统一审查"模式。省知识产权保护部门制定《黑龙江省国家地理标志产品保护示范区建设工作指引》，指导五常、方正、饶河推进保护示范区筹建工作，对全省纳入中欧地理标志协定第二批认定清单的勃利红松籽、佳木斯大米、穆棱大豆、饶河东北黑蜂蜂蜜、太保胡萝卜等5个地理标志中英文技术规范进行修改完善。人民银行哈尔滨中心支行、省市场监管局、省营商建设局等部门积极推动"信用黑龙江"建设，加强市场主体信用体系建设，累计对8.3万人实行失信联合惩戒，对13.9万户市场主体实施信用修复。

（三）落实行刑衔接机制，加大跨区跨部门打击力度

落实《黑龙江省行政执法与刑事司法衔接办法》《东北三省打击侵权假冒违法犯罪工作区域执法协作备忘录》，省双打办充分发挥案件督办、区域协作等职能作用，及时消除伊春办理的中纪委挂牌督办行刑衔接案件的瓶颈问题，伊春市双打工作领导小组发来感谢信。省公安厅与省市场监督管理局、省知识产权局、省烟草专卖局等行政管理部门及省法院、省检察院建立联席会议制度。省公安厅联合相关部门印发进一步加强青少年版权保护工作的通知、在打击侵犯著作权违法犯罪工作中进一步加强衔接配合的通知等6个行刑衔接工作方案，推动信息共享、案件移送、执法会商、联勤联动等机制落地落实。省药监局联合辽宁省、吉林省和内蒙古自治区药监部门建立了《东北地区药品化妆品医疗器械稽查执法协作区运行机制》，做到省际同频，执法联动。省药监局同省公安厅联合印发《关于加强协调配合严厉打击药品违法犯罪行为的通知》，畅通支持公安机关办理危害药品安全犯罪案件的检验检测、药品性质认定绿色通道。省药监局建立省、市（地）、县（市、区）三级协同双打工作机制，加强上下联动，密切协作，压实属地责任，形成省域范围内双打工作合力。通过加大行刑衔接力度，开展跨区跨部门联合打击，着力构建以属地为主、部门协同、区域联动、社会参与的双打工作新机制。

二、明确主攻方向，聚焦重点领域热点难点持续发力

将人民群众关注关心的难心事烦恼事作为双打的主攻方向，敢啃硬骨头，打好攻坚战。

（一）聚焦农产品质量安全，打好全省绿色有机品牌

2022年，全省绿色、有机食品认证面积达到9100万亩，有机产品认证获证组织1071家、有效认证证书2176张，居全国前列，农产品质量安全持续提升。省委、省政府高度重视农资打假工作，将农资打假工作纳入省委1号文件重要内容推进落实。省农业农村部门坚持问题导向，联勤联动、检打结合，检查企业63366个次，整顿市场3394个次，出动执法人员162224人次，办结案件89起，移送司法机关4起。市场监管部门开展"农资打假保春耕"行动，以种子、化肥、农药、农膜、农机用油等为重点品种，强化"三检八查一打"举措，立案查处农资违法案件166件，罚没款166.67万元。林业部门下发《黑龙江省林业和林草局2022年双打及〈种子法〉宣传工作方案》，对哈尔滨等10个市（地）、45个县的170家林木种子生产经营单位抽样检验，抽检合格率为100%，

查处案件 10 起。省公安厅、省法院紧密结合"昆仑2022""核心使命—2022"系列战役、"亮剑护农"等专项行动，推动整治工作高质高效落实。

（二）聚焦食药安全重点问题，坚决守住"舌尖上安全"

市场监管部门深入贯彻"四个最严"要求，加强食品安全综合治理，出台《黑龙江省关于建立健全分层分级精准防控末端发力终端见效工作机制推动食品安全属地管理责任落地落实工作实施方案》；制发《打造国家食品安全示范区工作实施方案》；深入实施"食品安全制度落实年"活动，扎实推进食品安全"守底线、查隐患、保安全"、"微腐败"、反餐饮浪费专项整治、乳制品质量提升等行动；在全国率先建成婴配乳粉生产过程可视化监管系统；完成食品抽检监测 11.7 万批次，合格率 98.4%；共查处食品安全违法案件 7259 件，罚没金额 3035.03 万元。加强药品安全监管，在全国率先以省政府名义建立药品安全协调机制暨集中打击整治危害药品安全违法犯罪工作领导小组，建立省、市（地）、县（市、区）三级集中打击整治危害药品安全违法犯罪工作机制，办结"两品一械"行政处罚案件共 2872 件，罚没款总额 2201.61 万元。国家药监局李利书记在黑龙江调研时，充分肯定药品安全专项整治工作。国家局专项办第 60 期简报《以"四个最严"为引领 积极构建长效机制确保药品安全专项整治行动取得实效》通报了黑龙江省药品安全专项整治工作成绩。

（三）聚焦线上线下信息安全，切实保护消费者合法权益

省委宣传部门开展北京冬奥会版权保护、打击院线电影盗录传播、青少年版权保护、打击网络侵权盗版"剑网2022"等专项行动，全省出动执法人员 18392 人次，检查经营单位 11709 家次，查处侵权盗版行政案件 16 起。省委网信部门开展"清朗·打击网络谣言和虚假信息""清朗·打击流量造假黑公关网络水军"各类专项行动及清理整治工作共 37 个，清理违法违规信息 4242 条，处置微信公众号"看点哈尔滨"、微博账号"哈尔滨看点"等长期违规从事互联网新闻信息服务媒介，约谈 7 人。发布反诈宣传稿件

300 余篇、宣传视频 70 余个。梳理统计 MCN 机构 79 家，相关直播、短视频账号 172 个，查删违规视频信息 91 条。公安部门在龙警网建立双打违法犯罪举报平台，公布 24 小时举报热线。市场监管部门健全消费纠纷多元化解机制，全省线下无理由退货承诺单位增至 1.3 万家，1.4 万家企业入驻全国 12315 平台在线解决纠纷。持续开展放心消费创建活动，示范承诺单位发展到 6.1 万家。畅通投诉举报渠道，受理消费者投诉举报 15.6 万件，为消费者挽回经济损失 2104.6 万元。指导哈尔滨 37 易淘和大兴安岭北极珍品汇 2 家平台企业参加"全国百家电商平台点亮行动"，平台内 1299 户经营者全部实现依法依规"亮照、亮证、亮规则"经营。商务部门加强电子商务诚信体系建设，开展电子商务企业信用认证和信用评级工作，28 家电商企业通过了信用认证和信用评级。省国资委启动上线出资企业阳光采购服务平台 3.0 版本，落实《黑龙江省国资委出资企业采购监督指导意见》。通信管理部门核查处理备案网站域名信息等问题线索 2594 个，注销备案信息不完整、不准确的主体备案 6501 个、网站域名备案 5869 个。

（四）聚焦跨境侵权假冒行为，严守国门安全

哈尔滨海关开展"龙腾行动2022""蓝网行动2022"，加大寄递渠道"化整为零""蚂蚁搬家"式进出境侵权违法行为打击和查处力度，针对跨境电商、寄递渠道不同商品特点，监控重点侵权商品。2022年，共采取知识产权保护措施 127 次，扣留商品 127 批，主要有汽车标识、车钥匙、服装、配饰等商品种类。开展培训宣传，对内组织知识产权执法能力专题培训 2 次，近千人参加培训，讲授知识产权海关保护工作的方法；对外加强对企业法律法规宣传 1 次，200 余家企业参加，增强企业守法和维权意识。市场监管部门开展进口食品疫情防控风险排查，累计检查市场主体 108.1 万个次、排查进口食品 9.4 万吨。邮政管理部门联合省公安厅加强快递企业安全管理工作，强化对农副产品、药品等限制寄递物品的管控，实现对出境快件 100% 过机安检。商务部门制定《黑龙江省交易团第 131 届广交会知识产权保护和贸易纠纷处理工作方案》，维护全省外贸企业合法权益，增强保护知识产权

意识。省贸促会印发《海外知识产权纠纷应对机制建设工作实施方案》，举办了"贸法通"黑龙江宣传服务月专项活动——"中国信保"专题宣介会，宣传引导企业使用出口信保工具，受理解答贸法通平台咨询132起（涉及22个国家和地区）。

（五）聚焦防疫物资保供稳价保质，守护生命安全

公安部门积极部署开展依法严厉打击制售假劣涉疫情物资等违法犯罪活动，为保障人民群众生命健康安全、维护社会大局稳定、打赢疫情防控阻击战发挥了重要职能作用。市场监管部门开展市场监管疫情防控风险排查，排查出4方面14类94个风险点。抓紧抓实农贸市场疫情防控，制发农贸市场疫情防控工作方案和应急处置预案。加强进口冷链食品追溯管理，规范"黑龙江冷链"追溯平台应用，组织开展涉疫冷链食品应急演练，建成集中监管仓33个，排查涉疫食品165吨。建成"黑龙江省疫苗追溯系统"，以省防指办名义印发药店疫情防控指南，对全省疾控机构、疫苗接种单位、配送企业和零售药店实施全覆盖检查。加大重要民生商品和防疫用品市场价格检查力度，检查经营者38.8万家次，线上线下提醒告诫15.6万家次，公开曝光典型违法案件39件。推出五条支持防疫药械保供保质的具体措施，包联批发企业134个，建立省市县三级调度、派驻药品批发企业全覆盖监督检查、药店全员包保、工作情况日报告等六个工作机制，检查药店等场所4.9万个次，公开通报药品和医疗器械价格违法典型案例23起，为全省疫情防控大局作出了积极贡献。

三、坚持综合施治，推动形成双打共建共治共享格局

充分发挥双打办牵头协调作用，强化双打工作的行政措施、司法措施和社会共治措施，实行综合治理，形成共治合力。

（一）打防并举，强化行政措施

按全国双打办统一部署，省双打办组织13个市（地）开展侵权假冒伪劣商品销毁行动，销毁假劣食品、化妆品等15类3.4万件商品，总价值7836万元。省公安厅分波次集中销毁扣押物品，价值8000余万

元。省委宣传部与省委网信办、省公安厅等9部门联合制定关于在打击侵犯著作权违法犯罪工作中进一步加强衔接配合的机制。黑龙江省1家单位和3名执法人员分获国家版权局打击侵权盗版有功单位和有功个人荣誉称号。佳木斯市入选全国首批民间文艺版权保护与促进试点城市，全国只有8家城市入选，东北三省仅此一家。国家推进使用正版软件工作部际联席会议联合督察组对黑龙江省进行督查，黑龙江省位居全国第一，获得国家充分肯定和表扬。市场监管部门聚焦民生热点问题，深入开展市场监管护航冬季旅游、打击整治养老诈骗、民生领域案件查办"铁拳"等行动，全系统查办各类违法案件1.2万件，罚没金额5170.91万元，曝光典型案例7批62个，向市场监管总局报送典型案例信息135个。省生态环境部门在网站上发布《黑龙江省危险废物经营许可证发放情况公告》，公布许可证信息246条，切实加强对承担销毁任务单位的指导和监控。

（二）严惩严处，强化司法措施

全省公安机关紧盯食品药品等民生领域侵权假冒突出问题，咬住关键线索不放，瞄准团伙性、跨地域性犯罪，以"零容忍"态度，依法严厉打击。开展依法严厉打击制售假药劣药犯罪重点攻坚、打击食药环犯罪"昆仑2022"、夏季治安打击整治"百日行动"、"核心使命—2022"系列战役、农资打假"亮剑护农"、打击涉烟违法犯罪行为"龙剑2号"、打击网络侵权盗版"剑网2022"等专项行动。省公安厅对142起大要案件挂牌督办，对侦破的11起大要案件下发贺电表扬。哈尔滨侦破的"3·23"生产销售伪劣产品案、齐齐哈尔侦破的"6·01"生产销售伪劣产品案等18起大要案件被公安部列为"昆仑2022"专项行动重点案件督办；双鸭山何某某等生产销售伪劣产品案等13起大要案件在全国发起集群（协查）打击战役；哈尔滨侦破的"3·23"生产销售伪劣产品案、齐齐哈尔侦破的"6·01"生产销售伪劣产品案等14起大要案件被公安部贺电表扬。全省检察机关逐步建立起双打案件提前介入、引导侦查、联席会议、联合执法、案件移送、证据筛查、专家把关等办案新模式，严把案件质量关，通过制发检察建议等方式，督促行政机关

依法全面履职。全省检察机关共受理审查逮捕制售假冒伪劣商品犯罪案件108件68人，批准逮捕39件67人，受理审查起诉352件509人，起诉208件304人；共受理审查批准逮捕知识产权犯罪案件36件86人，批准逮捕13件30人，受理审查起诉41件120人，起诉25件59人。省法院与省检察院、省公安厅联合下发《关于办理知识产权刑事案件若干程序问题的意见》，知识产权刑事案件集中到指定法院管辖，实现知识产权民事、刑事、行政审判"三合一"。全省法院共审结生产销售伪劣商品犯罪和侵犯知识产权犯罪案件231件407人。全省法院受理知识产权民事一审案件2364件，审结2121件，结案率89.7%，调撤率69%。

（三）联打联防，强化共治措施

公安机关持续深入开展警企协作，进一步与行业协会、重点企业及专业打假公司等社会各界合作，及时互通信息，提高企业守法自律、防范侵害意识，最大限度挤压涉假违法犯罪空间。深化与阿里巴巴、京东等互联网企业，约翰迪尔（中国）投资有限公司以及中国外商投资企业协会优质品牌保护委员会战略合作伙伴关系，创新完善警企联合双打工作机制健康发展，增强打、防、管、控整体合力。省司法部门排查各类矛盾纠纷16.8万件，审结复议案件4114件、调解知识产权领域纠纷260余件，重点案件审结率、化解率走在全国前列。发挥省律师协会知识产权专业委员会功能作用，引导律师依法依规代理双打案件，省律师代理侵权纠纷案件510件。省营商部门制发《黑龙江省失信惩戒措施补充清单（2022年版）》，将侵权假冒处罚等信息纳入省信用信息共享平台，依托省信用信息共享平台"双公示"系统共归集涉侵权假冒类行政处罚信息321条。省知识产权保护部门制定《2022年全省知识产权行政保护工作实施方案》，开展元旦春节期间知识产权行政保护、北京2022年冬奥会和冬残奥会奥林匹克标志知识产权保护、秋季地理标志保护等专项行动，出动执法人员3552人次，检查市场主体4308户次，办理专利侵权纠纷案件149件。卫健部门完成国家抽查任务21家，完结率100%。对全省3152家抗（抑）菌制剂经营使用单位进行检查，抽查产品600种，发现问题25种，立案数20起，罚款金额4万

元。省贸促严把哈洽会、旅博会入口关和宣传页，会同有关部门切实做好保护知识产权、杜绝侵权假冒伪劣商品进入展馆。

（四）强化宣传，引领打假维权舆论导向

全省双打行政处罚案件已全部在"信用黑龙江"和行刑衔接信息平台网站公开公示。全省公安机关借助中央及省级主流媒体、龙警新媒体矩阵等媒体平台积极宣传曝光。围绕"4·26"世界知识产权日、全国食品安全宣传周等时间节点，采取设置展台、发放宣传单和宣传品等形式，全面提高广大群众防范意识。省公安厅食药环总队领导在省电视台专栏节目接受采访，宣传打击成果，普及法律知识，表明公安机关打击违法犯罪的坚强决心。市场监管部门在省广播电视台开办"食安龙江"节目，利用人民网、新华网及黑龙江日报、黑龙江卫视等主流媒体持续宣传整治食品安全、农资打假保春耕等专项行动，制作双打宣传内容的微视频、短音频、H5以及电子海报等，通过电视滚动字幕、微信公众号、微博以及抖音、快手、今日头条、学习强国等平台发布，有效扩大了宣传覆盖面。黑龙江省新闻联播、新闻广播栏目连续5期报道市场监管部门农资市场监管工作开展情况、经验做法。省农业农村部门开展"放心农资下乡进村"主题活动，印发《致种子经营者和农民朋友的一封信》等宣传资料263.8万份。省法院利用微信公众号平台，发布涉奥运标志保护、种业保护、互联网领域不正当竞争、酒类产业知识产权、学术论文抄袭等普法推文5篇，拓展线上普法宣传渠道。税务部门利用宣传栏、办事大厅电视墙滚动播放等宣传教育形式，增强纳税人对双打的认识。

2022年，全省双打工作取得了明显成效，但是对照党中央、国务院的要求，对照广大企业和人民群众的期盼，还有一定的差距。主要是侵权假冒现象时有发生，对农村市场的监管相对偏弱，打击互联网领域侵权假冒工作还缺乏有效措施，宣传力度不够大，社会共治共建共享的氛围还不浓厚，等等。

2023年，黑龙江省将进一步解放思想、创新思维，以习近平新时代中国特色社会主义思想为指导，全面贯彻落实党的二十大精神，认真贯彻落实党中央、国

务院决策部署，牢固树立新发展理念，坚持依法治理、打建结合、统筹协作、社会共治原则，进一步加强和完善工作机制，着力推进市场监管体系和监管能力现代化，全力做好双打工作，加快建设知识产权强省，为黑龙江实现全面振兴全方位振兴作出新的更大贡献。

（撰稿人：白靖）

上海市打击侵权假冒工作报告

一、基本情况

2022 年，上海市打击侵权假冒工作始终坚持以习近平新时代中国特色社会主义思想为指导，深入学习贯彻党的二十大精神，贯彻落实习近平总书记关于保护知识产权、打击侵权假冒工作的重要指示批示精神，按照党中央、国务院决策部署，根据市委、市政府工作安排，结合 2022 年全国打击侵权假冒工作电视电话会议精神和《2022 年全国打击侵犯知识产权和制售假冒伪劣商品工作要点》（打假发〔2022〕1 号），全市各成员单位、各区坚持依法治理、打建结合、统筹协作、社会共治原则，强化统筹协作，层层压实责任，为优化营商环境，推动经济社会高质量发展提供了安全稳定的社会环境、公平正义的法治环境和优质高效的服务环境。

2022 年以来，全市各行政执法部门共查处侵权假冒案件 5221 件，累计罚没款 7146 余万元，移送公安机关 56 件。上海海关共查扣涉嫌侵权商品 9061 批次，涉案商品 660 万余件，案值合计人民币 1353 万余元。

公安机关共侦破侵权假冒刑事案件 900 起，抓获犯罪嫌疑人 2500 余人，总涉案金额 35 亿余元；共保护 130 余个品牌合法权益（其中进博会参展商和世界 500 强品牌 70 余个，中华老字号 10 余个）。检察机关共受理侵犯知识产权罪、生产销售伪劣商品罪审查逮捕案件 235 件 428 人，批准逮捕 135 件 218 人，审查起诉案件 766 件 1602 人，提起公诉 615 件 1139 人。

上海各级人民法院受理侵权假冒刑事案件 631 件，审结 647 件，判决人数 1267 人。

二、主要做法

（一）坚持高位谋划，系统推进全年工作

1. 强化知识产权保护制度供给

市人大通过《上海市服务办好中国国际进口博览会条例》，设立"知识产权保护"条款，强化进博会知识产权保护法治保障，推动全球新产品、新服务、新技术在进口博览会首发、首展，完善进博会知识产权保护长效机制。市委、市政府印发《上海市知识产权强市建设纲要（2021—2035 年）》，加大保护力度，积极推动构建知识产权保护闭环体系。市政府首次将知识产权纳入市级专项规划，印发《上海市知识产权保护和运用"十四五"规划》，围绕国际知识产权保护高地建设目标，明确未来 5 年知识产权保护工作的任务书、路线图和施工表。

2. 推进目标任务落地落细

组织召开 2022 年上海市打击侵权工作领导小组会议，市政府分管领导在会上对保护知识产权、打击侵权假冒工作进行专题部署，统一思想认识，聚焦重点任务，压实工作责任，凝聚工作合力。研究制定《2022 年上海市打击侵犯知识产权和制售假冒伪劣商品工作要点》，明确任务分工，有序推进落实。在此基础上，市市场监管局等成员单位、各区双打办立足区域实际和法定职能，细化实施方案，明确任务目标，确保工作落地，有效形成横向协同、纵向联动的工作格局。印发《上海市知识产权强市建设纲要和"十四五"规划实施推进计划（2022—2023）》，部署 123 项重点工作任务，大力推进知识产权保护工作。

3.压紧压实属地属事责任

市双打办根据工作需要，组织召开双打联络员会议，加强部门沟通交流，协调工作顺利开展。结合年度工作要点和全市中心工作，制定《2022年双打工作评估办法》，建立科学全面的评估体系，开展监督考核。目前保护知识产权、打击侵权假冒工作均已纳入到全市平安建设、质量发展、知识产权、营商环境等各项考核评价中，确保双打工作在属地政府责任明确、推进有序、成效突出。

（二）聚焦重点发力，深化行政执法效能

一是加强网络治理，促进平台经济健康有序发展。市市场监管局发布了省级层面首个关于网络直播营销的指引，明确5类网络直播主体责任内容，列明网络直播营销商品（服务）的10项负面清单。组织开展网络交易专项检测，围绕"种草经济"新型业态摸排违法行为，共计监测各类网络主体30万余户，涉及商品5000多万件。市委宣传部（市版权局）加大线索收集力度，对重点影视剧作品及综艺节目开展监测，累计监测网络传播链接39.2万条，重点作品侵权链接总体通知下线率超过90%，高于全国总体水平。对企业进行合规指导，组织15家重点互联网企业进行自查自纠，建立健全内部版权监控和管理机制。市文旅局执法总队优化升级"出版物网络发行自主监管与服务系统"，加大网上书店监管力度。累计下架盗版教材教辅及侵权少儿读物类商品2485件，处置删除侵权盗版链接250余条，关闭相关违规店铺9家，立案5件。市药监局开展"清网""清源"等行动，查处网络销售药品、医疗器械、化妆品违法违规案件289件。市农业农村委加强网售假劣农资打击力度，督促1800余家店铺下架4400多件不合规农药商品，对3起违规网络销售问题农药进行立案查处。市民政局牵头组织开展联网殡葬服务行业乱象整治，会同市委网信办关闭23家冒充正规殡葬服务单位的网站。市通信管理局累计配合相关主管部门处置假冒网站24个。市检察院针对虚假广告、售卖有毒有害食品等问题，向阿里巴巴公司制发检察建议，积极推动平台关停危害食品安全涉案店铺，并将相关人员纳入平台"黑名单"。

二是着眼农村市场，持续打击侵权假冒伪劣行为。市农业农村委印发《2022年上海市农资打假和监管工作要点》《2022年上海市农资打假专项治理行动实施方案》，专项部署推进整治工作，全年查处相关案件61起，罚没款共计107.56万元。会同公安部门侦破全国首例假冒"绿色食品"证明商标系列案，查获假冒"绿色食品"证明商标30余万只，涉案销售金额200余万元。市市场监管局以"护农"行动为抓手，加强本市农村产品质量安全监管，严厉打击涉农质量违法行为，共检查相关产品生产企业89家次，销售企业2858家次。市绿化市容局组织开展打击林木种苗侵权假劣专项行动，重点查处种子和苗木以次充好、假冒伪劣等行为，全年查办相关案件2起。市检察院推进食用农产品"治违禁　控药残　促提升"三年行动，加强农产品安全专项治理。

三是监管服务并重，大力整治市场经营乱象。市双打办组织全市各区立足区情，将重点市场整治和社会综合治理相结合，切实规范市场经营秩序。浦东新区双打办集中力量、多措并举，以上海亚太新阳服饰礼品市场为整治重点，严厉查处侵犯商标专用权案件60起。会同相关部门实地调研，专题研究会商，制定治理方案，引入优质商户，推动转型升级。加强对拼多多平台综合治理，市委网信办组建工作专班，全面清理拼多多平台违法违规出版物，共计下架、降权出版物商品512万余件，清理盗版影印书籍23万余件，下架电子书和其他相关商品11万余件，处理店铺1043家，市烟草专卖局推动拼多多下架或拦截违规产品链接1.9万余条，涉及店铺2600余家，在全国率先实现"茶烟"等类烟产品全面清网下架。市市场监管局累计约谈拼多多平台25次，出具8份行政指导书，抓住重大促销活动"窗口期"，对平台开展行政指导和风险行为提示。市知识产权局指导拼多多电商平台试点贯彻实施《电子商务平台知识产权保护管理》国家标准并通过验收。市检察院针对"赵某等人生产销售注水牛肉案"等社会影响重大食品案件，在前期综合治理基础上，协同相关部门对全市四大农贸批发市场开展"回头看"，进一步巩固社会治理成果。

四是紧盯关键渠道，始终保持高压严管态势。上海海关深化区域海关执法联动，今年以来，通过信息共享、执法共助、风险共析，在货运渠道查获跨关区申报的侵权货物 27 批，同比增长 28%，构筑知识产权海关保护的联合防线。成立邮递渠道侵权查缉专项工作组，加大对高风险侵权邮包的拦截，严厉打击"化整为零""蚂蚁搬家"式的进出口侵权行为。邮递渠道共查扣侵权邮包 6853 批次，位居全国海关前列；快件及跨境电商渠道查扣侵权商品 2116 批次，同比增长约 174%。

五是回应民生关切，扎实推进重点商品治理。市市场监管局以食品、成品油、燃气具、计量作弊、过度包装等为重点，组织开展民生领域案件查办"铁拳"行动，查处重点违法行为案件 8186 件，罚没款 1.13 亿元，移送涉嫌违法犯罪案件 133 件，共有 7 件案例被总局采用发布。虹口区市场监管局查处上海良辅环境科技公司销售假冒德国 PSG 公司"QUATTROFLOW"注册商标隔膜泵案，处罚没款合计 194 万余元，加强生物制药领域知识产权保护力度，提升科技创新竞争力。市药监局打出全覆盖检查、抽检"组合拳"，加强对中药生产企业、集中带量采购中选药品等重点产品和企业开展检查，落实质量主体责任，消除风险隐患，共查处案件 1835 件，罚没款 6293.61 万元。市卫生健康委常态化组织消毒产品随机监督抽查、抗（抑）菌制剂专项监督等行动，共计查处相关案件 41 件，切实保障消毒产品卫生质量安全。市烟草专卖局积极推进"春雷 2022"、类烟产品和电子烟产品专项治理、卷烟专项清理等行动，查获各类违法卷烟 11362.66 万支，案值约 1.3 亿元，切实净化全市烟草市场环境。

六是严格监管执法，行政保护力度持续加大。市文化旅游局执法大队常态开展版权行政执法，强化对线下出版物市场和印刷复制企业监管，共检查相关经营场所 6927 家次，立案处罚 123 件，罚没款 380 余万元。相关部门围绕地理标志保护、商标恶意注册和非正常专利申请、商标代理等部署专项行动，着力规范市场秩序。市知识产权局加强对驰名商标权利人合法权益保护，排摸梳理形成本市 193 件驰名商标具体信息表，指导"佳沛（Zespri）""劲霸男装 K-BOXING及图"商标申请认定驰名商标。排查发现涉嫌商标恶意注册线索 140 余个，向国家知识产权局报送本市薄

稻生态农业、藏愿文化等公司涉嫌商标恶意注册行为的情况报告 4 篇，督导核查 18027 件涉嫌非正常专利申请落实撤回或申诉。市市场监管局针对防疫物资、商业促销、医疗美容、平台经济、教育培训等重点行业和领域，深入推进竞争执法专项，截至 12 月底，共计查处案件 510 余件，罚没金额约 4850 余万元，2 件案例入选总局《2022 年反不正当竞争专项执法行动典型案例》。市委宣传部（市版权局）紧紧抓住长效机制建设、源头监督管理、终端使用检查、督促考核评议、年度情况报告等关键环节，会同第三方机构对全市相关政府机关进行考核，进一步落实建立软件正版化工作考核评议和责任追究制度，巩固软件正版化工作成果。市生态环境局主动公开、动态更新持有危险废物经营许可证、废弃电器电子产品处理资格证、电子废物名录管理企业名单和信息，有序组织侵权假冒伪劣商品的无害化销毁。

（三）强化司法保护，严惩侵权假冒犯罪

一是加大刑事打击力度。公安机关强化模型建设，精准刻画团伙分工、追踪上游货源、流向关联分析、指引侦查目标。通过"集群战役"攻坚等模式，不断加大对世界 500 强、"进博会"及本土品牌的司法保护力度，接连侦破全国首例跨境销售盗版医学软件及非法破解工具的系列案、全国首例盗版剧本杀剧本案、"5·14"制售有毒有害减肥类保健品案、"7·22"制售非法添加金银箔粉案、"4·18"非法制售国外仿制抗癌药案、"6·9"特大侵犯乐高著作权案等大案要案，一举捣毁生产并利用境外网站跨境销售假冒辉瑞制药有限公司品牌生长激素犯罪团伙，部七局下发贺电表彰近 10 次、督办案件 18 起。

二是全面落实检察职能。检察机关加快推进知识产权检察职能全面履行，三级院均成立了知识产权检察办公室或专业化办案组织，以专业化、高质量的知识产权检察保护支持创新策源功能发挥。持续推进知识产权司法综合保护，加大侵犯服务商标、地理标志、网络著作权、商业秘密犯罪的打击力度，办理了最高检督办的李某明等 4 人侵犯任天堂游戏著作权案、吴某佳等人侵犯著作权案等 3 起案件被中宣部、全国双打办等六部委联合督办。探索建立知产案件刑民行交

叉监督机制，全年受理民事检察监督案件7件，受理行政检察监督案件1件，提出检察建议8件，法院采纳率100%。研究出台专项监督工作实施方案，全市检察机关就专项监督工作与对口法院、区工商联、区市场监督管理局等进行专门协调沟通，闵行区检察院与法院会签全国首个《关于加强惩治涉知识产权恶意诉讼工作合作备忘录》，深化知识产权领域协同保护。

三是完善刑事审判机制。公安机关、检察院、人民法院联合发布《关于调整本市知识产权刑事案件管辖的规定》，对知产刑事案件集中管辖进行调整，各基层人民法院管辖本辖区内的第一审知识产权刑事案件，知识产权审判力量进一步强化。积极打通快保护的关键环节，通过线上庭审、线上与线下相结合等庭审方式，推动知识产权刑事案件的办理，同时，通过适用认罪认罚制度，简化审理程序，加快刑事案件诉讼进程，在确保案件质量的基础上着力提高审判效率。三中院、杨浦法院审理的"人人影视字幕组"案入选"2021年中国法院10大知识产权案件"。高院张斌副院长担任审判长审结的李某毅侵犯著作权罪上诉案，依法判处被告人李某毅有期徒刑三年七个月，并处罚金八百八十万，有力打击销售仿冒"乐高"玩具的侵权行为，案件审理受到人民法院报的关注报道。

（四）服务中心大局，彰显双打担当作为

一是助力打赢大上海保卫战。市双打办及时下发《关于严厉打击疫情防控期间侵权假冒违法行为的通知》，以防疫产品、民生商品为重点，严厉打击制售假冒伪劣涉疫商品违法行为，市市场监管局联合浙江、江苏等地对27件案件开展跨区域执法，溯源打击彻底铲除违法链条。上海本来生活信息科技有限公司在疫情防控期间提供的保供物资接连出现虚标生产日期、霉变等问题，市市场监管局加强与江苏、河南等地的线上协作，及时查明事实，形成完整证据链条，从快从重给予严惩。公安机关共侦破涉疫案件31起，联合多地警方接连侦破"5·5"生产销售伪劣保供产品案、制售伪劣"拾玖卫"牌医用口罩案、伪劣医用防护服案等重大案件，及时阻断3600余万件假劣口罩、防护服等防疫物资流入市场，对制售假劣防疫开展全链条打击。市检察院先后制定《关于本次疫情防控期间相

关案件办理的若干提示》等4个办案指引，梳理分析物资保供、社区团购、社会面管控等3大领域8类案件法律适用问题，为精准高效打击涉疫经济犯罪奠定基础。市知识产权局印发《全力抗疫情助企业促发展的若干知识产权工作措施》，加大防疫知识产权保护力度，建立专利侵权纠纷快速受理机制等举措。市卫生健康委通过"自查＋线下监督检查＋远程视频连线"对全市消毒产品生产企业进行督导检查，每日汇总企业经营状态及困难，开展专业指导。上海三中院公开审理一起疫情防控期间销售假冒清风抽纸案件并当庭作出宣判，两名被告人利用疫情防控期间生活物资需求旺盛之机，大量销售明知假冒清风注册商标的抽纸，销售金额逾40万元，最终被判处有期徒刑三年、一年三个月及相应缓刑，并处罚金。

二是推进奥林匹克标志保护专项行动。市市场监管局会同市知识产权局联合印发《北京2022年冬奥会和冬残奥会奥林匹克标志知识产权保护专项行动方案》，行动期间共计查办侵犯奥林匹克知识产权案件118件。上海共有2个集体和4名个人获评奥林匹克标志知识产权执法突出贡献集体和个人。市文化旅游局执法大队指导各大互联网企业通过前置审查自主下架删除涉冬奥版权内容的违规链近6万条，接受投诉后核查清理约5000条。上海海关将北京冬奥会相关专属知识产权列为保护重点，针对奥林匹克专有权共启动保护措施57起，查获涉嫌侵犯北京冬残奥会专有权的吉祥物、徽章、钥匙扣、玩偶400余件。

三是持续放大进博会溢出效应。在国家会展中心设立现场联合监管与服务组，综合协调处置展会期间专利、商标相关的咨询服务和联合监管工作。多部门联合部署推进迎进博知识产权百日执法行动，对打击侵权假冒违法犯罪行为进行全链条打击，维护我国尊重和保护知识产权的国际形象。行动期间市场监管系统共计立案查处知识产权类违法案件562件，罚没款91.22万元，移送公安部门6件。市检察院将失信管理名单接入第五届进博会，积极探索建立知识产权从业人员严重失信名单管理机制。青浦区多部门联合发布《知识产权保障进博若干举措》，以十二条措施让知识产权保护不缺位，实现护航进博零纰漏。市双打办全

力保障"保护知识产权 打击侵权假冒国际合作"虹桥分论坛顺利召开，积极打造知识产权保护高地，放大进博会溢出带动效应。

四是协同打响上海"四大品牌"。市商务委等5部门联合印发《关于开展上海老字号认定的若干规定》，发布《"上海老字号"评价规范》，推动上海老字号认定工作常态化，健全老字号动态管理机制，促进上海老字号传承保护与创新发展。建设上海老字号品牌馆，拓宽城市公共文化空间，打造上海老字号品牌地标。市市场监管局高位推进商业秘密保护体系建设，完成全市150余个商业秘密保护示范区、示范站（点）的创建、验收和评定工作，浦东新区、奉贤区成功入选全国首批20个商业秘密保护创新试点地区。市知识产权局首次将地理标志商标纳入重点商标保护名录，切实加大地理标志保护力度。浦东新区检察院支持浦东新区农协会就"南汇8424西瓜"地理标志集体商标侵权提起民事诉讼，促成诉讼双方达成和解协议，建立长期战略合作关系。

（五）优化营商环境，合力构筑保护高地

一是加快阵地建设。组织召开第十九届上海知识产权国际论坛，市委书记陈吉宁、国家知识产权局局长申长雨等出席开幕式并致辞。会上市委副书记、市长龚正，国家知识产权局局长申长雨共同为上海市知识产权保护中心揭牌。上海奉贤（化妆品）知识产权快速维权中心获批建设。上海市浦东新区知识产权保护中心服务能级全面提升，探索开展实用新型专利权评价报告试点和专利复审无效案件多模式审理试点工作。依托上海保护中心、浦东保护中心、奉贤快维中心，探索开展知识产权纠纷快速处理试点工作，2022年共计完成知识产权纠纷快速处理诉求900余件。加密知识产权维权援助工作站布点，截至年底全市工作站已扩充至23家，强化知识产权维权援助力量。上海海关联合市科创办创设全国首个以"科创"为主题的"科创企业知识产权海关保护中心"和"科创中心知识产权海关保护中心云展厅"，启用虚拟导览员"小科"全程引导并讲解，运用VR技术全面生动展示海关知识产权的工作成效。

二是推进多元调解。依托一网通办平台，开发建设"多元化解矛盾纠纷'一件事'"板块，加强行政调解、人民调解等十余项政务服务事项衔接。建立健全诉调对接工作机制，充分发挥人民法院调解平台化解知识产权纠纷作用，推动上海保护中心信息化系统对接"上海法院调解组织调解平台"。积极培育跨境知识产权商事调解组织，依托上海经贸商事调解中心开展跨境知识产权纠纷案件。2022年，调解中心共调处相关案件71件，调解成功21件，涉案标的1.32亿元。2022年上海经贸商事调解中心拓展建立了与比利时仲裁和调解中心、韩国国际调解中心、马德里国际仲裁中心之间的合作对接，跨境知识产权商事调解合作圈进一步扩大。

三是支持海外维权。市知识产权局组织召开海外知识产权维权工作专题座谈会，国家知识产权局局长申长雨参加并讲话。成功举办2022中国上海"一带一路"知识产权保护论坛，发布首批上海海外知识产权纠纷应对指导专家名录。加快建设国家海外知识产权纠纷应对指导中心上海分中心和浦东分中心，成功对接兆维科技、邦邦机器人等公司并提供涉外纠纷解决方案。市商务委帮助企业应对美国对华特定离心机337调查等5起知识产权案件，成功帮助上海来元公司等涉案企业顺利推进诉讼应对工作。上海海关对上海家化联合股份有限公司、上海五金矿产发展有限公司提供海外维权政策指导，助力其拓展海外市场。

（六）推动常态长效，打造多方共治格局

一是加强部门协同。市市场监管局、市检察院围绕保障食品安全、知识产权、产品质量等涉及民生的重点领域，联合印发《关于加强市场监督管理行政执法与刑事司法衔接工作的协作意见》，形成首个假冒注册商标犯罪案件行刑衔接类型化证据指引，深化交流协作，凝聚共识形成合力。市市场监管局、市检察院、市公安局等6部门共同签署《关于加强食品药品安全领域执法司法协作、合力守护上海市食品药品安全的协作意见》，共同构建食品药品安全领域"全链条""多维度"部门协作体系，合力守护人民群众生命健康安全。市经信委等9部门联合印发《关于本市进一步加强对涉烟非法经营行为综合治理的实施意见》，推动烟草行业打假打私工作向纵深发展。市药监局、市检三分院、市公安经侦总队研究起草本市药品领域涉嫌犯罪案件线索移送工作备忘录，规范药品领域涉嫌犯罪案件线索移送工作。市检察院与虹桥商务区管委会会签《关于推进虹桥国际中央商务区知识产权保护机制建设战略合作备忘录（2022—2024）》，通过充分发挥协调功能与检察职能，形成知识产权专业保护机制，为虹桥商务区创新发展提供更优质的法治营商环境。

二是深化区域联动。长三角一市三省知识产权局在沪举行长三角知识产权更高质量一体化发展论坛，共同签署《长三角地区知识产权更高质量一体化发展框架协议书2.0版》《长三角地区数据知识产权保护合作协议书》，在更高起点上推进区域知识产权发展与保护一体化。切实推进长三角G60科创走廊知识产权行政保护协作中心实体化运作，联动长三角九城市行政执法部门开展长三角G60科创走廊电器和电线电缆类商标保护专项行动，行动期间，各城市市场监管部门共开展执法行动814次，出动执法人员4323人次，检查市场主体4465个，检查各类市场498个。上海海关会同市场监管部门在长三角区域组织知识产权海关保护"云培训"，向长三角百家企业宣讲知识产权海关保护工作，进一步推动长三角一体化发展建设。江浙沪皖赣四省一市签署药品安全稽查一体化协作备忘录并召开首届协作会议，评选长三角地区首届药品安全稽查优秀案例，促进区域药品领域稽查联动共商共建共管共享共赢。市知识产权局积极参与2022年十二省市知识产权保护协作活动，集中移交涉嫌侵权线索3条。浦东区局与安徽黄山局签订《市场监管联动执法备忘录》，建立定期协商机制和联络员制度，及时通报案件线索，合力处置跨区域案件；青浦局与江苏吴江局、浙江嘉善局签订《长三角一体化市场监管三地综合执法区域协作协议书》，持续打击跨省跨地区市场监管领域案件。依据长三角市场监管执法联动协作机制，在安徽省市场监管部门协助下，普陀区局查办了上海傅家山特商贸服务有限公司发布违法广告案，关联违法行为抄告安徽省当地市场监管部门，形成闭环；在浙江省市场监管部门的协助下，静安区局固定了案件关键证据，查办了上海闸北南区大润发商贸有限公司销售霉变食品案等。

三是狠抓队伍建设。市双打办依托品牌栏目"云课堂"，聚焦工作实务中的热点问题、争议焦点，组织开展打击侵权假冒暨行刑衔接培训，促进行刑衔接的规范化和科学化。市委宣传部、市绿化市容局、市市场监管局、市知识产权局、上海海关、市检察院、市法院等部门将人才培养与条线重点工作相结合，通过食品药品同堂培训、知识产权法治菁英项目、司法实务论坛、权利人实质性参与诉讼圆桌论坛等形式，面向一线开展培训，帮助执法办案人员厘清办案思路，提高工作质效。引入外力智库，邀请学院专家、办案能手、律师代表从不同角度、不同维度全方位深入探讨，出谋划策、智慧输出，共同研究解决共性问题。市委党校举办了知识产权保护专题培训，知识产权保护工作纳入到领导干部培训课程体系。

四是壮大宣传声势。市政府召开新闻发布会，专题介绍《上海市知识产权强市建设纲要（2021—2035年）》《上海市知识产权保护和运用"十四五"规划》。广泛宣传双打案件查办成效，市检察院连续7年发布上海知识产权检察白皮书及典型案例，市公安局发布全市食药环知领域60余起典型案件，市委宣传部评选、发布、宣传年度上海十大版权典型案例，市市场监管局持续发布"刷单炒信"典型案例、民生领域案件查办"铁拳"行动典型案例，以案释法，既强化警示震慑效应，也彰显打击侵权假冒实战实践的突出成果。市双打办举办上海侵权假冒伪劣商品统一销毁行动，现场销毁商品合计300余吨，货值金额5000余万元，市农业农村委对查没的假劣农资进行统一销毁，销毁假劣农资5吨，相关信息被多家中央和地方主流媒体报道，有效提升经营主体守法意识和市民群众识假辨假能力。各成员单位围绕"4·26"世界知识产权日、全国食品安全宣传周等宣传节点，线上线下相结合开展主题宣传活动，切实增强全社会法治意识。

三、存在的主要问题及下阶段工作打算

（一）不足之处

一是个别领域、区域侵权假冒问题时有发生。随着以直播电子商务、社交营销等为显著特征的新型消

费模式逐渐进入生活，侵权假冒的领域也从烟酒、食品、服饰、化妆品等传统领域，向数字阅读、在线教育、金融科技等科创文创领域蔓延，导致产品真伪混淆，创新成果流失，损害公平竞争的市场秩序和创新主体的合法权益，严重影响企业加大创新投入的积极性。此外传统的批发（集贸）市场由于市场管理方水平不一，市场主体鱼龙混杂，也仍然会存在涉嫌侵权假冒的商品。

二是制度机制仍需要进一步完善。侵权假冒涉及领域广，技术手段不断升级，分工精细化、链条化，跨区域违法犯罪行为频发，溯源难、取证难、查处难、量刑难的问题凸显，跨区域、跨部门执法协作仍不够紧密。

三是发现线索能力仍要提升。发现侵权假冒方式较为单一，通过日常监督检查主动发现问题线索或证据的能力不足，尤其在互联网领域整治中，接触到都是碎片化的信息线索，缺乏整体把控能力。

（二）下阶段工作打算

一是深化重点领域整治。随着上海科创中心建设和"四个中心"战略推进，在大量招商引资以及高新产业布局过程中，侵权假冒伪劣行为呈现新形势新问题。要加强形势分析和线索研判，对群众反映强烈、社会舆论关注、侵权假冒多发的领域和行业，集中力量开展侵权假冒治理，严肃查处质量违法行为，充分发挥打击侵权假冒在促进创新发展、优化营商环境、维护市场秩序的重要作用。不断增强以网管网、大数据指挥监管能力，提高重点领域整治质效。

二是优化长效机制建设。加强跨部门的协作配合，在线索移送、联合办案、情况通报等环节保持密切沟通协作，探索创新行刑衔接工作机制，实现行政执法与刑事司法无缝对接、双向衔接，并通过联合签订制度性文件等形式加以固化，坚决杜绝有案不移、有案难移、以罚代刑现象。推进信用体系标准化建设，推进实施长三角区域相关企业质量安全信用等级评估标准体系，拓展信用等级评估结果的跨区域共享和运用，为信用监管提供更加科学精准的依据，对严重侵权违法行为人的联合惩戒。

三是细化区域执法协作。坚持区域协同治理思维，确保打击侵权假冒工作在"长三角一体化"的大背景下做到全局性谋划、整体性推进，进一步探索和尝试跨区域、跨部门联合执法，健全长三角地区执法协作机制，积极寻求"最大公约数"，使侵权假冒商品打击工作实现标准联通、衔接畅通、监管贯通、数据融通，推动区域经济社会实现高质量发展。

四是强化风险隐患感知。跨前一步、主动作为，力争实现从"被动等案上门"向"主动发现案件"转变。双打办要组织成员单位积极走访世界500强、驻沪外资企业、中华老字号、科技创新等企业，通过加强政企协作，全面提升问题发现能力，掌握行业动态。要服务经济发展，以打击涉芯片、集成电路、生物医药等高端科技、制造领域知识产权，跨境制售假劣产品、假冒品牌食品犯罪等为重点开展专题研判，发现一批重点线索。

（撰稿人：温凌雁）

江苏省打击侵权假冒工作报告

一、工作措施及成效

2022年，江苏省打击侵权假冒工作坚决贯彻落实党中央、国务院决策部署，按照全国打击侵权假冒领导小组工作安排，着眼知识产权强省建设，聚焦民生关注和社会关切，坚持依法治理、打建结合、统筹协作、社会共治，突出重点领域、重点产品和重点市场，开展专项整治，推进执法协作，取得明显成效。

一是坚持高位推动，凝聚工作合力。打击侵权假冒工作事关人民群众切身利益，事关创新创业的良好营商环境，江苏作为经济大省、开放大省、创新大省，省委、省政府始终高度重视打击侵权假冒工作，多次召开会议研究部署、推动落实。2022年以来，召开全省优化营商环境推进大会，印发《江苏省优化营商环境行动计划》，将打击侵权假冒工作作为全省优化营商环境的重要举措部署推进。召开江苏质量大会，继续加大质量品牌创建和知识产权创造奖励扶持力度，培育一批突破创新、质量过硬的企业。省双打办积极发挥统筹协调作用，制定全年工作要点，全面部署年度工作；召开省打击侵权假冒工作领导小组会议，围绕考核标准和要求，对标找差，查找工作短板，提升工作实效；下发年度宣传工作方案，明确宣传重点和宣传方式；举办全省打击侵权假冒业务培训班，提升工作能力和水平；指导苏州参加全国统一销毁活动；加强两法衔接信息共享平台应用，强化案件信息公开；大力开展农资打假、"铁拳"、"剑网2022"、"昆仑2022"、"龙腾行动2022"等一系列专项整治行动，形成对侵权假冒的高压严打态势。

二是突出重点领域，开展专项整治。全省各地各部门认真贯彻全国双打工作部署，紧紧围绕侵权假冒易发高发的重点领域、重点产品、重点市场，集中力量，下大力气开展专项整治，查办了一批大案要案，惩治了一批犯罪分子。深化重点领域治理。聚焦互联网领域治理。省版权局、省委网信办、省公安厅、省通信管理局联合开展"剑网2022"专项行动，强化网络平台治理，加强网络版权全链条保护，立案查处网络侵权盗版案件461起，其中行政处罚62起，刑事案件53起，调解案件346起。省市场监管局对全省49家电商平台实施全覆盖指导，查处互联网不正当竞争案件344件，涉案金额2924万元。聚焦农村和城乡接合部治理。省农业农村厅突出春耕、夏种等重要时间节点，组织开展农资打假专项行动，立案查处生产销售假冒伪劣农资案145起、伪劣种子案198起，涉案金额366万元，公布农资打假和农产品执法安全执法典型案例14起，形成有力震慑。省林业局组织开展打击制售假劣林木种苗和侵犯林业植物新品种专项行动，立案查处生产经营假劣种苗案件、无证生产经营种苗38件，罚没金额59.94万元，7件7人移送司法

机关。聚焦重点渠道治理。南京海关以关区知识产权出口优势企业培塑和"龙腾行动2022"为抓手，紧盯网购、跨境电商等重点渠道，上线180余条涉及知识产权精准布控规则，累计扣留侵权货物3892批次，涉案货物数量62.86万件。加强重点市场监管。严厉打击汽车配件领域侵权假冒行为，促进全省汽配产业健康发展。在前期整治的基础上，继续组织开展南京仙林汽配城专项整治，共立案查处假冒伪劣案件22起，没收商品5508件。加快推动常熟"外贸村"转型升级，树立全国单体市场转型升级标杆典型。严格重点产品管理。省市场监管局组织开展"铁拳"行动，重拳打击食用油掺杂掺假、翻新"黑气瓶"和劣质燃气具等8类违法行为，全省市场监管系统共查办"铁拳"规定动作案件2843件，案值5938.92万元，罚没款4771.03万元，移送公安机关案件194件，集中曝光典型案例16个。持续抓好质量违法案件查处，把特种设备、电动自行车、建筑用材、改装车辆等列入重点执法对象，全省累计查处质量违法案件4873件，罚没款9018.08万元。省药监局严厉打击药品领域侵权假冒行为，立案572件，案值金额3324.78万元，移送司法机关21件。省卫健委抽查消毒产品生产企业376家，抽查妇女、儿童用品检查生产企业、经营单位2887家，开展抗（抑）菌制剂专项整治，检查抗（抑）菌制消毒产品生产企业165家，检查各类经营、使用单位共3461家。

三是强化司法保护，严惩侵权假冒犯罪。打击犯罪更加有力。省公安厅组织开展"昆仑2022"等一系列专项行动，侦破各类侵权假冒犯罪案件1729起、抓获犯罪嫌疑人4511人，涉案金额25亿余元，工作绩效名列全国前茅。其中24起案件被公安部挂牌督办，17起案件获得公安部贺电表扬，6起案件入选公安部典型案例。检察监督更具针对性。省检察院突出打击侵犯驰名商标、战略新兴产业和现代服务业知识产权等犯罪，对侵权假冒案件及时批捕、起诉，全省检察机关受理审查批捕侵犯知识产权、生产假冒伪劣商品案件255件412人，批准逮捕183件279人；受理审查起诉1265件3082人，提起公诉961件2235人。审判质效更加显著。省法院坚持"简案快审、繁案精审"

战略，持续加强精细化审判，全省法院共受理各类知识产权案件 37021 件，同比增长 3.19%；审结 32518 件，同比增长 10.45%，19 件案例入选最高法院公报案例、新时代推动法治进程十大案例、中国法院十大知识产权案件、人民法院反垄断与反不正当竞争典型案例等，总数位居全国第一。在国家知识产权局组织的全国知识产权保护工作社会满意度调查中，江苏位居全国第一；在全国知识产权保护工作检查考核中，江苏知识产权综合发展指数位居全国第二。

四是坚持打建结合，推动长效机制建设。完善两法衔接机制。省双打办会同省检察院升级完善全省打击侵权假冒两法衔接信息共享平台，切实做好数据报送工作。省公安厅与省药监局签订《江苏省药品安全专项整治联席会议制度》，省公安厅、省委宣传部版权局、省市场监管局执法稽查局、省文旅厅执法处就信息共享、协同办案、联合培训等协作事项形成共识，并派员指导版权条线执法办案周活动，省公安厅与省市场监管局执法稽查局签订《打击食品犯罪合作备忘录》。据统计，通过行刑协作破获了 260 余起侵权假冒犯罪案件。完善知识产权维权援助机制。省司法厅指导设立知识产权纠纷调解组织，省知识产权局加快建设知识产权保护中心、维权援助机构和仲裁调解机构，全省设区市知识产权维权援助机构实现全覆盖，7 家知识产权保护中心通过国家知识产权局验收并投入运营。完善侵权假冒商品处置机制，省生态环境厅严格落实侵权假冒商品环境无害化销毁工作要求，向社会公布具有环境无害化销毁能力的企业名单，新增处置能力 26 万吨。完善区域协作机制。省文旅厅加强执法区域合作，完成长三角区域文化市场综合执法案卷评比工作。省法院制定《关于强化知识产权司法保护推进长三角国际一流营商环境建设的意见》，推动长三角区域率先建成市场化、法治化、国际化一流营商环境。省公安厅主动加强与广东、浙江、福建、上海等外省市公安机关的沟通协调，全年办理假冒伪劣外地协查 50 起，协调去外省办案 67 起。省知识产权局深入推进长三角三省一市知识产权一体化发展，共同签署《长三角地区知识产权更高质量一体化发展框架协议书 2.0》《长三角地区数据知识产权保护合作协议》

《长三角生态绿色一体化发展示范区知识产权保护联动协作办法》。完善知识产权法制建设。省人大常委会第二十八次会议审议通过《江苏省知识产权促进和保护条例》，成为全国首部知识产权促进和保护的省级地方性法规，为提升全省知识产权保护水平提供了法治保障。

五是加强宣传引导，营造良好氛围。全省各地、各部门围绕年度打击侵权假冒工作要点、专项行动、重要活动等，创新宣传形式，通过新闻发布会、宣传周等多种方式，积极开展多元化、常态化的宣传教育工作，营造了打击侵权假冒工作良好氛围。省双打办牵头组织召开 2022 年度打击侵权假冒工作新闻发布会，通报 2022 年全省打击侵权假冒工作情况。组织海关、市场监管、公安等部门举行侵权假冒商品集中销毁活动，销毁疫情防控用品、办公用品、服装鞋包、建材等 10 余类 31 万余件，货值逾 1000 万元。省法院连续 17 年向社会发布《江苏法院知识产权司法保护状况》《江苏法院知识产权案件年度报告》及十大典型案例，《人民日报》《人民法院报》等省级以上媒体在 50 余篇报道中宣传江苏法院知识产权司法保护工作及成效。省农业农村厅开展"放心农资下乡进村"宣传活动，印发宣传资料 22.8 万余份，举办现场咨询培训 150 场，营造打假护农保春耕的良好社会氛围。省市场监管局多次召开"铁拳"行动新闻发布会，通报开展情况，集中曝光典型案例 16 个，总阅读量达 102.6 万余次，中国新闻社、新华网等 30 余家新闻媒体和网站转载报道，联合省法院召开反不正当竞争典型案例新闻发布会，集中发布仿冒混淆、侵犯商业秘密、虚假宣传等 10 起典型案例，社会反响强烈。

二、下一步工作安排

一是加强统筹协调和部门联动。省打击侵权假冒工作领导小组办公室将认真贯彻落实全国打击侵权假冒工作领导小组办公室的部署和要求，发挥好统筹协调和跟踪服务作用，加强与各成员单位的沟通协调，督促重大案件线索办理，总结推广经验做法，组织开展业务培训，提升工作能力和水平；进一步建立和完善跨区域、跨部门协作机制和行政执法与刑事司法衔接机制，不断推动全省打击侵权假冒工作取得更新更大成效。

二是继续深化重点领域治理。继续推进互联网领域侵权假冒治理，严厉打击在线销售侵权假冒商品、虚假广告、虚假宣传等违法行为，强化互联网企业监管，深入打击网络侵权盗版。加强农村和城乡接合部市场治理，从生产源头、流通渠道和消费终端三个方面多管齐下，加强市场监管执法，坚决打击坑农害农行为。统筹抓好重点渠道侵权假冒治理，深入开展"清风"行动，突出专业市场、跨境电商、进出口等重点环节，以及机电产品、电子产品、日用品、医疗器械等重点商品，严厉打击跨境制售侵权假冒商品违法犯罪行为，维护中国制造海外形象。聚焦涉疫医疗物资监管，认真落实总局《全国涉医药品和医疗用品稳价保质专项行动实施方案》要求，通过监测、巡查、抽检、约谈等方式，强化对生产和销售企业的管控力度，严厉打击仿冒混淆、虚假宣传、制售假冒伪劣物资等行为，有效维护涉疫药品和医疗用品市场秩序，确保疫情防控优化调整工作平稳有序推进。

三是加大知识产权保护力度。在专利权保护方面，深化电子商务、食品药品、环境保护、安全生产、高新技术等重点领域专利行政执法，完善侵权判断标准，加大打击力度，有效提升专利执法办案影响力。在商标权保护方面，加大对驰名商标、地理标志、涉外商标专用权和老字号商标保护力度，打击侵犯商标注册权违法行为。在著作权保护方面，组织开展专项行动，对非法印刷窝点、打字复印店盗版盗印行为开展专项整治，严厉打击线上线下销售非法盗版出版物行为，进一步推进软件正版化工作。在植物新品种权保护方面，加大制售假冒伪劣种子种苗案件查处力度，打击农林业植物新品种侵权行为。充分发挥知识产权保护中心作用，加快推动商业秘密保护基地建设，深入推进知识产权大数据平台建设，切实增强服务企业实效，打造公平有序的市场竞争环境。

四是强化知识产权司法保护。严厉打击侵权假冒刑事犯罪，聚焦民生、涉外、公共安全领域，针对重大、恶性案件组织开展专案打击行动，加强行政执法与刑事司法衔接。充分发挥检察职能作用，加强对重点案件、新型案件的研究指导和督办，重点办理一批情节严重、影响恶劣的侵权假冒犯罪案件。加强知识产权审判工作，完善知识产权审判体系，强化监督和业务指导，公正高效审理侵权假冒案件，有效遏制侵权假冒行为。对重复侵权、恶意侵权等行为，依法严肃处罚并加大损害赔偿力度，让侵权者付出沉重代价。

五是不断完善长效监管机制。大力推进信息公开，依法公开侵权假冒行政处罚案件信息，全面推行行政执法公示制度、执法全过程记录制度、重大执法决定法制审核制度，促进严格、公正、文明执法。推进跨部门跨地区执法协作，健全线索通报、案件协办、联合执法、定期会商等制度，完善打击侵权假冒两法衔接平台建设，深化行政执法与刑事司法衔接配合。继续推进长三角区域执法协作及信息共享，进一步完善省内跨地区、跨部门执法协作机制，加强跨地区综合执法、联合执法，强化整体工作合力。

六是积极构建社会共治格局。加强舆论宣传引导。结合重大节日和重要时点组织开展形式多样群众喜闻乐见的宣传活动，提高群众参与度，营造全社会保护知识产权、打击侵权假冒的良好舆论氛围。充分发挥中国打击侵权假冒工作网江苏子站宣传作用，积极宣传本地、本部门双打工作宣传措施和成效。落实企业主体责任。坚持堵疏结合、打扶并举，指导、推动、监督各类市场主体切实加强自身的产品质量控制和知识产权的管理，自觉守法诚信经营，自觉坚持创新发展，自觉增强维权意识。加强行业自律。发挥行业组织的约束规范和专业服务作用，规范企业经营行为，维护企业的合法权益，引导行业健康发展。加强社会监督。发动群众主动参与到打击侵权假冒行动中来，畅通投诉举报渠道，使侵权假冒无容身之地。

三、相关建议

全国双打办组织的现场考核不仅是对各地打击侵权假冒工作的一次全面检验，更是一次对全国各地指导帮助提升的重要契机。近年来，受新冠肺炎疫情影响，全国双打办现场指导和线下培训开展较少，特别是江苏省该项职能设在价监竞争处，总局执法稽查局

召开年度条线会议时也未能参加，工作衔接比较被动。建议全国双打办深入一线加强指导，开展线下业务培

训，推进全省打击侵权假冒工作取得新成效。

（撰稿人：钱炫宇）

浙江省打击侵权假冒工作报告

2022年，浙江省坚持以习近平新时代中国特色社会主义思想为指导，全面贯彻落实党的二十大精神，忠实践行"八八战略"，按照围绕全国打击侵权假冒工作领导小组工作安排，开展数字化改革和专项整治，推进执法协作，奋力推进"两个先行"，全力打造知识产权保护高地。

一、工作成效

在省打击侵权假冒工作领导小组的统一领导下，全省各成员单位、各地市立足实际，坚持预防与治理、处罚与教育、执法与普法"三结合"，强化侵权假冒集中治理，不断净化侵权假冒商品滋生的土壤。

（一）强化专项整治，提升行政执法力度

2022年，全省行政执法部门组织部署多项专项行动，共查处侵权假冒案件17095件，涉案金额3.91亿，累计罚没款2.18亿，移送公安机关444件。

省委宣传部扎实推进版权行政执法、软件正版化、宣传教育等工作，加强对各地版权执法部门工作指导，联合公安、广电、教育等部门开展"剑网2022"、冬奥版权保护、青少年版权保护季等专项行动。截至12月，删除侵权盗版链接3435条，查办各类案件897件，警告412家次，罚款604.1万元，没收非法所得42.7万元，没收违法物品80.21万个，停业整顿13家次，吊销许可证2家次，查处重大案件6件。

省委网信办深入开展打击网上侵犯知识产权和制售假冒伪劣商品专项整治工作，全面清理属地网站平台涉侵权假冒负面有害信息。持续督促新闻网站、电商平台、论坛、社交等网站平台落实知识产权保护主体责任，加强内容审核把关，自觉杜绝各类侵权行为，严肃处置各类违法违规账号。全年清理有害

信息41条，下架侵犯知识产权和制售假冒伪劣商品728余万件，处置店铺119万家，关闭违法违规账号864个。

省公安厅开展打击侵犯商业秘密犯罪护航企业发展"深蓝2022"集中行动，建立商业秘密风险体检机制，推出《全省公安机关加强知识产权刑事保护十大举措》，制定易受知识产权犯罪侵害企业名录，1064家企业被纳入首批名录。配套下发《浙江省公安机关办理侵犯商业秘密犯罪案件侦查工作指引》和《浙江省公安机关指导企业加强商业秘密犯罪防范工作指引》，协同企业科学履行商业秘密保护的主体责任，推进形成打击、防范、治理相融合的商业秘密刑事保护新格局。

省农业农村厅开展农资打假、打击侵犯植物新品种权和制假售假专项行动，突出农产品质量安全、品种权保护、农资质量等执法重点领域和关键环节，严厉打击制售假劣种子、农药违法添加禁限用、无证制售假兽药等违法行为，全力保障人民群众舌尖上的安全。全年查办案件236件，罚没764.84万元。

省卫健委按照《消毒产品生产企业卫生规范》开展抗（抑）菌制剂生产企业执法检查。现场检查生产线，核对卫生许可资质，检查生产过程记录、原料进出货记录、产品批次检验记录，审核产品的标签说明书和卫生安全评价报告，检查辖区130家企业，查处存在违法行为企业6家，罚款298余万元，没收违法所得14余万元。

省市场监管局持续开展"铁拳"行动、"亮剑2022"保障民生安全、维护市场秩序等综合执法行动，有效净化知识产权领域的市场秩序，全面提升优化全省营商环境。全年全省市场监管部门共查处侵权假冒

案件 12130 件，罚没 18426.86 万元，捣毁制假售假窝点 125 个，移送司法机关 400 件，入选国家市场监管总局"铁拳"行动典型案例 8 件，位居全国第一。开展全省市场流通领域乱象开展专项整治，配合省扫黑办落实中央巡视关于扫黑除恶斗争反馈问题的整改。全年共排查并移送公安线索 214 条，整改"三书一函"反馈问题 155 件。

杭州、宁波海关部署开展知识产权海关保护"龙腾行动""蓝网行动""净网行动"等专项行动，突出对市场采购、跨境电商等贸易方式以及出口转运、寄递渠道等重点领域、重点区域的执法，营造良好口岸营商环境。2022 年累计查扣侵权货物 2930 批次，涉案商品 3181 余万件，案值合计人民币 5347.58 万元；新增海关备案 4745 项、涉及权利人 1146 个，两项数据均居全国首位。

省林业局积极组织开展打击制售假劣林木种苗和侵犯林业植物新品种权行动、林木种苗质量抽查等工作，重点查处种子和苗木无证经营、未使用标签、以次充好、假冒伪劣等行为，共查处假劣林木种苗案件 3 起。

省药监局持续开展以中药饮片专项整治、化妆品"线上净网线下清源"专项整治、医疗器械质量安全风险隐患排查治理等为重点的药品安全专项整治；截至年底，全省药品监管部门共查办侵权假冒案件 665 起，其中生产销售假药 79 起，货值金额 20.83 万元；生产销售劣药 144 起，货值金额 81.2 万元；生产销售不符合标准的医疗器械 335 起，货值金额 381.86 万元；生产销售假冒化妆品 107 起，货值金额 126.58 万元。

省生态环境厅、文旅厅和邮政管理局积极履行职责，加大宣传力度，配合做好双打工作。全年，各地生态环境部门共无害化销毁假（废）药品约 3.83 吨，食品、调料约 98.8 吨，化妆品约 94 吨，卷烟约 31 吨，无保管价值罚没物资约 10 吨。全省文旅部门查办案件 909 件，罚没 771.79 万元，移送司法机关 11 件。全省邮政管理部门累计检查邮政快递企业 6093 家次，立案查处 613 家次，同比增加 7.9%，其中以《反恐法》处罚 14 起，停业整顿 63 家次。

其他成员单位按各自职责做好打击侵权假冒工作。

（二）聚焦重点主题，强化打击震慑效果

为更好地提升知识产权保护效果，推动知识产权强国战略和国家创新驱动发展战略，全省行政执法部门突出双打工作中痛点、难点的打击力度，强化行刑衔接，有效扩大打击侵权假冒的社会震慑效果。

省公安厅按照"统一指挥、情报主导、合成作战、高效打击"的"剑锋"主题打击模式，围绕医美、健身领域类固醇药品以及添加化学药成分的纯中药等突出制售假药劣药犯罪，迅速行动、重拳出击，对全省知识产权违法犯罪形成了强力震慑。截至 12 月底，全省公安机关共立侵犯知识产权犯罪案件 916 起，侦破 386 起，抓获犯罪嫌疑人 1417 名。

省市场监管局根据浙江经济社会发展特点，围绕"民意最盼、危害最大、市场监管风险和压力最大"等八大民生重点领域，集中执法力量，开展针对性执法打击；并组织参加侵权假冒伪劣商品全国统一销毁行动，发布侵权假冒典型案例 16 件，对涉及食品、药品、服装农资产品等 500 多个品种 40 余吨的侵权假冒伪劣商品现场进行统一销毁，全国、省市等共计 22 家新闻媒体进行报道，引起全省社会各界极大反响。

杭州、宁波海关加大典型案例曝光力度，震慑违法。杭州海关查办的出口侵犯 HUAWEI 商标权手机配件案获评中国海关知识产权保护典型案例与浙江省知识产权保护典型案例；宁波海关查办的"安徽灵璧一团伙侵犯 KIWI 注册商标专用权之行政、刑事组合拳案""义乌沐燃进出口公司侵害维密商标权案"两起案例入选中国外商投资企业协会优质品牌保护委员会 2021—2022 年度知识产权保护十佳案例。

（三）强化司法保护，营造公平营商环境

为打造保护最严、创造最活、生态最优的知识产权强国建设先行省，全省司法机关以习近平总书记关于知识产权保护工作的重要指示批示精神为指导，制定措施，充分发挥职能，全面优化市场经济环境。

省司法厅完善知识产权立法，会同省市场监管局等部门，做好《浙江省知识产权保护和促进条例》的审核起草工作，条例经省十三届人大常委会审议通过后，于 2023 年 1 月 1 日起正式实施，该条例将打击侵权假冒相关规定吸收纳入其中，包括建立有奖举报制度，赋予更多电子证据的调查取证权，建立技术调查官制度等机制，拓宽打击侵权假冒线索调查渠道、化解取证难、行政执法过程中专业能力欠缺等问题，加强打击侵权假冒行为力度。

省法院狠抓《关于全面加强知识产权司法保护工作的实施意见》贯彻落实，对《实施意见》五方面 26 条意见逐一细化分解，制定《行动项目表》，确定行动项目共计 122 项。

开展"品牌保护"和"商业秘密保护"两个专项行动，发布 9 个品牌保护和多个商业秘密司法保护典型案例；开展杭州亚运会知识产权司法保护行动；加强政企沟通，出台《知识产权司法保护调研联系点工作办法》，更新编撰《企业知识产权司法保护指导手册》并上线发放推广，增强为企业服务的针对性和实效性；专项研究刑事附带民事相关法律问题，制发《关于知识产权刑事附带民事诉讼的指引》，拓宽权利人维权途径。2022 年 1—12 月全省法院共受理侵权假冒有关刑事案件 1066 件，审结 1012 件。

浙江检察机关充分发挥批捕、起诉及法律监督职能，依法严厉打击侵犯知识产权和制售假冒伪劣商品犯罪，积极开展食用农产品"治控促"专项安全整治、医疗美容行业突出问题专项治理两大行动，持续巩固落实食药安全"四个最严"要求治理成果，强化行刑衔接，注重法治宣传，切实维护人民群众切身利益，依法保障市场经济秩序规范有序运行。全年受理知识产权刑事案件 982 件 2486 人，受理制售伪劣商品刑事案件 943 件 1372 人。

二、主要做法

（一）加强组织领导，统筹协调高位推动

一是领导高度重视。浙江省委、省政府高度重视双打工作，2022 年全国打击侵权假冒工作电视电话会议召开后，全省继续召开贯彻落实部署会议，副省长王文序作工作部署，对全省下一步打击侵权假冒工作提出要求。省双打办及时召开 2022 年全省打击侵权假冒工作领导小组成员单位联络员会议，传达

学习全国打击侵权假冒工作电视电话会议精神，通报 2021 年以来全省打击侵权假冒工作情况，商议《浙江省打击侵犯知识产权和制售假冒伪劣商品工作领导小组办公室工作机制》，部署打击侵权假冒工作任务。

二是区域协作紧密。联合上海市、江苏省和安徽省印发《长三角地区市场监管领域轻微违法行为不予处罚和从轻减轻处罚规定》，推进市场监管领域包容审慎监管，规范市场监管执法行为，持续优化营商环境。针对长三角地区地域毗邻，经济一体化程度高，上下游产业联系紧密，案件关联性高的实际，与长三角兄弟省市开展执法协作，联合分析研判，同步查处上下游涉案主体。针对互联网经济热潮背后网络案件多发的实际，浙江发挥大型电商平台监管属地优势，及时分享、通报、网络违法证据信息、违法动向等，共同推进有关案件查办进程。

三是部门协同顺畅。全省行政执法部门秉持"打击侵权没有局外人"理念，积极开展跨关区、跨部门执法协作。在 2021 年执法协作的基础上，2022 年又有 6 个部门之间签订执法协作，进一步强化知识产权行刑衔接工作，共同构建知识产权大保护格局。

（二）数智牵引赋能，提升保护监管力度

一是数智赋能，创新知识产权保护模式。迭代升级"浙江知识产权在线"，全面梳理知识产权保护核心业务，全面打通政府、企业、社会、个人四个节点，并在"浙江知识产权在线"一链条保护集成应用场景中，上线运行专利侵权纠纷行政裁决网上办案系统和涉外知识产权纠纷风险防控场景，实现当事人在线申请裁决、办案机构在线审理、结果在线反馈的全流程网上办、维权一次不用跑的目标，进一步提高权利人维权便利度。截至 2022 年底，"一链条保护"共入驻 126 家维权机构、128 家调解机构，在线全流程办理专利侵权纠纷案件 185 件，行政裁决案件平均办案周期缩短 30%。

二是以网治网，厚植直播营销智慧监管能力。全国率先上线"浙江省网络直播营销监测在线"，覆盖国内 30 个主要直播平台、24337 家直播间及省内 92 家直播运营机构、71 个直播基地，集成运用大数据、人

工智能等前沿数字技术，构建侵权假冒等问题线索的采集、分析、监测、指挥、预警、处置于一体的全程闭环管理机制，推进"人防"到"技防"转变，2022年，共监测25批次，发现违法线索997条。迭代开发"浙江公平在线"直播多棱镜数字大脑，拓展直播营销监管新应用场景，运用"主体信用四色分类分级监管"，归类不同等级直播营销主体，调配资源采取差异化监管。

（三）加强宣传培训，立足长效精准治理

一是开展形式多样的宣传活动。全省各地、各部门利用"3·15""4·26"等重要时间节点，充分发挥各自优势，发布典型案例，以普法漫画、小视频、情景剧、动画片、再现案情微剧场等生动活泼的形式，普及法律知识，宣传知识产权保护。选取影响大、普法意义强的案例，在微信公众号等媒体进行图文并茂的宣传，充分发挥典型案例在释法说理、宣传教育等方面的积极作用。

二是定期开展知识产权保护培训。通过国内外知识产权权利人、代理人介绍品牌情况和侵权货物鉴别技巧，分享查获案例和侵权风险趋势，有效提升人员现场执法能力；强化对知识产权领域法律法规的学习，密切关注司法裁判反映的新趋势、新理念、新标准，深化对涉外定牌加工中的知识产权保护、专利权保护程序及措施等执法疑难问题的调查与研究，不断提升知识产权保护工作法治化水平。

三是立足长效治理，务实推进体制机制建设。构建大保护工作格局，准确把握当前打击侵权假冒工作面临的新形势新要求，扎实做好打击侵权假冒各项工作，不断增强打击合力，优化行政保护机制，强化司法保护机制，深化跨区域、跨部门协作机制，全面构建打击假冒侵权大保护工作格局。

三、存在问题及下一步打算

针对目前打击侵权假冒形势，我们的工作中还存在一系列短板，不容忽视。一是双打工作执法联动不够高频。一些部门仅仅在本领域开展一系列打击侵权专项执法行动，开展全链条、多领域的联合执法行动不多，整体合力不够，执法效能不强，社会影响不大。

二是双打工作技术支撑不够高能。随着新兴科技产业电子商务快速发展，手机APP应用日新月异，网络直播模式盛行，层出不穷的新业态、新形式给打击侵权假冒带来了新挑战，知识产权侵权判断的专业性、复杂性，需要进一步强化专业技术在加强双打工作中的支撑作用。三是双打工作公众参与不够平衡。双打工作既需要政府各部门的深入推进，更需要全社会的积极参与，但由于受地域和经济发展不平衡的影响，农村和城乡接合部的消费人群识假辨假能力弱，参与知识产权保护的意识特别不强，导致大量假冒伪劣产品向该地区、该人群转移。

下一步，浙江省将紧扣习近平总书记关于"保护知识产权就是保护创新"的重要指示精神，在全国打击侵权假冒领导小组和省委、省政府的统一领导下，贯彻落实《关于深入贯彻〈知识产权强国建设纲要（2021—2035）〉打造知识产权强国建设先行省的实施意见》和《浙江省质量强省标准强省品牌强省建设"十四五"规划》，认真谋划各项工作部署，推动我省市场经济高质量发展。

一是突出社会共治。推进各部门之间实现数据共享、需求互通和功能协同，主动与网络知名平台建立政企协作关系，充分借助其互联网大数据、云计算、物联网、区块链等新技术优势，不断完善社会共治机制。

二是突出实战效果。抓好相关数字化应用落地，持续迭代升级浙江知识产权在线、浙江执法在线、浙江公平在线等数字化平台，创新打造一批多跨应用场景，推动线上线下融合，提高打击侵权假冒工作的效率和效果。

三是继续加强重点领域、地区的专项整治。围绕影响人民群众生命健康、财产安全的侵权假冒突出问题，集中开展打击食品药品、消毒产品以及儿童、妇女、老年用品等重点侵权假冒产品的专项整治，持续推进互联网、农村和城乡接合部市场、进出口环节等重点领域、地区的专项整治。

四是连续保持高压打击态势。坚持源头打击，对源头制假、重复侵权、恶意侵权等违法行为坚决打击、严惩不贷，通过查办一批侵权假冒大案、要案，净化生产源头和流通领域，增强刑罚的威慑力。

五是持续强化部门协同提升监管效能。加大行刑衔接力度，推动行政执法机关与公检法以及监察机关紧密协作，构建扁平一体、高效联动的协作机制，形成侵权假冒案件移送、受理、监督、反馈的完整闭环，实现严格执法与严厉处罚有机结合，切实提升监管效能。

六是要全力做好亚运会知识产权保护工作。通过联合开展专项行动，加强对专业市场、运动场所、旅游景区、商业街道、电商平台等亚运会特殊标志侵权易发风险点开展执法检查，打造"智能亚运一站通"侵权举报应用场景，完善赛时合作维权模式，合力营造良好赛会氛围、保障赛会圆满成功举办。

（撰稿人：金毅）

安徽省打击侵权假冒工作报告

2022 年，安徽省坚持以习近平新时代中国特色社会主义思想为指导，按照全国打击侵权假冒工作领导小组工作部署和省委、省政府工作要求，扎实推进跨部门、跨区域执法联动，依法严厉打击侵权假冒违法犯罪行为，努力营造公平有序的营商环境，坚决维护人民群众合法权益，为加快建设经济强、格局新、环境优、活力足、百姓富的现代化美好安徽提供有力保障。

一、主要做法和成效

（一）强化顶层推进，激发双打整体活力

安徽省委、省政府高度重视打击侵权假冒工作。2022 年，时任省委书记郑栅洁围绕品牌保护、"铁拳"行动等问题作出 6 次批示。副省长、省双打工作领导小组组长张曙光主持召开领导小组会议全面推进工作；针对假劣化肥等问题召开 3 次专题会研究解决措施。年初，安徽省在全面落实全国双打工作电视电话会议和年度工作要点的基础上，创新实施《安徽省打击侵权假冒工作提升行动方案》，组织相关成员单位分别开展版权市场治理等六大行动。省双打办围绕落实全国双打工作部署和 6 项行动任务，实行每月一督促、每季一调度，并将双打工作纳入省政府督查考核年度计划，有力促进了各项任务落实。省双打办先后制定《2022 年安徽省打击侵权假冒工作要点》《安徽省打击侵权假冒宣传工作方案》《2022 年安徽省打击侵权假冒

工作绩效考核方案》，定期召开省直成员单位联络员会议，确保全省双打工作组织有力，推进有序。2022 年，全省双打领域行政执法机关查办侵权假冒案件 12154件，涉案货值 1.94 亿元，有力震慑违法犯罪行为，维护市场秩序。

（二）突出执法主业，深化重点治理

加强重点领域、重点区域、重点环节、重点产品整治，各部门齐抓共管，部署开展各类专项行动，突出执法主业，狠抓案件查办，公开曝光一批典型案例，集中销毁一批伪劣商品，保持执法打假高压态势。

一是加强重点市场专项治理。安徽省双打办年初印发《关于进一步加强重点市场专项治理的通知》，会同成员单位，结合各地产业特色、市场经营规模等实际情况，将宣城市泾县宣纸市场、安庆市岳西县茶叶市场、蚌埠市蚌山区光彩大市场、马鞍山市当涂县富嘉美国际广场等 16 个市场确定为全省 2022 年度重点市场，统一集中开展专项治理。各市双打办切实发挥牵头作用，省直有关成员单位各司其职，加强对条线业务指导，各部门之间加强协调配合，结合各自系统开展的执法专项行动，迅速查办一批有影响力的案件，切实打出震慑和声势，坚决压制侵权假冒商品在市场内生存空间。全年重点市场内共查办各类违法案件 766件，涉案货值 987.74 万元，罚没款 528.38 万元，移送公安机关 26 件。

二是持续部署元旦、春节打假专项行动。安徽省

市场监管系统连续12年部署开展元旦、春节期间打假专项行动，围绕节日畅销商品、涉疫物资、重点日用消费品，加大对城乡接合部、农村区域执法力度，强化线上线下一体化打击，查处一批关系民生的违法案件，保障广大人民群众生命健康安全。2023年"两节"打假，全系统现已查办各类案件9608件，涉案货值7884万元，罚没款7536万元。其中，蚌埠市市场监管局联合公安机关查办一起制售假冒N95口罩案，涉案金额超过1000万元。滁州市市场监管局联合公安机关查处一起假劣抗原试剂盒案，一举抓获12人。全省市场监管系统为维护"两节"市场繁荣和社会安定提供了坚强有力的执法保障。

三是高位推进民生领域案件查办"铁拳"行动。2022年2月，全国市场监管系统执法稽查工作会议在合肥召开，总局甘霖副局长出席会议并讲话，充分体现总局对安徽省市场监管系统执法稽查工作的重视和肯定。安徽省市场监管局第一时间印发"铁拳"行动方案，在全国率先发布第一批"铁拳"行动典型案例。累计向总局报送案例10批148件，其中合肥、蚌埠、滁州、宿州、芜湖、铜陵市局查办的7起重大案件被总局挂牌督办，挂牌总量位居全国前列。亳州、池州、六安、合肥、安庆、黄山、滁州、淮南、马鞍山市局查办的8起典型案例被总局和公安部发布。总局印发的"铁拳"行动简报中有11期介绍安徽的做法和经验。总局对铜陵市局勇于担当、创新方法查办的1起重大食品案件专门发来贺信。12月25日，省委书记郑栅洁在每日动态第359期"安徽公布第八期民生领域铁拳行动典型案例"作出批示"做得好"，对"铁拳"行动予以充分肯定。

四是深入开展药品安全专项整治行动。2022年，安徽省药监局按照国家药监局统一部署，第一时间成立由局长任组长的领导小组和七个专门工作组，深入开展药品安全专项整治。全省药监系统形成了局队联合、局所联合、所所联合、党建引领党员包保、网格加铁脚板、1+N模式等创新机制和做法。4次在国家药监局专项整治分领域推进会上作交流发言，强化部门协同，狠抓行刑衔接、行纪融合等做法成效在全国专项整治推进会上受到表扬，国家药监局简报2次专

门对全省做法进行了全面介绍推广。全省各级药品监管部门查处侵权假冒案件1272件、查处制售假药183件、货值金额4871.46万元，移送司法机关95件、捣毁制假售假窝点10个。劣药487件、货值金额162.52万元，移送司法机关3件；查处未经注册（备案）医疗器械527件、货值金额453.53万元，移送司法机关2件，捣毁制假售假窝点1个；查处假冒化妆品和化妆品非法添加75件。

五是联合开展农资执法打假。省长王清宪主持召开省政府专题会议，研究部署农资市场监管工作。3月15日，副省长张曙光在芜湖市主持召开全省打击假劣农资联合执法专项行动会议，部署开展联合执法专项行动。省农业农村厅联合省直有关单位印发《全省农资打假专项治理行动实施方案》《全省打击假劣农资联合执法专项行动方案》等，进一步明确农资打假工作目标、实施步骤和保障措施，加大日常巡查检查力度，严格落实专项行动目标任务，坚决遏制假冒伪劣农资进入市场，坚决防范坑农害农行为发生。全省农业农村、市场监管系统共查出假劣农资案件550件，涉案货值460万元，罚没款791万元，移送公安机关16件。芜湖市市场监管局联合公安机关在湖北省荆门市捣毁1个化肥造假窝点，涉案货值7000余万元，抓获犯罪嫌疑人7人，该案被市场监管总局挂牌督办；池州市局联合公安机关在河北省石家庄市捣毁4个化肥造假窝点，涉案货值3100万元，抓获犯罪嫌疑人15人。

六是严厉查处侵权盗版违法行为。全省版权系统开展打击网络侵权盗版"剑网2022"、打击院线电影录传播、冬奥版权保护、青少年版权保护季等专项行动，发布重点作品版权保护预警60条，依法查处侵权盗版网站11个，处置相关违法违规账号249个，收缴各类侵权盗版物品约30万件（套、册）。坚持"线上线下同时查，网上网下一起抓"，严厉查处侵权盗版违法行为。年初以来，全省立案查处侵权盗版案件261件，办结201件，核查国家版权局移转案件线索2条。8个案件获国家版权局等联合挂牌督办，1个案件入选全国侵权盗版教材教辅、少儿图书典型案例。省文化产权交易所入选国家"区块链＋版权"创新应用试点，

黄山市入选首届全国民间文艺版权保护与促进试点，29家单位和35名个人荣获全国查处重大侵权盗版案件有功奖励。组织开展版权示范创建，评选认定省级版权示范单位和园区（基地）51家，6家单位荣获全国版权示范称号，居全国第一。

七是严格排查网上侵权假冒信息。组织侵权假冒"江淮净网"行动。安徽省网信部门结合属地网站平台特点制定"江淮净网"工作方案，把握时间节点，紧盯网上侵权假冒等重点问题，先后组织开展MCN机构信息内容乱象治理、网上垃圾信息清理、打击网络谣言等专项整治，先后核查关停"中安宿松"微信公众号、"蚌埠新视介"抖音账号、"安徽观察"抖音账号等相关违规假冒仿冒账号10余个。严格落实网上巡查监控措施，深入排查清理网上涉侵权假冒违法违规信息内容，做到及时发现、及早处置。依法处置违法违规网站946家，协调有关平台处置账号20853个，清理不良信息27853条，收到良好社会反响。加大网上信息内容举报处置，鼓励网民参与打击网上侵权假冒行为。在省互联网违法和不良信息举报平台开设专题专栏，将侵权假冒信息作为专门的举报类型受理处置，受理侵权类举报820件，处置有效举报541件，有效处置率100%。

八是积极推进无害化销毁处置能力建设。定期检查本地区承担销毁任务单位的环保设施运行情况，提升侵权假冒商品销毁处理保障能力，确保无害化销毁后污染物的达标排放。全省危险废物处置能力为143万吨/年，医疗废物处置能力6万吨/年，危险废物利用能力479万吨/年，废物利用处置能力大幅提升，具备各类侵权假冒伪劣商品或废物的无害化销毁处理能力。2022年，安徽省全年销毁各类假冒伪劣商品806.31吨，均由生态环境部门现场监督销毁。2022年11月10日，全国打击侵权假冒工作领导小组办公室开展侵权假冒伪劣商品统一销毁行动。安徽省作为全国17个分会场之一，全省16个市统一行动，集中销毁侵权假冒伪劣食品药品、日化用品、服装建材、防疫物资等商品共12大类303吨。

（三）建设知识产权强省，全方位推动高质量发展

安徽省深入贯彻习近平总书记关于全面加强知识产权保护工作的重要指示精神，全面落实党中央、国务院关于强化知识产权保护的决策部署。省第十一次党代会报告明确将"加强知识产权保护，打通知识产权创造、运用、保护、管理、服务全链条"列入未来5年主要任务。印发《安徽省知识产权强省建设纲要（2021—2035年）》《安徽省"十四五"知识产权发展规划》，部署全省知识产权保护等重点工作。16个市党委和政府分别组织专题学习，结合实际研究安排重点工作，并相继出台知识产权强市建设有关文件。省长王清宪先后3次主持召开省政府常务会议，研究知识产权强省建设纲要（2021—2035年）、"十四五"知识产权发展规划编制及知识产权保护等工作；2022年3月，主持召开专题会议，部署打击种子等农资假冒侵权工作；近六年安徽知识产权保护社会满意度得分呈持续上升趋势，显示安徽省在打击侵权假冒、保护知识产权方面做出的积极努力得到社会各界的普遍认可。

一是持续推进软件正版化。省委常委、省委宣传部部长担任省软件正版化工作联席会议总召集人。组织开展省级政府机关和国有企业软件正版化工作专项核查，联合省国资委制定实施省市县国有企业软件正版化三年行动计划，联合省卫健委推进县级以上公立医院使用正版软件工作。全省各级党政机关和企事业单位新购正版软件8万余套、采购资金1.06亿元，省市县三级党政机关实现软件正版化，省市两级党政机关实现国产正版软件全覆盖，1000多家重点行业领域企事业单位实现软件正版化。2022年9月中旬，推进使用正版软件工作部际联席会议联合督查组抽查安徽省16家政府机关和8家省属企业软件正版化工作开展情况，现场抽查3243台电脑软件安装使用情况及长效机制建设情况，给予高度评价。

二是提升企业知识产权创造能力。在安徽省新产品认定工作中，加强专利、软件著作权和企业标准等工作力度，要求"产品应拥有自主知识产权，已取得授权发明或实用新型专利、软件著作权等，且知识产权明晰。"2022年，共认定安徽省新产品550个。围绕安徽省龙头企业和优势产业，指导企业聚焦新产品、新技术、新工艺、新材料，主导有关行业标准的制修

订，全省 25 项行业标准获工信部立项，向市场监管部门择优推荐 24 项地方标准制修订项目。

三是建立知识产权纠纷快速处理机制。加强知识产权保护规范化市场体系建设，强化对界首市高新区田营产业园国家级知识产权保护规范化市场的监管，并开展知识产权保护规范化市场续延审查工作。批准第二批安徽省知识产权保护重点关注市场名录 27 家，全省现有重点市场 52 家。印发《安徽省电子商务领域（电商平台）知识产权保护工作指南（试行）》，引导全省电商平台实施知识产权保护全流程管理，并在 13 个市的 17 家电子商务平台（市场）开展第二批试点。落实《展会知识产权保护指引》，加强世界制造业大会展前排查、展中巡查、展后追查等措施，在现场设立知识产权办公室，接受咨询和纠纷处理；会同省商务厅对参加第 131 届广交会（线上）的 711 家企业、参加 2022 年中国国际服务贸易交易会的 40 家企业，开展展前教育培训，指导签订《知识产权保护承诺书》。

四是加强海外知识产权纠纷应对指导。完善全省海外知识产权纠纷应对指导工作体系，统筹推进知识产权领域国际合作和竞争，省贸促会、市场监管局、商务厅、外办、银保监局、工商联等 6 部门联合制定了《关于进一步做好海外知识产权纠纷应对工作的实施意见》。大力支持中国国际贸易促进委员会安徽调解中心扩建调解员队伍，会同省司法厅、省律协，初选 10 余名擅长调解知识产权类型案件的优秀法律人才进入调解员名册。深化与长三角地区贸促会（国际商会）在涉外商事调解领域的交流互动与业务合作，与杭州市贸促会开展知识产权和商事调解合作共建，为全省企业便捷、高效化解知识产权和国际商事纠纷开辟新模式。

（四）严打违法刑事犯罪，服务创新发展大局

安徽省公安厅组织开展"昆仑 2022"专项行动，将打击侵犯知识产权和制售伪劣商品犯罪行动列为"昆仑 2022"4 号行动。聚焦重点难点领域，开展维护春节消费市场安全"春风行动"、"剑网 2022"专项行动、依法严厉打击制售假药劣药重点攻坚专项工作，打击假劣农资专项行动。全省公安机关共立案侦办侵

犯知识产权和制售伪劣商品犯罪案件 1799 件，抓获犯罪嫌疑人 2771 名，涉案价值达 16 亿元，其中 36 起案件被公安部挂牌督办，安徽省淮南市查办 1 起货值 8 亿余元特大伪劣汽油案，23 名犯罪嫌疑人被全部依法提起公诉，中央电视台财经频道 2022 年 6 月 22 日对该案进行了深度报道。安徽省公安机关发起 14 起全国集群战役，公安部先后 22 次贺电表扬安徽省打击侵权假冒工作，全省公安系统部督案件数和受到公安部贺电表扬次数位居全国前列。安徽省公安厅森林公安局被国家版权局评为全国查处重大侵权盗版案件有功单位，全省公安机关 3 个集体、10 名个人获得公安部、国家知识产权局等部门表彰。

（五）强化司法保护，巩固打击成效

全省检察机关充分发挥"捕诉一体"优势，共有 43 个检察院成立知识产权检察办公室或办案组，办理了一批"三个效果"好的知识产权案件，提升了知识产权检察工作的专业化水平。积极运用审查逮捕、审查起诉、诉讼监督等检察职能，依法从严从快批捕起诉，共批捕侵权假冒犯罪 197 件 348 人，起诉 695 件 1263 人。充分发挥检察监督职能，及时监督纠正有案不立、有罪不究等现象。共监督公安机关立案 74 件，监督公安撤案 8 件，纠正漏捕 25 人，纠正漏诉 49 人。安徽省检察院 2022 年获评全国版权保护先进单位。池州市东至县人民检察院办理的王某新销售伪劣产品案被最高检评为检察机关依法惩治制售假冒伪劣商品犯罪典型案例。

为加大对侵权假冒犯罪的打击力度，省高院将该工作牵头部门由原来的民事审判庭调整至刑事审判庭，各中级、基层法院也进一步完善打击侵权假冒工作联络员制度，健全机构，指定专门的合议庭审理案件，认真部署推进。全省推动知识产权审判"重心下沉"，在全省 16 个市均指定一个基层法院管辖知识产权案件，促进司法职权科学配置、矛盾纠纷化解质效提升。全省各级法院共审结侵权假冒犯罪案件 527 件，结案 464 件，判决 915 人。安徽省高院联合省版权局、省市场监管局召开新闻发布会，共同发布《安徽法院知识产权司法保护状况》，首次发布知识产权司法保护刑事典型案例、不正当竞争纠纷典型案例，通过裁判明确

划定知识产权权利边界，为市场主体的创新行为和竞争行为提供明确清晰的规则指引。安徽省高院的薛某某销售伪劣种子、卢某某销售伪劣产品一案入选最高人民法院发布十大人民法院种业知识产权司法保护典型案例。

（六）加强业务培训，着力提升依法行政水平

省双打办于 2022 年 8 月 24—25 日在蚌埠市举办全省打击侵权假冒工作业务培训班，省市两级双打办和各成员单位相关负责同志共 100 余人参训。培训班安排了一系列实用性课程。参训学员认真聆听全国双打办专家所作的《聚力开创打击侵权假冒工作新局面》专题辅导，进一步增强双打工作的紧迫感和责任感。省委宣传部、省知识产权局相关专家对知识产权保护、软件正版化工作内容的讲解，有助于参训学员拓宽双打工作思路，抬升标杆，扩大视野，更好地统筹推进全省双打工作。省公安厅专家详细解读知识产权犯罪刑事立案追诉标准，2 名市场监管执法骨干分享了基层执法一线行刑衔接成功案例等实战内容，有助于执法办案人员准确把握标准、借鉴经验做法，切实提高执法办案水平。

安徽省版权局连续两年联合省公安厅开展全省版权执法监管业务培训，省生态环境厅举办固体废物环境管理培训班，将侵权假冒伪劣商品无害化销毁纳入培训内容，督促各级生态环境部门认真落实侵权假冒伪劣商品环境无害化销毁的各项要求。

安徽省贸促会充分发挥贸促系统优势，借力中国贸促会专业资源，通过线上线下相结合的方式，组织全省涉外企业积极参加中国贸促会法律事务部主办的多场知识产权专题培训，向企业宣传海外知识产权应对和维权、海外风险防控知识，内容涉及"知产日特别策划 RCEP 成员国知识产权制度及典型案例系列讲座""商标国际注册马德里体系与企业国际化经营"等诸多专业领域，加强对全省外资外贸企业的服务与教育引导，切实提升企业海外知识产权侵权防范和自律意识，鼓励企业增加知识产权保护相关人力、物力投入力度。

安徽省林业局采取"线上＋线下"，邀请行业专家进行授课，举办"全省林木种苗技术暨行政执法培训

班""全省林业科技推广（木检站）人员技术培训班"，全系统 1400 余名从事林木种苗执法、林业植物新品种保护工作及营造林、种苗技术业务骨干参加培训，进一步提升相关工作人员的专业能力、执法办案能力。

（七）加大宣传引导，及时传播打击动态

持续加强打击假冒工作网上宣传，营造良好网上宣传引导氛围，推动全省各地网站把打击假冒侵权网上宣传管理工作摆上重要位置，大力讲好保护知识产权"安徽故事"，精心传播打击侵权假冒"安徽声音"。中安在线、安徽新闻网、安徽网、合肥网、安徽财经网、安徽经济网及"两微一端"等省属网络媒体切实加大网上宣传力度，总发稿 967 篇（条），阅读量超过 1200 万。

安徽广播电视台《政风行风热线》与省消费者协会联合开办了《2021 侵害消费者典型案例》栏目，《每日新闻报》和《超级新闻场》两栏目，均设置了《消费提示》板块，《第一时间》栏目与安徽省消保委进行合作，在节目内专设子板块——《天天"3·15"》，《帮女郎》栏目开设了两个专栏《帮调查》和《帮维权》等，通过专题专栏，对防范侵权、打击假冒伪劣等进行案例分析和新闻评论，通过故事化的讲述、真实案例的剖析，起到了以案释法、以案示警的传播效果。

（八）坚持打建结合，着力构建长效机制

一是健全绩效考核评价机制。安徽省持续将双打工作纳入平安建设考核评价体系，不断加大推进力度，2022 年将双打考核纳入省政府督查检查计划。经省政府办公厅同意，省双打办印发《2021 年度安徽省打击侵权假冒工作绩效考核方案》及评分细则，细化各成员单位任务、落实地方政府责任，形成主要领导亲自抓，分管领导具体抓，全省上下一体、部门联动、区域互动的工作格局。对全省 16 市考核最终成绩分三档，体现不少于 10% 分差，增加考核可行性，并进一步细化明确省直成员单位考核评价体系，激发省领导小组成员单位推进双打工作的积极性和主动性。

二是大力推进社会信用体系建设。省政府办公厅印发《关于进一步完善失信约束制度构建诚信建设长效机制的实施意见》（皖政办〔2021〕14 号），提升信用建设规范化水平，推进打假侵权信用监管。依托省

公共信用信息共享服务平台及时归集打击侵权假冒等信用信息，并为各市和省有关部门分配账号，推动其将信用信息查询嵌入审批、监管等工作流程，依法对侵犯知识产权、制假售假等严重失信行为实施惩戒。截至2022年底，省公共信用信息共享服务平台累计归集包括制假售假、知识产权行政处罚在内的信用信息45亿条，依托"信用安徽"网站、微信公众号、"皖事通"APP、自助查询机等为社会公众提供信用查询4935万次，有力防范信用风险。

三是强化行政执法与刑事司法衔接。2022年9月，省高院与省农业农村厅、省公安厅、省检察院联合出台《安徽省农业行政执法与刑事司法衔接工作规则》，在解决相关违法犯罪案件证据收集、事实认定等问题中达成统一认识。省公安厅与市场监管、农业农村等行政部门共同制定并印发《安徽省知识产权保护行政执法与刑事司法衔接工作办法》《安徽省农业行政执法与刑事司法衔接工作办法》《安徽省联合打击涉烟违法犯罪工作机制》等5个知识产权保护协作机制，在全国率先形成了完备的协作体系。省市场监管局、省药监局与省公安厅畅通食品药品检验绿色通道，全年共办理绿色通道93批次。主动与省委宣传部、省市场监督管理局、农业农村厅等部门联合开展各类专项整治，办理涉烟犯罪案件261起、药品领域案件250起、农村假冒伪劣食品案件130起、侵犯著作权案件33起、侵犯商业秘密案件7起、伪劣农资案件27起，行刑衔接工作成效显著。安徽省司法厅、省市场监管局召开构建知识产权大保护格局专题会议，加强横向联动、上下协同，一体推进全省知识产权全链条保护。

二、存在的不足

通过多年努力，安徽省元旦、春节打假、软件正版化、行刑衔接、区域协作等多项工作受到全国双打办和国家部委的认可和肯定。在充分肯定成绩的同时，我们也要清醒看到工作中存在的短板与不足。

一是整体推进不够平衡，少数地方和部门双打工作机制不健全，职责履行不到位，统筹协调不顺畅，工作措施不配套。

二是打击不够彻底，假冒伪劣危害人民群众生命健康、财产安全的现象仍时有发生。

三是应对新模式、新业态下侵权假冒问题手段单一，对违法活动线上线下一体化、违法行为组织化等新问题治理能力不足。

三、下一步打算

安徽省将继续坚持打建结合、惩防并举，建立健全长效机制，提升综合治理能力，推动打击侵权假冒工作再上新台阶。

（一）强化牵头抓总，努力抓出打击声威

发挥省双打工作领导小组办公室强有力的牵头协调作用，强化打击侵权假冒和诚信体系建设的有机结合，深入谋划、扎实推进，充分展示打击侵权假冒的坚定立场、明确态度和持续行动。

（二）密切协同联动，提升整体打击质效

加强跨部门跨区域沟通协作，完善行刑衔接平台建设，加强数据分析运用，建立快速移送、执法协助、执法联动工作机制。对涉案金额巨大、社会反响强烈、跨地区跨部门的案件，要加强联合挂牌督办，提升办案质效。

（三）压实主体责任，构建齐管共治格局

督促市场主体主动开展自查自纠、自我承诺、自我管理，研究出台安徽省失信惩戒措施实施规范，将侵权假冒行政处罚等涉企信息纳入国家企业信用信息公示系统和省公共信用信息平台，对违法失信企业实行严管和联合惩戒，有效发挥信用体系的正激励和硬约束作用。支持相关社会组织开展行业研究、权益维护、信用评价等工作，为政府监管提供技术支撑、专业支撑。

（四）强化宣传引导，提高双打工作知名度

综合运用各类媒体，持续报道群众反映强烈、社会舆论关注的突出问题治理成效，及时曝光典型案例，有力震慑违法犯罪行为。注重正面发声，及时回应人民群众关切，第一时间发出"安徽声音"。

（撰稿人：胡太桥）

福建省打击侵权假冒工作报告

福建省打击侵权假冒工作坚持以习近平新时代中国特色社会主义思想为指导，深入学习贯彻党的二十大精神，认真落实全国双打工作部署，按照省委、省政府工作安排，落实省委十一届三次全会精神，围绕2022年工作要点，坚持服务大局、关注民生，各地双打办和各成员单位各司其职、各负其责，共同推进打击侵权假冒工作，取得新进展，展现新作为。

一、基本情况

2022年，省双打办加强统筹协调，全省各级各有关部门持续深入开展"铁拳""昆仑""剑网""龙腾""秋风"等系列专项执法行动，坚决依法惩处侵犯知识产权违法行为，形成打击合力，取得显著成效。全省行政机关共查处侵权假冒案件8559件，罚没款12927.27万元，移送公安机关212件；福州海关、厦门海关共查获涉嫌侵权假冒商品5624批次，查扣涉案商品536.26万件，涉案货值1073万元；公安机关立案查处侵权假冒案件2831起，抓获犯罪嫌疑人2047人，涉案金额48.11亿元；全省检察机关共批捕侵权假冒犯罪案件231件387人，提起公诉602件1179人；全省审判机关共受理案件942件，审结案件789件，判决1322人。

二、主要做法和成效

（一）完善工作机制，形成齐抓共管格局

一是加强组织领导。省委、省政府高度重视知识产权保护和打击侵权假冒工作，省委召开常委会专题研究知识产权工作，稳步推进福建省纲要实施方案和"十四五"规划年度工作，知识产权工作领导体系建设和顶层设计迈上了新台阶。省政府召开打击侵权假冒工作专题会议，落实好七个方面重点任务，坚持系统推进和重点突破相结合，全面推进打击侵权假冒各项工作，省委办公厅、省政府办公厅印发《福建省贯彻〈知识产权强国建设纲要（2021—2035）〉的实施方案》和《福建省"十四五"知识产权保护和运用规划》，明确知识产权保护和打击侵权假冒工作努力方向。加强与省人大、省司法厅等立法机关的沟通联系，加快推进省知识产权保护条例立法。省双打办积极发挥综合协调作用，制定年度工作要点，举办双打工作业务培训班，组织打击侵权假冒绩效考核，优化考核指标，压实属地责任。各成员单位认真履职尽责，加强对系统内部工作指导。各地加强人、财、物等工作保障，通过调整充实领导小组、纳入绩效考评等方式进一步压实属地监管责任，狠抓工作落实。

二是推进部门协同。省公安厅、省市场监管局（知识产权局）、福州海关、厦门海关等10个部门横向协作，就侵犯知识产权涉嫌犯罪案件的两法衔接问题进行研究，相继出台《关于进一步加强知识产权保护执法协作的意见》等机制性、规范性文件10余份，建立"两级联系、多点对接"快速衔接机制，推动侵权案件链条式治理，有效提升行刑衔接效能。省市场监管局出台《福建省市场监督管理系统跨区域执法协作制度》，构建跨区域市场监管领域执法协作机制。省药监局充分发挥省"打击药品化妆品医疗器械违法犯罪执法联动办公室"作用，在药品监管部门、公安机关实施"双剑行动"以及全省近年来医改"三医联动"的基础上，推动全省药监系统与公安、卫健、医保部门实现整治行动"四局联合"。2022年与省公安厅联合召开了"福建省药品安全专项整治打击假冒药品案件线索衔接会"，邀请省内部分知名企业代表参会，企业现场将假冒伪劣产品、网络销售侵权涉嫌犯罪等260余件违法线索移送公安机关。省农业农村厅联合省法院等6部门印发《福建省保护种业知识产权打击假冒伪劣套牌侵权营造种业振兴良好环境的实施方案》，以实施种子质量监督抽查制度为抓手，以问

题企业、问题品种和问题销售门店为重点，严厉打击套牌侵权和制售假劣违法行为。省生态环境厅积极配合公安、海关、市场监管等部门建立双打无害化销毁工作部门协作及信息共享机制，指导各地生态环境部门督促处置单位严格按照无害化处理及环境保护的要求开展规范处置，防止在销毁过程中出现二次污染。2022年指导各地无害化处置销毁各类侵权假冒商品约1855吨。省委宣传部持续加大查处侵犯著作权案件执法力度，全年共查处各类侵权盗版案件56起，"福州万某某涉嫌侵犯著作权案"列为国家局六部门督办案件。

三是注重宣传教育。各地区、各成员单位注重加强法治宣传，把打击侵权假冒法治宣传作为普法重要内容之一，结合"3·15""4·26"等关键节点，"6·18""双十一"等重要促销期，开展形式多样的法治宣传教育，营造良好社会共治氛围。省网信办协调东南网、新福建、海博TV等省重点新闻网站，刊发全省各地各部门开展的打击侵权假冒联合执法行动等各类稿件500余篇；协调人民网福建、新华网等中央新闻网站驻闽机构，转发福建省双打工作相关报道，提高网络宣传的覆盖面和影响力；在全省范围遴选高质量融媒体作品，通过网上联合推送矩阵进行全网推送，重点推送的《打击侵权假冒，国门有利剑》等作品网上传播量超过500万次。省市场监管局持续做好"铁拳"行动宣传发动、舆论监督、成果展示，发布全省"铁拳"行动典型案例9期（案例79个）、简报3期，持续释放警示震慑效果，品牌效应日益呈现。省药监局面向监管人员、从业人员及社会公众举办4期药品法治云课堂，全省共9万余人同步在线收看并进行互动交流。组织全省药品监管系统1000余人参加"两高"《关于办理危害药品安全刑事案件适用法律若干问题的解释》集体学习视频培训。厦门海关举办知识产权海关保护线上直播"云"普法，用通俗易懂的语言对相应的法律条款进行解读，剖析对应的侵权责任，直播观看量达4000余次，有效提升企业的知识产权保护意识及防范侵权风险能力。福州海关帮扶中小企业纾困解难，对100多家中小企业加大知识产权海关保护政策解读、维权指导。省农业农村厅组织放心农资

下乡进村宣传活动，全省举办现场咨询培训183场，发放宣传资料17.47万余份，接待群众咨询3.45万人次，受到农民群众广泛好评。省文旅厅在厦门组织福建省2022年侵权盗版及非法出版物集中销毁活动，集中销毁各类侵权盗版及非法出版物共计5.2万余件。省市场监管局深入开展竞争合规指导"四进"（进机关、进企业、进协会、进平台）普法教育活动，印发《竞争合规指导"四进"宣传读本》，打造竞争执法"四进"工作品牌；组织福建省侵权假冒伪劣商品集中销毁行动，统一销毁侵权假冒伪劣食品、服装鞋帽、烟酒、日用品、盗版非法出版物等逾20大类100多个品种，货值1000多万元，有力彰显了全省各级各部门打击侵权假冒伪劣违法犯罪行为的坚定决心和鲜明态度，人民网等多家主流媒体进行了报道。

四是提升执法能力。省市场监管局积极开展岗位大练兵活动，选派业务骨干参加第二届全国市场监管系统执法办案电子数据取证大比武活动荣获团体第二名；与省人社厅、省总工会联合举办2022年全省市场监管系统执法稽查职业技能竞赛，将竞赛考核范围从原先只有电子数据取证，扩展到涵盖理论知识考试、执法办案技能、电子数据取证三大块内容。全省共有88支队伍、281人参加竞赛预赛，800余人参加了各层级、各领域的业务培训，进一步提升了执法人员运用政策的能力、执法办案的能力、新科技应用能力。省农业农村厅组织实施农业综合行政执法能力提升工程，在全省范围开展执法大比武、大练兵活动。福建省代表队荣获2022年全国农业综合行政执法大比武总决赛二等奖（第三名）。省文旅厅建立完善全省文化市场综合执法培训师资库，举办2022年福建省文化市场综合执法人员行政执法能力提升培训班，进一步提升执法人员政治素质和业务能力，切实维护意识形态安全和文化安全，全省各级各部门文旅局相关负责人以及文化市场综合执法人员近110人参加培训。福州海关先后两次邀请华为、欧普照明等33家知名品牌权利人代表讲解品牌知识、侵权违法行为趋势及常见侵权商品特点等知识，全年培训关员和企业人员共计661人次，同比增长16.78%。

五是推动社会共治。省文旅厅充分利用微信公众

号和官方网站，结合"绿书签"系列宣传活动，积极开展《互联网文化管理暂行规定》《网络出版服务管理规定》等法律法规宣传教育，使经营业主了解和掌握相关规定，贯彻落实内容自审主体责任，增强社会责任感，扩大宣传影响力和覆盖面，共同维护健康有序的文化市场环境；在莆田组织开展版权保护和版权自愿登记咨询活动，发动企业及时登记版权，加强企业版权保护意识，2022年莆田市版权登记量共29402件，同比2021年4375件，增长572%。厦门海关针对中小企业普通缺乏专门知识产权法务队伍的现状，通过培训、座谈、实地调研、延伸普法等方式，共计向400余家企业进行知识产权海关保护政策解读，2022年省内自主知识产权企业新增备案知识产权652项，企业知识产权海关保护意识和能力得到提升。省生态环境厅定期在厅门户网站上公布全省已取得危险废物处置资质的单位名单以及处置类别、规模、地址、联系方式等信息，服务基层落实涉假商品无害化处置工作；全面提升全省危险废物利用处置能力，至2022年底全省危险废物年利用处置能力达201万吨，满足侵犯知识产权和假冒伪劣商品的无害化处置要求。省市场监管局制定《福建省市场监管领域重大违法行为举报奖励工作规范（试行）》，引导和鼓励社会公众参与打击市场监管领域违法犯罪行为。

（二）深化重点整治，严厉打击违法行为

一是强化重点领域整治。省市场监管局聚焦民意"急难愁盼"，持续深化"铁拳"行动。紧紧围绕"民意最盼、危害最大、风险最高"的重点领域，按照"规定动作"与"自选动作"相结合的原则，部署34类违法行为作为查办重点，集中执法力量，开展专项行动。2022年，共查办案件12384件，4件案件列入总局发布典型案例范畴，3个案例列入总局挂牌督办，7篇工作动态入选总局铁拳简报。成功查处了总局挂牌督办的厦门鲜而易见食品有限公司等商事主体生产经营虚假标注肉类成分的牛羊肉系列案，有效维护群众饮食安全，获得总局高度肯定。省委宣传部部署开展"剑网2022"专项行动，清理全省无相关行业资质网站接入1713个，处置违规IP地址118个、备案不实信息8914条、违规域名7461个，约谈企业4家。

全省版权执法部门共立案各类侵权盗版案件50起，其中涉网络案件15起。省市场监管局聚焦"一老一少"、医疗美容、房地产、汽车、旅游、教育培训等民生重点领域，持续加强反不正当竞争监管执法，2022年开展跨区域、跨部门协作执法96次，立案查处不正当竞争案件189件，结案173件，罚没款2176.84万元，同比增加9.6%。其中，福州仓山区维多利亚医疗美容门诊部虚假宣传医生资历案入选总局公布的5起医美行业不正当竞争典型案例，厦门睿鑫顺贸易有限公司商业贿赂案入选总局公布的5起商业贿赂不正当竞争典型案例，厦门视奕科技有限公司虚构上市虚假宣传案被新华社专题报道。省委网信办将双打工作纳入日常管网治网工作范畴，与"清朗"系列专项整治密切结合，坚持目标导向、问题导向、结果导向，积极营造风清气正、安全放心的网络市场环境。约谈处置涉炒作冰墩墩侵犯冬奥会版权微信公众号8个，清理个人寄卖高仿假冒驰名商标商品信息9条。

二是强化重点环节整治。全省各级海关部署开展"龙腾行动2022""蓝网行动2022""净网行动2022"等知识产权保护专项行动，依托大数据强化风险分析，提升打击侵权的精准性。厦门海关针对当前外贸形势，结合跨境电商蓬勃发展的实际情况，及时调整打击重点，部署开展寄递渠道打击侵权专项行动，着重打击跨境电商等领域"化整为零""蚂蚁搬家"式进出境侵权行为，查获侵权物品925批次，同比增长近3倍；针对市场采购贸易方式侵权多发、易发的情况实施专项治理，开展"切片"行动，在出境环节查获涉嫌侵权货物38批次，扣留香水、玩具、休闲鞋、烤面包机等侵权嫌疑货物56万件。福州海关强化科技运用，提升布控精度，依托邮递、邮企等信息化系统，加强对敏感邮路和重点邮件的情报筛查和分析研判，坚决遏制寄件人"换马甲""打游击"，全年共下达知识产权类风险布控指令120条；建立专案研讨机制，对数量多、价值高、影响力较大的案件，组织专题分析研究。2022年在邮递渠道通过7个案件专项经营，共查获侵权物品1555批次、2307件。省邮政管理局深入推进网络市场监管专项行动和快递市场秩序整顿两个专题，狠抓实名收寄、收寄验视、过机安检"三项制度"落实，严防侵权假冒商品等禁止寄递物品通过寄递渠道流通，2022年累计立案查处寄递安全"三项制度"案件193起，已处罚款244万元。联合烟草专卖部门加强对寄递环节涉假烟违法行为打击力度，破获涉烟案件超1000起，查获各类违法卷烟600余件，总案值超500万元。

三是强化重点商品整治。省市场监管局持续组织开展整治非法制售口罩等防护产品专项行动，继续严厉查处口罩等防护产品制售假冒伪劣、质量违法、哄抬物价等违法行为。全省市场监管系统共出动执法人员37147人次，检查经营者24083户/人。查办案件58件，其中立案47件；结案47件，罚没款66.54万元，查获医用口罩4.91万只，其他防护产品2790件，移送公安机关案件1件。省药监局联合省市场监管局、公安厅、医保局开展药品安全专项整治行动，集中领导和统筹协调打击危害药品安全违法犯罪工作，共出动执法人员65145人次，检查企业单位61819家次，消除各类风险隐患3114个。向国家药监局报送大案要案18起，查处重点领域案件23起；厦门成功查办一起涉嫌妨害药品管理罪案件，涉案金额4100多万元，被列为公安部、最高检、市场监管总局10起联合挂牌督办件之一；漳州联合公安查获1起网络销售假冒化妆品特大案件，取缔4处销售窝点，跨省抓获涉案人员73人，涉案金额高达2.1亿元。省卫健委开展全省抗（抑）菌制剂乱象专项治理工作，对抗生素、抗真菌药物、激素类等19种消毒产品进行抽检，全省累计抽检样品74份，检出阳性产品17份，3家违法生产企业被吊销或注销卫生许可证，全省共立案查处生产经营单位76家，罚款115.58万元，没收违法所得19.62万元，吊销消毒产品生产企业卫生许可证1家。

四是强化重点市场整治。省双打办部署开展净化重点市场环境专项整治工作，确定莆田鞋业市场作为全省净化环境重点整治市场，持续开展督导检查。莆田市持续加大鞋业市场整治力度，促进鞋业产业转型升级，全市公安机关共立相关刑事案件224件，破案213件，抓获犯罪嫌疑人300余人，查扣假冒鞋材100万余件，扣押涉案资金4000万余元；全市市场监管系统共查处鞋类商标侵权案件380件，查扣假冒成品

鞋46110双，半成品鞋69447双。省农业农村厅印发《2022年福建省农资打假专项治理行动实施方案》，在北京冬奥会和冬残奥会期间，组织开展"护奥运保春耕"专项行动。今年以来全省共出动执法人员10.87万人次，检查农资生产经营主体5.86万个次，查处农资违法案件688件，全年移送有关部门的涉嫌违法犯罪案件18起，始终保持严管重打高压态势。运用省农资监管信息平台开展线上排查假劣农资线索300多批次，省级督查督办农资违法案件98起，有效维护农资市场秩序及质量安全。省公安厅主动发挥公安服务乡村振兴战略职能，依法打击涉及种子、地理标志农产品等侵犯知识产权犯罪，全面助力知识产权强农兴村。2022年共侦办侵犯涉农类知识产权犯罪案件114起，同比上升49%。其中，破获全省首起制售假冒地理标志农产品案，极大推动区域特色产业知识产权保护；成功破获假冒品牌胡萝卜种子案，为全省厦门、漳州等地农户挽回损失数百万元。

（三）加强司法保护，严惩侵权假冒犯罪

一是提升刑事打击效能。省公安厅成立由分管厅领导任组长，治安、经侦、森警等14个警种组成的"昆仑2022"领导小组，组建工作专班，全力推动专项行动纵深前进。部署开展以打击假冒知名品牌、闽企商标以及影响创新发展的侵犯商业秘密等犯罪为主的"闽剑2022"专项行动，破案655起，抓获犯罪嫌疑人814名，成功破获涉案价值2.2亿元泉州"3·1"网络制售假冒北京冬奥会队服案、南平"3·13"制售假冒地理标志武夷岩茶案等一批大要案件，获公安部领导批示肯定和公安部七局贺电表扬。通过"红盾2022"打击假冒本土品牌专项行动，对29起利用各大电商平台销售假冒"闽商"品牌鞋服案实施全链打击。紧盯黑灰产业链，成功侦破"1·10"制售假冒国际品牌运动鞋案、"4·06"特大跨境制售假冒苹果、BOSE品牌耳机案等侵犯知识产权案件22起，有效阻止知识产权犯罪外溢。其中，"1·10"制售假冒国际品牌运动鞋案作为唯一一起保护外商在华合法权益的案件，入选2022年全国公安机关打击侵犯知识产权犯罪十大典型案例。

二是推进司法协同保护。加强区域协作，优化闽

西南、闽东北两大集中管辖区知识产权司法协作机制，推广在高新技术区设立法官工作室、巡回审判点。出台《福建省高级人民法院　福建省知识产权局知识产权协同保护合作框架协议》，推动建立覆盖省、市、县三级司法和行政协同保护体系。与世界知识产权组织仲调中心签署合作协议，制定出台《福建省高级人民法院关于与世界知识产权组织仲裁与调节上海中心诉调对接的工作办法》，为涉外知识产权争议提供替代性争议解决服务，进一步加强了知识产权国际协同保护。着力构建技术调查、技术鉴定、技术咨询、专家陪审、专家证人"五位一体"的技术事实调查认定体系，提升技术类案件的审判质效。福州知识产权法庭通过引入技术调查官制度，技术类案件办案时间平均缩短 90 天，当事人诉讼成本平均减少 3 万—5 万元。德化法院构建陶瓷知识产权"1234"保护机制，获世界知识产权组织、最高人民法院充分肯定。针对知识产权批量维权案件和小额诉讼案件，出台《关于一审知识产权民事案件要素式审判工作若干问题的解答》，在全省全面推行要素式审判机制。思明法院细化试点工作机制，制定《知识产权纠纷简单案件快速分流处理工作细则（试行）》，建立侵害作品信息网络传播权及侵害商标权两类案件的快速审理通道，平均庭审用时缩减近 40 分钟，极大提高审判效率。

三是集中履行检察职能。省检察院立足检察职能，深化落实知识产权保护法治化要求、严厉惩处涉及侵权假冒犯罪。建立健全知识产权检察职能集中统一履行机制，立足知识产权检察试点省份先行先试优势，积极推进试点成果制度化，制定出台《关于推进知识产权检察职能集中统一履行工作的意见》，重点围绕职能定位、机构设置、履职模式、工作机制、专业建设五大方面建立长效工作机制，打造系统化的知识产权检察职能集中统一履行"福建样本"，推进知识产权"四大检察"融合开展。强化对伪劣商品犯罪行动有案不移、以罚代刑和有案不受理、有案不立等违法情形的监督。全省检察机关依托两法衔接信息共享平台等，积极拓展监督线索来源，2022 年，共建议行政执法机关移送涉嫌生产销售伪劣商品犯罪案件 60 件，公安机关立案 53 件，监督公安机关立案涉嫌生产销售

伪劣商品犯罪案件 1 件，监督公安机关撤案 14 件。会同省农业农村厅等部门，积极开展食品药品安全公益诉讼，会同省卫健委，挂牌督办最高检交办的"消"字号抗（抑）菌制剂非法添加案件线索，推动全省查处生产经营单位 123 家、罚款 149.2 万元、没收违法所得 20.3 万元、吊销消毒产品生产企业卫生许可证 2 家。龙岩市永定区院督促规范公立医院基本药物配备行政公益诉讼案，入选最高检"3·15"食品药品安全公益诉讼典型案例。石狮市院针对一起销售有毒有害食品"悍马糖"案，在追究刑事责任的同时，诉请被告支付 10 倍惩罚性赔偿金 923 万元，召回所售产品并在全国性新闻媒体上公开赔礼道歉，获法院判决支持。

（四）强化知识产权保护，建设知识产权强省

一是建立商标专利执法指导业务体系。为全面加强知识产权行政保护，在全省建立层级化商标、专利、地理标志及专用标志等知识产权行政执法业务指导体系，加强知识产权执法业务指导。采用多元指导方式，建立清单。通过解答咨询、函复批复、现场观摩、发布典型案例、案卷评查等多种方式加强省对市知识产权执法的综合指导，整体提升基层知识产权行政执法人员的能力水平。

二是部署开展北京 2022 年冬奥会和冬残奥会奥林匹克标志知识产权保护专项行动。全省各级市场监管（知识产权部门）共组织专项检查 2503 次，检查出动 8921 人次，组织宣传活动 577 次。积极组织查处北京冬奥组委及国家知识产权局交办的及其他行政部门转办有关奥林匹克标志侵权违法线索，共计 36 条，立案查处 28 件。福州海关累计查获侵犯奥林匹克标志专有权的"冰墩墩"钥匙扣、抱枕、衣服，"雪容融"钥匙扣等 219 批、1368 件。

三是严厉打击商标、专利、地理标志违法行为。省市场监管局（知识产权局）部署开展 2022 年度商标和地理标志保护专项行动，全省共出动执法人员 3608 人，检查各类市场主体 4877 户，重点针对驰名商标、涉外商标、地理标志等违法行为开展查处，共查处商标违法案件 223 件；部署开展全省地理标志保护专项行动，引导用标企业规范使用地理标志专用标志，严厉打击地理标志侵权假冒行为，专项行动期间立案查

处地理标志违法案件 72 件。积极组织查办、及时反馈国家知识产权局下发的有关涉嫌商标侵权、地理标志违法案件线索 12 件。全省共办理商标违法案件 2137 件，案值 2579.39 万元，罚没款 4935.95 万元。

四是强化植物新品种和林草种苗执法力度。省林业局加强组织领导，周密安排部署，开展 2022 年打击制售假劣林木种苗和侵犯植物新品种权工作，取得显著成效。开展种苗质量监督抽查，在全省 14 个县（市、区）57 家单位中，抽检 3 个种批、60 个苗批，合格率均 100%。开展种苗许可双随机抽查，对发现问题的 2 家抽查对象作出行政指导。加大种苗执法力度，全省共查处种苗案件 9 起，结案 7 起，处罚金 3.2 万元，起到较好的震慑效果。

三、2023 年工作计划

深入学习党的二十大精神，贯彻落实习近平总书记关于保护知识产权、打击侵权假冒重要指示批示精神，按照党中央、国务院决策部署和全国打击侵权假冒工作领导小组安排，聚焦民生关注和社会关切，加强对防疫药品用品、互联网领域、农村市场、进出口环节等监管执法，全面净化重点市场。举办全省打击侵权假冒业务培训班，强化监管执法队伍建设，提升全省打击侵权假冒工作质量和水平。广泛开展双打宣传，动态展示重点市场整治情况，集中报道侵权假冒商品销毁成效，持续深入做好双打正面宣传。积极融入全国统一大市场，发挥海丝中央法务区等平台示范引领作用，建设市场化法治化国际化营商环境。全面落实省委关于实施"深学争优、敢为争先、实干争效"行动部署，切实做好打击侵权假冒各项工作，为推动福建经济社会高质量发展提供安定稳定的市场环境。

（撰稿人：陈翰）

江西省打击侵权假冒工作报告

2022 年，江西省坚持以习近平新时代中国特色社会主义思想为指导，深入贯彻党的二十大精神和习近平总书记视察江西重要讲话精神，全面落实 2022 年全国打击侵权假冒工作电视电话会议精神和省委、省政府决策部署，聚焦民生热点、加强统筹协调，扎实做好 2022 年江西省打击侵权假冒各项工作，坚持目标导向、强化协同联动，完善制度建设、突出宣传引导，紧紧围绕依法治理、打建结合、统筹协作、社会共治原则，坚决打击全省侵权假冒违法行为，保持营商环境持续向好，市场主体更具活力，各项工作取得较好成效，为全省经济高质量跨越式发展、全面建设"六个江西"作出积极贡献。2022 年 7 月，打击侵权假冒工作成效得到了包括省委、省政府主要领导等多位省领导的批示肯定。

一、基本情况和数据

2022 年，全省行政机关共立案 8371 件，结案 7790 件，案值超 1.1 亿元，罚没款 1.84 亿元，移送案件 148 件、人员 78 人，捣毁窝点 47 个。其中，公安机关破获案件 1036 件，抓获犯罪嫌疑 1611 人；检察机关批捕案件 98 件 130 人，起诉案件 288 件 493 人；审判机关受理案件 268 件，审结案件 246 件，判决 416 人。在全省开展侵权假冒商品集中销毁行动中共销毁各类假冒伪劣物资 80 多类、200 余吨、6 万余件，货值 3772 万元。

二、主要工作成效和亮点

（一）紧抓目标强谋划，部署推进有力有序

一是系统谋划高效推进。高效履行省双打办统筹协调、督办推进职责，精心安排全省各成员单位和各设区市（含县、市、区）双打办收听收看年度全国打击侵权假冒工作电视电话会议，第一时间组织召开全省打击侵权假冒工作会议，孙菊生副省长在会上专门作了讲话并提出明确要求。多次组织召开省双打

办各成员单位联席会议，研究部署推进打击侵权假冒工作事宜。2022年12月江西省在全国打击侵权假冒跨区域执法协作推进会议作交流发言。二是对标对表明确重点。围绕上级部署要求，省双打办认真对标对表，精准谋划今年重点工作，精细落实各部门责任，制定2022年全省双打工作要点，确保各成员单位和各设区市双打工作有方向、有目标、见成效，形成了全省打击侵权假冒工作良好开局。扎实做好中国打击侵权假冒工作网江西子网站的日常维护，认真按要求抓好网站信息发布报送工作。积极推进全省行政处罚案件信息公开和应用，对依法查办的各类侵权假冒案件，全部按要求落实公示到位。三是强化队伍提升能力。江西景德镇举办2022年版权产业国际风险防控培训班，进一步加强版权宣传和人才培养，增强版权工作的国际视野和规则意识。省双打办组织开展全省打击侵权假冒业务培训班，全省各设区市、县（区）约110人参加了此次培训学习，省市场监管局继续推行"以案代训"培养选拔基层一线执法骨干新模式，不断提升侵权假冒打击能力。省文旅厅开展第5期综合执法在线培训活动，省公安厅开展全省食药知犯罪侦查业务培训班，省版权局组织全省软件正版化工作线上培训，省林业局组织全省林草种苗和森林公园行政执法培训班，南昌海关通过集中研讨、联合培训等方式开展各类业务培训14次，培训人员489人次，同比增加11.9%。通过不断完善工作机制、开展不同形式的培训，着力在增强本领能力上下功夫，加强过硬队伍建设，全面提升打击侵权假冒工作水平。

（二）聚焦重点强治理，市场环境持续净化

一是凝心聚力开展民生领域"铁拳"行动。省市场监管局紧紧围绕民生所指、民意所向、民心所盼的突出问题，坚持"三个聚焦"，主动打出"组合拳"，全面形成"大合唱"，依法查办了一批大要案件，严惩了一批违法主体，曝光了一批典型案例，奋力交出一份令人满意的"江西答卷"，江西执法为民的"铁拳"品牌效应逐步凸显。2022年度，全省系统累计查办民生领域案件1.3万件，涉案金额9236.25万元，罚没金额2.85亿元，移送司法机关案件224件。省局公

开曝光10批典型案例108个，入选总局典型案例5个，全省市场经营秩序和消费环境进一步得到规范和净化。二是开展扫黑除恶市场流通领域整治。省市场监管局坚决贯彻落实党中央关于常态化开展扫黑除恶斗争的决策部署，高效统筹谋划，精心组织实施，坚持以民生领域案件查办"铁拳"行动为引领，以学习宣传贯彻《反有组织犯罪法》为抓手，部署开展市场流通领域"1+6"专项整治，重拳查办一批垄断和不正当竞争经营、欺行霸市、制售假冒伪劣产品和无照经营等违法犯罪案件，着力铲除黑恶势力滋生土壤，推动市场监管系统常态化扫黑除恶斗争不断走深走实。2022年度，全省系统通过主动摸排、转办核查共收集行业乱象有效线索3339条，移交当地扫黑办（公安机关）涉黑涉恶线索104条，最大限度挤压黑恶势力生存空间，市场环境得到有力净化，推动营商环境持续优化。三是推进医疗美容行业突出问题专项治理工作。省市场监管局牵头联合省卫健委等11个部门，通过立足工作目标、重点任务，念好"联、严、实、宣"四字诀，打好组合拳，聚焦群众反映强烈的虚假营销宣传、违法开展医疗美容、非法制售使用药品医疗器械、涉费涉税和线上违法违规行为等重点问题，2022年度，全省检查美容医疗机构1699家，生活美容机构1520家，核查国家下派线索60条，列入异常经营名录89家；立案查处医疗美容案件109件，罚没金额113.55万元，其中侦办涉医疗美容犯罪案件14件，逮捕1人，涉案金额325万元，对全省美容医疗机构做到了全面排查、重拳出击、严厉查处。四是扎实开展反不正当竞争执法专项行动。省市场监管局严厉打击仿冒混淆、侵犯商业秘密、刷单炒信等各类不正当竞争经营行为，重点查办了食品、日用品、房地产、教育培训、医疗美容、中老年保健品、餐饮、青少年视力、农资、建材等多个行业领域案件，2022年度共立案239件，结案171件，罚没金额为1462.65万元，立案和结案数分别同比增长53.2%和24.8%，严惩一批违法主体，曝光一批典型案例，提高法律震慑力，维护公平竞争市场秩序。五是开展集中整治商品过度包装。省市场监管局深入贯彻落实党中央、国务院和中央纪委有关决策部署，根据国家市场监管总局的工作

安排，省市场监管部门持续开展商品过度包装、"天价"月饼和蟹卡蟹券等问题整治工作，整治工作过程中，省市场监管部门共检查各类商超、酒店、餐饮、月饼及各类大闸蟹经营场所19816家，检查商品件数50667件，保障了中秋和国庆节日期间市场稳定，营造了安全放心的节日消费环境。六是加强成品油产品质量监管。省市场监管局协同省商务厅、省应急厅、省公安厅、省交通厅等部门大力整治和规范全省成品油市场，打击生产销售不合格成品油和无照经营的黑加油站点，2022年共检查加油站点2144家，抽查车用油品2705批次，查办质量违法案件106起，罚没款325.99万元，没收不合格成品油352.848吨，取缔非法加油点61个，移送公安案件6起，维护消费者的合法权益，促进全省成品油市场健康有序发展。七是集中开展加油站专项治理。省市场监管局组织开展全省民生计量专项行动，对各地加油站的加油机实施计量监督检查，保障加油的计量准确性。全省共检查加油站1290家，检查加油机5733台，责令整改加油站7家，查处计量违法案件3件，处理投诉举报71件。

（三）多措并举强联动，专项整治效果突出

一是省文旅厅开展"风暴"整治行动，全省各地文旅部门以"风暴"专项整治行动、文旅市场"体检式"暗访、全国集中办案等工作为依托，按照属地管理原则，集中精力，组织开展辖区内打击侵犯著作权专项行动，2022年全省涉及侵权盗版假冒伪劣案件立案228件，办结226件，案值50.45万元，罚没217.76万元，捣毁窝点8个，移送案件5件。二是省版权局开展全面整治，进一步加大版权执法力度，2022年共办结版权案件133起，其中办结国家版权局等四部委挂牌督办案件2起，由国家版权局等六部委挂牌督办案件4起。省版权局与省通信管理局、省公安厅、省委网信办等部门联合开展打击网络侵权盗版"剑网2022"专项行动，共办结网络版权案件59起。切实巩固软件正版化工作成果，聘请第三方专业机构协助，对省直党政机关11907台电脑进行全覆盖核查，对抚州、宜春两个设区市进行抽查。三是省林业局开展专项行动。为做好打击制售假劣林草种苗和侵犯植

物新品种权工作，针对江西省31个授权的林业植物新品种，重点对其授权、应用、许可使用和侵权等情况，在专项行动中进行了全面的调查摸底。对信丰县林木良种场、安福县陈山林场、安福县武功山林场、青原区白云山林场等4个国家重点林木良种基地生产的杉木造林树种12个种批的种子质量进行了随机抽样检验，严把种"质"关。四是省药监局开展网售药品专项整治。以"保安全"为核心，持续开展网售药品专项整治、医疗器械"线上清网线下规范"专项治理以及化妆品"线上净网线下清源"行动，共检查企业网站377家，检查网售单体药店190家，连锁门店1958家。对6家医疗器械网络交易服务第三方平台全覆盖检查。化妆品"线上净网线下清源"行动中，全省出动执法人员4810人次，检查企业1766家次，抽检网销产品300批次，下达责令整改351份，约谈企业111家，立案查处89件，移送公安4件。五是南昌海关开展"龙腾""蓝网""净网"专项行动。2022年，南昌海关查扣侵权货物696批、1.36万件，其中邮递渠道侵权物品查扣率同比增长8.64倍。共提交各类侵权风险信息10条，布控需求13条，下达侵权查验布控指令60余条，寄递渠道侵权物品查扣率较同比增长10.08倍，跨境电商渠道查扣侵权商品批次、数量分别同比增长17.5倍、6.83倍。六是省卫健委开展消毒产品专项整治。建立江西省消毒产品行业监管联席会议机制，针对性开展消毒产品监管自查自纠活动和抗（抑）菌制剂专项治理，不断加大消毒产品违法违规线索查处工作力度，先后吊（注）销生产企业卫生许可证10家，罚款320余万元，严厉打击了消毒产品领域违法违规行为。突出重点，强化抽检，在国家卫生健康委要求各省抽取不少于30个抗（抑）菌制剂的基础上，全省主动加压，共抽检抗（抑）菌制剂产品220个。七是农业农村厅严厉打击农资领域的侵权假冒违法行为。围绕春耕备耕和夏种夏管两个农资使用关键时间节点，对重要农资产品及重点区域、重点环节加大执法检查和抽检频次，2022年全省各级农业综合行政执法机构共查处生产销售假劣农资类案件792件，其中种子104件，农药422件，肥料171件，兽药73件，饲料22件，已办结719件，移送司

法机关 6 件，案值 193.6 万余元，罚没金额 514.4 万余元。八是省委网信办开展打击网上侵权假冒信息专项行动。深度开展网络市场监管工作，加大打击力度，联合有关职能部门联合开展了打击野生动物非法贸易联合行动、涉网红经济规范管理、涉摄像头偷窥等黑产集中治理、未成年人网络环境专项治理等多个专项行动，2022 年共关闭违规网站 858 家，清理违规账号 320 余个，下架应用程序 160 余款，处置包括侵权假冒在内的有害信息 1 万余条，切实规范网络市场环境。

（四）注重创新强保护，产权意识深入人心

一是协调推进知识产权保护工作。加强研究部署，省市场监管局牵头起草，由省委、省政府印发了《关于加强知识产权强省建设的行动方案（2022—2035年）》，作为加强知识产权保护和知识产权强省建设的纲领性文件，召开了省政府新闻发布会进行了重要发布。省市场监管局召开了全省 2022 年知识产权工作会，全面部署知识产权保护工作。加强组织协调，组织召开了江西省知识产权保护工作部门联席会议，组织知识产权职能单位开展合作与交流，省市场监管局与省版权局、省法院等 8 个单位建立了协同保护机制和对话机制。省市场监管局成立江西省知识产权（专利、商标、地理标志）保护专家委员会，确定首批知识产权保护专家 65 人；印发《江西省知识产权技术调查官管理办法》，推进技术调查官制度建设。二是知识产权"严保护"有新进展。制定印发《江西省 2022 年知识产权行政保护工作方案》，组织开展知识产权（专利、商标、地理标志）执法专项行动、奥林匹克标志保护专项行动、专利商标代理"蓝天"专项行动、商业秘密反不正当竞争专项行动等。2022 年全省共处理专利侵权假冒案件 2859 件，同比增长 184%。开展北京冬奥会知识产权保护专项行动，全省对重点领域、重点商品类别进行专项检查共 820 余次，出动执法人员 2800 余人次，检查市场主体 4800 余家，取得了良好的效果。严肃查办商标恶意抢注和非正常专利申请行为。代理恶意抢注狗牯脑商标案、恶意抢注冬奥会运动员姓名及相关热词商标案入选全省商标十大典型案例，全省 2022 年第一批非正常专利申请撤回率为

93.3%，高于全国平均水平 6 个百分点。加强知识产权信用监管体系建设。省市场监管局顺利通过全国第一批以知识产权信用为基础分级分类监管试点验收，出台了《知识产权领域信用分级分类管理办法》。全省各地认真开展知识产权领域严重违法失信惩戒工作，设立了知识产权红黑名单，将石某等知识产权严重违法行为主体列入惩戒名单，将百新电瓷电气有限公司等知识产权优势企业列入红名单。三是知识产权"大保护"有新提升。推进知识产权纠纷多元化解机制建设，省市场监管局与省司法厅联合印发《江西省关于加强知识产权纠纷调解工作的实施意见》《关于开展知识产权纠纷仲裁工作的通知》，持续推进知识产权调解、仲裁机构能力建设。2022 年新批复成立江西省知识产权仲裁服务中心、江西省知识产权纠纷人民调解委员会两个省级知识产权纠纷化解机构。全面推进知识产权公共服务体系建设，华东交通大学等 4 家单位列入2022 年江西省知识产权信息公共服务网点。建设江西省知识产权（专利）信息公共服务平台，印发《江西省知识产权公共服务事项清单》，为社会公众提供 49项知识产权信息服务。

（五）深化协同强打击，司法成效可圈可点

一是强化刑事打击效果明显。省公安厅以"百日行动""昆仑 2022 行动""和谐 2022 行动"为牵引，深入开展打击制售假药劣药犯罪重点攻坚专项工作、打击食品药品及知识产权领域养老诈骗犯罪、打击网络侵权盗版"剑网 2022"、打击成人性保健食品非法添加犯罪等 17 个行动，严打整治食药知领域突出问题。破获部督案件 16 起，破获省督案件 74 起，公安部下发贺电 6 次褒奖。狠抓线索摸排，拓宽案源渠道，坚持情报导侦，深化内外协作联动，广泛发掘研判案件线索，加强和网安、技侦、科信等警种协作，围绕关键词查询基础数据，并结合同类犯罪规律开展串并分析，推动派出所参与线索摸排，延伸情报触角。狠抓破案攻坚，推进严打整治，侦破宜春杨某某等人生产销售假冒苹果耳机案，涉案金额 6000 余万元；侦破上饶"3·29"特大侵犯著作权案，查获"全民小说""疯狂阅读"等发行未经授权文字作品，并通过植入广告牟利的多个非法 APP，涉案金额 9700 万元；侦

破赣州"11·09"假冒注册商标案，涉案金额1.1亿元等一批在国内外有重大影响的案件。二是优化检察职能系统全面。优化工作体制机制，省检察院研究制定《江西省人民检察院关于全面加强新时代知识产权检察工作若干措施》，明确加强新时代知识产权检察工作的18条具体举措，服务保障创新驱动发展。推进知识产权检察职能集中统一履行，省检察院成立知识产权检察办公室，赣州、上饶等9个设区市检察院和南昌市高新区、宜黄县等9个集中管辖基层检察院先后成立知识产权检察办公室或专门办案组，实行知识产权刑事、民事、行政、公益诉讼等检察职能集中统一履行。充分发挥公益诉讼检察职能，全省公益诉讼检察部门共办理食药安全领域公益诉讼案件814件，依法向行政机关发出诉前检察建议700件，提起诉讼18件。督促查处销售假冒伪劣食品药品重量1871千克、价值21.8万余元。探索建立知识产权检察保护联系点，省检察院在四特酒有限公司、江铃汽车股份有限公司等知名企业设立省级知识产权检察保护联系点，为优化营商环境、助力数字经济发展提供优质检察服务。三是推进审判工作提质增效。省法院深化落实"严保护"司法政策，在15件知识产权侵权案中适用惩罚性赔偿制度。积极推行繁简分流和在线诉讼工作机制，大力构建技术事实多元查明机制，有力解决知识产权案件"周期长""举证难"问题。深化知识产权"三合一"改革运行，提级管辖55件一审知识产权民事案件，对地方保护壁垒形成有力打击。全省法院设立21个知识产权巡回审判庭（点），并增加立案、咨询等诉讼服务项目，巡回审判工作布局得到优化，人民群众诉讼维权更加方便。2022年，全省法院共新收各类知识产权案件6479件，同比上升25%。其中一审民事、刑事和行政案件分别为5807件、121件和12件，同比分别上升21%、下降19%、上升140%，为全省打击侵权假冒和侵犯知识产权工作提供有力司法保障，有力维护社会主义市场经济秩序，不断营造良好的营商环境。

（六）健全机制强监管，联动效能明显提升

一是行刑衔接机制进一步完善。省双打办先后出台《江西省打击侵犯知识产权和制售假冒伪劣商品

工作领导小组办公室工作规则》《重大案件协调督办工作规则》等五项工作制度，实现顺畅高效、齐抓共管的工作格局。省版权局与省法院、省市场监管局联合下发《建立健全知识产权司法保护与行政保护衔接协作机制的若干意见》，进一步推动知识产权保护两法衔接，构建协调保护格局。南昌海关与省公安厅联合印发《关于加强出入境知识产权保护执法协作的意见》。省法院与省检察院、省公安厅联合印发《关于加强知识产权刑事司法协作配合工作的意见》。省法院制定《关于加强知识产权审判工作为数字经济做优做强提供有力司法服务和保障的意见》《全省法院2022年"知识产权保护"对标提升工作的实施方案》。省检察院与省卫健委、省公安厅、省市场监管局、省药监局等单位联合会签《江西省消毒产品行业监管联席会议机制》。省药监局与省公安厅建立了"行案公安靠前支持，刑案药监技术支撑"的合作模式，公安部门提前介入，积极侦查取证，与药监部门形成了合力，提升了办案质量和效果，有效推进两法衔接。二是跨部门跨区域协作机制更加健全。为加强专利、商标、地理标志知识产权行政保护协作与交流合作，江西省、山西省、安徽省、河南省、湖北省、湖南省知识产权局签订《中部六省知识产权行政保护协作协议书》，严厉打击知识产权违法行为，促进区域经济社会互动协调创新发展。省市场监管局组织南昌市、九江市、景德镇市、鹰潭市、上饶市、抚州市市场监管局签订《江西省环鄱阳湖地区打击侵权假冒工作联动执法协作框架协议》，进一步强化环鄱阳湖地区打击侵权假冒执法工作。九江市中院与湖北省咸宁市中院、湖南省岳阳市中院签订《跨区划知识产权保护合作协议》，跨省司法合作取得积极成果。经国家知识产权局批复建成中国（南昌）知识产权保护中心、中国（赣州）知识产权保护中心、中国景德镇（陶瓷）知识产权快速维权中心，在华东交通大学成立江西省知识产权学院，组建知识产权产业联盟30个、知识产权金融服务联盟1个，知识产权快速协同保护体系初步建成。南昌海关将知识产权保护合作纳入《鄂、赣、湘三地海关协同工作机制框架协议》，积极打造"三关如一关"的一体化保护格局。三是联动协作监

管机制更加高效。省市场监管局与省公安厅联合印发《关于加强协作配合强化江西省知识产权保护工作的通知》，省市场监管局与省检察院联合印发《关于强化知识产权协同保护工作的实施意见》，建立了完善高效的知识产权协作机制，推动完善知识产权行政调解协议司法确认机制。省市场监管局出台《电子商务平台知识产权保护指导意见》，加强省内电商平台的指导和管理。省市场监管局与省贸促会共同印发《江西省关于加强海外知识产权纠纷应对机制建设实施意见》，印发《江西省加强知识产权涉外风险防控机制建设实施方案》，加强知识产权涉外风险防控，妥善处理涉外知识产权纠纷与诉求。指导推进知识产权对外转让工作。省知识产权工作部门联席会议印发《关于加强限制出口技术涉及知识产权对外转让有关工作的通知》，指导开展知识产权对外转让相关工作，南昌知识产权法庭建立 VR 知识产权司法保护联系机制。省公安厅、省检察院、省法院联合印发《关于办理侵犯知识产权刑事案件若干问题的意见》，合力解决案件管辖、法律适用、认定标准、证据规格等执法难点问题，提升办案质效。

（七）突出教育强引导，宣传氛围更加浓厚

一是围绕重点时段开展普法教育。省知识产权工作部门联席会议相关成员单位联合召开省人民政府知识产权保护新闻发布会，在省政府网站开展知识产权保护专题网络在线访谈。组织开展了面向全省党政领导干部的《知识产权保护与强国建设》网络专题学习，开展了面向社会公众的"百万网民学法律"知识产权法专场知识竞赛活动，有效提升知识产权保护意识。省林业局通过"江西林科网"渠道，大力宣传林业植物新品种权保护、林木种苗质量管理等相关知识和法律法规。南昌海关举办"线上＋线下"知识产权海关保护政策宣讲 137 次，参加企业达 2297 家次。省农业农村厅规范全省农资生产经营行为，发放各类宣传资料 35.1 万余份，接待咨询群众 10 万余人次。二是围绕警示宣传提升社会认同。省版权局《江西省赋能基层破解版权执法难题》案例成功入选国务院知识产权战略实施工作部际联席会议办公室第一批知识产权强国建设典型案例，为全国版权管理部门入选的 2 起案例之一。省版权局在"4·26"世界知识产权日向社会发布"江西省 2021 年度打击侵权盗版十大案件"。省法院发布加强数字经济知识产权司法保护典型案例，南昌知识产权法庭审理的幼儿园横向垄断协议纠纷案入选全国法院反垄断典型案例。景德镇市昌江区人民检察院办理的 H 电缆公司生产销售伪劣产品案入选最高人民检察院发布的依法惩治制售假冒伪劣商品犯罪典型案例。新余罗某玲等人销售假冒注册商标的商品（品牌手表）案被评为全国公安食药侦系统典型案例、全省十大执法优质案件；南昌胡某某假冒注册商标（医用防护服）案被评为最高检、公安部依法惩治妨害疫情防控保障犯罪典型案例。三是围绕重点职责加强宣传引导。省市场监管局与省检察院等部门共同举办知识产权宣传周新闻发布会。检察院与省委宣传部、省市场监管局等部门共同举办"全面开启知识产权强省建设新征程"省政府网站在线访谈。省市场监管局组织开展《电子商务平台知识产权保护管理》国家标准宣贯工作。省版权局圆满完成了举办"2022 国际版权论坛"、启动世界知识产权组织版权保护优秀案例示范点调研项目的任务。江西省启动了世界知识产权组织版权保护优秀案例示范点调研项目"IP 与创意产业：景德镇故事"。景德镇国家陶瓷版权交易中心上线运营，当天线上成交额超 50 万元。省法院以"赣知行·走进品质生活"为主题，面向网络、社区、学校开展公益宣传，增强社会公众知识产权法律意识，营造良好的社会氛围。

三、存在的问题及意见建议

（一）协作执法能力有待提升

随着制假售假网络化、信息化模式的发展，违法犯罪分子反侦察、逃避打击的意识越来越强，部门之间的配合协作还不够，跨区域、跨部门执法还需要进一步加强。

（二）全面执法水平有待提高

因机构改革，基层双打人员岗位变动较快，人员素质参差不齐，事杂量大，专业化不强，人员配备、人员素质与监管体量、专业要求尚有差距，给推进打击侵权假冒工作带来了挑战。

（三）经营主体法律意识有待增强

侵权假冒违法行为在一些边远或农村地区往往容易出现反弹，农村经营户法律知识、安全意识不高。部分批发市场开办者主体责任落实情况与上级要求还存在一定差距，部分经营者未建立追溯机制，监管难以做到全覆盖。

（四）全链条打击力度有待加强

面对新形势下提出的加强互联网领域、农村和城乡接合部市场、进出口环节等新兴领域的整治要求，针对有些频发案件不能做到深挖根治，未从源头上斩断制假售假链条，打击力度不够。

鉴于上述问题，建议参照原商务部门的做法，建立激励表彰机制，争取对全国打击侵权假冒工作表现突出的单位和个人给予激励表彰，以提高各双打成员单位和双打工作人员对双打工作的积极性。

四、下一步打算

2023年是全面贯彻落实党的二十大精神开局之年，是实施"十四五"规划承上启下关键之年，面对新机遇新挑战，江西双打工作将坚决落实好全国双打工作领导小组的决策部署，坚守政治立场，坚持目标导向，聚焦人民群众美好生活需要，持续激发市场活力和社会创造力，推动经济持续健康发展，踔厉奋发，积极作为，确保全省打击侵权假冒工作水平再上新台阶。

（一）深化重点治理

高度重视深化重点治理工作，结合全省实际采取有力措施，突出重点，集中力量，扎实推进，围绕涉疫药品和医疗用品、网络交易、农村地区、进出口，扎实开展重点难点治理。坚持多部门综合治理，下移监管重心，加大巡查力度，全面深化重点市场治理。

（二）完善协同保护

持续加大行政保护力度，加大专利权、商标权、著作权、软件正版化、植物新品种、陶瓷等保护力度。着力提升司法保护水平，强化刑事案件打击力度，优化检察监督职能，提升审判工作质效。

（三）推进社会共治

推进落实市场主体责任，指导督促市场主体自查自纠，自我承诺、自我管理，提升市场主体尊重和保护知识产权意识，加大维权力度。提升法律服务水平，引导律师依法依规参与打击侵权假冒工作，完善公共服务体系，提高公共服务规范化、均等化和可及性水平。

（四）扩大宣传教育

加强知识产权保护和打击侵权假冒工作的宣传教育，提升社会公众对打击侵权假冒的知晓率和满意度。强化行业引领作用，树立行业典型，推进行业自律建设。将执法打击与普法宣传结合起来，发布典型案例，开展"以案释法"，营造人人抵制侵权假冒的社会氛围。

（撰稿人：丁浩）

山东省打击侵权假冒工作报告

2022年，山东省坚持以习近平新时代中国特色社会主义思想为指导，深入贯彻落实习近平总书记关于知识产权保护重要论述，根据全国打击侵权假冒工作领导小组工作部署，以"严真细实快"作风推动双打工作落实，制度建设与打击惩治并举，统筹合作与重点整治结合，线上线下全链条治理，为维护市场秩序，促进经济社会高质量发展作出积极贡献。

一、工作开展情况

（一）以机制建设为立足点，提高站位强力推动

一是明确目标任务。印发《2022年山东省打击侵犯知识产权和制售假冒伪劣商品工作要点》，明确任务分工，狠抓推进落实，着力解决打击侵权假冒工作中的薄弱环节和突出问题。二是健全机制体制。坚持稳

中求进，守正创新，强化统筹协作，压紧压实主体责任，督促各成员单位健全组织机构，理顺工作机制，稳步推进双打工作开展。建立健全联络员制度，明确了省、市、县三级执法联络员，构建知识产权执法联络体系。三是加强指导督导。将打击侵权假冒工作纳入平安山东建设考核评价工作机制，充分发挥考核"指挥棒"作用，定期调度、汇总、分析各成员单位和各市打击侵权假冒案件数据、销毁数据和重点市场整治数据，年中督导检查，年底考核评定，保障了打击侵权假冒相关工作落实到位。

（二）以重点领域为突破口，明确方向持续发力

一是深化网络清理整治，积极净化网络空间。省委宣传部扎实开展"剑网2022"专项行动，全省共查处网络侵权盗版案件183起，刑事移交5起。陆续开展春节档电影版权保护、冬奥会版权保护、青少年开学季版权保护等专项行动，累计出动执法人员3523人次，检查场所335家，张贴宣传海报690余张，查处侵权盗版案件23起。省委网信办深入推进"清朗"系列专项行动，积极回应网民关切，不断畅通网络举报渠道，突出效果导向，加大互联网违法和不良信息受理和研处力度，集中整治群众反映强烈、涉及广大网民合法权益的互联网违法和不良信息，累计清理违规信息2000余条，处置账号80余个。

二是持续强化重点农资监管，为春耕春种保驾护航。省农业农村厅围绕农药、种子和肥料等重点农资监管，不定期召开联络员会，第一时间研究处置农资打假举报等相关事宜，确保各项工作无缝衔接、精准落实。积极开展放心农资下乡进村活动，全省共出动执法和科技人员49304人次，发放宣传资料81.443万份，举办现场咨询培训1120场次，接待咨询群众33.415万人次，受理投诉举报2487人次，曝光案件253件，销毁假劣农资产品4.5802万公斤，货值88.192万元；展销农资产品384.698万公斤，货值1037.146万元。

三是推进进出口侵权假冒治理，统筹进出口双向监管。青岛海关、济南海关以"龙腾2022"专项行动为总揽，协同推进"蓝网行动""净网行动"，持续加大对重点渠道、重点商品、关键领域知识产权保护力

度，严厉惩治进出口侵权违法行为。强化风险分析，围绕高风险航线、企业、商品组织开展专项研判。针对跨境电商渠道出口量大幅增长的情况，在烟台、威海等重点口岸开展点对点部署，共采取知识产权扣留1297批次，取得突破性成效。推广应用"知识产权状况预确认"创新举措，促进合法货物便利通关，已实施11批次，涉及32个中外知名品牌，商品逾10万件，该创新举措入选国务院知识产权强国建设联席会议发布的第一批知识产权强国建设典型案例。

四是线上净网线下清源，加强监管助力疫情防控。省卫生健康委全面加强消毒产品卫生监管，规范消毒产品生产企业卫生许可，开展消毒产品网上备案巡查，组织抗（抑）菌制剂专项检查，把消毒产品监督执法作为传染病防治监管的重要内容，确保消毒产品卫生安全。2022年共检查各类医疗机构57095家，检查覆盖率86.65%，检查消毒产品生产企业1410家，监督覆盖率99.44%。聚焦整治严打重点，持续加大案件查办力度，全省共捣毁制假售假窝点30个，责令停产停业40家。

五是严格寄递环节监管，在收寄验视环节加强查验力度。省邮政管理局制定印发《山东省邮政快递企业安全生产主体责任落实工作制度》，结合党的二十大、北京冬奥会等重大活动期间寄递渠道安全服务保障工作，开展邮政业打击侵权假冒专项检查活动，成立了"双随机"专项检查组，检察院、公安、国安、市场监管、邮政管理局等多部门组成联合检查组，重点检查收寄验视、实名收寄、收寄场所公示禁限寄宣传警示语情况以及与协议客户签署《不得寄递侵权假冒商品承诺书》情况，全省系统累计检查企业3859家。

六是紧盯市场热点问题，营造清朗的网络文化空间。省文化和旅游厅进一步加强网络文化市场监管，紧盯网络文化市场热点问题和重要领域，全面摸排梳理全省网络文化市场经营单位和经营活动，对擅自经营及宣扬淫秽色情、低俗、恶搞、低级趣味、赌博暴力、危害社会公德等违禁内容和涉及未成年人的违规网络文化产品和经营活动进行依法查处，累计出动执法人员8661人次，巡查网站、公众号、APP等各类网

络平台 8144 家次，实地检查企业 215 家次，查处网络文化案件 43 件。

（三）以侵权行为惩治为着力点，强化知识产权全链条保护

一是严厉打击商标、专利侵权假冒违法行为。2022 年，全省市场监管系统查办商标类案件 4517 件，组织专项执法行动 7957 次，出动执法人员 34174 人次，案件总值 4939.62 万元，罚没金额 3491.13 万元；查办专利类案件 1145 件，开展执法行动 4123 次，出动执法人员 14883 人次，案件总值 17248.83 万元，罚没金额 231.73 万元。4 月 23 日，结合世界知识产权保护周活动，省市场监管局通过市场监管在线、省局门户网站公布 2021 年以来"铁拳"行动知识产权领域行政处罚典型案例 15 件，其中商标案例 10 件，专利案件 4 件，奥林匹克标志案例 1 件，营造了良好的打击侵权假冒社会氛围。

二是严格版权保护，推进软件正版化。省委宣传部充分发挥省软件正版化工作联席会议各成员单位职责职能，综合运用法律、行政、技术、社会治理等手段推进软件正版化工作，提升联合监管效能。继续采用场地授权服务模式，投入财政资金 190 余万元，为省直机关统一配置国产办公软件，有效解决省直单位计算机配置办公软件问题。在巩固党政机关、省属国有企业软件正版化工作基础上，进一步创新工作思路，拓展工作范围，分别与省卫生健康委、省教育厅联合下文，推进医疗、教育行业软件正版化工作。在国家软件正版化督查中，全省 13 家受检单位操作系统、办公软件、杀毒软件的正版率分别为 98.07%、100%、100%，得到国家督查组的充分肯定。

三是强化农业植物新品种保护。省农业农村厅组织召开全厅农业知识产权保护工作会议，研究部署迎接国家考核相关工作。组织开展 2022 年春秋季农作物种子市场检查，对 600 余家种子经营者实施第二次部门联合监督抽查，及时受理种业纠纷案件及投诉咨询，会同有关部门探索电商渠道种子经营行为的监管，严厉打击套牌侵权、生产经营假劣种子等违法违规行为，全面净化种业市场。

四是组织开展侵权假冒伪劣商品销毁活动。省生态环境厅不断提升无害化销毁能力建设，及时汇总各市生态环境部门危险废物经营许可证颁发情况，并在"山东环境"网站公开具有无害化销毁能力的单位名单。2022 年向生态环境部报送侵犯知识产权和假冒伪劣商品环境无害化销毁 75 批次。

五是加快完善"守信获益、失信难行"的知识产权信用体系。省发改委围绕打造"诚信山东"品牌，扎实推进社会信用体系建设重点工作任务。2022 年 8 月，制定出台《山东省推进社会信用体系建设高质量发展促进形成新发展格局若干措施》，推进知识产权领域信用分级分类监管，健全知识产权侵权惩罚性赔偿制度，加大对商标抢注、非正常专利申请等违法失信行为的惩戒力度，严厉打击涉企侵犯知识产权犯罪。

（四）以刑事打击和司法保护为支撑点，严惩侵权假冒违法犯罪

一是重拳打击侵权假冒犯罪行为。省公安厅深入推进"昆仑 2022"专项行动，坚持以打开路、大案牵引，围绕"打源头、端窝点、摧网络、断链条、追流向"，以大要案件侦办引领打击行动纵深开展。2022 年，全省公安机关共侦办知识产权和制售假冒伪劣商品犯罪刑事案件 2806 起，抓获犯罪嫌疑人 8043 人，捣毁窝点 2093 处，打掉犯罪团伙 1536 个，涉案金额 34 亿余元。通过督办重点案件、实地走访调研等形式，精准督导、分类施策，推动各地全力开展大要案件攻坚，全省 51 起案件被公安部挂牌督办，26 起案件受到公安部七局贺电鼓励。

二是提升知识产权检察工作质效。省检察院全面推开知识产权检察职能集中统一履行工作，全省检察机关组建知识产权检察办公室 38 个，成立知识产权办案组 130 个。着力提升知识产权检察工作质效，起诉侵犯知识产权犯罪 364 件 837 人，同比分别上升 40%、44.1%，联合省公安厅挂牌督办 10 件涉及假冒冬奥会吉祥物注册商标、侵犯软件著作权等新型知识产权案件。树立精准监督理念，办理知识产权民事、行政检察监督案件 250 件，其中民事裁判结果监督 17 件，同比上升 88.9%，办案数量位居全国第五；办理行政非诉执行监督 23 件，位居全国第一。

三是充分发挥知识产权审判职能作用。省法院深入推进知识产权审判体系和审判能力现代化，全面加强知识产权审判工作。2022 年，全省法院新收民事知识产权一审案件 20759 件，审结 21623 件；新收刑事知识产权一审案件 295 件，审结 303 件；新收刑事制售假冒伪劣商品案件 435 件，审结 462 件。精品案审判再创佳绩，审理的大众点评"刷单炒信"不正当竞争案入选"中国法院 10 大知识产权案件"；美盛农资商标侵权及不正当竞争案、"生物发酵法生产长碳链二元酸的精制工艺"侵害发明专利权纠纷案入选"2021 年中国法院 50 件典型知识产权案例"。

四是加大知识产权矛盾纠纷化解力度。省司法厅积极开展矛盾纠纷排查调处，对于适宜调解的纠纷，依法及时化解，达成调解协议的，引导当事人向人民法院申请司法确认或以仲裁方式予以确认，调解不成的引导当事人通过其他法定途径解决纠纷。2022 年全省共化解各类知识产权矛盾纠纷 1647 件，涉案金额超过 1 亿元，为防范化解知识产权领域风险隐患作出了积极贡献。

（五）以制度创新为保障，构建长效长治机制

一是突出协同共治，着力深化两法衔接机制建设。深化联勤联动，省公安厅、省市场监管局、药监局联合部署全省深入开展药品安全专项整治行动，分期分批赴各地督导调研，全面推动打击假药劣药犯罪工作纵深开展。为妥善应对"3·15"晚会可能曝光涉及全省食药环知领域的问题，提前制定工作措施，明确工作任务，全面做好应急处置准备工作。

二是加强知识产权人民调解制度机制建设。省司法厅指导各知识产权人民调解组织制定完善工作管理办法，建立健全受理登记、调处化解、业务培训、工作考评等制度，推动建立完善诉调对接、调解仲裁对接、行政执法与调解对接以及多部门会商工作机制，指导涉知识产权保护有关行政单位积极开展知识产权行政调解工作，加强知识产权人民调解协议司法确认有关工作。

三是着力夯实药品安全长治久安制度保障。省药监局坚持抓整治与建机制相结合，制定出台《大案要案行政执法联动工作规定》《重大案件信息发布风险评估工作流程》。创新工作机制，强化行刑衔接，完善联席会议制度，细化案件移送、线索通报、证据转换、检验鉴定、信息共享等工作流程。强化部门协作联动，会同省卫健委制定出台《山东省药品使用质量管理规范》。

二、存在问题

2022 年，全省打击侵权假冒各项工作取得了积极进展和明显成效，但我们也清醒地认识到，当前打击侵权假冒形势依然严峻，保护知识产权的任务依然十分繁重。存在的主要问题和不足：一是执法专业技术支撑能力急需加强。随着互联网、物联网、大数据、云计算等现代信息技术的发展，违法犯罪行为的手段和方法越来越隐蔽，给保护知识产权、打击侵权假冒尤其是执法取证等工作环节带来了新挑战。二是识假辨假能力有待加强。知识产权侵权认定和假冒伪劣产品辨别专业性较强，涉案产品质量缺乏统一的鉴定标准，识假辨假难度较大。三是执法打假工作协作还不到位。少数地方和部门对打击侵权假冒工作重视程度还不够，各市之间、部门之间工作力度成效不够平衡，行刑衔接还未能形成合力，行政执法与刑事司法机关在案件线索研判、证据规格方面还存在不统一的问题。

三、下一步工作打算

（一）强化工作部署，确保各项任务落地落实

在全国打击侵权假冒工作领导小组和省委、省政府的领导下，紧紧围绕服务全省发展大局，科学精准有效强监管，用心用情用力优服务，深入开展各类专项整治，加强打击侵权假冒工作力度，推进打击侵权假冒工作再上新台阶，助推经济社会高质量发展。

（二）强化行政执法，推进重点领域整治

聚焦民生关切，对重点领域、重点商品、重点市场开展专项整治，加强互联网平台等领域治理，加强农业农村市场、食品药品和防疫物资市场整治，组织开展好打击制售假劣种苗和侵犯林草植物新品种权专项行动、农资打假专项治理行动、反不正当竞争执法专项行动、打击假冒伪劣消费品活动等，维护良好的

市场环境。

（三）强化司法保护，加大刑事打击力度

推进跨部门、跨领域、跨区域执法联动，公安部门加大刑事打击力度，有效发挥刑罚惩治和震慑犯罪的功能；检察院依法履行批捕、起诉职能，加强对侵权假冒重点案件、新型案件指导督办；法院持续推进知识产权民事、刑事、行政案件审判"三合一"改革，依法加大审判力度，提高审结案件数量，提升违法犯罪成本代价。

（四）强化舆论宣传，营造良好社会氛围

围绕重要时点、社会热点开展丰富多彩的专题宣传活动，利用各种媒体全方位报道打击侵权假冒工作进展和取得的成效，讲好保护知识产权、打击侵权假冒"山东故事"，营造社会共治氛围。强化宣传效果，普及识假辨假知识，曝光典型案例，主动回应市场主体和老百姓的关切，维护好广大群众的权益，营造良好舆论氛围。

（撰稿人：李鼎）

河南省打击侵权假冒工作报告

2022年，河南省认真贯彻落实党中央、国务院决策部署，加强组织领导，完善机制建设，强化部门协作，狠抓工作落实，聚焦民生热点，实现大案突破，全省打击侵权假冒工作取得了较好成效。截至2022年底，全省各级行政执法部门共计查处侵权假冒违法案件4593起，捣毁窝点72个，移送司法机关86件167人，罚没6565万元。公安机关破获各类侵权假冒案件1435起，刑事拘留2389人，逮捕878人；检察机关共批准逮捕涉嫌生产销售伪劣商品犯罪案件和涉嫌侵犯知识产权类犯罪案件422件680人，提起公诉涉嫌生产销售伪劣商品犯罪案件1289件2404人；审判机关审结侵犯知识产权和制售假冒伪劣商品犯罪案件1587件2883人。有效打击了侵权假冒违法犯罪，维护了消费者和生产者的合法权益，为推动全省经济高质量发展、满足人民日益增长的美好生活需要提供了有力支撑。

一、主要工作开展情况

（一）有序推进打击侵权假冒工作

省领导小组办公室充分发挥牵头作用，统筹协调各地、各有关部门有序推进打击侵权假冒工作。一是统筹部署推进。组织全省各地、各有关部门收听收看了全国打击侵权假冒工作和全国打击侵权假冒办公室主任电视电话视频会议，召开全省电视电话会议，对国家会议精神及时进行贯彻落实。制定印发了《2022年度全省打击侵权假冒工作要点》，明确各地、各部门职责任务，对全省双打工作进行部署。10月份，印发了《2022年河南省打击侵权假冒工作重点提示》，进一步推动落实全省打击侵权假冒工作。二是加强宣传工作。印发了《2022年度河南省打击侵权假冒宣传工作实施方案》，积极推动各地、各有关部门开展了多种形式的宣传教育活动。做好全省打击侵权假冒工作信息收集、编写、上报，及时反映各地、各有关部门打击侵权假冒工作动态，向全国双打办报送信息86篇，印发了工作简报20期，制作了全省打击侵权假冒工作宣传专栏等。三是组织开展销毁活动。统筹全省组织开展侵权假冒伪劣商品销毁活动，今年以来全省共销毁假冒伪劣商品586吨，货值4485万元，形成强大震慑，引发强烈反响，在全社会营造了尊重知识产权、抵制假冒伪劣的良好氛围。其中，11月10日以周口市作为全国分会场，同时作为河南的主会场，安阳等市列为河南的分会场，统一部署，同步行动，集中开展了侵权假冒伪劣商品销毁活动，共销毁涉假冒伪劣商品20余种、40余吨、货值近900万元。四是加强培训提升。12月15日至17日，采取线上方式举办了全省打击侵权假冒工作业务能力提升培训班，邀请有关专家围绕打击侵权假冒工作形势及任务、知识产权行政执法基础理论与实务、提高领导干部舆情引导力、新两法衔接平台使用及打击假冒产品与案例等主题为学员进行了授课。通过培训有效提升了全省打击侵权假冒工作人员的责任意识和业务水平。

（二）持续加大对侵犯知识产权行为打击力度

一是严肃查处商标侵权、傍名牌等违法行为。省市场监管局制定下发《2022 民生领域案件查办"铁拳"行动方案》，围绕"民意最盼、危害最大、市场监管风险和压力最大"领域，聚焦关系人民群众生命健康安全的重点商品、重点领域和重点行业，持之以恒开展"铁拳"行动。会同省法院、检察院、公安厅、司法厅开展打击、防范、化解侵犯知识产权专项联合行动。行动期间，全省查处知识产权侵权违法案件 1225 件。其中，郑州市张某鹏等制售假酒案受到公安部贺电表扬，省委政法委主要领导作出批示予以肯定。三门峡市发挥晋陕豫三省四市跨地区知识产权执法维权保护机制作用，发出协查函 2 份，移交案件线索 1 件，积极推进联合办案。

二是全面加强互联网及违法出版物清理整治。省委网信办组织开展"清朗"系列整治行动 30 次，配合做好打击整治跨境赌博、"扫黄打非·正道 2022""剑网 2022""打假治敌"等专项整治行动 16 次，全面排查清理整治属地网上各类违法违规信息，全面清理整治网上涉侵权假冒违法违规信息，依法依规关停涉侵权假冒违法违规网站。共协调省通信管理局注销各类违法违规互联网站备案 6948 家、停止互联网接入服务 250 家，约谈违规网站平台、公号负责人 6 人次，办理行政执法案件 2 起。省通信管理局强化域名、IP 地址、网站等互联网基础资源管理，配合有关部门核查处置违法违规网站 7589 个，清理空壳网站 1.8 万个、空壳主体 2.2 万个。督促相关接入服务企业及时处理未备案网站 359 个，省内接入商关闭违法违规网站数 4 万个、删除有害链接数 141.5 万条、暂停 IP 地址数 458 个，有效净化了网络环境。郑州市市场监管局组织开展全市"平台点亮"行动，完成网络交易监测监管五级贯通系统及"智慧网监"APP 的推广应用工作。省版权局联合省委网信办、省公安厅等 5 部门在全省深

入开展"冬奥版权保护集中行动"，严肃查处了周口李某某涉嫌销售"冰墩墩""雪容融"等一批侵权复制品案。开展"青少年版权保护季集中行动"，严肃查办了新密市代某等涉嫌销售侵权教辅案、开封市"2·21"涉嫌制售侵权盗版教辅案、平顶山市"8·02"涉嫌侵犯著作权案等一批典型案件，收缴侵权盗版书籍 300 余万册，保护了青少年身心健康。加强 NFT 数字藏品、"剧本杀"等新领域新业态的版权监管，整治通过"洗稿""换皮"等方式抄袭篡改原创剧本脚本、衍生开发剧本形象道具等侵权行为，规范剧本娱乐经营场所版权秩序。删除网络链接 463 条，关闭网站（APP）6 个，严肃查处了焦作市"1·07"李某等人涉嫌销售侵权电子书案、河南信阳大脸猫电子商务有限公司侵犯著作权案等一批在全国具有影响力的大案、要案，维护了清朗网络空间。

三是强化林业植物新品种权保护和种苗质量监管。省林业局制定印发了《河南省 2022 年植物新品种保护执法专项行动方案》，组织在全省范围内开展了为期 6 个月的打击侵犯植物新品种权专项行动。印发《河南省林业局组织开展 2022 年度打击制售假劣林草种苗和打击侵犯植物新品种权工作的通知》，以互联网为重点领域，强化林草种苗经营者准入管理，对线上侵权假冒行为进行重点治理，查处 2 例林草种苗案件。

四是加强文化市场执法整治。全省文化和旅游部门开展网络文化市场"双随机、一公开"活动，共随机抽查网络文化经营单位 260 家，其中涉嫌存在违法违规问题的互联网文化经营单位 36 家，责令改正 24 家，行政处罚 12 家。开展冬奥版权保护集中行动，全省共出动执法人员 15442 人次，检查书店、文具店等文化经营单位 5721 家次，巡查网上书店、互联网电视等平台 3397 家次，发放相关宣传页 2050 份，立案查处侵权案件 4 件，有效保护了冬奥版权。

五是强化进出口知识产权保护。郑州海关持续加大对重点渠道、重点商品、关键领域知识产权保护力度，严厉惩治网络市场存在的进出境侵权行为，截至目前郑州关区共查获侵权物品 694 批次、11403 件，保护了涉及 20 余个国家和地区的百余家知识产权权利人，有效遏制了进出口侵权违法态势。省贸促会为企

业签发一般原产地证书 15318 份，签发优惠原产地证书 4782 份，签发 ATA 单证册 18 份，出具商事证明书 3759 份，签发的 RCEP 原产地证书 252 份，为促进全省对外贸易便利化工作作出了显著贡献。在办理一般原产地证书、优惠原产地证书以及各类国际商事证明的过程中，建立黑白名单，严格审核知识产权，杜绝有侵犯知识产权和假冒伪劣产品的出口单证办理业务。

（三）加强制售假冒伪劣商品行为治理

一是深化农资产品治理执法保护。省农业农村局制定下发了《2022 年农资打假专项治理行动实施方案》和《2022 年全省种业监管执法年活动方案》，明确了工作目标和工作重点。全省共出动农业综合执法人员 49299 人次，检查企业和商户 122490 个次，查处问题 1889 起，立案 1282 件，曝光 148 起，没收违法所得 397.57 万元，罚款 441.84 万元，挽回损失 444.15 万元，移交司法机关 18 起。

二是严查重处药品领域制售假冒伪劣行为。省药监局联合省公安厅、省市场监管局印发《河南省深入开展药品安全专项整治行动实施方案》，深入开展全省药品安全专项整治行动。截至目前，全省共检查药品、医疗器械、化妆品生产经营使用单位 26.97 万家（次），立案查处药品、医疗器械、化妆品普通程序违法案件 6560 件，收缴罚没款 8430.11 万元；开展化妆品"净网清源·网剑"专项行动，截至目前，共检查化妆品电子商务平台经营者、平台内化妆品经营者和其他化妆品电子商务经营者 12215 家（次），责令整改 1184 家（次），约谈企业 166 家（次）。对涉事产品已采取删除、屏蔽、断开链接等必要措施。

三是强化对假冒伪劣产品源头和农村假冒伪劣食品专项执法行动。省市场监督部门印发《关于开展农资执法打假专项行动工作的通知》《关于开展"农资执法打假下乡"工作的通知》《关于严肃查处假冒伪劣化肥问题 坚决维护农资市场秩序和农民合法权益的紧急通知》，全省共出动执法人员 30495 人次，检查商户 37541 家，查处农业生产资料案件 186 起，案值 156.02 万元，罚没 335.65 万元；围绕放管服改革、优化营商环境、聚焦群众切身利益，开展了药品、医疗器械、防疫物资、农资、建材、农村食品等一系列执

法稽查专项行动。全省市场监管系统共查处各类违法案件 42840 件，涉案金额 1.28 亿元，罚没金额 4.45 亿元，移送公安机关 187 起。

四是开展成品油整治。省商务厅制定《河南省成品油流通市场专项整治方案》，会同省发展改革委、公安厅等 8 部门，在全省持续开展成品油流通市场专项整治，严厉打击成品油市场各类侵权假冒行为，营造公平营商环境。

五是扎实做好疫情防护消毒产品监督检查。省卫生健康委组织制定抗（抑）菌制剂乱象专项治理监督检查工作方案，开展 2022 年全省随机监督抽查，与抗（抑）菌制剂乱象治理专项监督检查工作相辅相成，提升了消毒产品监督的针对性和有效性。截至目前，随机抽查发现问题进行行政处罚 781 件，罚款 109.75 万元。

六是加强寄递环节侵权假冒产品治理。省邮政管理局加大邮政市场监管，督促邮政快递企业严格落实"三项制度"，建立健全全省邮政市场监管效能考核机制，印发邮政市场监管效能考核办法。截至目前，办理全省邮政快递涉及安全案由的行政处罚案件 117 件，罚款 14.4 万元。

七是做好侵权假冒商品无害化销毁及保障工作。省生态环境厅在门户网站 3 次更新全省承担无害化销毁任务的企业名单；指导各地扎实开展侵权假冒商品无害化销毁工作，监督无害化销毁饮料、食品、化妆品、服装、日用品、调味面制品、农资等 221.49 吨，无害化销毁假冒伪劣烟丝烟叶等 145.49 吨、卷烟 2779.58 万支，无害化销毁假冒伪劣酒 13317 瓶，无害化销毁非法出版物 9.04 吨，假药品器械类 40.96 吨，口罩等防疫物资 0.54 吨。安阳市组织开展了河南省安阳市分会场现场销毁行动。销毁的侵权假冒伪劣商品包括食品、烟酒、药品、医疗器械、服装、鞋帽、日用品等共计 30 余吨，货值近 30 万元。"3·15"期间及其他时段，焦作市现场销毁侵权假冒卷烟、药品、医疗器械等，货值 121 万元，共计 9.8 万余件。洛阳市烟草专卖局开展假私烟公开销毁活动，销毁了近三年来在市场上查获的假冒伪劣和走私卷烟，涉及中华、黄金叶等 52 个品牌，共计 1 万余条，价值 171.43 万

元, 烟叶、烟丝共计 26.13 吨, 价值 9.53 万元。

八是开展烟草及盐业执法专项行动。省烟草专卖局三个阶段组织开展"围歼四号"专项行动。截至目前, 全省共捣毁制假窝点 125 个, 查处假烟案件 6972 起, 查获假烟 6626.45 万支、烟叶烟丝 811.6 吨; 因涉烟犯罪被刑拘 912 人, 逮捕 325 人, 判刑 581 人, 其中周口市局开展的"6·30"案件收网行动和郑州市局"8·01"特大制售假烟网络案件, 受到公安部、国家烟草专卖局贺信表彰。省食品和盐业监测中心从关切民生入手, 抓好食盐安全的建设工作, 深入推进打击假冒侵权工作, 全省全年查处涉盐案件 260 起, 端窝点 2 个, 大要案 3 件。有效地维护了全省盐业市场的生产经营秩序, 保证了全省人民群众的食盐安全。

（四）强化刑事司法打击

一是注重刑事案件侦办。全省公安部门开展打击食品药品知识产权犯罪"昆仑 2022"行动, 明确行动阶段和打击食药环森工作重点; 共侦破药品和涉疫情物资犯罪案件 204 起, 抓获犯罪嫌疑人 1208 人, 组织指挥平顶山、驻马店、濮阳市公安机关接连破获 3 起特大非法制售添加化学药成分止咳平喘、消炎止痛类药品案, 获公安部副部长杜航伟批示表扬。开展卷烟打假"围歼四号"专项行动, 全省公安机关联合各级烟草部门成功破获了部督涉烟案件 12 起, 省督涉烟案件 10 起。鹤壁公安机关成功侦破"2·9"制售假玉米种子案, 捣毁窝点 9 处, 抓获犯罪嫌疑人 17 人, 现场查获假玉米种子 460 吨, 案值 2100 余万元。漯河、南阳、商丘公安机关连续破获 3 起特大制售伪劣化肥案, 获得公安部贺电表扬。组织开展"雷霆 3 号·砺剑护企"严打涉知识产权及药品农资犯罪护企行动。共破获涉知识产权及药品、农资领域刑事案件 233 起, 抓获犯罪嫌疑人 666 人, 移送起诉 833 人, 打掉各类窝点 104 个, 涉案总价值 10 亿余元。商丘市局成功侦破部督夏邑陈某生产销售伪劣复合肥案, 查扣化肥原材料、成品 2000 余吨, 涉案资金达 7000 余万元, 有力震慑了犯罪, 切实保护了合法企业权益和人民群众生命健康安全。

二是全面履行打击侵权假冒领域检察职能。省检察院于 2021 年 12 月成立知识产权检察办公室, 同时决定在开封市院等 10 个院开展知识产权检察集中统一履职试点工作, 实行知识产权刑事、民事、行政检察集中统一履职, 打造具有河南特色的知识产权检察一体化工作新模式。省检察院联合省市场监督管理局（知识产权局）举行加强知识产权协同保护工作会议, 会签印发《关于建立健全知识产权协同保护工作机制的意见》, 推动构建知识产权"严保护、快保护、大保护、同保护"工作格局。省检察院指导三门峡市检察院办理的涉知识产权企业合规案件, 指导企业制定了知识产权合规管理等制度, 对涉案企业和两名直接责任人员作出相对不起诉决定, 帮助涉案企业"活下去""好起来"。

三是依法加大侵权假冒犯罪案件刑罚力度。全省法院进一步突出打击重点, 对危害民生和公共安全案件, 加大罚金刑适用力度, 做到从经济上剥夺犯罪分子再犯罪能力和条件。省法院结合当前全省知识产权刑事司法保护工作态势, 研究制定《关于打击侵犯知识产权犯罪专项治理的实施方案》并印发全省法院贯彻实施。与省检察院联合出台《关于加强知识产权司法保护服务保障创新驱动发展的若干意见》, 就激励创新创造、维护公平竞争、建设国家创新高地做出安排。省法院与省检察院、公安厅联合会签了《关于进一步完善河南省知识产权"三合一"审判机制中刑事案件管辖若干问题的意见》, 将全省知识产权第一审刑事案件指定由各地市内 1—2 家管辖民事、行政案件的基层法院统一管辖, 并明确了对应的司法机关和具体管辖范围。全面考虑到了全省范围内可能接收知识产权第一审刑事案件的司法机关及其管辖范围, 全面实现了知识产权"三合一"审判机制。

（五）打击侵权假冒社会环境不断优化

一是突出服务保障。进一步完善全国 12315 平台官方网站、APP、小程序（微信、支付宝、百度）等互联网渠道, 多渠道接收消费者关于侵权假冒的投诉举报, 与 12315 热线形成有益补充。濮阳市开发应用以"放心消费二维码"为特点的消费投诉信息公示平台, 线上线下多渠道公示, 提升消费投诉公示效果。省税务局充分发挥税收职能作用, 积极配合打击侵权假冒活动, 多措并举做好打击侵权假冒涉税违法案件。截至目前全省稽查立案检查292户，有问题户数289户，涉及退税金额21094.26万元。

二是营造良好舆论氛围。省领导小组办公室积极推动各地、各有关部门在"3·15""4·26""5·15"等重要时间节点组织开展了多种形式的宣传教育活动，引导全社会进一步增强保护知识产权、抵制假冒伪劣商品意识，推动社会共治格局的建立。省广播电视局指导全省各级广播电视媒体及互联网视听节目服务机构持续关注打击侵权假冒工作，通过加大对典型案例的报道，加强以案释法，震慑犯罪行为。河南广播电视台《民生大参考》栏目播出《严打侵权假冒伪劣商品，开展统一销毁行动！》等，大象新闻客户端、映象网、顶端新闻、大河网等网络视听媒体推送《严打侵权假冒伪劣商品，开展统一销毁行动》等报道，为全省推动打击侵权假冒工作营造了良好舆论氛围。省委网信办统筹全省网络媒体开设《优化营商环境》《"3·15"国际消费者权益日》等专题专栏，推出《优化营商环境：漯河开展侵权假冒伪劣商品集中统一销毁行动》等多篇重要稿件，制作《图解："3·15"国际消费者权益日共促消费公平》专题宣传海报，通过图解、H5、短视频等多种形式融媒体产品，广泛宣传全省打击侵权假冒典型案例、经验做法和进展成效等，为开展打击侵权假冒工作营造良好网上舆论氛围。

三是开展普法宣传及矛盾化解。省司法厅将打击侵犯知识产权和制售假冒伪劣商品法治宣传列入《2022年全省普法依法治理工作要点》，并向全社会公布。将打击侵犯知识产权和制售假冒伪劣商品相关法治宣传融入"十字形"法治文化带建设（"十字形"法治文化带指河南黄河法治文化带和南水北调法治文化带）。落实"谁执法谁普法"普法责任制，推动有关部门履行普法责任。充分发挥省律协引导作用，指导律师严格依法依规代理、办理侵犯知识产权工作案件。充分发挥了律师行业在打击假冒伪劣工作中的作用。设立市级知识产权纠纷人民调解组织8家，配备专兼职人民调解员67人。2022年以来，共调处知识产权矛盾纠纷174件。省广播电视局聚焦知识产权保护，河南广播电视台卫星频道《聚焦》栏目推出新闻评论

《知识产权被侵犯怎么办？河南两部门合力构筑知识产权大保护格局》，大象新闻客户端推出《加强知识产权工作！河南省知识产权宣传活动来了》等报道，宣传全省加大知识产权司法保护，全链条打击上下游犯罪的典型案例和经验做法。省版权局精心策划线上线下宣传，制作推出"正版河南"等宣传片，在学习强国平台开设"加强版权保护　促进创新发展"专栏，在"百姓文化云"平台开设"河南省知识产权周版权宣传活动"专题专栏。

四是加强信用动态管理。省发改委加强信用河南顶层设计，重点围绕政务、金融等十大领域推进信用建设，实施法规制度、信用平台、信息归集等五大基础支撑强化工程。《河南省公共信用信息服务代码集》等3项信用标准通过审查上升为地方标准。持续推进全省一体化信用平台系统数字化、智能化建设，已覆盖18个省辖市、73个县（市、区）及20个省直部门，归集数据累计突破135亿条，居全国第一。省商务厅联合中共河南省委宣传部等12个单位印发《关于开展2022年"诚信兴商宣传月"活动的通知》，开展信用宣传，引导主体签订诚信经营承诺书，根据管理办法将企业信用等级和信用分类进行细化并落实，建立和运行守信激励和失信惩戒机制，逐步完善以信用为核心的监管体系。

五是加强软件著作权宣传普及，持续推进软件正版化工作。省工业和信息化厅落实《河南省首版次软件产品认定办法（试行）》，组织认定了两批河南省首版次软件产品共44项，进一步引导激励软件企业加强技术创新；组织开展首批省级软件产业园区评选认定工作，全省共有9个软件园区被认定为河南省首批软件产业园区。将"软件著作权或专利权"等自主知识产权的有效证明文件作为核查必备条件，通过该项具体工作，为打击软件产品侵权盗版、加强著作权保护提供强有力抓手。省版权局强化对全省软件正版化工作的统一领导。督促行业主管部门加强对本行业软件正版化工作的领导监管。印发《关于开展2021年软件使用情况核查工作的通知》，聘请第三方技术人员，组成三个联合核查组，赴省直单位、国有企业、民营企业以及教育、医疗等60家单位，集中开展软件正版化

核查，并就核查发现的问题提出整改意见，巩固提升全省重点行业软件正版化工作。

二、存在问题

河南省打击侵权假冒工作虽然取得了一些成效，但在新形势下仍面临不少挑战和问题，形势依然不容乐观。一是农村和城乡接合部侵权假冒问题屡打不绝。农村和城乡接合部消费水平偏低、消费者维权意识薄弱、执法监管力量不足，滋生假冒伪劣的土壤仍然存在。二是网络侵权假冒问题依然比较突出。随着网络经济、平台经济快速发展和直播带货、微商等新业态新模式不断涌现，网络侵权假冒行为也持续增长。三是执法打假工作力度需要加强。一些地方对打击侵权假冒工作重视程度不够，责任落实还不到位，跨区域、跨部门执法联动工作机制不够健全。

三、下一步工作打算

2023 年，河南省打击侵权假冒工作将以习近平新时代中国特色社会主义思想为指引，勇于担当，开拓进取，务实创新，按照党中央、国务院决策部署，根据省委、省政府工作安排，坚持依法治理、打建结合、统筹协作、社会共治的原则，强化行政执法，推进跨部门、跨区域执法联动，依法严厉打击违法犯罪，持续优化全省营商环境。

一是牵头抓总，努力抓出打击成效。充分发挥省打击侵权假冒工作领导小组办公室强有力的牵头协调作用，加强对全省双打工作的组织协调和对各省辖市打击侵权假冒工作的督导，落实属地责任，完善考评机制，确保相关工作贯彻落实。

二是切实加大日常监管力度，提高对重点领域的监管深度。持续对重点市场、重点区域、重点环节、重点产品治理，切实形成有效震慑。加大对侵权假冒案件多发的实体批发市场、专业市场、集贸市场监管，严厉查办一批损害人民群众利益的案件。加强农业农村市场整治，从全面推进乡村振兴、维护粮食安全大局出发，从生产源头、制假渠道和消费终端多管齐下，对问题多发的农村和城乡接合部农贸市场、批发市场等加大巡查力度，严厉查处制售假冒伪劣种子、农药、化肥和"三无"产品、强制性产品认证无证产品等违法犯罪行为，净化农村消费市场，切实保障广大农村消费者合法权益。

三是加强宣传教育培训，提高双打队伍工作能力。拓宽宣传渠道，围绕重要时点、重点部署、重大行动，开展丰富多彩专题宣传活动。重点宣传互联网、农村和城乡接合部市场、外商投资企业知识产权保护等重点领域和区域治理成效。在基础建设、培训教育等方面为基层提供更多保障，以 1—2 期针对性培训为基础，以"以案说法""经验交流"为重点，实现双打业务培训全覆盖，努力打造一支高素质的双打工作队伍。

（撰稿人：刘翔）

湖北省打击侵权假冒工作报告

2022 年，湖北省打击侵权假冒工作全面贯彻习近平总书记关于加强知识产权保护、打击侵权假冒工作重要指示批示精神，贯彻落实党的二十大精神，在全国打击侵权假冒工作领导小组办公室和省委、省政府正确领导下，深入落实《知识产权强国建设纲要（2021—2035 年）》《湖北省知识产权"十四五"规划》和《关于加快推进知识产权强省建设的实施意见》

部署要求，牢固树立"创新是引领发展第一动力、保护知识产权就是保护创新"理念，锚定知识产权强省建设目标，加强统筹协调，突出重点整治，严格司法保护，健全制度机制，构建共治格局，依法查处一批侵权假冒大要案，端掉一批制假售假黑窝点，统一销毁侵权假冒伪劣商品，保护知识产权、打击侵权假冒工作取得积极成效。

一、工作亮点

一是省委、省政府印发《关于加快推进知识产权强省建设的实施意见》。2022年5月13日，省委常委会召开专题会议，审议《关于加快推进知识产权强省建设的实施意见》。省委书记王蒙徽主持会议并讲话。

二是省政府召开常务会议研究建设知识产权强省工作。2022年3月28日，省委副书记、省长王忠林主持召开省政府常务会议，研究建设知识产权强省工作。

三是湖北打击侵权假冒绩效考核成绩位列全国第一档；湖北知识产权工作获国务院督查激励表彰。2022年7月6日，全国双打办印发《通报》，湖北打击侵权假冒绩效考核成绩位列全国第一档，得10分（满分）；4月24日，省长王忠林在《湖北知识产权工作获国务院督查激励表彰》（省政府办公厅《舆情日报》第108期）上作出表扬肯定的批示。

四是打击侵权假冒工作受到国家版权局通报表扬。10月18日，国家版权局印发《关于奖励2021年度查处重大侵权盗版案件的决定》（国版发函〔2022〕14号），省市场监管局执法稽查处荣获2021年度查处重大侵权盗版案件有功单位。

五是在全国率先实现行政执法办案系统与两法衔接平台实时对接。省市场监管局执法办案系统与省检察院两法衔接平台实现无缝对接，实时推送全省系统全部假冒伪劣案件。

六是在全国率先建设省级打击侵权假冒工作网。2月28日，由省双打办主办的湖北打击侵权假冒工作网正式上线，这是湖北省落实知识产权强国建设纲要的重要举措，也是全国第一个建立省级打击侵权假冒工作网的省份。截至12月31日，该网站共采编发双打信息995篇，依托该网共向全国双打办报送工作信息98篇；编辑湖北双打简报12期。

七是建立健全跨部门知识产权保护长效机制。5月23日，湖北省人民检察院、湖北省公安厅、湖北省文化和旅游厅、湖北省市场监督管理局、湖北省版权局、湖北省知识产权局等6部门联合会签《关于加强知识产权行政执法和刑事司法衔接工作的意见》。

八是通报表扬2021年度全省打击侵权假冒工作先进集体和个人。8月3日，省双打办决定对在2021年打击侵权假冒工作中成绩突出的76个先进集体和104名先进个人予以通报表扬。

九是开展侵权假冒伪劣商品全省统一销毁行动。11月10日，湖北组织咸宁、十堰、荆州等地开展统一销毁行动。销毁商品16大类100万余件，重量超190吨，货值3100余万元。全省统一销毁行动对侵权假冒违法犯罪分子形成极大震慑，充分彰显全省保护知识产权、打击侵权假冒坚定立场和积极成效。销毁行动受到中央电视台新闻联播、新闻直播间等栏目高度关注，人民日报、中新网、中国交通广播、湖北电视台、湖北日报、长江云等多家主流媒体进行集中宣传报道，产生了良好社会影响。

十是召开打击侵权假冒相关发布会3次。4月25日，省政府新闻办召开新闻发布会，介绍全省知识产权保护、打击侵权假冒工作开展情况，展示行动成效。8月9日，省公安厅、省市场监管局等部门开展"百日行动"打击食品药品犯罪联合行动成果新闻发布会，介绍全省打击食品药品领域假冒伪劣违法犯罪工作情况，曝光典型案例，积极展示行动成效。4月，省法院召开新闻发布会，发布《湖北法院知识产权司法保护状况及十大典型案例（2021）》白皮书。

十一是依法查处一批假冒伪劣大案要案。2022年4月，十堰市公安局成功破获一起假冒注册商标罪案，捣毁一个大型生产、储存假冒东风牌汽车配件窝点，缴获各类侵权产品191种7万余个，涉案金额1.2亿。武汉海关查获侵犯muRata（马拉塔）商标专用权案工作集体被海关总署授予集体一等功；省烟草专卖、公安部门联合查处武汉"11·19"、黄冈"5·28"、天门"6·06"等3起案件被国家烟草专卖局、公安部挂牌督办；天门警方联合烟草、市场监管部门破获一起特大电子烟制假案，涉案金额2亿余元；省市场监管部门查处一起销售无合格证明文件口罩案，处罚款3000余万元；武汉市青山区公安部门联合市场监管查处一线上直播售假窝点，涉案金额超1500万元；鄂州公安、市监联查处颜某文等人涉嫌生产销售伪劣产品案，涉案金额1亿余元。

二、相关数据

2022 年，全省行政执法机关共查处侵权假冒案件 3.02 万件，案值 2.19 亿元，罚没金额 2.85 亿元。公安机关共破获侵权假冒犯罪案件 433 件，抓获犯罪嫌疑人 509 人，涉案金额 4.83 亿元。检察机关批捕侵权假冒案件 125 件 259 人，起诉案件 152 件 303 人，检察机关监督公安机关立案 33 件 39 人。审判机关共受理侵权假冒案件 237 件，审结案件 163 件，判决人数 316 人。

三、典型案例

案例 1："6·06"重大电子烟制假案

2022 年 6 月，天门市查破"6·06"重大电子烟假案，初步查证销售假冒电子烟 176 万支，涉案金额 2 亿余元。该案是全省查破最大的一起电子烟制假案件。

2022 年 3 月，天门市烟草专卖局接到举报反映"境内有疑似非法生产假冒注册商标电子烟"。获此信息后，该局迅速组成专班开展调查核实。在天门市公安机关大力支持下，办案专班经过近 3 个月持续深挖细查，逐步掌握以天门小板镇鱼嘴村某居民楼为电子烟制假场所，以广东东莞电子烟零部件集散地为电子烟原料来源，以 ELFBAR、RODEO、GCORE 为商标及外包装供应商，并由广东深圳杨某负责成品接收销售，涉及湖北天门、广东东莞、深圳等地的电子烟制假团伙。

6 月 6 日 20 时 30 分，在湖北省烟草专卖局电子烟办公室、烟草专卖稽查总队指挥下，天门市烟草专卖局会同天门市市场监督管理局、市公安局森林警察支队组成联合行动小组，依法突袭位于天门市小板镇鱼嘴村 3 组居民张某 1000 余平方米的电子烟制假场所，现场查获深圳爱奇迹科技有限公司 ELFBAR、RODEO（竞技）电子烟烟管 35785 个，ELFBAR、RODEO 电子烟包装盒 136360 个，ELFBAR、RODEO 电子烟 21887 支，ELFBAR 电子烟防伪码 20 余万个，RODEO 电子烟塑料包装袋 31500 个，烟油 80 余桶（400 余公斤），电池 10 万余个，吸油棉 10 万余个，半自动注油机（AC-T100）2 台，封口机 2 台，热收缩膜包装机 1 台，电子烟自动抽吸测试机 1 台，打码机 1 台，压管机 3 台，电脑 3 台，监控移动硬盘 2 个，账簿 16 本，出入库记账单据若干本等大量电子烟制假原材料涉案物品，市值 330 万余元，现场抓获涉案嫌疑人 32 名。湖北省卷烟市场整顿领导小组办公室、湖北省烟草专卖局电子烟监督管理领导小组向天门市相关办案单位发来贺信，祝贺案件成功破获。

目前，天门市公安局已对该案立案侦查，天门市人民检察院提前介入，3 名涉案人员已被依法刑事拘留，案件正在进一步办理中。

案例 2：武汉市康本龙医疗器械有限公司销售无合格证明文件口罩案

2022 年 4 月 26 日，黄冈市红安县市场监管局依法对武汉市康本龙医疗器械有限公司销售无合格证明文件口罩的违法行为，作出警告、没收无合格证明文件医用口罩 21810 个、罚款 3033.684 万元的行政处罚。

2021 年 10 月 27 日，湖北省市场监管局将当事人涉嫌经营无合格证明文件医疗器械违法行为交由红安县市场监管局依法查处。经查，2020 年 9 月至 2021 年 2 月，当事人向武汉、红安等地相关公司、药房销售标称长沙某医疗科技有限公司生产的医用口罩 17002000 个，销售金额 3569040 元。当事人在销售上述医用口罩时均未提供合格证明文件，也未按规定建立进货查验记录和销售记录。经核实，长沙某医疗科技有限公司从未向当事人销售过上述医用口罩，也未提供合格证明文件。

当事人的行为，违反《医疗器械监督管理条例》第三十二条、第四十条的相关规定，黄冈市红安县市场监管局依法对当事人作出行政处罚。

案例 3：颜某文等人涉嫌生产销售伪劣产品案

2022 年 6 月 16 日，省公安厅组织鄂州市公安局会同鄂州市市场监管部门，成功破获鄂州颜某文等人涉嫌特大生产销售伪劣产品案，打掉武汉、鄂州、孝感、黄冈等地 4 个制售假酒犯罪团伙，捣毁制假窝点 12 处，查扣假冒高档白酒 6500 余瓶，以及大量基酒原材料、包装材料、制假设备。经查明，该团伙销售假冒高档白酒涉案金额 1 亿余元，销售范围涉及全国 30 个省份，受害人 4000 余人，抓获犯罪嫌疑人

30 名。

案例 4：广东某医疗器械有限公司生产销售不符合标准医用器材案

2022 年 5 月，根据市场监管部门移送案件线索，武汉市公安局硚口分局成功破获"4·8"生产销售不符合标准的医用器材案，抓获主要犯罪嫌疑人 2 名。通过调查取证，主要犯罪对象广东某医疗器械有限公司生产的不合格口罩销售到全国 16 个省市，共计 1800 余万个，涉案金额 3000 余万元。

案例 5："2·25"生产销售假药案

2022 年 6 月，黄冈市红安县市场监管部门联合公安机关成功破获"2·25"生产销售假药案，捣毁生产加工储藏窝点 6 个、生产线 4 条，扣押生产机器 15 台，制药模具 57 套，各种颗粒 100 余万颗，不同规格包装箱（盒）10 万余个，电动三轮运输车 1 辆，手机 10 部，账本 4 本，抓获主要犯罪嫌疑人 10 名。该案涉及湖北、江西等 10 余个省份，涉案金额 2000 余万元。

案例 6：武汉鑫聚安达商贸有限公司生产销售假药案

2022 年 5 月，根据群众举报，武汉市公安、市场监管部门成功打掉非法销售假药窝点一处，查扣涉案电脑主机 8 台，涉案手机 16 部，现场查扣"速久勃""久立挺""艾瑞克"等 16 种假药片剂 32 万颗（其中已完成包装的药品 140245 盒），全环节摧毁 1 个生产销售假药流通渠道，涉案金额 1500 余万元，抓获各类涉案人员 9 名。

案例 7：寇某阳等人涉嫌假冒注册商标案

2022 年 6 月 29 日，省公安厅治安总队组织指挥江汉油田公安局，会同省市场监管部门及江苏公安机关，在湖北仙桃及吉林、山西、河北、广东等四省开展集中收网行动，捣毁制假窝点 12 处，现场查扣假冒医用防护服 1.8 万件及大量半成品、制假原材料和设备，涉案价值 1500 余万元，抓获涉案嫌疑人 18 名。

案例 8：程某文等人涉嫌销售假冒注册商品案

2022 年 7 月 4 日，根据上级交办违法线索，武汉市公安、市场监管部门成功破获一起销售假冒注册商标商品案，现场查获假冒高档白酒 3000 余瓶，查缴半成品及假冒标识、包装材料等 1 万余件，捣毁制假黑作坊 1 处，实物价值逾 800 余万元，现场抓获主要犯罪嫌疑人 3 名。

案例 9："4·10"特大制假案

5 月 31 日，黄冈市公安局统一指挥黄梅、武穴警方分别对两地生产销售假冒伪劣运动鞋窝点进行全链条、全区域、全环节打击，成功抓获犯罪嫌疑人 16 人，查扣假冒伪劣运动鞋 2 万余双，涉案金额超 2000 万元。

2016 年至今，犯罪嫌疑人饶某某、朱某某、林某某等人在黄梅县非法生产假冒伪劣匡威牌运动鞋，主要销往福建莆田、广东广州两地，涉案金额初步估算共计 2000 余万元。

2021 年 3 月以来，犯罪嫌疑人苏某某从福建人黄某某处接手武穴某特制鞋有限公司，并从福建招录熟悉鞋厂工序员工 10 多名，专门生产、加工假冒伪劣耐克、阿迪达斯等知名品牌运动鞋。截至案发，已生产假冒伪劣品牌运动鞋 18 万余双（折合市价 720 余万元），武穴市公安局遂同步立案侦查。

2022 年 5 月，黄冈市县成立"4·10"打击假冒商标犯罪联合行动组，对黄梅、武穴特大制假案件进行集中收网。31 日，黄梅、武穴、广州、莆田、邢台等五地抓捕小组同时开展抓捕行动，成功破获部督"4·10"生产销售伪劣产品案等系列特大制假案件。共抓获涉案嫌疑人 16 名，查扣假冒伪劣知名运动品牌成品鞋 27058 双，半成品鞋配件 45000 余个，各类模具 400 余件，生产设备 59 台套，制鞋布料 347 卷，生胶 600 余公斤。

案例 10："11·11"直播售假案

根据某轻奢品牌商标权利人举报，2022 年"双十一"当天，武汉市青山区警方联合市场监管部门抓获正在直播卖假货的网店店主潘某夫妻及 4 名店员。经查，2017 年至今，潘某等人贴标某轻奢品牌，先后向 13 个省市、上万名消费者销售假冒服装 3 万余件，涉案金额达 1545 万元。目前，潘某等 6 人正在接受青山区市场监管部门和公安机关调查，案件正在进一步处理中。

四、主要做法

（一）提高思想认识，扛起政治责任

打击侵权假冒工作对于维护市场公平竞争、保护和激励创新创业、营造良好营商环境至关重要。习近平总书记多次就保护知识产权、打击侵权假冒作出重要指示批示，强调要加强知识产权保护，综合运用法律、经济、技术、行政等多种手段，推行全链条、全流程监管，对假冒伪劣、套牌侵权等突出问题要重拳出击，让侵权者付出沉重代价。党的二十大报告指出，加强知识产权法治保障，形成支持全面创新的基础制度。省第十二次党代会提出了建设全国构建新发展格局先行区的战略目标，强调要打造全国科技创新高地和制造强国高地建设。湖北省打击侵权假冒工作领导小组组织各成员单位，深入学习贯彻习近平总书记重要讲话精神、重要指示批示精神和党的二十大精神，提高政治站位，强化政治责任，以坚决的态度、有力的举措，把各项重点任务落实在行动上，系统推进湖北双打工作。

一是强化部署谋划。3月28日，省委副书记、省长王忠林主持召开省政府常务会议，研究建设知识产权强省工作。5月13日，省委常委会召开会议，审议《关于加快推进知识产权强省建设的实施意见》，省委书记王蒙徽主持会议并讲话。会议强调，要深入贯彻落实习近平总书记关于知识产权工作的重要论述，加快推进知识产权强省建设。各地各部门以多种形式组织学习省委常委会、省政府常务会议精神，准确把握精神内涵，切实增强思想自觉、政治自觉和行动自觉，不折不扣落实到位。

二是强化统筹推进。领导小组办公室加强统筹协调，精心组织推进。制发全省打击侵权假冒工作要点、重点市场侵权假冒治理工作方案、全省打击侵权假冒工作考核细则等文件，细化工作职责，分解目标任务，逐项推进各项工作。

三是强化督促落实。赵海山副省长组织召开全省打击侵权假冒工作视频会议，强调要加大重点领域整治力度，扎实开展民生领域"铁拳"行动，强化司法保护，严厉打击侵权假冒犯罪，推动双打各项任务落地落实；领导小组办公室组织开展侵权假冒伪劣商品全省统一销毁行动，加强工作调度和督促检查，推动各地各单位全面贯彻落实习近平总书记重要讲话精神和重要指示批示精神，层层压实责任，以钉钉子精神推动双打工作在湖北落到实处。

（二）加强统筹协调，凝聚工作合力

一是加强组织领导。省委、省政府高度重视知识产权保护、打击侵权假冒工作，省委书记王蒙徽、省长王忠林、副省长赵海山多次作出指示批示，对加强协作配合、强化督查考核、落实属地责任等方面提出明确要求。2020年10月，省委办公厅、省政府办公厅印发《关于进一步强化全省知识产权保护的若干措施》，明确要求强化知识产权全链条保护。2022年6月，省委、省政府印发《关于加快推进知识产权强省建设的实施意见》，就加快推进知识产权强省建设作出系统谋划和总体部署。湖北省打击侵权假冒工作领导小组办公室积极发挥统筹协调、牵头抓总作用，制发年度工作要点，全面部署年度工作；制定打击侵权假冒考核细则、召开联络员会议，围绕考核标准和要求，补短板、强弱项，查漏补缺，提升工作实效。印发年度宣传工作方案，明确宣传重点和宣传方式；举办全省打击侵权假冒业务培训，提升工作能力和水平。各地各成员单位按照全省统一部署，强化工作落实，有效形成横向协作、纵向联动工作格局，组织开展"铁拳""昆仑""龙腾""农资打假"等系列专项行动，形成打击假冒伪劣高压态势。

二是加强部门协作。各成员单位建立健全合作机制，组织开展联合执法，提升工作整体合力。省打击侵权假冒工作领导小组办公室、省烟草专卖局、省市场监管局建立密切执法协作强化烟草市场监管工作机制；省检察院、省公安厅、省市场监管局等六部门联合印发《关于加强行政执法和刑事司法衔接工作的意见》，进一步完善知识产权行政执法和刑事司法的衔接机制，形成打击整治侵犯知识产权违法犯罪行为工作合力；省农业农村厅、省法院、省经信厅等七部门联合开展农资打假专项治理行动，聚焦重点地区、重点产品、网络营销监管盲区，精准打击违法犯罪行为。省知识产权局、省市场监管局联合开展商标代理行业

专项整治，重拳打击商标代理违法违规行为。省财政厅积极为成员单位做好打击侵权假冒经费保障和相关政策支持。省生态环境厅建立健全与有关部门沟通联系机制，指导各地各部门开展侵权假冒伪劣商品无害化处理工作，及时更新发布湖北省危险废物经营许可证企业名录。省烟草专卖局与公安、市场监管、邮政等部门建立联席会议、联合执法、检查督办、信息交流等制度，携手打击烟草市场侵权假冒违法行为。2022年6月，天门市烟草、公安、市场监管联合查破"6·06"生产销售假冒伪劣电子烟案，抓获涉案嫌疑人32名，查证涉案金额近2亿元。

三是加强区域协同。积极推进省际打击侵权假冒工作协作联动、中部六省知识产权行政保护协作等机制落实，实现执法互助、监管互动、信息互通、经验互鉴；深化武汉城市圈知识产权保护执法协作，推动武汉"1+8"城市圈九个城市开展立案协作、案件协办和执法联动，不断提升打击侵权假冒工作质效。2022年6月29日，省公安厅组织指挥江汉油田公安局，会同省市场监管部门及江苏公安机关，在湖北仙桃和吉林、山西、河北、广东等四省开展集中收网行动，捣毁制假窝点12处，现场查扣假冒医用防护服1.8万件，及大量半成品、制假原材料和设备，涉案价值1500余万元，抓获涉案嫌疑人18名。

（三）坚持问题导向，突出重点治理

一是突出互联网领域治理。省市场监管局牵头开展2021年网络市场监管专项行动，部署开展"三假"直播整治，严厉打击假商品等直播乱象。2022年"双十一"当天，武汉市青山区警方联合市场监管部门抓获正在直播卖假货的网店店主潘某夫妻及4名店员，涉案金额达1545万元。省版权局、省公安厅、省委网信办联合等五部门联合开展"剑网2022"专项行动，严打网络侵权盗版违法行为。省委网信办建立打击网络侵权长效机制，压实网站平台主体责任，堵牢网络侵权主要源头，共受理侵权假冒举报线索2004条，依法关闭网站平台116家，清理下架侵权假冒类APP16款56个。省文旅厅狠抓文化和旅游市场侵权假冒整治，共办结案件257件，移送司法机关6人；查办"10·16"非法出版物案，当事人易某犯侵犯著作

权罪，判处有期徒刑二年四个月并处罚金300万元。省广电局指导协调全省各级广电媒体全方位、多角度、多形式宣传打击侵权假冒相关政策及实施情况，及时准确报道权威信息，充分展示湖北打击侵权假冒工作探索与成果。

二是突出农村和城乡接合部治理。紧盯城乡接合部和省际交界处，紧盯无证经营、挂靠经营、超范围经营等违法乱象，省农业农村厅牵头开展农资打假专项行动和种业知识产权专项整治，严厉打击侵权假冒违法行为，共查处假劣农资、种子等案件347件，保障农业生产安全和粮食安全。省林业局部署打击侵犯林业植物新品种权和制售假劣林草种苗专项行动，依法查处14件未经品种权人许可生产销售林业授权品种繁殖材料，假冒林业授权品种等违法案件，规范了林木种苗生产经营秩序，维护了林木种苗生产、经营和使用者合法权益。

三是突出寄递和进出口环节治理。省邮政管理局严格督促寄递物流企业落实开箱验视、实名收寄和过机安检三项制度，严防侵权假冒商品流入寄递渠道。湖北实名率全国排名第一。武汉海关深入实施"龙腾行动2022"，加强知识产权海关保护，有效打击进出口侵权货物违法行为，共查扣进出口侵权货物2199批，扣留货物339.8余万件，案值9800余万元。

四是突出重点民生领域治理。省市场监管局持续推进民生领域"铁拳"行动，重点查处食品非法添加、加油站计量作弊、商标侵权等11类违法行为，共查办侵权假冒伪劣案件2.6万余件，案值1.78亿元，罚没金额2.77亿元，移送公安机关196件；查处侵犯国内知名奶茶品牌注册商标专用权系列案，现场查获假冒成品侵权奶茶杯89.27万只，用于制作奶茶纸杯的半成品18.5万个，立案9件；查处侵犯贵州茅台注册商标专用权系列案，立案76件。省药监局组织开展药品安全专项整治，共查处生产销售假劣药品、医疗器械案件661件，案值718万余元，罚没金额713万元。省卫健委以打击抗（抑）菌制剂侵权假冒为重点，加强综合监管、推进普法宣传、落实信息公开，依法查处了一批消毒产品违法案件。省税务局围绕重点场所、重点商品全面收集问题线索，积极协助相关部门打击

制假售假"窝点"和"源头"。省烟草专卖局联合市场监管、邮政部门开展"楚天烟草市场净化——断链打源"专项行动，坚持端窝点、断源头、破网络、抓主犯的卷烟打假方针，共查处制售假劣卷烟、"三无"电子烟等案件2874件，案值3400余万元。

五是突出重点市场治理。省双打办会同相关成员单位对群众反映强烈、社会舆论关注、侵权假冒多发的重点市场开展集中整治。坚持整治与规范并重，严格落实市场开办者主体责任，强化合规经营制度机制建设，从生产源头、制假渠道和消费终端多管齐下，加大巡查力度，提高暗访排查频次，严厉打击制售假冒伪劣食品药品、农产品、农资等违法行为，有效净化市场环境，切实保障广大消费者合法权益。今年以来，全省17个市州重点市场共查办案件483件，罚没金额470万元，移送司法机关15件。

（四）严格司法保护，提升保护质效

一是重拳打击犯罪。省公安厅组织开展"昆仑2022"专项行动，剑指食品、药品、知识产权等五类违法犯罪，集中侦破一批大要案件、摧毁一批犯罪窝点、斩断一批犯罪链条、严惩一批犯罪分子。全省公安机关共侦破侵权假冒伪劣犯罪案件367件，抓获犯罪嫌疑人354人。

二是提升审判质效。省法院聚焦打造知识产权争端解决"优选地"，持续深化知识产权审判领域改革，推进知识产权审判"三合一"机制改革，完善审理专门化、管辖集中化、程序集约化审判体系，提升审判质效，依法惩治假冒伪劣犯罪行为。全省法院共受理侵权假冒伪劣案件237件，审结案件163件，生效判决316人。

三是完善检察监督。省检察院积极探索知识产权检察保护"湖北模式"，加强知识产权刑事、民事、行政、公益诉讼等检察职能综合履行。聚焦人民群众和市场主体反映强烈的侵权假冒重点领域和关键环节，加大监督办案力度。全省检察机关共批捕侵权假冒伪劣犯罪案件108件227人，起诉108件207人，监督侦查机关立案40件49人。

（五）完善制度机制，推动长效常治

一是健全长效机制。省市场监管局、省知识产权局创新监管方式，依托国家企业信用信息公示系统

（湖北）平台，在武汉、荆州等地开展知识产权领域企业分级分类监管工作试点，在全国率先开发知识产权领域企业信用分级分类监管系统，建立分级分类监管工作机制，对侵权假冒严重失信主体实行联合惩戒。省发改委大力推进信用信息归集共享，省直行业部门依托省信用平台联合奖惩系统，发布本行业领域侵权假冒"黑名单"。人行武汉分行持续加强湖北省金融领域严重失信主体信息共享平台建设和应用，对侵权假冒"黑名单"企业实施市场性惩戒和约束，防范侵权假冒领域金融风险。

二是纳入考评激励。省委政法委持续将打击侵权假冒违法犯罪纳入平安湖北建设考评体系，年终会同各职能部门在全省开展打击侵权假冒工作专项考评，进一步压紧压实责任措施，扎实深入做好打击侵权假冒各项工作。

（六）强化宣传教育，构建共治格局

打击侵权假冒是一项长期性、艰巨性和复杂性工作，必须调动相关各方积极性，形成政府、企业、社会组织和广大群众共同参与的工作格局。

一是加强宣传引导。省双打办在全国率先建设省级打击侵权假冒工作网，展示湖北打击侵权假冒工作成效，宣贯打击侵权假冒法律法规和相关政策，推介打击侵权假冒经验做法，曝光典型案例，普及识假辨假常识。今年以来，共采编发布打击侵权假冒相关信息990余篇，依托该网站向全国双打办报送工作信息88篇，编辑湖北双打简报12期。各成员单位围绕"3·15"国际消费者权益日、"4·26"世界知识产权日、"5·10"中国品牌日、公平竞争政策宣传周等重要时点开展集中宣传，利用报刊、电视、网站、新媒体加强常态化宣传。省双打办会同市场监管、烟草等成员单位共同组织侵权假冒伪劣商品全省统一销毁行动，共销毁侵权假冒伪劣商品16大类、100余万件，重量超190吨、货值3100余万元。销毁行动受到中央电视台新闻联播、新闻直播间等栏目高度关注，人民日报、中新网、中国交通广播、湖北电视台、湖北日报、长江云等多家主流媒体进行集中宣传报道，产生良好社会影响。省经信厅、省机关事务局加大宣传教育力度，为打击侵权假冒工作营造良好社会氛围。

二是加强行业自律。省委网信办、省商务厅等部门召开电商平台企业行政指导会，指导互联网平台企业坚持依法合规经营，不断强化自我约束和自我管理，共同促进线上经济健康规范发展。省市场监管局支持、指导湖北省商标、电商、策划等行业协会强化自律意识，发挥其对成员的行为导引、规则约束、权益维护作用，引导行业健康发展。

三是完善保护体系。省国资委、省商务厅加强展会知识产权保护，指导、推动参展企业建立知识产权保护工作体系，学习知识产权相关法律法规，引导企业自觉守法诚信经营。知识产权局、省司法厅联合印发加强知识产权纠纷调解工作方案，全面推动建立政府、社会多方参与的知识产权纠纷调解工作格局，不断完善知识产权纠纷多元化解机制。省贸促会积极做好展会知识产权保护，发布《湖北省贸促会展会知识产权保护管理办法》，开展会展知识产权预警、排查，帮助企业预防纠纷，降低参展风险。

五、存在问题

一是双打工作开展不够平衡。个别地方和部门对双打工作思想认识不够高，履职尽责不够到位，经费保障不够有力，双打工作推进有差距，质量不高。

二是侵权假冒个案时有发生。少数农村地区和城乡接合部市场侵权假冒个案较多，特别是食品、烟酒、服饰、建材、汽车配件等民生商品侵权假冒问题较为突出。

三是网络案件查处有待加强。网络直播带货等新业态、新模式的出现，虚假宣传、直播售假、"三无"产品等现象频发，由于直播电商售假行为具有一定的隐蔽性，加之平台落实监管存在一定的漏洞，对相关新领域侵权假冒案件查处难度较大，执法力度有待进一步加强。

四是侵权案件办理难度加大。当前，侵权假冒违法犯罪呈现线上线下一体化、违法行为组织化、境内境外互动化等特征，作案手段隐蔽，专业化更强，打击难度加大，特别是随着制假售假向网络化、信息化模式发展，违法分子反侦察、逃避打击意识和能力越来越强，导致案件查办难度越来越大。

六、2023年工作打算

2023年是全面贯彻落实党的二十大精神开局之年，是实施"十四五"规划承上启下关键之年。加强知识产权保护、打击侵权假冒工作要以习近平新时代中国特色社会主义思想为指导，认真落实党中央、国务院决策部署和省委、省政府工作要求，坚持法规建设与打击惩治并举，强化统筹协作，突出重点整治，层层压实责任，有效遏制侵权假冒违法行为，为促进创业创新、推动经济持续健康发展、保障和改善民生作出积极贡献。

（一）进一步提高政治站位，强化责任担当

省双打办将充分发挥统筹协调、牵头抓总作用，组织成员单位深入学习习近平总书记重要讲话和指示批示精神和党的二十大精神，进一步提高政治站位，强化责任担当，高标准推进《关于加快推进知识产权强省建设的实施意见》，制发打击侵权假冒工作要点，制定绩效考核细则，开展重点市场整治，组织统一销毁行动，展示打击侵权假冒工作成果，提升打击侵权假冒工作质效。

（二）进一步深化重点整治，净化市场环境

把开展侵权假冒重点市场整治、营造安全放心消费环境和法治营商环境作为保护知识产权、打击侵权假冒重要抓手，进一步加大打击整治力度。突出侵权假冒重点领域商品交易市场监管，建立"一市场一档案"监管制度，强化源头管控，督促市场开办方落实主体责任，对问题集中的市场采取行政指导、行政约谈等形式，督促开办方加强市场管理，对市场重复侵权、恶意侵权、群体侵权等违法行为，加大行政处罚力度，依法严肃查处，净化市场环境，切实保护权利人和消费者合法权益。

（三）进一步强化监管震慑，开展统一销毁

持续推进侵权假冒伪劣商品全省统一销毁行动，保障消费者和权利人合法权益，有力震慑制假售假违法犯罪行为，营造保护知识产权、打击侵权假冒良好社会氛围，彰显全省依法严格保护知识产权、打击侵权假冒的坚定决心和鲜明态度。

（四）进一步推进执法联动，加强全链保护

进一步推进跨部门、跨领域、跨区域执法联动，健全新领域、新业态知识产权保护制度，加强知识产权全链条保护。更好发挥各级双打机制作用，进一步强化部门协同配合，深入开展重点领域专项整治，坚决打击各类侵权假冒违法犯罪行为，守牢质量安全底线。

（五）进一步强化宣传引导，构建社会共治

进一步拓宽宣传渠道，统筹用好传统媒体和新兴媒体，强化湖北打击侵权假冒工作网建设，围绕重要时点、重点部署、重大行动，开展宣传报道，展示全省打击侵权假冒工作成效；定期曝光打击侵权假冒典型案例，强化警示震慑；鼓励市场主体、行业协会、商会建立知识产权保护自律和信息沟通机制；畅通举报渠道，强化社会监督，形成假冒伪劣"人人喊打，无处藏身"的局面，着力构建知识产权保护、打击侵权假冒社会共治格局。

（六）进一步加强督查激励，推动工作落实

持续推动将打击侵权假冒工作纳入省委平安湖北建设考核评价体系和省级层面督查检查考核计划，定期开展年度检查考核，扎实推进各项措施落实落地。省双打办要更好发挥牵头抓总作用，既要加强统筹协调，更要抓好工作落实，推动全省打击侵权假冒工作取得更大实效。进一步健全完善考核评价机制，真实反映各地打击侵权假冒工作成效，对好的地方、好的经验及时总结、全省推广，对工作推进不力、责任落实不到位，出现区域性、行业性、群众反映强烈侵权假冒问题的地区和单位，及时采取约谈、挂牌督办等方式进行指导、督促查处，切实加强督办。

七、工作建议

一是建议聚焦打击侵权假冒主责主业，进一步健全完善考核评分细则，着力提升考核精准度；二是建议组织开展双打工作线下培训，提升双打工作人员业务素质。

（撰稿人：张永康）

湖南省打击侵权假冒工作报告

一、主要工作情况

2022 年，湖南省打击侵权假冒工作坚持以习近平新时代中国特色社会主义思想为指导，深入践行以人民为中心的发展思想，围绕健全法治保障体系、优化营商环境、维护消费者合法权益、营造创新创业浓厚氛围目标要求，突出重点行业、重点领域、重要环节，全面排查整治，严格监管执法，强化司法保护，严守安全底线，不断推动全省打击侵权假冒工作取得显著成效。

（一）提升站位强化部署

领导小组高度重视打击侵权假冒工作，始终把落实习近平总书记关于加强知识产权保护，打击侵权假冒违法行为系列重要指示批示精神作为一项重大政治任务、政治责任、政治要求，时刻放在心上、抓在手上、落在地上。第一时间根据全国双打办年度工作要点，结合全省实际研究细化制定并下发全省工作要点，明确工作任务、细化工作措施、落实工作责任。全国打击侵权假冒工作电视电话会议后，省双打办第一时间组织相关成员单位和省市场监管局相关处室集体学习领会，第一时间将会议精神和贯彻落实意见列入省市场监管局党组会审议，并报省政府批准。8 月份，召开全省打击侵权假冒工作会议，学习贯彻上级指示精神，明确工作重点，提出具体要求，切实做到任务清楚、目标明确、责任到位，以强大的部门攻坚合力，确保持续保持打击侵权假冒工作的强劲态势。10 月份，根据各成员单位人员变动情况，及时提请省政府调整领导小组组成人员。

（二）重点治理精准打击

持续保持高压打击态势，紧盯重点领域、重点行业、重点产品和重点环节，全面排查整治，严格监管执法。全年，全省各级各部门累计查办行政案件 8197

件，罚没金额9927.5万元，案件数量和罚没金额同比增长17.8%、34.8%。

一是突出疫情防控。市场监管部门坚决打好整治非法制售口罩等防护产品和打击野生动物违规交易"两大战役"，出动执法人员8.39万人次，责令问题整改175家次，查办案件92件，罚没金额280余万元。卫健部门以问题为导向，扎实开展抗（抑）菌制剂生产企业检查和抗（抑）菌制剂膏、霜剂型抽查工作，随机监督抽查消毒产品企业159家。

二是突出民生领域治理。市场监管联合公安等部门深入开展民生领域案件查办"铁拳"行动，精准重拳出击，查办生产销售假劣食品、建材汽配、儿童玩具等各类侵权假冒案件6200件，移送司法案件89件，罚没8534.92万元。

三是突出互联网和版权领域治理。宣传、网信等部门联合开展"剑网2022"专项行动，查办网络侵权盗版案件94起，刑事案件27起，涉案金额2.85亿元。"湖南岳阳'2·09'涉嫌侵犯著作权案"等三案被中宣部版权管理局等六部门列为联合挂牌督办案件，岳阳"贾某侵犯网络游戏著作权案"在《中国新闻出版广电报》深度报道。全省20家单位、36名个人（含专案组）获评国家版权局查处重大侵权盗版案件有功单位和个人，获奖数量、获奖金额均居全国第三。市场监管部门持续开展知识产权保护执法行动和专利代理"蓝天"行动，查处线上线下商标侵权、假冒专利案件1313件，无资质专利代理案件1件，非正常专利申请案件1件，罚没金额1575.78万元，移送司法机关案件线索34条。文旅部门先后开展了冬奥期间文化旅游市场集中检查、保护未成年人合法权益和打击整治养老诈骗专项行动、演出娱乐上网服务场所专项整治等系列执法行动，查办各类案件460件，罚没金额574.86万元。

四是突出食品药品等重点产品治理。市场监管部门共查处食品安全案件1.23万件，罚没金额1.55亿元，移送案件137件。1起案件列入国家市场监管总局"铁拳"行动典型案例，2起案件被总局重点挂牌督办。郴州市局、苏仙区局配合公安机关查获了涉案货值10余亿元的团伙销售假酒案，对辖区14家下游经

销商依法实施了行政处罚。芳姐卤业公司生产不合格豆制品案作出吊证、罚没60余万元、法定代表人五年禁业处罚。药监部门先后开展农村药品专项整治、"清廉医保"专项整治等多项执法行动，严厉打击药品、医疗器械、化妆品违法违规行为，共查办侵权假冒案件533件，移送涉刑案件55件，捣毁制假售假窝点1个，货值金额1879万元。税务部门以成品油行业作为打击侵权假冒工作的重点领域，全省共对187家成品油企业开展摸底排查，立案检查35家，核对企业年审数据41121条，危化特种运输车辆GPS运行轨迹25余万条，完成209户次19588份成品油异常发票解锁、3户次34.97吨成品油库存核减，取消成品油经销企业身份标识19户，查补税收收入2.85亿元。其中岳阳警税联合侦办的成品油"红冲"虚开发票案，涉嫌偷逃消费税1.88亿，公安部已将此案列入督办案件。生态环境部门加强无害化处置单位环保监管，无害化销毁假冒伪劣产品116.1吨。

五是突出涉农市场治理。农业农村部门开展"湘剑"护农暨农资打假联合行动，部署开展食用农产品"治违禁 控药残 促提升"三年行动，出动执法人员7.65万人次，检查门店及生产企业5.2万家次，抽检农资产品3.22万个，查办案件912件。林业部门按照"疏堵并举、正本清源、严把四关"原则扎实推进种苗和植物新品种权保护，检查种苗生产、经营、使用单位80家，查处林木种苗违法案件15件。

六是突出进出口和寄递环节治理。长沙海关扎实开展"龙腾""蓝网"等知识产权海关保护专项行动，共扣留侵权嫌疑商品1407批次、26.13万件，价值65.66万元。邮政部门积极宣贯《禁止寄递物品管理规定》，组织企业签订《寄递服务和安全保障承诺书》，督促寄递企业落实邮件快件实名收寄、收集验视和过境安检等制度规定，开展"异地上线"专项整治，切实正规寄递行业秩序，联合烟草专卖局建立打击寄递渠道涉烟违法行为协作机制。

（三）司法保护成效显著

贯彻落实"司法主导、严格保护、分类施策、比例协调"原则，切实加大知识产权司法保护力度，提高侵权赔偿标准，努力营造不敢侵权、不愿侵权的法

律氛围，增强权利人对知识产权司法保护的获得感和安全感。公安机关深入开展打击危害食品安全犯罪、危害药品安全犯罪以及侵权假冒犯罪"昆仑"系列行动，查办刑事案件 481 件，抓获犯罪嫌疑人 1542 人，涉案金额 3.26 亿元。法院系统紧紧围绕"努力让人民群众在每一个司法案件中感受到公平正义"的工作目标，严格知识产权保护，共受理刑事一审案件 461 件，判决 865 人。检察机关积极探索知识产权检察监督职能整合，健全"监管员＋检察官"协作机制，全面支持和积极引导各地将知识产权司法保护纳入属地，全面提升打击侵权假冒能力和水平，共批捕案件 395 件，批捕人数 751 人，起诉案件 814 件，起诉人数 1887人。起诉案件数量同比增长 21.7%。

（四）体制机制长效推进

面对新业态快速发展，市场环境日趋复杂，侵权假冒违法行为易发多发的严峻形势，坚持在机制建设上守正创新，着力疏堵点、破难点、补短板、强弱项，推动形成部门合力、上下协调、一体推进的良好格局。一是健全考核问效机制。加强与省委、省政府的沟通协调，在平安建设考核的基础上，将打击侵权假冒工作纳入对市州政府质量工作、食品安全工作考核内容，围绕"目标""责任"两大元素，按照"个性＋共性"模式，进一步定准目标、定实措施、定细责任，切实发挥考核指挥棒作用，激发各级各部门抓落实、严打击、创实绩的活力和动力。二是健全协同保护机制。先后与省法院、长沙海关签署知识产权保护合作备忘录，与贸促会签署战略合作协议，联合发力，强化协同保护力。湖南、四川两地开展知识产权协同保护交流，与山西、安徽、江西、河南、湖北签署《中部六省知识产权行政保护协作协议书》，选定 34 家企业为知识产权保护项目实施企业，指导企业完善知识产权保护制度，持续推进执法互助、监管互动、信息互通、经验互鉴。2023 年 1 月 1 日起《湖南省知识产权保护和促进条例》的施行，将多方构建"严大快同"保护体系、防范知识产权风险。三是健全快速处理机制。出台《湖南省专利侵权纠纷行政裁决办法》，引入"简易程序"制度，对于事实清楚、法律适用明晰的专利侵权纠纷案件提出简易程序处理

途径。同时，首次引入技术专家辅助机制和技术调查官协助调查机制，与行政确权高效联动。四是健全行刑衔接机制。以起草制定《建立健全湖南省市场监管领域行刑纪衔接贯通机制实施意见》为契机，督促指导全省系统大部分市州先后成立行刑衔接联络室，出台了案源互通、联查联办等配套制度，为提升执法成效提供坚实保障。

（五）宣传引导有力有序

全省各级各部门采取政策法规解读、消费维权科普、端窝捣点宣传、典型案例曝光等多种形式，利用消费者权益日、知识产权日等时机，大力加强宣传教育，注重发挥多元主体作用，推动双打工作向基层延伸，不断增强企业的主体责任意识和消费者的维权保护意识，激发全社会对双打工作的关注和支持，共发放宣传资料 50 万余份，省双打办发布典型案例 3 批次 35 件，向国家打击侵权网站报送新闻 104 条。进一步创新宣传方式，拓宽宣传渠道，加大宣传力度，既有传统媒体"发声"，也有新媒体"唱响"，11 月 10 日，《湖南日报》要闻版专栏刊发题为《合力攻坚勇担当 铁腕执法捍权益——2021 年以来湖南省打击侵权假冒工作纪实》的专题报道文章，从集中宣传重点治理成果、跟进报道行政执法动态、全面宣传司法保护成效、不断完善体制机制、持续开展普法宣传教育等方面对 2021 年以来全省打击侵权假冒工作进行了全方位报道。安排专门经费，设计印制宣传展板 30 块，制作宣传视频，省双打工作领导小组成员单位和市州双打办在本单位电子显示屏和大型户外广告媒介循环播放。发挥新兴媒体优势，综合运用地铁传媒、湖南广电户外传媒等载体，打造融媒体宣传矩阵，在地铁站、橘子洲风景名胜区及时发布动态信息，倡导社会共治。通过湖南电台《民情直通车》栏目以"铁腕捍权益，全力保民生！市场监管执法在路上"为主题，专题报道全省市场监管系统打击侵权假冒工作情况。

（六）基础建设逐步夯实

坚持将抓基层、打基础作为厚植根基、显著提升工作成效的保障支撑，着眼强基固本持续发力。一是监管方式有新发展。长沙市建立放心肉智能交易监管平台，启动建设长沙知识产权违法犯罪监测预警平台，

让"人人参与、社会共治"成为新常态。株洲市以"炎陵黄桃"地理标志保护为突破口，开创了网络交易监管异地协作的新模式。岳阳市建立三级溯源治理矛盾纠纷多元化解工作机制。常德市健全行政执法"四项制度"，规范执法程序，提升执法效能。二是信息化水平有新提升。农业农村部门建立"水稻品种 DNA 图谱库"，林业部门组织中南林业科技大学等单位开展油茶主推品种 DNA 指纹图谱库构建，推进油茶品种 DNA 指纹鉴别平台建设，为打击林木种苗侵权假冒提供科学可靠的鉴定支持。公安部门结合情报中心和大数据中心建设了"神鹰"实战平台，打造"智慧新经侦"体系。市场监管部门广泛运用国家企业信用信息公示系统，为开展知识产权领域信用监管提供支持，推行行政处罚案件信息管理系统，启动执法硬件数字化提升计划，助推执法信息化转型。三是能力培养有新加强。各级各部门将双打业务纳入年度培训计划，年度均举办了一期以上专题业务培训，采取训、帮、带等措施，结合岗位练兵、正面激励，着力打造一支技术型、专家型的工作队伍，逐步提升工作能力和水平。

二、形势和问题

随着市场经济的飞速发展，市场竞争日益激烈，市场环境日趋复杂，打击侵权假冒工作虽然取得了明显成效，但形势仍然不容乐观，仍然存在一些短板和不足。

（一）违法行为禁而不绝

市场发展日新月异，侵权假冒问题依然比较严峻，并且呈现出产品扩大化、生产窝点隐蔽化、销售渠道网络化、产销环节一体化和参与成员复杂化等特点，对打击侵权假冒工作的专业性、技术性提出了更高要求。

（二）工作进展参差不齐

虽然各级各部门对上级决策部署认识到位、落实有力，但仍有少数部门和单位与时俱进做得不够，创新意识不强，依旧是老套路、旧模式，有的甚至打折扣、搞变通，没有实际举措，没有较真碰硬，影响和制约了双打工作的整体效能。

（三）打击成效差强人意

从这几年的情况看，全省双打工作相关的行政案件、刑事案件，还有法院受理案件、检察机关批捕案件等，与全国排在前列的兄弟省份相比，不管是数量还是质量，都有一定差距，系统性、全国性的案件虽有但不多，影响力和震慑力不够强。

（四）体制机制亟待完善

从农田到餐桌、从实验室到市场，全过程、全链条的执法监管没有实现无缝对接，联合执法机制相对薄弱，协调联动不够紧密，行刑衔接不够顺畅，合力攻坚的态势没有全面形成。

三、2023 年工作打算

2023 年是贯彻落实党的二十大精神的开局之年，也是全面建设社会主义现代化国家开局起步的重要一年，打击侵权假冒工作任务与压力并存、使命与责任并重。总体思路是跟紧决策部署、跟上形势变化、跟进新兴业态，坚持问题导向，聚焦重点领域，狠抓监管执法，以更高的工作成效为贯彻新发展理念、构建新发展格局、服务高质量发展作出更大贡献。

（一）不断抓实执法工作

坚持将开展重点领域治理作为打击侵权假冒工作的关键抓手，紧抓不放，常抓不懈。突出互联网、电子商务等重点领域，食品药品、工业产品、地理标志产品、防疫物资等重点产品，农村市场、林草种苗市场等重点市场，寄递环节、进出口环节等重点环节，扎实开展剑网、秋风、农资打假、铁拳、蓝网、龙腾等专项行动，持续保持高压态势，坚决遏制重大侵权假冒违法行为发生。

（二）聚力抓稳机制建设

以健全体制机制破题开局，充分发挥领导小组统筹协调作用，在机制创新上迈出更扎实的步伐。坚持监管与执法一体、排查与整改结合、整治与打击并重，有效发挥监管执法效能。加强部门间、单位间沟通协调，完善行刑衔接、行技衔接，凝聚行政执法、刑事司法和技术支撑整体工作合力。

（三）持续抓好人才培养

争取更多的财力支持，在基础建设、培训培养等方面为基层提供更多保障。以 2 到 3 期针对性培训为基础，以实战实训为重点，以学法用法考法、经验交流演讲等为补充，实现双打业务培训全覆盖，努力打造一支高素质的双打工作干部队伍。

（四）突出抓新闻宣传工作

采取群众喜闻乐见的方式，继续加大宣传力度。紧紧抓住"3·15""4·26"等关键时间节点，加大打击侵权假冒工作宣传力度。不定期召开新闻发布会通报典型案例，震慑违法，教育群众。积极稳妥回应社会关切和网络舆情，及时消除疑虑和误解，增强社会理解和共识。

四、工作建议

一是从国家层面加强与各部门的沟通协调，争取对双打工作的更大支持。二是进一步加大对基层的指导帮扶和政策倾斜力度。

（撰稿人：任德志）

广东省打击侵权假冒工作报告

2022 年，广东省打击侵权假冒工作坚持以习近平新时代中国特色社会主义思想为指导，认真学习贯彻党的二十大精神，深入学习贯彻习近平总书记在十九届中央政治局第二十五次集体学习时的重要讲话精神，贯彻落实党中央、国务院决策部署，严格按照全国双打办以及省委、省政府的工作要求，围绕统筹推进创新型国家建设和高质量发展，提高政治站位，坚持问题导向，聚焦中心工作，依法严厉打击侵权假冒违法犯罪行为，有效净化市场经济秩序，维护公平竞争环境。

一、打击侵犯知识产权和制售假冒伪劣商品工作总体开展情况

2022 年，全省市场监管系统共查办侵权假冒案件 20568 件，罚没 2.04 亿元，移送公安机关 259 宗，捣毁制假窝点 75 个。公安机关共立侵犯知识产权案件 3254 宗，抓获犯罪嫌疑人 6008 人，涉案金额 92.4 亿元。检察机关共批捕生产销售伪劣商品犯罪案件 290 件 491 人；批捕侵犯知识产权犯罪案件 456 件 674 人；起诉生产销售伪劣商品犯罪案件 501 件 1026 人；起诉侵犯知识产权犯罪 1067 件 1877 人。审判机关一审共受理生产销售伪劣商品犯罪案件 569 件，审结 551 件；判决生效 1010 人，一审共受理侵犯知识产权犯罪案件 1221 件，审结 1293 件；判决生效 1979 人。2022 年，全省没有因侵权假冒行为直接导致安全事故、环境污染和生态破坏事故、公共卫生事件、动物疫情、社会群体性事件、涉外突发事件和影响市场稳定的突发事件等突发公共事件或重大刑事案件的发生。

二、主要工作情况和亮点

（一）强化组织领导，完善工作机制

一是省委、省政府主要领导多次对全省知识产权工作作出指示批示，时任省委书记李希主持召开省委深化改革委会议专题听取"完善知识产权全链条保护机制"情况汇报。二是省政府先后召开 8 次常务会议和专题会议研究部署知识产权保护工作，省长王伟中主持召开全省知识产权保护工作会议，统筹推进知识产权强国先行示范省建设。三是及时组织召开全省打击侵权假冒电视电话会议，分管副省长出席，对全省打击侵权假冒工作作动员部署。四是调整省打击侵权假冒工作领导小组及其办公室，明确由分管副省长为组长，省政府副秘书长、省市场监管局局长、省公安厅副厅长为副组长，确保组织协调工作畅顺。五是进一步完善《广东省打击侵犯知识产权和制售假冒伪劣商品工作领导小组工作规则》等制度，规范工作流程，完善工作程序。六是按照国家部署并结合广东实际，精心研究制定《广东省打击侵犯知识产权和制售假冒伪劣商品工作方案》，明确工作目标、工作重点、工作责任和工作要求。七是完善考核机制。持续将"打击侵犯知识产权和制售假冒伪劣商品违法犯罪"工作纳

入平安建设考评指标体系，并对全省进行考核考评，督促各地整改存在问题，促进地方党委政府落实双打工作责任。八是修订完善《广东省举报侵犯知识产权和制售假冒伪劣商品违法行为奖励办法》，充分调动社会公众举报侵权假冒违法行为的积极性，营造共建共治共享社会治理格局。

（二）部门各司其职，开展专项治理

市场监管部门将双打工作与民生领域案件查办"铁拳"行动、2022网络市场监管专项等行动有机结合，突出重点商品、重点区域、重点环节，依法严厉打击侵权假冒行为，"铁拳"行动期间，全省市场监管部门共立案涉民生领域案件26416宗，移送公安案件418宗；在网络市场监管专项行动中，全省市场监管部门责令整改网站2180个次，提请关闭网站15个，查处相关案件1497件，移送公安机关案件9件。公安机关紧紧围绕"清风2022"和"昆仑2022"专项行动，将打击矛头直接对准危害生产生活安全和社会经济发展的侵权假冒犯罪，特别是针对珠三角、粤东部分重点地区，通过深入摸排梳理一批犯罪线索，通过开展区域性专项打击整治行动，侦破一批情节严重，影响恶劣的案件，全力护航全省经济高质量发展。宣传部门（版权部门）组织开展打击网络侵权盗版"剑网2022"专项行动。专项行动期间，广东省版权部门共查处网络侵权盗版案件62宗，已行政结案35宗、罚款33.38万元，移送司法机关9宗，删除侵权盗版链接2231条，将204家网站（平台）列为重点监管网站（平台），网络版权专项治理取得明显成效。农业农村部门制定印发《2022年广东省农资打假专项治理行动实施方案》，组织开展以种子、农药、肥料为重点的专项行动，检查生产经营主体9.54万个次，整顿农资市场2505个，立案查处违法案件1821宗，移送司法机关111宗。文旅部门以互联网文化、非物质文化遗产保护等领域为重点，有针对性地部署专项行动，2022年，全省文旅部门立案971宗，给予警告405家，罚款545家，罚款1024万元。住建部门严把工程建设质量关，印发《广东省住房和城乡建设厅关于开展2022年建材打假专项行动的通知》，持续开展以打击使用假冒伪劣建材为目的的建材打假专项行动，2022年全省

住建部门共查处使用不合格建筑材料或混凝土生产原材料案件6宗，罚款193万元。林业部门加强林业侵权假冒线索收集和举报受理，指导各县级林业主管部门开展专项执法检查，重点查处制售假冒伪劣种苗以及无证、无档案、无标签生产经营等违法行为，全省林业部门查处涉及无证生产经营、无档案标签种苗相关案件10件。药监部门加强认真落实"四个最严"要求，以统筹开展药品安全专项整治为抓手，着力开展"两品一械"打击侵权假冒工作，2022年，全省药监部门共查办普通程序案件9662宗，货值4.61亿元，移送司法机关251宗。省内海关组织开展以知识产权海关保护为重点内容的"龙腾行动2022""粤港澳海关保护知识产权联合执法行动"，以维护中国制造海外形象的"净网行动""蓝网行动"等，2022年，省内海关实际查扣侵权商品21736批次，数量2881万件，货值超1.44亿人民币。烟草专卖部门以"零容忍、常高压、强震慑"的态度，扎实开展"蓝剑"专项行动，2022年，全省烟草系统共查处5万元以上假烟案件1094宗，其中超百万元案件279宗、超千万元案件7宗。生态环境部门全力做好侵权假冒伪劣商品环境无害化销毁及相关工作，及时将全省具有环境无害化处理能力的单位及符合环保相关资质的生产、加工利用企业信息在官网上公布。邮政管理部门紧盯岁末年初、全国两会、"6·18"电商促销等关键时期和节点，全力查堵涉侵权涉假冒等禁寄物品。

（三）加大工作力度，保护知识产权

省人大常委会审议通过《广东省知识产权保护条例》，于2022年5月1日起施行。该条例以知识产权"严保护、大保护、快保护、同保护"为原则，为全省统筹推进知识产权各项工作提供了法律依据和制度保障。省委宣传部（省版权局）联合省电影局印发《关于进一步加强电影作品版权保护的通知》，建立电影版权保护联动机制，构建集管理、执法、运营、宣传于一体的电影版权保护工作格局；省推进使用正版软件工作联席会议办公室印发《2022年广东省推进企业使用正版软件工作重点单位名单》，对名单上企业规定使用正版软件工作完成时间的时间表和路线图，持续深入推进全省软件正版化工作。省市场监管局印发《广

东省知识产权局 2022 年知识产权工作要点》及分工方案，对专业市场等重点领域知识产权保护工作作出批示部署，有力指导全省年度知识产权重点工作任务落地见效；全面统筹保护中心体系建设工作，目前已建成 14 家国家级中心、16 家省维权援助分中心、10 家市县级维权援助机构和 217 个工作站；深入开展重点领域关键环节知识产权保护专项行动、重点市场知识产权专项整治、茶叶类地理标志保护专项行动、北京 2022 年冬奥会和冬残奥会奥林匹克标志知识产权保护专项行动、打击商标恶意注册等专项行动，深入推进打击无资质专利代理行为，规制非正常专利申请；强化商业秘密保护工作，佛山市、广州市黄埔区、深圳市南山区入选全国首批商业秘密保护创新试点，入选数居全国之首。组织开展"黄金内湾商业秘密保护创新工程"，建立广东省商业秘密保护基地（园区）标准，以商业秘密保护基地为依托，提供宣传、咨询、维权等各项公共服务。开展广东省先进制造业商业秘密保护需求调研，召开广东省先进制造业商业秘密保护论坛，委托专业机构面向中小企业、出口型企业提供商业秘密保护维权援助服务，组织涉外商业秘密保护法律及案例研讨会等，切实提升企业在商业秘密保护领域的获得感。2022 年，全省市场监管部门共查处商业秘密案件 9 宗，结案 4 宗，罚没金额 84.54 万元。省司法厅积极发挥公证参与知识产权保护的职能作用。加强公证信息化建设，推广公证电子存证技术，运用"互联网＋公证"服务模式，为当事人及时保护知识产权提供 7×24 小时固定证据服务，为行政机关打击制售假冒伪劣商品等侵权行为提供事前、事中、事后公证法律服务。省法院 2022 年 6 月正式实施知识产权审判"三合一"，指导全省各地法院制定实施细则，分两阶段推动全省三级法院全面落实改革方案。评选发布首批全省法院知识产权"三合一"典型案例，积极打造改革先进样板。获评广东省高级人民法院 2022 年十大重点工作。省知识产权保护中心联合省贸促会印发关于加强海外知识产权纠纷应对指导工作推进计划（2022—2025 年），健全海外知识产权纠纷应对指导机制保护工作体系，2022 年共收集诉讼案件 248 起、美国 337 调查案件 9 起。

（四）推进两法衔接，强化刑事打击

省双打办强化横向纵向的执法协作，以实现对侵权假冒行为的全链条打击。省双打办加强与兄弟省份执法协作，并积极协调公安、市场监管、住建等部门对具体案件督促指导，组织从生产、仓储、销售等多个环节开展攻坚侦办和追根溯源的全链条排查工作。省检察院继续深入开展广东省食用农产品"治违禁 控药残 促提升"三年行动，聚焦十项重点任务，重点打击农药兽药残留严重超标、非法制售使用"瘦肉精"等禁、限用物质犯罪。联合省公安厅、药监局开展全省药品安全专项整治行动，依法严厉打击药品、医疗器械、化妆品领域违法犯罪，保持高压态势，形成有效震慑。省法院坚决执行《最高人民法院关于依法加大知识产权侵权行为惩治力度的意见》，充分发挥惩罚性赔偿的制度作用，注重从经济上制裁犯罪。如审结制售假冒口罩的董某明等人假冒注册商标案，涉案金额达 1690 万余元，主犯被判处有期徒刑五年十个月，并处罚金 895 万元。审结将正品"二手翻新"产品伪装成"原装正品"销售的颜某某等假冒注册商标案，对主犯判处有期徒刑三年六个月，并处罚金 25 万元。省药监局与省公安厅、省检察院、省法院共同修订《广东省药品行政执法与刑事司法衔接工作事实办法》《广东省药品监管部门移送涉嫌犯罪案件类型及标准》等文件，着力强化协同打击与保护。省烟草专卖局联合省公安厅组织开展打击涉烟违法犯罪"百日攻坚"专项行动，严打涉烟制售假和非法经营烟丝烟叶违法行为，有效斩断制假原辅料供应和成品产销全链条。

（五）加强协调联动，重拳打假治劣

省市场监管局联合省公安厅、省消防救援总队开展消防安全专项整治三年行动，进一步加强电动自行车产品质量安全监管工作，行动期间共查处电动自行车及配件产品质量违法行为案件 1601 宗，案件总值约 491.50 万元，罚没金额约 855.06 万元。省委宣传部（省版权局）开展"青少年版权保护季"行动，组织新闻出版、"扫黄打非"、公安、教育等部门，迅速部署广东省相关工作。专项行动期间，广东省版权相关部门共查处版权保护案件 22 宗，涉案金额 2630 余万元，其中行政立案 11 宗（结案 9 宗），刑事立案 11 宗，拘留68人。省司法厅联合省市场监管局、省知识产权保护中心、省公证协会在全国率先评选省级知识产权公证服务示范机构12家，全省公证机构共办理知识产权公证约4万件。省农业农村厅联合省市场监管局发文组织开展假冒伪劣肥料排查执法行动，并派出两个联合督导检查组，对惠州、河源、肇庆、云浮市有关肥料生产企业、销售门店开展督导检查。省文化和旅游厅联合省版权局，指导全省各级文化旅游部门有序开展集中整治行动，全面排查各类文化和旅游市场经营单位，重点查处打击电商平台、短视频平台、公众账号未经授权提供冬奥赛事节目盗播链接等作品的侵权盗版行为，组织各地开展冬奥会版权保护专项行动，立案调查涉冬奥会版权类案件88件，罚款50万元。省卫生健康委组织全省卫健部门开展全省抗（抑）菌制剂乱象治理工作，联合市场监管等部门，建立联合执法机制，专项整治期间共查处消毒产品违法案件39宗，罚没11.049万元，发出协查函48封。省药监局联合省卫生健康委开展第二类精神药品专项检查，开展麻精药品、抗菌药物、医疗器械随机监督抽查等，加强特殊药品使用管理和风险排查。省法院与11家单位联合签署《关于强化广东知识产权协同保护的备忘录》，并研发上线知识产权司法与行政协同保护智能一体化平台，推动各地法院建立对外长效沟通联络机制，完善与同级检察、公安等行政机关对于知识产权行政、刑事案件跨区域管辖、案件移送审查、统一法律适用等方面的顺畅衔接，积极构建知识产权全域大保护新格局。海关总署广东分署牵头广东省内海关开展与香港、澳门海关在知识产权保护方面紧密合作，通过重大案件即时通报、一般侵权案件月度通报的案件信息沟通机制，2022年，海关总署广东分署牵头省内海关联合港澳海关开展打击侵犯知识产权行动3次，查获侵权货物、物品2907批次，201万件。

（六）加大宣传力度，营造打假氛围

2022年11月10日，省双打办承办全国侵权假冒商品统一集中销毁广东分会场活动，并协调全省同步进行，充分展示全省打击侵权假冒工作成果，本次活动全省共计销毁侵权假冒商品601吨，货值5.8亿元。省市场监管局通过组织开展"3·15"国际消费者权益日活动、"4·26"知识产权宣传周活动、食品安全宣传周活动、媒体曝光典型案例等，累计在各类媒体发布打击侵权假冒稿件307篇次，大力宣传打击侵权假冒有关工作成效。省司法厅将知识产权保护纳入全省"八五"普法规划，作为重点学习宣传内容。在广东省国家工作人员学法考试系统开设知识产权相关法律法规学习专栏，进一步培树知识产权法治意识，同时指导广东省律师参与打击侵犯知识产权和制售假冒伪劣商品工作，省市律协建立知识产权法律事务专家库、知识产权专业讲师团，收集发布知识产权典型案例，举办"广东律师知识产权典型案例"巡回报告会，宣传知识产权法律知识和办案技巧。省委宣传部采取著作权普法宣传进企业、利用各类媒体推出版权公益宣传片、海报等形式开展"4·26"版权宣传周活动，积极宣传版权相关知识和打击打击侵权盗版的重要成果。省检察院于2022年4月26日发布了"2021年广东省检察机关加强知识产权司法保护十大典型案例"，起到良好宣传示范效果。省法院连续十三年发布《广东法院知识产权司法保护状况》白皮书，发布包括刘某假冒注册商标刑事附带民事公益诉讼案在内的2021年度广东省知识产权审判十大案件，充分展示司法保护成果，不断提高人民群众保护知识产权的意识和识别假冒伪劣商品的能力，在全社会营造保护知识产权的良好氛围。省农业农村厅在官网公开发布《2022年全省十大农业执法典型案例》，并抄送各地供参考借鉴。通过公开发布农业执法典型案例，加大案件曝光力度，强化警示教育，对农业违法行为形成有力震慑。海关总署广东分署牵头发布广东海关知识产权保护十大案例，相关保护知识产权宣传视频在中央电视台播出，通过媒体平台全面宣传海关打击侵权的典型案例和举措。

（七）强化督查考核，强化打击效果

省委政法委充分发挥考核杠杆作用，持续把"打击侵犯知识产权和制售假冒伪劣商品违法犯罪"工作纳入平安建设（综治工作）考评指标体系，并对全省进行考核考评，督促各地整改存在问题，促进地方党委政府落实双打工作责任。省双打办根据省委政法委的部署，组织开展对全省各县（市、区）2022年度"打击侵犯知识产权和制售假冒伪劣商品违法犯罪"工作进行考核。同时，对揭阳电线电缆、电吹风重点生产区域提出警示，督促警示区域按时落实整改措施，确保整改成效。省市场监管局结合扫黑除恶斗争、打击涉民生领域疫情防控重点保障物资专项行动等工作，联合公安等部门加强对基层的指导检查，强化重点地区督导考核。省检察院加强对制售伪劣产品行政处罚案件的备案审查，对涉嫌犯罪的及时提出移送公安机关的建议，并监督公安机关立案侦查，切实监督纠正执法、司法机关对侵权假冒犯罪案件有案不移、有罪不究、以罚代刑等行为。2022 年，全省检察机关共建议行政执法机关移送生产销售伪劣商品犯罪案件 59 件 65 人，建议移送侵犯知识产权案件 18 件 23 人；监督公安机关对生产销售伪劣商品犯罪立案 75 件，对侵犯知识产权犯罪立案 21 件。

三、存在的问题和不足

（一）部门间协作还需要进一步加强

主要体现在各职能部门之间的信息互通方面相对较薄弱，加上犯罪分子具有藏匿性、活动范围大等特点，导致打击犯罪行动成效不大。

（二）日常监督检查工作有待持续加强

主要体现在对专项联合行动以及重点区域、重点市场整治情况的考核验收工作和重点案件查处情况的督查督办工作开展不够多。

（三）工作开展存在地区不平衡现象

个别地区对工作仍未引起足够的重视，工作进展缓慢，成效不明显。主要体现在专项培训工作开展较少，基层执法人员力量薄弱，执法力度有待进一步加强。

四、2023 年工作计划

2023 年，广东省将继续按照全国双打工作领导小组部署，组织实施打击侵犯知识产权和制售假冒伪劣商品工作，依法严厉打击侵犯知识产权和制售假冒伪劣商品违法犯罪行为，切实维护全省良好的市场秩序和经济环境，把党的二十大作出的重大决策部署付之于行动、见之于成效。

（一）健全机制，切实落实打击侵犯知识产权和制售假冒伪劣商品工作责任制

进一步建立健全打击侵犯知识产权和制售假冒伪劣商品工作体制，建立跨区域执法协作机制，完善打击侵犯知识产权和制售假冒伪劣商品工作考核体系。

（二）提质增效，构建全民打击侵犯知识产权和制售假冒伪劣商品工作新格局

把握宣传节点，聚焦重大活动，持续开展打击侵犯知识产权和制售假冒伪劣商品系列宣传，及时通报本地区打击侵权假冒工作成果形成震慑，利用好 12345、12315 政务服务平台主渠道作用，落实举报奖励制度，构建全民参与治理新模式。

（三）重拳出击，严厉打击侵犯知识产权和制售假冒伪劣商品违法犯罪行为

按照全国打击侵犯知识产权和制售假冒伪劣商品工作要点和有关部署，聚焦重点市场、重点行业、重点领域和重点商品，持续开展专项整治行动。对群众关心、上级交办、新闻媒体报道的重大假冒伪劣商品案件，分级建立台账。以"四个最严"的要求，努力做到"抓住一线，破获一案，挖出一串"，不断净化市场环境。

（撰稿人：肖理）

广西壮族自治区打击侵权假冒工作报告

一、基本情况

2022 年，根据全国双打工作部署，广西壮族自治

区各地各部门切实加强组织领导，健全完善工作机制，深入开展重点整治，强化跨部门协作和行刑衔接，统筹推进社会共治共建，积极营造良好营商环境，有力

有序推动打击侵权假冒工作取得积极成效。

2022年，全区各级行政执法部门共查办侵权假冒案件15802件，案值5.14亿元，罚没款8568.6万元，移送公安机关320件；公安机关共立案查处生产销售伪劣商品犯罪和侵犯知识产权犯罪案件920起，破案828起，抓获犯罪嫌疑人2104人；检察机关审查批准逮捕各类侵权假冒案件88件180人；审判机关共审结各类侵权假冒刑事案件126件287人。

二、工作亮点

（一）维护国际形象，强化边贸秩序监管

一是积极维护国际展会形象。开展第19届中国—东盟博览会、第12届广西发明创造成果展览交易会、第二十届中国广西—东盟食品糖酒展、2022年中国—东盟博览会旅游展、广西名特优产品博览会等展会打击侵权假冒工作，2022年共受理展会专利侵权纠纷4件，查处假冒专利案件22件。尤其是第19届中国—东盟博览会期间，组织多部门联合实施打击侵权假冒执法，并开展驻点巡查监管，受理投诉举报22起，挽回经济损失16万元，有力维护了中国—东盟博览会的国际化精品展会形象。二是强化海外知识产权纠纷应对指导。发布《知识产权维权援助公共服务事项工作规范》《柳州螺蛳粉产业国际贸易合规指引》和《RCEP企业知识产权合规指引》，为企业走出去保驾护航。在中国·印尼经贸合作区设立首个境外知识产权维权援助工作站。开展知识产权保护暨维权援助公益行活动，建立重点企业知识产权保护直通车服务模式，为130家涉外企业提示风险预警信息，有效帮助企业防控化解海外知识产权风险。三是强化进出口环节整治和案件查办。海关部门持续开展"龙腾""蓝网""净网""网剑"等一系列打击侵权假冒专项行动，净化边贸秩序。共查办案件555起，查获侵权货物33万件，同比增长65%，涉案货值人民币627万元。向公安机关通报涉嫌侵犯知识产权犯罪案件线索3起，公安机关决定立案3起，立案率100%。经过深入治理，广西边境贸易更加健康有序，2022年广西外贸进出口规模迈上6000亿元新台阶，同比增长11.3%。

（二）聚焦民生安全，强化重点难点治理

一是强化互联网领域治理。市场监管部门组织开展2022网络市场监管专项行动，责令整改网站366个次，责令停止平台服务的网店18个次，查处各类涉网违法违规案件311件，移送公安机关案件4件，列入严重违法失信名单市场主体9户；开展反不正当竞争执法行动，对仿冒混淆、侵犯商业秘密等侵犯知识产权不正当竞争行为立案52件，罚没金额33.3万元。药监部门部署开展药品网络非法销售和医疗器械网络销售治理工作，约谈药品网络销售企业92家，立案6件。二是强化重点区域治理。持续强化农村地区侵权假冒治理。市场监管、公安等五部门继续联合开展农村假冒伪劣食品整治行动，查处假冒伪劣食品行政处罚案件8984件，同比提升232.37%，移送公安机关立案166件，是2021年的8.3倍。农业农村部门部署开展农资打假、种业执法等工作，立案840件，罚没金额559.86万元，销毁问题产品8吨多，捣毁窝点8个，责令停产停业6个。林业部门推进林木种苗质量"双随机"抽查和林木种苗执法检查工作，立案查处违法生产经营林木种苗案件7起，开展重点针对生产经营桉树苗圃的执法专项行动，开具整改通知书32份，移交违法线索10件。三是强化重点产品治理。市场监管部门组织开展全区食品专项执法行动，查办食品安全案件22984件，同比增长28%，移送公安机关立案334件，同比增长144%；组织开展民生领域"铁拳·桂在真打"行动，查办相关案件14290件，涉案金额1.32亿元，实施行政处罚1.17亿元。尤其是全区上下联动，查办家用燃气器具质量违法案件2337件，查扣不合格燃气器具1.8万台；查办"黑心棉"案件1106件，查封"黑心棉"生产加工窝点45个，销售窝点573个，涉棉案值近千万元，有力保障民生安全。药监部门开展中药、医用口罩、防护服等专项整治工作，查办"两品一械"侵权假冒案件948件，货值金额2.6亿元，捣毁制假售假窝点57个。卫健部门开展抗（抑）菌制剂生产企业检查和抗（抑）菌制剂膏等消毒产品随机监督抽查工作，共抽查生产企业75家，关闭12家，立案1件，罚款0.45万元，抽查零售药店等经营使用单位2487家，产品11079个，立案数125

件，罚款 14.93 万元。商务、市场监管、公安等多部门深入开展成品油市场整治行动，打掉黑窝点 667 个，查封油罐 997 个，查扣流动油罐车 1166 辆，查获非法油品 4512 吨。四是强化重点渠道治理。邮政部门开展快递市场秩序整顿专项行动，行政处罚 350 起，罚款 369.623 万，停业整顿企业 19 家次。

（三）聚焦知识产权，强化行政保护

一是强化商标、专利等知识产权执法。市场监管部门组织开展商标代理、"蓝天"专项整治、奥林匹克专用标志保护等行动，共查处商标违法案件 1389 件，较 2021 年同期增长 37%，案值 3288.31 万元，罚没金额 1445.33 万元。其中，办理奥林匹克标志案件 250 件，案值 34.27 万元，罚没金额 29.04 万元，两个单位、两名同志因表现突出获 2022 年冬奥会和冬残奥会奥林匹克标志知识产权保护突出贡献表彰。加大专利保护案件查处力度，查处专利违法案件 167 件，罚没金额 25.96 万元，其中，查处擅自开展专利代理业务案 5 件，实现广西此类案件零的突破。二是强化版权文化执法。版权部门、文化和旅游部门持续强化著作版权执法工作，组织开展冬奥版权保护集中行动、"青少年版权保护季"等多项专项行动，全区办结案件 165 件，移送案件 3 件，罚款 8.32 万元，没收违法所得 2.35 万元，没收侵权复制品 113 件。版权部门组织开展印刷发行领域"双随机、一公开"监管，列入重点监管印刷企业 96 家、出版物发行单位 51 家。三是强化林木植物新品种权执法。林业部门组织开展打击制售假劣林木种苗与侵犯林业植物新品种权专项行动。四是开展植物新品种保护相关工作。农业农村部门重点抓好农业植物新品种保护，2022 年申请受理 200 件，获得农业农村部农业植物新品种授权 59 件，同时设立农业植物新品种保护举报投诉电话，依法处理侵权举报投诉。

（四）强化行刑衔接，加大违法犯罪打击力度

一是完善行刑衔接机制。强化行政执法与司法衔接，落实信息共享、案情通报、案件移送制度，发挥全国打击侵权假冒行政执法与刑事司法衔接信息共享系统作用。2022 年全区行政机关移送公安机关案件 320 起，是 2021 年 2.62 倍。二是突出严打、严审、严判，加大惩治力度。公安机关深入开展"昆仑 2021"专项行动，重拳打击侵犯知识产权和生产销售伪劣商品犯罪活动，立案查处侵权假冒案件 920 起，破案 828 起，抓获犯罪嫌疑人 2104 人，分别是 2021 年 1.6 倍、2.31 倍、3.87 倍，获公安部贺电、贺信 4 次；检察机关批准逮捕 180 人；审判机关共审结各类侵权假冒刑事案件 126 件 287 人。

（五）强化宣传引导，推进社会共治

一是坚持教育引导与监管执法一体推进。广西双打办制定了宣传方案，各地各部门围绕"3·15"、"4·26"、"双十一"、元旦春节等重要时点，部署开展打击侵权假冒系列宣传普法工作。2022 年 11 月，自治区双打办协助全国双打办在广西北海成功举办全国侵权假冒伪劣商品统一销毁行动启动仪式，销毁各类侵权假冒物资 250 吨，货值 3000 万元，得到全国双打办通报表扬。市场监管部门发布广西 2021 年知识产权保护状况白皮书，召开知识产权保护专题新闻发布会，检察院、文化和旅游等部门公开曝光知识产权保护典型案例，南宁海关在上海第四届外商投资企业知识产权行政保护交流会上发言，多渠道多形式讲好广西保护知识产权故事，营造良好社会氛围。二是发挥行业自律作用。市场监管部门指导广西知识产权协会召开专利代理行业自律监督联合行动大会，强化专利代理行业监管和自律，提升服务能力和服务质量，优化行业发展环境。三是强化市场主体责任。市场监管部门把纳入市场监管总局监测的"益众后勤商城"和"普惠平台"2 家平台打造为"点亮"行动示范平台，带动广西所有 13 家电商平台全面落实"亮证""亮照""亮规则"要求。组织开展 2022 年广西"放心食品超市"自我承诺活动，推动商场超市严格落实食品安全主体责任。印发《广西百家放心农贸市场创建活动实施方案》，大力推进稳消费拓市场大行动和广西放心消费创建活动。

三、经验做法

（一）高度重视，高位推进打击侵权假冒工作

自治区党委、政府高度重视打击侵权假冒工作，自治区党委刘宁书记作出批示要求强化知识产权保护

工作；自治区分管副主席、自治区打击侵权假冒工作领导小组组长苗庆旺对打击侵权假冒工作作出2次专门批示，出席全国侵权假冒商品统一销毁行动，强化统筹调度，推动工作有序开展。各市、县（市、区）均由政府分管领导担任打击侵权假冒领导小组组长，落实地方领导责任，形成了领导带头抓部署，层层抓落实的工作格局。

（二）强化统筹协调，落实工作责任

一是召开2022年全区打击侵权假冒工作电视电话会议，部署全年工作任务，推动重点工作落实。二是印发2022年广西打击侵权假冒工作责任分工表，细化了8个方面28项工作任务，确保了全国双打工作要点项项有落实。三是将双打工作列入自治区政府督查计划，采取"四不两直"方式开展核查，有效推动了属地责任落实。四是印发2021年广西打击侵权假冒工作存在问题及整改意见，明确责任单位、整改措施和整改时限，推动打击侵权假冒工作提质增效。

（三）健全完善工作机制，推动形成工作合力

一是签订《西部地区专利协作执法与联合执法工作备忘录》《丝绸之路经济带专利协作执法备忘录》《粤桂两省区专利行政执法协作协议》等5个协议，完善了跨省区行政执法协作机制。二是市场监管联合公安、检察院、法院、科技等部门出台《建立知识产权保护绿色通道工作办法》《加强知识产权协同保护的意见》等文件，完善了跨部门执法协作和协同保护机制。三是广西双打办与中国外商投资企业协会优质品牌保护委员会签订合作备忘录，完善了"政—协—企"沟通合作长效机制。

（四）协作联动，突出重点领域治理效果

聚焦重点领域，协作联动强化重点治理。各地各部门在重点领域、重点产品等方面组织开展了"铁拳""昆仑""清朗""秋风""网剑"等系列专项整治行动，市场监管、公安、药监、农业农村等部门联合开展农村假冒伪劣食品整治行动、侵权假冒白酒、化肥等系列专项执法行动，全链条全方位打击侵权假冒违法犯罪行为。

（五）强化能力建设，提升工作水平

各地各部门多措并举，提升双打队伍能力素质。

桂林市、南宁市检察院分别与桂林电子科技大学、广西民族大学签署合作协议，整合检察资源与教研资源，以检校合作方式强化知识产权保护业务培训，借助外脑智库激发知识产权法律保护的双向合力。自治区高级人民法院组织对部分基层法院知识产权法官或法官助理进行跟班培训。自治区市场监管局探索推行"吹哨人"制度、产品真伪线上鉴别和标准化执法等执法新模式。推行"实战课堂"，组织骨干力量和专家团队下沉到基层一线直接组织和指导案件查办，执法行动与现场教学"同步走""传帮带"，培训各市辖区基层执法人员1000多名，带动了基层执法能力的快速提升。

四、存在问题

（一）执法人员能力有待提升

主要是网络交易呈现流量封闭化、数据海量化、模式多样化、形式虚拟化等特点，网络信息技术的推陈出新，网络违法行为更加隐蔽、更加复杂，网络信息、交易数据等证据易灭失、难固定。基层市场监管部门缺乏技术监管手段，发现网络交易违法行为的能力不足，运用大数据、电子取证等方式开展监管执法工作水平有待提升。

（二）数据统计口径有待统一

根据基层反映，执法数据填报平台较多，口径不完全统一，加大了基层执法人员的工作压力。如地方市场监管部门办理一个知识产权侵权案件需要在发改部门的信用公示平台、市场监管部门的企业信用信息公示平台、双打办的两法衔接平台、知识产权部门的信息统计平台、地方政府指定的其他行政执法管理平台等多个系统录入案件信息。

（三）执法技术支持有待进一步提高

市场、公安、版权等部门办理食品、质量、版权等案件过程中需要检验、认证、鉴定等技术支持，基层执法部门技术支撑不够、经费不足，案件办理质效有待提高。

五、下一步工作打算

（一）坚决落实全国打击侵权假冒各项工作部署

加强对打击侵权假冒工作的组织领导，按照2023

年全国打击侵权假冒工作要点制定广西打击侵权假冒工作责任分工，加强督导考核，推进打击侵权假冒工作落实落地。

（二）健全各项工作机制

进一步优化考评、信息报送等制度，健全上下联动、跨部门、跨地区联动、行刑衔接等联动协作工作机制，充分发挥广西双打办与中国外商投资协会优质品牌保护委员会建立的"政—企—协"协作平台，提升全区打击侵权假冒工作效能。

（三）强化重点整治工作，打造"广西双打"特色

结合区域特点，在重点领域、重点环节、重点市场、重点产品等方面持续发力，强化大案要案办理，有力打击侵权假冒伪劣违法行为，根除侵权假冒伪劣滋生的土壤。

（四）加强执法能力建设

通过组织培训班、举办案件会商会、典型案例经验交流等方式，学习政策法规，解决工作难点堵点，提升执法人员业务能力。

（五）加大宣传引导工作力度

制定广西打击侵权假冒宣传工作方案，通过多种形式多种渠道开展普法宣传活动，组织召开新闻发布会、曝光典型案例以及销毁假冒伪劣商品现场会等，形成舆论引导、媒体监督、群众参与共治共建格局。

六、意见建议

一是全国打击侵权假冒工作领导小组办公室加强激励机制建设，加大表彰打击侵权假冒先进集体和优秀个人的力度。二是全国打击侵权假冒工作领导小组办公室组织集中培训学习，提升执法人员业务水平。三是全国打击侵权假冒工作领导小组办公室到地方开展调研指导，推进成员单位协作合力。

（撰稿人：邵滨）

海南省打击侵权假冒工作报告

2022 年，海南省打击侵权假冒工作以民生领域为重点，依法严厉打击扰乱市场秩序和侵害消费者、权利人合法权益的侵权假冒违法犯罪行为。全省各级行政执法部门共立案查处侵权假冒案件 2373 宗，办结 2429 宗（含上年度未办结案件），涉案金额 604.7 万元，罚没款 1420.45 万元，移送司法机关 88 宗；公安机关破案 75 宗，抓获嫌疑人 177 人；检察机关共批捕侵权假冒犯罪案件 14 宗 23 人，提起公诉 45 宗 128 人；审判机关共受理涉及知识产权和假冒伪劣商品刑事案件 151 宗，审结 96 宗，判决人数 238 人。

一、强化组织领导，精心谋划部署

海南省双打工作领导小组高度重视打击侵权假冒工作，在全国打击侵权假冒工作电视电话会议召开后，专门召开电视电话会议，总结 2021 年度工作，部署 2022 年度重点工作任务。省委常委、宣传部部长王斌出席会议并讲话。领导小组相关业务单位根据三定职责立足早谋划、早部署，年初召开部门视频会议，部署年度工作任务。省双打办根据全国双打办和省领导小组部署安排，先后印发《2022 年海南省打击侵权假冒宣传工作方案》《2022 年海南省打击侵权假冒工作要点和任务分工方案》，组织开展市县打击侵权假冒工作督导和年终绩效考核，有力推动打击侵权假冒各项重点工作有效落实，确保全省打击侵权假冒工作取得实效。

二、日常与专项结合，推动部署落实

省委网信办重点聚焦属地易滋生侵权假冒类信息的平台，组织开展涉侵权假冒有害信息和用户账号清理及相关违法违规平台排查，共删除涉侵权假冒信息 5802 条，注销相关账号 305 个。

省农业农村厅印发《2022 年全省农资打假专项治

理行动实施方案》，组织开展农资执法办案。共计出动执法人员16729人次，检查农资生产经营主体10039家次，捣毁制售假劣农资窝点26个，移送公安机关案件11宗。

省卫健委组织开展消毒产品专项整治，出动执法人员1696人次，出动车辆420次，共检查消毒产品生产企业及经营单位1229家。对53家消毒产品生产企业进行抽检，其中一类产品抽检2个，全部合格；二类抗（抑）菌剂生产企业抽查30家，55个产品，其中11个不合格；三类产品生产企业22家，不合格2家，抽检产品6个，不合格2个。共立案查处11宗，其中查处1家违反法律法规生产抗（抑）菌消毒剂非法添加抗生素的企业，罚款3000元。处罚药店1家，立案查处医疗机构违反消毒管理规定案件9宗。

市场监管部门突出重点商品、重点行业、重点地区、重点领域，持续加大监管力度，综合施策，清源堵漏。一是加强互联网领域专项监测。省市场监管局累计实施监测任务104项，累计监测海南省网络主体（含国内主流平台内网店和辖区内自营网站）50万余家次，初步筛选发现涉嫌违法线索127条。二是开展涉疫产品专项整治。严厉查处违法生产销售口罩等防疫物资和销售"走私冻品"行为，共责令冻品生产经营企业整改35家，约谈22家；查处销售不合格口罩案件15宗、销售不合格消毒产品案件9宗。三是集中开展生产、流通领域打假治劣行动。先后开展产品质量安全监管"护农"行动、成品油质量专项整治、安全隐患排查整治等行动，紧盯与百姓生活密切相关的重点产品，组织实施质量监督抽检，全年共完成13类102种2460个批次产品质量监督抽查，检出不合格产品310批次。四是开展反不正当竞争专项执法，发布公告广泛征集违法线索，重点打击民生和新消费领域、重要商品和要素市场、商业营销环节和新经济领域中的16类不正当竞争行为。开展跨部门协作执法89次，全省共立案查处不正当竞争案件454宗，已结案355宗，罚没款389万元。五是落实"四个最严"要求，坚持"守底线、查隐患、保安全"，严厉打击食品安全违法行为。全省食品抽检监测

任务计划34103批次，截至2022年12月23日，实际完成36985批次，其中监督抽检不合格率2.46%，风险监测问题发现率3.05%，评价性抽检99.1%；不合格样品核查处置736件，已完成处置701件次，立案查处食品类案件3124宗。省药监局聚焦"两品一械"22类重点违法行为，深挖线索、追根溯源、彻查产品渠道。全省共办理案件642宗，其中药品类460宗，医疗器械类92宗，化妆品类90宗，罚没款金额3400余万元。三亚市某义齿生产企业未取得医疗器械生产许可证和医疗器械注册证生产定制式固定义齿案，现场查扣定制式固定义齿3500余颗，涉案违法所得45万余元，现已移送公安部门追究刑事责任。

林业部门开展打击制售假劣种苗和侵犯植物新品种权执法，检查发现2家单位未办理林草种子生产经营许可证，受理1宗互联网领域销售假冒种苗线索，目前3宗案件均在查办中。

烟草专卖管理部门开展"利剑"行动，共立案查处涉及假冒卷烟案件468宗，办结案件149宗，案件金额114.7563万元；移送司法机关9宗。其中，联合邮政管理部门查获寄递环节案件250宗，查获各类违法卷烟748.61万支，其中假私烟118.29万支。

三、加强知识产权保护，严厉查处侵权盗版

省委宣传部深入推进软件正版化，部署启动重点行业软件正版化工作。联合通信管理、公安、旅游文化、网信部门开展海南省冬奥版权保护集中行动、"剑网2022"专项行动；部署开展全省院线电影版权保护专项行动；联合公安、教育、旅游文化部门开展海南省青少年版权保护季专项行动。处置关停中宣部版权管理局移送的一家侵权网站，共立案查处侵权盗版案件35宗，行政处罚34宗。

农业农村部门开展打击侵犯植物新品种权执法，立案查处侵权种子案件2宗，行政处罚1宗，移送司法1宗。

省市场监管局制发《商业秘密保护管理和服务规范》地方标准，印发《海南省创建商业秘密保护示范

区和示范点工作实施方案》，推进商业秘密保护工作。

省知识产权局联合省市场监管局开展冬奥标志知识产权保护、地理标志保护、涉"军"字号保护、商标代理行业专项整治、"蓝天"专项整治等专项行动，共查办侵犯知识产权案件 590 宗，其中假冒专利（含专利标注标识不规范）案件 78 宗，专利侵权纠纷裁决 6 宗，其余为商标侵权案件，移送司法 3 宗。

海口海关部署开展"龙腾 2022"知识产权海关保护专项行动、"蓝网 2022"寄递渠道知识产权保护专项行动，在进出境环节查处侵权案件 15 宗，扣留侵权商品约 5 万件，涉案侵权货值约 134 万元。

四、妥善处理投诉举报，保护群众合法权益

2022 年以来，共接收侵犯知识产权投诉举报 1534 件，已办结 1421 件，办结率 92.63%。涉及"制造假冒伪劣商品"投诉举报 17038 件，已办结 16176 件，办结率 94.94%。

五、加强司法打击，保持高压态势

公安机关受理侵权假冒案件 169 宗，立案 114 宗，破案 75 宗，抓获嫌疑人 177 人，缴获各类假农资、有毒有害食品、假冒伪劣烟草、日用品、油类、侵犯注册商标的建材等一大批商品，涉案金额 11.125 亿元。其中，典型案例有公安机关破获涉案金额巨大的系列销售伪劣成品油案共 44 宗；屯昌市公安局成功破获一宗销售伪劣香烟案，抓获以邱某为首的 13 名犯罪嫌疑人，涉案金额 500 余万元；中种国际种子有限公司被侵犯商业秘密案，涉案金额 2013 万元，经三亚市城郊人民检察院审理，乐东县公安局重新立案办理。

检察机关依法严厉打击侵犯知识产权和制售假冒伪劣商品犯罪，共批捕侵权假冒犯罪案件 14 宗 23 人，提起公诉 45 宗 128 人，起诉人数同比上升 64.1%；监督公安机关立案 4 宗 5 人。批捕涉食品安全以及药品和医用器材安全犯罪 6 宗 13 人，起诉 24 宗 151 人。三亚市城郊人民检察院办理一宗生产销售伪劣化肥、农药案件，对于量刑适用存在错误的情形，果断提出抗诉，避免量刑畸轻，并提起刑事附带民事公益诉讼，要求被告人承担三倍惩罚性赔偿责任，有力打击制售假劣农资犯罪活动。

审判机关共受理涉及知识产权和假冒伪劣商品刑事案件 151 宗，审结 96 宗，判决人数 238 人。其中，生产销售伪劣产品罪、生产销售不符合安全标准的食品罪及非法经营罪占比 88.08%。各级人民法院依法审理双打刑事案件，加大惩治力度，有力打击侵权假冒违法犯罪，维护人民群众的生命健康安全和合法权益。

六、加强部门联动，完善行刑衔接机制

省烟草专卖局与中国海警局直属第四局、海口海关缉私局修订联合协作机制，同省公安厅、海口海关等多家单位召开联席会议，与广东烟草、广西烟草加强区域联防联控，全省卷烟打假打私联合工作机制不断夯实。

近年来，省公安厅先后与省市场监管局、省高级人民法院、省人民检察院、省农业农村厅、省知识产权局等行政管理部门和司法部门联合制定了《食品药品行政执法与刑事司法衔接工作办法的实施细则》《海南省市场监督管理领域行政执法刑事侦查纪律监督检查贯通协同工作制度（试行）》《农业行政执法与刑事司法衔接工作办法》《加强协作配合强化知识产权保护实施办法》《关于完善市场监管领域行政执法与刑事侦查衔接工作协调配合机制的意见》《关于知识产权刑事案件指定管辖若干问题的意见》等规范性文件。目前，打击侵权假冒领域行刑衔接工作机制运行良好，效果明显。

2022 年以来，各部门在省"两法平台"录入行政处罚案件信息 5519 条，其中结案信息 5457 条；移送案件信息 81 条；移送线索 17 条；行政处罚信息公开 5171 条；打击侵权假冒工作动态信息 2074 条，审核发布 1658 条。

七、加强宣传引导，构建和谐共治格局

围绕重点工作、专项行动、重要时间节点等，充分利用省内主流媒体、门户网站、新媒体等多种途径，

通过发布工作动态、约谈警示教育、普法宣传、典型案例等方式开展常态化宣传。

一是省双打办组织开展全省侵权假冒伪劣商品销毁活动，涉及烟草、出版物、农资、食品、药品、建材、家具用品、饰品和机械等10余类商品。共销毁烟草8916.56万支，销毁其他商品近12万件，货值金额1100万余元。省委宣传部组织7家省内主流媒体集中报道了销毁活动，起到良好的宣传效果，有力震慑了制假售假分子。

二是全省各市县、各部门围绕"4·26"世界知识产权日，组织开展多种形式的宣传活动。省高级人民法院、省知识产权局先后召开知识产权保护新闻发布会，分别发布2021年十大知识产权司法保护和行政保护典型案例。检察机关举行"知识产权保护，海南检察在行动"主题新闻发布会，通报一年来开展知识产权检察职能集中统一履行试点工作情况，发布2021年知识产权检察综合保护典型案例。各级知识产权保护部门录制知识产权精品课程，深入企业、校园、社区进行知识产权普法宣传、开展知识产权现场宣传、发放知识产权宣传手册、召开知识产权专题培训会等多种方式，面向群众开展丰富多彩的宣传活动。农业农村部门开展放心农资下乡进村助春耕活动，加大农资宣传教育力度。

八、下一阶段计划

下一步，海南省各级双打工作领导小组将以习近平新时代中国特色社会主义思想为指导，围绕深入学习贯彻党的二十大精神，大力推进2023年打击侵权假冒工作，严厉打击侵犯知识产权和制假售假行为，持续优化全省营商环境，为高质量建设海南自贸港作贡献。

（撰稿人：张建进）

重庆市打击侵权假冒工作报告

2022年，重庆市打击侵权假冒工作坚持以习近平新时代中国特色社会主义思想为指导，深入贯彻落实习近平总书记关于知识产权保护重要讲话和指示批示精神，认真落实党中央、国务院决策部署，按照市委、市政府和全国打击侵权假冒工作领导小组工作安排，全市各区县、各成员单位勠力同心、齐抓共管，努力推进打击侵权假冒工作上新台阶。

一、工作开展情况

（一）统筹协调、善作善为，促成上下齐心一盘棋

市打击侵权假冒工作领导小组及办公室，充分发挥组织协调作用，切实抓好政府统领、部门配合、区县负责三项措施，不断建立完善横向到边、纵向到底的责任体系，形成全市打击侵权假冒一盘棋良好局面。

1. 推动政府顶层设计

市打击侵权假冒工作领导小组充分履行组织领导职能，积极汇报、充分参与，推动市委、市政府在制定出台《重庆市知识产权保护和运用"十四五"规划》《重庆市知识产权强市建设纲要》等纲领性文件中，将打击侵权假冒摆在了十分重要的位置，为全市开展双打工作提供了坚强组织保障。

2. 完善部门职责分工

市双打办充分发挥统筹协调作用，制定下发全市年度工作要点及宣传工作方案，组织市级28家成员单位及42个区县参加全国双打工作会议，及时召开市级领导小组会议、联络员会议。为深入贯彻全国双打工作电视电话会议精神，印发《2022年重庆市双打工作任务清单》，明确28个成员单位90项具体任务，以清单形式推进全市各级各部门对标对表抓好双打重点工作。

3. 督导区县履职尽责

推动市委、市政府首次将"知识产权保护"新增为全市 39 项对市级部门和区县督查考核的指标之一，专项考核情况计入区县经济社会发展业绩考核总分；协调市委政法委将打击侵权假冒工作成效纳入对各区县政府综治工作（平安建设）考核内容，及时印发年度双打考核办法并开展市级考核，强化督导检查，确保全市打击侵权假冒工作顺利推进。

（二）夯实基础、深化保障，呈现队伍建设新气象

市双打办建立以业务精湛为导向、能力提升为核心、数字化改革为保障的队伍建设机制，推进各部门健全组织机构、强化业务培训、深化技术支撑，逐步实现部门间案件统一管理、网上智慧执法、数据有效交互、业务整体融合的新格局。

1. 健全知识产权保护机构设置

市知识产权局成立专利侵权纠纷行政裁决综合办公室，有效统筹市和区县两级知识产权执法力量，相关经验被国家知识产权局、司法部联合推介。市检察院在西部（重庆）科学城、两江协同创新区设立"知识产权检察保护中心"，进一步保障科技创新。重庆知识产权法庭在西部（重庆）科学城等重点园区设立 7 个知识产权巡回审判站，打通服务科技园区、创新企业的最后一公里。

2. 提升侵权假冒业务培训质效

市双打办举办全市打击侵权假冒业务培训 2 期，600 余人参与授课培训。版权部门举办全市版权执法和软件正版化专题培训，全面做好队伍培训和人才建设，不断提升从业人员专业能力和综合素质。重庆海关联合昆明、成都等海关，以直播授课方式开展跨关区知识产权执法培训。市检察院组织专业团队参与办理及指导知识产权疑难复杂案件，团队成员开设《涉企商业秘密案件办理新路径》课程，获评第五批全国检察教育培训精品课程。

3. 加强行政司法全环节技术支撑

市双打办牵头完成两法衔接共享平台的升级改造，进一步完善系统统计分析功能。市市场监管局打造"山城有信"小程序，以信用码形式公示商家信用记录促进信用监管。市农业农村委建立农药、兽药、种子等主要农资产品电子追溯制度，实现来源可查询，去向可追踪。重庆海关积极探索"非侵入式查验"等科技手段在查办侵权案件中的应用。市公安局建成集情报研判、集群战役、鉴定委托等业务为一体的打假综合业务实战应用系统。

（三）聚焦重点、勇于亮剑，唱响打假治劣主旋律

行政执法部门和司法机关充分发挥职能作用，落实主责主业，以政府关注、民生关切的行业领域为重点，普通案件打"快速战"，疑难案件打"攻坚战"，大要案件打"歼灭战"，跨区域、跨部门案件打"协同战"，切实维护全市健康有序市场环境。

1. 聚焦知识产权保护，开展系列专项整治行动

市场监管、知识产权部门深入开展"铁拳"、知识产权行政保护、反不正当竞争执法等专项行动，共立案查办商标违法案件 783 件，同比增长 7.2%；假冒专利案件 222 件，同比增长 6.7%；处理专利侵权纠纷案件 770 件，同比增长 11.2%。版权、文化执法部门组织"剑网"、"秋风"、"青少年版权保护季"、冬奥版权保护和院线电影版权保护集中行动，检查各类文化市场 39800 家次，查处著作权案件 135 件。网信、通管部门依法治网管网，依法处置违法违规网站 5 个、网络账号 19 个、有害信息 100 余条。农业农村部门联合 5 部门开展保护种业知识产权打击假冒伪劣套牌侵权专项行动。重庆海关开展"龙腾""蓝网""净网"等专项行动，全年扣留侵权货物 116 批次 10687 件。烟草部门联合公安、市场监管、邮政等部门开展卷烟市场整治"春雷"行动成效明显，被国家烟草专卖局发文通报表扬。

2. 聚焦产品质量安全，严查制售伪劣商品行为

市场监管部门组织开展民生领域"铁拳"行动，制定"8+3"执法重点，共办案 6671 件，移送公安立案 115 件，某食品经营部过度包装、某公司破坏油路计量器具弄虚作假等 4 起案件入选国家总局典型案例。农业农村部门开展农资打假专项治理，立案查处制售假劣农资违法行为 427 起，同比增长 55.2%，收缴假劣农资 4800 余公斤。药监部门开展药品、儿童化妆品等 11 个专项检查，查办"两品一械"案件 3113 件，捣毁"黑窝点"108 个，2 起案件被中央电视台报道。卫

生健康部门随机监督抽查消毒产品生产企业62家，抽检消毒产品97个，产品合格率达100%。邮政部门持续加强对各类侵权假冒商品等禁寄物品查验把关力度，立案查处9起违反"三项制度"案件，全力保障寄递渠道安全稳定。

3. 聚焦打击违法犯罪，始终保持高压震慑态势

公安部深入开展"昆仑2022"专项行动和打击制售假药劣药犯罪重点攻坚专项工作，共破获侵权假冒犯罪刑事案件385起，移送起诉541人，12起案件发起全国集中联合打击，15起案件被列为部督案件，18起案件获得公安部、局嘉奖表彰，8起案件入选全国典型案例，案侦工作获王小洪书记等央部领导肯定批示6次，27条信息被公安部、局采用刊载。检察机关深化"保知识产权、护知名品牌"专项行动，受理侵犯知识产权刑事案件179件416人；受理审查逮捕36件96人，批捕73人；受理审查起诉90件258人，起诉71件160人；办理知识产权公益诉讼16件；全市检察机关制发涉知识产权社会治理类检察建议8件；在检察办案环节积极退赔案件58件，共计追赃挽损1000余万元。全市法院共审结生产销售伪劣商品犯罪案件46件138人，审结侵犯知识产权犯罪案件53件125人，审限内结案率100%，办理全市首例专利侵权纠纷行政调解协议司法确认案件，2件知识产权案例入选"中国法院2021年度典型知识产权案例"。

（四）完善机制、协同联动，扣牢区域部门全链条

市双打办搭建平台、职能部门密切配合、省市间加强协作，以保护知识产权、打击侵权假冒为重点，多部门、多区域、政企间加强协作配合，强化全链条保护，一体化执法联动成效明显。

1. 行刑衔接更加深入

市双打办牵头搭台，推动川渝市场监管、公安、检察院6部门建立跨区域重大案件联合挂牌督办机制，深化川渝两地跨区域跨部门行刑衔接工作。升级两法衔接平台功能、组织全市应用培训、开展每月督导通报，两法衔接平台全年案件录入量较2021年同期增长1倍。市检察院完善行刑案件线索双向移送机制，共建议移送犯罪线索5件移送违法线索17件。市市场监管

局在"铁拳""养老诈骗"等专项行动中，向公安部门移送案件384起，公安立案查处355起，并成功破获云阳特大跨区域制售假酒案、"祖传秘方"特大制售假药等一批具有影响力的案件。

2. 区域协同更加紧密

全市行政部门间注重加强打击侵权假冒协同配合，市场监管与农业部门在农资打假、种业保护等方面密切配合，版权与文旅部门在打击线上线下侵权盗版领域开展深度合作，全市行政执法部门间签订协作意见33份。助力成渝双城经济圈建设，两地市场监管局、公安、检察院、法院、知识产权等部门相继签署跨区域执法合作协议52个。川渝两地市场监管部门开展"巴蜀味道"知识产权联合执法专项行动，相互移送案件线索107条，相互协助调查案件64件，开展联合执法24次，查处涉及川渝两地"巴渝味道"特色商品案件69件。市公安局先后对9起案件向四川、河南等地发起协查，其中武隆"5·21"特大跨省制售假酒等多起跨省案件获得公安部嘉奖令和部局贺电表彰。

3. 政企互动更加频繁

市市场监管局、市知识产权局、市检察院、市经信委加强"知识产权综合保护联系点"建设，积极探索"司法＋行政"知识产权协同保护，确定市级联系点企业100家走访维权。市公安局深化与行业协会、重点企业和院校的深度合作，与阿里巴巴、京东、美团等互联网企业数据化协作模式，与西南政法大学法学院就涉假案件法律适用等问题开展合作研究。全市各部门积极建立具有重庆特点的"线下＋线上""司法＋行政"知识产权大保护模式。

（五）创新手段、营造环境，打造宣传引导新风貌

加强媒体舆论宣传、规范引导行业自律、聚焦在重要时点、重大活动，在创新方式手段、扩大社会影响等方面下功夫，不断提升综合治理效能。

1. 注重强化媒体宣传

市政府连续16年发布重庆市知识产权保护状况白皮书，市双打办开设"打击侵权假冒 重庆在行动"专题新闻栏目，市高法院、市检察院、市市场监管局、市知识产权局等部门定期公开发布知识产权保护典型案例，在新华网、央广网、重庆日报、华龙网、上游

新闻等中央驻渝、市主流媒体报道各类侵权假冒案件101次，统筹41个区县融媒体、政务新媒体相继推出原创性稿件1700余篇（次），累计阅读量超过3000万，形成良好舆论氛围。

2. 主动加强规范指导

市商务委加强对国家级、市级5个知识产权保护规范化市场培育、管理和指导，组织家居建材类行业协会在专业市场开展"保护知识产权，销售正版正货"主题宣传及商家承诺活动。市司法局指导出台《重庆市知识产权纠纷人民调解员管理办法》，指导有条件的区县建立知识产权调解组织30个。市贸促会充分发挥涉外知识产权调解中心职能，受理知识产权纠纷案件167件，成功调解156件，发布包含知识产权在内的经贸摩擦预警信息187期。

3. 大力提升社会意识

"4·26"期间，市双打办统筹知识产权、市场监管、版权等10个部门联合开展知识产权周集中宣传活动，在全市100个公交站台开展为期1个月的打击侵权假冒公益宣传。11月牵头组织开展各级假冒伪劣商品集中销毁活动，共对240余吨、货值6000余万元商品进行销毁。市市场监督管理局、市财政局联合印发《重庆市市场监管领域重大违法行为举报奖励实施细则》，通过组织有奖竞答、现场宣传等多种活动方式，全社会知识产权保护意识日益提升。

二、推动工作面临的问题困难

一是行刑衔接仍需进一步加强。行政司法执法标准有差异，在我国知识产权法律保护体系中，由于行政机关与司法机关在相同商标的认定、销售金额的理解、权利人辨认的要求等方面存在差异，在执法实践中容易出现行刑衔接不畅的情况。协作机制运行还需加强，部门间还需进一步建立完善协作机制，已达成的协作意见还需进一步抓好落实，特别是在方便快捷的案件协查渠道、权利救济的协调合作、执法实践中的沟通交流等方面都需要进一步加强。

二是信用惩戒机制还需进一步完善。从源头上遏制侵权假冒行为，需要建立完善的信用惩戒，让违法者一处失信、处处受限。但目前各政府部门的信用惩戒标准不统一、力度不一致，可能会导致企业失信行为信用惩戒畸轻畸重的情况产生，个别企业失信行为没有得到多部门联合惩戒，个别企业失信信息在联合惩戒中又被滥用，导致信用约束的作用没有充分发挥。

三是打击侵权假冒支撑服务体系有待进一步健全。侵权假冒违法行为从单一模式向生产、包装、运输、销售全产业链条渗透，违法场所从有形市场向网络销售领域扩散，重点区域从城市向城乡接合部转移，违法手段从简单向分工配合的专一化转变，给打击侵权假冒工作带来了挑战，目前对知识产权侵权商品、行为的认定、鉴定机构缺乏，涉假鉴定指南和流程不完善、鉴定标准不统一等问题不客观存在，跨区域、跨部门之间的执法协作还不够紧密。侵权假冒涉案物品保管、销毁体系有待进一步提升。

三、工作建议

一是进一步加大执法队伍培训力度。建立全国双打办多层次、多领域、多地区的组织双打业务培训班，依托国家行政学院等中央培训机构组织全国双打领导干部、处室联络员、业务骨干等开展多层次培训班；针对打击侵权假冒行政执法与刑事司法的热点难点问题，邀请国内外专家学者、业界领军人物开展专题培训班；采取集中分散培训相结合的方式，由全国双打办及中央部委领导、专家到各省市开展区域培训班，增加各地培训人员覆盖面，提升干部能力水平。

二是理顺打击侵权假冒工作考核和知识产权保护工作考核两项考核工作。自2010年起，国家市场监管总局会同中央宣传部、公安部、国家知识产权局等10余个部委组成考核组，对全国31个省市人民政府进行双打考核，考核内容包括机制建设、队伍建设、行政执法、刑事打击、司法保护、宣传教育等。自2020年起，国家知识产权局会同国家版权局、国家市场监管总局组成检查考核组，对全国31个省市党委、人民政府进行知识产权保护检查考核，考核内容具体包括研究部署、机制建设、人才经费保障、大保护、同保护、快保护重点工作等。从考核对象、考核内容、考核目标看，双打考核与知识产权考核基本一致，建议进一步理顺整合两项工作职能，防止重复考核、多头考核。

四、下一步工作重点

下一步，重庆市将进一步深刻领会习近平总书记关于知识产权保护的重要讲话精神，对标对表全市打造知识产权强市的目标任务，扎实做好三方面工作。一是发挥部门职能，强化整体部署。进一步发挥地方党委政府主体责任，加强双打领导小组牵头部门职责，完善打击侵权假冒工作各项制度，加大考核督查，提升培训层次，完善跨区域、跨部门双打协作机制，推进形成横向协作、纵向联动的整体合力，打造知识产权保护监管执法铁军。二是聚焦民生关切，强化重点治理。全面落实党中央、国务院决策部署和市委、市政府工作安排，以各类专项行动为抓手，加强知识产权服务业监管，聚焦关系群众生命健康安全的重点商品、贴近群众生活的重点服务行业，以及农村与城乡接合部市场、制售假冒伪劣产品多发的重点区域，严厉打击侵权假冒违法行为。三是汇聚各方力量，推动社会共治。全面提升知识产权公共服务能力，加强知识产权运营转化，建立健全企业海外知识产权维权援助体系。进一步强化企业主体责任，发挥行业协会作用，提升社会公众参与度，加大打击侵权假冒工作的宣传引导，传播打击侵权假冒的重庆声音，推动形成社会共治良好氛围。

（撰稿人：贺敏）

四川省打击侵权假冒工作报告

2022年，四川省认真贯彻落实全国打击侵权假冒工作电视电话会议精神，按照"保护知识产权就是保护创业创新，打击侵权假冒事关人民群众健康安全"要求，严厉打击侵权假冒伪劣行为，加大知识产权保护力度，维护公平竞争市场秩序，打造安全放心的消费环境，营造法治化营商环境，取得了较好成效。

一、总体情况

全省各地各部门坚持目标导向和结果导向，认真按照年度工作安排，对照考核要求，聚焦商标专利版权、疫情防控、"三品一特"等知识产权保护及民生重点领域，扎实开展各类专项执法行动，全面完成各项工作指标。

一是扎实开展重点行政执法专项行动。省市场监管局组织全省开展"春雷行动""铁拳"行动、反不正当执法专项行动，严厉打击侵权假冒伪劣，立案查处案件7133件，罚没1.93亿元，移送司法机关531件，7件案件被总局公布为典型案例。省药监局组织查处四川妍熙医学美容医院有限公司使用未依法注册医疗器械案、河南华楠案、宜宾市徐州区熊春源销售假药案、南充"12·03"生产销售假药案等6件案件，捣毁制假售假窝点。农业农村厅组织全省开展农资打假专项行动、打击侵犯植物新品种权和制假售假专项行动，出动执法人员22.6万人次，查处问题1783个，查办农资和农产品质量安全案件1692件，移交公安机关37件（其中农资案件6件）。省林草局查处生产销售假冒伪劣林木种苗案件22件，其中未按规定建立保存种子生产经营档案类19件、无证生产经营类3件。

二是深入开展网络净化版权保护工作。省网信办严厉打击未经授权转载新闻作品、未经授权摘编整合、歪曲篡改新闻作品等侵权行为，查删处置涉非法交易、虚假广告、侵权盗版等信息3400余条，依法查处"四川征兵影视""四川日报电子版""绵阳三台县委宣传部"等假冒侵权网站12家，关闭"四川观察"等假冒侵权账号110余个。省版权局实施教材教辅版权保护专项行动，启动"青少年版权保护季"行动，收缴盗版教材教辅5000余册。深化"剑网"专项行动，累计查办侵权盗版案件113件，同比增长101%。泸州"2·24"涉嫌侵犯著作权案、绵阳"11·11"、达州"8·17"涉嫌侵权著作权案列入国家挂牌督办。成都海关开展"龙腾行动"启动知识产权保护措施 867 批次，实际扣留侵权货物 859 批次；查获侵权货物 254.75 万件，货值 171.35 万元。

三是持续加大司法打击惩戒力度。全省公安机关食药环侦部门坚持以"昆仑""磐石"等专项行动为抓手，按照"全环节、全要素、全链条"的要求，依法严打各类侵犯知识产权和制售假冒伪劣商品违法犯罪，立案 484 件（同比上升 60%），抓获犯罪嫌疑人 1386 名，移送审查起诉 240 件 848 人。全省检察机关共批捕各类侵犯知识产权犯罪案件 65 件 121 人，起诉 123 件 293 人；批捕生产销售伪劣商品犯罪案件 139 件 266 人，起诉 672 件 1333 人。省法院受理侵犯知识产权刑事犯罪案件 806 件，审结 663 件。

二、经验做法

省委、省政府历来高度重视双打工作，把双打工作写入政府工作报告，列入重要工作任务。为进一步贯彻落实习近平总书记关于知识产权保护和打击侵权假冒工作重要指示批示精神和党中央决策部署，四川省及时调整充实领导工作小组成员单位，将原知识产权保护和打击侵权假冒工作领导小组整合为省知识产权工作和打击侵权假冒领导小组，成员单位分别由原知识产权保护的 30 个、打击侵权假冒工作的 27 个充实至 35 个，为加强组织领导、发挥统筹协调作用、强化部门协作提供了有力保障支撑。

（一）扎实抓好部署推进

2022 年 7 月，全国双打工作电视电话会议召开后，省政府领导主持召开全省 2022 年知识产权保护和打击侵权假冒工作领导小组会议，审议通过《四川省知识产权工作和打击侵权假冒领导小组工作规则》《四川省知识产权工作和打击侵权假冒领导小组成员单位工作职责》。省双打办印发《2022 年四川省打击侵犯知识产权和制售假冒伪劣商品工作要点》，确定重点任务，抓好推进落实。

（二）优化完善制度机制

省双打办充分发挥牵头协调作用，保持与成员单位、地区密切沟通，指导各地各部门积极推进工作，建立完善定期通报制度、联席会议制度、办案协作机制、重大案件督办机制。印发《关于净化重点市场环境的通知》，明确重点地区、重点商品、重点任务。并要求成员单位和各地落实工作报告（协调）机制，按照全国双打领导小组部署的年度工作要点，抓好各项任务的落实。

（三）积极推进两法衔接

省法院、省检察院、公安厅、省市场监管局不断加强司法行政执法合作，始终保持打击侵犯知识产权和制售假冒伪劣违法犯罪的高压态势。公安机关与知识产权部门召开联席会议，商讨增加协调会商机制、重大案件督办、开展调查研究和内部培训，强化基层基础工作等工作措施和制度，建立健全保护知识产权工作协调配合机制。公安厅与省市场监管局、省药监局深入推进两法衔接工作落实；会同省检察院、省人民法院、省知识产权局等部门进一步完善联席会议、线索通报、案情通报、信息共享等制度，持续加强司法机关与行政机关对侵权假冒行为的联合打击力度。

（四）充分发挥考核"指挥棒"作用

为进一步明确市（州）工作目标，推动工作积极性，在充分征求成员单位意见基础上，参照上年度全国双打考核细则，制发全省双打考核细则，对各项工作重点细化量化，让双打工作从上至下有依托有标准，聚焦目标，一以贯之，凝聚合力，确保工作落地生根。

（五）加强队伍建设

各级各部门以培训为抓手，积极开展知识产权保护、商标专利及各业务板块培训，为适应新形势新任务、能够充分履职尽责推动双打工作开创新局面打下坚实基础。省双打办组织开展工作培训，邀请专家解读法律法规、相关部门讲解执法实务，对增强双打工作政治感责任感使命感，有针对性地提升业务能力水平起到了积极作用。

（六）广泛开展社会宣传

充分利用"3·15"国际消费者权益日、"4·26"世界知识产权日、"5·15"打击和防范经济犯罪宣传日等时间节点，以自媒体、微信公众号、微博等为载体，开展打击知识产权犯罪和假冒伪劣犯罪宣传教育。《新闻联播》及各级媒体对主会场设在四川省的 2022

年全国侵权假冒伪劣商品统一销毁活动进行了集中宣传报道。省网信办先后推出《四川省查处侵权盗版十大典型案例》《全国侵权假冒伪劣商品统一销毁行动在四川启动》《四川检察机关公布5起知识产权保护典型案例》等报道1200余篇，制作H5、动漫、短视频等新媒体产品110余件，开设专题专栏30余个，在网上营造了良好的舆论氛围。公安厅定期召开"向人民报告"专场新闻通气会，通过以案说法、以案警示的形式向媒体、社会公众推介四川公安机关查处知识产权及侵权假冒犯罪典型案例。

（七）持续推进信息公开

根据全国双打办要求，进一步规范行政处罚案件信息公开工作的职责、内容、程序和方式、管理与考核机制，日常督促成员单位在门户网站案件信息公开质量和进度。各成员单位均明确案件信息公开的责任机构和专门人员。省双打办及时向全国双打办报送信息公开进展情况。

三、特色亮点

2022年，四川双打工作取得明显成效，离不开全国双打办关心支持和悉心指导，呈现出一定的特色亮点。2022年7月，全国双打工作电视电话会上，副省长杨兴平作了交流发言，受到全国双打办高度肯定。

一是不忘初心抓主业。省市场监管局坚持围绕中心、服务大局，从讲政治的高度，连续10年将知识产权保护纳入"春雷行动"子行动。春雷行动是四川省市场监管系统连续10年坚持开展的市场监管执法行动，已成为四川的响亮品牌，执法成效明显，社会反响良好，充分强化了知识产权保护工作的持续性和成效。

二是加强重点区域协作。四川省市场监管局、重庆市市场监管局签订了联合打假护双城经济圈企业高质量发展合作协议，积极参与"沿黄河经济带"区域协作，及时向兄弟省、自治区、直辖市移送案件线索，落实成渝双城经济圈战略部署，提升区域执法协作水平。省贸促会举办"天府贸促大讲堂——RCEP政策解读及运用培训会"，围绕"RCEP协定知识产权内容解读及企业知识产权海外布局谋划指引"进行专题培训，川渝贸促系统及外向型企业代表1000余人线上线下

参训。

三是成功举行全国销毁主会场活动。2022年11月10日，全国双打办组织开展2022年全国侵权假冒伪劣商品统一销毁活动，活动主会场设在绵阳市，销毁产品涉及食品、药品、汽车配件、电子电器、服饰箱包、防疫用品、建材、白酒、卷烟、钟表等20多大类100多个品种、6万余件，重量超200吨，货值1.6亿元，彰显和宣示了打击侵权假冒工作的成果和决心，受到社会各界的广泛好评。

四、短板和不足

一是执法工作需要常抓不懈。随着电子商务发展和犯罪主体年轻化，侵犯知识产权和制售假冒伪劣商品案件呈现出链条化、国际化、智能化、隐蔽性的趋势特征，取证难度日益加大。

二是案件信息公开还需加强。一些成员单位对行政处罚案件信息公开有所顾虑，担心引起矛盾纠纷，害怕出现行政复议、行政诉讼，不愿主动公开处罚信息。

三是组织协调能力仍需提升。双打工作是一项系统性很强的工作，涉及成员单位多、工作任务重，作为牵头协调机构，我们深感一些工作的组织协调难度大，有时效率不够高。

五、下一步工作打算

一是坚持依法严打，保持高压态势。围绕市场主要商品，以市场内外商品集散地、商品批发市场以及周边地区、制假售假案件高发地为重点区域，以驰名商标、涉外商标和老字号商标等为重点对象，严厉打击商标侵权、假冒注册商标、生产销售质量不合格产品等违法行为，对侵权仿冒、价格欺诈、虚假宣传等集中开展专项治理，倒逼市场开办主体责任全面落实。

二是做好统筹协调，凝聚工作合力。省双打办将抓好与部门的工作对接，强化与国家双打办的工作衔接，继续将打击侵权假冒违法犯罪活动纳入平安四川系统建设考核评价体系，优化考核评价指标，压紧压实地方属地责任。进一步加强组织协调以及对市（州）双打工作的调研督导，对侵权假冒长期高发地区通过

通报、约谈、挂牌督办等方式督促整改，倒逼工作落地落实。

三是扩大社会影响，引导公众监督。以市场监管总局、财政部联合印发《市场监管领域重大违法行为举报奖励暂行办法》为契机，推动配套相关措施，鼓励社会公众广泛参与、积极监督，加大维权力度。完善案件信息公开管理制度，加强对打击侵权假冒信息公开工作的监督检查、情况通报和考核评价。指导督促市场主体自查自纠、公开承诺、自我管理，提升尊重和保护知识产权意识，杜绝侵犯知识产权和制售假冒伪劣商品。

六、相关建议

一是加大素质培训力度，强化队伍建设。举办全国性多领域执法业务培训，围绕困惑基层执法办案的棘手问题，采取以案说法、实地观察等灵活方式，提升基层执法人员执法水平。开展优秀案例评选，进一步表彰打击侵权假冒工作先进集体和个人，充分调动打击侵权假冒工作积极性，促进打击侵权假冒工作的执法队伍建设。

二是强化执法协调深度，落实齐抓共管。发挥双打办统筹协调作用，强化大要案部际、部区、部省、部地协调指导，畅通桥梁纽带渠道，推动建立更加密切、运行有效的部门联动机制，推动跨区域跨部门联合执法工作顺利开展，确保执法办案通道流畅，强化联合惩戒，有效提高双打工作成效。

三是加快法律立改进度，完善法律体系。《中华人民共和国商标法》《中华人民共和国专利法》《中华人民共和国反不正当竞争法》对解决知识产权执法中的实践问题仍然存在一些障碍，建议出台部门规章，使基层在执法实践过程中更加便于操作。

（撰稿人：卢波）

贵州省打击侵权假冒工作报告

2022 年，贵州省打击侵权假冒工作坚持以习近平新时代中国特色社会主义思想为指导，全面贯彻党的二十大精神，以高质量发展统揽双打工作全局，按照全国打击侵权假冒工作领导小组办公室的工作安排，省双打办强化统筹协调，成员单位各司其职、各负其责，共同推进打击侵权假冒工作，取得新进展、新成效。

一、案件查处基本情况

2022 年，全省各级行政执法机关共计立案查办侵权假冒案件 11478 件，同比上升 63.99%（2021 年同期 6999 件）；罚没金额 6931.55 万元，同比下降 32%（2021 年同期 10194 万元）；向司法机关移送案件 215 件，同比上升 95.45%（2021 年同期 110 件）。全省市场监管部门共计立案查办侵权假冒案件 6661 件，同比增长 36.44%（2021 年 4882 件）；案值 3284.4 万元，同比增长 78.27%（2021 年 1842.38 万元）；罚没 3873.54 万元，同比增长 35.79%（2021 年 2852.68 万元）；向司法机关移送案件 73 件，同比增长 151.72%（2021 年 29 件）。全省公安机关共计破获侵权假冒案件 943 件，同比上升 11.07%（2021 年同期 849 件）；抓获犯罪嫌疑人 1221 人，同比上升 34.62%（2021 年同期 907 人）；涉案金额 7.1 亿元，同比上升 255%（2021 年同期 2 亿元）。全省检察机关共计批捕侵权假冒相关案件 236 件，同比上升 35.63%（2021 年同期 174 件）；批捕 365 人，同比上升 38.26%（2021 年同期 264 人）；起诉案件 180 件，同比下降 29.41%（2021 年同期 255 件）；起诉 293 人，同比下降 38.32%（2021 年同期 475 人）。全省审判机关共计受理案件 232 件，同比下降 9.38%（2021 年同期 256 件）；审结案件 176 件，同比下降 16.98%（2021 年同期 212 件）；判决人数 331 人，同比下降 5.97%（2021 年同期 352 人）。

二、经验做法及工作亮点

省双打工作始终坚持高位推动，强化问题整改，创新机制建设，聚焦重点治理，增强共治意识，依法保护权利人、消费者合法权益，营造良好营商环境。

（一）强化高位推动，构建保护大格局

贵州省委、省政府高度重视知识产权保护，坚持从事关人民群众根本利益、事关全省发展大局、事关经济社会高质量发展的高度，着力构建大保护工作格局。

一是坚持高位推动。2022年，省委常委会召开2次会议、省政府召开1次专题会议，听取知识产权保护工作情况汇报。省委、省政府主要领导多次对双打工作作出指示批示，对全省双打工作给予高度肯定，提出明确要求。在全省打击侵权假冒工作电视电话会议上，省打击侵权假冒工作领导小组组长、副省长董家禄出席会议并讲话，对全省双打工作提出"三个进一步、三个切实"要求：一是进一步提高政治站位，切实增强工作责任感紧迫感；二是进一步加大工作力度，切实提升全省双打工作成效；三是进一步加强组织领导，切实增强工作合力。国务院出台《关于支持贵州在新时代西部大开发上闯新路的意见》后，分管省领导高度重视知识产权惠黔政策。9月，国家知识产权局等部委联合印发《关于印发〈关于支持贵州在新时代西部大开发上闯新路的实施方案〉的通知》，其中在"推动完善知识产权保护、运用和服务体系"方面，对贵州知识产权工作给予倾斜支持。

二是坚持法治建设。制定并实施《贵州省优化营商环境条例》，修订《贵州省反不正当竞争条例》，将《贵州省知识产权保护条例》纳入省十四届人大常委会立法规划和2023年立法调研计划；印发《知识产权行政执法指导工作规则（试行）》《贵州省专利纠纷行政调解工作办法》，联合贵州省高级人民法院印发《〈关于开展知识产权纠纷行政调解协议司法确认工作的实施意见（试行）〉的通知》等，全省双打工作法律支撑更加完善。

三是坚持统筹协调。省双打办按照全省一盘棋工作思路，整合各方资源，提升监管执法效能。出台《贵州省知识产权"十四五"规划和2035年知识产权强省建设远景目标纲要》，将知识产权保护工作纳入市县政府高质量发展绩效评价指标内容，纳入省直机关年度目标绩效管理体系，纳入省政府督查考核事项，纳入全省营商环境考核评价，全力推动知识产权强省建设。定期召开双打联络员会议，研商研判各类大要案件，完善行政执法机关与刑事司法机关案件移送制度、重大案件协调督办工作规则等制度，强化行刑衔接。建成全省首家知识产权保护中心，为优势产业提供快速审查、快速确权、快速维权"一站式"解决方案，提供更加高效、便捷、低成本的知识产权服务平台。充分发挥双打办统筹协调作用，全省形成了横向到边、纵向到底的双打工作格局。

（二）强化问题整改，双打工作补短板

2021年度，全省双打工作在信息报送、数据录入及群众满意度方面存在问题。双打领导小组极为重视，要求对存在的问题加大整改力度，举一反三，认真仔细排查风险隐患，做到强优势、补短板，切实把双打工作做好、做得更好、做到最好。

一是对标对表自查，实抓问题整改。针对全国双打办对贵州省2021年度双打工作绩效考核存在的问题，省双打办组织相关单位认真分析问题原因，制定整改措施，实抓问题整改。省双打办将落实整改工作情况纳入全省打击侵权假冒工作绩效考核内容，进一步督促整改工作落到实处。2022年，全部及时报送相关材料和统计数据，报送双打信息112篇，知识产权案件平均办理周期较上一年度缩短29.08天。

二是明晰工作思路，做好工作部署。省双打办根据《2022年全国打击侵犯知识产权和制售假冒伪劣商品工作要点》，印发了《2022年贵州省打击侵犯知识产权和制售假冒伪劣商品工作要点》，按照"依法治理、打建结合、统筹协作、社会共治"原则，以扎实开展重点难点治理、持续加大行政保护力度、着力提升司法保护、有序推进法规制度建设、聚力增强社会保护意识、全面落实各项保障措施等6个方面为主要内容，提出了69项具体任务，并逐项明确了牵头部门。将全省打击侵权假冒工作纳入省直单位服务高质量发展专项考核，制定专项考核实施方案，细化各地各部门责任分工，压实责任落实。

三是强化经费投入，促进工作实施。2022年，省级财政安排打击侵权假冒工作相关经费共计10655.23万元，由省有关部门统筹用于打击侵权假冒等工作，较2021年同口径增加252.66万元，增长2.43%，为全省打击侵权假冒工作提供了经费支持和保障。

三、强化机制建设，执法协作聚合力

省双打办坚持问题导向、目标导向、结果导向，紧盯跨部门、跨领域、跨区域的联动长效机制运行不畅，牵头部门单打独斗，"运动式""临时性"突击执法等现象，凝聚打击合力。

（一）加强区域合作

与广东、湖南等9省区签署《加强泛珠区域知识产权保护合作协议》，建立和完善泛珠区域知识产权保护工作协调及信息共享机制。主动对接重庆、四川等省市，探索建立"酒类产品市场监管及知识产权保护协作机制"，进一步夯实贵州优质白酒保知打假全国联动工作基础。

（二）加强部门合作

省检察院、省药监局、省公安厅、省法院联合制定了《贵州省药品安全行政执法与刑事司法衔接工作实施办法》，将"四个最严"要求落实落细，进一步健全完善全省"两品一械"行政执法与刑事司法衔接工作机制。针对侵权假冒酒类产品主要通过物流寄递环节流向省外的顽瘴痼疾，省市场监管局、省公安厅、省交通运输厅、省邮政管理局建立"全省酒类产品物流寄递仓储环节保知打假协作机制"。从2022年10月21日卡点挂牌至今，累计查扣违规产品1.57万瓶，初步切断了侵权假冒酒类产品通过物流寄递环节外流的通道。

（三）加强内部协作

省市场监管局成立了由党组书记、局长阳向东同志任组长，其他分管领导任副组长，相关处室为成员的市场监管综合行政执法工作领导小组。小组下设办公室在执法稽查处，下设9个专项执法工作组，负责组织相关领域案件查办、督办、协调、指导等工作，

承担市场监管大要案件、跨区域案件的查办工作。该机制的建立，充分整合了执法资源，形成了监管合力，为严厉查处一批影响恶劣、社会关注，危害人民群众生命健康、财产安全的大要案件打下了坚实的基础。

省"12·21"特大网络制售假酒案，涉案区域广、涉案金额大、涉案环节多。该案的查办体现了部门协同、区域协作的成果，达到了"打源头、端窝点、摧网络、断链条、追流向"的预期目标。2022年12月28日，全国打击侵权假冒工作领导小组办公室主任、市场监管总局副局长甘霖同志在贵州省专报上作了批示。

四、强化重点治理，保知打假出成效

结合全省实际，聚焦"民意最盼、危害最大、市场监管风险和压力最大"的风险隐患，加大惩戒力度、加强案件查办、强化行刑衔接，持续形成强大震慑。出重拳、下重手，持续保持高压严打态势。

（一）狠抓重点领域治理

针对农村地区，突出严打"禁限药"、突出严打"假农资"、突出严打"假种子"、突出严打"劣食品"。此外，紧盯互联网领域、紧盯批发集贸市场、紧盯进出口和寄递领域开展打击整治。查处农村重点领域农资、食品安全案件7259件，移送公安机关147件；贵州苗甫堂生物科技有限公司食品安全违法案件、贵州黔古食品有限公司生产经营标签不符合规定菜籽油案被总局挂牌督办。

（二）狠抓重点产品监管

聚焦食品、药品、特殊群体用品、酒类产品开展专项整治。公安机关侦破食品安全领域刑事案件1308起，涉案金额9.45亿余元，抓获犯罪嫌疑人1566人，打掉犯罪窝点45个。药品案件3413件，货值金额50万元以上案件13件（上千万元案件1件），案件数量及质量实现双提升。省药监局与公安机关联合侦办的"吕某等人涉嫌生产销售假药案"，成功打掉涉及22个省市、4个家族式"产、供、销"一条龙网络犯罪产业链条，涉案金额7600余万元，被公安部列为督办案件。

（三）狠抓重点权益保护

持续加强专利权、商标权、著作权保护。查处知

识产权案件1256件。贵州省威宁县市场监管局查处张某擅自制造他人注册商标标识案，查处侵权商标标识1亿余件，被总局作为典型案例采用发布。金某浩等三人侵犯著作权案中，贵阳市人民检察院针对该案反映出的社会问题制发检察建议并督促落实，推动贵阳市文化和旅游局牵头制定了《贵阳市文化和旅游市场综合行政执法与刑事司法衔接工作机制》，加强了版权行政执法与刑事司法的有效衔接，增强了行刑联动打击合力。

（四）开展专项整治

一是民生领域"铁拳行动"。严厉查处食用油掺杂掺假、油品质量违法和加油站计量作弊、白酒生产小作坊违法经营等11类违法行为。查处各类民生领域案件7652件（去年同期2854件），移送司法机关154件（去年同期88件），案件总值2443.29万元（去年同期1329.5万元），罚没总额4980.09万元（去年同期1724.76万元）。

二是开展农资打假。省农业农村厅、省市场监管局、省公安厅等5部门开展农资打假整治行动，形成打假合力。全省共出动人员65828人次，检查农资生产经营户51657家次。立案2130件，同比增加6.6%。查获假劣农资419.7吨，货值165.5万元，移送公安机关14起，移送数量是2021年的7倍。组织销毁收缴的假劣农药兽药近90吨。

三是开展"剑网2022""秋风2022"专项行动。加大新闻出版、版权执法力度，查处侵犯著作权案件47起，向公安机关移送案件线索公安机关立案查处3件。查办案件数量较上年度大幅增长。

四是药品安全专项整治。印发《贵州省集中打击整治危害药品安全违法犯罪工作领导小组工作规则》《关于进一步加强集中打击整治危害药品安全违法犯罪工作的通知》。先后召开2次新闻通气会，向社会公布18起专项整治典型案例，集中销毁假劣药品，形成打击整治强大震慑。全省共查处案件3413件（普通程序案件2633件），同比增长21.4%；货值金额9922.36万元，罚没金额2469.57万元，查处货值金额50万元以上案件13件（上千万元案件1件），案件数量及质量实现双提升，破获了一批大案要案。省局与公安机关

联合侦办的"吕某等人涉嫌生产销售假药案"，成功打掉4个家族式"产、供、销"一条龙、涉及22个省市网络犯罪产业链条，抓获犯罪嫌疑人31人、破案23起，涉案金额7600余万元，被公安部列为督办案件。黔南州都匀市局查办的"仲某华涉嫌妨害药品管理罪案"，当事人自制"痛风克星"通过网络进行销售，涉案金额270余万元。六盘水市钟山区局查办的"贵州卓霸草本植物研究开发有限公司涉嫌生产销售假药案"，当事人购买治疗风湿类产品和壮阳类产品，加工并包装成"风湿骨痛丸"和"卓霸养身丸"进行销售，涉案金额70余万元。

五是开展打击制售假劣林草种苗行政执法。编制《贵州林草种业振兴规划（2022—2035年）》，对今后十年包括林草种苗质量监管服务及执法能力提升、林草种质资源保护、林草良种选育与推广、林草种苗生产基地建设等相关工作进行规划。林木种苗和林业植物新品种侵权假冒行政处罚案件为7件，涉案金额20.55万元，罚没金额0.905万元，案件公开率100%。

六是深入开展"龙腾行动2022""蓝网行动2022"等专项行动。查获保税维修贸易新业态领域侵犯"Apple logo（图形）"商标专用权货物1020个，货值约4.59万元，实现关区货运渠道侵权案件查发零的突破。

2022年，全省各级行政执法机关查办案件同比上升63.99%，向司法机关移送案件同比上升95.45%；全省公安机关破获案件同比上升11.07%，涉案金额同比上升255%；全省检察机关批捕案件同比上升35.63%。

五、强化宣传引导，营造氛围强威慑

注重日常与重点结合、线上与线下融合，围绕世界知识产权日、中国质量日、国庆春节等重要时间节点，依托新闻发布、媒体报道、新媒体传播等多种形式，全面展示保护知识产权、打击侵权假冒工作成效。印发《关于做好贵州省2022年打击侵权假冒宣传工作的通知》。全年，共向各类媒体推送打击侵权假冒相关稿件35篇（条），全网报道500余篇（条）。其中，4月26日，《2021年贵州省知识产权保护与发展状况（白皮书）》新闻发布会在全国性、省市级媒体

予以报道，全网推送 149 篇（次），点击量 81.9 万人（次）。2022 年打击侵权假冒全网报道传播 228 条，阅读量 1200 万次。同时，发挥贵州市场监管政务新媒体传播优势，推送打击侵权假冒相关稿件 300 余条。全省销毁侵权假冒伪劣商品 490 吨，货值约 6500 万元。此外，省双打办组织了双打业务培训，邀请了总局领导和省内外专家进行授课。成员单位也结合各自工作职责开展了各种形式的培训。

六、典型案例

加大惩戒力度、加强案件查办、强化行刑衔接，持续形成强大震慑。出重拳、下重手，持续保持高压严打态势。

（一）跨区域协作典型案例

贵州省"12·21"特大网络制售假酒案。"12·21"特大网络制售假酒案，挖掘出以王某兵、江某波等犯罪嫌疑人为首的特大网络制售假酒团伙 32 人。该案一是涉案区域广。该团伙生产的假茅台酒销往贵州、广东、安徽等全国 29 个省、自治区、直辖市。二是涉案金额大。共捣毁生产、仓储窝点 6 个，网络推广平台 2 个，收缴生产、包装工具、包材及基酒若干，涉案金额 1.1 亿余元。三是涉案环节多。经对案件进行梳理，发现该团伙作案分工更加明确、区域更加分散、手段更加智能、行为更加隐蔽。从生产、仓储、销售、网上策划宣传至网络销售，分属于不同的人员、地域和平台。该案已移送人民检察院审查起诉。

（二）侵犯著作权属及侵害著作权纠纷案典型案例

金某浩系某成人自考教育培训机构员工，其发现自考学员需要购买大量自学考试教材和辅导读本，遂与其父亲金某模、母亲张某合谋，全家做盗版书生意。贵阳市文旅局联合贵阳市公安局白云分局开展净化文化市场行动时查获该案。案发时，公安机关在其库房查获图书 15959 册，经鉴定，其中 13000 余册为非法出版的教辅图书。

金某浩等人的行为，触犯了《中华人民共和国刑法》第二百一十七条之规定，构成侵犯著作权罪。贵阳市人民检察院以侵犯著作权罪对金某浩等人提起公诉。贵阳市中级人民法院依法以侵犯著作权罪，判处

金某浩等三名被告二年二个月至一年六个月不等有期徒刑，并处相应罚金。被告人金某浩上诉后，二审维持原判，判决已生效。

贵阳市人民检察院在办理该案时针对反映出的社会问题，向贵阳市文化和旅游局制发了检察建议。接到检察建议后，贵阳市文旅局迅速开展专项整治行动，有效落实检察建议，守住了校园"本色书香"。同时，该案还推动贵阳市文化和旅游局牵头制定了《贵阳市文化和旅游市场综合行政执法与刑事司法衔接工作机制》，促进了检察机关与文化市场主管部门之间的信息共享、案件抄送、案情通报等制度落地落实，加强了版权行政执法与刑事司法的有效衔接，增强了行刑联动打击合力。

（三）行刑衔接典型案例

威宁自治县市场监管局接到举报，称位于威宁县陕桥街道赵山村一间民房内有人大量制造卷烟过滤纸外包装纸商标标识，立即联合县公安机关、烟草部门依法对该民房进行检查。

经查，张某租用民房从事卷烟过滤纸外包装纸商标标识印制活动，现场查扣云烟、红塔山、红梅等商标标识 1 亿余件。经联系相关商标权利人确认，张某印制商标未得到委托或授权，所查获商标标识系张某擅自制造。

张某的行为违反了《商标法》第五十七条规定，构成侵犯注册商标专用权。由于涉案侵权商标标识数量巨大，张某行为涉嫌构成犯罪，威宁县市场监管局将该案件移送公安机关处理，目前该案正由司法机关审理中。

按照《商标印制管理办法》等有关规定，商标印制单位承接商标印制业务，应当核查商标印制委托人的证明文件和商标图样。本案中，当事人为获取利润，铤而走险，在普通民房内擅自制造商标标识，手段隐蔽。市场监管部门联合公安机关、烟草部门及时出手，防止侵权标识流入市场，斩断了侵权违法链条，是行刑衔接通畅的良好体现。

（四）假冒注册商标典型案例

2022 年 1 月，遵义市中级人民法院审理姚某某等 19 人假冒注册商标、销售假冒注册商标的商品案。依

法判处 19 名被告人五年至一年不等有期徒刑，并处罚金共计 760 万元。

该案由遵义市绥阳县公安局接举报有人销售假冒酒后立案调查，发现该案涉案人员众多，金额巨大，制销一体的产业链辐射全国多地。为准确办理该案，严厉打击制假售假犯罪行为，公安机关在省内外多地开展侦查抓捕活动，检察机关积极提前介入引导侦查。公安、检察、人民银行等多家单位多次沟通会商，查清了资金走向和犯罪事实。最终姚某某等 19 名犯罪嫌疑人全部归案，假冒的三个知名品牌白酒 7804 瓶、基酒 2300 余斤、赃款 23 万余元等被一并查获追缴。

（五）生产销售假药典型案例

省药监局与公安机关联合侦办"吕某等人涉嫌生产销售假药案"，成功打掉 4 个家族式"产、供、销"一条龙，涉及 22 个省市网络犯罪产业链条，涉案金额 7600 余万元，被公安部列为督办案件。

七、存在问题

（一）思想认识有待进一步提高

有的成员单位人员变动频繁，交接不畅，不按时提交资料，工作中敷衍应付，其根源是对双打工作的重要性认识不到位。

（二）执法协作有待加强

部门之间、跨区域之间机制建得多，落实少，执法合力成效不明显。

（三）执法力量薄弱

人员调整大，新手多，全面深入掌握相应法律和办案技巧有一个渐进的过程。基层人少事多，加上办案过程中时常受到谩骂、围攻，甚至人身威胁，没有相应的制度保障和激励机制。传统的办案手段、方式已跟不上现代信息技术飞速发展的步伐。大数据、信息化等知识的欠缺及专业人才的匮乏，办理大要案难有突破。基层执法人员普遍存在不会办、不愿办、不敢办、不想办的现象。

（四）两法衔接工作仍不规范

一是人员配备不足。全省有部分地区对该项工作重视程度不够，未安排专人负责两法衔接工作，很大程度上造成两法衔接工作难以深入开展。二是两法衔接工作不够规范。两法衔接缺乏详细的案件移送标准和程序，仍然存在有案不移、有案难移等现象，虽然省两法衔接信息共享平台已建成并投入使用，但仍存在信息录入不规范等问题。

八、下一步工作打算

（一）加强队伍专业化建设，提升执法效能

一是针对知识产权专业性强问题，增加多种形式的培训，提升基层执法人员打击侵权假冒案件办理能力。二是加强队伍信息化建设，鼓励探索充分利用大数据、云计算等现代信息技术，创新监管方式，运用大数据、信息化手段，对违法行为做到早发现、早预防、早处置。三是完善执法机制，形成执法合力，加大案件查处力度。集中力量，查处一批典型案件，树立执法权威，形成法律震慑。创新监管方式，运用大数据、信息化手段，对违法行为做到早发现、早预防、早处置。

（二）加强两法衔接工作落实

继续完善案件移送标准和程序，加强行政处罚案件的网上移送、网上受理、网上监督，促进两法衔接系统应用日常化和规范化，保障行政执法和刑事司法信息全面、及时、准确入库并持续更新。进一步完善各部门沟通联络机制，及时解决打击侵权假冒工作中遇到的困难和问题，确保两法衔接落到实处。

（三）强化宣传工作，营造良好社会共治氛围

进一步营造打击假冒侵权的社会氛围。充分利用电视、广播、报刊、网络等各类新闻媒体，加大打击侵权假冒工作宣传报道力度，表扬先进，宣传典型，曝光违法犯罪行为，营造良好的舆论氛围。

九、相关意见建议

一是全国双打办多组织业务培训和工作交流座谈会等，加强各省级间沟通交流，促进相互学习。二是全国双打办加大对贵州双打工作的关心和指导。

（撰稿人：潘显评）

云南省打击侵权假冒工作报告

2022 年，云南省打击侵权假冒工作坚持以习近平新时代中国特色社会主义思想为指导，深入学习贯彻党的二十大精神，贯彻落实习近平总书记考察云南重要讲话精神，按照全国打击侵权假冒工作领导小组和省委、省政府工作安排，紧紧围绕"社会稳定和长治久安"总目标，紧密结合云南实际，坚持依法治理、打建结合，统筹协作、社会共治，依法严厉打击坚持侵权假冒违法犯罪，推动构建新发展格局，取得了一定成效。

2022 年，全省市场监管部门共查处知识产权案件 812 件（较上年增长 30.33%）。公安机关共破获侵权假冒和食品药品犯罪案件 1290 起（较上年增长 118%），抓获犯罪嫌疑人 1040 人，涉案金额 4934.16 万元，为企业挽回经济损失 7881.77 万元。检察机关共批捕侵犯知识产权犯罪案件 33 件（较上年增长 22.22%）64人，起诉 37 件（较上年减少 21.27%）72 人；批捕生产销售伪劣商品罪 61 件（较上年减少 32.61%）110 人，起诉 79 件（较上年增长 102.56%）157 人。审判机关共受理一审侵犯知识产权和制售假冒伪劣商品刑事案件 126（较上年增长 26%），审结 91 件（较上年增长 21.33%）；受理一审侵犯知识产权刑事案件 46 件（较上年减少 6.12%），审结 40 件（较上年增长 14.29%）；受理一审知识产权民事案件 6787 件（较上年减少 7.22%），审结 6161 件（较上年增长 31.2%）。

一、主要工作情况

（一）高位推动，统筹协调更加顺畅

云南省委、省政府高度重视打击侵权假冒工作，深入贯彻习近平总书记关于全面加强知识产权保护工作的重要指示批示精神和党中央、国务院决策部署，将"强化知识产权保护"写入中国共产党云南省第十一次代表大会报告。省委、省政府主要领导主持召开省委全面深化改革委员会会议、省人民政府常务会议，专题学习《知识产权强国建设纲要（2021—2035年）》和《"十四五"国家知识产权保护和运用规划》，安排部署知识产权强国建设实施和知识产权保护重点任务举措，分别制定《关于贯彻〈知识产权强国建设纲要（2021—2035 年）〉的实施意见》和《云南省"十四五"知识产权发展规划》，深入推进知识产权强省建设。全面落实打击侵权假冒属地责任，及时召开领导小组会议，传达学习全国打击侵权假冒工作电视电话会议精神，研究贯彻落实措施，围绕年度工作重点制定印发《2022 年云南省打击侵权假冒工作要点》，确保年度工作目标完成。组织开展"打假护牌"专项行动，继续将打击侵权假冒违法犯罪活动纳入社会治安综合治理工作考核评价，制定并落实《云南省 2022年度打击侵权假冒绩效考核方案》和《考核评分细则》，强化考核督导，推动形成区域统筹、部门联动、行业自律、社会共治的良好工作格局。

（二）部门协同，行政执法更加精准

1. 持续加强知识产权保护

一是组织开展知识产权行政执法专项行动。印发《2022 年云南省知识产权行政保护工作实施方案》、《北京 2022 年冬奥会和冬残奥会奥林匹克标志知识产权保护专项行动实施方案》，部署全省开展专利、商标、奥林匹克标志、地理标志行政执法专项行动。1—10 月，全省各级市场监管部门共查处商标案件 676 件，案值 566.93 万元；办理专利侵权纠纷案件 135 件，假冒专利案件 8 件，专利其他纠纷案件 1 件，专利侵权纠纷案件较 2021 年增加 45 件；办理奥林匹克标志知识产权案件 87 件。二是组织开展"双随机、一公开"抽查检查。加强事中事后监管，制定印发《云南省市场监督管理局 2022 年专利、商标"双随机、一公开"抽查工作方案》，对"专利证书、专利文件或专

利申请文件真实性""产品专利宣传真实性""商标使用行为""集体商标、证明商标（含地理标志）使用行为""商标印制行为"5项内容开展抽查检查，共抽取检查对象1873户，完成检查1869户。三是加强跨区域知识产权保护协作。向第十六届泛珠三角区域知识产权保护合作联席会议组织报送辖区重点商标和地理标志保护名录50件，报送相关涉嫌侵权违法案件线索40条。

2. 深化重点领域专项行动

一是开展"打假护牌"专项行动。2022年2月下旬至6月下旬，在全省范围内以有一定影响知名品牌知识产权保护为重点，以"打假冒、保名优、促发展"为目标，以有一定影响且存在侵权假冒诉求的企业为配合企业，扎实开展了"打假护牌"专项行动，重点查处假冒他人注册商标行为；假冒一定影响商品特有的名称、包装、装潢，将他人注册商标行为、未注册的驰名商标作为企业名称中的字号使用误导公众行为；电子商务领域销售假冒、仿冒商品等侵权违法行为。全省各级市场部门共检查经营企业62656余家次，立案查处假冒他人注册商标行为等违法行为743起，曝光典型案件23件，有力震慑了侵权假冒违法行为。二是开展2022民生领域案件查办"铁拳"行动。省市场监管局继续以"小切口"贴近"大民生"，充分发挥执法办案的集成效应，在市场监管总局查办8项违法行为的基础上，更加聚焦"民意最盼、危害最大、市场监管风险和压力最大"等关系人民群众生命健康安全的重点商品、重点领域和重点行业，确定了全省翡翠玉石网络直播违法营销、"神医""神药"等虚假违法广告，食用油掺杂掺假，声称减肥、壮阳等食品非法添加、加油站计量作弊暨民生计量违法、油品质量违法、劣质燃气具、生产销售劣质磷肥、医疗美容领域虚假宣传、翻新"黑气瓶"、超期未检电梯、面向未成年人开展"无底线营销"、住房租赁市场合同违法等13项违法行为，共查处各类违法案件2245件，案值3021.3万元，罚没金额3126.3万元。三是集中整治商品过度包装、"天价"月饼和蟹卡蟹券等问题。印发《云南省市场监督管理局集中整治商品过度包装、"天价"月饼和蟹卡蟹券等问题实施方案》，深入开展集中

整治行动，各级市场监管部门共出动执法人员23119余人次，检查大型商场、超市、月饼生产经营单位、月饼零售点和糕点店铺41957个（户），检查各类商品174705件，责令整改392次，信息发布49次，各类媒体报道27次，查办涉及蟹卡蟹券违法行为案件1件，涉及食品案件2起。

3. 加大版权专项整治力度

始终贯彻"保护版权就是保护创新"的理念，把提高全省查办侵犯著作权案件效能作为版权保护的一项重要工作。一是健全版权行政执法机制。召开执法工作专题会议，专题研究贯彻落实《中共中央办公厅、国务院办公厅关于深化文化市场综合行政执法改革的指导意见》的具体措施，进一步加强全省新闻出版、版权领域行政执法。印发《云南省关于进一步完善文化市场综合行政执法运行机制的实施方案》，按照云南省人民政府办公厅《关于文化市场综合行政执法有关事项的通知》要求，制定出台《云南省文化市场综合行政执法事项指导目录（2022年版）》，明确版权行政执法事项的主体责任和权责边界。二是坚持日常监管和专项行动相结合。开展"打击网络侵权盗版暨文化和旅游市场网络执法集中办案行动""打击网络侵权盗版'剑网2022'专项行动""青少年版权保护""院线电影版权保护"等专项行动，对侵权盗版行为始终保持高压态势。截至11月中旬，全省共计出动行政执法人员16495人次，检查经营场所10507家次，查办侵权盗版行政案件共计62件，办结案件59件，移送公安机关侦办案件3件。按照《云南省2022年推进使用正版软件工作计划》《云南省2022年软件正版化工作检查方案》要求，对曲靖、玉溪、西双版纳3个州（市）级党政机关开展"回头看"检查，对德宏州州级党政机关开展"全覆盖"检查。依托版权服务工作站技术支撑，完成曲靖、玉溪、西双版纳、德宏4个州（市）党政机关和直属教育行业、卫生健康行业单位、国有企业的检查，共计检查单位151家、实地检查计算机3220余台；完成5家省直属卫生健康行业单位、5家省国资委监管企业的检查，实地检查计算机450余台。

4. 强化新品保护种苗监管

印发《云南省林业和草原局办公室关于组织开展

2022 年打击侵犯林业植物新品种权和制售假冒伪劣林木种苗工作的通知》《云南省林业和草原局办公室关于开展全省林业植物新品种侵权摸底调查的通知》《云南省林业和草原局 云南省市场监督管理局关于印发 2022 年度林木种苗监督检查"双随机、一公开"联合抽查工作方案的通知》，把各项工作细化落实到位。依托知识产权宣传周活动，通过网络、微信、技术培训、挂横幅等宣传渠道，着重宣传打击侵犯植物新品种权和假冒伪劣种苗活动，提高知识产权保护意识。认真贯彻执行《中华人民共和国植物新品种保护条例》，支持维权和惩治侵权行为，依法打击未经品种权人许可生产或者销售授权品种的繁育材料、假冒授权品种的行为。在全省范围内开展植物新品种权摸底调查，向社会公布了责任人、举报电话和举报邮箱，掌握本省林草植物新品种授权、运用、许可及侵权假冒情况。举办了全省林业和草原行政执法培训、林草植物新品种保护培训，进一步夯实了林草植物新品种保护基础。积极开展种苗行政执法专项整治和造林种苗质量监督检查，对 26 家苗木生产单位、使用单位苗木和 7 家草种使用单位的草种子及 3 家国家重点林木良种基地的种子质量进行了抽检。抽检苗木涉及 27 个树种 48 个苗批，抽查草种子涉及 13 个草种 33 个批次，抽查林木种子涉及 3 个树种 3 个批次，发现不合格草种 11 批次，不合格林木种子 1 批次，并发布抽查结果通报，杜绝了不合格林草种苗上山造林，形成了针对生产经营主体系统化、立体化、制度化的有效监管机制。

5. 开展农资市场环境整治

一是强化部门联动。制定印发《云南省 2022 年农资打假和监管工作要点》，明确年度农资打假专项治理行动工作重点、目标任务和责任分工。召开农资打假联席会议，印发《云南省农业农村厅办公室关于开展 2022 年春季农资打假联合检查工作的通知》《云南省农业农村厅办公室关于开展 2022 年秋季农作物种子市场监督管理工作的通知》，多部门联合开展省、市、县三级联动农资打假专项行动，形成监管执法合力，严厉打击品种套牌侵权、生产销售假冒伪劣农资产品等违法违规行为。二是协同行业监管与农业综合执法。制定印发《关于开展 2022 年农药经营专项检查工作的通

知》《关于组织查处使用经营假劣兽药的通知》等文件，由农产品质量安全、农业综合行政执法、植保植检、种子、肥料、动物卫生监督等有关单位组成联合工作组，对各地农资生产、经营等情况进行巡查检查，重点规范农兽药、种子、肥料等农资经营行为。三是开展全省种业监管执法年活动。印发《2022—2023 年全省种业监管执法年活动方案》《云南省保护种业知识产权打击假冒伪劣套牌侵权工作推进方案》《关于进一步加强种子基地监管 严厉打击非法生产经营种子行为的通知》等文件，组织开展了全省制种基地巡查检查，严厉打击"私繁滥制"、抢购套购等违法违规行为。四是严肃查处假冒伪劣化肥问题。贯彻落实《农业农村部办公厅 市场监管总局办公厅关于严肃查处假冒伪劣化肥问题 坚决维护市场秩序和农民合法权益的紧急通知》要求，印发《关于严肃查处假冒伪劣化肥问题 坚决维护市场秩序和农民合法权益的紧急通知》，协同履行化肥质量监管责任，对所有农资门店和生产经营企业进行拉网式排查，进一步规范农资市场秩序。五是开展放心农资下乡进村宣传活动。印发《关于做好 2022 年放心农资下乡进村宣传工作的通知》，通过发放宣传单、张贴挂图、悬挂标语等方式，普及农资法律法规知识和识假辨假常识，提升广大农民依法维护自身权益的能力。六是加大农资打假执法办案力度。截至目前，全省共出动执法人员 51105 人次，检查农资门店 51774 家；共受理投诉举报 158 起，立案 999 件，结案 649 件，涉案金额 200余万元。

6. 规范文化旅游市场秩序

积极发挥文旅市场监管职能，始终保持打击侵权盗版违法行为高压整治态势。一是加强文旅行业监管。采取"四不两直"的工作方式，全面开展文旅行业督查检查，共暗访抽查经营企业和公共文化场馆 595 家，发现问题隐患 305 项。印发《文旅行业疫情防控负面清单（第二版）》《旅游市场秩序和服务负面清单（第三版）》《文旅行业安全生产负面清单》，要求各州市立行立改、全面整改，有效消除行业风险隐患，维护文旅市场的安全平稳有序。二是坚持日常监管和专项行动相结合。认真开展"打击网络侵权盗版'剑网'专

项行动"和"青少年版权保护"、"院线电影版权保护"等专项行动，对侵权盗版行为始终保持高压态势。截至 10 月底，共出动执法人员 19.49 万人次，检查文化旅游企业 6.66 万家次，办结各类案件 745 件。其中，查办侵权盗版案件共计 50 件，办结案件 46 件，涉案金额约 14 万元，移送公安机关侦办案件 3 件，年内立案 43 件，版权主管部门和文化市场综合执法机构参与、协助公安机关立案侦办侵权盗版刑事案件 4 件；向社会公布 4 批次旅游市场违法违规典型案例共 36 件。三是充分运用网络巡查勘验技术，大力开展线上线下打击侵权盗版违法行为。联合省版权局、省委网信办、省公安厅、省通信管理局组织开展 2022 年"全省打击网络侵权盗版暨文化和旅游市场网络执法集中办案行动"，共排查网站 5700 余家，公众号 1800 余个，短视频用户账号 2500 余个，网络平台商家 2100 余个。获取侵权盗版行政案件线索 35 条，涉嫌违法犯罪线索 4 条，其他新闻出版类犯罪线索 4 条，旅游市场案件线索 23 条，并将案件线索转相关州市进行核查。

7. 加大药品卫生打击力度

省药品监督管理局与省市场监督管理局联合印发了《2022 年云南省药品安全专项整治行动方案》，在全省范围内开展为期一年的药品安全专项整治行动。行动突出"严"的主基调，以严查违法、严控风险为主要任务，与"药品安全百日行动"有效衔接，严厉打击药品、医疗器械、化妆品领域违法犯罪行为，严查严防严控质量安全风险，坚决守住人民群众用药安全底线，为迎接党的二十大、COP15 大会第二阶段会议召开营造了良好的药品安全环境。截至 11 月 25 日，全省药品监管部门共计查办药品、化妆品和医疗器械案件共计 3540 件，涉案产品货值金额共计 5536.97 万元，罚没款共计 3735.23 万元，责令停产停业 6 家，捣毁黑窝点 29 个。组织召开 2022 年全省药品医疗器械化妆品抽验工作会议，及时制定并下发了全省"两品一械"抽检监督工作方案，共出动执法人员 733 人次，完成 16 个州市 110 家药品生产企业、16 家医院制剂、66 家药品批发企业、45 家医疗器械生产企业、19 家化妆品生产企业、13 家化妆品经营企业共计 1803

批次的抽样（药品 1630 批，医疗器械 73 批，化妆品 100 批）。截至 11 月 25 日，完成"两品一械"国抽抽样 1210 批次，省抽抽样 4593 批次（含药包材），并对在抽检过程中发现的不合格产品及时进行处置，对违法行为依法进行查处。全省卫生监督系统持续加强对消毒产品生产企业的监督检查，截至目前，完成生产企业监督检查 309 家次；完成 2022 年消毒产品监督抽查任务 154 家，任务完成率 100%，抽查消毒产品 231 件，共查处消毒产品案件 221 件，其中简易程序 94 件、一般程序 127 件，没收违法所得 2768 元，罚款 481400 元，有力地打击了消毒产品违法行为，保护了消费者的健康权益。

8. 加强知识产权海关保护

一是开展专项行动，重拳打击侵权假冒。开展"龙腾行动 2022"和"蓝网行动"知识产权海关保护专项行动，结合关区实际对总署方案进行了细化，提出行动要求和目标，明确工作安排和任务分解，根据隶属海关业务类型分类制定三个量化考核表。建立关区侵权案件数据库，提炼高风险侵权要素，开展侵权货物案件关联性分析，加强对跨境电子商务、市场采购贸易等新业态侵权违法行为的查处，严厉打击货运、边民互市和寄递等渠道进出境侵权行为。1—10 月，共查扣侵权商品 453 批次，查获涉嫌侵权商品共 10.76 万件，案值 236.79 万元。二是深化部门协作，形成综合治理。与云南省公安厅共同印发实施《关于进一步加强知识产权保护执法协作的意见》，向公安机关移交 5 起涉嫌侵权犯罪案件线索，公安机关均已立案。4 月 27 日，联合南宁、重庆、成都、贵阳等海关，邀请中国外商投资企业协会优质品牌保护委员会，举办 2022 年知识产权海关保护主题培训，5 个直属海关共 800 余人参加在线培训。三是强化风险监测，引导打假工作。制定 2022 年度昆明海关进出口商品质量安全风险监测方案，对所属瑞丽、勐腊、河口、技术中心 4 个二级监测点，重点对进出口婴童用品、学生用品、食品接触产品、家用电器、家居装饰材料等商品开展监测。通过专项风险监测工作，发现边境贸易市场假冒伪劣商品趋势，为下一步打击假冒伪劣工作提供了有力支持。

9.加强无害化销毁处置指导

拟定《云南省固体废物污染环境防治条例》，组织完成三次专家论证、三轮意见征求、两次部门座谈和公众意见征求，目前已进入省人大二审阶段。加强对固体废物无害化销毁处置指导力度，及时在云南省生态环境厅网站公布全省具备固体废物处置资质相关企业名单，加大对固废处置企业监管力度，组织开展全省危险废物环境风险排查整治专项督导检查，针对专项督导检查中发现的危险废物处置单位存在的问题，及时督促有关单位完成整改。积极配合省政府打私办研讨"双无"固废（执法过程中查获的无法确定责任人或者无法退运的非法入境固体废物）处置工作，制定《关于组织处理相关非法入境固体废物的指导意见》。向各州市生态环境局对收缴的侵权假冒商品销毁工作提出要求，督促各州市生态环境部门协同本级双打办制定侵权假冒商品销毁工作制度。加强对危险废物处置单位监管，组织开展2022年危险废物规范化管理评估，共抽查企业140家，其中经营单位51家，产生单位89家。组织开展28家企业危险废物经营许可现场核查，办理38项危废经营许可审批，办结危险废物跨省转移108份（涉277家企业），核准拆解废弃电器电子产品109余万台（套）。全省共102家危废经营单位，核准利用处置规模435万吨/年，基本保障全省危险废物处置利用需求。今年以来，共办理50项危险废物经营许可证审批。其中，首次/重新申请6项；到期换证27项，信息变更16项，许可证注销1项，并在云南省生态环境厅门户网站公示。

（三）形成合力，刑事司法更加严厉

1.加大刑事打击力度

一是加强执法能力建设。省公安厅启动食品安全快检室建设项目，制定了《快检室设备配置指引》和《快检室硬件建设指引》，切实帮助解决食品安全领域案件线索发现难的问题。先后组织开展了食品安全侦查业务培训班、药品安全侦查业务培训班、法制员执法业务培训班、知识产权侦查业务培训班、信息情报业务培训班等5期专题业务培训，全省受训民警达750余人，全省公安执法打击能力进一步得到提升。二是专项行动强化打击。坚持以打开路、以打促

防的工作要求，深入开展"昆仑2022"专项行动，联合开展"剑网行动""打击制售假药劣药犯罪重点攻坚行动""农资打假""冬奥版权保护""打假护牌""青少年版权保护季""成品油行业治理"等系列整治行动，成功破获了西双版纳"1·19"制售假药案、昆明"1·05"生产销售有毒有害食品案、昆明"6·09"假冒大众汽车配件案、楚雄双柏某公司生产销售伪劣产品案、保山龙陵"4·21"侵犯著作权案、临沧凤庆销售伪劣教辅案等一批重大典型案件，省公安厅挂牌督办重大案件39起，被公安部挂牌督办重大案件7起，专项打击工作取得明显成效。

2.发挥检察职责职能

一是推动集中统一履职，推进检察综合保护。省检察院成立知识产权检察办公室，统筹指导、综合协调刑事、民事、行政、公益诉讼依职权办理知识产权案件，承担全省涉知识产权综合协调工作。各地检察机关加强知识产权专业化建设，通过职能联动，推进综合保护，推动公益诉讼工作向知识产权领域拓展。二是以案件质量为核心，打牢检察保护基础。省检察院对2019年以来全省检察机关办理的侵犯知识产权犯罪案件进行梳理，分析知识产权犯罪案件的特点和趋势以及办理中存在的问题和困难，全面掌握全省知识产权犯罪案件情况。对2022年审查起诉的侵犯知识产权犯罪案件实施清单化管理，对普洱、红河等地请示的5件假冒侵权案件进行业务跟进指导，在案件定性、量刑建议及行刑衔接、检察建议制发等方面提出具体意见。三是以专项行动为抓手，推进打击侵权假冒工作走深走实。认真部署开展"打假护牌""依法惩治知识产权恶意诉讼专项监督工作"等专项行动，共检查假冒他人注册商标行为经营者30家次，检查将他人注册商标、未注册的驰名商标作为企业名称中的字号使用，误导公众的行为经营者23家次，检查电子商务领域销售假冒、仿冒商品等侵权违法行为经营者13家次。四是以行刑衔接为着力，构建全方位保护格局。全省检察机关加强与市场监管等部门的沟通联系，建立案件双向移送、联合执法、案件会商等合作机制，今年以来对达不到刑事案件起诉条件、符合行政违法情形的3人移送行政执法部门处理。

3. 提升司法解决效能

一是深化职能定位改革，优化知识产权管辖布局。全省新增 30 家管辖知识产权案件的中基层法院，管辖布局进一步优化，形成了"1+16+18"的案件管辖新格局，实现知识产权案件审级下沉，极大方便当事人诉讼。二是深入推行知识产权民事、行政和刑事审判"三合一"机制，保障全省知识产权案件朝着审理专门化、程序集约化和人员专业化的方向不断迈进。三是不断完善技术事实查明机制。完成云南省首批技术调查官选任工作，在省高院知产庭审理的某公司与某交通警察支队技术委托开发合同纠纷二审案件中引入技术调查官参与审理，实现了全省技术调查官参与诉讼案件"零"的突破，持续深入推动知识产权技术调查官制度实质化运行。四是开展知识产权多元解纷机制改革创新。支持知识产权纠纷的多渠道化解，充分发挥司法在多元化纠纷解决机制建设中的引领、推动作用，提升解决纠纷的整体效能。

4. 完善行刑衔接机制

省公安厅、省人民检察院、省市场监督管理局、省农业农村厅、省药品监督管理局等行政主管部门加强沟通联系，健全完善协作机制，合力提升执法效能，出台了《云南省公安机关群众举报生态环境食品药品知识产权犯罪奖励办法》《云南省药品领域行刑衔接工作办法》《知识产权和制售假冒伪劣商品违法犯罪执法协作机制》，最大限度凝聚各方打击犯罪力量，提升执法工作效能。全省检察机关与市场监管等部门联动配合，积极探索"检察监督＋行政监管"的办案模式，在依法从严惩处危害食品药品安全违法犯罪的同时，积极组织开展公益诉讼专项监督行动。省高院与省知识产权局联合制发《云南省知识产权局云南省高级人民法院关于印发技术调查官参与专利等知识产权案件行政裁决和司法审判工作规程（试行）的通知》《关于建立知识产权民事纠纷司法审判和行政调处在线诉调对接机制的通知》，确保知识产权矛盾纠纷多元化解机制在全省各州市全面建立。昆明中院与昆明市市场监督管理局在中国（昆明）知识产权保护中心签署《关于加强知识产权保护协作机制的协议》，并在该中心挂牌设立知识产权司法保护一庭一站一中心，即知识产权巡回审判法庭、知识产权服务工作站和知识产权保护诉调中心。

（四）拓宽渠道，宣传引导更加有效

1. 加强宣传，深化社会效果

年初，省打击侵权假冒领导小组办公室下发了《关于做好 2022 年打击侵权假冒宣传工作的通知》，对全年打击侵权假冒宣传工作进行了安排部署，各成员单位按照年度工作安排，广泛开展了宣传工作。省广播电视局指导广播电视媒体和网络视听平台以新闻报道、专题专栏、短视频、公益广告等多种形式，深入宣传各地各部门开展双打工作取得的进展和成效。省国资委督促指导省属企业抓好商标培育，规范使用商标和地理标志产品标识，提升商标意识和品牌意识。省贸促会邀请省内外专家、业界精英实地参观中国（昆明）知识产权保护中心，了解云南省知识产权保护取得的成就及知识产权快速维权和快速预审流程。省农业农村厅继续开展放心农资下乡进村宣传活动，普及农资法律法规知识和识假辨假常识。省司法厅加强全省法治宣传教育网站网络集群和新媒体普法矩阵建设，利用全省 216 个普法微信公众号及 1321 个政务类微信微博平台宣传打击侵权假冒相关法律法规，进一步增强新媒体在法治宣传中的影响力和渗透力。省公安厅深入开展"4·26"知识产权宣传周、全国食品安全宣传周、质量月活动，公开曝光 10 起侵权假冒典型案例，震慑犯罪，教育群众，营造法治环境。省检察院以法治宣传为重点，深入各地组织 50 场"知识产权送法进企"专题巡讲，为企业创新发展提供法律支持。省法院认真落实"谁执法谁普法"工作要求，采取庭审公开、案例发布、召开新闻发布会、发放宣传册、现场答疑、座谈交流等各种形式，深入细致开展法治宣传教育工作。省知识产权局召开 2022 年云南省知识产权工作新闻发布会，面向辖区内机关、企业等各单位举办知识产权业务能力和保护意识提升培训班共计 35 期，培训人员 7600 余人次。省市场监管局在人民日报、中国网、中国质量新闻网、云南网、云报、春城晚报、今日头条等近 20 家新闻媒体发布了民生领域案件查办"铁拳"行动 32 个典型案例，召开新闻发布会，向公众介绍民生领域案件查办"铁拳"行动相关情况，进一步扩大打击侵权假冒工作的社会影响，取得了良好社会效果。

2.扩大影响，组织集中销毁

为落实全国打击侵犯知识产权和制售假冒伪劣商品工作领导小组办公室、中央宣传部、最高人民法院、最高人民检察院等九部门联合印发的《关于加强侵权假冒商品销毁工作的意见》，营造良好营商环境，对侵权假冒违法行为形成强大震慑，省打击侵权假冒工作领导小组办公室下发《关于做好集中统一销毁侵权假冒伪劣商品活动工作的通知》，对做好2022年侵权假冒伪劣商品集中销毁工作进行了统一部署。全省16个州、市按照通知要求，制定销毁工作方案，细化活动安排，充分利用"3·15""4·26"时间节点，拓宽宣传渠道，统筹运用传统媒体和新兴媒体开展集中销毁工作宣传报道，及时回应权利人和社会公众关切。坚持依法处置、无害化处理、杜绝再流通原则，分别采取拆解、碾压、填埋、焚烧、生化等分类处置方式，集中销毁依法收缴的假冒伪劣防疫物资、食品、药品、化妆品、婴幼儿用品、服装鞋帽、汽车配件、建材电器、机械设备、农资、烟花爆竹、侵权盗版非法出版物等12大类侵权假冒伪劣商品共486.17吨，货值9144.89万元，彰显了全省打击侵权假冒违法犯罪行为的成效以及保护消费者合法权益的坚定决心。

二、存在主要问题

全省打击侵权假冒工作虽然取得了一定成效，但我们清醒地认识到，打击侵权假冒工作面临的形势依然严峻，工作任务仍十分繁重，还存在一些薄弱环节。

一是机制体制有待进一步完善。受机构编制的影响，州、市打击侵权假冒相关工作人员短缺，工作存在无法有效衔接、信息渠道不畅等现象，影响了打击侵权假冒工作的成效。

二是能力素质有待进一步提升。全省机构改革后，对新业态下特别是互联网领域的打假探索不够，还缺少有效的手段和方法，监管执法的观念理念、方式方法还需要不断完善。

三是公众认识还需进一步加强。一些消费者防范维权意识不强，识假辨假能力不足，农村、城乡接合部仍是监管薄弱环节，知假买假的现象还存在，滋生假冒伪劣的土壤没有根本铲除。

三、下一步工作打算

（一）持续深化重点领域治理

持续开展民生领域案件查办"铁拳"行动，严厉打击在线销售侵权假冒商品、虚假广告、虚假宣传等违法行为。加强农村和城乡接合部市场治理，加强市场监管执法，坚决打击坑农害农行为。突出专业市场、电子商务、进出口等环节，以及机电产品、电子产品、日用品、医疗器械等重点商品监管，遏制规模性侵权假冒行为，努力营造安全放心的消费环境。

（二）着力创新双打工作方式

针对侵权假冒行为新变化新特点，创新监管方式，深化跨部门跨区域合作，推进社会共治。不断加强"互联网＋监管"模式运用，充分利用大数据、云计算等现代信息技术，深入分析侵权假冒趋势动态，提升刑事司法、行政执法和监管部门效能。进一步完善"双随机、一公开"监管、信用监管、跨部门协同监管等有效做法，深化交流合作，加强知识产权全链条保护，维护公平竞争的市场秩序。

（三）不断完善长效监管机制

大力推进信息公开，依法公开侵权假冒行政处罚案件信息，全面推行行政执法公示制度、执法全过程记录制度、重大执法决定法制审核制度，促进严格、公正、文明执法。推进跨部门跨地区执法协作，健全线索通报、案件协办、联合执法、定期会商等制度，完善打击侵权假冒两法衔接平台建设，深化行政执法与刑事司法衔接配合。

（四）积极构建社会共治格局

进一步加强组织领导、压实各方责任、推动各方共同参与、齐抓共管。不断健全完善两法衔接，推进行政执法部门与刑事司法机关优势互补。加强社会监督，畅通举报投诉渠道，加大投诉举报查处力度。加强宣传工作力度，充分调动人民群众举报侵权假冒违法行为，形成"人人喊打、无处藏身"共同抵制侵权假冒的良好社会氛围。

（撰稿人：黄薇）

西藏自治区打击侵权假冒工作报告

2022年，西藏自治区打击侵权假冒工作坚持以习近平新时代中国特色社会主义思想为指导，深入学习贯彻落实党的二十大精神，将打击侵权假冒工作作为维护市场秩序、维护公平竞争、维护群众利益的重要内容，在全国打击侵权假冒工作领导小组办公室的大力支持和有力指导下，紧密结合西藏实际，坚持依法治理、打建结合、统筹协作、社会共治原则，推进跨部门、跨领域、跨区域执法联动，依法严厉打击侵权假冒违法犯罪行为，维护规范有序、公平公正的市场秩序，为扎实推动西藏经济社会高质量发展作出积极贡献。

一、2022年工作开展情况

（一）加强统筹协调，充分发挥双打牵头作用

2022年，西藏自治区打击侵权假冒工作领导小组办公室立足全局、高效服务，主动靠前展现担当，切实履行牵头抓总、统筹协调工作职能。一是组织召开了2022年西藏自治区打击侵权假冒工作电视电话会议，会议开至县（区）级，甲热·洛桑丹增副主席出席并讲话，会议要求各地各部门按照工作要点，结合各自职能，依法严厉打击侵犯知识产权和制售假冒伪劣商品违法犯罪行为。二是制定印发了《西藏自治区2022年打击侵犯知识产权和制售假冒伪劣商品工作要点》《西藏自治区2022年打击侵犯知识产权和制售假冒伪劣商品违法犯罪专项整治工作方案》等一系列通知方案，对全区打击侵权假冒工作进行了全面部署，明确工作任务，落实责任分工。

（二）强化措施，推进知识产权保护工作

一是知识产权顶层设计有效加强，统筹机制进一步健全。自治区党委、政府将知识产权创新与保护运用纳入自治区政府年度重点工作。围绕强化知识产权保护、落实《纲要》《规划》等决策部署出台多项提升推进计划，印发《西藏自治区贯彻〈知识产权强国建设纲要（2021—2035年）〉的实施意见》，出台《关于强化知识产权保护的实施意见》，编制《西藏自治区"十四五"知识产权保护和运用规划》。推动设立由31家区中直单位组成自治区市场监管联席会议知识产权工作专项推进组，建立议事协调机制。二是推动优势知识产权布局，发挥示范效应。截至上半年，全区有效专利6229件，有效商标52369件，分别同比增长29%和22.5%。制定《西藏自治区地理标志运用促进项目建设工作指南》，持续推进岗巴羊、阿旺绵羊、林芝灵芝、那曲冬虫夏草地理标志产品运用促进项目建设，积极引导地（市）城市开展知识产权保护示范城市创建工作，1家特色企业入选国家知识产权优势企业培育名单。加强区域公共品牌海外布局，引导"地球第三极""蓝天圣洁"等商标在6个国家注册8个类别65件商标。三是完善公共服务体系，创新保护机制。会同自治区编办等部门提出自治区知识产权发展和保护中心机构设置方案，在拉萨经开区、柳梧高新区等重点园区设立知识产权保护和服务工作站2个，在自治区律师协会设立知识产权专业委员会。与国家知识产权局专利局专利审查协作四川中心签订战略合作框架协议。设立自治区知识产权专家库，首批遴选专家35名。

（三）加强执法监管，优化市场秩序

2022年，各地各部门充分发挥各自职能优势，围绕重点领域、重点商品，将日常执法行动与特色专项整治相结合，严厉打击侵权假冒违法犯罪行为。

1.区党委宣传部、网信办扎实开展互联网侵权假冒治理和软件正版化工作

组织开展"西藏清朗"系列专项行动，加强全网监测，严厉整治网络市场虚假违法广告、网上网下侵权盗版、网络恶意营销账号等违法违规行为，营造积

极健康的网络市场环境。全年受理处置涉侵权假冒举报信息41件。强化软件正版化工作，建立完善工作机制，制定工作计划，举办软件正版化工作培训班，牵头开展软件正版核查工作，共抽查10个行政部门50台计算机，杀毒软件、操作系统、办公软件的正版率分别达到96%、98%和80%。

2.农牧部门严厉打击制售假冒伪劣农资行为

积极发挥农资打假联席会议作用，及时召开自治区农资打假联席会议，印发《2022年全区农资打假专项治理行动暨质量监管工作方案》，对农资打假和打击侵犯植物新品种和制假售假相关工作进行安排部署。全年共开展专项执法行动48次，专项安排农兽药和饲料抽检100批次。没收过期农药40袋。查获限制使用农药5瓶，罚款1万元。没收超范围销售农用种子295袋。出台《西藏自治区农业机械报废更新补贴实施方案》，要求农机回收拆卸企业必须对报废机具的发动机等部件进行破坏性处理，防止老旧农机零件重新回流市场，出现非法拼装、改装的安全隐患问题。全年累计申请报废机具325台套，申请补贴资金60.36万元。

3.拉萨海关接续开展"龙腾""蓝网"等专项行动，有效维护公平有序的进出口贸易秩序

按照海关总署统一部署，接续开展"龙腾""蓝网"等知识产权海关保护专项行动，制定印发《2022年拉萨海关知识产权保护专项行动方案》，明确打击重点，对输往尼泊尔等"一带一路"沿线国家和地区的货物，加强针对性重点监管，有效打击西藏边境口岸进出口侵权货物违法行为。全年共查获进出口环节涉嫌侵犯知识产权货物16批，26052件/批，价值54.75万元。

4.文化、旅游部门积极做好行业领域知识产权违法行为

按照文化和旅游部工作安排部署要求，全区各级文化部门围绕重要节点、重点区域、重大节庆开展专项执法行动。全年共出动执法人员11353人次，检查经营单位5271家，办理案件100件，警告63家，现场处罚37家，责令停业整顿17家，罚款23万元。办结回复文旅部转办案件1件。

5.林业部门积极开展种苗质量检查，推进林业植物新品种权保护工作

及时制定印发《关于切实加强林草知识产权保护和打击制售假劣林草种苗工作的通知》，重点对无证、持假证、证照不全、货证不符等违法违规行为进行检查，全年共检苗木178万株。

6.卫生健康部门积极部署，组织开展消毒产品专项检查

将消毒产品生产企业生产销售等环节纳入"双随机、一公开"监督抽查范围，安排部署全区抗（抑）菌制剂监督检查工作。全年随机抽查形式抽取1家消毒产品生产企业进行监督检查，对管理到产品质量抽检都符合要求。对289家商超、母婴店等场所销售、使用消毒产品进行专项监督检查，未发现消毒产品质量不达标或使用无资质消毒产品现象。

7.市场监管部门扎实开展知识产权保护工作，严厉打击侵权假冒违法违规行为

市场监管部门持续深入开展民生领域案件查办"铁拳"行动，着力打造市场监管系统执法为民的"铁拳"品牌。重点围绕销售假劣建材、汽车配件、侵犯专利权、商标权等，严厉打击侵犯知识产权和制售假冒伪劣商品，进一步优化消费环境，维护市场秩序，彰显市场监管的担当作为。2022年，全区各级市场监管部门共查办侵权假冒案件313件，罚没金额573.52万元。

8.药品监管部门深入开展药品安全专项整治工作

按照国家药品监管局工作安排部署要求，及时制定印发《深入开展药品专项整治行动方案》，召开动员部署会议，成立领导小组，以"四个最严"为根本遵循，打好检查、抽检、稽查"组合拳"，全面排查药品监管领域隐患风险。全年检查药品生产企业16家，藏医医疗机构制剂室8家，基层藏药制剂配制单位32家。完成药品抽检165批次。核查国抽不合格问题2起。查办药品生产环节违法违规案件7起，罚款3万元。对1起涉嫌严重违反《药品生产质量管理规范》从事药品生产行为，拟处50万元罚款并处罚到人。

（四）加大刑事打击，强化司法保护

公安部门加大刑事打击力度，严查侵权假冒犯罪

案件。紧紧围绕西藏自治区2022年打击侵权假冒工作要点，结合工作职责和"昆仑2022"专项行动工作方案，严厉打击违法犯罪情况。全年共出动警力1800余人次，查获各类侵犯商标侵权假酒61件，货值4万余元。查获5000公斤无中文标示标签进口冷链冻牛肉。查获过期药品130盒。立案侦查销售假药案件2起。协查公安部关于核查生产销售有毒有害食品、生产销售伪劣产品案等5件。区高法院依法惩治侵犯知识产权和制售假冒伪劣商品行为。全区各级人民法院充分发挥审判职能，按照各级打击侵权假冒工作会议精神，依法妥善审理相关案件，为进一步推进全区打击侵权假冒工作开展提供有力司法保障。2022年，全区各级法院共受理侵犯知识产权和制售假冒伪劣商品刑事案件4件4人，以上案件均在法定审限内审结。共受理知识产权民事案件82件，已审结82件，结案率达100%。检察院履行检察职能，做好打击侵权假冒工作。西藏各级检察机关认真贯彻落实《中共中央　国务院关于完善产权保护制度依法保护产权的意见》和最高人民检察院《加强产权司法保护"22条意见"》，严格依法履行审查批捕和审查起诉职能，从严打击侵权犯罪行为。2022年，全区检察机关提前介入侵犯知识产权和制售假冒伪劣商品犯罪案件1件，起诉1件1人。受理食品安全领域线索64条，药品领域线索3条，其中立案9条，发出检察建议8条。

（五）加强宣传引导，营造良好舆论氛围

按照全国打击侵权假冒宣传工作要求，西藏自治区打击侵权假冒工作领导小组办公室印发了《关于做好2022年打击侵权假冒宣传工作的通知》，明确了打击侵权假冒宣传工作的总体要求，指出了宣传重点和宣传方式。各地各部门按照宣传工作要求，充分发挥传统媒体、新兴媒体优势，开展常态化宣传、扩大宣传覆盖面，增强宣传效果。

网信部门组织西藏新闻网、中国西藏之声网、快搜西藏网、西藏日报等区内主要新闻网站及新媒体平台刊发《市场监管总局对涉疫物资严要求，假冒伪劣必严惩》《打击侵权假冒　国门有利剑》《自治区2022年打击侵权假冒工作会议在拉萨召开》等421余篇涉打击侵权假冒工作稿件，总阅读量达45.1万余

次。组织网评员围绕"全国打击侵权假冒"主题积极发声，进行正面引导，在"看西藏V"各平台账号发布《高水平知识产权保护为冬奥盛会护航》《商家注意"吃相"》《切实提升消费者信任度安全感》《涉七地市！销售过期食品、牦牛肉干以假充真……西藏通报一批典型案例！》《虚假销售　拉萨一男子被警方抓获》等稿件61篇，累计阅读量10万余次。林草部门通过采取科技下乡、造林调研、造林现场指导等多种方式，开展灵活多样、丰富多彩的林草打击侵权假冒工作，利用法制宣传日活动为契机，广泛宣传《中华人民共和国种子法》《植物新品种保护条例》等法律法规，不断提高社会对专利、植物新品种等知识产权保护意识。拉萨海关利用"4·26"知识产权宣传周，组织9个隶属海关开展形式多样的宣传活动，共发放宣传资料、张贴海报1000余份。法院利用在案件审理过程中加强对被诉的生产者、销售者进行法制教育。同时，积极开展"庭审进校园""法官进社区"等普法宣传，开展"尊重知识产权，维护市场秩序"为主题的主题党日活动，以图文并茂、通俗易懂的形式宣传打击侵权假冒知识，准确引导消费者运用法律武器保护自身合法权益，教育经营者诚信经营、守法自律。农业农村部积极开展放心农资下乡活动，通过展示优质农资、专家现场解答、宣传法律法规，提高农牧民群众对农资识假辨假能力和维权意识。全年共开展活动8场，出动执法和技术人员1134人次，发放《农产品质量安全法》《种子法》等宣传资料9665份，现场培训66次，展示并赠送优质蔬菜种子1810袋、农药390瓶、畜禽常规药物370瓶、肥料36.8吨、黑地膜70件，总价值15.59万元。公安部门充分发挥"平安西藏"微信公众号作用，及时转载人民公安报、人民日报等主要媒体和西藏日报等区内重点媒体刊发的有关打击侵权假冒工作宣传稿件，发布了《昆仑行动公安部打击侵犯知识产权犯罪十起典型案例》《公安机关依法严打侵犯知识产权犯罪成效显著》等稿件，让人民群众及时了解打击侵权假冒工作相关信息。同时，围绕"3·15""4·26""5·15"等宣传日、宣传周为重要时间节点，组织开展打击侵权假冒宣传工作，提高广大群众维权意识，共发放宣传资料29500

余份，发放宣传礼品 1000 余份，悬挂横幅 103 张，展板 80 张，制作播放 LED 屏标语 67 条。市场监管部门围绕食品药品、质量安全、消费者权益保护等工作，以"3·15""4·26"等重点时间节点为契机，通过悬挂横幅、电子显示屏、走村入户、网站宣传、座谈会、微信平台等多种方式，加大对《消费者权益保护法》《反不正当竞争法》《质量法》等法律法规的宣传力度。在西藏卫视、西藏商报、法制西藏等媒体发布民生领域案件查办"铁拳"行动典型案例 79 件，切实起到震慑违法者、警示经营者作用。

二、存在的问题和下一步工作打算

通过各地各部门多年努力，西藏自治区打击侵权假冒工作取得一定的成绩，但是我们也清醒地认识到，西藏双打工作与上级要求和群众期盼相比，仍存在明显的差距和不足。一是整体推进还不够平衡。各地各部门各类专项整治工作开展的深度和广度不够，进展不平衡，有的地方案件查办力度不够，监管工作存在盲区。市场经营主体的法律意识有待进一步增强。少数地方和部门双打工作机制还不够顺畅，职责履行不够到位，缺乏统筹协调和跟进措施。二是互联网领域监管执法难度大。各种侵权违法行为手段隐蔽，给监管执法工作带来很大难度。三是社会宣传不够广泛。打击侵权假冒工作专项整治行动的舆论氛围还不浓，整治成果的宣传报道不够及时、广泛，社会影响力不够大。成员单位报送信息不及时，没有形成常态化。

下一步，西藏自治区将深入学习贯彻党的二十大精神，以习近平新时代中国特色社会主义思想为指导，贯彻落实党中央、国务院决策部署，按照全国打击侵权假冒工作领导小组工作部署要求，坚持依法治理、打建结合、统筹协作、社会共治原则，强化行政执法，推进跨部门、跨区域联动执法，依法严厉打击侵权假冒违法犯罪行为，持续优化营商环境。

一是加强协调联动，形成打击合力。进一步落实各级党委政府主体责任，建立完善打击侵权假冒工作相关协调工作机制，加强跨部门、跨地区、跨区域的协作，形成全区上下一体、部门联动、区域互动的工作合力。

二是进一步抓好重点治理。强化重点市场、重点区域、重点环节、重点商品治理，按照"四个最严"要求，加强食品药品和防疫物资市场整治。加强互联网平台治理，强化线上线下一体化监管，消除直播带货、微信经商等监管盲区，规范网络经营活动秩序，严厉打击侵权盗版、虚假宣传等违法行为。严查一批大案要案，切实形成有效震慑。

三是以典型示范、典型案例为重点，多区域、多层次多形式开展宣传活动，充分发挥新闻媒体的舆论引导和监督作用，扩大宣传覆盖面和影响力，引导企业自觉履行社会责任，增强企业诚信守法意识。

（撰稿人：仁藏多杰）

陕西省打击侵权假冒工作报告

2022 年，陕西省打击侵权假冒工作坚持以习近平总书记来陕考察重要讲话精神和关于打击侵权假冒工作重要讲话、指示批示精神为指引，深入贯彻落实党中央、国务院决策部署，认真落实省委、省政府和全国双打工作领导小组要求，坚持问题导向，突出重点区域、重点行业、重点市场、重点商品治理整顿，统筹推进监管执法和疫情防控工作，始终保持打击侵权假冒工作高压态势，各项工作有了新的突破和质的提升，为保障陕西经济社会平稳健康发展作出了积极贡献。

一、工作成效

截至 2022 年底，全省各地、各部门共查办各类侵权假冒行政执法案件 15198 起，涉案金额 2.15 亿元，罚没款 1.78 亿元。全省公安部门共侦办侵权假冒犯罪案件 558 起，抓获犯罪嫌疑人 773 人，刑事拘留 267 人，捣毁犯罪窝点 336 个，涉案价值 6.8 亿元。全省检察系统共批准逮捕涉嫌生产销售假劣商品犯罪 78 件 131 人，起诉 109 件 212 人。全省法院受理各类知识产权民事案件 7685 件，审结 6771 件。受理生产销售伪劣商品和侵犯知识产权刑事案件 137 件。截至 2022 年底，全省 12315 受理全省消费者投诉 244453 件，业务咨询 448687 件，违法行为举报 96666 件，共计 789806 件。已办复 784885 件，办复率 99.38%，为消费者挽回经济损失 7712.94 万元。

二、主要做法

（一）积极发挥双打办牵头抓总作用

省双打办积极履行工作职能，加强组织领导，强化统筹协调，推动全省双打工作顺利开展。一是周密安排部署。经省政府同意，省双打办下发了《2022 年陕西省双打工作要点》，组织召开了全省双打工作电视电话会议，全面贯彻全国双打工作电视电话会议精神，对全省双打工作进行了安排部署。二是严密组织实施。省双打办坚持每季度召开双打联络员会议，了解工作情况，收集相关数据，交流工作经验，发现工作亮点，提出工作要求，统筹协调各成员单位推进双打工作。三是着力补齐短板。省双打办印发了《2022 年陕西省打击侵权假冒工作存在问题整改方案》，针对去年双打经常性工作及现场考核中存在的问题，制定有力措施，明确责任单位，限定整改时间，要求各地、各部门举一反三，补齐短板。四是开展督导检查。省双打办组织对各地市双打工作情况进行督导检查，总结工作经验，指出存在问题，提出改进措施，有效促进了全省双打工作向纵深发展。

（二）以专项整治为载体推动综合治理取得显著成效

全省各地、各部门突出工作重点，坚持问题导向，组织开展"铁拳"、"龙腾"、"清浊"、"剑网"、农资打假等一系列专项整治行动，有效规范了市场秩序。

市场监管部门坚持线下线上监管执法全覆盖原则，组织开展民生领域"铁拳"行动、"网剑"行动、校园食品安全守护行动、非法制售口罩等防护产品、农村假冒伪劣食品、医疗美容行业突出问题等 30 余项专项整治行动。截至 2022 年底，全省市场监管系统共查办侵权假冒类案件 10284 件，罚没款 10033.35 万元，案值金额 2535.66 万元，移送案件 37 件。

药品监管部门依托"药品安全专项整治年"，组织开展药品安全专项整治行动，推选 3 个市、7 个县（区）作为专项整治试点单位，组织开展中药饮片专项整治、医疗美容行业突出问题专项治理以及特殊药品、化妆品、儿童化妆品专项检查、医疗器械风险隐患排查治理。全省系统共查办各类药品化妆品医疗器械案件 2710 件。涉案货值金额合计 1.657 亿元，罚没款金额 4105.89 万元，责令停产停业 6 家，移送司法机关案件 162 件。

农业农村部门将农产品质量安全作为监管工作的重要任务，深入开展种业监管执法年活动，开展农药、兽药、饲料企业监督检查和农机大排查大整治大检查活动。全省出动执法人员 38421 人次，检查经营门店 34886 家，查办案件 804 件，移送司法机关 8 件，罚没 207.9 万元，为群众挽回经济损失 212.79 万元。

卫生健康部门加强消毒产品卫生监督工作，严厉打击私自制售消毒产品及销售不合格消毒产品等违法行为。全省共监督检查消毒产品生产企业 143 家，抽查消毒产品 108 批次，合格率为 92.6%，立案查处 9 起，处罚金额 5.82 万元。监督检查医疗机构、医药公司、零售药店、商场超市及母婴店等消毒产品经营使用单位 7590 家，抽查 888 批次，合格率为 96.2%，限期责令整改 68 家，立案查处 125 起，处罚金额 17.1 万元。

林业部门组织开展 2022 年打击制售假劣林木种苗工作，以林草重点工程和种苗交易市场、线上线下种苗交易平台等为重点，严厉打击制售假冒伪劣种苗、无证无签等违法违规行为，全省共查处种苗违法案件 4 起。完成 3 个地市 15 个造林苗批省级质量抽检，合格率 100%。全年未发现授权品种侵权假冒行为。

商务部门组织开展常态化黑加油站联合整治，在全省开展"黑加油站点"联合治理攻坚行动，规范全省成品油市场经营秩序。全年共查处非法经营站（点）15 处，查处黑油点 41 处，查获流动加油车 120 辆，控制嫌疑人 33 名，行政拘留人员 8 名，查获非法油品 646.1 吨。

文化和旅游部门部署开展"清浊行动"，检查经营单位 24812 人次，检查经营单位 8682 家经营单位，查办侵犯著作权等侵权假冒类案件 83 件，处罚金额 86.2 万元。

海关部门组织开展"龙腾""蓝网"行动，督促各相关单位落实进出口和寄递渠道知识产权保护专项行动任务，坚持线上线下全面查，聚焦跨境电商，紧盯货运渠道，以中欧班列（长安号）为重点，进一步提高对进出海关货物的查验率。全年共查扣涉嫌侵权货物及物品 706 批次、12.4 万件，实际扣留商品价值 525 万元，比上年分别增长 71.4%、3.7 倍、2.1 倍，再创历史新高。

（三）加大违法犯罪打击力度凸显司法保护成效

全省公安部门开展"昆仑"行动，坚持打源头、追上线、端窝点、捣网络，共侦办侵犯知识产权和制售假冒伪劣商品领域犯罪案件 558 起，抓获犯罪嫌疑人 773 人，刑事拘留 267 人，破获公安部挂牌督办案件 4 起，省厅挂牌督办案件 36 起，发起全国集群战役 5 起，打掉团伙窝点 336 个，涉案价值 6.8 亿元。西安"11·01"生产销售有毒有害食品案，抓获犯罪嫌疑人 98 人，扣押保健食品 43 万盒，查获有毒有害等制假原料 1054 公斤，涉案金额 3 亿余元，被公安部列为全国公安机关"百日行动"第一批挂账督办重点案件。延安查办杨某欣等人生产销售有毒有害食品案，查获有毒有害"驴奶粉"2.6 万余件，西地那非和他达拉非原料 5 公斤，涉案价值 500 余万元。西安经开公安机关破获一起特大跨省生产销售假药案，捣毁仓储黑窝点 2 处，在陕西、安徽、重庆先后抓获犯罪嫌疑人 10 人，现场查获用于治疗风湿疼痛等疾病的假药 1.5 万余盒，涉案金额 5000 余万元。渭南打掉一个利用中医药门诊非法制售假药犯罪团伙，抓获犯罪嫌疑人 11 名，现场查获打粉机、制丸机等制假设备 8 套，以及大量自制假中药汤剂、丸剂，涉案金额 1500 余万元。

全省法院系统依法严厉打击侵权假冒行为，全省法院受理各类知识产权民事案件 7685 件，审结 6771 件。受理生产销售伪劣商品和侵犯知识产权刑事案件

137 件，与 2021 年同期受理 131 件相比，略有增长，其中在侵犯知识产权犯罪中，销售假冒注册商标商品案占比最高，达 56.9%，在生产销售伪劣商品刑事案件中生产销售有毒、有害食品案占比最高，为 44.4%。

全省检察系统共批准逮捕涉嫌生产销售假劣商品犯罪 78 件 131 人（其中生产销售伪劣商品罪 44 件 70 人，侵犯知识产权罪 34 件 61 人），起诉 109 件 212 人（其中生产销售伪商品罪 56 件 101 人，侵犯知识产权罪 53 件 111 人）。

（四）知识产权创造、运用、保护、管理和服务水平全面提升

一是全面进行工作部署。省委、省政府印发《陕西省关于强化知识产权保护的若干措施》，省双打办在年度《双打工作要点》中对加强知识产权保护专题作出部署，省市场监管局印发《2022 年陕西省知识产权执法专项行动方案》，省知识产权局制定《知识产权强省建设纲要和"十四五"规划实施年度推进计划》《2022 年陕西省知识产权行政保护实施方案》《陕西省专利侵权纠纷行政裁决规程（试行）》，落实"严保护、大保护、快保护、同保护"原则，组织开展全省"知识产权保护年"，织密织牢知识产权保护网。二是强化知识产权执法。2022 年，全省市场监管系统共办结知识产权案件 515 件，案值 418 万元，罚没金额 574.6 万元。其中，商标案件 499 件，案值 414.4 万元，罚没金额 571.2 万元；专利案件 15 件，案值 3.6 万元，罚没金额 3.4 万元。省版权部门开展电商平台销售非法出版物专项整治和网络游戏网络文学有害内容专项整治活动。全省共核查电商平台网店数据 2943 条，关停以虚假信息注册、违法开展经营活动网店 1343 个。查办行政案件 9 起，转交相关省市核查线索 24 条。三是加强冬奥会和冬残奥会赛事保护。印发《关于做好冬奥会和冬残奥会赛事保障的通知》，积极开展冬奥会和冬残奥会特殊标志保护专项行动。省双打办联合省版权局发出督办函，督办公安、版权部门联合侦破"2·23"涉嫌销售侵权盗版冬奥会吉祥物"冰墩墩"案，抓获犯罪嫌疑人 21 名，捣毁侵权盗版生产窝点 6 个，查获大型生产车床 4 台、侵权盗版"冰墩墩"衍生品 3 万余件，涉案价值 1400 余万元，被公安部、中宣部版

权局等5家中央部委列为联合督办案件。四是部门衔接配合更加紧密。省知识产权局联合省委组织部印发《关于知识产权技术调查官遴选和履职有关规定（试行）》，规范技术调查官参与专利侵权纠纷行政裁决工作。与省农业农村厅等多部门联合印发《关于保护种业知识产权打击假冒伪劣套牌侵权营造种业振兴良好环境的指导意见》。五是跨地区保护协作更加广泛。落实《黄河生态经济带知识产权保护协议》，参加黄河生态经济带知识产权保护合作会议暨沿黄9省（区）地理标志联合保护行动启动仪式，发布9省（区）地理标志重点保护清单，相互移交地理标志侵权违法线索。六是知识产权纠纷多元化解机制逐步完善。省知识产权局与省司法厅联合印发《关于加强知识产权纠纷调解工作的实施意见》，举办"知识产权保护与仲裁"专题培训，健全知识产权纠纷多元化解机制。七是推进建设海外知识产权纠纷应对机制。省知识产权局与省贸促会联合印发《关于进一步加强海外知识产权纠纷应对机制建设的实施意见》，指导企业提高应对海外知识产权风险能力。批复设立中国（陕西）知识产权维权援助中心"一带一路"涉外维权西安分中心，为加强知识产权海外保护、涉外知识产权纠纷化解提供支撑和服务。八是强化知识产权维权援助工作。省知识产权局联合省贸促会对秦创原入驻企业进行调研座谈，解决企业实际问题。截至目前，全省设立知识产权维权援助工作站110余家。九是积极推进知识产权保护示范区建设。组织西安、宝鸡、咸阳和渭南4个设区市积极申报国家知识产权保护示范区。首次在铜川市、西安市雁塔区等8个市、县、区开展陕西省级知识产权保护示范区建设，推动全省知识产权保护水平整体提升。十是探索开展知识产权保护规范化市场培育工作。印发《知识产权保护规范化市场培育工作方案》，引导市（区）做好培育对象的建章立制、知识产权纠纷处理、知识产权保护管理能力提升等工作。十一是建立仲裁调节机制。省知识产权局、省法院、省贸促会、中国国际经济贸易仲裁委员会丝绸之路仲裁中心共同签署《关于建立知识产权调节、仲裁优先推荐机制的框架协议》，加强司法、行政执法、仲裁、调解等环节协调衔接。积极推进省、市、县（区）三级知识

产权纠纷人民调解工作，知识产权纠纷人民调解工作实现"零"突破。十二是加强成效运用。在加大知识产权执法力度的同时，全省注重对知识产权成效的支持和运用，截至2022年底，全省有效发明专利总量和每万人发明专利拥有量分别达到8.2万件和20.76件，商标有效注册量71.48万件，有效地理标志商标154件，累计获批地理标志产品86个，地理标志专用标志使用企业620家。十三是推进软件正版化工作。省推进使用正版软件工作联席会议召开第四次会议，采取积极措施推进软件正版化工作，组织对省直党政机关81家单位进行了全方位的核查工作，反馈问题113余个，督促各地整改存在问题。十四是推进商业秘密保护。印发《陕西省经营者加强商业秘密保护指引》，选取两家企业作为商业秘密保护创新示范点，发挥创新试点在推动商业秘密保护工作中的先行示范效应，营造商业秘密保护良好氛围。十五是护航大型活动。省市场监管局聚焦"省十七运""丝博会""农高会"等在陕西省举办的大型活动、会议，组织人员驻会指导开展知识产权保护专项行动，受到活动、会议组织方高度赞扬。十六是建立执法人才库。省市场监管局重视发挥执法办案人才骨干作用，建成启用由111人组成、涉及市场监管包括知识产权执法在内的19个领域全省市场监管执法办案人才库。十七是建立举报奖励制度。省市场监管局研究制定了《市场监管领域重大违法行为举报奖励实施细则》，有力激发社会公众举报知识产权执法等违法行为积极性，对扩大案源、打击违法行为起到较好推动作用。

（五）积极服务保障疫情防控物资

面对新冠肺炎疫情，省双打办结合全省双打工作实际，指导各地、各部门加大疫情相关侵权假冒打击力度，有效遏制了防疫物资的侵权假冒势头，切实维护疫情防控市场秩序。省市场监管局在部署开展口罩、防护用品等专项整治基础上，部署开展防疫产品质量监督专项抽查，涉及非医用口罩、洗衣粉及衣料用液体洗涤剂（液）、皂类、湿巾、卫生纸、纸巾纸等品种共180批次。为医用多参数监护仪、便携式呼吸机、心脏除颤器、电子血压计、数字心电图机等各类医疗设备，玻璃液体体温计、医用电子体温计、红外耳温

计、红外额温计、红外热像仪等人体体温测量仪器、气相色谱仪、液相色谱仪、液质联用仪、气体分析仪以及相关计量标准器提供计量检定、校准服务。截至12月底，全省市场监管系统累计查获不合格口罩1.4万个、消杀用品15.7吨，查获违法违规案件172件，罚没款96.43万元，移交公安机关案件2件，有效打击了违法行为。2022年以来，全省公安机关共侦办涉疫情防控物资犯罪案件7起，抓获22人，查获伪劣医用防护服2500余套、酒精消毒用品2000余瓶、假冒注册商标10000余张，涉案价值3555万余元。

（六）以协同联动确保两法衔接刚性监督

一是制度建设上再完善。在前期省双打办联合省检察院制定的省两法衔接工作实施办法和两法衔接工作信息共享平台管理使用办法基础上，省法院与省公安厅、省市场监管局联合制定了《行政执法与刑事司法衔接工作联席会议制度》，为促进知识产权执法工作顺利开展提供了制度保障。二是平台维保上再发力。省双打办及时协调平台维保单位及时完善平台内容，积极拓展触角，根据各地、各部门需求，增加发放平台用户密钥（U盾）600余个、用户手册600余套。目前，该平台运行、使用情况良好。三是案件录入上再督促。省双打办安排专人每日不间断对平台后台进行巡视，要求各地加强案件录入，督促各地、各部门按要求录入各类信息，尤其是案件录入做到应录尽录。各级检察机关认真查阅对平台上各行政执法案件信息，避免出现有案不移、有案难移、以罚代刑问题发生，有效发挥两法衔接平台作用。四是提升技能上再培训。在双打业务培训中，把两法衔接作为重要培训内容，提前准备案例，开展线上教学，及时解答信息录入疑问，有效提升一线工作人员平台使用技能。五是工作机制上再创新。发挥典型引领作用，推广宝鸡公安部门驻市场部门设立综合执法支队警务室经验，指导榆林、延安、安康等地以"两队联建""两力联动"推动两法衔接机制常态化，做到两法衔接面对面。

（七）突出实用型培训提高双打综合素质水平

一是打造实用型培训教材。省双打办坚持每年对陕西省率先在全国编写的《打击侵权假冒工作指南》《打击侵权假冒工作政策文件》等双打教材进行丰富和拓展，成为各级开展双打工作的教科书。二是开展双打工作调研。省双打办克服疫情影响组织对各地、各部门双打工作进行有针对性调研，掌握双打工作运行情况，形成调研报告，并结合实际情况发出指导性文件。三是组织多举措培训。受疫情影响，省双打办组织举行全省线上双打工作业务培训班，分析了双打工作形势，并就促进双打工作进行了再部署，邀请了省内外具有丰富执法经验的一线执法专家教学，有效提升了执法能力素质。省知识产权局联合省委组织部举办全省党政领导干部知识产权赋能经济高质量发展专题培训班，组织省维权中心参加2022年知识产权快速维权案件线上观摩，针对企业需求举办"知识产权热点问题透视及原创认证保护""秦创原海外知识产权风险防范培训班"。省委宣传部举办省直党政机关软件正版化工作培训会和全省版权行政执法线上培训会，有力提升一线执法人员工作能力素质。

（八）以打造全方位矩阵提升双打宣传质效

省双打办印发了《关于做好2022年双打宣传工作的通知》，指导各地、各部门采取丰富宣传手段，灵活宣传方式，抓住宣传重点，持之以恒做好宣传工作。一是抓住重要时段。"3·15"期间，发布消费维权指数、公布消费维权指南，加强打击侵权假冒工作宣传。"4·26"期间，通过新闻发布会、典型案例研讨会、媒体宣传等形式，发布全省知识产权保护白皮书。二是开展集中宣传。省双打办在全国率先独家安排开展双打工作集中宣传月活动，省市场监管局联合17个部门开展质量月、食品安全周、知识产权宣传周等活动。省12315指挥中心、省公安厅组织开展开放日活动，邀请消费者、企业和媒体代表现场参观、体验。省双打办坚持每月编写发放《双打工作动态》，及时报道各地双打工作进展。三是发布典型案例。省双打办坚持每年在省级主流媒体发布陕西省侵权假冒十大典型案例，全省各地、各部门发布各行业典型案例450余件次，有效震慑了违法犯罪分子。四是综合宣传双打工作成效。省双打办以《聚合力严整治打击侵权假冒 铸坚盾固堤坝保护知识产权》为题在《陕西日报》等省级主流媒体刊发年度打击侵权假冒工作综述，被省内外多家媒体转发。省双打办专题制作全省双打宣传展板和宣传视频，省、市、县各级双打办制作宣传海报，向群众发放纸杯、抽纸购物袋等宣传用品，有效扩大双打工作社会宣传面。五是销毁假冒伪劣商品。2022年以来，在省双打办指导下，各地、各部门先后组织开展了多次侵权假冒伪劣商品销毁活动，共计销毁包括酒类、饮料、包装印刷品、卷烟等255个品种的侵权假冒伪劣商品，货值6530万元。11月10日，陕西参加全国销毁假冒伪劣统一销毁行动，当日，全省各地同步启动销毁假冒伪劣商品活动，西安分会场销毁了包括食品药品、服装鞋帽、非法出版物等30大类、120多个品种、货值超1500万元的侵权假冒伪劣商品，其他地市销毁假冒伪劣商品货值1700余万元。六是用好线上宣传平台。省双打办坚持按月向中国打击侵权假冒工作网推荐双打信息，坚持每日收集更新各地、各部门双打信息，各栏目信息数量、质量稳居全国各地方站前列。通过持续有力宣传，有效增强了全社会抵制侵权假冒意识，提升了社会公众知晓率和满意度，形成浓厚知识产权保护工作氛围。

三、工作要求

（一）认真研究谋划，严密组织活动

开展打击侵权假冒宣传月活动，是省打击侵权假冒工作领导小组结合全省工作实际开展的一项重要活动，对提升社会公众知晓率、形成打击侵权假冒共识、凝聚工作合力具有重要推进作用。同时，把此项活动作为年度打击侵权假冒绩效考核重要考核指标。各地、各部门要提高思想认识，认真研究策划，制定详细方案，统筹安排部署，保障宣传经费，明确宣传要求，严密组织活动，确保集中宣传活动取得实效。

（二）灵活宣传方式，营造浓厚氛围

各地、各部门要采取灵活多样的宣传方式，既有报刊、电视、广播等传统媒体发声，又有官方网站、微信公众号、抖音、快手、H5等现代媒体亮相，还有制作展板、悬挂横幅、印发宣传单（册）、宣传用品等形式助阵，也可拓展运用公交车体、地铁宣传栏、户外LED等载体开展公益宣传，更可召开新闻发布会、

发布典型案例、工作综述等全方位覆盖，全力营造浓厚打击侵权假冒工作氛围。

（三）积极参与行动，扩大影响范围

11月10日，全国打击侵权假冒工作领导小组办公室组织开展全国侵权假冒伪劣商品统一销毁行动，陕西省作为分会场。同时，省打击侵权假冒工作领导小组办公室在西安组织全省侵权假冒伪劣商品统一销毁行动启动仪式，各地、各部门要按照前期通知要求，提前准备，积极参与，抓住开展侵权假冒伪劣商品销毁行动契机，大力宣传本地、本部门工作成效，有力震慑违法犯罪分子，始终保持打击侵权假冒高压态势，不断提升打击侵权假冒工作影响力。

（四）夯实工作责任，回应群众关切

各地、各部门要夯实宣传工作责任，安排专人负责，注重细节工作，加强流程衔接，遵守疫情防控、新闻宣传等相关规定，确保安全顺利。对所有宣传内容，宣传、法规部门要认真把关，主管领导要逐项审核，做到政策法律引用正确有依据、监管执法数据准确有出处、案例事例真实有记录，杜绝弄虚作假。要密切关注舆情，积极做好信息发布和舆论引导工作，全方位、全媒体、全面发声，准确及时回应群众关切、媒体关注。

四、工作亮点

（一）树立政企合作加强知识产权保护典范

省市场监管局认真履行与陕西钢铁集团有限公司签订的《加强知识产权保护合作协议》有关工作职能，指导陕西钢铁集团申报并获得"陕西好商标"，加大商标保护力度，对陕西钢铁集团提供的28个假冒伪劣线索进行督办，严厉打击侵权假冒违法行为，政企密切合作，共同提高打击侵权假冒成效。

（二）用"四个一"推动全省双打工作开展

省双打办带头并要求市、县级双打办充分发挥牵头抓总作用，加强组织领导，注重统筹谋划，善于凝聚合力，搭建沟通协调平台，及时把控工作节奏，推动各项工作开展。主要是常态化开展"四个一"活动：每半月走访调研一个成员单位，每月制作一期双打工作简报，每季度召开一次联络员会议，每季度开展一

次督导调研。要求各级各成员单位要树立一盘棋思想，夯实工作责任，切实发挥双打联络员作用，加强本行业有关条线双打工作指导，强化部门协作，共同推进全省双打工作取得更大成效。

（三）建立重点市场名录促进双打工作开展

陕西省在全国率先在省、市、县均建立重点市场，发挥示范引领效应，提升重点市场治理效能。省双打办印发了《关于建立重点市场名录促进打击侵权假冒工作的通知》，建立了全省（市、县）重点市场名录，要求各地落实一市场一档案，加强建章立制，压实各方责任，强化监管执法，加强培训教育，加大宣传力度，落实信息报送，开展督导检查，发挥考核指挥棒作用，推广西安、安康重点市场治理经验，重点市场治理取得显著成效。2022 年以来，全省重点市场查处各类案件 236 件，涉案金额 508 万元，罚没款 231.3 万元。

（四）发挥网络直播执法强大震慑作用

延安市市场监管部门联合公安部门开展全市"凌晨五点半"食品安全专项整治行动，延伸监管时间，堵塞监管死角。同时，延安市市场监管局发挥抖音等网络直播作用，开展"食品安全、你我同查"活动，不打招呼，直击饭店、烧烤店等食品经营商户，走进后厨，让群众跟着镜头现场发现问题、纠正问题，累计浏览量达到 7600 万次，点赞 398.4 万次，评论量达到 30.2 万次，各类餐饮企业主动整改提升，达到了强有力的震慑作用。

（五）着力打造常态化双打宣传阵地

省双打办督促各地双打办建立双打成果展示厅，对各部门没收的侵权假冒物品样品进行展示，通过真假对比，集中展示双打工作成效。安康市双打办升级展厅为"打假科普馆"，投资 60 万元，区分政治引领展区、成果展示展区、真假科普展区、案例警示展区、蓝图展望展区等区域，采用声、光、电相结合展示方式，极大地提升了参观人员感受，有效加深社会公众对双打工作的认识。榆林市场监管局坚持每日通过微信公众号发布"市场监管知识每日三问"，普及监管知识，受到良好效果。

（六）组织开展双打集中宣传月活动

陕西省独家率先在全国部署开展双打集中宣传月

活动。省双打办下发《开展 2022 年打击侵权假冒工作宣传月活动的通知》，确定利用 11 月一个月时间，集中人员、集中时间，加大对双打工作宣传力度，主要从三个方面宣传：一是宣传打击侵权假冒工作政策及法律法规，二是宣传打击侵权假冒工作取得的积极成效，三是宣传打击侵权假冒工作先进集体和个人。本月，全省各地、各部门坚持线上线下全覆盖，纷纷通过组织开展新闻发布会，在媒体发布年度双打工作综述，公布双打典型案例，制作双打工作展板、视频，发放印有双打宣传用语的纸杯、抽纸、购物袋等双打宣传用品等形式，走上街头、走进企业、学校、商场、网络、电台等积极宣传双打工作成效，收到良好宣传效果。

五、存在问题

（一）双打工作进展还不平衡

部分县（区）双打办研究双打工作不够经常，工作主动性不够，统筹协调不到位，在奋力追赶、学习双打先进经验、提升双打工作效果上仍有差距。

（二）双打工作氛围还不浓厚

部分地市对双打宣传工作宣传力度不大，宣传手段不多，在有效发挥宣传工作对双打工作推进作用、凝聚社会共同参与双打的共识方面仍需加强。

六、下一阶段工作

下一步，我们将坚持问题导向，持续加大工作力度，依法严厉打击侵权假冒违法犯罪行为，全力推进双打各项工作任务落实。

（一）强化组织领导，谋划新打算

充分发挥各级双打办牵头抓总作用，提高政治站位，站在更高起点，认真研究分析双打工作形势，全面谋划全年双打工作，确定工作重点，加强统筹协调，提出更高要求，推进全省双打工作向纵深发展。

（二）补齐工作短板，解决新问题

要求各地、各部门坚持问题导向，及时掌握侵权假冒违法行为新特点，制定有力措施，从制度上、机制上堵塞漏洞，着力构建线上线下全渠道、城市乡村全区域、进口出口全链条、生产消费全环节的双打工作格局。

（三）加强任务落实，开创新局面

加强工作督导，督促各级、各成员单位压实工作责任，履行双打工作职能，深入推进重点领域、重点区域、重点行业专项治理，进一步加强重点市场治理，确保双打工作任务落到实处，取得新进展。

（四）坚持开拓创新，创建新模式

依托大数据，推行"互联网＋监管"模式，推进智慧监管。构建信用体系，推进侵权假冒领域信用信息归集共享，落实信用监管。推广远程联动执法经验，破解因疫情防控带来的无法现场执法难题，实现执法不断档。

（五）加大执法力度，力争新成效

以专项整治为载体，紧盯群众反映强烈、媒体负面报道多的违法行为，开展专项治理。通过抽检、检验检测，及时发现问题，开展联合惩戒，确保监管执法全覆盖。加强行政执法与刑事司法衔接，严惩侵权假冒违法犯罪。

（六）注重宣传引导，浓厚新氛围

督促各地、各部门采取灵活多样的宣传方式，持续加大双打宣传力度，全面展示双打工作成效，有力震慑违法犯罪分子，不断扩大社会公众对双打工作的知晓率，营造浓厚双打工作氛围。

七、对全国双打工作的建议

（一）建议表彰先进，激励奋进

各地、各部门在全国双打工作领导小组指导下，履职尽责，顽强拼搏，为保障权利人、消费者合法权益，推进经济高质量发展作出了突出贡献。建议全国双打办表彰先进单位、先进个人，树立典型，激发干劲，充分调动各地监管执法人员工作积极性，推进双打工作取得更大成效。

（二）建议加强培训，调研指导

建议全国双打办持续加大双打业务工作培训力度，发放相关法律法规书籍（教材），提高一线监管执法能力素质。加强调研指导，传授双打工作经验，提升双打办统筹协调能力水平，有效发挥双打办"联合参谋部"作用。

（撰稿人：郑爱民）

甘肃省打击侵权假冒工作报告

2022年，甘肃省打击侵权假冒工作坚持以习近平新时代中国特色社会主义思想为指导，认真贯彻落实全国打击侵权假冒工作电视电话会议精神，按照省委、省政府工作部署，全省各市州、各有关部门主动而为，抓住重要时间节点、重点领域，积极开展打击侵权假冒工作，开展专项整治，强化知识产权保护，维护消费者和权利人合法权益，努力构建法治化营商环境，打击侵权假冒工作积极稳步推进。

一、主要做法与成效

（一）加强统筹协调，推动工作落实

省委、省政府高度重视打击侵权假冒工作，多次对打击侵权假冒工作指示批示。省委政法委将打击侵权假冒工作与平安甘肃建设相结合，持续将打击侵权工作列入平安甘肃考核指标，推动各级党委政府落实责任。省双打办组织召开全省打击侵权假冒工作会议，全面总结2021年工作，安排部署2022年工作。制定《2022年打击侵犯知识产权和制售假冒伪劣商品工作要点》，将双打工作逐项分解落实到各成员单位和市州政府，细化工作目标，明确工作责任。各市州及成员单位立足职能，各负其责，凝聚合力，齐抓共管，形成了一级抓一级，层层抓落实的工作格局。

（二）强化行政执法，开展重点专项整治

一是深化重点领域治理。省委宣传部联合省委网信办、省工信厅、省公安厅等部门开展打击网络侵权盗版"剑网2022"专项行动，清查网站、网络平台等

5000 余个，关闭违规网站 54 家，收缴涉案侵权盗版硬盘、光盘 2915 件册，全年立案查处网络侵权盗版案件 7 件，有力净化了网络版权环境。省委网信办开展"清朗"专项行动，将打击网上侵犯知识产权和制售假冒伪劣商品工作列为专项整治的重点内容之一，全年共受理处置涉侵权假冒类有害信息举报线索 2222 条。省市场监管局开展 2022 年网络市场监管专项行动，共监测甘肃省国内主流交易平台、辖区内网站总计 81136 家，共处理违法线索信息 42 条。开展民生领域案件查办"铁拳"行动，聚焦关系群众生命健康安全的重点商品、制售假冒伪劣产品多发的重点区域、贴近群众生活的重点行业，严厉打击民生领域侵害群众生命的违法行为，2022 年全省市场监管部门共查办案件 9239 件，罚没金额 12095.79 万元。

二是深化重点区域治理。省农业农村厅、省公安厅与省市场监管局联合印发了《2022 年全省农资打假护农专项行动实施方案》，严厉打击制售假劣农资等违法行为。2022 年全省农业农村部门查办涉农违法案件 1111 件，罚没金额 1875 余万元。省林草局开展全省林木苗种质量抽检督查，共抽查了 50 个种批，涉及 12 个县（区）26 个单位，种子来源清楚，质量均合格，各项制度执行较好。抽查 1217 个苗批涉及 332 个单位，育苗苗木来源清楚，质量达标，苗木记录完整。省市场监管局开展农村假冒伪劣食品专项执法行动，聚焦农村、城乡接合部等重点区域，严厉打击生产经营假冒伪劣食品违法行为，全年共查办各类食品违法类案件 3957 件，罚没金额 2946.99 万元。

三是深化重点环节治理。兰州海关统筹进口出口两个环节，加强对输往欧洲和"一带一路"沿线国家和地区货物的监管。制定印发《兰州海关 2022 年寄递渠道知识产权保护专项执法行动工作方案》，加强对寄递渠道"化整为零"、"蚂蚁搬家"式进出境侵权违法行为打击和查处力度。2022 年 5 月，兰州海关查获首起货运监管渠道数量及货值最大的知识产权侵权案件，涉及侵权货物鞋子 10239 双，货值约合人民币 303566 元。省邮政管理局严格寄递环节治理，督促寄递企业严格落实邮件快件实名收寄、收寄验视、过机安检三项制度，打击违法寄递侵权假冒物品行为。2022 年全

省邮政行业配合烟草部门查获假私卷烟 271 余万支，涉案金额 525 余万元。省市场监管局组织开展打击商标恶意抢注行为专项行动，深入排查案件线索，向国家知识产权局上报"陇南市乔某"涉嫌商标恶意抢注线索核查报告。深化知识产权代理"蓝天"专项整治行动，查办反复多次大量代理非正常专利申请案件 1 起、地理标志商标申请材料造假案件 1 起，将 4 起代理非正常专利申请线索移送外省。

四是深化重点产品治理。省卫健委加强消毒产品监管，组织全省卫生监督执法机构对全省消毒产品经营单位开展监督检查，抽查消毒产品 12593 种，发现不合格产品 480 种，下达卫生监督意见书 1892 份，限期整改 1037 件，共立案 143 件，罚款 23.8 万元。省市场监管局持续开展打击整治非法制售口罩等涉疫防护用品专项行动，2022 年共查办口罩等防护用品违法案件 44 件，罚没金额 25.86 万元，查获口罩 7.8 万只，查获其他防护产品 335 件。省商务厅开展成品市场集中整治，联合相关部门依法从严查处和打击违法违规经营行为，全年共查处非法私设储油罐 64 具、加油机 59 台、流动加油车 55 辆、取缔黑窝点 27 个，查扣非标油 365.7 吨，关停整顿加油站 22 家。省市场监管局加强重点产品的质量监管，全年共完成 86 种产品 2654 批次监督抽查任务，2548 批次合格，监督抽查合格率 95.57%，发现并及时处置不合格产品 106 批次，工业产品质量安全形势稳中向好。省药监局深入开展药品质量安全、药品网络销售、中药饮片、医疗器械、化妆品等专项整治。全年共查办"两品一械"案件 1852 件，罚没金额 1398 万元。

（三）打造完整链条，强化知识产权保护

一是高规格制定纲要。以省委、省政府名义印发《甘肃省知识产权强省建设纲要（2021—2035 年）》，围绕打通知识产权创造、运用、保护、管理和服务全链条，建设知识产权强省，确定"构建面向现代化建设的知识产权制度、构建优化营商环境的知识产权保护体系、构建激励创新发展的知识产权运用机制、构建便民利民的知识产权公共服务体系、营造发展氛围浓厚的知识产权人文社会环境"五大重点工作任务。

二是加强财政保障力度。面对经济下行压力加大、多轮疫情持续反复、落实更大规模减税降费政策等因素影响，在兜牢"三保"底线、政府债务还本付息、统筹发展等刚性支出有增无减压力下，省财政厅积极主动作为，多方筹措资金，全年安排知识产权保护及奖补专项资金 4765 万元，为全省打击侵权假冒工作提供了有力的资金支撑。

三是持续推进软件正版化工作。省委宣传部制定印发《2022 年全省推进使用正版软件工作计划》，组成 5 个核查组对 8 个市（州）、14 个省级党政机关、8 家省属企事业单位进行了实地核查，共核查单位 180 家、核查计算机 9120 台。被核查省级党政机关、省属企事业单位、市级党政机关、县级党政机关计算机软件平均正版率分别为 99.98%、95.15%、92.65%、74.89%，较上年度均有提升。省政府国资委指导监管省属企业开展软件正版化工作，全面提升省属企业软件正版化工作水平，有效提高了省属企业软件正版化率。

四是加强版权执法工作。省委宣传部进一步完善版权行政执法监管体系，健全部门间重大案件联合查办和移交机制，突出大案要案查处和重点行业专项治理，省版权局挂牌督办酒泉市谢某某涉嫌侵犯著作权人复制权损害公共利益案。全年共查办版权案件 29 件，罚没金额 22.99 万元。平凉市、武威市、镇原县、肃北县文化市场综合行政执法队和省委宣传部版权管理处被国家版权局评为"有功单位"，省委宣传部版权管理处及酒泉市文化市场综合行政执法队 3 名同志被评为"有功个人"。

五是加强商标专利行政执法。全省各级市场监管部门聚焦关系公共利益和人民群众切身利益的食品药品、种业、水泥和公共卫生等重点领域，加大市场巡查和举报投诉线索核查力度，查办商标侵权、假冒专利等违法案件 280 件，罚没金额 399.47 万元。组织开展北京 2022 年冬奥会和冬残奥会奥林匹克标志知识产权保护专项行动，查办侵犯冬奥会和冬残奥会奥林匹克标志专有权案件 31 件。定西市市场监管局及 3 名执法人员被评为北京 2022 年冬奥会和冬残奥会奥林匹克标志知识产权保护突出贡献集合和个人。

六是加大植物新品保护力度。林草部门坚持依法治理、打建结合、统筹协作、社会共治，持续发力、久久为功，严厉打击制售假劣林草种苗和侵犯植物新品种权违法行为，坚持保护选育人、生产经营者、使用者合法权益，推动种业创新发展，营造了良好的营商环境。农业农村部门加大对农业植物新品种保护力度，积极开展专项检查，规范生产经营秩序。及时公开许可信息，将农作物种子生产经营许可信息，及时在中国种业大数据平台网站公开，并同步在甘肃农业信息网进行公告，接受公众查询和社会监督。

七是加强海外知识产权保护。省贸促会与省市场监管局、省商务厅联合制定《加强海外知识产权纠纷应对工作方案》，统筹资源、发挥职能，构建合作机制，服务甘肃省海外知识产权保护工作。三部门联合出台《关于公开征集甘肃省海外知识产权纠纷应对指导的通知》，面向全社会征集专家，健全完善海外知识产权纠纷应对之道工作体系，加强海外维权援助体系工作，助理甘肃发展更高水平开放型经济，推动经济高质量发展。

（四）加强司法保护，严惩侵权假冒犯罪

公安机关以"昆仑 2022"专项行动和夏季治安打击整治"百日行动"紧密结合，紧盯重点地区、重点领域、重点行业，强化联合执法、行刑衔接、线索摸排，严厉打击侵犯知识产权和生产销售假冒伪劣商品犯罪，集中侦破了一批大要案件、打掉了一批涉案团伙、抓获了一批犯罪分子。2022 年全省公安机关共侦办侵犯知识产权和生产销售假冒伪劣商品犯罪 1137 件，抓获犯罪嫌疑人 2319 人，捣毁窝点 39 个，打掉犯罪团伙 57 个。酒泉市公安局侦办"李某彬等人销售假冒注册商标的商品案"抓获犯罪嫌疑人 14 人，缴获 28 个假冒国际知名品牌商品 1.4 万余件，涉案价值近 1300 万元。兰州市公安局侦办"张某琴等人销售假冒注册商标的商品案"抓获犯罪嫌疑人 3 人，现场查获假冒耐克、阿迪达斯等商标的商品 18000 余件，涉案价值 1431 万元。兰州"10·14"跨境走私卷烟案，涉案范围遍及日本和国内 20 多个省市，涉案人员 1400 余人，查获走私新型加热不燃烧卷烟 81.5 万支，涉案金额 2.6 亿元，此案被公安局挂牌督办。

检察机关依法履行批捕、起诉和法律监督职能，全年批准逮捕侵犯知识产权和生产销售伪劣商品案件82件125人，提起公诉209件364人。加强侦查环节引导取证工作，提前介入13件。履行监督职能，监督公安机关立案侵犯知识产权和生产销售伪劣商品案件34件40人，监督公安机关撤案生产销售伪劣商品案件6件7人，纠正漏捕5人，纠正遗漏同案犯8人，书面纠正侦查活动违法26件次。深化认罪认罚从宽制度适用，适用认罪认罚78件116人，对侵权行为提出从宽的量刑建议77人。督促侵权人向权利人做出赔偿，尽力弥补权利人因侵权行为遭受的经济损失，对侵权行为提出从宽的量刑建议77人。2022年4月，省检察院成立知识产权检察办公室，标志着全省知识产权检察工作进入新时代新发展阶段。省检察院知产办先后挂牌督办了"清源安民"1号行动中破获的张某琴等人销售假冒注册商标商品案等6起重大案件。2022年7月，省检察院批转新华社内参报道的"甘肃省博物馆文创产品'绿马'被侵权案件线索"后，省检察院知产办主动对接省公安厅、省文物局、省博物馆，充分发挥综合履职优势，监督公安机关立案侦办，该案也是全省办理的首例侵犯著作权（美术作品）犯罪案件。

审判机关充分发挥刑事、民事审判职能，依法严厉打击严重危害社会经济秩序和侵犯人民群众财产安全的侵权假冒犯罪行为。全年全省法院共受理制售假冒伪劣商品和侵犯知识产权犯罪案件205件，审结130件201人。受理制售假冒伪劣商品犯罪案件151件，审结101件148人。依法加强民事司法保护力度，促进创新和公平竞争。以鼓励诚信竞争、尊重商业道德、遏制仿冒搭车为导向，贯彻严格保护司法政策。坚持全面赔偿原则，依法判决侵权人足额赔偿权利人经济损失及合理维权成本，努力实现侵权赔偿与知识产权市场价值协调相称，依法呵护品牌成长。全年共受理知识产权权属、侵权纠纷民事案件共2047件，审结1641件。联合省市场监管局、省司法厅、省农业农村厅等部门，共同出台《关于加强知识产权纠纷调解工作的实施意见》《关于保护种业知识产权打击假冒伪劣套牌侵权营造种业振兴良好环境的指导意见》，进一步推进知识产权纠纷多元化解和种业保护工作。

（五）坚持打建结合，构建长效机制

一是加强地方立法工作。《甘肃省专利条例》（修订）公布施行，立足省情进一步强化了专利保护，突出了专利发明创造的高质量导向，突出专利的实施和运用，突出了专利服务工作的支撑作用。《甘肃省消费者权益保护条例》（修订）公布施行，从政府及部门职责、消费者权利、经营者义务等方面作出进一步规范，提升消费者权益保护法治化水平，营造安全放心的消费环境。

二是完善行刑衔接工作制度。省农业农村厅、省检察院、省公安厅联合制定《关于加强农业领域行政执法与刑事司法衔接配合工作的实施意见》，持续强化行政执法与刑事司法衔接机制。2022年移送司法机关涉农违法犯罪案件28件。市场监管部门与公安机关落实《关于加强市场监管行政执法与刑事司法衔接工作指导意见》，2022年移送公安机关市场监管领域违法犯罪案件69起。省药监局加强与公安机关衔接配合，有效发挥药监专业优势，建立检验、鉴定"绿色通道"，为公安机关出具假药认定意见10件。

三是深化跨区域执法联动。甘肃省版权局与陕西、青海省版权局联合出台《版权保护合作战略框架协议》，进一步强化跨区域版权联合行政执法与监管协作。甘肃省市场监管局和青海省出台《甘肃青海两省市场监督管理行政处罚文书格式范本（2022版）》，在全国市场监管系统率先实现跨省跨区域处罚文书格式统一。兰州市与青海省西宁市、海东市签署《兰西两市知识产权保护合作协议》《加强知识产权保护合作协议》《兰州海东两市推动商标、地理标志品牌建设合作协议》制定兰西两市商标品牌名录，构建知识产权协作机制，持续发挥省会城市的资源优势，稳步推进知识产权区域协作。

四是推进信用监管体系建设。省发展改革委依托省信用信息共享平台共归集知识产权（专利）领域行政许可信息2300条，行政处罚信息11条，归集制售假冒伪劣商品相关行政处罚信息103条，通过"信用中国（甘肃）"网站依法向社会公开。省市场监管局依托甘肃省"互联网＋监管"系统归集政府部门履职过程中产生的涉企行政处罚等信息，通过国家企业信用信息公示系统（甘肃）、向社会进行公示，不断强化社会监督作用。2022年共归集全省各级监管部门行政处罚信息7442条。

（六）加强宣传引导，引导社会共治

一是广泛开展知识产权宣传行动。全省各地各部门利用"3·15""4·26"等重要时间节点，组织召开新闻发布会，举办庭审观摩，向公众提供咨询服务，公开典型案例，开展丰富多彩的大型系列宣传活动。省广电局指导甘肃卫视录制《今日聚焦》专题栏目，以视听形式讲好宣传好甘肃知识产权故事，全面展示甘肃省知识产权工作新成绩新亮点，在全社会营造尊重和保护知识产权的理念。

二是开展侵权假冒商品销毁活动。省生态环境厅指导各地生态环境部门，结合实际公布并定期更新本地具有环境无害化销毁能力的单位名录，为销毁工作提供便利。4月26日，省双打办联合省公安厅、省市场监管局开展侵权假冒商品销毁活动，共计销毁大类86个品种2600余盒（袋），重量达3.6吨，货值2.8万元。11月10日，在全国双打办统一组织下，参加全国侵权假冒商品统一销毁活动，12个市州同步开展集中销毁行动，共计销毁的侵权假冒商品五大类共38.71万余件，58.03吨，货值502.68万元。

三是注重扩大社会影响。省司法厅大力开展知识产权法治宣传教育，将知识产权相关法律法规纳入全省"八五"普法规划重点内容。省法院发布2021年甘肃法院知识产权司法保护状况及十大典型案例，全面展示2021年度甘肃法院知识产权司法保护工作基本情况、主要举措、成绩亮点。省市场监管局发布2021年甘肃省知识产权行政执法十大典型案例，充分展示知识行政执法成效，深入推进知识产权执法工作。

四是引导社会共治。全省各地区、各部门加强行政指导、文化引领、引导企业履行主体责任，引导行业自律规范发展。省司法厅引导公证机构发挥公证职能作用，围绕知识产权创造设立、运用流转、权利救济、纠纷解决等环节提供公证服务，实现对知识产权的全程保护。省商务厅在第85届全国药品交易会及第二十八届兰洽会等重点展会中，积极引导参展企业做出产品质量承诺，尊重知识产权，落实企业主体责任。

二、存在的问题

在取得成绩的同时，我们也清醒地认识到，全省打击侵权假冒工作面临的形势依然严峻，还存在不少亟待研究解决的问题，主要表现在：侵权假冒行为在个别行业依然存在；部分地区对打击侵权假冒工作重视程度不够，工作措施落实不到位；侵权假冒手段不断变化、形式更加隐蔽复杂；执法协作能力有待提高，执法合力还有待加强，长效机制有待进一步健全完善。

三、下一步工作打算

下一步，我们将进一步坚持问题导向，聚焦重点领域，突出标本兼治，强化知识产权保护，加强质量安全监管，严厉打击违法犯罪活动，持续优化营商环境，积极服务全省经济高质量发展。

一要深入推进重点专项治理。加强对重点领域、重点区域、重点环节和重点产品专项整治工作。深入推进互联网领域专项治理，创新网络监管方式，加强大数据应用，提高对侵权假冒行为的追踪溯源和精准打击能力。持续开展农村和城乡接合部市场治理，下移监管重心，净化农村市场环境。

二要强化商品质量日常监管。切实加大执法监管保护力度，提高打击侵权假冒的针对性和有效性。抓重点商品监管，把群众普遍关心的事关生命健康、财产安全、环境保护的重点产品作为重点查处对象。抓重点环节打击，从生产源头、流通渠道、消费终端多管齐下，突出商品寄递、进出口、重点市场、电子商务等重点环节，严厉打击制售侵权假冒商品违法犯罪行为。

三要加大知识产权保护力度。依法严格保护知识产权，有效发挥知识产权制度激励创新的基本保障作用。严肃查处知识产权违法行为，加大专利、商标、版权等知识产权执法工作力度，深入推进软件正版化，加强植物新品种保护。加强知识产权维权援助服务，构建体系完备、运转高效的知识产权维权援助网络。

四要有效深化部门区域协作。加强跨部门、跨区域协作，健全线索通报、案件协办、联合执法、定期会商等制度，进一步强化行刑衔接，狠抓大案要案查办,加大刑事司法打击力度,对直接损害群众切身利益的违法犯罪行为开展集中打击。全面履行检察职能,完善知识产权审判体制机制,依法严厉制裁侵权假冒犯罪行为。

五要持续加强宣传教育引导。通过新闻发布会、执法专项行动、集中销毁活动等多种形式、多种渠道宣传打击侵权假冒的政策措施、工作进展和成效。加强基层与企业服务,开展知识产权保护进企业、进单位、进社区、进学校、进网络活动,动员各方力量支持并参与打击侵权假冒工作。大力推进诚信体系建设,加大对失信行为的惩处和披露力度,加大对守信者的支持服务,形成打击侵权假冒的良好社会氛围,积极推进社会共同治理。

(撰稿人:杨涛)

青海省打击侵权假冒工作报告

2022年,青海省打击侵权假冒工作坚持以习近平新时代中国特色社会主义思想为指导,坚定不移贯彻党中央、国务院决策部署,认真落实全国双打工作领导小组和省委、省政府工作要求,积极应对打击侵权假冒工作面临的新形势新要求,依法严惩侵权假冒伪劣商品犯罪活动,努力营造健康安全放心的经济社会发展环境,全省打击侵权假冒工作取得新成效。

一、基本情况

一年以来,全省各级部门共查办行政执法案件2565起,罚没款2212.05万元。全省公安机关共立案查处侵权假冒案件31起,抓获犯罪嫌疑人31名。全省各级检察机关依法提起公诉2件6人,建议行政执法机关移送6件6人,公安机关立案5件5人。全省各级法院共受理各类知产案件民事、刑事案件503件,其中刑事案件38件,罚金总额1678万元,没收违法所得1664.8万元,公益诉讼赔偿金总额达4229.6万元。

二、主要做法及成效

(一)强化组织领导,统筹谋划工作

一是印发《关于深入学习贯彻全国打击侵权假冒工作电视电话会议精神的通知》并组织召开了全省打击侵权假冒工作领导小组会议,认真贯彻全国双打工作电视电话会议精神,全面部署全省双打工作。省政府副省长、省双打工作领导小组组长出席会议并讲话。会议通报了2021年全省打击侵权假冒工作情况,安排部署了2022年重点工作任务。

二是在充分征求各成员单位意见后印发《2022年青海省打击侵犯知识产权和制售假冒伪劣商品工作要点》,组织对重点区域、重点市场、重点产品、重点环节开展专项治理,明确工作任务,落实责任分工,省打击侵权假冒工作领导小组办公室充分发挥组织协调作用,加强与各部门的协作配合,形成打击侵权假冒工作合力。

三是结合青海省实际,制定印发《2022年青海省打击侵权假冒工作绩效考核办法》和《2022年打击侵权假冒绩效考核维度及评分细则》,强化考核督导工作。充分利用对各市州平安青海(综治工作)考核,将打击侵权假冒问题作为重点治理和排查整治的重要内容,推动各项任务落实。

(二)聚焦民生关切,强化重点治理

一是深入开展互联网侵权假冒治理。省委宣传部联合省委网信办、省公安厅、省通信管理局、省文化和旅游厅积极开展打击网络侵权盗版"剑网2022"专项行动,对重点领域网络版权进行专项整治,促进网络版权产业合规稳健发展。省委网信办会同相关部门依法关闭违法违规账号29个,约谈网站(公众号)8家、短视频平台主播16人,关停虚假网站12家,移送线索34条。省公安厅开展重大配侦案件侦办、"打

拐"、"跨境网络赌博"、网约犯罪、打击养老诈骗、邮政快递领域个人信息安全治理等专项工作，查处一批涉网违法犯罪案件，严厉打击了网络违法犯罪活动。省文化和旅游厅开展文旅市场专项整治，检查经营单位 7616 家次，责令改正 105 家次，警告 5 家次，责令停业整顿 13 家次，责令关闭抖音账号 3 个，立案查处 6 起，行政罚款 7.2 万元，没收违法所得 8 万余元。省药品监管局检查药品网络销售企业 98 家次、互联网药品信息服务平台 22 家，警告 3 家、责令整改 3 家、注销互联网药品信息服务资质证书企业 3 家，立案查处网络销售假药案 1 起。省通信管理局开展网站主体信息核查、IP 地址备案管理和空壳网站数据清理等工作，累计变更网站备案信息 128 条，清理过期域名 200 余个，注销网站备案信息 561 个。

二是深入开展民生领域铁拳行动。省市场监管局围绕服务"四地"建设和"十四五"市场监管规划，深入开展"铁拳"行动。2022 年市场监管部门共出动执法人员 42909 人次，检查各类经营单位 71456 家次，查办民生领域"铁拳"行动相关案件 854 件，案值 352 万元，罚款金额 799.1 万元，移交司法 4 件。同时聚焦重点商品、重点环节的烟酒市场开展检查活动，打击烟酒类不正当竞争、侵权假冒和制售伪劣商品的违法行为。市场监管部门联合公安和酒类企业打假专业人员查获了假冒侵犯他人注册商标五粮液、五粮春等知名酒类 183 件，货值金额 25 万元，查办 3 家侵犯他人注册商标专用权商品案，罚款 24.03 万元。

三是深入开展农村地区侵权假冒治理。省农业农村厅以春季农资打假"护农"行动为抓手，共出动执法人员 8391 人（次），巡查农资市场 1662 次，农资生产经营门店 3731 家（次），抽检农资产品 120 批（次），全省各级农业执法部门查办行政处罚案件 190 起，移送公安机关 2 起。省市场监管局联合省农业农村厅、省商务厅、省公安厅开展农村牧区假冒伪劣食品整治行动，检查农村牧区食品生产经营主体 1.6 万余户次，责令整改 129 户，立案查处假冒伪劣食品行政处罚案件 56 起，收缴假冒伪劣食品 1320 公斤，罚没款 126 万元，移送公安机关 2 件。省林草局组织开展打击侵犯林业植物新品种权专项行动。对苗圃、苗木繁育基地、种苗交易市场、经营门店等场所进行侵权及假冒等违法行为摸底排查。开展林木种苗质量专项检查，共抽查造林地苗批 52 个，其中合格苗批 44 个，合格率 84.6%。省农业农村厅抽查种子经营门店 212 家（次）、种子站及种子繁育基地 164 家（次），未发现违法违规制种、销售非法转基因种子行为。

四是深入开展重点产品治理。省药品监管局开展药品安全专项整治，查办药品、医疗器械、化妆品案件 164 件，货值金额 40.46 万元，罚款 230.35 万元，没收违法所得 1.52 万元。启动了全省药品安全专项整治重点案件处置联动机制，成立了省、市、区三级联合办案组，指导地方完成案件调查，协调省公安厅捣毁制假售假窝点 1 个，货值金额 157 万元。省卫生健康委持续推进消毒产品监督检查工作，检查医疗机构、零售药店、母婴店、婴幼儿洗浴游泳场所、商场超市等单位 567 家，检查抗（抑）菌制剂 715 个，完成国家随机监督抽查任务 1 单，对 2 家消毒产品生产企业进行了重点监督检查。省市场监管局联合省税务局、省公安厅、省生态环境厅等 10 余家部门，开展成品油市场专项整治，共出动执法人员 2400 余人次，立案 3 起，没收不合格 95 号汽油 403.3 升，罚没款 8.08 万元；查补税款 19.94 万元，加收滞纳金 1.35 万元。

五是深入开展重点渠道治理。省邮政管理局以严格执行实名收寄、收寄验视、过机安检"三项制度"为抓手，将打击侵犯知识产权和制售假冒伪劣商品纳入日常检查内容，督促企业严格执行《禁止寄递物品管理规定》，做好假冒伪劣和侵犯知识产权商品查堵工作。全省各级邮政管理部门累计开展市场监督检查 1269 次，下达责令改正通知书 203 份，作出行政处罚决定 23 起、处罚金额 16.8 万元。省商务厅建立稳外贸稳外资工作专班。加强对中欧班列陆路运输进出口商品和跨境电子商务商品监管，积极引导鼓励省内外贸企业提升出口产品质量，不断推进产品的国际认证工作，其中枸杞产品相继通过欧盟有机食品认证、美国 NOP 有机食品认证、日本 JAS 认证、德国 BCS 等国际认证；冷水鱼相继获得 ISO9001 质量体系认证、HACCP 食品安全管理体系认证、ASC 和 BAP 等国际认证。省双打办统一集中无害化销毁侵权假冒的食品、药品、高档白酒、卷烟、化妆品、日用品、服装、电子产品、汽车配件、电线电缆等 100 多个品种，重量超 40 吨，货值近 600 万元。

（三）加强保护措施，优化营商环境

省市场监管局持续开展奥林匹克标志执法行动。在冬奥会及冬残奥会期间，出动执法人员 2037 人次，检查各类市场主体 3007 个，检查商超、集贸市场等市场 56 个。2022 年，全省市场监管部门查办各类商标侵权案件 19 件，案值 7.055 万元，罚款 12.46 万元。省市场监管扎实开展商标培育工作。2022 年，全省新增有效注册商标 9600 件，注册商标累计达到 66928 件。中国驰名商标 48 件，地理标志证明商标 48 件，地理标志保护产品 15 件，地理标志专用标志用标企业 58 家，其中 2022 年新增 28 家。"藏毯"（青海产区）、"玉树虫草" 2 件地理标志保护产品列入全国指导名录，"柴达木枸杞""湟中燕麦"入选中欧保护协定。省农业农村厅持续开展祁连藏羊地理标志农产品保护与发展工作。在祁连县五个基地单元建立农产品质量安全监督管理体系，成立祁连县有机畜牧业示范基地建设领导小组，逐步建立和完善了农畜产品可追溯平台。省商务厅会同省司法厅、省发展改革委等部门成立涉外经济合作法律服务团队，为企业走出去提供高效专业的法律服务。邀请行业专家，先后举办"涉外企业法律合规风险防控""RCEP 区域全面经济伙伴关系协定"和"后疫情时代对外投资实战策略"线上专题培训班。

（四）强化打击力度，严格司法保护

一是加大刑事打击力度。全省各级公安机关纵深推进"昆仑 2022"专项行动，破获了一批侵犯知识产权和假冒伪劣商品犯罪案件，案件办理和综合治理取得了良好的法律效果、社会效果。全省公安机关立案查处侵权假冒犯罪案件 31 起（其中食品药品案件 14 起），涉案金额达 465 万元，破获 25 起，抓获犯罪嫌疑人 31 名。根据公安部下发的涉案线索，各级公安机关积极落实核查，经深挖扩线，把线索转化为成果，破获本地侵权假冒犯罪案件 6 起。全省公安机关积极开展市场排查整治。春节期间，捣毁售假窝点 1 处，抓获犯罪嫌疑人 1 名，当场查获假冒涉外品牌系列高

档鞋 2200 余双，涉案价值达 200 余万元。

二是全面履行检察职能。全省各级检察机关切实履行检察职能，依法严厉打击侵犯知识产权和制售假冒伪劣商品犯罪。截至目前，依法提起公诉侵犯知识产权和制售假冒伪劣商品类案件 2 件 6 人，起诉后无判处无罪案件；检察机关建议行政执法机关移送 6 件 6 人，行政执法机关已移送 5 件 5 人，公安机关立案 5 件 5 人，监督公安机关撤案 1 件 1 人。积极推进知识产权检察职能集中统一履行。在省院成立知识产权检察办公室，设立刑事、民事、行政检察专门办案组，确保履职到位。更新履职理念，立足知识产权刑事、公益诉讼检察职能行使特点，对知识产权案件开展"一案双查"，准确把握刑事打击与维护公共利益的关系，实现最优保护效果。

三是深入推进司法保护。全省各级法院共受理各类知产案件民事、刑事案件 503 件。其中，全省法院审结检察院提起刑事附带民事公益诉讼的假冒注册商标的商品罪案件 26 件，一审 25 件全部采用七人制合议审理，涉及被告人 28 名，22 人被判处三年（含三年）以上有期徒刑并处罚金，6 人被判处三年以下有期徒刑并处罚金，罚金总额 1678 万元，没收违法所得 1664.8 万元，公益诉讼赔偿金总额达 4229.6 万元，同时要求刑事附带民事公益部分判决被告人在省级以上电视台或全国性报纸上向社会公开赔礼道歉，切实保护了商标权人和消费者的合法权益，提高了侵权代价和违法成本，极大震慑了违法侵权行为。

四是推进完善两法衔接。省市场监管局、省检察院、省公安厅等部门联合印发《青海省加强知识产权行政执法和刑事司法衔接工作的意见》，确保行政执法和刑事司法衔接机制落到实处。省市场监管局、省知识产权局、省法院等部门先后制定出台《青海省加强知识产权纠纷人民调解意见》《青海省加强知识产权纠纷调解工作的若干措施》《青海省强化知识产权纠纷在线诉调对接工作的意见》等意见措施，快捷、低耗、和谐化解知识产权纠纷。省农业农村厅认真贯彻落实《青海省农业行政执法与刑事司法衔接工作办法》，与省人民检察院、省公安厅召开工作联席会议，凝聚工作合力，就农业农村领域打击侵犯知识产权和制售假

冒伪劣商品等工作进行商讨。省市场监管局与省公安厅共同组织召开市场监管行政执法和公安刑事司法衔接座谈会，聚焦强化信息共享、情况通报、线索研判、联查联办等关键环节进行了交流讨论。

（五）加大宣传教育，营造浓厚氛围

省打击侵权假冒工作领导小组办公室印发《关于做好2022年打击侵权假冒宣传工作的通知》，各成员单位在"3·15""4·26""5·15"等重要宣传节点，分阶段、分层次、分重点开展多种形式宣传活动。省双打办组织各成员单位在广场开展打击侵权假冒工作集中宣传活动。各单位通过悬挂宣传横幅、摆放宣传展板、发放宣传册等方式，引导消费者运用法律武器维护自身合法权益，提高广大群众的打假维权意识和自我保护能力。省知识产权局制作知识产权强省建设微视频，发布知识产权保护倡议书，评选2020—2021年度8个知识产权典型案例，开展知识产权保护工作成绩突出集体、突出个人的评选工作。省委宣传部、省文化和旅游厅开展版权宣传活动，通过悬挂横幅、摆放展板、现场咨询等形式集中展示宣传了开展打击侵犯知识产权和制售假冒伪劣商品专项行动、推进全省政府机关软件正版化、版权保护工作取得的成果。省法院开展"保护知识产权，就是保护创新"系列线上线下宣传活动，通过各大媒体通报全省法院2021年知识产权司法保护状况、发布十起典型案例。省广播电视局指导全省各级广播电视播出机构充分发挥自身优势和特点，积极利用广播、电视、新媒体等各种方式对全省依法打击侵权假冒违法犯罪行为，保护权利人、消费者合法权益，激发创新活力，推动构建新发展格局进行了全方位、广视角、多层次的宣传报道。

三、工作亮点

（一）积极推动行政执法与刑事司法衔接制度落地落实。在建立行政机关、公安机关、检察机关、审判机关信息共享、案情通报、案件移送制度的基础上，2022年省市场监督管理局、省检察院、省法院、省公安厅等部门联合印发《青海省加强知识产权行政执法和刑事司法衔接工作的意见》，确保行政执法和刑事司法衔接机制落到实处。

（二）有效指导建设全省首批商标品牌指导站。省市场监管局批准青海省地标产业发展有限公司等19家单位为首批商标品牌指导站建设单位。同时发布《青海省商标品牌指导站工作规范（试行）》，制定《商标业务指导手册》、商标注册申请指导书、商标权质押建议书、商标规范使用提示书等工具书，明确岗位职责，细化工作措施，落实个人责任。挂牌以来，首批19家商标品牌指导站已为市场主体培育注册商标915件，提供咨询服务934人次。

（三）积极开展商业秘密保护工作。一是开展商业秘密保护创新试点工作。省市场监管局结合实际，认定公布全省首批12个商业秘密保护示范站（点）。二是建立了商业秘密保护专家库。确定31名专家学者进入省市场监管局商业秘密保护专家库，为全省商业秘密保护工作提供决策咨询和技术支撑。

四、存在的不足

2022年全省打击侵权假冒工作在省委、省政府的坚强领导下，在全国双打办的大力帮助下各项工作取得了一定成效。但打击侵权假冒仍然存在一些短板和不足。一是跨部门、跨区域协作需进一步加强。联合执法机制相对薄弱，协调联动机制不够紧密，在协作中仍存在办案协作手续烦琐，情报互通共享不及时等问题，行刑衔接不够顺畅，相关机制仍需完善。二是成员单位重视程度不够。部分成员单位人员变动频繁，交接不畅，工作任务敷衍应付，影响全省双打工作开展。三是执法数据统计口径不统一。目前基层需要填报的执法数据平台有总局统计调查信息系统、国家知识产权局信息统计平台、全国打击侵权假冒数据信息平台，打击侵权假冒行刑衔接中央信息管理系统、总局企业信用信息平台、省市场监管案件管理信息系统等，各平台数据报送要求不一，导致数据出现错报、漏报、不报等情况发生。

五、下一步工作打算

2023年，青海省将把学习贯彻党的二十大报告作为当前和今后一个时期重大政治任务，深入贯彻落实习近平总书记关于全面加强知识产权保护工作的重要指示批示精神，全面落实新形势下打击侵权假冒工作新任务、新要求。一是强化重点领域治理。加大对互联网领域、农村和城乡接合部市场等区域环节监管力度，严厉打击曝光制假源头，保持高压打击态势。二是强化日常监管执法整治。聚焦民生需求和社会关切，

强化节假日市场重点治理，围绕疫情防护用品和食品药品农资等重点商品，加强监管执法整治。三是强化宣传教育引导。发挥社会监督作用，围绕重要时间节点，营造社会舆论氛围，推进社会共治格局。

（撰稿人：张舒翔）

宁夏回族自治区打击侵权假冒工作报告

2022 年，宁夏打击侵权假冒工作以习近平新时代中国特色社会主义思想为指导，全面贯彻党的二十大精神，按照全国打击侵权假冒工作领导小组和自治区党委、政府工作部署，积极推进源头治理，强化部门协同配合，扎实推进打击侵权假冒工作，取得了阶段性成效。

一、总体工作情况

2022 年，全区各级政府和各成员单位深入贯彻落实习近平总书记关于加强知识产权保护和打击侵权假冒工作重要指示批示精神，扎实推进打击侵权假冒各项工作，持续优化消费和营商环境，维护公平有序的市场秩序。一是加强组织领导，召开全区领导小组工作会议，分析研判形势，部署年度工作，加强统筹协调，强化督导考核，推进协同监管，推动市县政府将打击侵权假冒工作纳入到重要议事日程。结合实际制定全区年度工作要点，明确 73 项重点工作。二是围绕中心服务大局，统筹线上线下综合治理，持续加强农村市场、电商平台、地理标志保护等重点领域和防疫物资、食品药品、农资等重点产品的监管，强化线索核查，坚持重拳出击，依法严查重处，坚决打击各类侵权假冒违法犯罪行为，助力全区经济社会高质量发展。三是进一步完善跨区域跨部门协同工作机制，强化区、市、县市场监管部门联合办案工作，持续推进行刑衔接和行纪贯通，健全信用联合惩戒机制。四是坚持打建结合、推进社会共治，完善知识产权保护等法制建设和服务体系，畅通投诉举报渠道，定期发布

典型案例，开展集中销毁活动，强化法制宣传教育，努力构建全社会监督共治格局。

2022 年，全区各级行政执法部门共查办行政案件 2700 起，罚没款 4220.18 万元；公安机关侦办侵权假冒刑事案件 74 起，涉案金额 5615.78 万余元，抓获犯罪嫌疑人 122 人；检察机关审查起诉侵权假冒犯罪案件 9 件 22 人，批捕 22 人；人民法院受理侵权假冒案件 16 件，审结 11 件，判处刑罚 49 人。全区集中销毁侵权假冒伪劣商品 56 万件、104.85 吨，货值金额 288.4 万元。

二、主要工作成效

（一）重点治理成效明显

1. 强化互联网领域治理

一是自治区党委宣传部牵头开展打击网络侵权盗版"剑网 2022"专项行动，聚力整治群众反映强烈的互联网侵权盗版问题，共检查经营单位 114 家次，查处侵权盗版案件 15 起，罚没款 8.07 万元，集中销毁侵权盗版及非法出版物 1.63 万册，货值 30 万元；结合"扫黄打非"电商平台专项整治行动，开展属地网络书店售书情况巡查工作；4 次组织相关人员采取不打招呼、直奔现场、挂号督办的方式，对未进行网络发行备案、未参加年检及核查不真实的网店进行检查，严厉打击无证经营行为，向属地文化行政执法部门移交网络电商企业线索 9 条。二是强化反垄断反不正当竞争监管执法，积极配合总局调查中国知网涉嫌滥用市场支配地位垄断案件，加大水电气暖公用事业、保

险、行业协会等线索摸排力度，立案 6 起，罚没 116 万元，对阻碍反垄断调查的个人首次开出 5 万元的行政处罚"罚单"；开展滥用行政权力排除限制竞争执法专项行动，查办教育、医疗卫生、公用事业、保险等重点领域行政垄断案件 4 起，查处的贺兰县住建局、银川市教育局等滥用行政权力限定交易对象案入选市场监管总局 2022 年专项整治典型案件。开展反不正当竞争专项执法行动，查办房地产、医药服务、公考培训等领域假宣传、混淆、违规促销等不正当竞争案件 42 起，罚没 393.77 万元，案件数同比增长 56%。紧盯保健品市场难点问题开展专项整治，检查保健品行业相关经营场所 8245 家次，立案 18 起，开展行政指导、行政约谈 40 次。畅通举报投诉渠道，征集相关违法行为线索 72 条，社会公众维护自身权益及参与执法监督的积极性明显提高。三是自治区邮政管理局开展生产作业环节管控和问题隐患排查治理，督促企业组织从业人员开展侵权假冒商品辨识培训，要求企业加强对协议用户的备案管理和清理工作，加大交寄物品抽检和复检频次。组织开展专项执法检查，严肃查处协助电商刷单炒信"刷空包"、贩卖"快递盲盒"等违法行为，督促、告诫寄递企业及时防范和矫正可能存在的"刷空包"行为，引导企业建立诚信理念和法制观念，督促寄递企业按照邮政法律法规规定，严格处置流程，认真履行无法寄递又无法退回邮件快件处理要求，防止无着邮件快件流入市场交易。四是自治区党委网信办依托技术监测平台对全区 7300 余家备案网站开展常态化巡察，定期监看属地 1100 多款 APP 内容，将属地 1100 万微博账号和 29 万微信公众号内容纳入监测范围，向自治区市场监管厅转交涉网违规线索 20 条，依法关闭关停假冒教育网站"银川名师家教网"、假冒维权网站"全民法治网"、假冒新闻网站"宁夏日报""宁夏人的宁夏事"等 12 个冒用宁夏名称恶意营销的微信公众号，注销冒充中卫市委领导涉嫌实施网络诈骗的仿冒微信账号。自治区市场监管厅认真研判移交涉嫌违法广告线索，对深圳市腾讯计算机系统有限公司在腾讯公众号、搜狐 APP 等借宁夏党委宣传部领导头像发布医疗器械广告涉嫌虚假误导等事实，积极协调市场监管总局作为督办案件移交深圳市市场监管部门从快从重查处，作出没收违法所得、罚款 51 万元的行政处罚。五是自治区药监局开展网售药品违法违规行为专项整治和医疗器械"清网"行动，着力净化药品网络销售市场，夯实医疗器械网络交易服务第三方平台责任。开展化妆品"线上净网线下清源"行动，打击利用网络生产销售违法化妆品行为，检查化妆品生产企业 9 家次、经营使用单位 3799 家次，排查发现风险隐患 371 条，转送立案查处企业 106 家。

2. 狠抓农村地区治理

一是深入开展食用农产品"治违禁 控药残 促提升"行动，农业和市场监管部门在全区推进豇豆、草莓专项治理和韭菜、芹菜中毒死蜱专项整治行动，立案查处 12 个使用禁用农药毒死蜱的种植户，涉药农产品均予以销毁，确保不合格农产品未流入市场，两次召开以案说法现场会，强化警示震慑作用。农业农村、公安、市场监管等六部门建立农资打假协同工作机制，围绕种子、农药、肥料、兽药等重点农资产品开展打假专项治理。持续开展农业投入品"检打联动"行动，抽检农资产品 1002 个，对不合格投入品要求属地依法依规处置，库存全部下架。市场监管、农业农村、公安、商务及供销社五部门持续推进农村假冒伪劣食品专项行动，检查食品生产经营主体 65804 户次，批发市场、农贸市场等各类市场 2240 个次，查处食品违法案件 721 件，案件罚款 482.51 万元，全区共创建农村食品经营店规范化试点 1037 家。二是自治区商务厅联合 17 部门印发《关于加强县域商业体系建设促进农村消费的实施意见》（宁商发〔2022〕1 号），建立县域商业体系建设联席会议制度，争取中央财政资金 8450 万元，推动建立完善以县城为中心、乡镇为重点、村为基础的县域商业体系。自治区农业农村厅下达现代种业提升工程专项资金，鼓励育种创新，促进种业知识产权保护发展。自治区林草局组织相关部门对使用中央财政资金开展造林绿化的单位所用苗木进行随机抽查，抽检 13 个用苗单位的 46 个苗批，其中合格苗批 39 个，占 84.8%。三是自治区各级公安机关、法院和检察院坚持依法依规、从严从速查办制售侵权假冒农资、种子违法犯罪行为。固原市原州区检察院聚焦春耕春种关键时期，与市场监管等部门在辖区内开展农资打假及打击私屠乱宰专项整治行动，重点围绕售卖假劣农作物种子、化肥以及农兽药残留超标、私屠乱宰等突出问题进行专项检查。银川市公安机关成功侦破全区首起制售假冒饲料添加剂氯化钠刑事案件"12·2"假冒注册商标案，抓获犯罪嫌疑人3名，捣毁制假库房1处，查获假冒注册商标的饲料添加剂氯化钠200余万公斤、假冒包装袋5万余个、大型制假设备3台，涉案总金额600余万元。

3. 开展重点产品治理

一是自治区市场监管厅紧盯关系民生的重点产品、重点领域，深入开展"铁拳"行动，加大执法打击力度，查办案件2580件，罚没3607万元，吊销许可证2家，向公安机关移送案件7起；公布典型案例6批45起，其中3起入选全国典型案例。2022年，全区各级市场监管部门共立案查处行政案件2427起，罚没金额4039.87万元，吊销许可证2家，移交公安机关案件20起。开展10类重点工业产品、农资产品、塑料污染治理、儿童和学生用品4个专项行动，发现问题198个，查处案件78起，罚没款72余万元。开展"守底线、查隐患、保安全"专项行动，排查整治食品安全风险隐患7617个，查办案件960起，罚没款821万元。银川市公安机关成功侦破"8·27"特大假冒注册商标案及闫某某销售假冒注册商标的商品案，共查获假冒白酒2000余瓶，抓获犯罪嫌疑人7名，捣毁假酒生产窝点1处、仓储库房3处，涉案金额140余万元，央视等多家媒体予以报道。二是自治区药监局扎实抓好药品流通使用环节专项整治、中药饮片生产、第二类精神药品、医疗器械经营使用环节监督检查和风险隐患排查整治、化妆品"线上净网线下清源"等专项检查整治，建立宁夏打击药品领域违法犯罪行为执法协作机制，查办"两品一械"违法案件631起，罚没款705.22万元，移送案件线索12起，向国家药监局"一案一报"重大案件8件。开展医美机构、中药饮片靶向稽查执法3次，通过靶向抽检发现假劣药4种，发现并移交违法线索18件，指导查办平罗县某医院非法渠道购进中药饮片案，货值金额48万余元，罚没款143万元。部署"两品一械"抽检计划2066批次、化妆品风险监测100批次，重点针对质量存疑的

散装中药饮片、上年度抽检不合格产品加大抽检频次和力度。自治区市场监管厅牵头组织自治区卫健委、网信办等十部门开展全区医疗美容行业突出问题专项整治，制定下发实施方案，梳理全区医疗美容机构清单，全面掌握全区医疗美容机构现状。自治区卫生健康部门结合卫生健康领域突出问题专项治理工作、医疗乱象专项治理工作、医疗美容专项整治和养老诈骗专项整治等工作，以城乡接合部、"城中村"、民营医疗机构、生活美容场所、养老机构等为重点，积极开展专项监督检查工作，查处无证行医78户次，实施行政处罚共计68户次，罚款68户次，罚款136.64万元，没收违法所得10.31万元，向公安机关移送2件，向其他部门移送1件，追究刑事责任1人；将抗（抑）菌制剂类消毒产品重点专项监督检查与国家随机监督抽检相结合，对辖区内抗（抑）菌制剂类消毒产品经营使用单位进行监督抽查。监督检查医疗机构、母婴店、商场超市、药店等各类单位574家，检查现场抗（抑）菌制剂膏、霜剂型产品201个，未发现存在违法违规宣传疗效的情况。监督抽查27个抗（抑）菌制剂膏、霜剂型产品，有11个产品检出氯倍他索丙酸酯，检出率40.74%。三是自治区各级生态环境部门重点打击危险废物环境违法犯罪和重点排污单位自动监测数据弄虚作假违法犯罪，三年来累计检查涉危险废物企业5167家（次），办理涉危险废物案件55起，罚款757.5万元，向公安机关移送9起非法排放、填埋、倾倒危险废物案件，办理自动监测设备不正常运行案件6起，罚款55万元。四是持续抓好成品油质量专项整治工作，自治区市场监管厅对全区成品油生产企业、炼油企业、仓储企业、加油站点等21家单位进行实地检查，开展车用汽柴油质量专项监督抽查工作，抽检车用汽柴油400批次。积极对接市场监管总局指导吴忠市查办2起破坏加油站计量器具准确度案件，其中1起已移交公安机关。吴忠市公安局成功破获穆某等人生产销售伪劣产品案（伪劣柴油），抓获犯罪嫌疑人12名，现场扣押伪劣柴油及原材料650余吨，冻结银行资金1700余万元。自治区商务厅组织开展全区成品油市场基本情况核查，加强对加油站购销台账制度建立和执行情况的检查。五是自治区市场监

管厅聚焦月饼等节令性易高价标售、商品过度包装及在经营活动中侵害消费者权益等问题，组织开展商品过度包装等集中整治专项行动，重点抽查检验生产销售企业对限制商品过度包装国家标准的执行情况，集中曝光违法违规典型案例，组织开展消费者评议活动，其间共检查经营者 3995 家次，检查商品 2936 件次，责令整改 8 次，其中 1 起入选市场监管总局专项行动典型案例。

4. 开展重点渠道治理

一是银川海关开展"龙腾"和"蓝网"专项行动，强化寄递渠道"化整为零""蚂蚁搬家"式侵权的打击力度，加强对跨境电子商务进出口侵权违法行为查处。二是自治区邮政管理局通过加大检查和行政执法力度、在寄递企业中开展实名收寄专项检查、开展过机安检专项执法检查等方式，加强对零散用户使用寄递服务监督管理，督促寄递企业严格落实"三项制度"、从业人员严格落实收寄验视制度，严防侵权假冒商品流入寄递渠道。三是自治区双打办组织各市、县（区）开展销毁侵权假冒伪劣商品行动，集中销毁侵权假冒伪劣商品 56 万余件、104.85 吨，涉及食品、药品、日用消费品、烟草、化妆品、医疗器械等百余个品种，货值金额 288.4 万余元。西吉县文化和旅游广电局、文化市场综合执法大队配合县"扫黄打非"办公室集中销毁非法出版物 1.46 万册。

5. 开展市场流通领域整治

结合全国扫黑除恶工作年度总体思路安排和宁夏实际，年初制定《2022 年全区市场监管领域突出问题专项整治方案》，明确八个重点整治方向，逐条逐项制定了具体整治内容和责任分工。根据市场监管总局、自治区扫黑办开展市场流通领域整治工作的决策部署，印发《关于进一步做好常态化扫黑除恶斗争和市场流通领域整治有关工作的通知》，对全系统扫黑除恶斗争和市场流通领域整治工作进行再部署再安排，由杨少华厅长任扫黑除恶领导小组组长，调整充实厅扫黑除恶领导小组专班力量，成立线索、整治和宣传组，抽调 5 名干部专职从事扫黑除恶工作。建立完善全系统整治工作信息报送机制，每月定期汇总各地工作进展情况，并适时组织开展专项检查。

（二）知识产权保护力度明显提升

1. 加大专利权保护力度

自治区市场监管厅扎实推进全区专利侵权纠纷行政裁决工作，2022 年共办理专利侵权纠纷行政裁决案件 10 件、电商案件 80 件、假冒专利案件 3 件。深入推进代理机构"蓝天"专项整治行动，重点打击无资质"黑代理"行为。协调成立宁夏专利代理师协会，建立健全专利、商标代理机构及执业专利代理师名录。建立行政调解与司法确认衔接机制，不断完善知识产权多元化纠纷解决途径，办理首例专利侵权纠纷行政调解协议司法确认。自治区司法厅不断加强仲裁领域知识产权人才队伍建设，银川、固原、中卫仲裁委员会聘任 15 名专家担任仲裁员，截至目前，全区共有知识产权专长仲裁员 24 名。固原、中卫仲裁委员会以举办仲裁工作推进会、开展线上知识产权培训会等方式，邀请领域专家开展仲裁员培训。自治区药监局推动施行《药品专利纠纷早期解决机制实施办法（试行）》，落实药品专利纠纷早期解决机制，在注册阶段为药品专利纠纷提供早期解决途径。

2. 加大商标权保护力度

自治区知识产权局印发《宁夏商标品牌指导站考核验收规范》，确定商标品牌指导站 5 家；组织开展地理标志运营试点和企业绩效考评工作，认定优秀地理标志运营试点企业 10 家。以驰名"商标＋地理标志"商标保护为重点，会同农业农村、林业草原管理、公安、司法等部门在全区集中开展枸杞地理标志知识产权线上线下一体保护专项行动，重点整治 11 种知识产权违法行为，收缴各种违法违规枸杞包装物 8.6 万余只（箱、袋、盒），查扣不符合质量标准枸杞 1640 公斤，查办违法案件 45 起，罚没款 41.9 万元，着力营造知识产权严保护、大保护、快保护、同保护的氛围，净化枸杞市场消费环境。开展"彭阳红梅杏"地理标志保护专项行动，各级市场监管部门共检查商超 25 家次、集（农）贸市场 36 家次、水果食杂店及流动摊点 750 余家。指导银川市人民政府获批筹建"贺兰山东麓葡萄酒国家地理标志产品保护示范区"，对进一步提升贺兰山东麓葡萄酒品牌价值、扩大市场影响力具有重要推动作用。自治区市场监管厅知识产权保护处荣获

"2021年度全国知识产权系统和公安机关知识产权保护工作成绩突出集体"荣誉称号。

3.加大著作权保护力度

自治区党委宣传部组织开展"秋风2022"、青少年版权保护季、院线电影版权保护等专项行动，加大侵权盗版打击力度。收缴非法图书3340册，罚款3万元，抽查全区院线影院53家次，查处石嘴山平罗县"5·16"侵犯著作权案等4起案件。对全区69家网上销售出版物经营场所进行核验，查处13家无法核验或假冒经营场所。结合"扫黄打非"电商平台专项整治行动，对未进行网络发行备案、未参加年检及核查不真实的网店进行4次检查，向属地文化行政执法部门移交网络电商企业线索9条。组织开展印刷复制领域"双随机、一公开"抽查工作，在敏感节点及春秋开学季开展印刷企业专项检查。组织开展打击盗版党的二十大文件报告辅导读物专项检查，确保了发行工作依法依规进行。积极开展电商平台书售清查工作，联合印刷发行部门对全区69家网上销售出版物经营场所许可证、具体售书地址、经营范围情况进行核验，发现查处13家无法核验或假冒经营场所，分级建立属地网上出版物发行店铺监管台账，将网络书店同实体书店均纳入监管范围。

4.加大奥林匹克标志、特殊标志保护力度

自治区市场监管厅组织实施打击商标恶意注册行为专项行动和北京冬奥会、冬残奥会奥林匹克标志知识产权保护专项行动，截至8月，共查办各类知识产权侵权假冒案件143起，罚没款355.90万元。银川市市场监督管理局兴庆区分局查处的侵犯"Olympic"奥林匹克标志专用权案入选2021年地理标志、奥林匹克标志行政保护典型案例参评案例。自治区市场监管厅知识产权保护处被国家知识产权局、国家市场监督管理总局和北京2022年冬奥会和冬残奥会组织委员会授予北京2022年冬奥会和冬残奥会奥林匹克标志知识产权保护突出贡献集体。

5.加大植物新品种保护力度

自治区农业农村厅深入开展种业监管执法年活动，检查种子经营门店1312个（次），抽检玉米种子样品212份，立案查处违法种子案件3起，严防坑农害农事

件发生。自治区林业和草原局开展打击侵犯林草植物新品种权、假冒授权品种专项行动，重点对各种林木花卉博览会、交易会及大型专业市场进行检查，对重点品种、重点区域、重点企业进行抽查，在门户网站上向社会公布监督举报渠道，畅通举报渠道，全年未接到侵犯新品种权的相关举报，未曾出现侵犯和假冒植物新品种等违法案件，全区植物新品种权得到有效保护。截至目前，全区共取得国家植物新品种保护权27种。

6.加大软件正版化工作力度

自治区推进使用正版软件工作联席会议召开第七次全体会议，采取联合督查、随机抽查、专项检查等方式，加大检查通报和曝光力度。检查五市50个政府机关单位、25个市属国有企业的2503台计算机，对11个县（区）党政机关使用正版软件情况进行检查，全区2家单位荣获2021年度全国版权示范单位、1家荣获2021年度全国版权示范单位（软件正版化）。全区举办党政机关软件正版化培训10次，参培单位195个，参训人员893人。全区党政机关操作系统、办公软件和杀毒软件国产化100%。自治区国资委扎实推进区属国有企业软件正版化、制度化、规范化，对区属国有企业软件正版化工作落实情况进行督导检查，目前监管企业集团公司软件正版化率达100%。

（三）司法保护力度大幅提高

一是自治区公安厅深入开展"昆仑2022"专项行动，侦办侵犯知识产权和生产销售伪劣商品领域违法犯罪案件40起，涉案金额达5600余万元，打击处理犯罪嫌疑人71人。其中"张某等人假冒注册商标案"被公安部列为挂牌督办案件。挂牌督办"8·27"假冒注册商标案、"12·2"假冒注册商标案、"7·26"非法经营案等3起案件。二是检察机关加强知识产权、制售假冒伪劣商品刑事立案、刑事撤案监督力度，依法保护犯罪嫌疑人合法权益。深入开展公益诉讼守护美好生活、依法惩治知识产权恶意诉讼等专项监督活动，积极配合公安机关侦查疑难复杂案件，提前介入，将案件难点堵点、分歧点解决在审查起诉之前。三是各级法院依法、有序、稳妥推进假冒侵权案件办理，加强假冒侵权刑事案件的审判工作力度，优化机制，

提升效率。审理的侵权假冒案件审判流程全程公开，裁判文书依法依规上网。部分典型、影响较大的案件通过互联网直播和各界代表旁听庭审形式，营造良好法治氛围，增强案件裁判的法律和社会效果。

（四）制度机制逐步完善

1. 健全法律法规体系

自治区市场监管厅积极加强与人大法工委、司法厅、党委宣传部等单位的沟通协调，提请自治区人大将《宁夏回族自治区专利保护条例》列为2022年立法调研论证项目，拟定工作方案，全面开展调研论证工作；制定《宁夏专利侵权纠纷行政裁决规程（征求意见稿）》，统一规范全区专利侵权纠纷行政裁决案件办理；积极申报国家知识产权局第三批专利侵权纠纷行政裁决规范化建设试点；联合公安厅等5个部门印发《加强知识产权行政执法和刑事司法衔接工作的意见》（宁市监发〔2022〕99号）；联合自治区人民检察院制定《关于强化知识产权协同保护的实施意见》（宁市监发〔2022〕98号），健全知识产权行政执法工作机制。自治区公安厅、药监局印发《打击药品领域违法犯罪行为执法协作实施办法》，加大对药品领域违法犯罪的打击力度。

2. 加快信用体系建设

自治区发展和改革委推动自治区党委和政府出台《推动社会信用体系高质量发展服务和融入新发展格局的实施意见》等，进一步完善信用约束制度体系。扎实开展信用信息采集、共享、公开，截至11月底，平台累计归集全区信用信息4871万条，通过"信用中国（宁夏）"网站向社会公示包括侵权假冒领域在内的行政许可、行政处罚信息46.9万条，归集共享联合奖惩信息5.4万条，信用监管震慑作用持续增强。自治区市场监管厅印发《关于推进企业信用风险分类管理进一步提升监管效能的实施意见》（宁市监发〔2022〕50号），全面推进企业信用风险分类管理理念和方式落地生根。

3. 完善行刑衔接机制

自治区市场监管厅联合公安厅等5个部门印发《加强知识产权行政执法和刑事司法衔接工作的意见》（宁市监发〔2022〕99号），进一步加强行刑衔接，完善制度机制建设，全年向公安机关移送案件5起。自治区药监局联合公安厅建立宁夏打击药品领域违法犯罪行为执法协作机制，向公安机关移送涉刑案件12起，2次向自治区政府分管领导书面专题汇报了全区药品涉刑典型案件查办情况，得到领导批示和肯定。自治区检察院深入推进制售假药领域行政执法和刑事司法衔接工作，建议行政执法机关移送涉嫌犯罪案件2件2人，公安机关已立案2件2人。银川市公安局会同市场监管、生态环境、自然资源局等行政主管部门联合印发《关于严格落实两法衔接工作机制的实施意见》，强化知识产权协同保护。

（五）社会保护意识明显增强

1. 强化宣传教育引导

制定印发《自治区双打办关于做好2022年打击侵权假冒宣传工作的通知》，建立完善工作宣传、信息报送工作制度，收集上报宣传信息245篇，中国打击侵权假冒工作网选登60余篇。通过"3·15"专题访谈、典型案例发布、假冒伪劣商品销毁等，强化宣传引导，坚持正面发声，及时回应关切，全力营造良好的社会氛围。组织开展第22个世界知识产权宣传周活动，公布10起侵犯知识产权典型案例，举办《中华人民共和国著作权法》学习讲座，创作的《保护版权就是保护我们的创造力》宣传片和2部公益广告牌在各级各类媒体和宣传平台进行播放。自治区党委宣传部联合教育厅在全区中小学开展版权知识有奖问答活动，400多所学校23.3万人次参与，提高了宣传效果。

2. 提升法律服务水平

自治区司法厅指导部分律师事务所设立知识产权法律专业委员会、知识产权法律事务部等机构，制定知识产权领域律师业务规则和指引，规范律师办理知识产权案件的执业活动；建立宁夏涉外律师人才库，目前有33名律师纳入涉外法律人才库；建立律师专业水平评价评定机制，将知识产权专业列入评定的9个专业之一；利用"12348"公共法律服务热线平台、宁夏法律服务网和各类新闻媒介，打造法治宣传平台，有效提高全体公民依法保护知识产权的法律意识和法治观念。银川市律师协会公共法律服务工作委员会律师在"2022年银川市'3·15'公益晚会"上通过现场访谈、答疑解惑、法规解读等方式就消费者关心的有关打击假冒伪劣商品维权问题进行专业讲解。

（六）营商环境大幅优化

自治区市场监管厅在地理标志信息公共服务领域突破和尝试，助力贺兰山东麓葡萄酒、盐池滩羊地理标志树品牌；第二届中国（宁夏）国际葡萄酒文化旅游博览会期间，会同相关部门设立知识产权服务联合工作站，开展知识产权保护政策宣传和咨询活动，并联办理地理标志业务，为企业和群众提供了高效便捷的服务。自治区司法厅积极推动全区涉外企业知识产权海外预警和维权，收集并及时向全区涉外企业转发知识产权预警信息；建立涉外法律律师人才库，组建专业律师团队，全程跟进葡萄酒博览会法律事务事项。自治区商务厅与重要经贸伙伴驻华使馆保持沟通，向企业提供知识产权保护法律和相关技术咨询，提升全区外贸企业应对涉外知识产权纠纷能力和意识；联合中国出口信用保险公司等中介咨询机构，举办走出去风险防范与应对培训会，相关部门及全区外经企业近百人参训。银川海关结合宁夏外贸跨境电商新业态发展，开展涉知识产权海关保护风险分析，下达相应风险布控指令，关区进出口环节暂未查发知识产权海关保护相关案件。

（七）保障措施落实到位

1. 强化能力素质建设

自治区市场监管厅联合自治区党委组织部举办党政领导干部知识产权保护专题培训班，不断提高领导干部、行政执法人员知识产权管理和服务水平。自治区司法厅坚持完善人民调解员四级培训体系，有效提升调解员业务素质、工作技能和实战能力；开展线上知识产权培训会，进一步提升了民商领域仲裁员的职业化专业化水平。自治区党委宣传部举办全区版权执法监管培训班，培训基层版权执法人员 100 名。自治区林草局举办林木种苗管理培训班和国家重点林木良种基地观摩交流会，全区国有林场 160 余名种苗管理人员和 35 名国家重点林木良种基地、国家和省级林木资源库负责人参加学习交流。

2. 创新监管执法方式

自治区市场监管厅加强对老字号企业、科技密集型企业等市场主体商业秘密保护，指导企业建立商业秘密保护制度。自治区药监局依托全区药品安全智慧监管平台，有序推进药品安全信用档案建设，截至 11 月底，全区共建立"两品一械"企业药品安全电子信用档案 3877 份，建档率 69.7%。自治区农业农村厅在上市农产品生产、批发领域大力推行"合格证 + 检贴联动"农安智慧监管模式，通过智慧化检测设备同步生成附带检测信息的合格证二维码，全年共开具 471 万张，涉及品类 224 种、25.4 万余吨农产品，实现了手动开具向电子出证的转变。自治区工业与信息化厅结合婴幼儿配方乳粉提升行动和智慧监管要求，督促指导企业加强质量控制，按时报送信息，全年未发生质量安全事件。

三、存在的问题

（一）社会共治格局还需持续完善

监管部门在数据共享、信息互通、执法协作等方面的协作机制还需持续完善，市场主体责任落实还不够到位，全社会对打击侵权假冒工作的认知、认可程度还需提升。

（二）执法监管能力还需持续强化

监管执法人员面对不断出现的新业态、新领域，尤其是面对取证难度较高的互联网领域，还存在不会管、管不好的问题，基层执法技术装备、人员能力与打击侵权假冒新需求差距还比较大。

（三）法治宣传成效还需持续提升

打击侵权假冒宣传的方式还比较传统、内容还不够全面，产生社会影响的宣传活动还比较少。企业和消费者的自我保护意识、经营者诚信守法意识和全社会尊重保护知识产权意识还有待提高。

四、意见建议

（一）加大对宁夏双打工作的帮助指导力度

通过下沉督导调研、现场走访交流等方式，加强对宁夏双打工作的调研督导，帮助我们指方向、找问题、提建议，推动宁夏双打工作质量提升、再上台阶。

（二）调整细化双打工作考核方式

建议全国双打办建立完善电子化考核系统，由各地各部门通过系统按照职责分别上报考核资料，压实压细各部门考核责任，提升考核工作的精度和效率。

五、2023 年工作思路

2023 年，宁夏将按照全国双打办的安排部署，结合实际重点做好以下工作：

（一）不断强化治理成效

持续紧盯网络销售、农村市场等重点领域，食品药品、农资种子等重点产品，聚焦自治区"六新六特六优"产业等加强保护和治理，不断完善监管机制，创新监管方式，全力压缩侵权假冒违法行为的生存空间。全力推动全区经济社会高质量发展。

（二）加大执法打击力度

瞄准群众反映强烈、社会危害严重、具有行业"潜规则"、"保护伞"等特征的违法犯罪，持续保持对侵权假冒违法行为的打击高压态势。加大对大案要案指导督办力度，确保查深查实打击到位，努力实现政治效果、法律效果、社会效果的有机统一。

（三）持续创新监管方式

健全完善守信联合激励、失信联合惩戒机制，依法公开行政处罚信息，构建以信用为基础的分级监管模式。持续完善"互联网＋监管"模式，充分利用大数据、云计算等新技术新手段，加大数据挖掘力度，不断提升侵权假冒违法线索发现和精准打击能力。

（四）提升监管能力水平

充分发挥自治区双打办职能作用，统筹协调各成员单位在技术支持、人员培训等方面的交流合作。通过"请进来"与"送出去"相结合的方式，持续深化执法监管人员法律知识、专业技能培训，不断提升执法能力。加强智慧监管能力建设，推动基层技术装备水平提升。

（五）完善社会共治格局

广泛开展打击侵权假冒法制宣传，利用群众喜闻乐见的形式，持续提高宣传精准度和社会参与度，不断提升消费者维权意识。强化对市场主体指导和监管力度，推动企业主体责任落实，增强诚信守法和自律意识。建立完善法律服务、仲裁调解机制，加大知识产权服务网点建设，充分发挥行业协会作用，构建知识产权服务多元供给。

（撰稿人：章婧）

新疆维吾尔自治区打击侵权假冒工作报告

2022 年，新疆打击侵权假冒工作坚持深入贯彻习近平新时代中国特色社会主义思想，贯彻落实党的二十大精神，认真落实自治区党委十届三次全会精神，牢牢扭住社会稳定和长治久安总目标，积极推进《关于贯彻〈知识产权强国建设纲要（2021—2035 年）〉的实施意见》的落实，围绕自治区党委、人民政府的决策部署，按照全国打击侵权假冒工作电视电话会议精神和自治区人民政府的安排，依法严厉打击影响知识产权保护、制售假冒伪劣和侵害消费者、权利人合法权益的侵权假冒违法犯罪，促进各族群众安全消费、放心消费，为自治区经济平稳健康发展与社会和谐稳定提供了有力保障，取得了较好的工作成绩。

2022 年，全区各级行政执法机关共出动执法人员 29640 人次；出动执法车辆 8715 台次；检查市场经营场所 243278 家次。下发整改通知书 1046 份，立案查处侵权假冒案件 4488 件，结案 4238 件，涉案金额 5979.8 万元，罚没款 3153 万元，捣毁制假售假窝点 20 个，移送司法机关 76 件。

一、加强组织领导，统筹协调推进

一是组织召开自治区打击侵权假冒工作领导小组第一次全体会议，自治区人民政府副主席、政协副主席、自治区打击侵权假冒工作领导小组组长吉尔拉·衣沙木丁主持会议并讲话，对加强部门协作、抓好问题整改、推进信息共享、提升工作水平、加大宣传力度等重点工作进行了安排部署。二是组织召开侵犯著作权案行刑衔接协调会，自治区和乌鲁木齐市两级公安、检察、版权和文化等单位负责人、业务骨干就一起侵犯他人著作权出版物的违法行为涉嫌犯罪问题进行了深入研讨。三是印发了《2022 年新疆维吾尔自治区打击侵犯知识产权和制售假冒伪劣商品工作要点》（新打假办〔2022〕3 号），积极推动互联网领域、民生领域、农村地区和重点产品、重点渠道等治理。四是印发了《自治区贯彻知识产权强国建设纲要实施意见和"十四五"规划 2022 年推进计划》《关于落实好知识产权政策实施提速增效 促进经济平稳健康发展若干工作举措的通知》，强化上下联动，努力营造"到点位、共推进、重落实"的知识产权促进工作态势。

二、深化重点治理，严惩违法行为

（一）开展互联网领域治理

1. 开展"剑网 2022"专项行动

一是自治区版权局、自治区党委网信办、通信管理局、公安厅联合制定印发《关于在全区开展打击网络侵权盗版"剑网 2022"专项行动的通知》，在全区范围内联合开展第 18 次打击网络侵权盗版"剑网 2022"专项行动。二是加强网络版权全链条保护，深入开展重点领域网络版权专项整治，不断强化网络新业态版权监管，压紧压实网络平台主体责任，持续巩固历次专项行动治理成果，加快打造市场化、法治化、国际化营商环境。三是为推动平台经济规范健康持续发展提供版权支撑，为迎接党的二十大胜利召开营造良好网络版权环境。检查网络文化市场 500 余家，发现网络案件线索 2 起，处置违法违规账号 5 个，有力打击了网络侵权行为。

2. 开展网络市场环境治理

一是开展"2022 网络市场监管专项行动"。线下检查外卖企业、超市、实体店等共计 10421 家次，线上检查各类网络经营者 26340 余家次，责令整改 556 家次，查处涉网违法案件 103 件，移送公安机关案件 5 件。二是开展农产品网络交易监管专项行动。线上检查各类网络经营者 21670 余家次，线下检查农贸市场、超市、实体店等 6440 余家次，责令整改 89 家次，查

处相关违法案件 84 件，移送公安机关 3 起；移交案件线索 3 个，检测蔬菜、瓜果、干果等农产品 42000 余批次。三是开展"电商平台点亮"行动。检查外卖餐饮平台 150 余家次，餐饮单位 8000 余家次，查处相关违法案件 7 件，下达《责令改正通知书》137 份。四是核查处理总局网络交易监测监管五级贯通系统下发的监测线索 111 条，实施专项监测 39 期，发现核查处理违法线索近 4000 条。五是开展"清朗·整治网络直播、短视频领域乱象"专项行动，严厉打击借重大活动名义从事商业谋利活动，开展全区清理整治网络违法销售纪念章专项行动，加强电商领域借庆祝名义从事商业谋利活动专项监测。六是制定发布《自治区社区团购合规经营指南》《自治区电商平台服务合同（示范文本）》。七是加强行政指导。召开 2 期 1400 余人参加的全区电商平台企业行政指导培训会，发布规范"6·18""双十一"及疫情防控期间等网络交易监管提示、网购提示 4 期。八是开展反不正当竞争执法工作，全区共办结不正当竞争案件 100 件，案值 237 万元，罚没款 200.7 万元。稳步推进商业秘密保护工作，指导哈密市伊州区、阿克苏地区沙雅县申报全国第一批商业秘密保护创新试点区。对各地商业秘密保护示范企业、基地开展培训宣讲 18 次。九是加强互联网广告监测，共监测各类广告 4437.71 万条次，依法认定涉嫌违法广告 791 条，派发各地涉嫌违法广告线索 400 条，均由属地市场监管部门调查处理；下发涉嫌违法广告提示预警函 42 份，涉嫌违法广告线索交办函 29 份。

3. 开展网售药品违法违规专项整治

开展以疫情防控用医疗器械、贴敷类医疗器械和化妆品为重点的"线上清网、线下规范"治理。一是全区各级药品监管部门均建立本地区药品安全风险隐患防控领导小组，定期召开风险会商会议，摸清存在的问题，查找原因和薄弱环节，制定科学、有效的措施办法，一级一级抓落实，牢牢守住不发生系统性风险的底线。二是开展线上线下检查 421 家次，责令改正 10 家次，约谈企业 24 家次。重点检查企业和产品资质展示情况、适用范围和禁忌症等信息是否与经注册和备案的信息一致、是否超范围经营、是否存在对产品断言功效、虚假宣传等违法违规行为。全区各级

药品监管部门共出动执法人员 40897 人次，检查企业、单位 39630 家次，化解风险隐患 4090 个。

4. 开展网上涉侵权假冒违法违规信息清理

一是网信办与公安、市场监管、通管等部门建立会商研判、信息共享等机制，确保违法违规信息清理顺畅高效。二是结合"清网 2022·打击网络侵权、优化营商环境""网络市场监管"等专项行动，加强对属地网站、平台侵权假冒类信息线索的研判和共享。三是畅通网络举报渠道，及时受理网民通过不良信息举报平台和微信、微博、电话、邮箱等渠道举报的相关信息。四是督促各地网信部门加强对属地网站平台的监管力度，建立健全内容发布审核、账号管理、责任追究等机制。今年以来，受理核查网民举报信息 6 条，清理网上相关违法违规信息 400 余条，处置境外仿冒、假冒网站 2 家。

（二）开展农村地区治理

1. 开展食用农产品"治违禁 控药残 促提升"行动

一是开展农药生产经营许可"回头看"，强化许可条件事后跟踪检查，开展农药监管专项整治行动，集中整治销售假劣农药、互联网违法销售农药等违法行为，累计出动监管人员 1 万余人次，检查农药生产经营企业及农户 1.3 万余家次，监督抽查农药产品 420 个，整改农药问题 115 个。二是加强科学用药的宣传培训，推广使用"中国农药查询"APP，印发农业农村部第 536 号公告 3000 多份、农药包装废弃物回收处置挂图折页 1 万余份，认真落实 4 种高毒农药淘汰措施，持续严打禁限用药物使用。三是开展《兽药生产质量管理规范》清理行动和兽用抗菌药使用减量化行动，督促指导辖区内 5 家兽药生产企业完成新版兽药GMP 提升改造和现场验收，两年共遴选 13 家养殖企业实施兽药减量化试点，推动全区逐步实现兽用抗菌药使用零增长目标。四是开展豇豆专项大排查，宣传豇豆质量安全管控技术性指导意见，豇豆监测总体合格率达到 98% 以上，管控形势总体趋稳向好。五是开展"三棵菜"病虫害精准治理技术集成示范。查明"三棵菜"主要病虫害种类及发生危害情况，集成单项技术，制定病虫害绿色防控技术方案，举办农作物病虫绿色

防控、科学安全用药等培训活动 153 期，培训新型农业经营主体、农民等 2.5 万人次。六是强化重点品种宣传指导。各地派出专技人员 3804 人次到田间地头现场指导 4356 次，入户宣传 30127 户，发放宣传单 14129 张；开展培训 1370 场，培训 9.8 万人次，通过媒体宣传报道 16 次。依托"农产品质量安全为大家，齐抓共管靠大家"有奖答题活动，提高群众对新修订的《农产品质量安全法》、11 个指导意见有关内容的知晓率，营造良好的宣贯氛围。七是狠抓执法检查。强化 14 个重点品种执法检查力度，在组织专门执法力量的基础上，依托网格化监管员开展日常巡查检查，同时指导生产者科学使用重点品种技术管控措施。查办农产品质量安全案件 281 起，公布典型案例 5 件。

2. 开展农村假冒伪劣食品整治行动

公安部门强化与市场监管、农业农村等部门的沟通协调，加大联合执法活动频次，加快推进打击食品领域违法犯罪常态化、长效化、制度化建设，提升犯罪线索发现、侦查取证、深挖扩线、落地查控的能力，全力打击生产经营农村假冒伪劣食品违法犯罪行为。商务部门搭建了县乡村三级电商公共服务体系，创新推动县域电商直播基地快速发展，打造了一批"触网"农特产品品牌，畅通了一张农产品电商流通网络，引导支持电商平台继续向农村市场拓展、提供服务，相关部门共同推动网购健康发展。农业农村部门积极统筹农业综合执法、农产品质量安全监管和行业部门力量，聚焦种植业、养殖业、水产品禁限用农兽药、饲料和饲料添加剂的查处，以及"三品一标"获证产品证后监管工作，加大日常巡查检查和惩处力度，严厉打击使用禁用药物、非法添加有毒有害物质、私屠乱宰和不遵守农药使用安全间隔期休药期规定等违法违规行为。同时，以农资市场为重点，重点开展违法经营甲胺磷等禁用农药、高毒农药定点经营及高毒农药实名制销售情况。市场监管部门持续强化农村食品重点问题整治，维护农村食品安全，自整治行动开展三年以来，全疆市场监管部门共检查食品经营主体 33.4 万户次、检查批发市场、集贸市场等各类食品市场 7790 个次，查处假冒伪劣食品案件 1335 件，收缴假冒伪劣食品 2.8 万公斤，罚没金额 4588 万元，已开展规

范化建设的农村食品经营店 420 个。

3. 开展种业监管执法年活动

一是建立健全种业知识产权保护体系。为推动新修订《种子法》落实落地，促进种业振兴，农业农村厅加快推进《新疆维吾尔自治区实施〈种子法〉办法》的修订工作，会同自治区林草局形成了《实施〈种子法〉办法（草案）》，争取 2023 年完成立法。二是加强行业监管力度，净化种业市场。2022 年自治区共检查种业企业 576 家（次），对部省级发证企业检查覆盖率达到 100%；地州市农业农村部门对本级发证种业企业的现场检查覆盖率达到 100%。县市区农业农村部门对县级发证企业的现场检查覆盖率达到 100%。重点检查企业生产经营档案、包装标签及种子质量、真实性、转基因成分等 32 个问题，并按照属地管理的原则，由地县农业农村部门督促企业全面整改，整改率达到 100%。三是推进种子法治化进程，7 月 24 日至 8 月 6 日，联合自治区农科院、新大法学院专家组成两个专题调研组，赴伊犁州、巴州、阿克苏地区、和田地区、喀什地区和昌吉州等地开展以粮代种服务指导和新品种权保护实地调研，重点了解种业企业近几年品种选育、品种保护、品种审定和维权的基本情况，并形成专题调研报告。

4. 开展种苗质量抽检

一是印发《关于开展 2022 年全区林草种苗质量抽检工作的通知》（新林场字〔2022〕4 号）。二是对昌吉州、吐鲁番市、巴州、阿克苏地区、喀什地区等 5 个地州市及东天山国有林管理局的苗木质量进行抽检，抽检苗批 44 个，均为合格；对伊犁州、昌吉州、巴州、博州、乌鲁木齐市等 5 个地州市的 6 家草种经营企业和 10 个项目用种单位的草种质量开展抽检工作，共抽检草种样品 60 个批次，代表批量 400 多吨，现已完成 45 个批次草种样品的检验检测工作，合格率为 85.1%，待检样品 15 个批次。三是指导督促各地开展林草种子生产经营许可随机抽查工作，全区 14 个地州市中 10 个地州市均开展了林草种子生产经营许可随机抽查工作，因受疫情影响，4 个地州市未开展该工作。

5. 开展农资打假行动

各级农业农村部门紧紧围绕种子、肥料、农药、地膜、农机等重点产品，农资市场、仓储库房等重点环节，全面开展农资打假专项治理行动。一是组成三个工作组分别赴南、北疆，对各地开展农资市场执法工作进行抽检、督促指导，检查了 10 个重点地州市的 24 个重点县市区，共抽查了 32 家种子生产经营企业，40 个种子经营门店，48 个农药经营门店，32 家肥料生产企业，30 个肥料经营门店，5 家地膜回收企业，发现违法违规行为 128 起，对违法情节重的、性质恶劣的，交由当地执法机构依法进行立案查处。二是检查中对违法情节轻、未造成危害后果的，要求立即整改，对比往年，未审先推、制售假劣、套牌侵权等违法行为大幅度减少，假劣农资问题得到一定遏制。今年以来，全疆各地共开展行政执法检查 5738 次、出动执法人员 1819 人（次）、检查经营场所 9246 个、立案查处农资违法案件 151 件，办结 125 件，罚没金额 79.75 万元，移送司法机关 4 件。

（三）开展重点产品治理

1. 加大对食品药品违法犯罪打击力度

公安部门开展打击食品药品违法犯罪行动。全区公安机关攻坚克难，充分发挥职能作用，全力开展攻坚，大案小案一起打，打击食品药品领域刑事案件同比增幅 115%，抓获犯罪嫌疑人数同比增幅 131.5%。特别是破获了公安部挂牌督办的"喀什陈某军等人生产销售有毒、有害民族饮料系列案""喀什'4·23'生产销售不符合安全标准的食品案""岳某等人涉嫌生产销售假药案"等大要案，受到了公安部致电祝贺，更加坚定了全区公安机关严厉打击食品药品领域犯罪的坚定决心。市场监管部门一是开展食品安全"守底线、查隐患、保安全"专项行动。全区市场监管系统排查食品生产经营主体 27.36 万家、排查覆盖率 98.95%，发现风险问题 5.34 万个、规范处置 5.33 万个、处置率 99.7%，查处违法案件 2990 起。二是开展餐饮质量安全提升行动，指导各类餐饮服务提供者操作规范化、管理精细化，实施了动态调整和分类监管，全区 12.19 万家持证餐饮服务提供者已完成风险分级管理评定 11.98 万家，覆盖率 98.28%。三是深入实施校园食品安全守护行动，督促各类学校（幼儿园）严格落实食品安全主体责任，排查整治校园食品安全风险隐患 1640 件。四是开展学校、旅游景区及周边食品安全专项整治工作,采取有力措施,严厉打击食品安全违法犯罪行为,不断提升学校、旅游景区及周边食品安全整体水平。五是细致做好重大活动食品安全保障工作,圆满完成了习近平总书记来疆视察、国家领导人来疆调研、第七届中国—亚欧博览会、自治区两会、自治区第十届少数民族运动会等100 余次重大活动食品安全保障任务,累计保障就餐14 万人次,近 1000 餐次,确保了各项活动期间饮食安全。

2. 严厉打击"两品一械"违法行为

坚持日常检查与专项检查相结合、重点整治与常态规范相结合,在国家药品安全专项整治行动规定动作的基础上,针对新疆区域特点,将自制"民族药"、疫情防控用药械、特殊药品、一次性无菌医疗器械、儿童化妆品等作为重点检查品种,将农村和城乡接合部等作为重点检查区域,将个体诊所、单体药店等作为重点检查对象,严厉打击生产销售假劣药、非法渠道购进药械、经营过期失效、未经注册备案药品等违法违规行为。今年以来,全区各级药品监管部门立案查办普通程序违法案件 2525 件,同比增长 13%,罚没款 1893.73 万元,捣毁制假售假窝点 26 个,责令停产停业(关闭)9 家,吊销许可证 2 件。

3. 开展消毒产品国家监督抽查

一是按照 2022 年国家卫生健康委办公厅下达的"双随机"监督抽检任务中的消毒产品生产企业共 27家,监督完成 19 家,随机抽检第一类消毒产品生产企业 2 家、关闭 1 家,监督完成率为 50%,完成率为0;除抗(抑)菌制剂以外第二类消毒产品生产企业9 家,监督完成 6 家,任务完成了 5 家,监督完成率为 66.67%,完成率 55.56%;第三类消毒产品生产企业 9 家,监督完成 8 家,任务完成了 8 家,监督任务完成率为 88.89%,完成率为 88.89%。二是抗(抑)菌制剂生产企业 7 家,监督完成 4 家,任务完成了 3 家,监督任务完成率为 57.14%,完成率 42.68%。抽查第一、第二类消毒产品 10 个,其中抽检不合格产品 2个,将进行立案查处。三是对生产企业监督检查,自治区共有抗(抑)菌制剂生产企业 12 家,因疫情原

因,对其中 6 家抗抑菌剂生产企业开展了监督检查。四是对抗(抑)菌制剂经营、使用单位监督检查。自治区共检查医疗机构 2316 家、医药公司 28 家、零售药店 1733 家、母婴店 180 家、商场超市 220 家、婴幼儿洗浴及游泳场所 42 家、电商网店 10 家。五是开展消毒产品网络巡查,自治区卫生监督机构联合自治区市场监督管理局对网络平台(淘宝、京东等)销售消毒产品进行网络巡查,共发现经营消毒产品 8 家,巴州、伊犁卫生监督机构发现网络 2 家,对发现经营销售消毒产品(抗(抑)菌制剂)的网络平台及网店提出了整改要求。在生产企业、经营和使用单位随机采样 30 个抗(抑)菌制剂(膏、霜剂),发现存在添加激素类禁用物质 5 个。发现不合格产品 24 个,共立案12 起,5 件案件处罚金额 1.3 万元,其中 7 件案件正在办理中。

4. 开展口罩等疫情防控医疗器械监管

以新冠病毒检测试剂、医用防护服、口罩、病毒采样管为重点品种,重点检查是否经注册批准并具备合格证明文件,购进渠道是否合法,进货查验记录是否真实、完整、可追溯,储运是否符合标签和说明书的标示要求,是否配备与品种相适应的储存设施。截至目前,检查生产企业 34 家,经营企业 1597 家,医疗机构 935 家。发现问题 1028 个,立案 3 起。

5. 开展产品质量安全监管

一是编制印发自治区重点工业产品质量安全监管目录(2022 年版),将消费品、工业生产资料、家具及建筑装饰装修材料、交通用具及相关产品、农业生产资料、食品相关产品、家用电器及电器附件、日用化学制品及卫生用品 8 大类 72 种重点产品列入抽查计划并开展产品质量监督抽查和风险监测。二是对潜在风险大、安全危险系数高的危险化学品、危险化学品包装物、车载常压罐体、钢筋、水泥、电线电缆、燃气具、烟花爆竹、塑料制品(农用薄膜、塑料购物袋等)、食品相关产品(一次性塑料餐具、食品专用塑料袋等)、商品煤、成品油、电动自行车、电动自行车充电器和电池、防疫产品(消毒液、非医用口罩等)等 15 类产品,深入开展风险隐患排查整治。三是监督抽查产品 1937 批次,风险监测 100 批次。截至目前,已完成抽查企业 415

家，产品 604 批次，发现并处理不合格产品 48 批次，不合格发生率 7.95%；开展风险监测 60 批次。对在抽查检查中发现的问题产品及生产销售企业，责成属地市场监管部门依法依规做好不合格产品后处理工作，后处理完成率 100%，有效遏制生产经营不合格产品的违法违规行为。

6. 开展环境污染监管

一是以餐饮行业、旅游景区为重点，宣传禁止使用不可降解一次性塑料吸管和禁止使用不可降解一次性塑料餐具的相关政策要求，调动社会各方力量共同协作。二是以乡村农资集散地、农资农贸市场为重点检查区域，以地膜、棚膜、滴灌带等产品为重点，开展滴灌带、地膜质量提升工作。三是生态环境部门牵头，与工信、住建、市场监管等部门开展联合检查，对区内曾经涉 HBCD 加工使用生产 EPS 珠粒企业、直接使用 HBCD 生产 XPS 保温板材企业、使用含 HBCD 珠粒生产 EPS 保温板材企业开展全覆盖现场检查，对企业原辅材料仓库、生产车间、成品车间逐一进行核查，禁止六溴环十二烷生产、使用。

7. 开展成品油专项整治

一是印发了《关于开展成品油领域专项整治行动的通知》，全面加强成品油市场监督管理。二是重点检查加油站油品进货渠道台账；是否有劣质油冒充优质油，低号油冒充高号油，以及油号是否环保达标；是否有虚假表示、夸大宣传和有奖销售等欺骗消费者的不法行为。三是对辖区内 615 家加油（气）站的 473 批/次汽、柴油进行抽检，检出 10 批次不合格油品。查处案件 38 起，涉案金额 195.18 万元，罚没款 182.01 万元，移送公安 1 起，有影响力的案件 3 起。

（四）开展重点渠道治理

1. 开展海关知识产权保护行动

一是成立"龙腾行动 2022"专项行动工作组，制定并下发了《乌鲁木齐海关知识产权保护专项行动方案》，明确工作目标，细化指标，按计划推动"龙腾行动"。二是加强技术手段和风险分析，提高精准打击力度。成立关区侵权风险联合研判小组，结合关区进出口商品类别、贸易国别及以往侵权案件查处情况等基础数据，定期开展风险研判，提高精准打击力度；全

面推广新一代查验管理作业系统移动端商标智能识别应用，为现场关员执法做辅助参考。三是加大执法监督，规范案件办理，提高案件办理质量。定期抽查各隶属海关办理的知识产权侵权案件卷宗，核查案件办理合规性，针对案件办理中的问题逐项分析查找原因，制定整改措施，并举一反三开展自查，限期完成整改工作。乌鲁木齐关区共查获侵权案件 91 起，同比下降 25.4%；查获侵权货物数量 14.02 万件，同比下降 5.6%；查获侵权货物总案值 378.02 万元，同比增长 63.1%。

2. 强化寄递环节治理

一是印发《关于做好 2022 年邮政快递业打击侵犯知识产权和制售假冒伪劣商品工作的通知》，制定《新疆邮政管理局 2022 年度知识产权保护工作计划》，坚持依法治理、打建结合、统筹协作、社会共治的原则，在全行业深入开展打击侵犯知识产权和制售假冒伪劣商品工作。二是加强源头治理，以"收寄验视、实名收寄、过机安检"三项制度为抓手，督促寄递企业严格落实，强化对各类侵权假冒商品的管控，加大对涉案商家名录所涉及的企业在使用快递时的查验力度，整治寄递企业收寄不验视、安检不认真、实名不属实等违法违规行为，严防各类禁寄物品通过寄递渠道流通。三是向自治区公安厅、乌鲁木齐海关、自治区市场监管局等成员单位发函，商请提供全区涉侵权假冒商品的商家名录，并将提供的涉案商家名录通报各寄递企业，对涉案商家名录所涉及的企业在使用快递时作为重点严格把关，严防侵权假冒伪劣商品流入寄递渠道。今年以来，全区邮政管理系统共出动执法人员 2314 人次，检查企业 3555 家次，未发现通过寄递渠道实施侵权假冒违法违规行为，有效保障行业平稳运行和寄递渠道安全。

3. 开展侵权假冒商品无害化销毁

一是提请自治区人民政府印发了《自治区危险废物处置利用设施建设布局指导意见》（新政办发〔2018〕106 号），指导和督促各地加强固体废物（危险废物）无害化处置能力建设，为全区有关部门查缴的侵犯知识产权和制售假冒伪劣商品无害化处置提供处理能力。二是印发《2022 年全区固体废物与化学品

环境管理工作要点》（新环办固体〔2022〕28号），将协同开展双打作为重要任务纳入年度工作要点，加强对危险废物处置单位（环境无害化销毁单位）的环境监管力度，促进无害化销毁工作规范开展。三是在门户网站公开并每年两次更新全区固体废物（危险废物）环境无害化处置单位相关信息，指导各地州市生态环境部门及时将本地具备无害化销毁能力的单位信息提供给相关执法部门，配合各地市场监管、农业农村、烟草专卖局等执法部门对收缴的食品、药品、农药化肥等侵犯知识产权和假冒伪劣商品进行销毁。四是全区各地生态环境部门积极参与当地执法部门组织的侵权和假冒伪劣商品无害化销毁工作，对有关部门查处收缴的侵犯知识产权和假冒伪劣商品主要采用压碎填埋和焚烧填埋的销毁方式。在各地生态环境部门监管下，全区未发生因侵权假冒伪劣商品销毁而引发的次生环境污染事故和纠纷。

三、保护知识产权，提高打击效能

（一）加大商标权、专利权、奥林匹克标志保护力度

1. 深化部门协同机制

自治区市场监管局分别与法院、检察院、公安、海关等部门签订保护合作框架协议；与法院、司法厅建立知识产权纠纷诉调对接机制，与自治区司法厅联合印发《关于加强知识产权纠纷调解工作的实施意见》，与自治区高级法院联合印发《关于加快落实知识产权纠纷在线诉调对接机制的通知》，与自治区人民检察院联合印发《关于强化知识产权协同保护的实施意见》，与法院、检察院、公安厅健全市场监管领域知识产权司法保护与行政保护联席会议机制；与商务厅、贸促会、海关等部门共同签订了《新疆维吾尔自治区海外知识产权保护工作备忘录》，构建海外知识产权协同保护机制；建立西北五省区及兵团间跨区域协同保护机制，形成部门联动、区域协作、协查协办的工作机制。

2. 加强知识产权领域信用体系建设

扎实推进知识产权领域以信用为基础的分级分类监管试点工作，制定印发《新疆维吾尔自治区知识产权领域以信用为基础的分级分类监管试点实施方案》和《新疆维吾尔自治区知识产权领域（代理服务机构）信用分级分类管理办法》。结合"双随机、一公开"监管手段，对知识产权领域严重失信行为进行重点监管，联合惩戒，营造良好营商环境。

3. 健全知识产权快速协同保护体系

健全完善知识产权快速协同保护工作机制，指导克拉玛依市知识产权保护中心开展快速协同保护工作。克拉玛依市知识产权保护中心2022年3月3日揭牌运行以来，坚持以推动高质量创新发展为主题，通过打通知识产权创造、运用、保护、管理、服务全链条，推动构建知识产权快速协同保护体系。

4. 加强知识产权行政保护力度

一是加大专项整治执法行动力度。印发《全区市场监管（知识产权）系统落实〈2022年全国知识产权行政保护工作方案〉的实施方案》，组织开展专利、商标、地理标志等各类知识产权执法检查活动，持续对群众反映强烈、社会舆论关注、侵权假冒多发的重点领域和区域，重拳出击、整治到底、震慑到位。截至11月底，全疆各级市场监管部门办理专利侵权假冒、侵犯注册商标权、地理标志侵权案件1402件。二是加强冬奥会和冬残奥会知识产权保护。北京冬奥会和冬残奥会期间，组织全疆各级市场监管部门开展奥林匹克标志专项执法检查工作，共出动执法人员8069人次，开展检查3556次，核查处置网络舆情2件，处置线索32条，查办案件19件。三是加强代理行业监管。印发了《关于开展2022年商标代理行业专项整治行动的通知》，对17家专利代理机构进行现场检查，就发现问题进行约谈整改，查办无资质专利代理案件1起。四是持续推进非正常专利申请的核查整改工作。组织召开专利代理机构集中约谈会暨行政指导培训会议，针对国家知识产权局推送的3863件非正常专利申请进行核查，督促指导有关申请人主动撤回。五是加强对展会等领域的知识产权保护工作指导和管理。印发《自治区市场监管（知识产权）部门展会知识产权保护工作指引》，加强展前、展中的知识产权侵权假冒行为排查工作，积极配合商务部门，为全疆参加广交会、消博会、丝博会等重点展会的企业提供知识产权培训

和法律咨询服务，帮助参展企业提高维权意识。第七届中国—亚欧博览会期间，派员开展知识产权宣传、咨询、投诉、举报和维权等服务，组织开展专项检查，有力维护展会秩序。

（二）加大著作权保护力度

1. 开展版权保护，打击侵权盗版

一是印发《关于进一步加强版权行政执法工作的通知》，督促各地州市版权部门提升版权执法效能，提高案件办理的数量和质量。全区版权执法部门累计检查实体文化市场经营单位31557家次，出动执法人员40449人次，责令整改单位13家次，罚款13.28万元，查缴盗版书籍13702本。二是加强版权日常监管，按时报送工作信息，向国家版权局统计报送版权执法部门查办案件统计表、版权执法部门查办案件信息表8份，向自治区双打办报送版权部门查办案件统计表3份，报送版权工作信息3篇。

2. 开展"秋风2022"专项行动

专项行动开展以来，共检查各类出版物市场经营单位4061家次，共查缴教材教辅类、儿童类非法出版物1.46万册，立案查处26起，责令改正26家次。

（三）加大植物新品种保护力度

1. 开展农业领域植物新品种保护

一是建立种质资源保护体系。制定了《自治区农作物种质资源库（圃）管理规范》《自治区农业种质资源库（场、区、圃）布局建设方案》，开展了自治区农作物种质资源库（圃）摸底工作。自治区有3个农作物种质资源库（圃）被农业农村部认定为国家级库（圃），并向农业农村部推荐了10个农作物种质资源收集和6个种质资源利用的典型案例。二是继续开展种质资源普查与收集。收集农作物种质资源1180份，超过2022年国家计划任务的47.5%。三是加强农业种质资源鉴定评价。2022年共开展万份农作物种质资源鉴定评价，属历史上规模最大的一次。四是严厉打击小麦以粮代种现象，强化种业知识产权保护。

2. 开展林草植物新品种权保护

一是印发了《关于开展2022年打击制售假劣种苗和侵犯植物新品种权工作的通知》（新林场字〔2022〕22号），对打击制售假劣林草种苗和保护植物新品种

权工作进行安排部署。二是动员自治区涉林草科研单位、高校、地州林草科技机构，积极向国家林草局申报林草植物新品种权，全区获得国家林草局授予的植物新品种权6项（"雅丰""金莎""白沙甜""红玉""红玲""金皇后"6项大果沙枣新品种），占历年获得林草植物新品种权总数的三分之一。三是连续五年每年投入120万元经费，支持新疆林科院开展《林果新品种选育》研究，已汇聚各类林果品种（系）890个，获得国家林草局授予的植物新品种权4项（"新和1号""墨宝""新辉""新盛"4个核桃新品种）。四是三年投入600万余元支持阿克苏、博州、吐鲁番、阿勒泰四个地州市开展林果"两品一标"认证和质量追溯体系建设。在自治区市场监督管理局的支持帮助下，积极推动新疆林果产品质量认证和知识产权保护，库尔勒香梨、吐鲁番葡萄干、精河枸杞三项产品列入"首批中欧互认保护100+100地理标志保护产品"。

（四）加大软件正版化工作力度

1. 持续推进软件正版化工作

一是制定印发《2022年新疆维吾尔自治区推进使用正版软件工作计划》，明确工作任务，加强制度建设，完善工作机制。二是修改完善《自治区"十四五"知识产权发展规划实施方案》版权内容。把软件正版化工作作为强化版权保护的重要内容，持续深入推进自治区软件正版化工作。三是8月中旬至9月底自治区软件正版化工作领导小组对14个地州市、20家自治区级党政机关、事业单位和国资委监管企业建立软件正版化工作制度、责任落实情况及软件实际安装情况进行了核查。四是推进自治区国有企业、地州市国有企业、民营企业软件正版化工作不断扩大软件正版化工作覆盖面。建立完善自治区党政机关、事业单位、国有企业等160余家单位软件正版化信息台账。

2. 开展版权宣传，营造良好氛围

一是印发了《自治区版权执法监管工作培训手册》《自治区软件正版化工作培训手册》《中华人民共和国行政处罚法》等资料1500余册。组织开展线上培训。指导昌吉州、伊犁州等地州开展版权执法和软件正版化工作培训，培训2000余人/次，增强了版权工作素

质。二是组织全区各地州市版权部门开展"全面开启版权强国建设新征程"主题宣传活动。制作发放宣传册15万余份、公益海报2万份，宣传展板、横幅2500块。通过各级电台、电视台以及网站、微博、微信、移动客户端推送版权保护公益宣传片，播发版权保护案例、著作权法知识、知识产权保护助力脱贫攻坚等消息800余条，总阅读量20万人次。

3. 做好版权社会服务工作

严格审核申请登记作品的内容导向，确保登记作品导向正确。规范审核程序，压缩审核时限，办理各类作品登记700件。其中，美术作品190件，文字作品280件，音乐作品50件，工程设计图、产品设计图作品160件，录像制品20件。接待咨询群众2000余人/次。

四、强化刑事打击，震慑犯罪分子

今年以来，全区公安机关、检察机关、审判机关等单位不断加强打击侵犯知识产权和制售假冒伪劣商品工作力度，注重部门协作，深挖战斗成果，始终保持高压态势，依法严惩犯罪分子，有力维护了全区经济社会的健康有序发展。

（一）公安机关

开展"昆仑2022"专项行动，一是成立主要领导任组长，食药环犯罪侦查局等18个部门警种相关负责人为成员的知识产权保护工作领导小组，专门负责打击侵犯知识产权和制售假冒伪劣商品工作的统筹协调、推进落实等工作。二是结合全区打击侵犯知识产权和制售假冒伪劣商品工作实际，研究制定《全区公安机关"昆仑2022"专项行动工作方案》，重点依法严厉打击危害人民生命健康和生产生活安全的侵权假冒伪劣犯罪，为深入组织开展打击侵犯知识产权和制售伪劣商品犯罪工作奠定基础。三是各级公安机关对应成立由局分管领导挂帅，食药环犯罪侦查部门牵头，相关部门警种负责人参加的领导小组和工作专班，统筹组织推动落实打击侵犯知识产权和制售假冒伪劣商品工作。四是强化大要案件侦办，全区公安机关共立侵犯知识产权和制售假冒伪劣商品领域犯罪刑事案件756起，同比增幅185%，抓获犯罪嫌疑人870人，涉案金额达2.22亿元，严厉打击和震慑了制假售假不法犯罪

分子的嚣张气焰，切实保障安全服务民生。

（二）检察机关

自治区检察院积极发挥自治区公检法知识产权刑事司法保护联席会议作用，一是会同自治区高级人民法院、自治区公安厅召开知识产权刑事司法保护联席会议，围绕案件管辖范围，统一法律适用标准，优化司法资源配置等问题进行研究讨论，分别提出相应的意见和建议。二是派员参加自治区药品行刑衔接工作联席会议，讨论分析解决行刑衔接工作中待解决的问题，深入研究下一步打击药品违法犯罪工作计划，推动形成在双打案件办理过程中的工作共识。三是回应社会关切与焦点问题，与公安厅联合调查组，市场监督管理局召开麦趣尔公司纯牛奶添加丙二醇案的案件讨论会，最后达成一致意见并安排部署下一步工作。今年以来，全疆共批准逮捕生产销售伪劣商品犯罪49件86人，同比上升105%、133.3%，侵犯知识产权犯罪7件8人，同比下降61.1%、68%，审查起诉生产销售伪劣商品犯罪65件105人，同比上升170.8%、228.1%，侵犯知识产权犯罪13件26人。罪名主要分布在生产销售伪劣产品罪，生产销售不符合安全标准的食品罪，生产销售有毒有害食品罪，假冒注册商标罪和销售假冒注册商标的商品罪。

（三）审判机关

一是持续推进知识产权审判领域体制机制改革。调整全区知识产权一审民事、行政、刑事案件的管辖，与自治区公安厅、检察院共同出台《自治区高级人民法院 自治区人民检察院 自治区公安厅关于知识产权审判"三合一"改革中刑事司法保护若干问题的意见》，并对2020年出台的《新疆维吾尔自治区高级人民法院关于在全区法院推进知识产权民事、行政和刑事审判"三合一"工作的实施方案》进行修改。二是持续与公安、检察机关以及政府相关职能部门交流沟通，形成各渠道有机衔接、优势互补的运行机制。2月，自治区高级人民法院牵头再次与自治区公安厅、检察院联合召开第三次知识产权刑事司法保护联席会议，分别通报各自领域近两年知识产权刑事案件的办理情况，提出下一步的工作计划，并围绕刑事案件管辖等问题进一步协调讨论，切实将整体联动优势转化

为打击侵犯知识产权犯罪的合力。今年以来，全区法院受理侵犯知识产权和制售假冒伪劣商品的一审刑事案件66件，审结41件涉及58人。其中受理侵犯知识产权刑事案件16件（含2021年旧存2件），已审结11件涉及20人；受理生产销售伪劣商品刑事案件50件（含2021年旧存3件），已审结30件涉及38人。全区法院受理侵犯知识产权和制售假冒伪劣商品的二审刑事案件8件，审结8件涉及17人，其中受理侵犯知识产权刑事案件4件（含2021年旧存1件），已审结4件涉及17人；受理生产销售伪劣商品刑事案件4件（含2021年旧存2件），已审结4件涉及5人。

五、加大宣传力度，营造良好氛围

一是大力营造良好的舆论氛围。组织各类新闻媒体，统筹做好打假宣传工作，采取树立正面典型与曝光违法案件相结合的方式加强舆论监督和警示教育，展示行动成效，交流工作经验。二是开展集中宣传。结合"3·15"国际消费者权益日、"4·26"世界知识产权日、"5·15"打击和防范经济犯罪宣传日等系列活动，制作播放动漫宣传片，张贴宣传海报、发放宣传材料，提高广大群众的自我防范意识和参与防范、打击假冒伪劣商品的积极性。积极在新疆日报、天山网、亚心网等主流媒体上发布相关新闻，并公布举报电话和邮箱，集中展示打假工作成效。三是各地州积极开展贴近群众的宣传活动。各地通过微信、微博、电视台、广播电台、公交（BRT）移动电视、阅报栏等渠道进行全方位宣传，增加打假工作的覆盖面和社会影响力。司法机关通过分析典型案例，以案说法，以小见大，营造更贴近民生的法律保护氛围。四是做好案件信息公开。通过企业信用信息公示系统、成员单位门户网站等及时公开制售假冒伪劣商品和侵犯知识产权行政处罚案件信息，确保工作经常化、制度化、规范化。五是做好中国打击侵权假冒工作网信息发布工作。2022年自治区打击侵权假冒工作领导小组办公室向中国打击侵权假冒工作网报送宣传信息189篇，被地方风采栏目采纳发布62篇，刊稿量位列全国第一，取得了较好的宣传效果。

（撰稿人：张莺）

新疆生产建设兵团打击侵权假冒工作报告

2022年，新疆生产建设兵团打击侵权假冒工作以习近平新时代中国特色社会主义思想为指导，全面贯彻党的二十大精神，完整准确贯彻新时代党的治疆方略，认真贯彻落实党中央、国务院决策部署，按照兵团党委、兵团对打击侵权假冒工作的工作安排，围绕新疆工作总目标，聚焦履行兵团职责使命，依法严厉打击侵权假冒违法行为，为服务兵团经济社会发展发挥了积极作用。

一、总体情况

2022年，兵团打击侵权假冒工作按照《2022年打击侵犯知识产权和制售假冒伪劣商品工作要点》工作安排和全国打击侵权假冒工作电视电话会议部署，年初组织召开兵团打击侵权假冒工作领导小组2022年第一次全体会议，审议通过《兵团2022年打击侵权假冒工作要点》，从深化重点治理、提高法治化水平、强化全链条保护、推进能力建设四个方面安排部署年度重点工作任务，从加大重点市场、重点产品、重点区域监管力度，推进完善两法衔接、司法保护、信息公开治理水平，强化信用体系建设、行业组织作用、部门协同配合，提高专业水平、系统性宣传等二十七个方面提升兵团打击侵权假冒工作能力。一年来，兵团打击侵权假冒工作扎实开展、稳步推进、成效显著。

一是行政执法方面，联合各部门开展各类专项整治行动，查处侵权假冒棉种、农膜、农药等涉农产品，侵犯注册商标权汽车配件、润滑油等车用产品，假药、劣药及侵犯注册商标权酒类产品等侵权假冒案件77件，罚没款合计111.39万元。年初制定对兵团辖区重点市场（九鼎市场）开展专项整治的实施方案，整治期间查处各类行政执法案件23起，其中涉及侵犯注册商标权案件3起，罚没款11.5万元。二是刑事司法方面，兵团公安机关侦办侵犯知识产权案件5起，抓获犯罪嫌疑人15人；侦办生产销售伪劣产品案件10起，抓获犯罪嫌疑人76人。特别是六师公安机关侦破一起生产销售非标柴油案，已移送审查起诉16人，查明涉案非标柴油6115吨，涉案金额4092余万元。兵团检察机关受理审查逮捕侵权假冒案件4件21人，受理审查起诉侵权假冒案件3件64人。兵团法院系统审理侵权假冒刑事案件1件3人。三是侵权假冒商品销毁方面，制定印发《关于开展2022年侵权假冒商品销毁工作的通知》，充分利用重要时点，在"3·15"国际消费者权益日至"4·26"知识产权宣传周期间，组织具有执法权的成员单位及十三个师市双打办对没收的侵权假冒商品进行统一集中销毁，累计销毁涉及种子、饮品、食品、药品、化妆品、生活用品等商品300余品种，3余吨。四是行刑衔接方面，各行政执法和刑事司法部门围绕行刑衔接工作制度，积极开展执法协作，兵团双打办联合兵团公安局组织开展联合执法1次，现场执法宣传活动1次，推送宣传信息千余条次，曝光假冒伪劣商品300余品种；联合兵团检察院开展行政执法与刑事司法衔接信息共享平台建设，确保兵团行政执法与刑事司法衔接信息全年与中央平台互通，每月数据传输正常。五是信息宣传方面，全年累计通过兵团日报、兵团网、团炬APP等媒体发布宣传信息60余篇，被中国打击侵权假冒工作网地方动态采纳发布9篇。

二、工作成效

（一）提升法治服务水平

一是年初印发《2022年兵团普法依法治理工作要点》，将加强知识产权保护相关内容纳入2022年普法宣传清单，通过"群众法治大培训""法治大宣讲"等系列活动，为66.9万人次职工群众宣传知识产权保护法律法规。二是引导基层法律服务工作者积极参与打击侵权假冒工作，全年代理知识产权诉讼案件10件，担任企业法律顾问575家，帮助提升企业依法经营、依法管理的能力和水平。

（二）加强网络信息监测

一是严格落实7×24小时网络巡查制度，以食品、药品、医疗器械、防疫物资、疫苗、农药、儿童用品、化妆品、汽车配件、家具家电等为重点，对兵团辖区涉侵权假冒行为网络信息进行全面排查，共巡查相关信息18.5万余条，未发现重大突出问题。二是联合自治区互联网信息办公室开展"清网2022·打击网络侵权 优化营商环境"专项行动，聚焦利用互联网侵害网民合法权益、损害企业正常经营活动、破坏营商环境等网络侵权乱象进行集中整治，营造良好网上舆论环境。

（三）加大知识产权保护力度

一是持续开展兵团2022年知识产权行政保护专项活动。全年查办侵犯知识产权案件20起，罚没款合计15.12万元。二是严厉打击不以保护创新为目的的非正常专利申请和不以使用为目的的恶意商标注册申请行为，督促撤回非正常专利申请近150件。三是指导推进知识产权维权援助工作站建设，在第二、第九、第十三师建成援助工作站3个。

（四）扎实推进信用体系建设

一是推进兵团信用信息共享平台建设，已如期建成运行符合国家标准信息共享平台，通过举办兵团信用建设专题培训、赴师市开展培训等方式，累计培训1000余人。二是做好信用融资工作，依托兵团信用信息共享平台，建成兵团信易贷平台，已入驻兵团企业1000多家。三是加强兵团社会信用制度建设，印发兵团信用建设2022工作要点、兵团公共信用信息目录和兵团信用平台管理配套制度规范等，开展双公示信息报送、信用专项治理工作及帮助企业开展信用信息修复等，营造良好信用环境。

（五）强化财政经费保障

一是2022年兵团本级财政安排知识产权专项资金160万元，重点支持兵团知识产权创造、运行、保护、管理和服务等方面，保障打击侵犯知识产权和制售假冒伪劣商品违法犯罪等工作正常开展。二是按照《兵团市场监管专项资金管理办法（试行）》规定，明确知识产权专项资金的支持范围、支持标准和分配方式，提高资金使用效益。

（六）加强食品药品监管

一是坚持"用最严谨的标准、最严格的监管、最严厉的处罚、最严肃的问责，确保人民群众'舌尖上的安全'"要求，联合相关部门印发《关于进一步推进2022年兵团农村假冒伪劣食品专项整治工作的通知》，完善农村市场食品安全治理机制，形成整治监管合力，全年累计查办各类食品安全违法行政处罚案件584件，罚没款共计428.6万元。二是持续问题导向，组织开展药品安全专项整治行动，联合兵团公安局在兵团辖区开展制售假药、劣药违法线索征集，严厉打击制售假药劣药等违法违规行为，全年累计查办"两品一械"案件217件，罚没金额85.36万元。

（七）强化农资市场监管

兵团农业农村局、市场监管局、公安局联合印发《2022年兵团农资打假专项治理行动实施方案》《关于开展2022年春耕备耕农资打假专项行动的通知》，加强农业投入品监管执法，严查制假售假、坑农害农违法行为，累计出动执法人员885人次，检查门店和企业1392家，查处问题182个，下达责令改正通知书60份，查处涉及农资案件37起，罚没款42.32万元。

（八）加强林木种苗市场监管

一是加大执法检查力度，全年累计检查苗木数量28.65万株，检查苗圃194个；抽查造林地苗批数37个，苗圃地10个，林木种苗2000株，立案查处假冒伪劣林木种苗案件3起。二是加强舆论宣传氛围，全年发放《中华人民共和国种子法》《中华人民共和国植物新品种保护条例》等相关法律法规宣传资料3100份，张贴标语横幅27条，出动宣传车12次，举办集中宣传活动14期，报道55条。

（九）全面加强文化市场监管

加强文化市场重点单位、重要部位、关键环节的巡查力度，累计出动执法人员18450人次，检查经营单位9851家次，累计立案查处违法违规案件28件，罚款7.87万元。北京冬奥会期间，组织开展冬奥版权保护集中行动，加大线上线下文化市场经营主体监管，重点检查擅自销售冬奥会吉祥物以及冬奥会形象衍生品的违法行为，累计查扣假冒"冰墩墩"钥匙扣286个。

（十）强化治理消毒产品管理

组织开展消毒产品"双随机、一公开"监督抽检，按要求完成国家卫生健康委双随机抽查任务。印发《关于开展2022年抗（抑）菌制剂专项整治工作的通知》，组织开展专项整治工作。检查各类生产、经营机构714家，发现购进、使用不合格消毒产品机构数51家，依法予以下架整改，立案查处使用不合格消毒产品机构1家。

（十一）严格开展防范车辆污染及无害化销毁处理

一是推进危险废物无害化处置能力建设，2022年兵团新增危险废物经营单位3家，新增利用处置能力12.5万吨/年，截至目前，兵团共有持危险废物综合经营许可证单位16家，危险废物利用处置能力160.18万吨/年，积极为有关部门收缴的假冒伪劣商品无害化处置提供处理服务。二是兵团机动车环境监督管理平台稳定运行，现兵团运营的28家机动车排放检验机构全部联网接入平台，对在用汽车、柴油车等机动车辆尾气排放检验数据联网监控，同时加强机动车排放检验机构监督管理，防范检验机构违规检车及车辆污染控制装置弄虚作假。

三、存在的问题和下一步工作安排

总体来看，兵团打击侵权假冒工作水平逐年提升，但与党中央、国务院的要求相比，与职工群众的期盼相比，仍然存在一定差距。一是整体联动有待加强。兵团师市综合执法改革尚未完全到位，个别师市、部门工作机制不健全，缺乏统筹协调和跟进措施，部门间信息共享、互联互通、形成合力上还存在差距。二是制假售假违法行为区域化明显。呈现从重点市场向城乡接合部、从重点环节向互联网领域转移的新趋势，加之兵团监管执法队伍组建整合时间短，基层执法监管跟不上新业态、新领域、新行业的发展，给打击侵权假冒工作带来了极大挑战。三是社会共治意识有待提升。职工群众维权意识普遍较弱，商标权利人自主维权和配合执法意识不够，企业运用知识产权参与竞争和维权意识还需要进一步增强。

下一步，兵团打击侵权假冒工作将继续坚持打建结合、惩防并举，建立健全长效机制，提升综合治理能力，推动打击侵权假冒工作再上新台阶。

（一）进一步加大专项整治力度

突出重点市场、重点商品、重点领域监管执法，加大部门间执法协作，着力团场周边、师市周边等城乡接合部，农资市场、建材市场等专业市场，汽车配件、节令食品等必需消费品，从生产源头、流通渠道和消费终端三个方面加大整治力度，净化市场经营环境。

（二）进一步推进两法衔接

及时跟进推动兵团行政执法与刑事司法衔接信息共享平台建设，加强侵权假冒案件网上移送、网上受理、网上监督，促进信息共享平台管理应用的日常化和规范化。细化完善行政执法部门与刑事司法部门执法沟通协作机制，及时解决打击侵权假冒工作中遇到的困难和问题，确保两法衔接落到实处。

（三）进一步建立健全长效机制

不断总结好经验、好做法，从政策法规和制度层面进行配套衔接，制定完善《兵团市场监管局、农业农村局、文体广电和旅游局三部门关于深化师市市场农业文化综合行政执法改革工作会商机制》，联合三部门同步开展行政处罚和行政强制措施目录动态调整，为联合做好打击侵权假冒工作提供制度支持。

（四）进一步加大知识产权保护

坚持知识产权培育运用和侵权打击齐头并进，强化知识产权执法指导，严厉打击侵犯注册商标权、非正常专利申请、恶意抢注商标等违法行为，进一步提高知识产权保护社会满意度。

（五）进一步加强舆论宣传

通过广播电视、报纸杂志、网络媒体等多种渠道，开展全方位、立体式宣传，把握正确舆论导向，解读法规政策措施，曝光剖析典型案例，营造全社会保护知识产权、打击侵权假冒的良好舆论氛围。

（撰稿人：杨婷）

四、行业协会工作

IV. Efforts of Trade Association

中国建筑材料流通协会打击侵权假冒工作报告

2022年，中国建筑材料流通协会始终践行"引领行业发展、协同治理社会、精准服务企业"的宗旨，坚守"为行业服务"的初心使命，经过协会第六届理事会的不懈努力，打造了全产业链服务平台和供应链实体平台共荣共生的"协会命运共同体"，进入从"量"到"质"的发展新阶段。打击侵权假冒作为协会发挥行业管理职能的重要工作之一，在协会基础性工作开展的同时，近年来，愈发注重健全完善保护知识产权和打击侵权假冒工作的长效机制，以提振市场信心，扩大消费者需求，营造公平有序的建材家居市场环境。具体工作如下：

一、协会基础性反侵权假冒工作

（一）高度重视标准化建设工作，为规范行业发展保驾护航

协会作为国家标准化管理委员会团体标准试点单位，多年来持续推进行业团体标准建设工作，积极贯彻落实国家深化标准化工作的改革精神，充分调动市场主体的参与积极性，团体标准化工作成绩显著。

2022年共立项在编《陶瓷大板岩板装修镶贴应用规范》《装配式空间洁净壁板选用标准》《健康装修全过程管理技术规程》《绿色建材与家居合格供应商评价规范》《铝合金恒温门窗》《定制睡眠系统》《智能家居信息安全防护性能评价技术规范》《环保电线电缆》等标准共12项，团体标准的创新发展，为规范企业生产、规范市场流通、维护消费者合法权益提供了统一、科学的依据。截至2022年12月底，立项团体标准85项，已发布实施团体标准38项。这些标准在建材家居各领域发挥着重要的引领作用，多项标准被地方政府作为招投标依据。

疫情以来，协会在标准化建设领域更加强劲。2020

年协会迅速编制并发布"清洁消毒类"标准，为疫情防控提供技术支撑，以标准助推疫后"宅经济"的迅猛发展；创新了标准工作机制，为疫情之下协会的持续稳定发展、职能作用发挥、社会责任履行，创造了坚实的工作基础。

（二）精准服务企业，会员管理服务职能不断精细化

2022年底，协会顺利完成党支部和理事会的换届工作。经过第六届理事会五年努力，协会会员数量已达3146家。协会整理形成会员服务列表，包含基本权益服务、精准服务、信息服务、专家智库服务、技术服务、活动平台服务、全产业链平台服务、供应链实体服务。根据会员需求将会员分类反馈至各有关分支机构，为会员提供更精准的专属服务。随着协会影响力不断扩大，各种冒名现象频发，协会针对该情况在每个会员牌匾上粘贴由协会统一印制的防伪二维码，一证一码，谨防不法行为对会员产生负面影响，保障会员基本权益。

并且，2022年协会正式启动了"协会和行业数字化服务平台建设行动计划"，以协会OA办公系统建设，协会官网、微信公众号、视频号、小程序等官方新媒体平台建设为切入点，有步骤、分阶段、由易入难地推进协会和行业数字化平台建设与发展，也为协会建立行业数字化知识产权服务平台提供了可能，通过协会的数字化改革，引领行业知识产权建设工作。

（三）以"绿色建材下乡"活动为抓手，为行业消费促进工作做出科学引领

2022年，协会就"促消费"主题开展了广泛的行业调查与研究，接受新华网、中国建材报、中国新闻周刊、财经、新京报、网易家居、腾讯家居、搜狐焦点家居等主流媒体专访，参与各类线上线下行业活

动，提出"循环经济是建材行业供给侧结构性改革的重要抓手""互联网下'不让中间商赚差价'是伪命题""培育绿色消费观""混凝土经济结构"等理论，为深化行业供给侧结构性改革，推动建材与家居行业高质量发展做出科学引领。

2022 年，工信部、住建部等国务院六部门联合开展"绿色建材下乡"活动，我协会作为活动推进组副组长单位，从需求侧、供给侧两端发力，引领全国建材与家居行业深入开展"绿色建材下乡"活动。目前，我协会"全国绿色建材下乡陶瓷卫浴行业推广交流会""2022 绿色陶瓷应用高峰论坛暨绿色建材政策贯标宣讲会""绿色建材下乡华中产区推广会"等相关推进活动均已成功举办，让各类绿色建材与家居在全国统一大市场充分流通，让千家万户能够选购到最符合需要的绿色建材与家居产品。

（四）完善行业治理体系，营造良好营商环境

一年来，协会加强与国家相关部门政策沟通，为行业争取政策支持，促进"双循环""数字经济""双碳""智能化发展"等国家战略在建材与家居行业的落地实施。

2022 年底，在全国疫情防控工作重心发生根本性变化的重要时点，协会根据中央经济工作会议有关部署和要求，迅速向全国建材与家居行业发出"大胆走出疫后阴霾 快速开展经济活动"倡议，号召全行业冲破迷雾，迅速行动，紧抓机遇，实现疫后新发展。在倡议书中，鼓励行业企业迅速走出疫情影响，开展各项经营活动；鼓励行业各经济体把恢复和扩大消费摆在优先位置，以沉浸式体验、元宇宙设计等各种现代手段，促进家庭装修刚需快速释放；鼓励行业各平台组织举办各类行业活动，加强政策分析，引导市场预期，促进信心回暖；鼓励行业相关主体密切关注国际市场动向，适时推进国际贸易和交流活动。

协会充分践行"协同治理社会"宗旨，完善行业治理体系和治理机制，营造统一、开放、规范、有序、良好的行业营商环境。

二、典型细分行业及企业反侵权假冒工作

（一）行业反垄断愈发受到重视，监管趋严促成行业公平竞争的市场环境

知识产权保护和公平竞争有着密切的关系，保护知识产权是公平竞争的应有之义，维护市场公平竞争秩序也有利于更好地保护知识产权。2022 年 8 月 1 日，国家开始实施新修订后的《反垄断法》，并且，国家市场监管总局起草了《关于行业协会的反垄断指南（征求意见稿）》，引导行业协会加强反垄断合规建设，发挥行业协会在促进行业规范健康发展、维护市场竞争秩序等方面的积极作用。

建材行业多个细分领域存在产能过剩、竞争激烈、销售半径较为有限、市场透明度较高等情况，易滋生垄断行为，2022 年，反垄断执法机构共立案调查建筑材料行业垄断协议案件 2 件，作出行政处罚 2 件，罚没款 4.67 亿元。

在建设高效规范、公平竞争、充分开放的全国统一大市场和反垄断常态化监管并重点围绕民生领域开展执法的大背景下，协会将加强重视反垄断的合规建设，与行业企业一起，加强对反垄断法律法规的学习，提高垄断违法风险的防范意识和能力。

（二）卫浴行业逐步强化知识产权保护及消费者权益维护工作

在卫浴行业，商标侵权是较常见的侵权行为，卫浴行业"傍名牌"现象十分常见，不但误导消费者，更会扰乱市场正常秩序。近年在企业公示的打假案例中，就有多起涉及商标侵权。2022 年底，多个部门通报多起涉嫌侵犯注册商标专用权的假冒卫浴案件，共 463 件假冒产品被查扣。其中，一起案件的犯罪嫌疑人为室内装修工程承包人，涉嫌将假冒"科勒"产品提供给一青年旅舍，被当地市场监督管理局罚款 10 万元；另一起案件中，当事人涉嫌申报出口侵犯"科勒"商标专用权的卫浴货品被罚款 1701 元，两起案件均有典型意义。此外，安徽省宿州市也通报了一起侵犯卫浴品牌的注册商标专用权的案件，239 件侵权马桶被查扣。

伴随企业积极参与打假，商标侵权行为的可操作空间变得越来越小。例如，在本次曝光的 3 起涉及卫

浴产品的侵犯注册商标专用权案件中，被侵犯的企业都有参与其中协助执法人员调查案件，在宿州的案件中，企业打假人员更是直接与执法人员合作打假，展示了维护品牌口碑和知识产权的决心。

（三）家装投诉仍然众多，高标准高品质才是发展方向

家装行业门槛较低，企业生产能力和服务水平良莠不齐，一些企业存在虚假宣传、低价陷阱、服务增项漏项、材料以次充好、企业恶意诋毁、敛财跑路等违规行为。《西宁晚报》曝出，青海西宁卫浴批发商吴女士在2022年2月25日与青海安和伟装饰工程有限公司签订了卫浴销售协议后，一直遵照协议约定保质保量地给装饰公司供货，但该装饰公司却总是以各种理由拖欠货款7万余元，和吴女士有相同情况的供货商有30余家，据不完全统计，所欠供货商的货款总计近300万元。

该公司除了拖欠供应商货款外，还有多名消费者也被牵连。有80多户消费者交了一定金额的装修款或定金后，装修迟迟无法完工，甚至有的就没有动工，着实让人糟心。

家装家居企业要获得用户口碑，提高企业业绩，获得长远生存的能力，就要一切以消费者为中心，满足当前消费者不断增加的"个性化"需求的同时，产品质量的阵地不能丢、要求不能放，须警惕"捡了流量芝麻、丢了质量西瓜"，要为消费者提供高标准、高品质的家居产品。

我协会也积极贯彻"协同治理社会"的宗旨，愿意与相关政府部门，携手推进行业诚信建设，通过创新规范标准、设立红黑榜单、完善消费评价机制等方式，打造放心舒心的消费环境。

三、反侵权假冒工作政策建议

一是建议有关政府部门充分发挥行业协会作用，授权行业协会参与到更多反侵权假冒事件中，比如，通过协会建立完善的行业有关消费投诉信息公示制度，促进消费纠纷源头治理。

二是在当前日益复杂的国际环境下，建议顺应数字经济发展新形势，积极探索深化新材料、新领域等方面的知识产权合作，完善创新创业容错机制，坚持创新在我国现代化建设全局中的核心地位。

三是建议搭建由相关政府部门、行业协会及各行业企业、第三方服务机构、知识产权保护领域专家等相关资源充分匹配的沟通交流和经验分享平台。

中国建筑材料流通协会也将积极开展工作，促进我国建材与家居行业知识产权保护工作更加扎实推进，配合有关政府部门协同治理社会，引领企业加强知识产权保护意识，为优化全球营商环境、营造健康消费环境贡献力量。

（撰稿人：尹月晓）

中国外商投资企业协会优质品牌保护委员会打击侵权假冒工作报告

2022年，中国继续加强知识产权保护，加大对侵权行为的惩处力度，显著提高侵权违法成本，为权利人和创新者护航。在此背景下，品保委在会员与相关司法执法部门、会员与会员、中国与国际知识产权界之间继续发挥桥梁作用，开展了丰富多彩的交流活动，为完善中国知识产权营商环境建言献策。

一、大力主办和积极参与知识产权交流活动，增进品保委会员与相关司法、执法部门之间的相互了解和配合，共同推动知识产权司法程序的完善和执法力度的提升

6月，品保委克服疫情带来的不利影响，通过线上形式成功举办了 2021—2022 年度知识产权保护十佳案例评审及发布活动。为了适应知识产权司法保护的新发展和新变化，品保委修改了评选规则，首次将案件提名、评选类别设置为刑事及刑事程序、民事及民事程序、行政及行政程序三大知识产权保护类别。74 个候选案件涉及多个行业，展现了相关领域知识产权案件办理和判决的新趋势、新进展，为广大会员和相关司法执法部门提供了可资借鉴的成功案例和创新做法。

通过品保委近几年的十佳案例，知识产权权利人能够体会到我国知识产权保护体系各方面的效能得到了明显提升，在司法保护方面已经形成了专业化的审判格局；在执法方面投入了更多的资源，加大了专项查处行动的力度，与权利人的交流合作更加密切、信息分享更加高效；跨区域跨部门的联动协同更加顺畅，跨境国际执法合作不断加强。

9 月，品保委在厦门承办了由中国外商投资企业协会主办的中国国际贸易洽谈会第二届知识产权保护专题论坛暨品保委 2021—2022 年度十佳案例分享会。来自商务部、国家市场监督管理总局等中央和福建省、厦门市相关部门官员、执法单位代表、专家学者和企业代表出席会议，就知识产权热点、难点问题开展了讨论并分享了部分十佳案例，取得了良好的效果。

11 月，品保委在上海举办第四届知识产权行政保护交流会，国家市场监督管理总局领导、外国驻华使领馆、国际组织的代表出席了会议，来自 20 多个省市自治区的行政执法官员与品保委会员共同推进知识产权行政保护更上一层楼。同月，品保委承办了第五届虹桥国际经济论坛——"保护知识产权 打击侵权假冒国际合作"分论坛。

除了举办、承办以上重大活动，品保委还通过拜访和线上、线下会议等多种形式与北京知识产权法院、上海市人民检察院、浦东新区人民法院、浦东新区人民检察院、上海铁路运输法院、山东省高级人民法院、青岛市中级人民法院、嘉兴市公安局秀洲区分局、嘉兴市秀洲区人民检察院、嘉兴市秀洲区人民法院、上海市市场监督管理局执法总队、北京市市场监管综合执法总队等开展了交流，与广西壮族自治区双打办签署合作备忘录。值得一提的是，2022 年 2 月，品保委与山东省公安厅食品药品与环境犯罪侦查总队连续第五次共同举办知识产权刑事保护交流活动，共同探讨了制假售假行业特点、警企合作等主题，并就个案和相关线索开展了警企一对一交流。4 月，品保委邀请执法机关代表和电商平台代表出席了品保委线上会员大会，共同围绕互联网侵权假冒治理的最新实践分享了经验和看法。11 月，为加强合作以提高知识产权刑事诉讼的有效性和透明度，品保委与上海市人民检察院在上海举办"知识产权权利人实质性参与诉讼的路径与边界"圆桌论坛，市检察院以及各区检察院的检察官就商业秘密刑事司法保护、网络环境下的数字版权司法保护等主题与品保委会员开展交流。

在知识产权海关保护方面，品保委与海关总署综合业务司主管领导举行线上会议，双方一致同意加强知识产权保护专项行动的配合，鼓励权利人向海关方面提供有趋势性的侵权信息。海关知识产权执法技能交流与培训是深受会员企业和海关关员欢迎的传统活动，品保委先后与兰州、汕头、宁波、拱北、武汉、西安、济南、银川、深圳、南昌、海口、合肥、黄埔、哈尔滨、长春、大连、沈阳、呼和浩特、满洲里、南京、乌鲁木齐、长沙、天津、昆明、成都、重庆、南宁及贵阳等 28 地海关举办了 10 场线上培训活动，相关海关关员线上观看总计 3475 人次。此外，品保委还拜访了宁波海关。

二、积极开展调研活动，为知识产权相关立法、修法和司法解释以及政策制定建言献策

2022 年，品保委持续就会员重点关注的前沿和热点问题与相关学术研究机构合作开展调研，主要的调研项目包括：电子数据的跨境应用问题研究项目（北京师范大学）、人工智能与网络犯罪、知识产权侵权问题研究项目（北京大学法学院）、电商平台知识产权保护指数评价体系研究（北京大学法学院）、知识产权民事诉讼管理指南项目（君策中心）等。

针对《北京市高级人民法院关于侵害知识产权民事案件适用惩罚性赔偿审理指南（征求意见稿）》《中华人民共和国专利法实施细则（修改草案送审稿）》以及《禁止滥用知识产权排除、限制竞争行为规定（征

求意见稿)》，品保委向全体会员征集意见、组织讨论，并将相关意见汇总提交。此外，品保委就会员反映强烈的注册商标专用权刑事保护中认罪认罚、退赃退赔的影响问题向最高人民法院、最高人民检察院、全国打击侵权假冒工作领导小组办公室以及公安部食品药品犯罪侦查局提交了建议书。

三、持续开展知识产权保护国际交流与合作

2022 年，品保委继续把国际交流作为一项重点工作，在国际知识产权界广交深交朋友，学习国际先进经验，同时讲好知识产权中国故事。4 月，丁宇主席代表品保委作为 INTA（国际商标协会）合作备忘录伙伴出席了 INTA 华盛顿年会。在华盛顿期间，他还应邀出席了 IACC（国际反假冒联盟）大会并发言，介绍了中国知识产权保护和执法的最新进展及趋势。8 月，计莹副主席代表品保委出席了中国国际贸易促进会等机构举办的第四届国际工商知识产权论坛并参与专题讨论。9 月，品保委代表参加第十五届国际刑警组织打击知识产权刑事犯罪大会。其间，丁宇主持了食品饮料和其他消费品相关的专题讨论，介绍了品保委与中国政府相关部门、司法执法单位之间的充分沟通与紧密合作。此外，品保委还以互访的形式与日本贸易振兴机构、加拿大驻华大使馆、英国驻华大使馆等开展了交流，并与 INTA 联合举办十佳案例线上分享会。

四、内部交流以及与其他相关方的合作与交流

品保委各个专业工作组、行业小组继续通过午餐会、研讨会、沙龙、开放日等形式开展了精彩纷呈的分享活动，打造了专业知识和实践经验交流的大平台，令广大会员受益匪浅。这些活动内容广泛，涉及十佳案例分享、知识产权刑事案件的法律跟进、企业内部知识产权管理和维权经验、《商标审查审理指南》解读、中国标准必要专利诉讼实践及发展、《禁止滥用知识产权排除、限制竞争行为规定（征求意见稿）》解读、商业秘密民事司法保护、商标确权、与软件相关知识产权问题以及相关行业问题。针对电商和网络社

交平台相关知识产权问题，品保委举办了网上商标商号侵权研讨会等互联网知识产权保护大讲堂系列活动，并组织会员与阿里、京东、抖音电商、腾讯等互联网平台进行了交流。10 月，品保委还拜访了中国国际贸易促进会商事法律服务中心，双方就进一步加强交流和合作达成共识。

五、协助会员对接地方执法部门

品保委继续协助地方执法部门与权利人实现双向对接，第一时间分享案件线索、开展产品真假鉴定，极大地提升了办案和投诉的效率，有力地打击了相关地方的假冒侵权违法犯罪行为。这些地方执法部门包括北京、上海、广东、山东、黑龙江、辽宁、贵州、江西、安徽、江苏等地公安和市场监督管理部门。

六、会员服务与宣传工作

2022 年，品保委举办大小活动共 58 场，以丰富的内容和多样的形式吸引广大会员参与。在 192 家会员中，有 166 家会员企业的代表积极参加各项活动。在宣传方面，品保委办公室通过网站、微信公众号等形式及时向会员发送最新知识产权信息、品保委动态、工作成果和活动预告，发表各种文章 200 余篇，发布月报 12 期，点击总量近 3 万次。

七、问题、对策和建议

针对商标恶意抢注，希望商标局在审查阶段（商标申请电子公开后正式公告异议前），充分考虑合法权利人提供的相关证据，包括互联网上的使用证据，及时驳回恶意申请。此外，通过明确抢注行为的不正当竞争属性，支持权利人通过司法程序申请禁令，并向恶意抢注人及其商标代理机构主张经济赔偿。

在打击非正常的专利申请方面，建议政府相关部门考虑将财政资助政策与实用新型专利完全脱钩，例如，在高新技术企业认定的条件中，移除实用新型专利，以便从根本上解决不以创新为目的的专利申请问题。

针对互联网平台（包括电商平台、社交媒体和短视频平台）上知识产权维权，建议政府相关部门引入

举报制度以加强对平台知识产权治理体系以及落地的监督，例如拼多多平台上的假货与侵权产品链接删除不及时与刑事调查不配合；建议政府相关部门设置明确的线上农药和医药经营资质准入门槛，以规范市场；

建议政府相关部门对尚未获得最终有利判决书/决定书的明显恶意的知识产权侵权行为颁发快速禁令，以支持互联网平台立即下架侵权链接以减少权利人的损失。

（撰稿人：丁宇）

中国文字著作权协会打击侵权假冒工作报告

中国文字著作权协会（以下简称文著协）成立于2008年10月24日，是经原新闻出版总署批准，于2009年2月18日在民政部核准登记的非营利性社会团体，是中国唯一法定的文字作品著作权集体管理组织，是负责全国报刊转载、教科书等法定许可使用文字作品著作权使用费收转的唯一法定机构。目前拥有个人会员逾万人，单位会员100多家，作者译者库拥有7万多人的信息，个人会员授权作品达10万余部，单位会员授权作品数万部（件）。文著协成立15年以来，本着"让权利人利益最大化、推动产业发展"的宗旨，为文字著作权人收取作品稿酬超过亿元，向万余人次转付稿酬7000多万元。

同时，文著协是国际复制权组织联合会（IFRRO）会员，欧亚权利人协会联合会（EACOP）会员，与世界知识产权组织（WIPO）和国际作者作曲者协会联合会（CISAC）保持良好关系。文著协是中国版权协会常务理事单位、中国知识产权研究会、中华出版促进会和中国翻译协会理事单位，中国出版协会"一带一路"出版工作委员会副主任委员单位，国家数字版权保护技术应用产业联盟副理事长单位，中国政法大学研究生院产学研实习基地。

文著协是中央宣传部学习强国学习平台版权服务/顾问单位。

一、积极维护权利人的合法权益

（一）针对知识资源平台维权

2022年，"九旬教授赵德馨状告知网维权获赔70余万元"新闻报道在社会上持续发酵，"知网事件"引发各界广泛关注。知网的运营模式越来越引起社会各界的不满和诟病，越来越多的专家学者、行业协会、高等院校、出版机构、新闻媒体、平台用户强烈发声，要求知网矫正模式、停止侵权、赔偿损失、及时整改。协会密切关注社会动态，及时撰写相关文章发声，组织专家座谈，正确引导媒体，力求在知网问题上体现著作权集体管理组织维护权利人合法权益的信心和决心，产生良好社会反响。

在中国知网被国家市场监管总局立案查处后，协会多次接受市场监管总局专案组的咨询，接待专案组专题调研，提交《关于知网利用市场支配地位侵害著作权人合法权益，严重影响知识资源合法有序传播的调研报告及解决建议》和相关资料，说服专案组认可"知网滥用市场支配地位实施垄断行为是长期大规模侵犯知识分子、作家版权造成的，垄断问题与版权侵权密切相关"这一逻辑关系。

2022年5月，协会和中国互联网协会指导浙江大学传媒与国际文化学院和浙江理工大学网络法研究所举办"知网案解析与全面治理之道"专家研讨会，邀请专家，并组织报道。

2022年10月，协会主办"知识资源平台版权合规建设与产业发展"调研座谈会，邀请中宣部版权管理局领导、中国作协、中国科协、中国刊协、民进中央出版和传媒委员会、全国高校文科期刊研究会、全国科技期刊研究会、知名期刊出版单位、重点文献数据库等各界代表40余人，就"知识资源平台的版权合规建设和规范发展"进行专题调研。

协会安排专人就知网版权问题的媒体报道和专家

言论进行整理，形成调研报告提交有关部门。在知网版权侵权问题上，协会的立场和一系列做法体现了协会对文献数据库行业版权治理的关注与专业态度，体现了协会的社会责任，受到广大专家学者和会员好评。

在上级有关部门的监督指导下，知网高层主动来协会沟通三次，提交了版权整改方案，协会提出的一些意见受到知网重视并采纳。协会对多家平台、期刊、权利人组织进行了走访调研，知网、万方数据和多家重点期刊表示，愿意在协会主持指导下，推动建立"知识资源平台版权合规建设与规范发展共同体"，发出公开倡议，规范版权授权文件和授权流程，调研制定作者稿酬标准和支付方法，维护广大作者和期刊合法权益，推动平台健康规范发展。

2022年底，在国家市场监管总局对其垄断行为做出行政处罚决定后，知网立即发布公告，明确提出了与著作权集体管理组织协商制定著作权保护实施方案并予以严格落实等具体措施。

（二）针对教科书"法定许可"维权

2022年，协会就会员投诉教科书"法定许可"使用文字作品未支付报酬一事，多次与数家教科书出版单位沟通。通过维权工作，协会与河北大学出版社签订了教科书法定许可稿酬收转协议。针对会员投诉多、拒不支付稿酬的教科书教辅出版单位，协会正在陆续采取诉讼等法律手段，维护会员合法权益。目前，法院就相关案件已陆续开庭审理。

（三）关注电商平台盗版图书售卖问题

2022年8月，由文著协和中国作协共同指导，译林出版社承办的"保护创作者权益，共建良好出版生态——刘亮程作品独家典藏版版权维权座谈会"在中国现代文学馆举行。第六届鲁迅文学奖获得者、新疆作协主席刘亮程的著名散文集《一个人的村庄》被盗版售卖20多年，盗卖数量惊人，盗卖金额巨大，给作者造成的直接版税损失超过2000万元。对于电商平台上盗版图书肆意售卖的问题，与会代表从多个角度发表了自己的看法。文著协建议，应当高度重视著作权主管部门的行政处罚，整理证据，向著作权主管部门或文化市场综合执法部门举报，追究电商平台和商户的行政责任。同时可以向国家版权局建议，发挥重点

作品预警机制，申请将畅销作品列入国家版权局重点作品预警名单，向社会公布，督促平台方配合做好版权保护工作。

（四）日常维权

2022年，协会处理了四家出版单位违规使用18位作者作品的侵权行为，确定赔偿金额，签订了和解协议，涉案金额达15万元。

在日常工作中，协会通过电话、电邮、微信等多种形式免费为权利人和使用者提供版权法律咨询服务，义务审查版权合同，出具维权意见书，宣传著作权法和协会工作。协会的这一做法得到社会各界的普遍肯定和欢迎，权利人对协会更加信任，愿意加入协会，把权利交由协会行使；多数使用者愿意委托协会处理有关作品的授权，使用通过合法渠道授权的作品，有效化解版权风险。协会的社会影响力、公信力日益提升。

二、版权公共服务

（一）继续为学习强国学习平台提供著作权专项服务

从中宣部建设学习强国学习平台伊始，我协会便积极参与到平台涉及文字作品版权问题的梳理和解决工作之中。根据2018年中宣部宣传舆情研究中心与协会正式签署的协议，2022年协会继续为中宣部学习强国学习平台提供专业的著作权服务，解决学习强国学习平台涉及文字作品的版权问题，向学习强国学习平台提交674篇作品清单，经过平台审核后，发放72篇作品的稿酬。

同时，协会积极向学习强国学习平台授权会员作品，向多位作者介绍该平台的情况，及时反馈工作中出现的新问题新情况，并提出解决方案。

协会的努力工作保障了平台对文字作品的正常运营，同时理顺了平台与很多作者的关系，广大作者对学习强国学习平台遵守著作权法、尊重作者合法权益的做法高度赞扬，很多作者和会员主动挑选优秀作品，委托协会授权该平台使用和传播。

（二）为修改行政法规和部门规章建言献策

2022年，协会立足于解决现实问题和回应社会关切，强化著作权集体管理组织的作用，多次就相关行

政法规和部门规章的修订建言献策。

向中宣部版权管理局提交《对〈著作权法实施条例（修订草案征求意见稿〉）的修改建议》；针对两个征求意见稿，两次提交《对〈著作权集体管理条例（修订草案征求意见稿〉）的修改建议》。向市场监管总局提交《对〈禁止滥用知识产权排除、限制竞争行为规定（征求意见稿〉）的建议》。

（三）联合发出倡议，规范北京冬奥会版权保护

1月28日，在北京2022年冬季奥林匹克运动会开幕前，为切实做好2022年北京冬奥会版权保护工作，最大程度减少侵权发生，协会联合中国版权协会、中国版权保护中心、中国音乐著作权协会、中国音像著作权集体管理协会、中国摄影著作权协会联合发出《北京2022年冬季奥林匹克运动会版权保护倡议书》，规范北京冬奥会版权保护有关工作。

三、完成课题研究项目

2022年，协会完成了中宣部版权管理局委托的"提高教科书法定许可稿酬标准"调研项目和"文学出海版权风险防控"课题研究项目。

为了更好地完成两个委托项目，协会专门抽调工作人员，查阅大量图书、报刊资料、数据；翻译日韩官方教材稿酬标准；实地走访调研，组织业内专家召开项目研讨会、座谈会；设计调查问卷，征求意见。在此基础上，结合协会自身多年的实践经验，形成课题研究报告初稿，并经有关专家论证，最终定稿，完成课题研究项目上报。

2022年，协会负责人作为课题组主要成员，参与国家社科基金重大项目——《双循环背景下数字版权贸易国际竞争力研究》（浙江传媒学院），国家社科基金一般项目——《人工智能生成内容的著作权立法研究》（中国政法大学），为开题和中期报告提供指导、组织调研、提出建设性意见。

四、追踪研究新问题

2022年7月，中国社科院法学研究所版权专家携研究生到访协会，双方就图书出版中作者版权合同地位和文字作品版权集体管理以及数据库侵权问题进行

了交流，就"知网事件"中的期刊社版权声明和期刊提供的著作权转让格式协议的法律效力、知识资源平台的版权侵权民事责任和行政责任等热点问题进行了充分交流研讨，协会提供数十份版权合同，供其研究。

协会追踪研究知识资源平台的版权合规建设与产业发展、"区块链＋版权"等问题，参与有关课题研究。针对社会热点版权事件，及时发声，阐明立场，研究问题的实质，提出解决建议。同时与有关高校科研机构、出版机构、法院、有关行业协会就热点问题进行研讨、交流。

五、"法定许可"稿酬收转业务

面向报刊社、出版社开展著作权"法定许可"工作宣讲，调研教科书出版机构和文摘类报刊社执行著作权"法定许可"制度的情况，签署"法定许可"著作权使用费收转协议，收取文摘类报刊和教科书出版社交纳的转载和选文著作权使用费，并向权利人转付，是国家法律赋予我协会的法定职能。

2022年，协会继续与读者杂志社、青年文摘杂志社和人教社、机工社、外研社等机构合作，履行法定职能，收转法定许可稿酬。

2022年，协会签订报刊转载法定许可稿酬收转协议9份，涉及13种期刊。签约的使用单位有：中共山西省委党校、江苏教育报刊总社、江西美术出版社、江西师范大学读写月报杂志社、社会与公益杂志社、古典文学知识编辑部等。签订教科书法定许可稿酬收转协议5份，签约的使用单位有：高等教育出版社、语文出版社、河北大学出版社、江苏海洋大学出版社。

文著协在"法定许可"稿酬收转业务方面，无论是从合作的报刊社、出版社数量，还是从收取和转付的著作权使用费数额以及影响来看，文著协都是切实履行"法定许可"著作权使用费收转这一法定职能相对较好的著作权集体管理组织。

六、版权集体管理业务

（一）信息网络传播权

2022年，协会继续与北京世纪卓越信息技术有限

公司（亚马逊中国）、学而思、东方网、现代快报以及部分微信公众号等机构合作，通过数字新媒体平台授权推广会员作品，收取著作权使用费，为会员创造更多的收益。

2022年，协会与北京师范大学出版社签署协议，授权并收取其相关阅读系列图书中使用的文字作品制作成电子课件及音频的稿酬；与四川沫若艺术院签署协议，一揽子授权其将郭沫若作品制作成音频在网站及郭沫若艺术馆内播放。

协会与中国期刊协会、钛学术、中国知网、万方数据等单位就知识资源平台的版权授权和作者稿酬发放等问题进行多次洽谈、调研，取得较大进展。

（二）汇编权

汇编作品是很多文化公司和出版单位的主要产品线。在各类汇编作品中，教辅类图书占很大比重。多年来，文著协通过切实履行报刊转载和教科书选文稿酬转付的法定职能，获得很多经典作家、翻译家的独家授权，发展了众多高质量会员。通过授权推广会员作品、主动查找作者译者，与很多权利人建立了稳固的关系。文著协通过集体谈判、一揽子授权以及为出版单位主动组稿等形式，将很多会员从烦琐的单篇单部作品授权工作中解脱出来，节省了会员的时间和精力，极大地扩大了会员优秀作品的广泛传播，解决了出版单位的版权法律风险，同时也提高了会员的版权收益。经过多年实践，将会员作品汇编权纳入集体管理范畴，是文著协集体管理工作的一大创新，获得了广大会员和出版单位的普遍认可和一致好评。

2022年，协会与中国大百科全书、商务印书馆、人民文学、语文、童趣、团结、开明、海豚、北师大、化学工业、华语教学、海峡书局、时代华文书局、江苏译林、上海教育、四川教育、明天、长江文艺、长江少儿、上海交大、广西师大、华中科大、山东画报、天津人美和北京学而思、北教小雨、果麦文化等上百家出版社和民营文化公司签订了300余份协议，一揽子解决400余种图书选用文章汇编权的授权和稿酬提存转付问题，涉及巴金、茅盾、郭沫若、叶圣陶、冰心、汪曾祺、丰子恺、梁实秋、冯友兰、朱光潜、陈

伯吹、季羡林、史铁生、余秋雨、冯骥才、高洪波、毕淑敏、王安忆、肖复兴等著名作家作品，共计5000多篇次，收取著作权使用费1000余万元。

（三）戏剧公开表演权

2022年，协会主动向国内大型院团推介海外优秀剧目，研究演出市场需求，为国内多个院团引进多部外国戏剧，进行公演，多部话剧连续多年演出，同时，积极向海外推荐我国优秀剧目。

1. 为北京人艺引进俄罗斯经典话剧《我可怜的马拉特》于6月下旬至7月上旬再登北京人艺实验剧场舞台。继2021年首演之后，该剧作为"北京人艺建院七十周年纪念演出"剧目再度归来。

2. 为北京人艺引进俄罗斯经典话剧《老式喜剧》自2019年上演后便一票难求，获得观众交口称赞，7月下旬至8月上旬，该剧开启了新一轮演出，由小剧场"升舱"至中型剧场，满足了更多观众的观剧愿望，同时也给予了观众更好的观剧体验。

3. 为北京丰硕果实文化传媒有限公司引进俄罗斯经典话剧《高级病房》8月在顺义大剧院成功公益首演后，开启全国十几个城市20多场的巡演，受疫情影响，未能完成全国30场巡演。

4. 为上海意幕文化传播有限公司引进俄罗斯戏剧新浪潮代表人物柳德米拉·拉祖莫夫斯卡娅的代表作《青春禁忌游戏》（原名：《亲爱的叶莲娜·谢尔盖耶娜》），排演成音乐剧，由上海美琪大戏院连演14场，这是该剧作家作品的第一部音乐剧。

5. 为锦娱文化传媒（天津）有限公司、天津北方对外演艺交流有限公司和马路工作室引进《青春禁忌游戏》，排演成话剧，在天津中国大戏院公演。

6. 为北京人艺引进俄罗斯剧作家盖利曼的名作《长椅》分别于9月19日—10月30日和11月13—28日两轮演出，参加"2022年'北京故事'优秀小剧场剧目展演"。这是北京人艺纪念中国小剧场戏剧40周年的献礼之作。《长椅》曾作为各大艺术院校的教学片段被反复排演。

7. 为上海蝶魄文化传媒有限公司引进比利时象征主义戏剧大师莫里斯·梅特林克的法语话剧《丹达吉勒之死》于11月在上海公演。这是"中法文化之春

2022 年度项目——上海大剧院·中法舞台经典剧作系列演出"之一。

2022 年下半年，协会与俄罗斯国家话剧院分院——俄罗斯普斯科夫普希金模范话剧院就排演"诺贝尔文学奖"获得者、中国作协副主席莫言的作品《蛙》为俄语话剧进行多轮洽谈，达成合作意向。协会为北京人艺引进美国经典话剧《晚安，妈妈！》进行多次洽谈，最终达成协议。

协会与北京演艺集团、中国演出行业协会等机构接洽，推荐海外优秀剧目和国内优秀剧目；同时，协会接受俄罗斯圣彼得堡大学委托，遴选我国优秀剧目，计划在俄罗斯翻译出版并推荐演出。

七、版权代理业务

（一）继续为海外中文教材解决版权授权和使用费收转，提升中华文化海外影响力

1. 为香港教育出版社解决小学中国语文课本《我爱学语文》（1—6 年级第二版）纸质图书和网络教材选用华文作家授权和作品稿酬收转问题，该套教材覆盖香港、澳门两地小学 3 万名注册师生。

2. 为香港时信出版有限公司解决教材《高中中国语文（卷一）文言白话精练》选用相关作品授权和稿酬收转问题。

3. 为台湾南一书局企业股份有限公司解决南一版国文第三册教科书及配套讲义读物中的文学作品授权和稿酬收转问题。

4. 为日本公文教育研究会解决公文式学习教材长期选用相关中文作品授权和稿酬收转。

5. 为新加坡名创教育出版集团解决小学华文欢乐伙伴课本三年级上册、小学高级华文欢乐伙伴活动本三年级上册纸质教材和数码教材选用相关作品授权和稿酬收转问题。

6. 为牛津大学出版社（中国）有限公司解决启思中国语文第五版教材、启思新高中中国语文（第三版）、启思生活中国语文第五版教材纸质及电子教材选用相关作品授权和稿酬收转问题。

（二）版权引进和输出

1. 由协会代理引进版权的俄罗斯当代童话《剧院老鼠的船长梦》由接力出版社出版，该书入选德国国际青少年图书白乌鸦书目和 2020 年国际儿童读物联盟荣誉榜单，收入接力出版社"俄罗斯金质童书"系列。该书由协会总干事张洪波翻译。该书中文版出版后，被列入由浙江省特级教师张祖庆领衔、全国 78 位一线语文名师共同研发的 2022 年和 2023 年全国小学生暑假和寒假分年级阅读推荐书目。

2. 为新蕾出版社引进的俄罗斯谢尔盖·米哈尔科夫国际儿童文学奖获奖作品《琴键上的小矮人》出版中文版。

3. 为外语教学与研究出版社成功解决"中阿经典图书互译出版项目"中《边城》与《城南旧事》两部作品的阿尔巴尼亚语版权授权问题。

4. 为长江少年儿童出版社代理引进了《车轮上的奇迹》《人类怎么发现地球的形状》《望远镜里看星空》等五部优秀俄罗斯科普作品版权。

5. 为广西师范大学出版社代理引进了《塔尔科夫斯基诗集（第一卷）》三张照片的版权。

6. 2018 年曾为译林出版社引进德国记者的图书《普京：权力的逻辑》，于 2022 年到期后续约。该书中文版面世以来，受到俄罗斯总统新闻发言人和总统办公厅的高度重视。

（三）影视文创版权代理业务

1. 2022 年中秋、国庆期间，由杨荔钠导演，吴彦姝和奚美娟领衔主演的电影《妈妈！》让很多观众泪洒影院。协会与制片方签署授权协议，为该影片朗诵协会会员叶圣陶的诗歌《小小的船》和兴万生翻译的诗歌《你爱的是春天》解决版权授权问题。

2. 为团中央庆祝建团 100 周年，解决诗人穆旦翻译的诗歌《无常》的歌词谱曲改编权授权。

八、版权对外宣传培训研讨工作

（一）制作发放《2021 年报》和《协会宣传册》

2022 年，协会制作了《2021 年报》，再次修订了《协会宣传册》，全方位展示了协会各方面的工作。协会通过电子邮件向各兄弟协会、主要行业协会、合作单位、会员发送电子版，并将《2021 年报》在协会官网依法对外发布，起到了很好的宣传作用。

（二）发布"十大排行榜"

2022年"4·26"期间，协会根据上一年度的工作，在线举办了"2021年度最受欢迎的十大作家排行榜暨2021年度年报发布会"，协会以榜单形式公布了2021年度最受欢迎的十大作家、十大使用者和最受欢迎的十大作品排行榜，并对社会正式发布了协会2021年年报，展示协会在过去一年里的重点工作和成果。梁飞副总干事主持发布会并在互动环节从专业角度回答了网友提出的很多版权实务问题。多家媒体予以报道，有效扩大了协会的影响力。

（三）举办"会员开放日""合作单位接待日"

2022年"3·15"期间，协会举办了"合作单位接待日"活动，与中国音像与数字出版协会、中国书籍出版社、童趣出版有限公司、中国三峡出版社等6家合作单位的负责人一同探讨更好服务版权产业的最优方案。与会嘉宾立足优化产业的版权生态，围绕文字作品版权保护、集体管理和服务等诸多方面进行了深入探讨。

"4·26"期间，为促进我国版权事业高质量发展，使理论研究成果与产业发展深度融合，协会举办了"会员开放日"活动，开展以"深度融合背景下期刊版权规范与运维"为主题的版权沙龙活动。来自中国社会科学院科研技术局、中国民主法制出版社、中华医学会杂志社和中国高校科技期刊研究会的专家学者从各自角度就融媒体时代期刊面临的版权问题、版权运维规范化和提升期刊竞争力等问题进行了坦诚而深入的探讨，大家愿意就这一主题经常举办沙龙。

（四）报刊新媒体发表文章

协会总干事张洪波应邀为《版权理论与实务》《编辑之友》《出版广角》《法治时代》《中国新闻出版广电报》《中国知识产权报》《中国市场监管报》等报刊撰写多篇文章，其中《知识资源平台的版权合规建设与社会共治——以"知网模式"为例》发表于《版权理论与实务》2022年第6期，文章被学习强国学习平台网络首发后，获得超过357万的阅读量和13万以上的阅读者点赞，并被党建网、独立精神等重点网络媒体广泛转载，在业界产生较大反响。

协会员工在传统纸媒和新媒体就协会工作和社会热点问题发表多篇文章，一方面宣传了协会工作，普及了著作权法知识，另一方面也锻炼了文笔，提升了写作能力。

另外，协会发布的年报数据和工作业绩多次被《中国出版》《出版广角》《版权理论与实务》等期刊发表的版权论文引用。

（五）微信公众号推文

2022年，协会微信公众号推文总计284篇，文章总阅读量达到145638次，文章总分享9712次，收藏1637次。新增关注用户2023人，截至2022年底共有关注用户8556人，同比增长31%。

2022年1月4日，针对一些会员对稿酬个税的疑惑，协会组织财务部撰写《作家稿酬收入该怎样纳税？》一文，协会公众号推送两天总阅读量就接近4000次，为近两年来阅读量最高的推文。位居阅读量第二的文章是12月26日推送的《知网整改方案》，总阅读量达到了2429次。

协会通过官网、新浪微博和微信公众号等媒介，定期推送文章，介绍党和国家政策、协会日常工作和主要成绩，追踪版权热点前沿问题，形成了立体宣传格局，并通过群发短信、邮件、微信群等与会员开展互动。

协会按照《微信公众号发布信息管理办法》，在转载他人文章前，每一篇都提前征求作者许可，并支付转载稿酬（每千字100元）。协会这一做法得到很多媒体的积极评价。

另外，协会负责人为中国人民大学、浙江大学、北京印刷学院、北京第二外国语学院、浙江传媒学院、中国期刊协会、中国新闻技术工作者联合会等单位举办专题讲座，与相关专家学者、业界人士保持密切沟通交流，宣传著作权法律知识，展示协会的职能和实际工作，关注研讨社会热点前沿版权问题和条例修改，提升了协会的研究能力和服务能力，增强了协会的权威性、影响力、公信力。

2022年，协会围绕党和国家中心工作，服务国家版权大局，以习近平新时代中国特色社会主义思想为指导，牢固树立以人民为中心的发展思想，在履行报刊转载和教科书等"法定许可"使用费收转的法定职能、集中管理会员的汇编权和信息网络传播权、维护会员权益、修法普法等方面取得显著成效，获得权利人、产业界和社会各界的广泛认可。文著协已经成为推动产业发展、维护法律尊严、维护社会公平正义、推动国家法治建设、建设知识产权强国的一支不可或缺的力量。

（撰稿人：张洪波）

中国音乐著作权协会打击侵权假冒工作报告

一、协会简介

中国音乐著作权协会（以下简称音著协）成立于1992年12月17日，是由国家版权局和中国音乐家协会共同发起成立的目前中国（除港澳台外）唯一的音乐作品著作权集体管理组织，是专门维护作曲者、作词者和其他音乐著作权人合法权益的非营利性机构。音著协依据《著作权法》《著作权集体管理条例》和《社会团体登记管理条例》以及协会章程等开展各项工作。音著协具体工作包括：在中国（除港澳台外）范围内，以自己的名义吸收音乐词曲作者以及其他音乐著作权人加入协会、向音乐使用者发放著作权许可并收取使用费、向音乐著作权人分配使用费、提起维权诉讼等。会员大会是音著协的最高权力机构，理事会下的常务理事会是音著协的领导机构，总干事领导下的各工作部门是音著协的执行机构。

截至2022年底，音著协会员总数为12079，其中词作者4123人、曲作者7367人、出版公司153家，其余为继承人等。作为国际作者和作曲者协会联合会（CISAC）的成员，音著协共与近80家来自不同国家和地区的海外同类组织签署了相互代表协议，管理着全球范围超过1600万首音乐作品的著作权。

伴随数字化时代的不断发展，音著协坚持提升与之相适应的音乐版权管理技术。2021年，音著协开发了音乐著作权大集成服务系统（iSMC, Integrated System of Music Copyright），并通过其对音乐作品进行著作权数字化管理。iSMC是音乐作品信息数据和著作权服务一体化的集大成平台，它依托于覆盖全球范围的音乐作品著作权信息管理大数据系统和横贯各主要行业的音乐使用监测大数据系统，可以为音乐著作权人、音乐使用者等产业主体提供高效便捷的著作权服务，一站式解决作者入会、作品登记、权利查询、许可管理、使用费分配等问题，在促进音乐产业繁荣的同时，还可以为维护国家和社会的文化安全贡献力量。

2022年，音著协共收取著作权使用费约人民币4.17亿元（含海外收益约人民币1117万元）。截至2022年底，音著协历年为音乐著作权人收取的许可使用费总额约34.5亿元，其中约82.5%的许可使用费依照会员大会制定的分配规则向音乐著作权人进行分配。

在信息公示方面，音著协每年按照CISAC的要求制作年报，同时通过微信公众平台、会讯、官网、理事工作月报、宣传册等多种方式，向协会理事、全体会员、使用者、相关行政管理部门及社会有关方面及时公示会员发展、许可收费、版税分配、维权诉讼等各项工作情况。

二、反侵犯知识产权工作综述

作为著作权集体管理组织，音著协主要管理音乐词曲著作权人个体难以行使的权利，包括复制权（发行权）、表演权、广播权和信息网络传播权。与之对应，其维权范围及对象如下：

复制权涉及：图书，音像制品，影视剧以及广告制作，点歌机、手机、玩具等工业制品等使用音乐作品。

表演权涉及：现场表演——演唱会、演奏会等演出中使用音乐作品；机械表演——商场、超市、宾馆、酒店、餐厅、歌舞厅、交通工具、主题公园等场所公开播放背景音乐。

广播权涉及：广播电台、电视台播放节目使用音乐作品。

信息网络传播权涉及：互联网、无线网络等使用音乐作品。

针对音乐著作权侵权较普遍的现象，音著协在普法宣传、协商谈判之外，视侵权行为的严重程度，分别采取发函（法务部函或律师函）、取证、诉讼等法律手段，一方面打击严重侵犯音乐著作权的行为，一方面维护公平的著作权市场秩序。音著协的维权思路是，以法律手段严厉打击严重侵权行为，以合作模式开拓巩固产业共赢之路。

2022年，音著协共向侵犯音乐著作权的使用者发函（律师函、法务部函）85封、对侵权行为取证9件、启动诉讼程序112件。采取以上维权行动后，经谈判、和解、调解或者判决，音著协为音乐著作权人索赔和追回的著作权使用费达人民币约806万余元、待执行款127万余元，共计933万余元。相关数据见下表：

中国音乐著作权协会维权数据统计（2022年）

类别	证据保全（件）	启动诉讼程序（件）
复制权	0	4
表演权（现场表演）	5	17
表演权（机械表演）	4	22
广播权	0	32
信息网络传播权	0	37
合同违约	0	0
合计	9	112

注：发函数量以函号计算，同一函号可能涉及多家单位。

（一）复制权维权

近年来，随着新技术发展，复制使用音乐的形式不再拘泥于传统模式，除产品内置、图书出版物、教科书法定许可等使用音乐外，数字环境下的影音合成、图书内附二维码等复制与网络结合使用音乐的现象越来越普遍，复制权的侵权形式呈现多样化、复杂化的趋势。

2022年音著协此类维权行动的典型案例包括：黑龙江广播电视台文体频道《艺术龙江》节目复制权侵权案等。

（二）表演权（现场表演）维权

依照我国《著作权法》，在演出中使用音乐作品，演出组织者应当事先取得著作权许可，否则将侵犯著作权人的表演权。此类案件中，多数演出组织者在演出前均以工作繁忙、售票不理想等各种理由拖延办理著作权许可，演出后经音著协反复多次交涉，仍然不予配合，严重损害了音乐著作权人的合法权益。

2022年，演出市场基本处于半停滞状态，许多演出组织者也以此为由，拒绝、拖延缴纳著作权使用费。音著协关于此类诉讼的典型案例包括：花泽香菜2019上海演唱会侵权案、"最忆是杭州"（印象西湖）演出侵权案等。

此类维权案件不仅涉及中国大陆音乐著作权人的作品，也涉及很多港台及海外流行音乐作品，因此，音著协的维权行动直接关系到全球音乐著作权人的合法权益。

（三）表演权（机械表演）维权

依照我国《著作权法》，公开播放音乐作品应当事先取得著作权许可，否则将侵犯著作权人的表演权。表演权（机械表演）许可中，始终存在着著作权人授权难、使用者获权难的现实问题。而国际上著作权集体管理组织上百年的实践表明，一揽子许可模式可以有效地解决这一两难问题。在我国，由于著作权法律意识、权利意识淡薄等原因，大多数使用者还不能主动、事先获得著作权许可。

音著协此类维权案件中，公开播送音乐作品的主体主要为商业经营者，涉及商场、超市、餐厅、酒店、专卖店、车展、主题公园等不同业态。这些商业经营者在所经营场所内大量、长期播放背景音乐，但是并未获得著作权许可，而且经音著协多次交涉后，仍然拒绝办理许可，严重损害了音乐著作权人的合法权益。因为商业场所播放背景音乐涉及行业广泛、地区众多，所以相关维权行动范围较大。

2022年音著协此类维权行动的对象主要包括：深圳锦绣中华、上海胡桃里音乐酒馆、上海华润Ole'静安嘉里店、福建宝龙城市广场等。

（四）广播权维权

根据我国《著作权法》《广播电台电视台播放录音制品支付报酬暂行办法》等相关法律法规，广播电台、电视台播放他人已发表的作品，应当支付著作权使用报酬；音著协作为依法成立的著作权集体管理组织，有权以自己的名义向广播电台、电视台发放授权许可并对侵权播放相关音乐作品的责任方提起诉讼。

截至 2022 年底，共有 133 家广播电视组织同音著协签订了许可付酬协议，获得了合法使用音乐的著作权许可及相关法律服务，其中包括了全部中央级电台、电视台，大部分省级电台、电视台及部分重点市级电台、电视台。

但是，我国绝大多数广播电视组织，特别是数量庞大的市级台、县级台，甚至是个别省级台，仍在"三无"行列——无视他人权益、无视法律法规、无视行业形象。自 2015 年起，音著协开始对部分坚持侵权使用音乐或对付酬仍在观望的电台、电视台正式展开诉讼行动。

2022 年，音著协共向 13 家广播电视组织提起侵权诉讼，主要包括：哈尔滨广播电视台、四川广播电视台、河源广播电视台、河南广播电视台等。

（五）信息网络传播权维权

在网络音乐许可方面，音著协坚持"音乐著作权主渠道合作模式"，对纷乱的数字音乐版权市场进行了有效的梳理，并逐步拓展网络直播和网络视频的音乐许可业务。

实践中，尽管有些网络音乐平台已与音著协签订音乐著作权许可使用协议，但仍有部分主流网络音乐平台坚持侵权使用音乐作品，对国家市场监督管理总局反垄断处罚提出的"不得支付高额预付金"断章取义，将其作为对抗音乐著作权人合理诉求的挡箭牌，无视其自身使用规模和体量的成倍增长，无理拒绝音乐著作权人要求其承担与其使用增长规模相匹配、体现音乐作品实际贡献价值的合理诉求，利用其市场优势故意压低音乐作品的价值。对此，音著协正在逐步加大维权力度。

2022 年，音著协网络方面维权行动的对象主要包括：斗鱼直播、荔枝 FM 等。此外，近年来音著协也持续对中国移动、中国电信等海量使用音乐作品的网络音乐巨头展开维权诉讼，并希望通过诉讼促使双方达成许可合作。此类案件主要包括：中国移动通信集团辽宁有限公司大连分公司移动彩铃侵权案等。

在移动应用方面，音著协以苹果及安卓等应用商店为媒介，一方面与各类手机应用程序（APP）签订许可协议，保障著作权人的合法权益；另一方面，通过应用商店中的投诉渠道，迫使侵权 APP 下架，敦促其尽快办理合法使用音乐的许可。2022 年，音著协向应用商店投诉侵权的手机应用包括：虎牙、斗鱼、棉花糖直播、陌陌、酷我音乐、酷狗音乐、懒人听书、荔枝、拼多多、儿歌多多等。

（撰稿人：张群）

中国音像著作权集体管理协会打击侵权假冒工作报告

2022 年，中国音像著作权集体管理协会（以下简称音集协）在中宣部版权管理局、中央和国家机关行业协会商会工作局的正确领导下，坚守制度初心使命，积极进取、守正创新，传统卡拉 OK 领域许可业务稳步推进，营业场所背景音乐、网络直播等新业务领域取得突破，协会会员数量、管理作品数量再创历史新高，音集协作为著作权集体管理组织的广泛代表性进一步增强，集中行使权利的能力进一步提升。

作为权利人、使用者和社会公众之间的桥梁纽带，音集协一直都致力于维护权利人权益，便利使用者使用，推动相关行业规范公正和高质量发展。在过去的一年里，音集协通过创新性的司法实践，推动了著作权集体管理理论发展和制度完善，为协会的未来发展打下了坚实的基础。在处理卡拉 OK 领域复杂的各项纠纷案件中，音集协提出的以国家版权局 2006 年公告的《卡拉 OK 经营行业版权使用费标准》为判决依据处理该领域各类著作权纠纷的"新思路"，不仅有效地遏制了非会员商业诉讼的泛滥，更提升了协会维权效率，大大减少了案件数量，对著作权集体管理活动在实践中起到了延伸效果，维护了著作权集体管理制度的稳定。此外，音集协与"天合集团合同纠纷案"等多个涉及著作权集体管理制度原则和协会发展前途道路的重大诉讼案件取得终审胜诉。这些具有里程碑意义的胜诉判决，不仅是音集协创新发展著作权集体管理理论的实践成果，更为音集协大刀阔斧地开展音像著作权集体管理业务提供了制度和司法保障。

一、"新思路"司法实践卓有成效

（一）具体工作及成果

2022 年，在严峻疫情形势下，音集协坚决贯彻落实国家版权局、文化和旅游部《关于规范卡拉 OK 领域版权市场秩序的通知》精神，联动全国及地方娱乐行业协会、行政管理部门、司法部门等有关方面，以集体签约方式深入推进卡拉 OK"二合一"版权许可工作，同时加强与司法、行政执法部门的合作，联动推进知识产权保护工作。

2022 年，音集协积极贯彻落实国家版权局"积极以协商沟通方式解决问题"的指导精神，全年在全国立案起诉侵权卡拉 OK 场所 3092 起，通过和解促成场所签约 1173 家，诉讼案件总量大幅降低。同时，音集协继续在全国范围内推行以国家版权局 2006 年公告的《卡拉 OK 经营行业版权使用费标准》为基础、以包房为单位计算的版权使用费作为侵权损害判赔依据的"新思路"。经过不断努力，获得全国 20 个省、自治区、直辖市法院的支持，其中重庆、河北、新疆、江西出现首个"新思路"判例，山东、广东、四川也呈现出"新思路"遍地开花的好形势，浙江、山东、陕西、江西更是在支持"新思路"的基础上陆续开始支持惩罚性赔偿，其中不乏包房单价顶格支持、延长向前追缴年限、删除集体管理组织管理的全部作品、惩罚性赔偿等对卡拉

OK 市场具有司法导向作用的优秀判决。

例如，新疆乌鲁木齐中院〔2022〕新 01 民初 64 号判决判令被告卡拉 OK 场所按音集协官网公示单价 8 元 / 包房 / 天的标准承担 2 年侵权赔偿责任；山东省潍坊市中院〔2022〕鲁 07 民初 186 号判决判令被告卡拉 OK 场所自注册成立之日起至注销之日长达 6 年有余的时间向音集协承担侵权赔偿责任；浙江省杭州市中院〔2021〕浙 01 民终 10338 号判决判令被告卡拉 OK 场所承担 3 年侵权责任同时追加一倍惩罚性赔偿；山东省高院〔2022〕鲁民终 1427 号判决判令被告卡拉 OK 场所按 3 年许可使用费计算侵权赔偿责任的同时，责令被告立即停止侵权并从曲库中删除音集协管理的全部作品，在此基础上又因被告继上一个侵权案件后仍未停止侵权行为，山东省高院支持音集协对该部分主张的 1 倍惩罚性赔偿。这些判决对减少诉讼纠纷有很强的威慑作用，对建立健康发展的卡拉 OK 版权秩序具有十分重要的意义。

针对签约卡拉 OK 场所瞒报包房数、未按合同约定支付版权使用费等情况，音集协以沟通在先，对于沟通无果的场所开展违约诉讼工作，违约诉讼工作已获广东、福建、贵州、江西、云南、陕西、甘肃等地法院的支持。

在非会员权利人诉讼方面，2022 年音集协代签约卡拉 OK 场所处理非会员诉讼案件 6064 件，越来越多法院参照"新思路"来计算侵权赔偿额，使得音集协签约卡拉 OK 场所判赔额大大降低，对有效解决卡拉 OK 领域著作权纠纷乱象起到良好的司法效果。此类案件全国平均单曲判赔额仅为 33.76 元，部分省份降至 10 元以下，较之前动辄单曲千元的判赔额显著降低，极大减轻了音集协签约卡拉 OK 场所的负担，同时维护了著作权集体管理制度的稳定。

在权利人难以行使权利的特定市场，未来音集协也将继续以集体管理组织的使用费标准作为裁判依据的"新思路"诉讼意见，继续积极与各地法院沟通，推动各省高院出具更为明确的指导意见，支持以版权费标准为依据计算赔偿额，取代过去以单曲计算的"旧思路"。以此统一特定领域著作纠纷的裁判标准，增强法律的规范性和权威性，引导非会员权利人入会，

卡拉 OK 场所主动签约。

（二）相关典型案例

1. 音集协诉滕州市龙泉贝斯特休闲会所著作权侵权纠纷案

2022 年 8 月 18 日，山东省高级人民法院对该案作出终审判决，认为被告自成立就未向音集协交纳版权费并持续经营，应追溯三年侵权期间并自被告场所收到停止侵权通知之日起计算惩罚性赔偿。最终判决按照 38 间 ×5 元 / 包 / 天 ×916 天 =174040 元的标准确定经济损失金额；按照 38 间 ×5 元 / 包 / 天 ×490 天 = 93100 元确定惩罚性赔偿金额，并支持被告场所从曲库中删除音集协管理的全部作品。本判决弥补了权利人因被告侵权行为所遭受的损失的同时，也提高了恶意侵权人的侵权成本，对使用者持续侵权、恶意侵权行为起到了很好的威慑作用，对构建良好的版权许可市场产生了积极影响。

2. 乐响（杭州）文化有限公司诉马鞍山市美威贸易有限公司二审案

2022 年 6 月 29 日，安徽省高级人民法院对该案作出二审判决，法院认为：音集协是经国家版权局正式批准成立的、在民政部注册登记的、我国唯一的音像著作权集体管理组织，依法对音像节目的著作权以及与著作权有关权利实施集体管理。上诉人作为 KTV 经营者，在使用音像作品时自身无法向众多权利人逐一查询许可及付费渠道，其通过向音集协申请许可并支付著作权许可使用费的方式获得相应权利，符合著作权法和著作权集体管理条例的规定。本案中，上诉人已经与音集协签订了《著作权许可协议》且支付许可使用费，并且在《著作权许可协议》签订时，案涉音乐电视作品在音集协网站上均进行了权利公示，上诉人基于对集体管理组织音集协的合理信赖，完全有理由相信其在经营场所播放案涉音像作品具有合法的权利来源。因此，上诉人已尽到合理注意义务，在使用涉案音像作品时主观上并无过错，无需承担赔偿经济损失的责任。最终，该院判决上诉人仅承担合理开支人民币 2000 元。

3. 青岛权信纵拓知识产权代理有限公司诉枣庄市炫酷文化传媒有限公司二审案

2022 年 5 月 25 日，山东省高级人民法院对该案作出二审判决，法院认为：被上诉人的损失计算标准可以参照同期音集协收取的许可使用费的合理倍数来确定，本案不适用法定赔偿方式确定赔偿数额。该院进一步明确了赔偿标准：上诉人 2021 年向音集协交纳许可使用费 21600 元，音集协官网公示其 2021 年管理作品总数为 163795 首，故上诉人每首作品在 2021 年每天需交纳的许可使用费约为 0.00036 元（21600 元 / 年 ÷ 163795 首 ÷365 天），本案被控侵权作品为 4 首，酌定的侵权天数为 643 天。因上诉人向音集协交纳了许可使用费，具有尊重著作权的主观意愿，不具有侵权的主观过错，再考虑上诉人经营期间发生新冠肺炎疫情等因素，综上计算，该院判决上诉人应赔偿被上诉人经济损失仅为 0.93 元（0.00036 元 / 天 / 首 ×4 首 ×643 天）。

二、多个涉著作权集体管理制度原则的重大诉讼案件取得终审胜诉

2022 年，音集协处理重大诉讼案件 41 件，涉及商事合同纠纷、会员合同纠纷、著作权许可合同纠纷、反垄断纠纷、反不正当竞争纠纷、不当得利纠纷，等等，多个涉及著作权集体管理制度原则和前途发展的案件取得终审胜诉。

（一）与天合集团及其子公司委托合同纠纷案

2021 年 7 月，北京知识产权法院就音集协与天合文化集团有限公司及其诸子公司（以下简称天合集团）委托合同纠纷案作出一审判决，法院支持音集协与天合集团签订的全部九份涉及卡拉 OK 著作权许可事务的独家合作协议自 2018 年 11 月 1 日起全部解除等诉求，判决天合集团及其子公司向音集协支付其拖欠的著作权使用费、延迟支付的利息、损失赔偿金等款项共计 99774654.49 元，同时驳回天合集团的全部反诉请求。2022 年 11 月，北京市高级人民法院对该案作出终审维持原判的判决。

至此耗时长达四年之久、备受社会关注的案件以音集协全面胜诉告终。该终审判决意味着音集协的著作权集体管理业务被天合公司控制的历史在法律意义上完全结束，音集协彻底甩掉历史包袱，清除历史积弊，以全新的面貌肩负起制度赋予集体管理组织的神圣职责，更好地为权利人和使用者服务。

（二）与天语同声、中音传播公司合同纠纷案

2022 年 5 月，北京市高级人民法院就北京天语同声信息技术有限公司、中音传播（深圳）有限公司诉音集协著作权合同纠纷案作出终审裁定，维持一审判决结果：音集协自 2014 年起无需再向两公司支付著作权使用费收入 21% 的运营服务费，为会员挽回了 1.299 亿元的版权费。此案的胜诉对音集协具有重要的意义，不仅挽回了重大财产损失，也使得音集协今后的管理成本大幅度降低，为日后健康发展扫平了历史遗留的法律风险和隐患。

（三）与广东 6 家 KTV 垄断纠纷案

2020 年 6 月，北京知识产权法院一审对广东 8 家 KTV 诉音集协垄断纠纷案作出判决，驳回原告 KTV 全部诉讼请求。一审后，其中 6 家 KTV 向最高人民法院提起上诉。2022 年 3 月，最高人民法院驳回所有 KTV 上诉请求，维持原判。法院认为：虽然音集协具有市场垄断地位，但没有滥用垄断地位实施原告所诉称的拒绝交易、附加不合理交易条件的行为，不构成滥用市场支配地位的垄断行为。该案判决明确了著作权集体管理组织仍受反垄断法规制，厘清了著作权集体管理组织的行为性质，及时回应了反垄断司法执法的实践需求，对推动文化产业有序发展、规范公平竞争的市场秩序及我国著作权集体管理的发展具有重要意义。

（四）诉浙江联娱大数据科技有限公司不正当竞争案

2022 年 2 月，浙江省高级人民法院就音集协诉浙江联娱大数据科技有限公司虚假宣传纠纷案作出终审判决，依法认定浙江联娱公司在特定卡拉 OK 领域的宣传及商业行为，构成虚假宣传，破坏了卡拉 OK 领域版权管理秩序，影响了音集协在集体管理领域的二合一版权许可执业活动，对音集协利益造成实际损害。法院判决浙江联娱公司立即停止虚假宣传的不正当竞争行为，赔偿音集协经济损失和维权合理费用共计 100 万元。

本案属于首例通过司法制止擅自从事著作权集体管理活动的经典判例，肯定了著作权集体管理组织在卡拉 OK 领域进行著作权集体管理活动的唯一合法主体地位。对制止非集体管理组织在著作权集体管理特定领域擅自从事妨碍或者排除著作权集体管理组织执业活动，扰乱卡拉 OK 经营市场正常的版权交易秩序的非法行为具有重要警示作用，对建立卡拉 OK 正常版权秩序具有重要意义，从根本上捍卫了广大权利人和使用者的合法利益。

三、启动广播和表演获酬权维权诉讼，促进落实录音制作者合法权益

在录音制作者广播和表演获酬权（以下简称"两权"）这一新领域，音集协积极变革、探索创新，通过大量工作依法依规地闯出了一条切实可行的路子。

在线下营业场所背景音乐使用方面，2022 年音集协通过与线下 6300 多家营业场所进行背景音乐使用的谈判沟通，在上海、湖南、江苏、北京、重庆等 10 个省市的收费工作取得进展，涉及餐饮、商场、酒吧、时尚品牌、会展、音乐节、展览等不同行业，并在酒店、展览、广场、公寓、写字楼、单项赛事、4S 店等行业实现了签约。

在互联网领域，2022 年音集协与快手平台经过长达两年的维权和协商最终成功签约，字节跳动、彩视等平台同期顺利完成续约合作。音集协还通过对大量市场调研数据的周密分析，提出了互联网直播中使用录音制品的费率协商标准，并与中国音像与数字出版协会两次联合组织 30 余家网络直播平台召开会议，共同协商。在行业协商中，音集协充分听取权利人、使用者和相关行业协会等各方意见，对费率标准进行优化，并与部分使用者签署了支付录音制品使用费协议，电商直播业务也实现零的突破。

为配合"两权"领域许可工作，音集协在 2022 年启动了涉及"两权"的诉讼工作，希望树立标杆式典型案例推动录音制品广播和公开表演领域的使用者向录音制作者付酬，并在该领域确立费率标准。为此，音集协成立诉讼工作组，研讨法律依据、落实谈判取证、厘清诉讼思路、实施起诉立案等工作，经办"两权"诉讼案件 7 件，案件涉及商超、酒店、卖场、餐饮、游乐场、互联网等各个行业。音集协还为各地许可办公室提供该类诉讼的指导，并初步拟定相关制度及审批流程，保证后续工作能有条不紊推进。

四、积极参与行业法律法规政策的修订

针对国家版权下发的《著作权法实施条例》和《著作权集体管理条例》修订草案，在充分调查研究的基础上，音集协结合工作实践提出了详细的修法意见，包括新《著作权法》第45条如何实施、费率异议机制如何细化落地、非法集体管理如何判定和制止、非会员权利人商业诉讼如何解决等音集协在著作权集体管理实践活动中遇到的诸多急难愁盼问题的有效解决方案。

另外，音集协还针对市场监管总局发布的《禁止滥用知识产权排除、限制竞争行为规定（征求意见稿）》、国家版权局下发的《以无障碍方式向阅读障碍者提供作品暂行规定（征求意见稿）》以及国家版权局针对法定许可报酬转付工作开展情况的专项调研等项目提交了相关法律意见。

（撰稿人：简巍、张殊荣）

中国防伪行业协会打击侵权假冒工作报告

2022年，中国防伪行业协会认真学习贯彻党的二十大精神，认真学习习近平新时代中国特色社会主义思想，在中央和国家机关工委、民政部和市场监管总局的领导下，充分发挥防伪行业在打击侵权假冒和知识产权保护等方面的积极作用，加强防伪立法和制度建设，加强防伪技术产品质量安全和假冒的风险监测、知识产权保护力度，推动行业技术创新、标准制定和诚信体系建设，增强防伪服务市场监管和双打能力，创新双打社会共治新局面。

一、服务政府监管，加强防伪风险监测和假冒案源摸排，运用大数据、防伪溯源等信息化技术加强知识产权保护

（一）持续开展防伪技术产品质量安全风险监测

2022年，协会持续开展防伪技术产品质量安全风险监测工作，新增设1家风险监测点，监测点数量扩展至14家。开展常态化的监测工作，结合防伪能力评估、企业诚信和产品质量检测等，对防伪技术产品质量安全风险进行分析和汇总。

（二）在重点领域开展案源线索的摸排分析工作

协会积极对接市场监管总局质量发展局和执法稽查局，发挥行业在假冒案源摸排、证据采集、信息分析等方面的优势，建设形成假冒案源上报和沟通处置机制。2022年，针对商品假冒和防伪技术产品假冒的重点领域，收集梳理分析假冒案源线索283条，涉及防伪标识、电子产品、电器通信、食药、服饰箱包、汽车配件、文具等产品，覆盖生产、流通和电商平台销售等环节，并对部分案源进行现场或线上调查取证，将结果上报国家市场监督管理总局。其中在淘宝、拼多多、咸鱼等电商平台上涉及销售假冒知名品牌防伪标识等情况，已由总局立案，并向涉案平台所在地省级市场监管部门发送督办函。

（三）持续推动"全国产品防伪溯源验证公共平台"建设

持续推动"全国产品防伪溯源验证公共平台"的建设，与多个地方政府开展合作，联合供应链管理、大专院校等机构，共同服务于重要产品追溯体系建设。在地理标志保护产品等领域重点推动先进防伪溯源技术的应用，搭建公共服务平台，形成具体行业领域的防伪溯源和产业服务方案，更好地发挥了防伪溯源在产品质量提升方面的重要作用。

二、加强防伪监管制度、标准体系建设和行业规划，强化行业自律，为双打工作提供支撑

（一）配合做好《产品防伪监督管理办法》修订

2022年，根据市场监管新思路和产品防伪新需求，协会配合开展了防伪监督管理需求调研，组织召开地

方执法管理座谈会、防伪企业座谈会和防伪应用企业座谈会，听取企业在防伪需求、产品防伪监管等方面的意见和建议。召开多次《产品防伪监督管理办法》修订起草会，研究提出产品防伪监管具体措施，为下一步办法的发布和实施奠定基础。

（二）持续跟踪和推动《产品质量法》修改时加入防伪相关内容

为更好保护品牌企业和消费者的权益，协会紧密跟踪《产品质量法》的修改工作，综合产品防伪和打假需求，研究提出加强产品防伪、防伪溯源等修改建议。

（三）组织开展行业发展规划编写

2022年，协会启动《中国防伪行业"十四五"及中长期高质量发展纲要》编写工作。调研相关领域政策和规划情况，分析产业和技术发展趋势，对行业现状、存在问题和面临形势进行了梳理，提出了"十四五"及今后一段时期行业发展的思路、目标、重点任务和重点领域，并组织有关领域专家和企业召开多次研讨会，形成《中国防伪行业"十四五"及中长期高质量发展纲要（征求意见稿）》。

（四）加强防伪标准化工作

2022年，协会持续优化和完善防伪标准化体系，开展了《防伪油墨第7部分 光学可变防伪油墨》国家标准的编制，新申请《防伪油墨第5部分 压敏防伪油墨》《防伪油墨第8部分 防涂改防伪油墨》2项国家标准项目立项。截至2022年12月，现行防伪国家标准共46项。

开展国家标准复审工作。2022年3月起，开展了16项推荐性国家标准的复审工作，对标准的适用性、协调性和先进性等方面进行了全面的评估并在行业内广泛征集修订意见。经过调研、专家论证等，最终确定复审修订项目16项，其中单独修订12项，整合修订4项。

开展全国防伪标准化技术委员会换届工作。启动第七届防伪标委会委员征集，经过征集与遴选，新一届委员共46人，包括了市场监管总局、公安部科技信息化局等相关主管部门代表，以及相关高校、研究机构和重点防伪企业的代表，为今后的防伪标准化工作

的开展奠定基础。

（五）加强行业自律

积极推进防伪诚信建设。2022年，组织防伪企业开展"质量诚信承诺"活动，共征集94家企业签署《防伪企业质量诚信承诺书》，协会在官网、公众号、《中国品牌与防伪》杂志上公开发布了企业签署的《防伪企业质量诚信承诺书》，促进了全行业质量诚信意识的提升。

开展企业质量信用等级评价活动。按照《中国防伪行业企业质量信用等级评价管理办法》规定，经过对申报材料的形式审查和专家委员会的综合评议，评出AAA级企业7家，AA级企业5家，A级企业2家。

组织防伪企业报送《企业质量信用报告》，鼓励企业主动公开发布《信用报告》，加强防伪行业质量信用监管，推动防伪行业自律机制建设。

三、推动防伪行业创新，加强人员培训，增强防伪服务双打能力

（一）开展防伪技术咨询服务

协会加强防伪技术咨询等服务，组织行业专家对企业防伪技术和防伪技术产品的防伪力度进行评估，并提供改进和提升的建议。面对疫情常态化的形势，协会努力克服困难，以视频会议形式安排技术咨询服务以及其他会议活动，加强与疫区企业的联络与沟通，了解企业自身困境，帮助企业共渡难关。2022年共完成防伪技术咨询服务项目56项，更好服务防伪技术的提升和应用。

（二）加强行业人员培训

2022年，协会根据《中华人民共和国职业分类大典（2022年版）》和协会章程等要求，编写并发布了《防伪工程技术人员培训、考核管理办法（试行）》，进一步规范防伪工程技术人员的培训与考核，完善行业人才培训相关制度。

10月，组织召开了初级防伪印制技术线上培训会，共有来自50余家企业的160多名人员参加培训。此次培训主要针对防伪印制技术开展，邀请了防伪设计、防伪印刷等领域的权威专家进行授课，对提高防伪印制工程人员总体素质，提升防伪设计和印制总体

水平起到积极作用。

此外，协会为切实解决企业在防伪标签生产过程中遇到的环保等问题，于 7 月 1 日，组织了"巴斯夫压敏胶"线上讲座及交流活动，40 余家会员企业代表通过腾讯会议参与了培训和交流。

（三）加强防伪信息发布和宣传

2022 年，协会开展了"防伪溯源保护品牌优秀案例"的遴选和宣传活动。经过征集和专家遴选，共选出 10 个在防伪力度、查验便捷性和稳定性等方面表现突出，保护品牌效果显著的优秀防伪溯源技术方案，涵盖食品、乳制品、汽车零配件、家用电器等重点领域。5 月 6 日，组织召开"防伪溯源 保护品牌 十大优秀案例"线上发布会，邀请了人民日报、人民网、新华网、中国经济网、科技日报、网易新闻、新浪网、搜狐网等主流媒体参与，会后通过众多线下线上媒体进行了宣传报道，很好地宣传了优秀的防伪溯源技术和企业，推动优秀防伪技术的应用，引导防伪行业技术创新。

2022 年，协会充分发挥网站、微信公众号和杂志等的窗口作用，加强防伪信息发布，通过协会网站发布行业相关报道 100 余篇，协会微信公众号发布 900 余篇消息，内容主要涉及协会动态、防伪溯源、防伪知识和执法打假等。《中国品牌与防伪》杂志对党中央、国务院的路线方针政策、防伪新技术以及品牌保护等内容进行发布，在行业宣传方面发挥着积极作用。

四、双打工作实践的经验及建议

（一）重视防伪应用，更好服务双打工作

2019 年，习近平总书记作出探索区块链技术在民生领域，包括商品防伪领域创新和应用的重要指示。防伪技术和行业经过 30 余年的发展，已成为维护市场公平竞争秩序的重要手段，在保护品牌和知识产权、维护消费者权益、建设社会信用体系等方面发挥着重要作用。防伪与信息化、智能化技术融合，基于"一物一码"的全流程、全链条产品信息管理、查验和追溯等，实现"来源可查、去向可追、责任可究"，为数字经济发展大环境下，保护品牌和打击假冒提供了有效技术手段。因此，建议聚焦重点领域、重要环节和重大任务，加强防伪在食品、药品、消费品、地理标志保护产品、重要工业产品等领域的应用，搭建平台，树立典型，加大优秀防伪溯源技术的推广，更好服务双打工作。

（二）建议加强重点领域案源线索的摸排分析工作

一是建立假冒案源摸排长效机制。通过防伪溯源技术应用和数据分析，可有效开展案源线索的收集，结合相关摸排分析工作，可达到早预警、早预防、精准打击的效果，为遏制和打击假冒奠定基础。

二是扩大假冒案源摸排线索和范围。建议开展专题和常态化的假冒案源摸排工作，进一步扩大覆盖范围，拓展数据收集渠道，调动各方资源共同服务知识产权保护和打击假冒。

三是加强智慧监管技术手段运用。运用大数据和智慧监管等技术手段，通过假冒态势分析、重点假冒舆情的监测等，对假冒重点领域、区域和渠道等进行更为精准的分析，有力支撑打假执法工作。

（三）建议强化假冒风险监测工作

一是建议在信息统计工作中，年度的统计和实时监测相结合，政府发布数据和第三方获取数据相结合，更综合地反映打击假冒总体情况。

二是加强电商销售等重点环节的假冒风险监测和防伪工作。对电商平台等销售产品的防伪溯源情况及电商平台反假冒措施进行评估，通过对电商平台内部假冒治理、店铺销售授权审核与明示、防伪查验方式说明及查验渠道提示、假冒赔偿机制、消费者反馈机制、发现假冒后对假冒商品及相关商品的处理机制、物流环节防调换货措施，从商铺、商品、物流等维度对电商平台销售情况及假冒风险揭示。

三是建立数据采集分析长效机制。防伪溯源数据信息在服务假冒风险监测方面具有重要意义，应加强防伪溯源数据的应用，由具有公信力的第三方行业组织牵头，联合行业共同建设长效、安全和可靠的数据共享和数据应用机制，建设假冒监测点，更好利用防伪溯源数据信息支持假冒风险监测工作。

（撰稿人：隆亮）

中华商标协会打击侵权假冒工作报告

2022年，中华商标协会（以下简称协会）认真学习贯彻党的二十大精神，积极落实《知识产权强国建设纲要（2021—2035年）》《"十四五"国家知识产权保护和运用规划》等文件要求，在国家知识产权局的指导下，充分发挥商标代理行业的全国性组织、商标领域的专业组织作用，努力克服疫情影响，踔厉奋发，务实创新，助推商标品牌建设工程实施，服务会员商标品牌发展，包括打击侵权假冒工作在内的各项工作迈上新的台阶。

一、推进行业自律树立行业新风

2022年，协会采取多项措施推进商标代理行业自律建设。一是组织企业和代理机构会员单位参加国家知识产权局举办的"商标业务工作调研座谈会"等活动，及时向主管部门反映商标领域"审代勾连"和信息泄露等问题，推动商标行业健康生态建设。二是注册并开展"商标代理服务证明商标"使用许可，向首批11家商标代理机构会员单位颁发使用许可证书、证牌，并在商标局完成备案，促进商标代理机构规范开展业务。三是组织实施2022年商标代理人业务水平考试，提升从业人员专业素质和业务水平。四是在国家知识产权局知识产权运用促进司的指导下，与中华全国专利代理师协会联合举办"弘正气 提质量"知识产权代理行业行风建设年活动，联合发布《知识产权代理行业服务公约》，推动知识产权服务机构《知识产权代理行业服务公约》上墙活动，促进行业作风转变和提升。五是深入配合国家知识产权局"蓝天"专项整治行动，发布《中华商标协会关于深入配合国家知识产权局开展持续深化知识产权代理行业"蓝天"专项整治行动的公告》；配合国家知识产权局发布的《关于依法打击恶意抢注"冰墩墩""谷爱凌"等商标注册的通告》，对涉及的协会会员作出行业警告，督促及时

整改。六是加强商标代理人才建设，制定发布《商标人才库商标代理职业能力评价标准》。

二、主动服务会员提供维权支持

2022年，协会不断加强与会员单位的联系，为会员提供更加全面的服务。一是协会领导分别带队走访抖音集团、理想汽车等50余家会员单位，面对面听取意见和建议，及时向有关部门反映会员诉求；办理会员跨境商标代理服务免税证明2154件，减轻会员税费负担；承接阿里巴巴（中国）有限公司等大型企业咨询服务项目，助力会员商标品牌战略实施。二是面向会员及社会，举办10期线上线下免费培训班，邀请国家知识产权局、地方商标执法部门、资深商标代理从业骨干人员参与授课，累计约11万人次参与学习，全面提升从业人员专业素质和业务水平。三是协会商标海外维权工作委员会召开"重点企业商标海外维权问题汇报沟通会"，就企业商标海外维权代表性问题和难点问题向相关部门进行汇报沟通；发布《中华商标协会会员企业2021年度国际商标监测预警报告》《关于21枚国内新能源汽车领域知名商标在菲律宾疑似被集中抢注的预警提示》，编制完成《2022年海外重点国家商标维权指南》；定期发布《海外维权资讯》，及时分享海外商标动态信息，帮助权利人了解海外商标制度变化更新。四是积极开展商标鉴定服务，优化案件办理流程，加强法律问题研讨，提升鉴定服务质量，案件承接量较去年增长50%。

三、做好桥梁纽带广泛服务社会

2022年，协会积极扩大合作范围，充分发挥桥梁纽带作用，推动各主体商标品牌工作。一是协助北京知识产权法院开展商标行政诉讼案件诉前调解，成功调解广州某日用品公司诉被告国家知识产权局、第

三人义乌某日用品公司系列商标无效宣告请求行政纠纷案等，并入选该院商标行政案件诉前化解五大典型案例。二是与北京市知识产权公共服务中心合作开展保护知识产权志愿服务工作，组建知识产权服务志愿者专家库，调动社会力量参与知识产权公益活动。三是联合中国服装设计师协会共同主办"时尚知识产权国际协同与保护"2022 中国时尚知识产权大会，发布《2022 时尚产业知识产权保护年度报告》，协助中国酒业协会知识产权保护委员会开展"酒类行业商标保护情况问卷调查"等活动，全面了解中国酒业协会成员单位的商标保护现状、进一步为酒类行业企业在商标保护工作中遇到的问题提出切实可行的解决方案，深入垂直领域，服务行业知识产权保护工作。四是成立中华商标协会数字化工作委员会、筹备组建互联网商标品牌专业委员会，助推我国商标代理行业和商标权利人在商标管理方面的数字化进程，探索完善互联网领域知识产权保护制度。

四、优化宣传平台关注维权热点

协会充分发挥宣传平台引导作用，积极开展商标品牌法律宣传。《中华商标》杂志加强与行政机关、法院、律所等各方合作，继续承接国家知识产权局知识产权保护司"商标执法与保护"项目、商标局"商标案例精读"项目，与商标局审查事务部合作"审查之窗"等栏目，搭建商标执法保护、审查审理环节依法行政宣传平台；继续与北京市高级人民法院合作"判例辨析"栏目、与北京知识产权法院合作的"法官说商标"栏目等，分享最新司法判例实践。及时跟进知识产权重大事件和焦点热点话题。适逢新中国《商标法》颁布实施 40 周年，杂志设立"《商标法》四十周年"栏目，邀请国内知名学者和企业家就我国商标法

制建设历程和未来进行回忆和展望；策划"'4·26'：知识产权与青年""'5·10'：我国自主品牌故事""奥林匹克标志的知识产权保护""两会代表在知识产权方面的意见与建议"等专栏专题；聚焦商标领域焦点话题，以"潼关肉夹馍"等商标舆情事件为切入点，结合《集体商标、证明商标管理和保护办法（征求意见稿）》，探析地理标志的注册与保护、广告中商标的合理使用等问题。

五、促进国际交流讲好中国故事

面对疫情挑战，协会努力拓展渠道，不断采取新形式探讨与国际商标领域各方的合作，对外联系与交往工作不断创新，进一步加强了与国际组织、各国政府知识产权主管机构、民间组织以及国外企业和代理机构的联系沟通。一是协会成为世界知识产权组织（WPIO）观察员，并以 WIPO 观察员身份参加商标国际注册马德里体系法律发展工作组第 20 届会议，配合支持中国代表团工作。二是在国家知识产权局国际合作司指导下，协会与日本贸易振兴机构北京代表处共同举办"第四次中日商标制度研讨会"，分享中日两国商标制度的最新动向。三是参加世界知识产权组织"解读 2022 年全球创新指数"圆桌会议等活动，在国际商标协会（INTA）第 144 届年会期间以线上形式成功举办 2022"CTA 论坛"，积极宣传我国商标法律制度和实践。四是与日本弁理士会（JPAA）共同举办合作二十周年纪念活动并签署合作《备忘录》，会见澳大利亚驻华使馆、日本贸易振兴机构（JETRO）北京代表处、加拿大驻华大使馆等相关组织和机构负责人，建立互惠合作的机制，为国内外企业搭建商标交流平台。

（撰稿人：郭琨）

五、典型案例

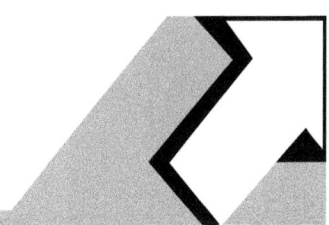

V. Typical Cases

侵犯著作权典型案例

山西郝某某制售侵权盗版"剧本杀"案

根据关联案件获得线索，太原市公安局迎泽分局对该案进行调查。经查，2020年9月以来，郝某某通过网络平台购进各类"剧本杀"文字作品200余部，未经著作权人许可组织人员制作侵权盗版品2万余件，通过网店对外销售非法牟利，非法金额达200余万元。2022年7月，该案移送检察院审查起诉。

（中央宣传部提供）

上海、江苏联合查办车载U盘侵权案

2022年7—8月间，通过浦东新区人民检察院移转和举报线索，浦东公安分局与苏州市公安局食药环支队、吴江区公安局对该案进行调查。经查，2022年1月以来，张某某犯罪团伙与温某某犯罪团伙未经许可，在网络平台获取大量音乐作品，并将侵权盗版音乐存入U盘等载体，通过网络电商平台以几元至数百元不等价格非法销售牟利，涉案金额近1亿元。2022年11月，已对35人采取刑事强制措施。

（中央宣传部提供）

侵犯高科技设备专用软件著作权案

2022年1月，上海市公安机关根据权利人企业举报线索破获"1·5"侵犯高科技设备专用软件著作权案，抓获犯罪嫌疑人15名，打掉一个利用技术破解手段盗版高科技设备专用软件的职业犯罪团伙，查扣存储涉案盗版软件的服务器等30余台、破解工具700余

个，切实保障高科技企业知识产权合法权益，坚定企业创新发展信心，激发科技主体创新创造活力。

（公安部提供）

江苏淮安查处北京某文化传播有限公司侵犯著作权案

根据全国扫黄打非办转办举报线索，江苏省淮安市文化市场综合执法支队对北京某文化传播有限公司侵犯著作权的违法违规行为予以立案调查，共查获侵权出版物68种近百万册，总码洋9000余万元，被侵权出版社20余家，由于该案违法情节已达到刑事追诉标准，该案移送至司法机关。

（文化和旅游部提供）

刘某某等六人侵犯著作权案

一、案情简介

日本任天堂株式会社依法享有 *SUPER MARIO BROS*，*CLU CLU LAND*，*BALLOON FIGHT*，*ICE CLIMBER* 等游戏的著作权。

2017年起，李某某（另案处理）招聘员工从他人处采购带有上述游戏软件的游戏机在网络平台加价销售。2019年起，李某某购买游戏机生产线，从他人处采购、复制带有上述游戏的游戏机主板及其他组件进行加工组装后在网络平台对外销售。2013年起，被告人刘某某、彭某、李某甲、李某、钟某某、林某等人陆续进入李某某经营的深圳市仁某科技有限公司、吉安仁某电子商务有限公司工作。后被告人刘某某担任深圳市仁某科技有限公司的副总经理，负责公司在

1688 平台上的采购和部分店铺的销售工作，并协助李某某对公司人员进行管理。被告人彭某、李某甲、李某、钟某某、林某分别担任天猫店铺、拼多多店铺、京东店铺的运营，负责涉案游戏机产品推广等工作。

2021 年 9 月 29 日，公安机关对李某某等人的生产地、销售地、仓储地进行搜查，扣押到多种型号的游戏机。后经鉴定，上述自有品牌游戏机内均包含未经授权许可，侵犯日本任天堂株式会社著作权的游戏软件。经审计，被告人刘某某等人协助李某某在网络平台共计销售含有侵权游戏软件的游戏机 8.5 万余台，销售金额人民币 1100 余万元。

二、处理结果

2022 年 2 月，上海市松江区人民检察院以侵犯著作权罪对刘某某等 6 名被告人提起公诉。2022 年 8 月，上海市普陀区人民法院以侵犯著作权罪对被告人刘某某判处有期徒刑二年十个月，并处罚金人民币 20 万元。其他同案被告人被判处有期徒刑一年八个月至一年四个月不等，并处罚金人民币 20 万元至 10 万元不等。被告人均未提出上诉，判决已生效。

三、推荐理由

（一）深挖上游犯罪，实现互联网著作权犯罪全链条打击和源头治理

该系列侵犯著作权案涉案人数众多，内部分工明确，上下家的沟通、产品销售等侵权行为均通过互联网实施，游戏烧录地、芯片销售地、组装生产地、网络销售地、仓储地均不在一处，各环节深度分散隐匿，跨区域特性显著，司法办案面临较大挑战。侦查初期到案的刘某某等三人均系公司员工、涉案侵权商品的销售者，处于侵权犯罪行为链条的末端。检察机关及时提前介入，进一步引导公安机关继续深挖线索，成功将未在侵权现场的幕后组织者、实施侵权游戏复制的两名上游人员追捕到案，实现了对生产销售环节的全链条打击。

（二）强化证据链固定，精准把握著作权相关罪名边界及行为定性

有观点认为，对于处于销售端、不直接参与生产的刘某某等六人的行为应当以销售侵权复制品罪定罪。

一方面，刘某某等人未经权利人授权出售游戏软件的复制件，侵犯了著作权法所规定的发行权。另一方面，虽然涉案侵权作品复制由他人实施，但本案明显属于共同犯罪。刘某某等人明知装有侵权软件的游戏机系涉案公司其他人员在未经授权的情况下自行生产，仍然继续对外销售。生产销售环节的分工不同不影响被告人构成复制涉案游戏软件牟利共同犯罪的认定。因此，检察机关以侵犯著作权罪对刘某某等人提起公诉，得到法院判决支持。

（三）审慎认定犯罪数额，严格区分侵权作品价值与作品载体的价值

本案中侵权软件作品与其载体游戏机一同流入市场，且侵权人生产自有品牌的游戏机亦投入大量成本。此外，游戏机内还装有其他非侵权游戏软件作品，正版软件和侵权软件混同销售，导致销售利润难以区分比例，若以游戏机整体的销售金额认定为犯罪金额将有失公允。游戏机流入市场后产生的利润并不能当然认定为侵权软件产生的商业价值。因此，检察机关以含有侵权游戏的游戏机件数认定，更能反映侵权作品流入市场对法益造成的实际侵害程度，充分体现了罪责刑相适应的原则。

（上海市打击侵权假冒工作领导小组办公室提供）

长兴伟某机械有限公司、李某荣、马某利侵犯著作权案

一、案件事实

浙江创某智能装备股份有限公司（以下简称创某公司）委托杭州某电子科技大学（以下简称某科技大学）研发蓄电池全自动包片配组机控制软件（以下简称控制软件）。双方约定，软件著作权归双方共同所有，使用权归创某公司，该软件于 2012 年完成研发并于 2013 年取得著作权登记。该控制软件系创某公司专利产品包片机的核心配套软件，烧录在包片机控制板上，包片机主要销售给其他公司用于生产蓄电池。

李某荣原系创某公司工程师。2018 年至 2019 年 7 月，长兴伟某机械有限公司（以下简称伟某机械公司）

主管人员马某利向李某荣求购烧录有创某公司前述软件的控制板，李某荣遂从网上采购定制空白控制板，大部分费用由伟某机械公司垫付。后李某荣将创某公司的控制软件烧录至空白控制板后对外销售，共计210块。其中，销售给伟某机械公司185块，该公司再加价转售，违法所得归公司所有。经查，李某荣非法经营数额约人民币30万元，伟某机械公司非法经营数额约人民币60万元。经鉴定，创某公司全自动包片机3通道从机板从机控制系统与伟某机械公司从李某荣处购买后销售给江西某能源科技有限公司的全自动包片机3通道从机板从机控制系统基本相同，构成复制关系。

二、检察机关履职情况

2020年8月11日，浙江省湖州市长兴县公安局（以下简称长兴县公安局）以伟某机械公司、李某荣、马某利涉嫌侵犯著作权罪立案侦查。同年11月24日，长兴县公安局以李某荣涉嫌侵犯著作权罪向长兴县人民检察院（以下简称长兴县检察院）提请批准逮捕。同年12月1日，长兴县检察院对李某荣批准逮捕。

2021年3月30日，长兴县公安局以伟某机械有限公司、李某荣、马某利涉嫌侵犯著作权罪向长兴县检察院移送审查起诉，长兴县检察院将该案移送至德清县人民检察院（系当时湖州市知识产权案件集中管辖检察院，以下简称德清县检察院）。检察机关重点开展以下工作：一是明确涉案计算机软件著作权归属。李某荣辩称其参与研发，改编制作了软件，对更新后的软件享有著作权。检察机关通过自行补充侦查，调取某科技大学开发人员与李某荣的电子邮件往来记录、软件原始代码及申请著作权登记的相关材料等，查明涉案软件的开发及后续修改完善等均由某科技大学完成，研发费用包括修改更新费用均由创某公司支付。检察机关认定，该软件系创某公司委托某科技大学创作的作品，著作权的归属由委托人和受托人约定，李某荣与某科技大学开发人员沟通软件开发、修改完善等技术内容系履行工作职责，并不能因此获得涉案软件著作权。二是准确认定软件同一性。检察机关及时建议公安机关提取侵权控制板中的特定编号，查清公安机关扣押的控制板与李某荣销售的控制板编号能够对应，证实检材的客观性。鉴于控制软件后期仅作了

功能性完善，软件框架与登记时相同，且创某公司和某科技大学对修改前后的控制软件均享有著作权，故只需对侵权控制板中的控制软件与创某公司车间安装的控制软件进行鉴定比对，认定是否构成复制关系。三是查清遗漏的交易事实，全力追赃挽损。李某荣擅自烧录销售控制板的时间跨度较长，而公安机关扣押的控制板数量有限，如何精准认定非法经营数额成为难点。检察机关将软件烧录的载体——控制板作为突破口，梳理李某荣向上家购买控制板的相关单据、每批控制板的特定编号、银行转账记录等，引导公安机关补充侦查，将侵权控制板数量由125块增加认定至210块。同时加强释法说理，促使伟某机械公司赔偿创某公司人民币90万元并取得谅解。

2021年8月27日，德清县检察院以侵犯著作权罪对被告单位伟某机械公司和被告人李某荣、马某利提起公诉。2022年2月25日，德清县人民法院作出一审判决，以侵犯著作权罪判处被告单位伟某机械公司罚金人民币二十万元；判处被告人李某荣有期徒刑三年二个月，并处罚金人民币十八万元；判处被告人马某利有期徒刑二年，缓刑二年六个月，并处罚金人民币十八万元。被告单位和被告人均未提出上诉，判决已生效。

（浙江省打击侵权假冒工作领导小组办公室提供）

安徽省芜湖市邓某某侵犯著作权案

2022年6月，芜湖市广播电视新闻出版局根据公安机关移交的案件线索，对邓某某未经著作权人许可，擅自向公众提供他人作品的行为立案调查。通过远程勘验、现场检查、调查询问、提取电子数据等措施，查明2019年下半年至2022年2月，邓某某未经权利人许可，通过网站"手机网"擅自向公众提供动漫、电影、电视剧等共计230部作品的高清在线播放服务。其中，《长津湖之水门桥》《这个杀手不太冷静》等51部为重点作品版权保护预警名单中的影视作品。邓某某主要通过招徕境外广告商网络投放广告等方式获利，并以境外虚拟货币形式结算，涉案金额折合人民币55.49万元。邓某某通过信息网络擅自向公众提供他

人的作品，违反了《信息网络传播权保护条例》第二条规定。2022 年 9 月 7 日，芜湖市广播电视新闻出版局依据《信息网络传播权保护条例》第十八条第（一）项的规定，结合当事人违法情节、危害后果、社会影响等因素，责令邓某某停止侵权行为，并作出罚款 20 万元的行政处罚。

（安徽省打击侵权假冒工作领导小组办公室提供）

上饶市横峰县破获 "3·29" 侵犯著作权案

2022 年 2 月，江西省上饶市横峰县公安局食药环侦大队根据举报线索成功破获 "3·29" 侵犯著作权案，共抓获犯罪嫌疑人 6 人，涉案金额 9700 余万元。经查，以陈某梦、朱某宇为首的犯罪团伙实际拥有 "全民小说" 及 "疯狂阅读" 两个同内容、同服务器的 APP，其在未获得北京某原创网络科技有限公司授权及许可的情况下，通过 "爬虫技术" 非法复制了大量该公司享有著作权的文字作品，并将复制的作品非法发行、存储于其运营的 "全民小说" APP 及 "疯狂阅读" APP 上，供网络用户在 APP 上免费阅读。"全民小说" APP、"疯狂阅读" APP 通过植入游戏、音乐、食品等各种类型广告，以免费阅读小说诱使客户点击浏览广告方式进行非法获利。"全民小说" APP、"疯狂阅读" APP 与北京某公司旗下子公司某广告联盟签订了广告投放合同，某广告联盟通过广告点击率、留存率等方式计算广告费用，以月付方式支付给 "全民小说" APP、"疯狂阅读" APP 拥有者，总获利广告流水 9700 余万元。

本案中，横峰县公安机关坚持 "全要素、全环节、全链条" 侦办理念，从一小说 APP 入手，经过长达数月的深度经营、循线深挖，全面查清了非法犯罪网络，一举摧毁一个涉及多个企业通过 APP 非法发行盗版电子图书并植入广告牟利的侵犯著作权犯罪团伙，对目前日益凸显的网络文学侵权盗版行为起到了很大震慑作用，维护了网络文学健康有序发展。2022 年 7 月，公安部七局将此案列为 "昆仑 2022" 专项行动督办案件。

（江西省打击侵权假冒工作领导小组办公室提供）

黄某某侵犯著作权、非法经营案

一、案情介绍

2020 年 8 月 26 日，根据群众举报，新郑市新闻出版局组织新郑市文化市场综合行政执法大队、龙湖派出所在新郑市龙湖镇梅山村一民房仓库内，查缴大量涉嫌侵权的出版物，经河南省新闻出版局鉴定，涉案侵权出版物属于盗用国家批准的出版单位名义，未经批准擅自印刷的出版物。据统计，侵权出版物共计 757724 册，21453543.3 元人民币。2020 年 9 月 6 日，新郑市公安局立案侦查。

二、处罚结果

2022 年 8 月 25 日，郑州航空港经济综合实验区人民法院依法判决被告人黄某某犯侵犯著作权罪、非法经营罪，数罪并罚，判处有期徒刑二年十个月，并处罚金人民币六万元。

（河南省打击侵权假冒工作领导小组办公室提供）

岳阳市汨罗市 "20210421" 侵犯网络游戏著作权案

2020 年 10 月开始，李某伙同刘某（在逃）以营利为目的，在未经北京畅游时代数码技术有限公司授权的情况下，租赁民房、招聘员工，组建经营游戏工作室，非法获取《天龙八部 OL》网络游戏客户端，将其改为 "牛牛天龙""雷霆天龙" 等私服客户端，租用厦门某网络科技有限公司服务器架设私服，非法经营北京畅游公司拥有著作权的《天龙八部 OL》网络游戏。经查，李某从 2020 年 10 月至 2021 年 4 月期间，通过成都通游支付、八零支付等第四方支付平台收受玩家充值，第四方支付平台将资金汇入其实际控制的周某等人账户，再转账至王某等人的子账户。李某将银行卡和密码交给员工陈某、简某保管，并为二人提供车辆。陈某、简某在明知李某的资金来源非法的情况下，仍从汨罗市、平江县、岳阳县等地银行 ATM 机取现约 200 万元，全部交给李某。2021 年 4 月，李某的游戏工作室被公安机关现场查获。

2022年2月，李某、陈某、简某3人被检察机关依法提起公诉。2022年4月25日，李某因犯侵犯著作权罪，被汨罗市人民法院判处有期徒刑三年，缓刑四年，并处罚金100万元；陈某因犯掩饰、隐瞒犯罪所得罪，被判处有期徒刑二年八个月，缓刑三年六个月，并处罚金3.5万元；简某因犯掩饰、隐瞒犯罪所得罪，判处有期徒刑二年四个月，缓刑三年，并处罚金2万元。

（湖南省打击侵权假冒工作领导小组办公室提供）

某唐卡工作室制作并在网络销售"冰墩墩"掐丝唐卡侵权盗版案

2022年2月14日，接举报称位于西宁市城东区的某唐卡工作室涉嫌未经著作权人许可，制作并在网络销售掐丝唐卡"冰墩墩"工艺美术品。西宁市文化市场综合行政执法人员对案件信息进行综合分析研判，通过现场检查和网络巡查调查取证，确定当事人侵犯了权利人"冰墩墩"作品的复制权和发行权，损害社会公共利益，扰乱了版权市场的行政管理秩序，对某唐卡工作室制作并在网络销售"冰墩墩"掐丝唐卡侵权盗版案予以立案查处。

当事人作为工艺美术品制作商，未获得美术作品"冰墩墩"著作权人（北京奥组委）的合法授权，复制并通过网络向公众销售侵权复制品"冰墩墩"掐丝唐卡，主观上具有过错，当事人以营利为目的，未经著作权人许可，擅自复制、销售侵权复制品的行为，侵犯了著作权人的合法权益，给著作权人造成了损失，构成了不正当竞争，同时损害了社会公共利益，扰乱了版权市场的行政管理秩序。责令当事人停止侵权行为并给予没收违法所得1432元，罚款15000元的行政处罚。

（青海省打击侵权假冒工作领导小组办公室提供）

吴忠市文化市场综合执法支队查处某影咖未经著作权人许可放映其作品案

2022年7月，吴忠市文化市场综合执法支队在检查中发现，吴忠市利通区某影咖多个包间正在放映《咒》《比悲伤更悲伤的故事》《暗恋橘生淮南》等8部影片。当事人现场不能提供放映影片的著作权授权证明。经查，该影咖涉嫌未经著作权人许可，放映其作品。其行为违反了《中华人民共和国著作权法》第五十三条第（一）项的规定。吴忠市文化旅游体育广电局依据《中华人民共和国著作权法》第五十三条第（一）项的规定，对其作出警告，没收用于存储复制品的服务器1台；没收违法所得460元，罚款5000元的行政处罚。

（宁夏回族自治区打击侵权假冒工作领导小组办公室提供）

侵犯专利权典型案例

黄埔海关保护中小企业选矿设备发明专利案

2022年7月，广州市某选矿设备有限公司向黄埔海关提交申请，称广州某公司即将在广州黄埔老港口岸出口至马来西亚的采矿设备（螺旋溜槽）涉嫌侵犯其发明专利权，申请海关扣留该批货物，并向海关提交了发明专利证书、侵权要点对比等证据材料。黄埔海关立即对该企业提供的证据材料进行审核后，采取精准布控措施。7月14日，黄埔海关在对该批货物进行查验时，发现采矿设备两槽螺旋溜槽设备15台、三槽螺旋溜槽设备41台，涉嫌侵犯权利人的发明专利权。7月20日，黄埔海关依法对上述涉嫌侵权货物予以扣留。权利人在海关扣留相关涉嫌侵权货物后向法院提起了侵权诉讼，海关积极配合法院对涉嫌侵权货物进行取证，保障权利人顺利维权。

该案是海关保护中小企业核心专利、助力民营经济蓬勃发展的典型案例。中小企业是国民经济和社会发展的生力军，本案权利人在包括中国在内的六个国家取得了发明专利，每年销售额超过千万人民币，市场上假冒其专利的产品侵占了权利人的市场份额，严重影响企业的生存发展，海关积极支持中小企业创新维权，为权利人维权提供一对一指导服务。该案是海关充分运用知识产权保护职能，维护创新型中小企业合法权益，加力帮扶企业纾困解难的生动实践。

（海关总署提供）

河北省石家庄市藁城区市场监管局查处河北联丰肥业有限公司生产销售假冒专利的化肥案

2022 年 8 月 1 日，河北省市场监管局在对河北联丰肥业有限公司现场检查时，发现当事人涉嫌假冒专利，遂将线索转交石家庄市藁城区市场监管局办理。

经查，当事人生产的一款名称为"报农壹号"的硫酸钾复合肥料的包装袋上标有"活力素国家发明专利号：ZL90106014.3"字样，但当事人不能提供相应专利证书。查询发现，ZL90106014.3 号发明专利权利人为张某，该项发明专利的法律状态为"终止"。当事人的行为构成《中华人民共和国专利法实施细则》第八十四条规定的假冒专利行为。石家庄市藁城区市场监管局依法对当事人作出行政处罚，责令改正违法行为并予以公告，没收违法所得 5649.84 元，并处罚款 9 万元。

专利作为一种无形资产，在消费者眼里常常是"高科技"和"创新"的代名词。部分经营者为扩大产品影响力，吸引消费者关注，在产品包装或广告宣传中会标注产品专利号码。假冒专利行为不仅欺骗消费者，而且扰乱市场秩序。本案中，市场监管部门迅速调查，依法对假冒专利行为进行查处，有效维护了消费者合法权益和公平竞争的市场秩序。

（市场监管总局提供）

内蒙古蒙夏知识产权代理有限公司擅自开展专利代理业务案

2021 年 8 月 23 日，内蒙古自治区市场监管局根据移送线索，对内蒙古蒙夏知识产权代理有限公司涉嫌无专利代理资质擅自开展专利代理行为开展执法检查。

经查，当事人自 2019 年 3 月至 2020 年 8 月，在未取得专利代理机构执业许可证的情况下擅自开展代理专利申请、专利权无效宣告等相关业务，共收取专利技术服务费 8.37 万元，违法所得 5.32 万元。当事人的行为违反《专利代理条例》第九条第一款和《专利代理管理办法》第八条的规定，构成无专利代理资质擅自开展专利代理业务的违法行为。内蒙古自治区市场监管局依法对当事人作出行政处罚，责令停止违法行为，没收违法所得 5.32 万元，处违法所得 2 倍罚款 10.64 万元。

专利代理行业经过多年快速发展，行业规模逐步壮大，服务能力逐渐提升。但由于受利益驱动，未经过许可擅自开展专利代理业务的"黑代理"也随之出现。这些"黑代理"服务质量参差不齐，会给创新主体带来不必要的损失。本案中，市场监管部门全面履行专利执法职责，严厉打击违法专利代理行为，有力规范了专利代理秩序，促进了知识产权服务业高质量发展。

（内蒙古自治区打击侵权假冒工作领导小组办公室提供）

上海市知识产权局裁决"被取代的多环性氨基甲酰基吡啶酮衍生物的前药"专利侵权纠纷案

一、案情简介

请求人盐野义制药株式会社于 2016 年 3 月 16 日获得名称为"被取代的多环性氨基甲酰基吡啶衍

生物的前药"的发明专利权，专利号为 ZL20118005 6716.8。该专利权在请求人提起侵权纠纷处理请求时合法有效。2021 年 11 月，请求人向上海市知识产权局提出专利侵权纠纷行政裁决请求，2021 年 12 月 1 日上海市知识产权局立案。

请求人认为被请求人上海相辉医药科技有限公司未经专利权人许可，在其官网刊载有被控侵权产品"玛巴洛沙韦"，在专门的化工产品平台 Chemicalbook 网站上公开许诺销售被控侵权产品"玛巴洛沙韦"，第三人从被请求人处公证购买了该产品，被请求人存在销售、许诺销售被控侵权产品"玛巴洛沙韦"行为。同时，被控侵权产品"玛巴洛沙韦"化合物落入涉案专利权利要求 1—6 的保护范围。

经审理，上海市知识产权局认为：（1）被请求人上海相辉医药科技有限公司在其官方网站、ChemicalBook 网站展示被控侵权产品的英文名称、CAS 号等信息，在化工产品平台 ChemicalBook 网站展示被控侵权产品并链接到公司官网，其有销售被控侵权产品"玛巴洛沙韦"的意思表示，应当认定被请求人许诺销售行为成立。被请求人与第三人就"玛巴洛沙韦"产品签订销售合同，并实际出售了该产品、开具了销售发票，应当认定被请求人销售"玛巴洛沙韦"产品行为成立。（2）涉案专利权利要求 1 保护具有通式 I 的化合物，权利要求 2—6 为直接或间接引用了权利要求 1 的从属权利要求。当对涉案专利权利要求 1—6 中的 R1a、R2a、R3a、PR、PR3、B1、B2、R3a、R5a、R6a、R7a、RE6、m 根据权利要求的记载进行选择限定，即当 R1a、R2a 表示氢，PR 表示 –CH$_2$–O–C（＝O）–O–PR3，PR3 表示甲基，B1 表示 NR7a，R7a 表示 ⌬，RE6 表示氟，m 为 2，R7a 基团中氟取代在苯环特定相邻位置上，B2 表示 CR5aR6a，R5a 表示氢，R3a 为甲氧基乙基、且 R3a 和 R6a 形成饱和的六元杂环、杂原子为 O 和 N，权利要求 1—6 所保护化合物的化学结构式均相同，且与玛巴洛沙韦化合物的化学结构式相同，被控侵权产品"玛巴洛沙韦"是涉案专利权利要求 1—6 的一种具体实施方式。

综上所述，被请求人实施了许诺销售、销售被控侵权产品"玛巴洛沙韦"的行为，且被控侵权产品"玛巴洛沙韦"已落入涉案发明专利权利要求 1—6 的保护范围，构成对涉案专利权的侵犯。

二、处理结果

2022 年 4 月 1 日，上海市知识产权局作出行政裁决。责令被请求人立即停止对请求人享有的名称为"被取代的多环性氨基甲酰基吡啶酮衍生物的前药"（专利号：ZL201180056716.8）的侵犯，即立即停止许诺销售、销售侵犯涉案专利权的"玛巴洛沙韦"产品。

三、推荐理由

本案是判断被控侵权产品是否落入马库什权利要求保护范围的典型案例。马库什权利要求是化学发明专利中一种特殊而重要的权利要求撰写方式，它可以将结构近似、性能或用途相同的化合物记载在一项权利要求中，从而避免了将每个具体化合物在权利要求书中逐一具体列举的烦冗撰写方式，即在一个权利要求中限定多个并列的可选择要素概括的权利要求。就每一个"可选择要素"而言，专利权人可以采用由概括到具体的多层级撰写方式，进而导致马库什权利要求可能包含相当数量的具体化合物，从而增大了侵权认定的难度。

本案归纳了"马库什权利要求"侵权比对的一般思路，对于该类型案件的侵权比对具有一定的参考与借鉴意义。首先，应当判断被控侵权化合物是否具有马库什权利要求限定的母核结构，如果二者相同，则进一步对被控侵权化合物是否具有每个可选择要素中的取代基进行逐一判断，如果被控侵权化合物具有所有可选择要素中的取代基，则应认定被控侵权化合物构成侵权，落入马库什权利要求的保护范围。同时，涉案抗流感病毒化合物专利权人为日本药企盐野义制药株式会社，罗氏制药中国是涉案专利在中国的独占被许可人，本案的顺利办结有力维护了跨国药企的合法权益，也体现了我国对国内外创新主体知识产权的一视同仁、同等保护，有利于构建良好的营商环境。

（上海市打击侵权假冒工作领导小组办公室提供）

扬州市广陵区知识产权局处理江苏苏萨食品有限公司诉广陵区晨晨酒店侵犯饮料瓶专利侵权纠纷案

请求人江苏苏萨食品有限公司于 2017 年 10 月 13 日获得名称为"饮料瓶（白瓶）"的外观设计专利权（专利号：ZL201730022291.9）。该专利权在请求人提起专利侵权纠纷处理请求时合法有效。2022 年 1 月，请求人向扬州市广陵区知识产权局提出被请求人广陵区晨晨酒店侵犯其"饮料瓶（白瓶）"外观设计专利权的纠纷处理请求，2022 年 1 月 24 日广陵区知识产权局立案。

请求人诉称：被请求人广陵区晨晨酒店销售的珠江岛特种兵生榨椰子汁植物蛋白饮料（中山强旺食品有限公司委托中山市绿健源大健康饮品有限公司生产），其饮料包装瓶仿冒请求人的饮料瓶，侵犯了其涉案外观设计专利权，请求责令被请求人停止销售行为。

被请求人辩称：（1）江苏苏萨食品有限公司提供的 ZL201730022291.9 号外观专利证书属于无效专利证书。（2）涉案专利已被他人提出无效宣告申请并被受理，请求中止案件处理。（3）其销售的珠江岛特种兵生榨椰子汁植物蛋白饮料是从广陵区明和商贸中心进货，进货时查验了进货商资质证明，也索要了单据，有合法来源，不构成专利侵权。

经审理，广陵区知识产权局查明：国家知识产权局于 2021 年 3 月 15 日作出的外观设计专利权评价报告载明，涉案专利未发现存在不符合授予专利权条件的缺陷，涉案专利合法有效。被请求人广陵区晨晨酒店销售了涉案专利产品。对被请求人提出的中止处理请求因缺乏相应证据，不予支持。

广陵区知识产权局认为：被控侵权产品和涉案专利产品均为饮料瓶，两者属于相同种类产品。

将被控侵权产品外观设计与涉案专利外观设计相比较，两者的区别仅在于：（1）被控侵权产品外观设计瓶身有三组环形内凹纹路，每组四条；涉案专利外观设计有四组环形内凹纹路，靠近瓶盖的一组有两条，其余有三条。（2）被控侵权产品外观设计瓶身与瓶底连接处呈圆弧状；涉案专利外观设计瓶身与瓶底连接处的圆弧形态不明显。（3）被控侵权产品外观设计的瓶盖上方外围凸起，中间凹陷，且有一弧形小突起；涉案专利外观设计的瓶盖上方平整。（4）被控侵权产品外观设计瓶底有"一"字形凸起；涉案专利外观设计瓶底有梅花状凹陷。

鉴于被控侵权产品和涉案专利产品均为饮料瓶，其瓶盖、瓶肩和瓶身三个部分的形状、大小和比例可具有较多的设计变化，设计空间较大，也是最容易引起消费者注意的设计要部，一般消费者通常不容易注意到其三部分之间的细微区别。根据"要部判断"原则，涉案专利外观设计的瓶盖、瓶肩、瓶身形状和比例，在产品正常使用状态下均容易被消费者直接观察到，是构成外观设计整体视觉效果的基础和设计的要部，而被控侵权产品上述三部分的外观设计与涉案专利基本相同，构成近似。上述区别特征（1）、（2）和（3）属于其整体外观设计的细微局部差异，不易引起普通消费者的注意，区别特征（4）属于该外观设计的非要部，在其正常销售状态下消费者更不易观察到。因此，被控侵权产品外观设计与涉案专利外观设计在整体视觉效果上无实质性差异，二者构成近似，被控侵权产品外观设计落入涉案专利权的保护范围。

2022 年 4 月 23 日，广陵区知识产权局作出行政裁决：责令被请求人立即停止销售侵犯请求人涉案专利权产品的行为。

本案是江苏省赋予县区级知识产权管理部门处理专利侵权纠纷职权，由县级知识产权管理部门作出的行政裁决。案件涉及国内饮料行业知名度较高的产品，类似案件多发，抛开"特种兵"商标注册是否合法不论，该案也体现了我国县级知识产权管理部门对专利侵权纠纷行政裁决的能力和水平在不断提高，对我国进一步完善专利法律制度，推进专利侵权纠纷行政裁决职能向基层延伸，进一步加强知识产权行政保护具有重要借鉴作用。

（江苏省打击侵权假冒工作领导小组办公室提供）

宝鸡市知识产权局快速处理
一起专利侵权纠纷案

2022年1月11日，请求人刘某向宝鸡市知识产权局提起专利纠纷处理请求，认为被请求人凤翔某建筑公司侵犯其专利权。当天该局予以立案，组建合议组商讨案件处理预案。案情调查取证中，执法人员首先找到与被请求人签署建筑合同的甲方开发商公司，摆事实、讲法律、明是非，说服甲方公司出面协调被请求人配合调查。随后耐心向涉案被请求人分析专利侵权后果，促使被请求人由抵制情绪向积极配合调查取证转变。1月14日，经双方当事人自愿同意，在该局主持下达成调解协议：被请求人合理赔偿请求人经济损失5万元；被请求人承诺，未经专利权人允许，不得利用涉案专利产品进行任何形式的经营活动。最终，该案前后仅用4天时间，就成功调解结案。

（陕西省打击侵权假冒工作领导小组办公室提供）

侵犯商标权典型案例

打击利用直播带货售假犯罪典型案例

2023年2月，江西省萍乡市芦溪县公安机关破获"11·17"制售假冒品牌运动服装案，抓获犯罪嫌疑人6名，打掉制假窝点3处、售假网络直播间3个，现场查扣假冒国内外知名品牌运动服装1.3万件，切实净化网络市场秩序，推动平台经济规范健康持续发展，确保群众买得放心、用得安心。

（公安部提供）

深圳海关查获进口侵犯商标权服装案

2022年8月，广西某公司委托湖南某公司以一般贸易方式向海关申报进口货物一批，深圳海关所属深圳宝安机场海关运用大数据分析开展专项布控和查验，在该批进口货物中查获带有"MLB"等标识的羽绒服等货物3539件，货物价值人民币45.56万元。相关权利人认为，上述货物涉嫌侵犯其在海关总署备案的商标权，2022年9月，海关依法扣留相关侵权嫌疑货物，调查后作出没收侵权货物并处罚款的行政处罚决定。

该案是海关履行国门卫士职责，打击进口环节侵权违法行为的典型案例。随着国内产业转型升级以及人民生活水平不断提高，国内消费者对知名品牌消费品需求日益增长，部分侵权假冒商品伺机涌入国内。本案中，海关发挥实货监管优势，根据进口商品原产地等相关特征，敏锐识别侵权风险，精准查发侵权货物。该案彰显了海关有效打击进口侵权违法行为，阻止侵权假冒商品流入国内市场，保护权利人和消费者权益的职责担当。

（海关总署提供）

安徽省六安市市场监管局查处六安好车优选商业运营管理有限公司侵犯"阿里汽车"注册商标专用权案

2022年7月18日，安徽省六安市市场监管局根据上级转交的案件线索，依法对六安好车优选商业运营管理有限公司进行执法检查，发现当事人门头广告牌突出使用"🔘阿里2手车六安智慧城"等标志。当事人现场不能提供"🔘""阿里汽车"等商标注册人的许可使用证明材料。

经查，当事人为推广二手车租赁市场业务，未经商标注册人许可，擅自在经营场所突出使用"🌀阿里2手车六安智慧城"标志，用于招商及宣传，并与客户签订含"六安阿里二手车"等文字内容的商铺经营租赁合同书。当事人的行为构成《中华人民共和国商标法》第五十七条规定的侵犯注册商标专用权行为，六安市市场监管局依法对当事人作出责令立即停止侵权行为、罚款 8 万元的行政处罚。

该案是一起服务商标侵权案件。当事人在相同或近似服务上使用与商标注册人相同或近似的商标，使相关公众误认为其与商标注册人存在投资、许可、加盟或合作等关系，容易导致消费者混淆。《中华人民共和国商标法》第四条规定，"本法有关商品商标的规定，适用于服务商标"。对于服务商标侵权违法行为，应依法予以查处。

（市场监管总局提供）

天津丽丽服饰贸易有限公司
销售假冒服饰案

2022 年 7 月 11 日，天津市市场监管委依法对天津丽丽服饰贸易有限公司通过直播带货方式销售假冒服饰的行为进行查处，现场查扣假冒知名品牌服饰 63 个品种 3784 件，涉案金额 140 余万元。因当事人行为涉嫌构成犯罪，案件已移送公安机关。

7 月 11 日当天，市市场监管委根据前期线索摸排，会同公安机关对天津丽丽服饰贸易有限公司进行突击检查，一举捣毁当事人位于东丽区某村厂房内的直播带货窝点。经查，当事人自 2022 年 1 月至 7 月通过某直播平台销售假冒 NIKE、FILA、Adidas、BOY、始祖鸟等知名品牌服饰，销售金额近 130 万元。现场查获未售出假冒服装 2055 件、运动鞋 1729 双，货值 14.15 万元。当事人的行为违反了《中华人民共和国商标法》第五十七条的相关规定，因其涉嫌构成犯罪，市市场监管委将案件移送公安机关。涉案 2 名犯罪嫌疑人已被依法采取强制措施。

近年来，直播带货作为电商销售的新模式发展迅猛的同时，因售假而危害消费者权益的情况屡见不鲜，成为消费者关注的焦点。本案中，市场监管部门紧盯网络直播带货乱象，加强网络巡控，强化行刑衔接，采取雷霆手段，开展重点攻坚，深化打击治理。

（天津市打击侵权假冒工作领导小组办公室提供）

邢台市生产侵犯注册商标
专用权的食品白砂糖案

2022 年 3 月，邢台市市场监管局执法人员监督检查时发现某公司生产车间东北角振动筛有灌装外包装标识其他品牌白砂糖痕迹。经查，该公司于 2022 年 2 月底 3 月初在加工间西侧安装了两台振动筛并以奶茶预拌糖基料代替备案中主要原料，该行为改变生产工艺后未向原发证部门进行变更备案；该公司未经商标注册人授权，在同一种商品（白砂糖）上使用与其他品牌注册商标相同的商标无违法所得，违法经营额为 10535.5 元。依据《食品生产许可管理办法》第五十三条第一款、《中华人民共和国商标法》第六十条第二款给予该公司警告，并没收侵犯注册商标的白砂糖包装袋 2420 个、侵犯注册商标的白砂糖成品 23 袋（50kg/袋），罚款人民币 15 万元。

（河北省打击侵权假冒工作领导小组办公室提供）

百丽鞋业（上海）有限公司等
35 家企业侵犯奥林匹克标志
专有权系列案

一、案情简介

2021 年 7 月到 8 月东京奥运会期间和 2022 年 2 月北京冬奥会期间，上海市市场监督管理局执法总队强化奥林匹克标志知识产权保护，开展专项执法行动，根据北京冬奥组委举报及网络巡查，查获百丽鞋业（上海）有限公司、上海一条网络科技有限公司等企业未经权利人许可擅自在企业微博、微信公众号、APP应用程序上将"奥运""冬奥"等奥林匹克标志进行商业使用，宣传推广商品和服务，已对 35 家企业作出行政处罚。

二、处理结果

当事人为宣传其商品、服务或品牌，在未经奥林匹克权利人许可的情况下，在商业宣传中擅自使用"奥运""冬奥"等奥林匹克标志的行为，属于《奥林匹克标志保护条例》第五条第（三）项"本条例所称为商业目的使用，是指以营利为目的，以下列方式利用奥林匹克标志：（三）将奥林匹克标志用于广告宣传、商业展览、营业性演出以及其他商业活动中"所指之行为，违反了《奥林匹克标志保护条例》第四条第二款"未经奥林匹克标志权利人许可，任何人不得为商业目的的使用奥林匹克标志"之规定，构成侵犯奥林匹克标志专有权行为。

综合考量当事人违法性质、情节、主观故意、危害后果、整改情况等因素，依据《奥林匹克标志保护条例》第十二条第一款，责令当事人立即停止侵权行为，并分别处以 5000 元、2 万元及 4 万元不等罚款的行政处罚。

三、推荐理由

一是快速响应、积极作为，于关键节点及时阻断违法行为。2021 年 7 月到 8 月东京奥运会举办期间以及 2022 年 2 月北京冬奥会前夕，行动迅速、有力出击，快速对相关侵权违法企业立案查处，有效阻断侵权行为可能造成的不良社会影响，保障权利人合法权益，为北京冬奥会、冬残奥会顺利举办营造良好环境和氛围作出了积极贡献。

二是统一裁量、过罚相当，公平公正行使自由裁量权。本系列案涉及的当事人众多，且大多为擅自将奥林匹克标志用于企业社交媒体的广告宣传，但各当事人的违法情节又各有特点，在此背景下，我们综合考虑违规内容持续时间、违规内容数量、整改情况等因素，制定了统一裁量标准，切实保障行政处罚过罚相当原则得到遵循。

三是包容审慎、文明执法，真正落实处罚与教育相结合。虽然系列案当事人主要为大型头部企业，有

相对完善的合规体系，但在调查中发现，当事人对奥林匹克标志知识产权保护的认识严重不足，执法人员及时释法，反复宣贯，通过案件办理引导企业合法使用奥林匹克标志，指导企业进行整改加强合规，有效增强企业法治意识，取得了法律效果和社会效果的统一。

（上海市打击侵权假冒工作领导小组办公室提供）

南京海关在跨境电商、出境邮递渠道查获奥林匹克标志专有权物品系列案

2022 年 2 月 18 日，南京海关所属南通海关根据布控指令对跨境电商渠道申报出口至日本的商品进行自主人工风险研判时，发现其中一票申报品名为钥匙扣、钥匙圈具有较高侵权风险。根据过往查发侵权案件经验及北京冬奥会期间南京海关综合业务处下发的知识产权执法小贴士的风险提示，现场关员对该票货物进行人工布控。经开拆查验，发现该票商品中有 253 件钥匙扣使用了 2022 年北京冬奥会会徽、吉祥物"冰墩墩"图案标志和 2022 北京年冬残奥会吉祥物"雪容融"图案标志，另有 612 个钥匙圈使用了 2022 年北京冬奥会会徽和吉祥物"冰墩墩"图案标志，且当事人无法提供合法授权使用证明以及合法渠道购买证明。

经商请权利人北京冬奥组委（以下简称权利人）鉴定，确认上述钥匙扣、钥匙圈未经授权使用了海关总署公告 2021 年第 62 号备案保护的 2022 北京冬奥会（冬残奥会）特殊标志。南通海关根据权利人申请，对上述侵权嫌疑商品予以扣留，并经调查认定当事人出口上述商品构成《奥林匹克标志保护条例》第十四条规定的"进出口货物涉嫌侵权奥林匹克标志专有权"的行为，该关遂依法对侵犯权利人北京冬奥组委奥林匹克标志专有权的 253 件钥匙扣、612 件钥匙圈予以没收并处罚款。

该案是中国海关保护奥林匹克标志、提升全民知识产权保护意识的成功范例。奥林匹克标志传递着奥运会的历史和文化内涵，是奥林匹克运动的精神财富，也是包括国际奥委会在内的奥林匹克权利人享有

的重要权利。2022 年北京冬奥会（冬残奥会）的举办，是我国展现国家形象、振奋民族精神、促进经济发展的重要契机。南京海关在关区建立知识产权风险防控协作组，充分发挥综合业务处、风险防控分局、现场海关在各自领域管控侵权风险的职能优势和作用面对跨境电商出口商品申报类型零散繁杂的特点，对进出口商品类别、贸易国别、历史查发情况、境外反向通报等业务数据开展风险研判，迅速查获该批侵犯奥林匹克标志专有权的钥匙扣、钥匙圈。本系列案中，有 2022 年北京冬奥会开幕以来江苏口岸跨境电商渠道查处的首个进出口侵犯奥林匹克标志专有权案件，也是 2022 年北京冬奥会期间全国海关在跨境电商渠道查获的侵犯 2022 年北京冬奥会（冬残奥会）特殊标志专有权商品数量最多的一起案件，对保护奥林匹克标志专有权、通过奥运会影响力提升全社会保护知识产权的意识具有重要意义；另有南京海关所属苏州海关运用科技手段强化实际监管，有力阻止侵权球衣、"冰墩墩"毛绒玩具、口罩等流入市场，在优化营商环境和引导守法便利等方面，取得了法律效果和社会效果的统一。

（江苏省打击侵权假冒工作领导小组办公室提供）

杭州市余杭区蒋某销售假冒
注册商标商品案

2022 年 5 月 24 日，杭州市公安局余杭区分局接杭州市余杭区市场监督管理局移交案件称：杭州市余杭区蒋某等人涉嫌销售假冒注册商标的商品。接到该案后，杭州市公安局余杭区分局食药环知犯罪侦查大队立即开展侦查工作。

2022 年 6 月 8 日，杭州市公安局余杭区分局开展集中收网行动，在仓前街道龙泉路 1 号 A 幢 301 室中一举抓获蒋某等 6 名犯罪嫌疑人，现场查获假冒国际知名品牌服装 5 万余件，共对上述 6 人采取刑事强制措施。

2022 年 8 月 22 日，杭州市公安局余杭区分局对本案上游团伙开展集中收网行动，在杭州市拱墅区华

悦大厦 2 幢 1106 室、1107 室抓获犯罪嫌疑人胡某等 4 人，现场查获涉案假冒商标 20 余种，经初步统计约 14 万余个，对上述 4 人采取刑事强制措施。

经查，犯罪嫌疑人蒋某于 2015 年左右在良渚街道注册深红女装店，实际经营地位于仓前街道龙泉路 1 号 A 幢 301 室，以淘宝、微信直播、网络带货的形式，在淘宝平台销售假冒国际知名品牌服装，并聘用犯罪嫌疑人王某等人从事销售客服、缝商标等非法行为，现场查获未销售的假冒国际知名品牌服装 5000 余件，根据调取店铺支付宝流水信息初步查证非法经营数额在 1000 万元以上。

截至上报时，已对本案开展波次收网行动，共对 10 名人员采取刑事强制措施，犯罪环节涉及产、存、销等 3 个，查获假冒国际知名品牌商标 10 万件以上，非法经营数额 1000 万元以上。

（浙江省打击侵权假冒工作领导小组办公室提供）

安徽省宿州市 "8·26" 制售
假冒品牌电器案

2022 年 8 月，根据群众举报，安徽省宿州市埇桥区市场监管局执法人员联合公安干警对该区城乡接合部某开关电器加工点进行突击检查。现场发现无标签交流接触器 30 箱，标示 "浙江正泰电器股份有限公司"交流接触器 125 箱，标示 "德力西电气有限公司"交流接触器 71 箱，以及包材、账簿、机器等物品，涉案货值 50 余万元。该加工点负责人郑某某未能提供任何证照，执法人员依法对现场发现的涉案物品实施扣押。经 "正泰" "德力西"注册商标权利人鉴定，上述交流接触器系侵权产品。郑某某的上述行为违反《商标法》第五十七条第一款之规定，且涉案数额巨大，涉嫌构成犯罪，该局将该案依法移送公安机关侦办并成立联合专案组。

经查，2021 年以来，犯罪嫌疑人郑某某伙同其他犯罪嫌疑人，在宿州租赁生产场地，将从浙江等地购买的白板电器，贴标品牌标识后通过网店大肆向安徽、浙江、江苏、福建等多地销售，查证涉案金额 6000 余

万元。上报时，该案已向人民法院依法提起公诉。

（安徽省打击侵权假冒工作领导小组办公室提供）

江西赣州张某飞等人销售假冒注册商标的商品案

2022 年 2 月，江西省赣州市赣县公安局食药环侦部门根据群众举报线索，成功侦破一起特大销售假冒注册商标的商品案，抓获犯罪嫌疑人 4 人，捣毁制售假窝点 3 处，现场查扣假冒东芝、佳能等 8 种国际知名品牌打印机碳粉盒 2 万余件，货值达 1200 余万元。经查，2019 年以来犯罪嫌疑人张某飞伙同黄某平等人非法组织生产销售假冒佳能等国际知名品牌打印机碳粉盒，销售范围涉及北京、浙江、河南、广东、广西、新疆、江西等 20 多个省份，初步查明涉案金额 1.1 亿元，是迄今为止我省侦办的涉案价值最大的假冒打印机碳粉盒案。在侦办该案中，办案单位认真落实公安部、公安厅行动部署，始终坚持"全链条、全要素、全环节"打击理念，从群众举报线索入手，围绕涉案仓库开展深入摸排调查，汇集物流等涉案数据分析研判，迅速锁定制假售假犯罪团伙，抓住战机开展集中收网行动，成功侦破案件，有力震慑了不法分子的嚣张气焰。2022 年 8 月，公安部七局将此案列为"昆仑 2022"专项行动督办案件并下发贺电褒奖。

（江西省打击侵权假冒工作领导小组办公室提供）

山东省东营市查处赵某等销售假冒鞋服案

2022 年 6 月 14 日，山东省东营市市场监管局联合市公安局、利津县市场监管局查处赵某等人销售假冒知名运动品牌注册商标的运动鞋、服装案，打掉销售窝点 4 个，因当事人行为涉嫌构成犯罪，案件已移送公安机关。

2022 年 6 月 10 日，根据举报线索，东营市市场监管局联合市公安局、利津县市场监管局对赵某等 4 人的销售场所进行检查，现场发现标有知名运动品牌注册商标标识的运动鞋 7575 双、服装 3478 套，赵某、陈某等人正在直播销售。经鉴定，上述运动鞋、服装均为假冒商品。经查，当事人擅自从非法渠道购进假冒注册商标的商品，通过网络直播平台进行直播销售，非法经营额达 1100 余万元。当事人的行为违反了《中华人民共和国商标法》第五十七条规定，侵犯了权利人的注册商标专用权，且情节严重，涉嫌构成犯罪。目前，东营市、利津县等地公安机关已立案侦查，并对 12 名犯罪嫌疑人采取刑事强制措施。

东营市市场监管局在查办案件时加强市县联动、行刑衔接，有效提高了执法效能，有力震慑了侵权假冒违法行为，保护了消费者和权利人的合法权益，维护了公平竞争的市场秩序和安全放心的消费环境。

（山东省打击侵权假冒工作领导小组办公室提供）

长沙中体房地产开发有限公司侵犯奥林匹克标志专有权案

2022 年 2 月 18 日，长沙县市场监管局执法人员在监督检查中发现，湖湘奥林匹克花园楼盘一期一栋顶层北侧设置了"▨▨▨湖湘奥林匹克花园"的奥林匹克标志、二栋对外广告墙上设置了"▨▨▨湖湘奥林匹克运动城"的奥林匹克标志，涉嫌侵犯奥林匹克标志专有权，随即开展调查。

经查，该楼盘开发商长沙中体房地产开发有限公司未经奥林匹克标志权利人许可，为商业目的擅自在楼盘内制作设置了"▨▨▨""湖湘奥林匹克运动城"等奥林匹克标志，用于楼盘商业广告宣传等活动。且当事人因同一违法行为于 2016 年 9 月被长沙县市场监管局实施过行政处罚。

当事人的行为违反了《奥林匹克标志保护条例》第四条和第五条的规定，长沙县市场监管局依据《奥林匹克标志保护条例》第十二条、《中华人民共和国行政处罚法》第二十八条的规定，依法责令当事人改正违法行为，并处罚款 18 万元。

（湖南省打击侵权假冒工作领导小组办公室提供）

广西钦州破获假冒品牌白酒系列案

2022 年 9 月，钦州市市场监管部门与公安机关破获一起假冒"红星二锅头酒"等品牌白酒系列案，先后在河北廊坊、保定，广西南宁、防城港等地进行集中收网，抓获犯罪嫌疑人 318 名，摧毁生产窝点、仓库、销售点 100 多间，查获假冒注册商标的红星、牛栏山等二锅头品牌假酒近 30 万瓶，假酒案值 500 多万元，涉案总金额超 1.2 亿元。

（广西壮族自治区打击侵权假冒工作领导小组办公室提供）

四川南充"6·27"假冒注册商标案

一、案件来源

2022 年 6 月，南充市公安局在线索摸排中发现，位于顺庆区环形商场附近 LA VIE（拉薇）商店涉嫌销售仿冒 LV（路易威登）、CHANEL（香奈儿）、爱马仕、普拉达、MIUMIU 等商品。经查，其门店已于 2022 年 3 月 18 日被顺庆区市场监督管理局行政处罚过，通过对其资金交易明细分析，仅 2022 年上半年销售的仿冒产品的金额就达 12 万余元，分析背后可能隐藏着较大的假冒注册商标犯罪链条，遂立"6·27"假冒注册商标案进行侦查。

二、案件侦办情况

2022 年 6 月，四川南充市公安局紧扣职能职责，积极主动作为，严厉打击知识产权领域犯罪。6 月 30 日成功侦破"6·27"假冒注册商标案，抓获犯罪嫌疑人 14 名，捣毁制假生产工厂 1 处、销售门店 5 处、网店 3 个，查获假冒 LV、香奈儿、迪奥、芬迪、古驰等 14 种奢侈品牌衣服、鞋子、包包等 2100 余件（套、双、个），扣押账本 83 本，冻结涉案金额 400 万元，涉案金额 5000 余万元。

三、查明的犯罪事实

经查，2020 年以来，以犯罪嫌疑人周某芳、周某、周某涛等人为主的东莞制假团伙为牟取非法利益，在未经权利人授权许可情况下，在东莞大朗镇设立文欣针织厂生产假冒 LV、香奈儿、迪奥等名牌产品并进行销售。深圳的张某璐、张某云团伙从周某芳处购买上述假冒产品后，开设门店网店对外销售，并通过微信联系以物流运输方式加价出售给南充的任某、任某丽团伙。任某、任某丽团伙雇佣王某曼、杨某、何某玲、廖某琼等人，在成都、南充开设多处门店和网店以进价 2 倍的价格将上述仿冒产品销往全国各地，从中获取巨额非法利益。

四、典型意义

一是侵害对象众多，影响恶劣。该案犯罪嫌疑人周某芳、周某、周某涛自 2020 年以来，大量生产假冒 LV、香奈儿、迪奥、芬迪、古驰等 14 个奢侈品牌衣服、鞋子、包包等，通过张某璐、任某等售假团伙对外销售，涉案金额达 5000 余万元，严重侵害了消费者权益，严重损害了 LV、香奈儿、古驰等企业品牌权利人利益，扰乱了市场正常经营秩序。二是涉及面宽量广、金额巨大。该案犯罪团伙形成了工厂生产、实体店和网店销售的产业链，涉案品牌较多、上游人员复杂，时间跨度大、地域广、受害人多、金额大。三是强化了国际国内品牌同等保护，营造了良好的营商环境，保障了人民群众的切身利益。

（四川省打击侵权假冒工作领导小组办公室提供）

安康汉阴县查处侵犯名牌腕表
注册商标专用权案

2022 年 6 月 21 日，安康市汉阴县市场监管局执法人员在对该县城关镇某珠宝店进行检查时发现，当事人王某经营的珠宝店橱柜内展销待售的标注有"EMPORIO ARMANI"英文字母"阿玛尼"牌手表 39 块，执法人员要求当事人王某现场提供上述阿玛尼手表的进货票据和销售凭证，当事人提供的品牌授权书过期、进口货物报关单有遮盖，且不能提供进货票据，执法人员随即对标注有"EMPORIO ARMANI"字样图案的 39 块腕表实施行政强制措施。经"阿玛尼"商标权利人特别授权委托代理人鉴定，鉴定结论为当事人销售的标注有"EMPORIO ✦ ARMANI"英文图案的 39 块腕表全部为"假冒注册商标'EMPORIO ✦ ARMANI'的商品",侵犯了"EMPORIO ✦ ARMANI"注册商标专用权。

另查明,当事人在商品销售前将产品防伪标签进行拆除,使消费者和相关公众无法通过查验防伪标签这一简便方式对产品真伪进行验证,明知或应当知道涉案产品可能存在问题而仍然摆放在柜台出售。当事人在采购涉案"阿玛尼手表"时,未向供货商索要有供货商合法签章的供货清单、货款收据,无法证明其合法取得。当事人的上述行为违反了《中华人民共和国商标法》第五十七条第三项"有下列行为之一的,均属侵犯注册商标专用权:(三)销售侵犯注册商标专用权的商品的"规定,构成"销售侵犯注册商标专用权的商品"的违法行为;依据《中华人民共和国商标法》第六十条第二款之规定,2022 年 11 月,对当事人处以没收侵犯了"EMPORIO ✦ ARMANI"注册商标专用权腕表 39 块,罚款 336125 元。

(陕西省打击侵权假冒工作领导小组办公室提供)

贾某某涉嫌销售假冒注册商标的商品案

2022 年 3 月 31 日,青海省西宁市公安局城西分局破获一起销售假冒品牌运动鞋案件,捣毁售假窝点 1 处,查获存放假冒品牌高档鞋的库房 1 处,抓获犯罪嫌疑人 1 名,缴获假冒耐克品牌系列高档鞋 2268 双,涉案金额达 230 余万元。

经查证,犯罪嫌疑人贾某某自 2016 年 6 月以来,在西宁市小商品批发市场经营运动鞋、皮鞋等批发零售业务。现已查明,犯罪嫌疑人贾某某从河北省奥斯克鞋业等厂家以 50 至 60 元价格购买耐克牌运动鞋,又从福建等地线上订购其他品牌运动鞋、品牌鞋类包装等,以自己经营的商铺为掩饰,采用线上线下销售形式加价售卖至各州县群众。城西公安分局经侦大队对其商铺进行检查,扣押了部分疑似假冒品牌运动鞋后,立即开展真伪鉴定。4 月 7 日,经耐克体育(中国)有限公司对扣押的耐克牌运动鞋进行真伪鉴定,证实耐克公司未授权犯罪嫌疑人贾某某生产、储存、销售标有耐克商标的产品,其所售耐克牌运动鞋均为假冒产品。现已查明:城西分局经侦大队在犯罪嫌疑人贾某某经营的天成鞋业商铺和仓库内依法扣押 463 双耐克 SB 型鞋、175 双耐克开拓者型鞋、61 双耐克 AIRMAX 型鞋、703 双耐克 AJ 型鞋和 866 双耐克 AIR 型鞋,共计 2268 双。以上 5 种标志为耐克的运动鞋均为假冒注册商标的商品,涉案金额达 230 余万元。犯罪嫌疑人已被采取强制措施,拟移送检察机关审查起诉。

(青海省打击侵权假冒工作领导小组办公室提供)

其他侵权假冒典型案例

沭阳县雪露桓苗木园艺场销售假种子案

一、基本案情

2022 年 11 月,沭阳县自然资源和规划局接群众举报,称庙头镇聚贤村有人经营假种球。经现场勘察发现,标有水仙种球的包裹内装的是石蒜种球。沭阳县自然资源和规划局于 2022 年 11 月 22 日立案调查,经进一步调查发现,徐某用沭阳县雪露桓苗木园艺场在拼多多平台注册店铺"桓桓爱花园"经营水仙种球。沭阳县种子协会对买家购买的水仙种球进行了鉴定,确认商家用石蒜种球冒充水仙种球进行销售的事实,销售额为人民币 843.06 元。

二、处理结果

沭阳县自然资源和规划局认定沭阳县雪露桓苗木园艺场的行为违反了《中华人民共和国种子法》第

四十八条规定，根据《中华人民共和国种子法》第七十四条的规定，于 2022 年 12 月 30 日作出责令立即停止经营种子行为，吊销沭阳县雪露桓苗木园艺场林草种子生产经营许可证，没收违法所得人民币 843.06 元、没收已扣押快递包裹 30 件，罚款人民币 2 万元的行政处罚。

三、典型意义

本案是一起典型的网络种子销售违法案件，包含了该类违法行为的一些典型特点，如商家为了利益最大化进行售假，调查初始商家以发错货为由进行辩解，经调查人员多方取证、组织鉴定，商家在事实面前承认了售假行为。

徐某为了获取高额利润肆意挑战法律红线、坑害消费者，严重影响产业发展，必须得到法律制裁。沭阳县严厉打击花木种苗领域"货不对板""以次充好""无证经营""虚假宣传"等不诚信经营行为，有力维护了市场经营秩序，进一步擦亮了"花乡沭阳"诚信金字招牌。

（国家林业和草原局提供）

济宁市世安堂医药连锁有限公司康健店销售假药案

一、案情简介

2021 年，山东省济宁市市场监督管理局与曲阜市市场监督管理局联合对曲阜市辖区内的济宁市世安堂医药连锁有限公司康健店进行检查并抽样检验，发现该店销售的标称为"特效筋骨痛""痛除根"等药品中含有双氯芬酸钠等成分，认定为假药。曲阜市市场监督管理局将该案件移送曲阜市公安局立案侦查。2022 年 6 月，山东省曲阜市人民法院判决该店负责人犯销售假药罪，判处拘役并处罚金。2022 年 10 月，济宁市市场监督管理局依据《药品管理法》第一百一十六条、第一百一十八条等规定，对该店处以吊销药品经营许可证的行政处罚，对该店负责人处以终身禁止从事药品生产经营活动的行政处罚。

二、典型意义

药品作为治病救人的特殊商品，质量安全直接关系公众身体健康和生命安全，必须严防严管严控药品安全风险，坚决防范杜绝假劣药对人民群众生命健康造成损害。本案当事人销售假药，社会危害极大。司法机关依法对有关责任人员判处拘役并处罚金，药品监管部门依法对当事人作出吊销许可、对相关责任人作出禁业的行政处罚，体现了坚决落实药品安全"四个最严"要求的决心。本案系药品监管部门与公安司法部门行刑联动的典型案例，体现了行政部门与公安司法部门信息互通、密切协作的良好工作机制，体现了行刑衔接的高效执法合力，对各级药品监管部门、公安司法部门信息共享、联合打击违法违规行为具有借鉴意义。

（国家药品监督管理局提供）

宁波精博康复辅具有限公司未经许可生产未依法注册的第二类医疗器械案

一、案情简介

2022 年 3 月 4 日，浙江省宁波市市场监督管理局对宁波精博康复辅具有限公司进行检查。经查，当事人涉嫌未经许可生产未依法注册的脊柱侧弯矫形器，涉案货值金额 26.4 万元，违法所得 26.4 万元。当事人未经许可生产未依法注册的第二类医疗器械的行为，违反了《医疗器械监督管理条例》（国务院令第 739 号）第十六条第一款、第三十二条第一款规定。2022 年 8 月 3 日，宁波市市场监督管理局依据《医疗器械监督管理条例》（国务院令第 739 号）第八十一条第一款第一项、第二项和《关于规范市场监督管理行政处罚裁量权的指导意见》（国市监法〔2019〕244 号）规定，决定给予当事人减轻处罚，处以没收违法所得 26.4 万元，罚款 132 万元的行政处罚。

二、典型意义

随着经济社会的发展，康复治疗成为医疗领域新的增长点。青少年特发性脊柱侧弯多发高发，其治疗过程、所使用医疗器械的合法性也成为人民群众关注的热点。监管部门在案件查办期间深入了解脊柱侧弯的成因、诊断要点、治疗方法、影像学特征，并利用技术方法从PACS系统中提取患者的放射影像电子数据，找准案件办理的突破方向，从而揭开医疗康复领域无证生产未依法注册医疗器械并侵害患者权益的潜规则。该案的办理彰显了药品监管部门针对新的医疗器械违法行为进行重点突破和攻坚克难的决心，维护了医疗器械生产、使用秩序，有力保障了公众用械安全。

（国家药品监督管理局提供）

"5·7"江苏扬州生产销售假冒化妆品案

一、案情简介

2022年9月15日，江苏省扬州市广陵区人民法院以假冒商标罪等罪名判处张某某等8名生产销售假冒化妆品的犯罪分子三年至一年不等的有期徒刑，并加处罚金。此案的发现源于江苏省药品监督管理局扬州检查分局在化妆品安全风险监测工作中摸排的违法线索。扬州检查分局发现上述假冒化妆品违法线索后，立即与扬州市公安局食药环侦支队成立联合专案组，坚持追根溯源、循线深挖，最终捣毁假冒化妆品生产窝点1处、胶管供货商2家，抓获张某某等多名犯罪嫌疑人。经查，自2020年3月张某某等人购买膏体、仿制包材、商标及防伪标识等组件，自行加工、组装生产假冒化妆品，并通过网络进行销售。

二、典型意义

近年来，不法分子瞄准品牌化妆品进行制假售假，凭借他人优质品牌效应牟取非法利益。本案中，药品监督管理部门高度重视从化妆品安全风险监测中发现的违法线索，发挥专业技术优势，与公安机关协同作

战，在"打假保名牌"工作机制框架下，由行政执法部门、公安机关、司法机关和权利人企业共同发力，将制假售假链条一网打尽，切实保护公众用妆安全，维护公平竞争市场秩序，营造良好的营商环境。

（国家药品监督管理局提供）

张某某等人生产销售伪劣农药案

一、基本案情

2015年起，张某某、霍某某先后虚构"青岛某化工集团有限公司"，注册"青岛某科技服务有限公司"，在未取得农药生产、经营许可的情况下，向王某某提供标签、图样，委托其生产伪劣农药，并通过互联网在全国范围内销售。王某某以租住的民房为加工窝点，在未取得农药登记证及相关农药生产、经营许可的情况下，组织工人生产伪劣农药，销售给张某某、霍某某。截至2019年5月，张某某、霍某某生产销售伪劣农药771万余元，王某某生产销售伪劣农药333万余元。经农业农村部农药质量监督检验测试中心（济南）检测，加工窝点现场查扣的成品农药均不合格。

二、诉讼经过

2020年3月17日，山东省青岛市城阳区人民检察院以张某某等三人犯生产销售伪劣产品罪提起公诉。2021年2月8日，青岛市城阳区人民法院作出一审判决，被告人张某某、霍某某、王某某犯生产销售伪劣产品罪，均被判处有期徒刑十五年，并处罚金人民币100万元至300万元不等。一审判决后，三被告人提出上诉。2021年4月28日，青岛市中级人民法院裁定驳回上诉，维持原判，判决已生效。

三、典型意义

（一）严惩制售伪劣农药犯罪，切实保障粮食安全和农民权益

制售伪劣农药违法犯罪危及粮食安全，损害农民权益，必须从严惩处。本案伪劣农药销往全国多个省

市，销售量大，涉及范围广。涉案犯罪行为包括了从原材料购进、假农资生产到全国性销售全过程，三被告人均被判十五年有期徒刑，有效打击了制售伪劣农药犯罪，震慑了潜在不法分子，维护了粮食安全。

（二）加强引导侦查，准确认定伪劣农药

《农药管理条例》第四十四条规定，未依法取得农药登记证而生产的农药，按照假农药处理。本案中，检察机关并未单纯以无生产资质作为认定标准，而是要求公安机关重点围绕查获农药的实际效果以及是否符合农药标准进行取证。经引导侦查，公安机关查找到多名购买农药的实际用户，证实从被告处购买的农药使用效果不好；委托检验机构对现场查扣的农药进行检验，确定均为不合格农药。最终检察机关依据检验报告和农药实际用户的证言综合认定涉案农药为伪劣农药。

（三）精准认定被告人犯罪数额，有效指控犯罪

本案伪劣农药通过互联网销售，涉及全国各地买家近千人，由公安机关逐一寻访购买人取证并不现实。检察机关根据公安机关查获张某某的 19 本手写记账笔记本，以及调取的 7 个银行账户的交易明细，将逐条整理出的近 2000 条销售信息与涉案银行账户 5 年的交易流水进行对比，确认张某某、霍某某的犯罪金额；又根据张某某对自己记账习惯、常用符号的解释，通过比对账簿记录与王某某银行账户的交易流水情况，甄别出王某某的犯罪金额，最终精准认定犯罪数额，有效指控犯罪。

（最高人民检察院提供）

于某某生产销售伪劣化肥案

一、基本案情

2019 年，被告人于某某在经营种子商店期间，得知使用二铵辅料代替磷酸二铵化肥可以获取高额利润，遂于同年 12 月前往 A 肥业有限公司购买二铵辅料。同时联系一家包装袋厂，定购了价值 1.6 万余元印有 B 品牌标识的肥料包装袋。2020 年 3 月，于某某在外地租赁的库房内，将其购买的 198 吨二铵辅料和 67 吨复合肥进行重新倒袋灌装，假冒正规厂家生产的磷酸二铵、复合肥料的化肥产品，并运至本地销售。这期间，于某某共生产假冒化肥 265 吨，销售 171.15 吨，销售金额 42 万余元。

经黑龙江省大庆市产品质量监督检验所检验，于某某生产销售的磷酸二铵的总氮、有效磷、总养分不合格，复合肥料的有效磷、总养分不合格。

二、诉讼经过

2021 年 4 月 30 日，黑龙江省林甸县人民检察院以于某某犯生产销售伪劣产品罪提起公诉。2021 年 11 月 15 日，林甸县人民法院作出一审判决，被告人于某某犯生产销售伪劣产品罪，判处有期徒刑四年，并处罚金人民币 22 万元。判决宣告后，被告人未上诉，判决已生效。

三、典型意义

（一）准确适用法律，坚持化肥实质效能判断

对于假冒伪劣化肥的性质认定，检察机关结合检验报告、被告人供述、物证等证据材料综合判断。在明确化肥性质后，仍应全面审查生产销售伪劣化肥是否造成生产损失。对于无法认定涉案化肥使生产遭受较大损失，不构成生产销售伪劣化肥罪，但是销售金额在 5 万元以上的，应当按照《刑法》第一百四十九条的规定，以生产销售伪劣产品罪定罪处罚。

（二）积极追赃挽损，维护被害农户经济权益

本案被害农户有 39 名，虽然被告人于某某在案发前已赔偿部分农户损失，但仍有不少农户损失尚未挽回。检察机关第一时间听取被害人意见，引导公安机关查明于某某生产销售伪劣化肥的数量、销售金额和获利情况，并对农户的生产损失数额进行核实。经过多次沟通，说服于某某及其家属向被害农户赔礼道歉、赔偿农户损失，最终帮助被害农户挽回损失，充分保障当事人权益。

（三）延伸检察职能，全方位净化农资市场

检察机关将依法惩治涉农资犯罪与推动社会治理相融合，联合行政主管部门共同保障农资安全。本案中，检察机关及时向当地农业主管部门通报案情，建议对农资生产开展执法检查，防患于未然。同时向当

地市场监管部门制发《检察建议书》，建议针对农资领域无资质公司、个人或者挂靠生产、倒买倒卖农资产品等问题开展整治。当地市场监管部门采纳建议，及时组织开展农资打假活动，提升部门协作质效，加强宣传教育，引导农民理性购买、科学使用农资，进一步净化了当地农资市场，有力保障农民权益。

（最高人民检察院提供）

潘某某、王某某销售假药案

一、简要案情

2020 年至 2021 年 9 月，潘某某、王某某夫妻二人在经营天津某大药房有限公司期间，为谋取利益，从一无名药贩子手中低价购进大量未经审批的名为"筋骨疼消丸"的药品，其成分为激素，能起到一时减轻膝关节、腰椎间盘、风湿患者病痛的作用。起初，潘某某、王某某通过上门推销、顾客介绍的方式向老年人售卖，因该药品价格相对低廉且短期内有疗效，深得老年患者信服，被称为"风湿神药"，前来购药的老年患者络绎不绝。后二人积极拓展销售模式，向外地购药者以快递邮寄方式销售。共计销售"筋骨疼消丸"10600 盒，销售金额人民币 159000 元，非法获利 31800 元。经认定，该"筋骨疼消丸"系假药。

2022 年 5 月 30 日，宝坻区人民法院以销售假药罪判处潘某某有期徒刑一年三个月，并处罚金一万元，判处王某某有期徒刑一年三个月，缓刑一年六个月，并处罚金一万元。

二、典型示范意义

（一）充分利用行刑衔接

2021 年 11 月，宝坻区人民检察院在深入区市场监督管理局开展行刑衔接调研工作中获悉，该局对潘某某、王某某夸大宣传销售药品案件拟作出行政处罚决定，遂引起重视，迅速启动涉罪线索研判机制，提出及时收集、固定证据，对涉案产品是否为假药、劣药出具认定意见。2021 年 11 月 29 日，经药品监督管理部门依法认定，涉案"筋骨疼消丸"确系假药。

（二）积极引导侦查取证

2021 年 12 月 21 日，公安机关对潘某某、王某某销售假药案立案侦查。宝坻区人民检察院介入侦查活动引导取证，监督公安机关依法扣押涉案"筋骨消疼丸"18 箱 64 盒，包装纸箱 107 个，调取微信聊天记录等证明销售数量、金额等犯罪事实的关键证据。

（三）全力推进追赃挽损

办案过程中，宝坻区人民检察院将追赃挽损作为重要工作内容，督促被告人主动退缴违法所得人民币 1 万元，协同审判机关追回赃款共计人民币 41800 元。

（四）联动开展公益诉讼

检察官将发现的公益诉讼线索及时移送公益诉讼检察部门，宝坻区人民检察院于 2022 年 6 月 9 日向天津市宝坻区市场监督管理局发出诉前检察建议书，要求对潘某某、王某某限制从业，并对类似案件进行全面梳理，对辖区内经营的药店开展专项检查，加强从业人员教育培训，督促行政机关依法履职。

（五）高度重视法治宣传

2022 年 5 月 18 日，宝坻区人民检察院深入云杉镇养老社区，以"严防养老诈骗，共创美好明天"为主题，开展法治宣传，营造反诈宣传浓厚氛围。因办案效果良好，《检察日报》头版对该院工作方法进行了报道。

三、案件启示

（一）要明确假药认定程序，保证案件定性准确

对于适用修订后《中华人民共和国药品管理法》处理的生产、销售、提供假药案件，应由市级以上药品监督管理部门对涉案药品的性质出具认定意见，必要时，可由药品监督管理部门委托相关机构对药品含量、成分等进行检验。检察机关应当督促药品监督管理部门及时出具是否为假药、劣药的认定意见，同时对认定意见、鉴定意见进行全面审查，结合其他证据综合认定，准确界定涉案药品的性质。

（二）要充分利用行刑衔接、介入侦查等机制，有力打击向老年人销售假药案件

检察机关通过行刑衔接机制调研摸排发现涉养老

诈骗案件线索，履行立案监督职能，通过提前介入引导侦查，依法从快从严打击犯罪，全力追赃挽损，为老年被害人挽回经济损失。

（三）要发挥检察横向"一体化"优势，对养老诈骗犯罪案件坚持"一案双查"

检察机关除依法追诉涉养老诈骗犯罪外，同时针对食品药品安全等领域开展公益诉讼工作，及时向行政主管部门通报情况或者制发检察建议，加强溯源治理，提示广大老年患者，不要迷信各类特效药。选择正规医院寻医问诊，通过正规渠道购买药品，确保用药安全，保护老年人合法权益。

（天津市打击侵权假冒工作领导小组办公室提供）

大连昌铭农资经销处未取得农药许可经营证经营农药案

一、案情

2022 年 4 月 28 日，大连市旅顺口区农业农村局执法人员依据上级要求对大连昌铭农资经销处进行检查时，发现该经销处存在未取得农药经营许可经营限制使用农药的行为。经立案调查，2022 年 6 月 6 日，依法对大连昌铭农资经销处未取得农药经营许可经营农药的行为作出责令停止非法经营农药的决定，并处以没收涉案农药 64 千克、没收违法所得 300 元、罚款 5000 元的行政处罚。

经查，该经销处申领的农药经营许可证经营范围为农药（限制使用农药除外）。执法人员在其仓库内发现存放有标称万荣欣苗农药化工有限公司（原山西化工农药实验厂）生产的农药登记证号为 PDN58-98 的欣苗牌辛硫·甲拌磷 8 袋，规格 8000 克/袋，合计 64 千克。该经销处经营者韩某承认其经营限制使用农药辛硫·甲拌磷的事实，该批农药货值金额 1150 元，获得销售收入 300 元。根据中华人民共和国农业部公告第 2567 号，甲拌磷属于限制使用农药的前 22 种，需定点经营。

二、处理结论

当事人的上述行为违反了《农药管理条例》第二十四条第二款的相关规定。依据《农药管理条例》第五十五条第一款第一项之规定，旅顺口区农业农村局对当事人作出了责令停止非法经营农药行为的决定，并处以没收涉案全部农药，没收违法所得 300 元，罚款 5000 元的行政处罚。

三、案件启示

农药作为特殊的农业投入品，在农业生产中发挥着极其重要的作用。通过查处无证经营限制使用农药的违法行为，对维护全市农药市场秩序，规范农药经营行为，确保农产品质量安全、农业生产安全及农业生态安全具有重要意义。

（辽宁省打击侵权假冒工作领导小组办公室提供）

广西崇左非法制售跨国"安宫牛黄丸"假药案

2022 年 4 月，崇左市市场监管部门与公安机关联合破获一起非法制售跨国"安宫牛黄丸"假药案，捣毁制假药链条窝点 4 处，抓获产销供全链条犯罪嫌疑人 12 名，缴获标示"安宫牛黄丸""牛黄清心丸"案值近 2000 万元。

（广西壮族自治区打击侵权假冒工作领导小组办公室提供）

重庆某制冷设备有限公司擅自使用他人有一定影响的企业名称实施混淆行为案

一、基本案情

2022 年 6 月 16 日，重庆市市场监督管理局收到比泽尔制冷技术（中国）有限公司的投诉书，称重庆某制冷设备有限公司销售使用"北京比泽尔制冷设备有限公司"铭牌产品的行为构成不正当竞争，请求重庆市市场监督管理局查处。当日，重庆市市场监督管理局行政执法人员对该公司进行现场检查，发现当事人待销仓库存放带有"北京比泽尔制冷设备有限公司"标识铭牌的制冷压缩机78台，产品铭牌上标注的"北京比泽尔制冷设备有限公司"企业名称与比泽尔制冷技术（中国）有限公司的企业名称相混淆，当事人的行为涉嫌违反《中华人民共和国反不正当竞争法》第六条第二项的规定。重庆市市场监督管理局2022年6月23日予以立案调查。

经查，投诉人比泽尔制冷技术（中国）有限公司是一家致力于制冷压缩机研发、制造、销售的工业企业，系德国比泽尔集团在中国全资设立的子公司，自2005年1月成立之初即以"比泽尔"作为其企业字号，已成为制冷行业相关公众广泛认知，并具有较高的知名度。北京比泽尔制冷设备有限公司成立于2016年3月，经营范围包括生产及组装压缩机及机组。2021年5月15日，北京知识产权法院作出（2020）京73民终3254号民事判决，判决北京比泽尔制冷设备有限公司在企业名称中完整包含"比泽尔"字样，容易使相关公众误认为其与权利人存在特定联系，构成不正当竞争行为。

当事人重庆某制冷设备有限公司作为北京比泽尔制冷设备有限公司的特约经销商，在知道北京知识产权法院作出终审判决后，仍以签订合同形式，购进铭牌标注为"北京比泽尔制冷设备有限公司"字样的制冷压缩机产品进行销售，足以引人误认为该制冷压缩机是比泽尔制冷技术（中国）有限公司商品或者与比泽尔制冷技术（中国）有限公司存在特定联系，使相关公众对该制冷压缩机的来源或市场主体之间是否具有关联关系产生混淆误认。2021年5月15日至案发日止，当事人的违法经营额共计590434.13元。

二、处理结果

当事人的上述行为违反了《中华人民共和国反不正当竞争法》第六条第二项"经营者不得实施下列混淆行为，引人误认为是他人商品或者与他人存在特定联系：（二）擅自使用他人有一定影响的企业名称（包括简称、字号等）、社会组织名称（包括简称等）、姓名（包括笔名、艺名、译名等）"的规定，构成擅自使用他人有一定影响的企业名称实施混淆的违法行为。依据《中华人民共和国反不正当竞争法》第十八条第一款"经营者违反本法第六条规定实施混淆行为的，由监督检查部门责令停止违法行为，没收违法商品。违法经营额五万元以上的，可以并处违法经营额五倍以下的罚款；没有违法经营额或者违法经营额不足五万元的，可以并处二十五万元以下的罚款。情节严重的，吊销营业执照"的规定，同时鉴于当事人能积极配合调查，如实陈述违法事实，主动提供证据材料，有从轻处罚的情形，重庆市市场监督管理局责令当事人改正上述违法行为，并作出如下处罚：（1）没收带有"北京比泽尔制冷设备有限公司"标识铭牌的制冷压缩机78台；（2）罚款295218元。

（重庆市打击侵权假冒工作领导小组办公室提供）

海某某、艾某某生产销售伪劣产品罪

一、基本案情

2021年5月，根据新疆维吾尔自治区市场监管局向公安机关移送线索，自治区公安厅食品药品环境犯罪侦查局依法侦办海某某涉嫌生产销售伪劣产品案。经查，海某某于2016年3月注册成立伊宁市某公司，生产销售××牌系列茶叶，因公司生产的茶叶销售量不理想，海某某研究出把栀子粉和柠檬黄、日落黄等色素按固定比例调配后，添加到××牌茶叶里的"秘方"，使茶叶色泽、口感达到较好状态。该公司在生产的系列茶叶中非法添加柠檬黄、日落黄等着色剂（色素）后进行销售，销售量大幅提升。为了提高利润，海某某还分别与浙江两家砖茶生产公司签订委托生产协议扩大生产规模，要求两家公司按照其提供的"秘方"配料，按固定比例添加到委托生产的系列砖茶里。艾某某为该公司职工，2016年7月至2021年5月，在该公司法定代表人海某某安排指示下，负责该公司日常生产、库房管理以及添加着色剂（色素）等事项。经鉴定，涉案茶叶中均检测出日落黄、柠檬黄两种添加剂成分，被自治区市场监督管理局认定属伪劣产品。经审计，2020 年 4 月至 2021 年 5 月，添加柠檬黄、日落黄等色素的涉案茶叶累计销售金额达 2400 余万元。

二、处理结果

2021 年 12 月 3 日，伊犁州人民检察院就海某某涉嫌生产销售伪劣产品罪一案向新疆维吾尔自治区高级人民法院伊犁哈萨克自治州分院提起公诉。2021 年 12 月 30 日，一审法院以海某某犯生产销售伪劣产品罪，判处其有期徒刑十五年，并处没收个人全部财产。海某某对一审判决不服，提出上诉，2022 年 3 月 7 日，

自治区高级人民法院以海某某犯生产销售伪劣产品罪，判处其有期徒刑十五年，并处罚金 1245 万元。

三、典型意义

该案属于新疆首例茶叶里添加色素的刑事案件，食品安全是人民群众最关心的问题之一，需要有关部门强化监管，也需要司法机关及时亮剑，打击危害食品安全犯罪。按照"四个最严"的要求，检察机关严厉打击此类犯罪，既为食品行业生产销售人员敲响了警钟，有效制止违法犯罪行为，更保护了人民群众的生命健康安全，彰显检察机关司法为民的决心。

（新疆维吾尔自治区打击侵权假冒工作领导小组办公室提供）

六、政策法规

VI. Laws and Regulations

法　律

中华人民共和国反垄断法

（2007年8月30日第十届全国人民代表大会常务委员会第二十九次会议通过　根据2022年6月24日第十三届全国人民代表大会常务委员会第三十五次会议《关于修改〈中华人民共和国反垄断法〉的决定》修正）

目　录

第一章　总　则

第一条　为了预防和制止垄断行为，保护市场公平竞争，鼓励创新，提高经济运行效率，维护消费者利益和社会公共利益，促进社会主义市场经济健康发展，制定本法。

第二条　中华人民共和国境内经济活动中的垄断行为，适用本法；中华人民共和国境外的垄断行为，对境内市场竞争产生排除、限制影响的，适用本法。

第三条　本法规定的垄断行为包括：

（一）经营者达成垄断协议；

（二）经营者滥用市场支配地位；

（三）具有或者可能具有排除、限制竞争效果的经营者集中。

第四条　反垄断工作坚持中国共产党的领导。

国家坚持市场化、法治化原则，强化竞争政策基础地位，制定和实施与社会主义市场经济相适应的竞争规则，完善宏观调控，健全统一、开放、竞争、有序的市场体系。

第五条　国家建立健全公平竞争审查制度。

行政机关和法律、法规授权的具有管理公共事务职能的组织在制定涉及市场主体经济活动的规定时，应当进行公平竞争审查。

第六条　经营者可以通过公平竞争、自愿联合，依法实施集中，扩大经营规模，提高市场竞争能力。

第七条　具有市场支配地位的经营者，不得滥用市场支配地位，排除、限制竞争。

第八条　国有经济占控制地位的关系国民经济命脉和国家安全的行业以及依法实行专营专卖的行业，国家对其经营者的合法经营活动予以保护，并对经营者的经营行为及其商品和服务的价格依法实施监管和调控，维护消费者利益，促进技术进步。

前款规定行业的经营者应当依法经营，诚实守信，严格自律，接受社会公众的监督，不得利用其控制地位或者专营专卖地位损害消费者利益。

第九条　经营者不得利用数据和算法、技术、资本优势以及平台规则等从事本法禁止的垄断行为。

第十条　行政机关和法律、法规授权的具有管理公共事务职能的组织不得滥用行政权力，排除、限制竞争。

第十一条　国家健全完善反垄断规则制度，强化反垄断监管力量，提高监管能力和监管体系现代化水平，加强反垄断执法司法，依法公正高效审理垄断案件，健全行政执法和司法衔接机制，维护公平竞争秩序。

第十二条 国务院设立反垄断委员会，负责组织、协调、指导反垄断工作，履行下列职责：

（一）研究拟订有关竞争政策；

（二）组织调查、评估市场总体竞争状况，发布评估报告；

（三）制定、发布反垄断指南；

（四）协调反垄断行政执法工作；

（五）国务院规定的其他职责。

国务院反垄断委员会的组成和工作规则由国务院规定。

第十三条 国务院反垄断执法机构负责反垄断统一执法工作。

国务院反垄断执法机构根据工作需要，可以授权省、自治区、直辖市人民政府相应的机构，依照本法规定负责有关反垄断执法工作。

第十四条 行业协会应当加强行业自律，引导本行业的经营者依法竞争，合规经营，维护市场竞争秩序。

第十五条 本法所称经营者，是指从事商品生产、经营或者提供服务的自然人、法人和非法人组织。

本法所称相关市场，是指经营者在一定时期内就特定商品或者服务（以下统称商品）进行竞争的商品范围和地域范围。

第二章 垄断协议

第十六条 本法所称垄断协议，是指排除、限制竞争的协议、决定或者其他协同行为。

第十七条 禁止具有竞争关系的经营者达成下列垄断协议：

（一）固定或者变更商品价格；

（二）限制商品的生产数量或者销售数量；

（三）分割销售市场或者原材料采购市场；

（四）限制购买新技术、新设备或者限制开发新技术、新产品；

（五）联合抵制交易；

（六）国务院反垄断执法机构认定的其他垄断协议。

第十八条 禁止经营者与交易相对人达成下列垄断协议：

（一）固定向第三人转售商品的价格；

（二）限定向第三人转售商品的最低价格；

（三）国务院反垄断执法机构认定的其他垄断协议。

对前款第一项和第二项规定的协议，经营者能够证明其不具有排除、限制竞争效果的，不予禁止。

经营者能够证明其在相关市场的市场份额低于国务院反垄断执法机构规定的标准，并符合国务院反垄断执法机构规定的其他条件的，不予禁止。

第十九条 经营者不得组织其他经营者达成垄断协议或者为其他经营者达成垄断协议提供实质性帮助。

第二十条 经营者能够证明所达成的协议属于下列情形之一的，不适用本法第十七条、第十八条第一款、第十九条的规定：

（一）为改进技术、研究开发新产品的；

（二）为提高产品质量、降低成本、增进效率，统一产品规格、标准或者实行专业化分工的；

（三）为提高中小经营者经营效率，增强中小经营者竞争力的；

（四）为实现节约能源、保护环境、救灾救助等社会公共利益的；

（五）因经济不景气，为缓解销售量严重下降或者生产明显过剩的；

（六）为保障对外贸易和对外经济合作中的正当利益的；

（七）法律和国务院规定的其他情形。

属于前款第一项至第五项情形，不适用本法第十七条、第十八条第一款、第十九条规定的，经营者还应当证明所达成的协议不会严重限制相关市场的竞争，并且能够使消费者分享由此产生的利益。

第二十一条 行业协会不得组织本行业的经营者从事本章禁止的垄断行为。

第三章 滥用市场支配地位

第二十二条 禁止具有市场支配地位的经营者从事下列滥用市场支配地位的行为：

（一）以不公平的高价销售商品或者以不公平的低

价购买商品；

（二）没有正当理由，以低于成本的价格销售商品；

（三）没有正当理由，拒绝与交易相对人进行交易；

（四）没有正当理由，限定交易相对人只能与其进行交易或者只能与其指定的经营者进行交易；

（五）没有正当理由搭售商品，或者在交易时附加其他不合理的交易条件；

（六）没有正当理由，对条件相同的交易相对人在交易价格等交易条件上实行差别待遇；

（七）国务院反垄断执法机构认定的其他滥用市场支配地位的行为。

具有市场支配地位的经营者不得利用数据和算法、技术以及平台规则等从事前款规定的滥用市场支配地位的行为。

本法所称市场支配地位，是指经营者在相关市场内具有能够控制商品价格、数量或者其他交易条件，或者能够阻碍、影响其他经营者进入相关市场能力的市场地位。

第二十三条 认定经营者具有市场支配地位，应当依据下列因素：

（一）该经营者在相关市场的市场份额，以及相关市场的竞争状况；

（二）该经营者控制销售市场或者原材料采购市场的能力；

（三）该经营者的财力和技术条件；

（四）其他经营者对该经营者在交易上的依赖程度；

（五）其他经营者进入相关市场的难易程度；

（六）与认定该经营者市场支配地位有关的其他因素。

第二十四条 有下列情形之一的，可以推定经营者具有市场支配地位：

（一）一个经营者在相关市场的市场份额达到二分之一的；

（二）两个经营者在相关市场的市场份额合计达到三分之二的；

（三）三个经营者在相关市场的市场份额合计达到四分之三的。

有前款第二项、第三项规定的情形，其中有的经营者市场份额不足十分之一的，不应当推定该经营者具有市场支配地位。

被推定具有市场支配地位的经营者，有证据证明不具有市场支配地位的，不应当认定其具有市场支配地位。

第四章　经营者集中

第二十五条 经营者集中是指下列情形：

（一）经营者合并；

（二）经营者通过取得股权或者资产的方式取得对其他经营者的控制权；

（三）经营者通过合同等方式取得对其他经营者的控制权或者能够对其他经营者施加决定性影响。

第二十六条 经营者集中达到国务院规定的申报标准的，经营者应当事先向国务院反垄断执法机构申报，未申报的不得实施集中。

经营者集中未达到国务院规定的申报标准，但有证据证明该经营者集中具有或者可能具有排除、限制竞争效果的，国务院反垄断执法机构可以要求经营者申报。

经营者未依照前两款规定进行申报的，国务院反垄断执法机构应当依法进行调查。

第二十七条 经营者集中有下列情形之一的，可以不向国务院反垄断执法机构申报：

（一）参与集中的一个经营者拥有其他每个经营者百分之五十以上有表决权的股份或者资产的；

（二）参与集中的每个经营者百分之五十以上有表决权的股份或者资产被同一个未参与集中的经营者拥有的。

第二十八条 经营者向国务院反垄断执法机构申报集中，应当提交下列文件、资料：

（一）申报书；

（二）集中对相关市场竞争状况影响的说明；

（三）集中协议；

（四）参与集中的经营者经会计师事务所审计的上

一会计年度财务会计报告；

（五）国务院反垄断执法机构规定的其他文件、资料。

申报书应当载明参与集中的经营者的名称、住所、经营范围、预定实施集中的日期和国务院反垄断执法机构规定的其他事项。

第二十九条 经营者提交的文件、资料不完备的，应当在国务院反垄断执法机构规定的期限内补交文件、资料。经营者逾期未补交文件、资料的，视为未申报。

第三十条 国务院反垄断执法机构应当自收到经营者提交的符合本法第二十八条规定的文件、资料之日起三十日内，对申报的经营者集中进行初步审查，作出是否实施进一步审查的决定，并书面通知经营者。国务院反垄断执法机构作出决定前，经营者不得实施集中。

国务院反垄断执法机构作出不实施进一步审查的决定或者逾期未作出决定的，经营者可以实施集中。

第三十一条 国务院反垄断执法机构决定实施进一步审查的，应当自决定之日起九十日内审查完毕，作出是否禁止经营者集中的决定，并书面通知经营者。作出禁止经营者集中的决定，应当说明理由。审查期间，经营者不得实施集中。

有下列情形之一的，国务院反垄断执法机构经书面通知经营者，可以延长前款规定的审查期限，但最长不得超过六十日：

（一）经营者同意延长审查期限的；

（二）经营者提交的文件、资料不准确，需要进一步核实的；

（三）经营者申报后有关情况发生重大变化的。

国务院反垄断执法机构逾期未作出决定的，经营者可以实施集中。

第三十二条 有下列情形之一的，国务院反垄断执法机构可以决定中止计算经营者集中的审查期限，并书面通知经营者：

（一）经营者未按照规定提交文件、资料，导致审查工作无法进行；

（二）出现对经营者集中审查具有重大影响的新情况、新事实，不经核实将导致审查工作无法进行；

（三）需要对经营者集中附加的限制性条件进一步

评估，且经营者提出中止请求。

自中止计算审查期限的情形消除之日起，审查期限继续计算，国务院反垄断执法机构应当书面通知经营者。

第三十三条 审查经营者集中，应当考虑下列因素：

（一）参与集中的经营者在相关市场的市场份额及其对市场的控制力；

（二）相关市场的市场集中度；

（三）经营者集中对市场进入、技术进步的影响；

（四）经营者集中对消费者和其他有关经营者的影响；

（五）经营者集中对国民经济发展的影响；

（六）国务院反垄断执法机构认为应当考虑的影响市场竞争的其他因素。

第三十四条 经营者集中具有或者可能具有排除、限制竞争效果的，国务院反垄断执法机构应当作出禁止经营者集中的决定。但是，经营者能够证明该集中对竞争产生的有利影响明显大于不利影响，或者符合社会公共利益的，国务院反垄断执法机构可以作出对经营者集中不予禁止的决定。

第三十五条 对不予禁止的经营者集中，国务院反垄断执法机构可以决定附加减少集中对竞争产生不利影响的限制性条件。

第三十六条 国务院反垄断执法机构应当将禁止经营者集中的决定或者对经营者集中附加限制性条件的决定，及时向社会公布。

第三十七条 国务院反垄断执法机构应当健全经营者集中分类分级审查制度，依法加强对涉及国计民生等重要领域的经营者集中的审查，提高审查质量和效率。

第三十八条 对外资并购境内企业或者以其他方式参与经营者集中，涉及国家安全的，除依照本法规定进行经营者集中审查外，还应当按照国家有关规定进行国家安全审查。

第五章 滥用行政权力排除、限制竞争

第三十九条 行政机关和法律、法规授权的具有管理公共事务职能的组织不得滥用行政权力，限定或者变相限定单位或者个人经营、购买、使用其指定的

经营者提供的商品。

第四十条 行政机关和法律、法规授权的具有管理公共事务职能的组织不得滥用行政权力，通过与经营者签订合作协议、备忘录等方式，妨碍其他经营者进入相关市场或者对其他经营者实行不平等待遇，排除、限制竞争。

第四十一条 行政机关和法律、法规授权的具有管理公共事务职能的组织不得滥用行政权力，实施下列行为，妨碍商品在地区之间的自由流通：

（一）对外地商品设定歧视性收费项目、实行歧视性收费标准，或者规定歧视性价格；

（二）对外地商品规定与本地同类商品不同的技术要求、检验标准，或者对外地商品采取重复检验、重复认证等歧视性技术措施，限制外地商品进入本地市场；

（三）采取专门针对外地商品的行政许可，限制外地商品进入本地市场；

（四）设置关卡或者采取其他手段，阻碍外地商品进入或者本地商品运出；

（五）妨碍商品在地区之间自由流通的其他行为。

第四十二条 行政机关和法律、法规授权的具有管理公共事务职能的组织不得滥用行政权力，以设定歧视性资质要求、评审标准或者不依法发布信息等方式，排斥或者限制经营者参加招标投标以及其他经营活动。

第四十三条 行政机关和法律、法规授权的具有管理公共事务职能的组织不得滥用行政权力，采取与本地经营者不平等待遇等方式，排斥、限制、强制或者变相强制外地经营者在本地投资或者设立分支机构。

第四十四条 行政机关和法律、法规授权的具有管理公共事务职能的组织不得滥用行政权力，强制或者变相强制经营者从事本法规定的垄断行为。

第四十五条 行政机关和法律、法规授权的具有管理公共事务职能的组织不得滥用行政权力，制定含有排除、限制竞争内容的规定。

第六章 对涉嫌垄断行为的调查

第四十六条 反垄断执法机构依法对涉嫌垄断行为进行调查。

对涉嫌垄断行为，任何单位和个人有权向反垄断执法机构举报。反垄断执法机构应当为举报人保密。

举报采用书面形式并提供相关事实和证据的，反垄断执法机构应当进行必要的调查。

第四十七条 反垄断执法机构调查涉嫌垄断行为，可以采取下列措施：

（一）进入被调查的经营者的营业场所或者其他有关场所进行检查；

（二）询问被调查的经营者、利害关系人或者其他有关单位或者个人，要求其说明有关情况；

（三）查阅、复制被调查的经营者、利害关系人或者其他有关单位或者个人的有关单证、协议、会计账簿、业务函电、电子数据等文件、资料；

（四）查封、扣押相关证据；

（五）查询经营者的银行账户。

采取前款规定的措施，应当向反垄断执法机构主要负责人书面报告，并经批准。

第四十八条 反垄断执法机构调查涉嫌垄断行为，执法人员不得少于二人，并应当出示执法证件。

执法人员进行询问和调查，应当制作笔录，并由被询问人或者被调查人签字。

第四十九条 反垄断执法机构及其工作人员对执法过程中知悉的商业秘密、个人隐私和个人信息依法负有保密义务。

第五十条 被调查的经营者、利害关系人或者其他有关单位或者个人应当配合反垄断执法机构依法履行职责，不得拒绝、阻碍反垄断执法机构的调查。

第五十一条 被调查的经营者、利害关系人有权陈述意见。反垄断执法机构应当对被调查的经营者、利害关系人提出的事实、理由和证据进行核实。

第五十二条 反垄断执法机构对涉嫌垄断行为调查核实后，认为构成垄断行为的，应当依法作出处理决定，并可以向社会公布。

第五十三条 对反垄断执法机构调查的涉嫌垄断行为，被调查的经营者承诺在反垄断执法机构认可的期限内采取具体措施消除该行为后果的，反垄断执法机构可以决定中止调查。中止调查的决定应当载明被调查的经营者承诺的具体内容。

反垄断执法机构决定中止调查的,应当对经营者履行承诺的情况进行监督。经营者履行承诺的,反垄断执法机构可以决定终止调查。

有下列情形之一的,反垄断执法机构应当恢复调查:

(一)经营者未履行承诺的;

(二)作出中止调查决定所依据的事实发生重大变化的;

(三)中止调查的决定是基于经营者提供的不完整或者不真实的信息作出的。

第五十四条 反垄断执法机构依法对涉嫌滥用行政权力排除、限制竞争的行为进行调查,有关单位或者个人应当配合。

第五十五条 经营者、行政机关和法律、法规授权的具有管理公共事务职能的组织,涉嫌违反本法规定的,反垄断执法机构可以对其法定代表人或者负责人进行约谈,要求其提出改进措施。

第七章 法律责任

第五十六条 经营者违反本法规定,达成并实施垄断协议的,由反垄断执法机构责令停止违法行为,没收违法所得,并处上一年度销售额百分之一以上百分之十以下的罚款,上一年度没有销售额的,处五百万元以下的罚款;尚未实施所达成的垄断协议的,可以处三百万元以下的罚款。经营者的法定代表人、主要负责人和直接责任人员对达成垄断协议负有个人责任的,可以处一百万元以下的罚款。

经营者组织其他经营者达成垄断协议或者为其他经营者达成垄断协议提供实质性帮助的,适用前款规定。

经营者主动向反垄断执法机构报告达成垄断协议的有关情况并提供重要证据的,反垄断执法机构可以酌情减轻或者免除对该经营者的处罚。

行业协会违反本法规定,组织本行业的经营者达成垄断协议的,由反垄断执法机构责令改正,可以处三百万元以下的罚款;情节严重的,社会团体登记管理机关可以依法撤销登记。

第五十七条 经营者违反本法规定,滥用市场支

配地位的,由反垄断执法机构责令停止违法行为,没收违法所得,并处上一年度销售额百分之一以上百分之十以下的罚款。

第五十八条 经营者违反本法规定实施集中,且具有或者可能具有排除、限制竞争效果的,由国务院反垄断执法机构责令停止实施集中、限期处分股份或者资产、限期转让营业以及采取其他必要措施恢复到集中前的状态,处上一年度销售额百分之十以下的罚款;不具有排除、限制竞争效果的,处五百万元以下的罚款。

第五十九条 对本法第五十六条、第五十七条、第五十八条规定的罚款,反垄断执法机构确定具体罚款数额时,应当考虑违法行为的性质、程度、持续时间和消除违法行为后果的情况等因素。

第六十条 经营者实施垄断行为,给他人造成损失的,依法承担民事责任。

经营者实施垄断行为,损害社会公共利益的,设区的市级以上人民检察院可以依法向人民法院提起民事公益诉讼。

第六十一条 行政机关和法律、法规授权的具有管理公共事务职能的组织滥用行政权力,实施排除、限制竞争行为的,由上级机关责令改正;对直接负责的主管人员和其他直接责任人员依法给予处分。反垄断执法机构可以向有关上级机关提出依法处理的建议。行政机关和法律、法规授权的具有管理公共事务职能的组织应当将有关改正情况书面报告上级机关和反垄断执法机构。

法律、行政法规对行政机关和法律、法规授权的具有管理公共事务职能的组织滥用行政权力实施排除、限制竞争行为的处理另有规定的,依照其规定。

第六十二条 对反垄断执法机构依法实施的审查和调查,拒绝提供有关材料、信息,或者提供虚假材料、信息,或者隐匿、销毁、转移证据,或者有其他拒绝、阻碍调查行为的,由反垄断执法机构责令改正,对单位处上一年度销售额百分之一以下的罚款,上一年度没有销售额或者销售额难以计算的,处五百万元以下的罚款;对个人处五十万元以下的罚款。

第六十三条 违反本法规定,情节特别严重、影

响特别恶劣、造成特别严重后果的，国务院反垄断执法机构可以在本法第五十六条、第五十七条、第五十八条、第六十二条规定的罚款数额的二倍以上五倍以下确定具体罚款数额。

第六十四条 经营者因违反本法规定受到行政处罚的，按照国家有关规定记入信用记录，并向社会公示。

第六十五条 对反垄断执法机构依据本法第三十四条、第三十五条作出的决定不服的，可以先依法申请行政复议；对行政复议决定不服的，可以依法提起行政诉讼。

对反垄断执法机构作出的前款规定以外的决定不服的，可以依法申请行政复议或者提起行政诉讼。

第六十六条 反垄断执法机构工作人员滥用职权、玩忽职守、徇私舞弊或者泄露执法过程中知悉的商业秘密、个人隐私和个人信息的，依法给予处分。

第六十七条 违反本法规定，构成犯罪的，依法追究刑事责任。

第八章 附 则

第六十八条 经营者依照有关知识产权的法律、行政法规规定行使知识产权的行为，不适用本法；但是，经营者滥用知识产权，排除、限制竞争的行为，适用本法。

第六十九条 农业生产者及农村经济组织在农产品生产、加工、销售、运输、储存等经营活动中实施的联合或者协同行为，不适用本法。

第七十条 本法自2008年8月1日起施行。

中华人民共和国农产品质量安全法

（2006年4月29日第十届全国人民代表大会常务委员会第二十一次会议通过 根据2018年10月26日第十三届全国人民代表大会常务委员会第六次会议《关于修改〈中华人民共和国野生动物保护法〉等十五部法律的决定》修正 2022年9月2日第十三届全国人民代表大会常务委员会第三十六次会议修订）

目 录

第一章 总 则

第一条 为了保障农产品质量安全，维护公众健康，促进农业和农村经济发展，制定本法。

第二条 本法所称农产品，是指来源于种植业、林业、畜牧业和渔业等的初级产品，即在农业活动中获得的植物、动物、微生物及其产品。

本法所称农产品质量安全，是指农产品质量达到农产品质量安全标准，符合保障人的健康、安全的要求。

第三条 与农产品质量安全有关的农产品生产经营及其监督管理活动，适用本法。

《中华人民共和国食品安全法》对食用农产品的市场销售、有关质量安全标准的制定、有关安全信息的公布和农业投入品已经作出规定的，应当遵守其规定。

第四条 国家加强农产品质量安全工作，实行源头治理、风险管理、全程控制，建立科学、严格的监督管理制度，构建协同、高效的社会共治体系。

第五条 国务院农业农村主管部门、市场监督管理部门依照本法和规定的职责，对农产品质量安全实施监督管理。

国务院其他有关部门依照本法和规定的职责承担农产品质量安全的有关工作。

第六条 县级以上地方人民政府对本行政区域的农产品质量安全工作负责，统一领导、组织、协调本行政区域的农产品质量安全工作，建立健全农产品质量安全工作机制，提高农产品质量安全水平。

县级以上地方人民政府应当依照本法和有关规定，

确定本级农业农村主管部门、市场监督管理部门和其他有关部门的农产品质量安全监督管理工作职责。各有关部门在职责范围内负责本行政区域的农产品质量安全监督管理工作。

乡镇人民政府应当落实农产品质量安全监督管理责任，协助上级人民政府及其有关部门做好农产品质量安全监督管理工作。

第七条 农产品生产经营者应当对其生产经营的农产品质量安全负责。

农产品生产经营者应当依照法律、法规和农产品质量安全标准从事生产经营活动，诚信自律，接受社会监督，承担社会责任。

第八条 县级以上人民政府应当将农产品质量安全管理工作纳入本级国民经济和社会发展规划，所需经费列入本级预算，加强农产品质量安全监督管理能力建设。

第九条 国家引导、推广农产品标准化生产，鼓励和支持生产绿色优质农产品，禁止生产、销售不符合国家规定的农产品质量安全标准的农产品。

第十条 国家支持农产品质量安全科学技术研究，推行科学的质量安全管理方法，推广先进安全的生产技术。国家加强农产品质量安全科学技术国际交流与合作。

第十一条 各级人民政府及有关部门应当加强农产品质量安全知识的宣传，发挥基层群众性自治组织、农村集体经济组织的优势和作用，指导农产品生产经营者加强质量安全管理，保障农产品消费安全。

新闻媒体应当开展农产品质量安全法律、法规和农产品质量安全知识的公益宣传，对违法行为进行舆论监督。有关农产品质量安全的宣传报道应当真实、公正。

第十二条 农民专业合作社和农产品行业协会等应当及时为其成员提供生产技术服务，建立农产品质量安全管理制度，健全农产品质量安全控制体系，加强自律管理。

第二章 农产品质量安全风险管理和标准制定

第十三条 国家建立农产品质量安全风险监测制度。

国务院农业农村主管部门应当制定国家农产品质量安全风险监测计划，并对重点区域、重点农产品品种进行质量安全风险监测。省、自治区、直辖市人民政府农业农村主管部门应当根据国家农产品质量安全风险监测计划，结合本行政区域农产品生产经营实际，制定本行政区域的农产品质量安全风险监测实施方案，并报国务院农业农村主管部门备案。县级以上地方人民政府农业农村主管部门负责组织实施本行政区域的农产品质量安全风险监测。

县级以上人民政府市场监督管理部门和其他有关部门获知有关农产品质量安全风险信息后，应当立即核实并向同级农业农村主管部门通报。接到通报的农业农村主管部门应当及时上报。制定农产品质量安全风险监测计划、实施方案的部门应当及时研究分析，必要时进行调整。

第十四条 国家建立农产品质量安全风险评估制度。

国务院农业农村主管部门应当设立农产品质量安全风险评估专家委员会，对可能影响农产品质量安全的潜在危害进行风险分析和评估。国务院卫生健康、市场监督管理等部门发现需要对农产品进行质量安全风险评估的，应当向国务院农业农村主管部门提出风险评估建议。

农产品质量安全风险评估专家委员会由农业、食品、营养、生物、环境、医学、化工等方面的专家组成。

第十五条 国务院农业农村主管部门应当根据农产品质量安全风险监测、风险评估结果采取相应的管理措施，并将农产品质量安全风险监测、风险评估结果及时通报国务院市场监督管理、卫生健康等部门和有关省、自治区、直辖市人民政府农业农村主管部门。

县级以上人民政府农业农村主管部门开展农产品质量安全风险监测和风险评估工作时，可以根据需要进入农产品产地、储存场所及批发、零售市场。采集样品应当按照市场价格支付费用。

第十六条 国家建立健全农产品质量安全标准体系，确保严格实施。农产品质量安全标准是强制执行的标准，包括以下与农产品质量安全有关的要求：

（一）农业投入品质量要求、使用范围、用法、用量、安全间隔期和休药期规定；

（二）农产品产地环境、生产过程管控、储存、运输要求；

（三）农产品关键成分指标等要求；

（四）与屠宰畜禽有关的检验规程；

（五）其他与农产品质量安全有关的强制性要求。

《中华人民共和国食品安全法》对食用农产品的有关质量安全标准作出规定的，依照其规定执行。

第十七条 农产品质量安全标准的制定和发布，依照法律、行政法规的规定执行。

制定农产品质量安全标准应当充分考虑农产品质量安全风险评估结果，并听取农产品生产经营者、消费者、有关部门、行业协会等的意见，保障农产品消费安全。

第十八条 农产品质量安全标准应当根据科学技术发展水平以及农产品质量安全的需要，及时修订。

第十九条 农产品质量安全标准由农业农村主管部门商有关部门推进实施。

第三章　农产品产地

第二十条 国家建立健全农产品产地监测制度。

县级以上地方人民政府农业农村主管部门应当会同同级生态环境、自然资源等部门制定农产品产地监测计划，加强农产品产地安全调查、监测和评价工作。

第二十一条 县级以上地方人民政府农业农村主管部门应当会同同级生态环境、自然资源等部门按照保障农产品质量安全的要求，根据农产品品种特性和产地安全调查、监测、评价结果，依照土壤污染防治等法律、法规的规定提出划定特定农产品禁止生产区域的建议，报本级人民政府批准后实施。

任何单位和个人不得在特定农产品禁止生产区域种植、养殖、捕捞、采集特定农产品和建立特定农产品生产基地。

特定农产品禁止生产区域划定和管理的具体办法由国务院农业农村主管部门商国务院生态环境、自然资源等部门制定。

第二十二条 任何单位和个人不得违反有关环境保护法律、法规的规定向农产品产地排放或者倾倒废水、废气、固体废物或者其他有毒有害物质。

农业生产用水和用作肥料的固体废物，应当符合法律、法规和国家有关强制性标准的要求。

第二十三条 农产品生产者应当科学合理使用农药、兽药、肥料、农用薄膜等农业投入品，防止对农产品产地造成污染。

农药、肥料、农用薄膜等农业投入品的生产者、经营者、使用者应当按照国家有关规定回收并妥善处置包装物和废弃物。

第二十四条 县级以上人民政府应当采取措施，加强农产品基地建设，推进农业标准化示范建设，改善农产品的生产条件。

第四章　农产品生产

第二十五条 县级以上地方人民政府农业农村主管部门应当根据本地区的实际情况，制定保障农产品质量安全的生产技术要求和操作规程，并加强对农产品生产经营者的培训和指导。

农业技术推广机构应当加强对农产品生产经营者质量安全知识和技能的培训。国家鼓励科研教育机构开展农产品质量安全培训。

第二十六条 农产品生产企业、农民专业合作社、农业社会化服务组织应当加强农产品质量安全管理。

农产品生产企业应当建立农产品质量安全管理制度，配备相应的技术人员；不具备配备条件的，应当委托具有专业技术知识的人员进行农产品质量安全指导。

国家鼓励和支持农产品生产企业、农民专业合作社、农业社会化服务组织建立和实施危害分析和关键控制点体系，实施良好农业规范，提高农产品质量安全管理水平。

第二十七条 农产品生产企业、农民专业合作社、农业社会化服务组织应当建立农产品生产记录，如实记载下列事项：

（一）使用农业投入品的名称、来源、用法、用量和使用、停用的日期；

（二）动物疫病、农作物病虫害的发生和防治情况；

（三）收获、屠宰或者捕捞的日期。

农产品生产记录应当至少保存二年。禁止伪造、变造农产品生产记录。

国家鼓励其他农产品生产者建立农产品生产记录。

第二十八条 对可能影响农产品质量安全的农药、兽药、饲料和饲料添加剂、肥料、兽医器械，依照有关法律、行政法规的规定实行许可制度。

省级以上人民政府农业农村主管部门应当定期或者不定期组织对可能危及农产品质量安全的农药、兽药、饲料和饲料添加剂、肥料等农业投入品进行监督抽查，并公布抽查结果。

农药、兽药经营者应当依照有关法律、行政法规的规定建立销售台账，记录购买者、销售日期和药品施用范围等内容。

第二十九条 农产品生产经营者应当依照有关法律、行政法规和国家有关强制性标准、国务院农业农村主管部门的规定，科学合理使用农药、兽药、饲料和饲料添加剂、肥料等农业投入品，严格执行农业投入品使用安全间隔期或者休药期的规定；不得超范围、超剂量使用农业投入品危及农产品质量安全。

禁止在农产品生产经营过程中使用国家禁止使用的农业投入品以及其他有毒有害物质。

第三十条 农产品生产场所以及生产活动中使用的设施、设备、消毒剂、洗涤剂等应当符合国家有关质量安全规定，防止污染农产品。

第三十一条 县级以上人民政府农业农村主管部门应当加强对农业投入品使用的监督管理和指导，建立健全农业投入品的安全使用制度，推广农业投入品科学使用技术，普及安全、环保农业投入品的使用。

第三十二条 国家鼓励和支持农产品生产经营者选用优质特色农产品品种，采用绿色生产技术和全程质量控制技术，生产绿色优质农产品，实施分等分级，提高农产品品质，打造农产品品牌。

第三十三条 国家支持农产品产地冷链物流基础设施建设，健全有关农产品冷链物流标准、服务规范和监管保障机制，保障冷链物流农产品畅通高效、安全便捷，扩大高品质市场供给。

从事农产品冷链物流的生产经营者应当依照法律、法规和有关农产品质量安全标准，加强冷链技术创新与应用、质量安全控制，执行对冷链物流农产品及其包装、运输工具、作业环境等的检验检测检疫要求，保证冷链农产品质量安全。

第五章　农产品销售

第三十四条 销售的农产品应当符合农产品质量安全标准。

农产品生产企业、农民专业合作社应当根据质量安全控制要求自行或者委托检测机构对农产品质量安全进行检测；经检测不符合农产品质量安全标准的农产品，应当及时采取管控措施，且不得销售。

农业技术推广等机构应当为农户等农产品生产经营者提供农产品检测技术服务。

第三十五条 农产品在包装、保鲜、储存、运输中所使用的保鲜剂、防腐剂、添加剂、包装材料等，应当符合国家有关强制性标准以及其他农产品质量安全规定。

储存、运输农产品的容器、工具和设备应当安全、无害。禁止将农产品与有毒有害物质一同储存、运输，防止污染农产品。

第三十六条 有下列情形之一的农产品，不得销售：

（一）含有国家禁止使用的农药、兽药或者其他化合物；

（二）农药、兽药等化学物质残留或者含有的重金属等有毒有害物质不符合农产品质量安全标准；

（三）含有的致病性寄生虫、微生物或者生物毒素不符合农产品质量安全标准；

（四）未按照国家有关强制性标准以及其他农产品质量安全规定使用保鲜剂、防腐剂、添加剂、包装材料等，或者使用的保鲜剂、防腐剂、添加剂、包装材料等不符合国家有关强制性标准以及其他质量安全规定；

（五）病死、毒死或者死因不明的动物及其产品；

（六）其他不符合农产品质量安全标准的情形。

对前款规定不得销售的农产品，应当依照法律、法规的规定进行处置。

第三十七条 农产品批发市场应当按照规定设立或者委托检测机构，对进场销售的农产品质量安全状况进行抽查检测；发现不符合农产品质量安全标准的，应当要求销售者立即停止销售，并向所在地市场监督管理、农业农村等部门报告。

农产品销售企业对其销售的农产品，应当建立健全进货检查验收制度；经查验不符合农产品质量安全标准的，不得销售。

食品生产者采购农产品等食品原料，应当依照《中华人民共和国食品安全法》的规定查验许可证和合格证明，对无法提供合格证明的，应当按照规定进行检验。

第三十八条 农产品生产企业、农民专业合作社以及从事农产品收购的单位或者个人销售的农产品，按照规定应当包装或者附加承诺达标合格证等标识的，须经包装或者附加标识后方可销售。包装物或者标识上应当按照规定标明产品的品名、产地、生产者、生产日期、保质期、产品质量等级等内容；使用添加剂的，还应当按照规定标明添加剂的名称。具体办法由国务院农业农村主管部门制定。

第三十九条 农产品生产企业、农民专业合作社应当执行法律、法规的规定和国家有关强制性标准，保证其销售的农产品符合农产品质量安全标准，并根据质量安全控制、检测结果等开具承诺达标合格证，承诺不使用禁用的农药、兽药及其他化合物且使用的常规农药、兽药残留不超标等。鼓励和支持农户销售农产品时开具承诺达标合格证。法律、行政法规对畜禽产品的质量安全合格证明有特别规定的，应当遵守其规定。

从事农产品收购的单位或者个人应当按照规定收取、保存承诺达标合格证或者其他质量安全合格证明，对其收购的农产品进行混装或者分装后销售的，应当按照规定开具承诺达标合格证。

农产品批发市场应当建立健全农产品承诺达标合格证查验等制度。

县级以上人民政府农业农村主管部门应当做好承诺达标合格证有关工作的指导服务，加强日常监督检查。

农产品质量安全承诺达标合格证管理办法由国务院农业农村主管部门会同国务院有关部门制定。

第四十条 农产品生产经营者通过网络平台销售农产品的，应当依照本法和《中华人民共和国电子商务法》《中华人民共和国食品安全法》等法律、法规的规定，严格落实质量安全责任，保证其销售的农产品符合质量安全标准。网络平台经营者应当依法加强对农产品生产经营者的管理。

第四十一条 国家对列入农产品质量安全追溯目录的农产品实施追溯管理。国务院农业农村主管部门应当会同国务院市场监督管理等部门建立农产品质量安全追溯协作机制。农产品质量安全追溯管理办法和追溯目录由国务院农业农村主管部门会同国务院市场监督管理等部门制定。

国家鼓励具备信息化条件的农产品生产经营者采用现代信息技术手段采集、留存生产记录、购销记录等生产经营信息。

第四十二条 农产品质量符合国家规定的有关优质农产品标准的，农产品生产经营者可以申请使用农产品质量标志。禁止冒用农产品质量标志。

国家加强地理标志农产品保护和管理。

第四十三条 属于农业转基因生物的农产品，应当按照农业转基因生物安全管理的有关规定进行标识。

第四十四条 依法需要实施检疫的动植物及其产品，应当附具检疫标志、检疫证明。

第六章 监督管理

第四十五条 县级以上人民政府农业农村主管部门和市场监督管理等部门应当建立健全农产品质量安全全程监督管理协作机制，确保农产品从生产到消费各环节的质量安全。

县级以上人民政府农业农村主管部门和市场监督管理部门应当加强收购、储存、运输过程中农产品质量安全监督管理的协调配合和执法衔接，及时通报和共享农产品质量安全监督管理信息，并按照职责权限，发布有关农产品质量安全日常监督管理信息。

第四十六条 县级以上人民政府农业农村主管部门应当根据农产品质量安全风险监测、风险评估结果和农产品质量安全状况等，制定监督抽查计划，确定农产品质量安全监督抽查的重点、方式和频次，并实施农产品质量安全风险分级管理。

第四十七条 县级以上人民政府农业农村主管部门应当建立健全随机抽查机制，按照监督抽查计划，组织开展农产品质量安全监督抽查。

农产品质量安全监督抽查检测应当委托符合本法规定条件的农产品质量安全检测机构进行。监督抽查不得向被抽查人收取费用，抽取的样品应当按照市场价格支付费用，并不得超过国务院农业农村主管部门规定的数量。

上级农业农村主管部门监督抽查的同批次农产品，下级农业农村主管部门不得另行重复抽查。

第四十八条 农产品质量安全检测应当充分利用现有的符合条件的检测机构。

从事农产品质量安全检测的机构，应当具备相应的检测条件和能力，由省级以上人民政府农业农村主管部门或者其授权的部门考核合格。具体办法由国务院农业农村主管部门制定。

农产品质量安全检测机构应当依法经资质认定。

第四十九条 从事农产品质量安全检测工作的人员，应当具备相应的专业知识和实际操作技能，遵纪守法，恪守职业道德。

农产品质量安全检测机构对出具的检测报告负责。检测报告应当客观公正，检测数据应当真实可靠，禁止出具虚假检测报告。

第五十条 县级以上地方人民政府农业农村主管部门可以采用国务院农业农村主管部门会同国务院市场监督管理等部门认定的快速检测方法，开展农产品质量安全监督抽查检测。抽查检测结果确定有关农产品不符合农产品质量安全标准的，可以作为行政处罚的证据。

第五十一条 农产品生产经营者对监督抽查检测结果有异议的，可以自收到检测结果之日起五个工作日内，向实施农产品质量安全监督抽查的农业农村主管部门或者其上一级农业农村主管部门申请复检。复检机构与初检机构不得为同一机构。

采用快速检测方法进行农产品质量安全监督抽查检测，被抽查人对检测结果有异议的，可以自收到检测结果时起四小时内申请复检。复检不得采用快速检测方法。

复检机构应当自收到复检样品之日起七个工作日内出具检测报告。

因检测结果错误给当事人造成损害的，依法承担赔偿责任。

第五十二条 县级以上地方人民政府农业农村主管部门应当加强对农产品生产的监督管理，开展日常检查，重点检查农产品产地环境、农业投入品购买和使用、农产品生产记录、承诺达标合格证开具等情况。

国家鼓励和支持基层群众性自治组织建立农产品质量安全信息员工作制度，协助开展有关工作。

第五十三条 开展农产品质量安全监督检查，有权采取下列措施：

（一）进入生产经营场所进行现场检查，调查了解农产品质量安全的有关情况；

（二）查阅、复制农产品生产记录、购销台账等与农产品质量安全有关的资料；

（三）抽样检测生产经营的农产品和使用的农业投入品以及其他有关产品；

（四）查封、扣押有证据证明存在农产品质量安全隐患或者经检测不符合农产品质量安全标准的农产品；

（五）查封、扣押有证据证明可能危及农产品质量安全或者经检测不符合产品质量标准的农业投入品以及其他有毒有害物质；

（六）查封、扣押用于违法生产经营农产品的设施、设备、场所以及运输工具；

（七）收缴伪造的农产品质量标志。

农产品生产经营者应当协助、配合农产品质量安全监督检查，不得拒绝、阻挠。

第五十四条 县级以上人民政府农业农村等部门应当加强农产品质量安全信用体系建设，建立农产品生产经营者信用记录，记载行政处罚等信息，推进农产品质量安全信用信息的应用和管理。

第五十五条 农产品生产经营过程中存在质量安全隐患，未及时采取措施消除的，县级以上地方人民政府农业农村主管部门可以对农产品生产经营者的法定代表人或者主要负责人进行责任约谈。农产品生产经营者应当立即采取措施，进行整改，消除隐患。

第五十六条 国家鼓励消费者协会和其他单位或者个人对农产品质量安全进行社会监督，对农产品质量安全监督管理工作提出意见和建议。任何单位和个人有权对违反本法的行为进行检举控告、投诉举报。

县级以上人民政府农业农村主管部门应当建立农产品质量安全投诉举报制度，公开投诉举报渠道，收到投诉举报后，应当及时处理。对不属于本部门职责的，应当移交有权处理的部门并书面通知投诉举报人。

第五十七条 县级以上地方人民政府农业农村主管部门应当加强对农产品质量安全执法人员的专业技术培训并组织考核。不具备相应知识和能力的，不得从事农产品质量安全执法工作。

第五十八条 上级人民政府应当督促下级人民政府履行农产品质量安全职责。对农产品质量安全责任落实不力、问题突出的地方人民政府，上级人民政府可以对其主要负责人进行责任约谈。被约谈的地方人民政府应当立即采取整改措施。

第五十九条 国务院农业农村主管部门应当会同国务院有关部门制定国家农产品质量安全突发事件应急预案，并与国家食品安全事故应急预案相衔接。

县级以上地方人民政府应当根据有关法律、行政法规的规定和上级人民政府的农产品质量安全突发事件应急预案，制定本行政区域的农产品质量安全突发事件应急预案。

发生农产品质量安全事故时，有关单位和个人应当采取控制措施，及时向所在地乡镇人民政府和县级人民政府农业农村等部门报告；收到报告的机关应当按照农产品质量安全突发事件应急预案及时处理并报本级人民政府、上级人民政府有关部门。发生重大农产品质量安全事故时，按照规定上报国务院及其有关部门。

任何单位和个人不得隐瞒、谎报、缓报农产品质量安全事故，不得隐匿、伪造、毁灭有关证据。

第六十条 县级以上地方人民政府市场监督管理部门依照本法和《中华人民共和国食品安全法》等法律、法规的规定，对农产品进入批发、零售市场或者生产加工企业后的生产经营活动进行监督检查。

第六十一条 县级以上人民政府农业农村、市场监督管理等部门发现农产品质量安全违法行为涉嫌犯罪的，应当及时将案件移送公安机关。对移送的案件，公安机关应当及时审查；认为有犯罪事实需要追究刑事责任的，应当立案侦查。

公安机关对依法不需要追究刑事责任但应当给予行政处罚的，应当及时将案件移送农业农村、市场监督管理等部门，有关部门应当依法处理。

公安机关商请农业农村、市场监督管理、生态环境等部门提供检验结论、认定意见以及对涉案农产品进行无害化处理等协助的，有关部门应当及时提供、予以协助。

第七章　法律责任

第六十二条 违反本法规定，地方各级人民政府有下列情形之一的，对直接负责的主管人员和其他直接责任人员给予警告、记过、记大过处分；造成严重后果的，给予降级或者撤职处分：

（一）未确定有关部门的农产品质量安全监督管理工作职责，未建立健全农产品质量安全工作机制，或者未落实农产品质量安全监督管理责任；

（二）未制定本行政区域的农产品质量安全突发事件应急预案，或者发生农产品质量安全事故后未按照规定启动应急预案。

第六十三条 违反本法规定，县级以上人民政府农业农村等部门有下列行为之一的，对直接负责的主管人员和其他直接责任人员给予记大过处分；情节较重的，给予降级或者撤职处分；情节严重的，给予开除处分；造成严重后果的，其主要负责人还应当引咎辞职：

（一）隐瞒、谎报、缓报农产品质量安全事故或者隐匿、伪造、毁灭有关证据；

（二）未按照规定查处农产品质量安全事故，或者接到农产品质量安全事故报告未及时处理，造成事故扩大或者蔓延；

（三）发现农产品质量安全重大风险隐患后，未及时采取相应措施，造成农产品质量安全事故或者不良社会影响；

（四）不履行农产品质量安全监督管理职责，导致发生农产品质量安全事故。

第六十四条 县级以上地方人民政府农业农村、市场监督管理等部门在履行农产品质量安全监督管理职责过程中，违法实施检查、强制等执法措施，给农产品生产经营者造成损失的，应当依法予以赔偿，对直接负责的主管人员和其他直接责任人员依法给予处分。

第六十五条 农产品质量安全检测机构、检测人员出具虚假检测报告的，由县级以上人民政府农业农村主管部门没收所收取的检测费用，检测费用不足一万元的，并处五万元以上十万元以下罚款，检测费用一万元以上的，并处检测费用五倍以上十倍以下罚款；对直接负责的主管人员和其他直接责任人员处一万元以上五万元以下罚款；使消费者的合法权益受到损害的，农产品质量安全检测机构应当与农产品生产经营者承担连带责任。

因农产品质量安全违法行为受到刑事处罚或者因出具虚假检测报告导致发生重大农产品质量安全事故的检测人员，终身不得从事农产品质量安全检测工作。农产品质量安全检测机构不得聘用上述人员。

农产品质量安全检测机构有前两款违法行为的，由授予其资质的主管部门或者机构吊销该农产品质量安全检测机构的资质证书。

第六十六条 违反本法规定，在特定农产品禁止生产区域种植、养殖、捕捞、采集特定农产品或者建立特定农产品生产基地的，由县级以上地方人民政府农业农村主管部门责令停止违法行为，没收农产品和违法所得，并处违法所得一倍以上三倍以下罚款。

违反法律、法规规定，向农产品产地排放或者倾倒废水、废气、固体废物或者其他有毒有害物质的，依照有关环境保护法律、法规的规定处理、处罚；造成损害的，依法承担赔偿责任。

第六十七条 农药、肥料、农用薄膜等农业投入品的生产者、经营者、使用者未按照规定回收并妥善处置包装物或者废弃物的，由县级以上地方人民政府农业农村主管部门依照有关法律、法规的规定处理、处罚。

第六十八条 违反本法规定，农产品生产企业有下列情形之一的，由县级以上地方人民政府农业农村主管部门责令限期改正；逾期不改正的，处五千元以上五万元以下罚款：

（一）未建立农产品质量安全管理制度；

（二）未配备相应的农产品质量安全管理技术人员，且未委托具有专业技术知识的人员进行农产品质量安全指导。

第六十九条 农产品生产企业、农民专业合作社、农业社会化服务组织未依照本法规定建立、保存农产品生产记录，或者伪造、变造农产品生产记录的，由县级以上地方人民政府农业农村主管部门责令限期改正；逾期不改正的，处二千元以上二万元以下罚款。

第七十条 违反本法规定，农产品生产经营者有下列行为之一，尚不构成犯罪的，由县级以上地方人民政府农业农村主管部门责令停止生产经营、追回已经销售的农产品，对违法生产经营的农产品进行无害化处理或者予以监督销毁，没收违法所得，并可以没收用于违法生产经营的工具、设备、原料等物品；违法生产经营的农产品货值金额不足一万元的，并处十万元以上十五万元以下罚款，货值金额一万元以上的，并处货值金额十五倍以上三十倍以下罚款；对农户，并处一千元以上一万元以下罚款；情节严重的，有许可证的吊销许可证，并可以由公安机关对其直接负责的主管人员和其他直接责任人员处五日以上十五日以下拘留：

（一）在农产品生产经营过程中使用国家禁止使用的农业投入品或者其他有毒有害物质；

（二）销售含有国家禁止使用的农药、兽药或者其他化合物的农产品；

（三）销售病死、毒死或者死因不明的动物及其产品。

明知农产品生产经营者从事前款规定的违法行为，仍为其提供生产经营场所或者其他条件的，由县级以上地方人民政府农业农村主管部门责令停止违法行为，没收违法所得，并处十万元以上二十万元以下罚款；使消费者的合法权益受到损害的，应当与农产品生产经营者承担连带责任。

第七十一条 违反本法规定，农产品生产经营者有下列行为之一，尚不构成犯罪的，由县级以上地方人民政府农业农村主管部门责令停止生产经营、追回已经销售的农产品，对违法生产经营的农产品进行无害化处理或者予以监督销毁，没收违法所得，并可以没收用于违法生产经营的工具、设备、原料等物品；违法生产经营的农产品货值金额不足一万元的，并处五万元以上十万元以下罚款，货值金额一万元以上的，并处货值金额十倍以上二十倍以下罚款；对农户，并处五百元以上五千元以下罚款：

（一）销售农药、兽药等化学物质残留或者含有的重金属等有毒有害物质不符合农产品质量安全标准的农产品；

（二）销售含有的致病性寄生虫、微生物或者生物毒素不符合农产品质量安全标准的农产品；

（三）销售其他不符合农产品质量安全标准的农产品。

第七十二条 违反本法规定，农产品生产经营者有下列行为之一的，由县级以上地方人民政府农业农村主管部门责令停止生产经营、追回已经销售的农产品，对违法生产经营的农产品进行无害化处理或者予以监督销毁，没收违法所得，并可以没收用于违法生产经营的工具、设备、原料等物品；违法生产经营的农产品货值金额不足一万元的，并处五千元以上五万元以下罚款，货值金额一万元以上的，并处货值金额五倍以上十倍以下罚款；对农户，并处三百元以上三千元以下罚款：

（一）在农产品生产场所以及生产活动中使用的设施、设备、消毒剂、洗涤剂等不符合国家有关质量安全规定；

（二）未按照国家有关强制性标准或者其他农产品质量安全规定使用保鲜剂、防腐剂、添加剂、包装材料等，或者使用的保鲜剂、防腐剂、添加剂、包装材料等不符合国家有关强制性标准或者其他质量安全规定；

（三）将农产品与有毒有害物质一同储存、运输。

第七十三条 违反本法规定，有下列行为之一的，由县级以上地方人民政府农业农村主管部门按照职责给予批评教育，责令限期改正；逾期不改正的，处一百元以上一千元以下罚款：

（一）农产品生产企业、农民专业合作社、从事农产品收购的单位或者个人未按照规定开具承诺达标合格证；

（二）从事农产品收购的单位或者个人未按照规定收取、保存承诺达标合格证或者其他合格证明。

第七十四条 农产品生产经营者冒用农产品质量标志，或者销售冒用农产品质量标志的农产品的，由县级以上地方人民政府农业农村主管部门按照职责责令改正，没收违法所得；违法生产经营的农产品货值金额不足五千元的，并处五千元以上五万元以下罚款，货值金额五千元以上的，并处货值金额十倍以上二十倍以下罚款。

第七十五条 违反本法关于农产品质量安全追溯规定的，由县级以上地方人民政府农业农村主管部门按照职责责令限期改正；逾期不改正的，可以处一万元以下罚款。

第七十六条 违反本法规定，拒绝、阻挠依法开展的农产品质量安全监督检查、事故调查处理、抽样检测和风险评估的，由有关主管部门按照职责责令停产停业，并处二千元以上五万元以下罚款；构成违反治安管理行为的，由公安机关依法给予治安管理处罚。

第七十七条 《中华人民共和国食品安全法》对食用农产品进入批发、零售市场或者生产加工企业后的违法行为和法律责任有规定的，由县级以上地方人民政府市场监督管理部门依照其规定进行处罚。

第七十八条 违反本法规定，构成犯罪的，依法追究刑事责任。

第七十九条 违反本法规定，给消费者造成人身、财产或者其他损害的，依法承担民事赔偿责任。生产经营者财产不足以同时承担民事赔偿责任和缴纳罚款、罚金时，先承担民事赔偿责任。

食用农产品生产经营者违反本法规定，污染环境、侵害众多消费者合法权益，损害社会公共利益的，人民检察院可以依照《中华人民共和国民事诉讼法》、《中华人民共和国行政诉讼法》等法律的规定向人民法院提起诉讼。

第八章 附 则

第八十条 粮食收购、储存、运输环节的质量安全管理，依照有关粮食管理的法律、行政法规执行。

第八十一条 本法自 2023 年 1 月 1 日起施行。

政策性文件

2022 年全国打击侵犯知识产权和制售假冒伪劣商品工作要点

全面做好 2022 年全国打击侵犯知识产权和制售假冒伪劣商品工作，要以习近平新时代中国特色社会主义思想为指导，全面贯彻落实党的十九大和十九届历次全会精神，积极推进《知识产权强国建设纲要（2021—2035 年）》实施，坚持依法治理、打建结合、统筹协作、社会共治原则，持续发力、久久为功，严厉打击侵权假冒，依法保护权利人、消费者合法权益，营造市场化、法治化、国际化营商环境。

一、扎实开展重点难点治理

（一）开展互联网领域治理。

1. 开展"剑网 2022"专项行动，严厉打击网络侵权盗版行为。（中央宣传部、中央网信办、公安部、工业和信息化部按职责分工负责）

2. 印发《2022 年全国知识产权行政保护工作方案》，聚焦电商等重点领域开展专项治理。开展反不正当竞争专项执法，打击互联网领域仿冒混淆、侵犯商业秘密等行为，治理电商刷单炒信、买卖快递单号等问题。加强互联网广告监测监管，严厉查处虚假违法广告。（市场监管总局、邮政局、知识产权局按职责分工负责）

3. 开展网售药品违法违规行为专项整治，净化药品网络销售市场。开展医疗器械"清网"行动，夯实医疗器械网络交易服务第三方平台责任。开展化妆品"线上净网线下清源"行动，打击利用网络生产、销售违法化妆品行为。（药监局负责）

4. 集中清理网上涉侵权假冒违法违规信息，对传播涉侵权假冒信息的网站平台、账号依法依规处置处罚。指导网站平台及时公开相关违法违规信息内容处置情况，压实平台主体责任。（中央网信办牵头，中央宣传部、市场监管总局、药监局、知识产权局按职责分工负责）

（二）开展农村地区治理。

1. 深入开展食用农产品"治违禁 控药残 促提升"行动，持续严打禁限用药物使用，严控常规药物残留超标。开展农资打假专项治理，打击制售假劣农资违法行为，保障农民群众切身利益。（农业农村部牵头，工业和信息化部、卫生健康委、市场监管总局、高检院按职责分工负责）

2. 开展农村假冒伪劣食品整治行动，严厉打击农村生产经营假冒伪劣、超过保质期食品及虚假宣传等违法犯罪行为，全面提升农村食品安全综合治理能力。（公安部、农业农村部、商务部、市场监管总局、知识产权局按职责分工负责）

3. 继续开展种业监管执法年活动，严厉打击假冒伪劣、套牌侵权违法行为。联合相关部门制定出台《关于保护种业知识产权打击假冒伪劣套牌侵权营造种业振兴良好环境的指导意见》。（农业农村部负责）

4. 以网售种苗和种苗交易市场为重点，严厉查处生产经营假劣种子违法行为。聚焦重点区域、重点树种品种，开展种苗质量抽检。加大对虚假承诺骗取林草种苗生产经营许可证的市场主体打击力度。（林草局负责）

5. 依法从严惩治农资、种子制假售假等犯罪行为，确保国家粮食安全。（公安部、高法院、高检院按职责分工负责）

（三）开展重点产品治理。

1. 加大对食品药品违法犯罪打击力度，推动食品药品安全领域全链条保护，切实维护人民群众"舌尖

上的安全"。（公安部、市场监管总局、药监局、高法院、高检院按职责分工负责）

2. 严厉打击制售假劣药品、未经注册（备案）医疗器械、假冒化妆品和化妆品非法添加等行为，加强国家集采药品、中药质量监管，坚守安全底线。加强第一类医疗器械备案后监督，对不符合备案要求的依法处理。（药监局负责）

3. 开展消毒产品国家监督抽查，针对抗（抑）菌制剂违法添加激素、夸大宣传等乱象，部署对零售药店、母婴店、婴幼儿洗浴等开展监督抽检，依法从重查处添加违法物质和夸大宣传等行为。（卫生健康委负责）

4. 推进医用口罩风险隐患排查治理，强化非医用口罩质量执法，严厉打击制售和进出口假冒伪劣口罩违法行为。（海关总署、市场监管总局、药监局按职责分工负责）

5. 强化儿童玩具、妇女用品、老年用品、消防产品、电动车、文具等产品质量执法，严查不符合强制性标准、掺杂掺假、以不合格产品冒充合格产品等违法行为。（市场监管总局牵头，领导小组有关成员单位按职责分工负责）

6. 依法打击生产、销售假冒伪劣铅蓄电池违法行为，依法整治制售超薄塑料购物袋、假冒伪劣可降解塑料制品等行为。加强建筑保温材料质量监管，严肃查处生产、销售六溴环十二烷等国家明令淘汰的持久性有机污染物的违法行为。（市场监管总局牵头，生态环境部等领导小组有关成员单位按职责分工负责）

7. 加强车用汽柴油质量监管，严肃查处生产、销售假劣车用油品、非法调和成品油、非法运输成品油、机动车污染控制装置弄虚作假、以次充好行为。（公安部、生态环境部、商务部、市场监管总局等按职责分工负责）

（四）开展重点渠道治理。

1. 开展"龙腾""蓝网""净网"等知识产权海关保护专项行动，重点加强对"一带一路"沿线国家和地区高风险侵权贸易监控，强化进出境寄递及出口转运货物知识产权海关保护，加大对中欧班列陆路运输和跨境电子商务进出口商品侵权打击力度。（海关总署

负责）

2. 强化寄递环节治理，督促寄递企业严格落实实名收寄、收寄验视、过机安检"三项制度"，加强对各类侵权假冒商品等禁寄物品查验把关。（邮政局负责）

3. 加强信息互通，及时通报涉侵权假冒商品和商家名录，指导寄递企业强化侵权假冒商品辨识培训，严防各类侵权假冒商品通过寄递渠道流通。（邮政局牵头，公安部、海关总署、市场监管总局按职责分工负责）

4. 落实《关于加强侵权假冒商品销毁工作的意见》，组织各地开展无害化销毁活动，防止侵权假冒商品再流通。（全国打击侵权假冒工作领导小组办公室牵头，领导小组有关成员单位按职责分工负责）

二、持续加大行政保护力度

（一）加大专利权保护力度。

1. 加强线索搜集，依法严厉打击假冒专利、非正常专利申请等违法违规行为。（市场监管总局、知识产权局按职责分工负责）

2. 加强知识产权行政保护专业技术支撑，建立完善技术调查官制度和知识产权侵权纠纷检验鉴定工作体系。（知识产权局负责）

3. 推动施行《药品专利纠纷早期解决机制实施办法（试行）》，落实药品专利纠纷早期解决机制，在注册阶段为药品专利纠纷提供早期解决途径。（药监局牵头，知识产权局、高法院按职责分工负责）

（二）加大商标权保护力度。

1. 严厉打击商标侵权等违法行为，加强线索摸排，加大办案指导，强化案件督查督办，依法查办一批叫得响的"铁案"。（市场监管总局负责）

2. 加强商标执法办案业务指导，严厉打击恶意申请注册商标违法行为。（市场监管总局、知识产权局按职责分工负责）

3. 发布商标侵权典型案例和指导案例，以驰名商标保护为重点加大商标保护力度。（市场监管总局、知识产权局按职责分工负责）

（三）加大著作权保护力度。

1. 开展青少年版权保护季、院线电影版权保护专

项行动，加强案件督办和案例指导，完善跨区域、跨部门版权执法协作，集中查处一批侵权盗版大案要案。（中央宣传部牵头，领导小组有关成员单位按职责分工负责）

2. 组织开展"秋风2022"专项行动，严厉打击线上线下印刷、销售非法盗版出版物行为。（中央宣传部牵头，领导小组有关成员单位按职责分工负责）

3. 开展网上图书市场秩序专项整治，强化网上书店（含微商、微店等）监管，压实网络平台责任，建立完善资质、产品、渠道、场所核查机制。开展印刷发行企业"双随机、一公开"抽查，严厉打击盗版盗印违规发行等行为。（中央宣传部负责）

（四）加大奥林匹克标志、特殊标志保护力度。

1. 加强北京2022年冬奥会、冬残奥会名称及其简称、吉祥物等奥林匹克标志专有权保护，加大市场监督检查力度，加强版权监管和进出口知识产权海关保护。（中央宣传部、海关总署、市场监管总局、知识产权局按职责分工负责）

2. 加强上海第46届世界技能大赛、杭州2022年第19届亚运会、成都第31届世界大学生夏季运动会等国际大型赛事相关特殊标志保护。（市场监管总局、知识产权局按职责分工负责）

（五）加大植物新品种保护力度。

1. 以打击侵犯农业植物新品种权行为为重点，部署开展制种基地、种子市场、企业等检查，强化监管执法，严查套牌侵权、制售假劣种子等行为。（农业农村部负责）

2. 开展打击侵犯林草植物新品种权、假冒授权品种专项行动，重点对各种林木花卉博览会、交易会及大型专业市场进行检查，对重点品种、重点区域、重点企业进行抽查，加大案件查处力度。（林草局负责）

（六）加大软件正版化工作力度。

1. 拓展软件正版化工作范围和领域，坚持正版化与信息化、信息安全结合，推进重要行业和重点领域使用正版软件。（中央宣传部牵头，领导小组有关成员单位按职责分工负责）

2. 进一步完善软件正版化工作机制，加强推进使用正版软件工作部际联席会议联合督查，聘用第三方机构

开展年度核查，并向社会公布核查结果，推动各地区、各部门进一步落实软件正版化工作主体责任。（中央宣传部牵头，领导小组有关成员单位按职责分工负责）

3. 加强软件资产管理，扩大联合采购范围，进一步巩固中央企业软件正版化成果，推进省属国有企业软件正版化、制度化、规范化。（中央宣传部、国资委、国管局按职责分工负责）

4. 扩大工业软件框架协议品类，增加人工智能、大数据等前沿技术软件及信息系统建设相关服务采购，探索与中央企业合作采购模式。（国管局牵头，领导小组有关成员单位按职责分工负责）

三、着力提升司法保护水平

（一）强化刑事案件打击。

1. 深入开展"昆仑2022"专项行动，依法严厉打击侵犯知识产权和制售假冒伪劣商品犯罪，重拳出击，强力震慑。（公安部负责）

2. 强化大要案件侦办，挂牌督办一批重点案件，推进重点领域、重点地区治理。（公安部负责）

（二）优化检察监督职能。

1. 强化对侵犯知识产权和制售假冒伪劣商品案件的刑事、民事、行政诉讼监督力度，稳步推进检察公益诉讼，积极参与社会综合治理。（高检院负责）

2. 深入推进知识产权检察职能集中统一履行工作，提升知识产权检察履职能力和水平。（高检院负责）

3. 全面加强侵犯知识产权刑事案件权利人诉讼权利义务告知工作，提升知识产权保护质效。（高检院负责）

（三）提升审判工作质效。

1. 依法妥善运用行为保全、证据保全、制裁妨害诉讼行为等措施，加强知识产权侵权源头治理、溯源打击，及时有效阻遏侵权行为。正确把握惩罚性赔偿构成要件，加大知识产权侵权损害赔偿力度。（高法院负责）

2. 进一步完善管辖科学的诉讼制度，深化知识产权审判"三合一"改革，合理定位知识产权案件四级法院审判职能。加强审判队伍革命化、正规化、专业化、职业化建设。（高法院负责）

3.加大对涉种子刑事案件监督指导力度，为加快种业振兴提供有力刑事司法保障。（高法院负责）

四、有序推进法规制度建设

（一）健全相关法律法规。

1.推进商标法及其实施条例、专利法实施细则修订工作，研究制定商标代理管理办法。（司法部、市场监管总局、知识产权局按职责分工负责）

2.推进著作权法实施条例、著作权集体管理条例、著作权行政处罚实施办法修订工作。加快广播电视法立法，做好广播电视法与著作权法、著作权法实施条例衔接协调。（中央宣传部、司法部、广电总局按职责分工负责）

3.推进反垄断法、反不正当竞争法、产品质量法、商业秘密保护规定修订工作。（司法部、市场监管总局、知识产权局按职责分工负责）

4.修订电子商务法，规范平台经济秩序，加强知识产权保护。（市场监管总局牵头，中央宣传部、工业和信息化部、司法部、商务部、知识产权局按职责分工负责）

5.研究修订知识产权海关保护条例、植物新品种保护条例、植物新品种保护条例实施细则（农业部分）、植物新品种保护条例实施细则（林草部分）、农业农村部植物新品种复审委员会审理规定、农业植物新品种权侵权案件处理规定，探索推进地理标志统一立法工作。（农业农村部、海关总署、林草局、知识产权局按职责分工负责）

6.出台知识产权刑事司法解释，研究制定关于依法审理涉种子刑事案件的指导意见、反不正当竞争法司法解释。制修订侵犯知识产权犯罪案件立案追诉标准、药品刑事案件司法解释和立案追诉标准。（高法院、高检院、公安部按职责分工负责）

（二）加快信用体系建设。

1.依托全国信用信息共享平台推进侵权假冒领域信用信息归集共享，依法依规通过"信用中国"网站、国家企业信用信息公示系统予以公示。（发展改革委、市场监管总局分别牵头，领导小组有关成员单位按职责分工负责）

2.依法依规推进社会信用体系建设，不断完善《全国公共信用信息基础目录》和《全国失信惩戒措施基础清单》，为打击侵犯知识产权和制售假冒伪劣商品工作提供制度保障。（发展改革委、人民银行牵头，领导小组有关成员单位按职责分工负责）

3.制定印发知识产权信用管理规定，编制知识产权公共信用信息条目。（知识产权局负责）

（三）完善行刑衔接机制。

1.强化行政执法与刑事司法衔接机制，健全案情通报、案件移送制度，促进行政执法标准和司法裁判标准协调统一。（全国打击侵权假冒工作领导小组办公室牵头，领导小组有关成员单位按职责分工负责）

2.完善全国打击侵权假冒行政执法与刑事司法衔接信息共享系统，进一步提升打击侵权假冒犯罪力度。（全国打击侵权假冒工作领导小组办公室牵头，领导小组有关成员单位按职责分工负责）

3.建立健全市场监管领域行刑衔接工作机制，推进行纪贯通。（市场监管总局牵头，领导小组有关成员单位按职责分工负责）

（四）构筑协作联动格局。

1.建立健全跨部门协作机制，推进完善全链条知识产权保护，强化侵权假冒重大案件督查督办，发挥"指挥棒"作用。（全国打击侵权假冒工作领导小组办公室牵头，领导小组有关成员单位按职责分工负责）

2.加强侵权假冒涉税案件线索移交，严肃查处相关税收违法行为。（税务总局、市场监管总局按职责分工负责）

3.推动区域间执法协同，建立西北地区市场监管执法协作机制，深化长三角、京津冀市场监管区域执法协作，细化跨区域线索通报、案件协查、执法联动措施。加强上下联动，对重大案件统一组织执法行动。（市场监管总局负责）

五、聚力增强社会保护意识

（一）强化宣传教育引导。

1.发布知识产权保护白皮书、年度报告，召开新闻发布会、吹风会，组织专家访谈、政策解读，宣传知识产权保护工作重大部署和积极成效。发布典型案例，开展"以案释法"，实施有效引导。（全国打击侵权假冒工作领导小组办公室、中央宣传部牵头，领导小组有关成员单位按职责分工负责）

2. 贯彻落实"谁执法谁普法"普法责任制，结合"八五"普法规划全面实施，把打击侵权假冒法治宣传列入普法责任清单，进一步加大法治宣传教育力度。（全国打击侵权假冒工作领导小组办公室、中央宣传部、公安部、司法部、农业农村部、文化和旅游部、海关总署、广电总局、市场监管总局、林草局、药监局、知识产权局、高法院、高检院等按职责分工负责）

3. 举办全国知识产权宣传周，增强社会公众知识产权保护意识。（市场监管总局、知识产权局牵头，领导小组有关成员单位按职责分工负责）

4. 围绕落实《知识产权强国建设纲要（2021—2035年）》和《"十四五"国家知识产权保护和运用规划》，做好信息发布与政策解读，回应社会关注热点焦点。（知识产权局牵头，领导小组有关成员单位按职责分工负责）

5. 推动广播电视精品创作，讲好中国故事，展示文明大国、负责任大国形象，把向公众普及、推广打击侵权假冒知识融入日常广播电视报道。（广电总局负责）

（二）落实市场主体责任。

1. 指导督促市场主体自查自纠，自我承诺、自我管理，提升市场主体尊重和保护知识产权意识，加大维权力度。（全国打击侵权假冒工作领导小组办公室、中央宣传部、中央网信办、农业农村部、商务部、文化和旅游部、海关总署、市场监管总局、林草局、药监局、知识产权局按职责分工负责）

2. 指导督促互联网企业特别是网络交易平台落实主体责任，与权利人加强合作，建立健全沟通协调机制。（中央宣传部、商务部、市场监管总局等按职责分工负责）

3. 鼓励行业组织建立知识产权保护自律机制，明确权责、依法自治、发挥作用，开展行业研究、权益维护、信用评价等工作。（全国打击侵权假冒工作领导小组办公室牵头，领导小组有关成员单位按职责分工负责）

（三）提升法律服务水平。

1. 引导律师依法依规参与打击侵权假冒工作，推进知识产权法律服务进商会、进园区，普及知识产权法律知识，视情评选发布律师知识产权法律服务典型案例。（司法部牵头，领导小组有关成员单位按职责分工负责）

2. 贯彻落实《关于加强知识产权纠纷调解工作的意见》，统筹推进知识产权纠纷人民调解、行政调解、行业性专业性调解工作，建立健全有机衔接、协调联动、高效便捷的知识产权纠纷调解工作机制，推进知识产权纠纷多元化解工作。（中央宣传部、司法部、知识产权局等按职责分工负责）

3. 完善知识产权公共服务体系，提高公共服务规范化、均等化和可及性水平。加强知识产权公共服务信息化基础设施建设，推动知识产权保护信息平台项目立项建设。进一步加大知识产权数据资源开放共享力度，提高知识产权信息公共服务效能。（知识产权局牵头，领导小组有关成员单位按职责分工负责）

六、积极营造良好国际环境

（一）平等保护外资企业权益。

1. 针对外资企业反映较多的侵权假冒问题，组织开展专项治理，推动解决相关问题。（商务部牵头，领导小组有关成员单位按职责分工负责）

2. 依法查处侵犯外资企业商业秘密、商业标识混淆等不正当竞争案件。（市场监管总局负责）

3. 跟踪研究主要贸易伙伴发布的知识产权保护和执法报告，推动解决合理关注诉求。（商务部牵头，领导小组有关成员单位按职责分工负责）

（二）持续深化国际沟通交流。

1. 积极参与世界贸易组织框架下的知识产权磋商合作，推动与亚太经合组织、金砖国家等就打击侵权假冒开展合作，推动完善知识产权相关国际经贸规则和标准。（商务部牵头，领导小组有关成员单位按职责分工负责）

2. 深度参与世界知识产权组织多边事务，加强在执法咨询委员会等平台下的知识产权保护实践交流，主办金砖国家知识产权局长会议。（知识产权局负责）

3.举办打击侵权假冒国际合作论坛,增进理解共识。与重点贸易伙伴定期举办知识产权工作组会议,就双方关心的知识产权议题进行交流,推动解决产业界反映的侵权假冒问题。(全国打击侵权假冒工作领导小组办公室、商务部牵头,领导小组有关成员单位按职责分工负责)

4.深化打击侵权假冒领域司法保护国际交流合作,推动完善国际治理规则。(高法院负责)

5.推进落实中欧地理标志保护与合作协定,做好第二批互认清单的认定工作,加强地理标志产品相关贸易数据和信息统计报送。(农业农村部、商务部、知识产权局按职责分工负责)

(三)积极参与国际执法合作。

1.协调联络相关部门和国家,推进打击侵权假冒跨境执法交流协作。(全国打击侵权假冒工作领导小组办公室牵头,领导小组有关成员单位按职责分工负责)

2.积极参与国际刑警组织框架下打击侵权假冒犯罪联合行动,打击跨境侵权假冒犯罪。(公安部负责)

3.深化知识产权海关保护国际合作与交流,积极参与世界海关组织等国际组织开展的跨境联合执法行动。(海关总署负责)

(四)有力支持企业海外维权。

1.加强知识产权预警和维权援助信息平台建设,推动形成海外知识产权维权援助网。(商务部负责)

2.在海外重点展会设立中国企业知识产权服务站,为企业"走出去"提供知识产权服务。加强海关执法信息交换和共享,完善境外展会防侵权管理体系,提升管理知识产权和应对纠纷能力。(商务部牵头,海关总署、贸促会等领导小组成员单位按职责分工负责)

3.加强海外知识产权纠纷应对机制建设,不断完善海外知识产权纠纷应对指导中心网络,健全国家海外知识产权信息服务平台,强化信息供给,为企业"走出去"提供高效专业信息服务。(知识产权局负责)

七、全面落实各项保障措施

(一)强化能力素质建设。

1.线上线下相结合加强业务培训,交流经验做法,建设高素质打击侵权假冒队伍,提升知识产权保护能力。(全国打击侵权假冒工作领导小组办公室及领导小组有关成员单位按职责分工负责)

2.组织全国林草种苗市场监管及植物新品种行政执法培训班,提高执法人员业务能力和水平。(林草局负责)

(二)创新监管执法方式。

1.利用互联网、物联网、大数据、云计算等现代信息技术,探索建立智慧监管模式,提升追踪溯源和精准打击能力。(全国打击侵权假冒工作领导小组办公室、中央宣传部、中央网信办、公安部、农业农村部、文化和旅游部、海关总署、市场监管总局、林草局、邮政局、药监局、知识产权局按职责分工负责)

2.加强专业技术支撑,通过在线识别等科技手段提高进出口侵权查发率和案件办理效能。(海关总署负责)

3.开展全国商业秘密保护创新试点工作,树立典型标杆,形成示范效应。(市场监管总局负责)

(三)健全考核评价机制。

将打击侵权假冒违法犯罪活动纳入平安建设考核评价体系,以年度全国打击侵权假冒工作要点为依据,以地方日常工作成效、报送信息数据等为主要考核内容,优化考评指标,推动落实地方党委政府责任。(中央政法委、全国打击侵权假冒工作领导小组办公室牵头,领导小组有关成员单位按职责分工负责)

国务院知识产权战略实施工作部际联席会议办公室关于印发《知识产权强国建设纲要和"十四五"规划实施年度推进计划》的通知

国知战联办〔2021〕16号

中央组织部、中央宣传部、中央政法委、中央网信办、最高人民法院、最高人民检察院、外交部、发展改革委、教育部、科技部、工业和信息化部、公安部、司法部、财政部、人力资源社会保障部、生态环境部、农业农村部、商务部、文化和旅游部、卫生健康委、人民银行、国资委、海关总署、市场监管总局、广电总局、统计局、国管局、中科院、银保监会、证监会、国防科工局、林草局、邮政局、中医药局、知识产权局、中央军委装备发展部、贸促会、中国科协：

经国务院知识产权战略实施工作部际联席会议同意，现将《知识产权强国建设纲要和"十四五"规划实施年度推进计划》印发给你们，请认真贯彻执行。

特此通知。

国务院知识产权战略实施工作

部际联席会议办公室

（国家知识产权局代章）

2021 年 12 月 27 日

知识产权强国建设纲要和"十四五"规划实施年度推进计划

为贯彻落实《知识产权强国建设纲要（2021—2035 年）》和《"十四五"国家知识产权保护和运用规划》，深入实施知识产权强国战略，加快建设知识产权强国，明确 2021—2022 年度重点任务和工作措施，制定本计划。

一、完善知识产权制度

（一）完善知识产权法律法规规章

1. 推进修订《中华人民共和国反垄断法》《中华人民共和国专利法实施细则》《关于规范专利申请行为的若干规定》《商业秘密保护规定》，推进制定《商标代理管理办法》。推进知识产权基础性法律研究论证。做好《中华人民共和国商标法》进一步修改研究论证。做好地理标志专门立法论证。（市场监管总局、农业农村部、知识产权局负责）

2. 推进修改《中华人民共和国著作权法实施条例》《著作权集体管理条例》《作品自愿登记试行办法》《计算机软件著作权登记办法》《著作权行政处罚实施办法》，推进《民间文学艺术作品著作权保护条例》立法进程。（中央宣传部负责）

3. 推进修改《中华人民共和国植物新品种保护条例》。（农业农村部、林草局、知识产权局负责）

4. 推进《生物遗传资源获取和惠益分享管理条例》立法进程。（生态环境部负责）

5. 推进《中医药传统知识保护条例》立法进程。（中医药局、卫生健康委、知识产权局负责）

6. 推进修改《国防专利条例》。（中央军委装备发展部、国防科工局、知识产权局负责）

7. 研究建立健全符合知识产权审判规律的特别程序法律制度。（最高人民法院负责）

8. 推进修改《农业植物品种命名规定》，完善《农业植物新品种保护审查指南》。（农业农村部负责）

9. 推进修改《展会知识产权保护办法》。（商务部、中央宣传部、市场监管总局、知识产权局负责）

（二）改革完善知识产权重大政策

10. 研究制定知识产权领域中央与地方财政事权和支出责任划分改革方案。（财政部、知识产权局负责）

11. 制定出台知识产权有关分项规划。（知识产权局负责）

12. 制定版权工作"十四五"规划。（中央宣传部负责）

13. 制定《人民法院知识产权司法保护规划（2021—2025 年）》。（最高人民法院负责）

14. 制定出台《关于加强知识产权纠纷调解工作的意见》，并组织实施。（知识产权局、中央宣传部、司法部负责）

15. 扎实开展专利密集型产业增加值核算和发布工作。（统计局、知识产权局负责）

16. 制定出台关于推动科研组织知识产权高质量发展的指导意见。（知识产权局、中科院、中国科协负责）

17. 深化知识产权强省强市建设，优化央地合作会商机制，面向省、市、县、园区及企业、高校、科研组织开展知识产权强国建设示范工作，促进区域知识产权协调发展。（知识产权局负责）

18. 探索推进外观设计制度改革。（知识产权局负责）

19. 推动出台《关于加强新形势下国防知识产权工作的措施》《军用计算机软件著作权登记工作暂行规则》。（中央军委装备发展部、中央宣传部、财政部、国防科工局、知识产权局负责）

（三）完善新兴领域和特定领域知识产权规则

20. 研究制定大数据、人工智能、区块链、基因技术等新领域新业态知识产权保护规则。（中央宣传部、知识产权局按职责分工负责）

21. 研究制定信息技术开源知识产权合规标准、开源社区代码贡献规则标准等，开展行业开源知识产权风险及合规问题研究，加强行业开源知识产权合规评估与培训。（工业和信息化部负责）

22. 研究完善国有文艺院团、民营文艺表演团体优秀舞台艺术作品的版权保护措施。加强数字文化新产品新业态新模式知识产权保护，完善评价、权益分配和维护机制。（文化和旅游部、中央宣传部负责）

23. 加强人工智能、区块链等新技术与广播电视和网络视听领域数字版权保护的融合创新研究。（广电总局负责）

二、强化知识产权保护

（一）加强知识产权司法保护

24. 全面总结最高人民法院知识产权法庭三年试点工作成效和问题，加强对知识产权法院和知识产权法庭的指导，研究完善知识产权上诉机制。持续推进知识产权审判"三合一"改革工作，探索建立涉知识产权民刑交叉、民行交叉案件协调办理机制，持续推进知识产权民事诉讼程序繁简分流改革试点。（最高人民法院负责）

25. 制定《关于知识产权民事侵权惩罚性赔偿适用法律若干问题的解释》《关于审理药品专利链接纠纷案件适用法律若干问题的规定》。（最高人民法院负责）

26. 加强反垄断和反不正当竞争司法，制定《最高人民法院关于审理垄断民事纠纷案件应用法律若干问题的规定》以及《关于适用中华人民共和国反不正当竞争法若干问题的解释》，维护公平竞争市场法治秩序。（最高人民法院负责）

27. 制定《关于加强中医药知识产权司法保护的意见》，促进中医药传承创新发展。（最高人民法院负责）

28. 推广侵犯知识产权刑事案件权利人诉讼权利义务告知制度，深入推进知识产权检察职能集中统一履行试点。（最高人民检察院负责）

29. 制定关于办理侵犯知识产权刑事案件的司法解释和立案追诉标准，制定《侵犯知识产权犯罪案件公诉工作证据审查指引》。适时发布知识产权司法保护典型案例。（最高人民法院、最高人民检察院、公安部按职责分工负责）

30. 严厉打击各类侵犯知识产权犯罪，开展"昆仑"专项行动。（公安部负责）

（二）强化知识产权行政保护

31. 加大对重点领域和区域的专利、商标、版权执法力度，加强网络交易知识产权保护。（中央宣传部、市场监管总局按职责分工负责）

32. 依法办理重大专利侵权纠纷行政裁决和药品专利纠纷早期解决机制行政裁决请求。有序推进专利侵权纠纷行政裁决工作。健全跨部门知识产权行政保护协作机制。强化驰名商标全链条保护，加大对知名品牌合法权益的保护。（知识产权局负责）

33. 加强知识产权领域反垄断执法。深入开展重点领域反不正当竞争执法专项整治，严厉打击仿冒混淆、侵犯商业秘密等行为。（市场监管总局负责）

34. 指导各地持续推进商业秘密保护基地（园区、企业、指导站）建设，推动建立国家商业秘密保护基地。（市场监管总局负责）

35. 制定落实《关于进一步加强地理标志保护的指导意见》，深化地理标志专用标志使用核准改革。加强特殊标志、官方标志和奥林匹克标志保护。（知识产权局、市场监管总局负责）

36. 加强著作权登记、集体管理等服务监管，深化对大型网站版权的重点监管。（中央宣传部负责）

37. 开展打击网络侵权盗版"剑网"专项行动和冬奥会版权专项整治。（中央宣传部、中央网信办、工业和信息化部、公安部负责）

38. 深化文化市场综合执法改革，加强"互联网＋旅游"领域知识产权保护，健全线上线下维权机制，配合开展网络表演、网络音乐、网络动漫市场知识产权执法行动。（文化和旅游部负责）

39. 强化知识产权海关保护，加大重点渠道、关键环节侵权打击力度，开展全面加强知识产权保护"龙腾行动"、寄递渠道知识产权保护"蓝网行动"、出口转运货物知识产权保护"净网行动"。加大奥林匹克标志专有权海关保护力度。发布中国海关知识产权保护状况年度报告和典型案例。（海关总署负责）

40. 研究出台保护种业知识产权、打击套牌侵权的指导意见，严厉打击种业领域侵权行为。（农业农村部、最高人民法院、最高人民检察院、公安部、市场监管总局、知识产权局负责）

41. 修订《林草植物新品种保护行政执法办法》，发布 2021 中国林草知识产权和林草植物新品种保护年度报告。（林草局负责）

42. 督促寄递企业严格落实主体责任，持续打击违法寄递侵犯知识产权物品的行为。（邮政局负责）

（三）加强保护长效机制建设

43. 研究制定 2022—2023 年度《关于强化知识产权保护的意见》推进计划。（知识产权局负责）

44. 加快知识产权保护中心和快速维权中心布局，2021 年新建 20 家左右知识产权保护中心和快速维权中心，2022 年优化知识产权保护中心和快速维权中心区域产业布局。（知识产权局负责）

45. 启动国家知识产权保护示范区建设。（知识产权局负责）

46. 加强知识产权保护规范化市场建设，推广实施电商平台知识产权保护管理标准。（知识产权局、市场监管总局负责）

47. 推进以信用为基础的分级分类监管试点，细化知识产权领域公共信用信息具体条目。（知识产权局负责）

48. 加强知识产权行政执法指导制度建设。评选发布知识产权行政保护指导案例、典型案例和优秀案例。制定出台商标一般违法判断标准。建立完善知识产权行政保护技术调查官制度。推动知识产权鉴定标准的制定工作。进一步构建完善支撑强化知识产权保护的人才队伍体系，建立知识产权行政保护培训师资队伍。（知识产权局负责）

49. 开展知识产权保护社会满意度调查和知识产权保护水平评估。（知识产权局、中央宣传部、中央政法委负责）

50. 大力培育知识产权纠纷调解组织和仲裁机构。

畅通知识产权诉讼与仲裁、调解对接渠道，健全知识产权纠纷在线诉调对接机制。（知识产权局、中央宣传部、最高人民法院、司法部、贸促会负责）

51. 健全知识产权行政确权、行政执法与司法保护的衔接，促进审查授权标准、行政执法标准和司法裁判标准有机统一。（最高人民法院、中央宣传部、知识产权局负责）

52. 持续推进软件正版化工作，开展软件使用情况年度核查。重点开展教育、医疗等特定行业和民营企业软件正版化工作。逐步扩大软件正版化核查内容与范围，进一步完善软件正版化考核机制，探索实施软件正版化激励举措，开展行业培训，提升企业软件正版化意识。（中央宣传部、工业和信息化部、国管局按职责分工负责）

53. 完善部门间联合挂牌督办、督导检查、线索通报等机制，建立健全信息共享、案情通报、案件移送制度，强化对侵权假冒的追踪溯源和链条式治理。（中央宣传部、公安部、海关总署、市场监管总局按职责分工负责）

54. 健全知识产权对外转让审查制度，加强对涉及国家安全的知识产权对外转让行为的管理。（中央宣传部、科技部、农业农村部、商务部、林草局、知识产权局按职责分工负责）

55. 开展生物遗传资源调查、评估和保护工作，推进生物多样性相关传统知识调查和编目。（生态环境部、农业农村部按职责分工负责）

56. 依托中国非遗传承人研修培训计划、中国传统工艺振兴计划等，加强对非物质文化遗产传承人群的知识产权保护培训。研究与非物质文化遗产相关的知识产权保护制度。（文化和旅游部负责）

57. 加快推进中国国际知识产权仲裁委员会建设。（贸促会负责）

58. 推进中医药传统知识保护研究中心建设，开展中医药传统知识保护体系构建研究。（中医药局负责）

三、完善知识产权市场运行机制

（一）提高知识产权创造质量

59. 优化"十四五"知识产权发展指标，强化质量导向，制定推动知识产权高质量发展年度工作指引，加强知识产权质量统计监测和反馈，推动地方全面取消对专利商标申请阶段的资助。严厉打击不以保护创新为目的的非正常专利申请和不以使用为目的的商标恶意注册行为。（知识产权局负责）

60. 持续提升知识产权审查质量和效率，加强智能化审查技术应用，完善审查绿色通道，建立和完善专利、商标全流程审查质量管控机制。贯彻实施《商标审查审理指南》，全面实施商标注册审签机制改革。（知识产权局负责）

61. 深入落实《关于推进中央企业知识产权工作高质量发展的指导意见》，指导中央企业加强高价值专利创造、保护和运用。（国资委、知识产权局负责）

62. 推进林草植物新品种测试体系建设，加快测试指南制定进度，完善林草植物新品种现场审查专家库建设。（林草局负责）

（二）加强知识产权综合运用

63. 印发《关于加强专利导航工作的通知》，推进专利导航服务基地建设，推广实施专利导航指南系列国家标准，围绕重点领域实施一批专利导航项目。（知识产权局负责）

64. 推动企业、高校、科研机构健全知识产权管理体系，推广国际标准化组织创新与知识产权管理体系。（知识产权局、市场监管总局负责）

65. 加强知识产权管理标准化体系建设，加快推进专利评估指引、企业知识产权管理规范、商品交易市场知识产权保护规范等国家标准制修订。（市场监管总局、知识产权局负责）

66. 持续强化知识产权服务业监管，推进知识产权服务业分级分类评价工作，全面推行专利代理机构执业许可审批告承诺改革。（知识产权局负责）

67. 深入实施商标品牌战略，推动产业集群品牌和区域品牌商标化，印发《关于进一步加强商标品牌指导站建设的通知》，推动开展商标品牌指导站建设。（知识产权局负责）

68. 启动实施地理标志助力乡村振兴行动。（知识产权局、农业农村部负责）

69. 深入实施地理标志农产品保护工程。（农业农村部、知识产权局按职责分工负责）

70. 深入实施中小企业知识产权战略推进工程。（工业和信息化部、知识产权局负责）

71. 推动建立财政资助科研项目形成知识产权的声明制度和监管机制。（知识产权局、科技部负责）

72. 深入推进高校和科研机构知识产权工作，贯彻落实高校、科研组织知识产权高质量发展政策文件，加强知识产权全流程管理，建立完善职务科技成果披露制度和专利申请前评估制度。开展高校专业化国家技术转移机构建设试点。指导开展赋予科研人员职务科技成果所有权或长期使用权试点工作。（教育部、科技部、财政部、知识产权局、中科院、中国科协按职责分工负责）

73. 加强国家科技计划项目全周期的知识产权管理与服务，探索开展科技计划专利预警和导航服务，建设国家科技成果库。推进科技成果转化年度报告制度，完善技术合同认定和科技成果登记办法。（科技部负责）

74. 推动林草专利和优良植物新品种转化运用，加强林草知识产权基础数据库和信息共享平台建设。（林草局负责）

75. 推进中科院院属单位开展贯标工作，建立以知识产权全过程管理为核心的科技成果管理体系，实施知识产权规范管理的内审制度和外审制度。继续开展知识产权全流程服务与市场化运营工作。（中科院负责）

76. 完成知识产权军民融合试点工作，总结可复制、可推广的经验。（知识产权局、中央军委装备发展部负责）

77. 推进落实《促进国防工业科技成果民用转化的实施意见》，出台《国防科技工业知识产权转化目录（第七批）》。完善军贸出口、国际合作中的知识产权审查机制。（国防科工局、财政部、知识产权局负责）

（三）促进知识产权市场化运营

78. 加快知识产权运营服务体系重点城市建设，在重点产业领域和产业集聚区布局建设一批产业知识产权运营中心。制定完善知识产权市场化运营机制政策，健全运营交易规则，加强运营平台监管，对财政资金

支持的重点城市实行全过程绩效管理。（财政部、知识产权局按职责分工负责）

79. 推进全国版权示范城市、示范园区（基地）、示范单位创建和国家版权创新发展基地试点工作。完善版权展会授权交易体系，建设专业性、专门化国家版权交易中心（贸易基地）。（中央宣传部负责）

80. 推进知识产权质押信息平台建设。（发展改革委、银保监会、知识产权局负责）

81. 规范探索知识产权融资模式创新，鼓励企业投保知识产权相关保险，鼓励融资担保机构开发适合知识产权的担保产品，探索知识产权质押融资风险分担新模式。在营商环境创新试点城市开展相关担保信息与人民银行征信中心动产融资统一登记公示系统共享互通，推进动产和权利担保登记信息统一查询。（中央宣传部、财政部、人民银行、银保监会、知识产权局按职责分工负责）

82. 完善知识产权质押登记和转让许可备案管理制度，加强数据采集分析和披露利用。（知识产权局负责）

83. 健全知识产权评估体系，修订完善知识产权资产评估准则。落实专利开放许可制度，实施专利转化专项计划。（财政部、知识产权局按职责分工负责）

84. 引导企业做好知识产权会计信息披露工作。督促上市公司严格执行知识产权信息披露相关规定。规范探索知识产权证券化。（中央宣传部、财政部、证监会、知识产权局按职责分工负责）

85. 建设知识产权服务出口基地，推动知识产权服务业和服务贸易高质量发展。（商务部、知识产权局负责）

四、提高知识产权公共服务水平

86. 落实《关于深化知识产权领域"放管服"改革营造良好营商环境的实施意见》，持续配合做好中国营商环境评价体系知识产权评价工作，做好评价结果运用。（知识产权局负责）

87. 推动知识产权保护信息平台、商标注册管理平台等信息化项目立项建设。分层分类指导省级、地市级综合性知识产权公共服务机构建设。完成100家世界知识产权组织技术与创新支持中心（TISC）首期建设目标，推动开展第二期在华TISC建设。开展国家知识产权信息公共服务网点备案工作，实现全国31个省（自治区、直辖市）全覆盖。（知识产权局负责）

88. 继续整合优化各类服务窗口，实现"一站式"服务。优化国家知识产权公共服务网和新一代地方专利检索及分析系统，做好宣传推广，持续推进业务服务、政务服务和信息服务"一网通办"。充分发挥知识产权受理大厅和受理窗口公共服务协调机制的作用，推进窗口规范化标准化建设。（知识产权局负责）

89. 提高公共服务的规范化、均等性水平，发布《国家知识产权局公共服务事项清单》（第一版），进一步统筹发布公共服务事项办事指南，健全清单管理制度。推动全面实施知识产权业务办理证明事项告知承诺制，加强与政务信息资源共享、信用体系建设等工作的协同推进力度，开展承诺事项事中事后抽查。推广应用《知识产权基础信息数据规范》。（知识产权局、人民银行负责）

90. 加快建设高校国家知识产权信息服务中心，修订并发布《高校知识产权信息服务中心建设实施办法》，完成高校国家知识产权信息服务中心达到100家的目标。（知识产权局、教育部负责）

91. 加大知识产权数据开放共享，扩大知识产权基础数据开放范围，优化相关服务系统，提升用户体验度。推广应用《知识产权基础数据利用指引》。（知识产权局负责）

92. 推广应用国防科技工业知识产权信息平台，在重点技术领域开展专利技术导航。（国防科工局负责）

五、营造良好的知识产权人文社会环境

（一）大力倡导知识产权文化理念

93. 组织办好世界知识产权日、全国知识产权宣传周、中国国际专利技术与产品交易会、中国（无锡）国际设计博览会、中国国际版权博览会、中国网络版权保护与发展大会、国际版权论坛等大型活动。（中央宣传部、知识产权局按职责分工负责）

94. 加强知识产权宣传教育普及和普法，深化中小学知识产权教育工作。继续开展全国大学生版权征文

活动。（中央宣传部、教育部、司法部、知识产权局按职责分工负责）

95.依托全国科普日、全国科技活动周等重点科普活动，开展知识产权科普工作，积极推动知识产权科普资源建设。（科技部、中国科协负责）

（二）夯实知识产权事业发展基础

96.推动论证设置知识产权专业学位相关工作。（教育部、知识产权局负责）

97.制定全国知识产权专业能力提升培训计划。开发一批精品课程，利用中国知识产权远程教育平台，扎实推进知识产权网络培训。开展地方知识产权行政管理人员轮训。（知识产权局负责）

98.深入开展知识产权领域专业技术人才培养培训，做好知识产权专业职称评价工作。（知识产权局、人力资源社会保障部负责）

99.加大知识产权人才引进培养支持力度。在中央管理的领导班子和领导干部考核中，注意了解知识产权等相关工作的成效。继续指导有关部门加强干部知识产权培训工作。（中央组织部、知识产权局负责）

100.支持高校设置知识产权相关专业，实施一流专业和一流课程建设"双万计划"，打造一批知识产权"金专""金课"，支持高校实施知识产权相关新文科研究与改革实践项目。通过"长江学者奖励计划"岗位设置等引导鼓励知识产权理论创新。（教育部负责）

六、深度参与全球知识产权治理

101.积极参与世界知识产权组织、世界贸易组织等多边框架下的全球治理，深化与重点国家和地区的务实合作，推动完善知识产权及相关国际贸易、国际投资等国际规则和标准。加强对外宣传，讲好中国知识产权故事，开展面向发展中国家的知识产权培训。（中央宣传部、最高人民法院、外交部、商务部、市场监管总局、知识产权局、贸促会按职责分工负责）

102.继续推进《保护广播组织条约》《保护传统文化表现形式条约》等谈判进程，推动《马拉喀什条约》国内落实工作，加快推进我国加入《工业品外观设计国际注册海牙协定》工作。（中央宣传部、外交部、司法部、商务部、广电总局、知识产权局按职责分工

负责）

103.推动落实《区域全面经济伙伴关系协定》（RCEP）知识产权章节和中欧地理标志保护与合作协定。继续推进中日韩、中国—挪威、中国—以色列等在谈自贸协定中知识产权议题谈判，积极推动加入《全面与进步跨太平洋伙伴关系协定》（CPTPP）进程。（中央宣传部、外交部、农业农村部、商务部、林草局、知识产权局按职责分工负责）

104.加强国家海外知识产权纠纷应对指导中心建设，强化海外知识产权信息供给服务，加大企业海外知识产权纠纷应对指导工作力度。（知识产权局、贸促会负责）

105.强化企业海外知识产权风险预警和维权援助，探索建设知识产权涉外风险防控体系。（中央宣传部、商务部、知识产权局、贸促会按职责分工负责）

106.重点针对共建"一带一路"国家和地区，开展我国企业海外知识产权保护状况调查，研究建立针对相关国家的保护状况评估机制。持续推动重点国家和地区知识产权风险评价项目并定期发布报告，编制重点国家和地区知识产权保护国别指南，发布重点国家年度知识产权相关诉讼调查报告及典型案例等。（知识产权局、商务部、贸促会负责）

107.深化与共建"一带一路"国家和地区知识产权务实合作，向共建"一带一路"国家和地区提供专利检索、审查和培训等多样化服务，推进信息和数据资源领域合作。视情召开"一带一路"知识产权高级别会议。（知识产权局、中央宣传部、外交部、商务部负责）

108.深度参与金砖国家、亚太经合组织、中美欧日韩、中日韩、中蒙俄、中国—东盟等小多边知识产权合作，加强与各方政策和业务规则交流，支持产业界积极参与相关合作机制，主办好金砖国家知识产权局局长会和金砖国家知识产权合作机制会议。加强与欧盟、日本、俄罗斯等主要贸易伙伴的双边知识产权合作磋商。强化知识产权审查业务合作，优化"专利审查高速路"国际合作网络。（商务部、知识产权局按职责分工负责）

109.深入推进与各国执法部门、国际刑警组织、

世界海关组织等的多双边知识产权执法合作和交流。建立海关跨境合作机制，加强知识产权海关执法信息情报交换共享。（公安部、海关总署按职责分工负责）

110. 实施我国自主数字版权保护与应急广播技术标准海外推广与应用项目，开展面向"一带一路"国家的技术标准宣传推广。（广电总局负责）

七、加强组织保障

111. 制定《知识产权强国建设纲要（2021—2035年）》重点任务分工方案，研究建立知识产权强国战略实施动态调整机制，开展年度监测，对工作任务落实情况开展督促检查，纳入相关工作评价。（联席会议办公室、联席会议成员单位负责）

112. 制定工业和信息化领域知识产权实施方案。（工业和信息化部负责）

113. 制定加快建设知识产权强国林业和草原年度推进计划。（林草局负责）

114. 编制发布中国知识产权发展状况年度评价报告。（联席会议办公室负责）

115. 强化国家知识产权战略实施研究基地建设，加强对知识产权强国战略实施的研究支撑。（联席会议办公室负责）

上述各项任务分工中，由多个部门负责的，列第一位的部门为牵头部门，其他为参与部门。

行政法规

中华人民共和国市场主体登记管理条例

第一章　总　则

第一条　为了规范市场主体登记管理行为，推进法治化市场建设，维护良好市场秩序和市场主体合法权益，优化营商环境，制定本条例。

第二条　本条例所称市场主体，是指在中华人民共和国境内以营利为目的从事经营活动的下列自然人、法人及非法人组织：

（一）公司、非公司企业法人及其分支机构；

（二）个人独资企业、合伙企业及其分支机构；

（三）农民专业合作社（联合社）及其分支机构；

（四）个体工商户；

（五）外国公司分支机构；

（六）法律、行政法规规定的其他市场主体。

第三条　市场主体应当依照本条例办理登记。未经登记，不得以市场主体名义从事经营活动。法律、行政法规规定无需办理登记的除外。

市场主体登记包括设立登记、变更登记和注销登记。

第四条　市场主体登记管理应当遵循依法合规、规范统一、公开透明、便捷高效的原则。

第五条　国务院市场监督管理部门主管全国市场主体登记管理工作。

县级以上地方人民政府市场监督管理部门主管本辖区市场主体登记管理工作，加强统筹指导和监督管理。

第六条　国务院市场监督管理部门应当加强信息化建设，制定统一的市场主体登记数据和系统建设规范。

县级以上地方人民政府承担市场主体登记工作的部门（以下称登记机关）应当优化市场主体登记办理流程，提高市场主体登记效率，推行当场办结、一次办结、限时办结等制度，实现集中办理、就近办理、网上办理、异地可办，提升市场主体登记便利化程度。

第七条　国务院市场监督管理部门和国务院有关部门应当推动市场主体登记信息与其他政府信息的共

享和运用，提升政府服务效能。

第二章 登记事项

第八条 市场主体的一般登记事项包括：

（一）名称；

（二）主体类型；

（三）经营范围；

（四）住所或者主要经营场所；

（五）注册资本或者出资额；

（六）法定代表人、执行事务合伙人或者负责人姓名。

除前款规定外，还应当根据市场主体类型登记下列事项：

（一）有限责任公司股东、股份有限公司发起人、非公司企业法人出资人的姓名或者名称；

（二）个人独资企业的投资人姓名及居所；

（三）合伙企业的合伙人名称或者姓名、住所、承担责任方式；

（四）个体工商户的经营者姓名、住所、经营场所；

（五）法律、行政法规规定的其他事项。

第九条 市场主体的下列事项应当向登记机关办理备案：

（一）章程或者合伙协议；

（二）经营期限或者合伙期限；

（三）有限责任公司股东或者股份有限公司发起人认缴的出资数额，合伙企业合伙人认缴或者实际缴付的出资数额、缴付期限和出资方式；

（四）公司董事、监事、高级管理人员；

（五）农民专业合作社（联合社）成员；

（六）参加经营的个体工商户家庭成员姓名；

（七）市场主体登记联络员、外商投资企业法律文件送达接受人；

（八）公司、合伙企业等市场主体受益所有人相关信息；

（九）法律、行政法规规定的其他事项。

第十条 市场主体只能登记一个名称，经登记的市场主体名称受法律保护。

市场主体名称由申请人依法自主申报。

第十一条 市场主体只能登记一个住所或者主要经营场所。

电子商务平台内的自然人经营者可以根据国家有关规定，将电子商务平台提供的网络经营场所作为经营场所。

省、自治区、直辖市人民政府可以根据有关法律、行政法规的规定和本地区实际情况，自行或者授权下级人民政府对住所或者主要经营场所作出更加便利市场主体从事经营活动的具体规定。

第十二条 有下列情形之一的，不得担任公司、非公司企业法人的法定代表人：

（一）无民事行为能力或者限制民事行为能力；

（二）因贪污、贿赂、侵占财产、挪用财产或者破坏社会主义市场经济秩序被判处刑罚，执行期满未逾5年，或者因犯罪被剥夺政治权利，执行期满未逾5年；

（三）担任破产清算的公司、非公司企业法人的法定代表人、董事或者厂长、经理，对破产负有个人责任的，自破产清算完结之日起未逾3年；

（四）担任因违法被吊销营业执照、责令关闭的公司、非公司企业法人的法定代表人，并负有个人责任的，自被吊销营业执照之日起未逾3年；

（五）个人所负数额较大的债务到期未清偿；

（六）法律、行政法规规定的其他情形。

第十三条 除法律、行政法规或者国务院决定另有规定外，市场主体的注册资本或者出资额实行认缴登记制，以人民币表示。

出资方式应当符合法律、行政法规的规定。公司股东、非公司企业法人出资人、农民专业合作社（联合社）成员不得以劳务、信用、自然人姓名、商誉、特许经营权或者设定担保的财产等作价出资。

第十四条 市场主体的经营范围包括一般经营项目和许可经营项目。经营范围中属于在登记前依法须经批准的许可经营项目，市场主体应当在申请登记时提交有关批准文件。

市场主体应当按照登记机关公布的经营项目分类标准办理经营范围登记。

第三章 登记规范

第十五条 市场主体实行实名登记。申请人应当配合登记机关核验身份信息。

第十六条 申请办理市场主体登记，应当提交下列材料：

（一）申请书；

（二）申请人资格文件、自然人身份证明；

（三）住所或者主要经营场所相关文件；

（四）公司、非公司企业法人、农民专业合作社（联合社）章程或者合伙企业合伙协议；

（五）法律、行政法规和国务院市场监督管理部门规定提交的其他材料。

国务院市场监督管理部门应当根据市场主体类型分别制定登记材料清单和文书格式样本，通过政府网站、登记机关服务窗口等向社会公开。

登记机关能够通过政务信息共享平台获取的市场主体登记相关信息，不得要求申请人重复提供。

第十七条 申请人应当对提交材料的真实性、合法性和有效性负责。

第十八条 申请人可以委托其他自然人或者中介机构代其办理市场主体登记。受委托的自然人或者中介机构代为办理登记事宜应当遵守有关规定，不得提供虚假信息和材料。

第十九条 登记机关应当对申请材料进行形式审查。对申请材料齐全、符合法定形式的予以确认并当场登记。不能当场登记的，应当在 3 个工作日内予以登记；情形复杂的，经登记机关负责人批准，可以再延长 3 个工作日。

申请材料不齐全或者不符合法定形式的，登记机关应当一次性告知申请人需要补正的材料。

第二十条 登记申请不符合法律、行政法规规定，或者可能危害国家安全、社会公共利益的，登记机关不予登记并说明理由。

第二十一条 申请人申请市场主体设立登记，登记机关依法予以登记的，签发营业执照。营业执照签发日期为市场主体的成立日期。

法律、行政法规或者国务院决定规定设立市场主体须经批准的，应当在批准文件有效期内向登记机关申请登记。

第二十二条 营业执照分为正本和副本，具有同等法律效力。

电子营业执照与纸质营业执照具有同等法律效力。

营业执照样式、电子营业执照标准由国务院市场监督管理部门统一制定。

第二十三条 市场主体设立分支机构，应当向分支机构所在地的登记机关申请登记。

第二十四条 市场主体变更登记事项，应当自作出变更决议、决定或者法定变更事项发生之日起 30 日内向登记机关申请变更登记。

市场主体变更登记事项属于依法须经批准的，申请人应当在批准文件有效期内向登记机关申请变更登记。

第二十五条 公司、非公司企业法人的法定代表人在任职期间发生本条例第十二条所列情形之一的，应当向登记机关申请变更登记。

第二十六条 市场主体变更经营范围，属于依法须经批准的项目的，应当自批准之日起 30 日内申请变更登记。许可证或者批准文件被吊销、撤销或者有效期届满的，应当自许可证或者批准文件被吊销、撤销或者有效期届满之日起 30 日内向登记机关申请变更登记或者办理注销登记。

第二十七条 市场主体变更住所或者主要经营场所跨登记机关辖区的，应当在迁入新的住所或者主要经营场所前，向迁入地登记机关申请变更登记。迁出地登记机关无正当理由不得拒绝移交市场主体档案等相关材料。

第二十八条 市场主体变更登记涉及营业执照记载事项的，登记机关应当及时为市场主体换发营业执照。

第二十九条 市场主体变更本条例第九条规定的备案事项的，应当自作出变更决议、决定或者法定变更事项发生之日起 30 日内向登记机关办理备案。农民专业合作社（联合社）成员发生变更的，应当自本会计年度终了之日起 90 日内向登记机关办理备案。

第三十条 因自然灾害、事故灾难、公共卫生事件、社会安全事件等原因造成经营困难的，市场主体可以自主决定在一定时期内歇业。法律、行政法规另有规定的除外。

市场主体应当在歇业前与职工依法协商劳动关系处理等有关事项。

市场主体应当在歇业前向登记机关办理备案。登记机关通过国家企业信用信息公示系统向社会公示歇业期限、法律文书送达地址等信息。

市场主体歇业的期限最长不得超过 3 年。市场主体在歇业期间开展经营活动的，视为恢复营业，市场主体应当通过国家企业信用信息公示系统向社会公示。

市场主体歇业期间，可以以法律文书送达地址代替住所或者主要经营场所。

第三十一条 市场主体因解散、被宣告破产或者其他法定事由需要终止的，应当依法向登记机关申请注销登记。经登记机关注销登记，市场主体终止。

市场主体注销依法须经批准的，应当经批准后向登记机关申请注销登记。

第三十二条 市场主体注销登记前依法应当清算的，清算组应当自成立之日起 10 日内将清算组成员、清算组负责人名单通过国家企业信用信息公示系统公告。清算组可以通过国家企业信用信息公示系统发布债权人公告。

清算组应当自清算结束之日起 30 日内向登记机关申请注销登记。市场主体申请注销登记前，应当依法办理分支机构注销登记。

第三十三条 市场主体未发生债权债务或者已将债权债务清偿完结，未发生或者已结清清偿费用、职工工资、社会保险费用、法定补偿金、应缴纳税款（滞纳金、罚款），并由全体投资人书面承诺对上述情况的真实性承担法律责任的，可以按照简易程序办理注销登记。

市场主体应当将承诺书及注销登记申请通过国家企业信用信息公示系统公示，公示期为 20 日。在公示期内无相关部门、债权人及其他利害关系人提出异议的，市场主体可以于公示期届满之日起 20 日内向登记机关申请注销登记。

个体工商户按照简易程序办理注销登记的，无需

公示，由登记机关将个体工商户的注销登记申请推送至税务等有关部门，有关部门在 10 日内没有提出异议的，可以直接办理注销登记。

市场主体注销依法须经批准的，或者市场主体被吊销营业执照、责令关闭、撤销，或者被列入经营异常名录的，不适用简易注销程序。

第三十四条 人民法院裁定强制清算或者裁定宣告破产的，有关清算组、破产管理人可以持人民法院终结强制清算程序的裁定或者终结破产程序的裁定，直接向登记机关申请办理注销登记。

第四章 监督管理

第三十五条 市场主体应当按照国家有关规定公示年度报告和登记相关信息。

第三十六条 市场主体应当将营业执照置于住所或者主要经营场所的醒目位置。从事电子商务经营的市场主体应当在其首页显著位置持续公示营业执照信息或者相关链接标识。

第三十七条 任何单位和个人不得伪造、涂改、出租、出借、转让营业执照。

营业执照遗失或者毁坏的，市场主体应当通过国家企业信用信息公示系统声明作废，申请补领。

登记机关依法作出变更登记、注销登记和撤销登记决定的，市场主体应当缴回营业执照。拒不缴回或者无法缴回营业执照的，由登记机关通过国家企业信用信息公示系统公告营业执照作废。

第三十八条 登记机关应当根据市场主体的信用风险状况实施分级分类监管。

登记机关应当采取随机抽取检查对象、随机选派执法检查人员的方式，对市场主体登记事项进行监督检查，并及时向社会公开监督检查结果。

第三十九条 登记机关对市场主体涉嫌违反本条例规定的行为进行查处，可以行使下列职权：

（一）进入市场主体的经营场所实施现场检查；

（二）查阅、复制、收集与市场主体经营活动有关的合同、票据、账簿以及其他资料；

（三）向与市场主体经营活动有关的单位和个人调查了解情况；

（四）依法责令市场主体停止相关经营活动；

（五）依法查询涉嫌违法的市场主体的银行账户；

（六）法律、行政法规规定的其他职权。

登记机关行使前款第四项、第五项规定的职权的，应当经登记机关主要负责人批准。

第四十条 提交虚假材料或者采取其他欺诈手段隐瞒重要事实取得市场主体登记的，受虚假市场主体登记影响的自然人、法人和其他组织可以向登记机关提出撤销市场主体登记的申请。

登记机关受理申请后，应当及时开展调查。经调查认定存在虚假市场主体登记情形的，登记机关应当撤销市场主体登记。相关市场主体和人员无法联系或者拒不配合的，登记机关可以将相关市场主体的登记时间、登记事项等通过国家企业信用信息公示系统向社会公示，公示期为 45 日。相关市场主体及其利害关系人在公示期内没有提出异议的，登记机关可以撤销市场主体登记。

因虚假市场主体登记被撤销的市场主体，其直接责任人自市场主体登记被撤销之日起 3 年内不得再次申请市场主体登记。登记机关应当通过国家企业信用信息公示系统予以公示。

第四十一条 有下列情形之一的，登记机关可以不予撤销市场主体登记：

（一）撤销市场主体登记可能对社会公共利益造成重大损害；

（二）撤销市场主体登记后无法恢复到登记前的状态；

（三）法律、行政法规规定的其他情形。

第四十二条 登记机关或者其上级机关认定撤销市场主体登记决定错误的，可以撤销该决定，恢复原登记状态，并通过国家企业信用信息公示系统公示。

第五章 法律责任

第四十三条 未经设立登记从事经营活动的，由登记机关责令改正，没收违法所得；拒不改正的，处 1 万元以上 10 万元以下的罚款；情节严重的，依法责令关闭停业，并处 10 万元以上 50 万元以下的罚款。

第四十四条 提交虚假材料或者采取其他欺诈手段隐瞒重要事实取得市场主体登记的，由登记机关责令改正，没收违法所得，并处 5 万元以上 20 万元以下的罚款；情节严重的，处 20 万元以上 100 万元以下的罚款，吊销营业执照。

第四十五条 实行注册资本实缴登记制的市场主体虚报注册资本取得市场主体登记的，由登记机关责令改正，处虚报注册资本金额 5% 以上 15% 以下的罚款；情节严重的，吊销营业执照。

实行注册资本实缴登记制的市场主体的发起人、股东虚假出资，未交付或者未按期交付作为出资的货币或者非货币财产的，或者在市场主体成立后抽逃出资的，由登记机关责令改正，处虚假出资金额 5% 以上 15% 以下的罚款。

第四十六条 市场主体未依照本条例办理变更登记的，由登记机关责令改正；拒不改正的，处 1 万元以上 10 万元以下的罚款；情节严重的，吊销营业执照。

第四十七条 市场主体未依照本条例办理备案的，由登记机关责令改正；拒不改正的，处 5 万元以下的罚款。

第四十八条 市场主体未依照本条例将营业执照置于住所或者主要经营场所醒目位置的，由登记机关责令改正；拒不改正的，处 3 万元以下的罚款。

从事电子商务经营的市场主体未在其首页显著位置持续公示营业执照信息或者相关链接标识的，由登记机关依照《中华人民共和国电子商务法》处罚。

市场主体伪造、涂改、出租、出借、转让营业执照的，由登记机关没收违法所得，处 10 万元以下的罚款；情节严重的，处 10 万元以上 50 万元以下的罚款，吊销营业执照。

第四十九条 违反本条例规定的，登记机关确定罚款金额时，应当综合考虑市场主体的类型、规模、违法情节等因素。

第五十条 登记机关及其工作人员违反本条例规定未履行职责或者履行职责不当的，对直接负责的主管人员和其他直接责任人员依法给予处分。

第五十一条 违反本条例规定，构成犯罪的，依法追究刑事责任。

第五十二条　法律、行政法规对市场主体登记管理违法行为处罚另有规定的，从其规定。

第六章　附　则

第五十三条　国务院市场监督管理部门可以依照本条例制定市场主体登记和监督管理的具体办法。

第五十四条　无固定经营场所摊贩的管理办法，由省、自治区、直辖市人民政府根据当地实际情况另行规定。

第五十五条　本条例自2022年3月1日起施行。《中华人民共和国公司登记管理条例》、《中华人民共和国企业法人登记管理条例》、《中华人民共和国合伙企业登记管理办法》、《农民专业合作社登记管理条例》、《企业法人法定代表人登记管理规定》同时废止。

促进个体工商户发展条例

第一条　为了鼓励、支持和引导个体经济健康发展，维护个体工商户合法权益，稳定和扩大城乡就业，充分发挥个体工商户在国民经济和社会发展中的重要作用，制定本条例。

第二条　有经营能力的公民在中华人民共和国境内从事工商业经营，依法登记为个体工商户的，适用本条例。

第三条　促进个体工商户发展工作坚持中国共产党的领导，发挥党组织在个体工商户发展中的引领作用和党员先锋模范作用。

个体工商户中的党组织和党员按照中国共产党章程的规定开展党的活动。

第四条　个体经济是社会主义市场经济的重要组成部分，个体工商户是重要的市场主体，在繁荣经济、增加就业、推动创业创新、方便群众生活等方面发挥着重要作用。

国家持续深化简政放权、放管结合、优化服务改革，优化营商环境，积极扶持、加强引导、依法规范，为个体工商户健康发展创造有利条件。

第五条　国家对个体工商户实行市场平等准入、公平待遇的原则。

第六条　个体工商户可以个人经营，也可以家庭经营。个体工商户的财产权、经营自主权等合法权益受法律保护，任何单位和个人不得侵害或者非法干预。

第七条　国务院建立促进个体工商户发展部际联席会议制度，研究并推进实施促进个体工商户发展的重大政策措施，统筹协调促进个体工商户发展工作中的重大事项。

国务院市场监督管理部门会同有关部门加强对促进个体工商户发展工作的宏观指导、综合协调和监督检查。

第八条　国务院发展改革、财政、人力资源社会保障、住房城乡建设、商务、金融、税务、市场监督管理等有关部门在各自职责范围内研究制定税费支持、创业扶持、职业技能培训、社会保障、金融服务、登记注册、权益保护等方面的政策措施，做好促进个体工商户发展工作。

第九条　县级以上地方人民政府应当将促进个体工商户发展纳入本级国民经济和社会发展规划，结合本行政区域个体工商户发展情况制定具体措施并组织实施，为个体工商户发展提供支持。

第十条　国家加强个体工商户发展状况监测分析，定期开展抽样调查、监测统计和活跃度分析，强化个体工商户发展信息的归集、共享和运用。

第十一条　市场主体登记机关应当为个体工商户提供依法合规、规范统一、公开透明、便捷高效的登记服务。

第十二条　国务院市场监督管理部门应当根据个体工商户发展特点，改革完善个体工商户年度报告制度，简化内容、优化流程，提供简易便捷的年度报告服务。

第十三条　个体工商户可以自愿变更经营者或者转型为企业。变更经营者的，可以直接向市场主体登记机关申请办理变更登记。涉及有关行政许可的，行政许可部门应当简化手续，依法为个体工商户提供便利。

个体工商户变更经营者或者转型为企业的，应当结清依法应缴纳的税款等，对原有债权债务作出妥善处理，不得损害他人的合法权益。

第十四条 国家加强个体工商户公共服务平台体系建设，为个体工商户提供法律政策、市场供求、招聘用工、创业培训、金融支持等信息服务。

第十五条 依法成立的个体劳动者协会在市场监督管理部门指导下，充分发挥桥梁纽带作用，推动个体工商户党的建设，为个体工商户提供服务，维护个体工商户合法权益，引导个体工商户诚信自律。

个体工商户自愿加入个体劳动者协会。

第十六条 政府及其有关部门在制定相关政策措施时，应当充分听取个体工商户以及相关行业组织的意见，不得违反规定在资质许可、项目申报、政府采购、招标投标等方面对个体工商户制定或者实施歧视性政策措施。

第十七条 县级以上地方人民政府应当结合本行政区域实际情况，根据个体工商户的行业类型、经营规模、经营特点等，对个体工商户实施分型分类培育和精准帮扶。

第十八条 县级以上地方人民政府应当采取有效措施，为个体工商户增加经营场所供给，降低经营场所使用成本。

第十九条 国家鼓励和引导创业投资机构和社会资金支持个体工商户发展。

县级以上地方人民政府应当充分发挥各类资金作用，为个体工商户在创业创新、贷款融资、职业技能培训等方面提供资金支持。

第二十条 国家实行有利于个体工商户发展的财税政策。

县级以上地方人民政府及其有关部门应当严格落实相关财税支持政策，确保精准、及时惠及个体工商户。

第二十一条 国家推动建立和完善个体工商户信用评价体系，鼓励金融机构开发和提供适合个体工商户发展特点的金融产品和服务，扩大个体工商户贷款规模和覆盖面，提高贷款精准性和便利度。

第二十二条 县级以上地方人民政府应当支持个体工商户参加社会保险，对符合条件的个体工商户给予相应的支持。

第二十三条 县级以上地方人民政府应当完善创业扶持政策，支持个体工商户参加职业技能培训，鼓励各类公共就业服务机构为个体工商户提供招聘用工服务。

第二十四条 县级以上地方人民政府应当结合城乡社区服务体系建设，支持个体工商户在社区从事与居民日常生活密切相关的经营活动，满足居民日常生活消费需求。

第二十五条 国家引导和支持个体工商户加快数字化发展、实现线上线下一体化经营。

平台经营者应当在入驻条件、服务规则、收费标准等方面，为个体工商户线上经营提供支持，不得利用服务协议、平台规则、数据算法、技术等手段，对平台内个体工商户进行不合理限制、附加不合理条件或者收取不合理费用。

第二十六条 国家加大对个体工商户的字号、商标、专利、商业秘密等权利的保护力度。

国家鼓励和支持个体工商户提升知识产权的创造运用水平、增强市场竞争力。

第二十七条 县级以上地方人民政府制定实施城乡建设规划及城市和交通管理、市容环境治理、产业升级等相关政策措施，应当充分考虑个体工商户经营需要和实际困难，实施引导帮扶。

第二十八条 各级人民政府对因自然灾害、事故灾难、公共卫生事件、社会安全事件等原因造成经营困难的个体工商户，结合实际情况及时采取纾困帮扶措施。

第二十九条 政府及其有关部门按照国家有关规定，对个体工商户先进典型进行表彰奖励，不断提升个体工商户经营者的荣誉感。

第三十条 任何单位和个人不得违反法律法规和国家有关规定向个体工商户收费或者变相收费，不得擅自扩大收费范围或者提高收费标准，不得向个体工商户集资、摊派，不得强行要求个体工商户提供赞助或者接受有偿服务。

任何单位和个人不得诱导、强迫劳动者登记注册为个体工商户。

第三十一条 机关、企业事业单位不得要求个体工商户接受不合理的付款期限、方式、条件和违约责任等交易条件，不得违约拖欠个体工商户账款，不得通过强制个体工商户接受商业汇票等非现金支付方式变相拖欠账款。

第三十二条 县级以上地方人民政府应当提升个体工商户发展质量，不得将个体工商户数量增长率、年度报告率等作为绩效考核评价指标。

第三十三条 个体工商户对违反本条例规定、侵害自身合法权益的行为，有权向有关部门投诉、举报。

县级以上地方人民政府及其有关部门应当畅通投诉、举报途径，并依法及时处理。

第三十四条 个体工商户应当依法经营、诚实守信，自觉履行劳动用工、安全生产、食品安全、职业卫生、环境保护、公平竞争等方面的法定义务。

对涉及公共安全和人民群众生命健康等重点领域，有关行政部门应当加强监督管理，维护良好市场秩序。

第三十五条 个体工商户开展经营活动违反有关法律规定的，有关行政部门应当按照教育和惩戒相结合、过罚相当的原则，依法予以处理。

第三十六条 政府及其有关部门的工作人员在促进个体工商户发展工作中不履行或者不正确履行职责，损害个体工商户合法权益，造成严重后果的，依法依规给予处分；构成犯罪的，依法追究刑事责任。

第三十七条 香港特别行政区、澳门特别行政区永久性居民中的中国公民，台湾地区居民可以按照国家有关规定，申请登记为个体工商户。

第三十八条 省、自治区、直辖市可以结合本行政区域实际情况，制定促进个体工商户发展的具体办法。

第三十九条 本条例自 2022 年 11 月 1 日起施行。《个体工商户条例》同时废止。

司法解释

最高人民法院 最高人民检察院关于办理危害药品安全刑事案件适用法律若干问题的解释

高检发释字〔2022〕1 号

（2022 年 2 月 28 日最高人民法院审判委员会第 1865 次会议、2022 年 2 月 25 日最高人民检察院第十三届检察委员会第九十二次会议通过，2022 年 3 月 3 日最高人民法院、最高人民检察院公告公布，自 2022 年 3 月 6 日起施行）

为依法惩治危害药品安全犯罪，保障人民群众生命健康，维护药品管理秩序，根据《中华人民共和国刑法》《中华人民共和国刑事诉讼法》及《中华人民共和国药品管理法》等有关规定，现就办理此类刑事案件适用法律的若干问题解释如下：

第一条 生产、销售、提供假药，具有下列情形之一的，应当酌情从重处罚：

（一）涉案药品以孕产妇、儿童或者危重病人为主要使用对象的；

（二）涉案药品属于麻醉药品、精神药品、医疗用毒性药品、放射性药品、生物制品，或者以药品类易制毒化学品冒充其他药品的；

（三）涉案药品属于注射剂药品、急救药品的；

（四）涉案药品系用于应对自然灾害、事故灾难、公共卫生事件、社会安全事件等突发事件的；

（五）药品使用单位及其工作人员生产、销售假药的；

（六）其他应当酌情从重处罚的情形。

第二条 生产、销售、提供假药，具有下列情形之一的，应当认定为刑法第一百四十一条规定的"对人体健康造成严重危害"：

（一）造成轻伤或者重伤的；

（二）造成轻度残疾或者中度残疾的；

（三）造成器官组织损伤导致一般功能障碍或者严重功能障碍的；

（四）其他对人体健康造成严重危害的情形。

第三条 生产、销售、提供假药，具有下列情形之一的，应当认定为刑法第一百四十一条规定的"其他严重情节"：

（一）引发较大突发公共卫生事件的；

（二）生产、销售、提供假药的金额二十万元以上不满五十万元的；

（三）生产、销售、提供假药的金额十万元以上不满二十万元，并具有本解释第一条规定情形之一的；

（四）根据生产、销售、提供的时间、数量、假药种类、对人体健康危害程度等，应当认定为情节严重的。

第四条 生产、销售、提供假药，具有下列情形之一的，应当认定为刑法第一百四十一条规定的"其他特别严重情节"：

（一）致人重度残疾以上的；

（二）造成三人以上重伤、中度残疾或者器官组织损伤导致严重功能障碍的；

（三）造成五人以上轻度残疾或者器官组织损伤导致一般功能障碍的；

（四）造成十人以上轻伤的；

（五）引发重大、特别重大突发公共卫生事件的；

（六）生产、销售、提供假药的金额五十万元以上的；

（七）生产、销售、提供假药的金额二十万元以上不满五十万元，并具有本解释第一条规定情形之一的；

（八）根据生产、销售、提供的时间、数量、假药种类、对人体健康危害程度等，应当认定为情节特别严重的。

第五条 生产、销售、提供劣药，具有本解释第一条规定情形之一的，应当酌情从重处罚。

生产、销售、提供劣药，具有本解释第二条规定情形之一的，应当认定为刑法第一百四十二条规定的"对人体健康造成严重危害"。

生产、销售、提供劣药，致人死亡，或者具有本解释第四条第一项至第五项规定情形之一的，应当认定为刑法第一百四十二条规定的"后果特别严重"。

第六条 以生产、销售、提供假药、劣药为目的，合成、精制、提取、储存、加工炮制药品原料，或者在将药品原料、辅料、包装材料制成成品过程中，进行配料、混合、制剂、储存、包装的，应当认定为刑法第一百四十一条、第一百四十二条规定的"生产"。

药品使用单位及其工作人员明知是假药、劣药而有偿提供给他人使用的，应当认定为刑法第一百四十一条、第一百四十二条规定的"销售"；无偿提供给他人使用的，应当认定为刑法第一百四十一条、第一百四十二条规定的"提供"。

第七条 实施妨害药品管理的行为，具有下列情形之一的，应当认定为刑法第一百四十二条之一规定的"足以严重危害人体健康"：

（一）生产、销售国务院药品监督管理部门禁止使用的药品，综合生产、销售的时间、数量、禁止使用原因等情节，认为具有严重危害人体健康的现实危险的；

（二）未取得药品相关批准证明文件生产药品或者明知是上述药品而销售，涉案药品属于本解释第一条第一项至第三项规定情形的；

（三）未取得药品相关批准证明文件生产药品或者明知是上述药品而销售，涉案药品的适应症、功能主治或者成分不明的；

（四）未取得药品相关批准证明文件生产药品或者明知是上述药品而销售，涉案药品没有国家药品标准，且无核准的药品质量标准，但检出化学药成分的；

（五）未取得药品相关批准证明文件进口药品或者明知是上述药品而销售，涉案药品在境外也未合法上市的；

（六）在药物非临床研究或者药物临床试验过程中故意使用虚假试验用药品，或者瞒报与药物临床试验用药品相关的严重不良事件的；

（七）故意损毁原始药物非临床研究数据或者药物临床试验数据，或者编造受试动物信息、受试者信息、主要试验过程记录、研究数据、检测数据等药物非临床研究数据或者药物临床试验数据，影响药品的安全性、有效性和质量可控性的；

（八）编造生产、检验记录，影响药品的安全性、有效性和质量可控性的；

（九）其他足以严重危害人体健康的情形。

对于涉案药品是否在境外合法上市，应当根据境外药品监督管理部门或者权利人的证明等证据，结合犯罪嫌疑人、被告人及其辩护人提供的证据材料综合审查，依法作出认定。

对于"足以严重危害人体健康"难以确定的，根据地市级以上药品监督管理部门出具的认定意见，结合其他证据作出认定。

第八条 实施妨害药品管理的行为，具有本解释第二条规定情形之一的，应当认定为刑法第一百四十二条之一规定的"对人体健康造成严重危害"。

实施妨害药品管理的行为，足以严重危害人体健康，并具有下列情形之一的，应当认定为刑法第一百四十二条之一规定的"有其他严重情节"：

（一）生产、销售国务院药品监督管理部门禁止使用的药品，生产、销售的金额五十万元以上的；

（二）未取得药品相关批准证明文件生产、进口药品或者明知是上述药品而销售，生产、销售的金额五十万元以上的；

（三）药品申请注册中提供虚假的证明、数据、资料、样品或者采取其他欺骗手段，造成严重后果的；

（四）编造生产、检验记录，造成严重后果的；

（五）造成恶劣社会影响或者具有其他严重情节的情形。

实施刑法第一百四十二条之一规定的行为，同时又构成生产、销售、提供假药罪、生产、销售、提供劣药罪或者其他犯罪的，依照处罚较重的规定定罪处罚。

第九条 明知他人实施危害药品安全犯罪，而有下列情形之一的，以共同犯罪论处：

（一）提供资金、贷款、账号、发票、证明、许可证件的；

（二）提供生产、经营场所、设备或者运输、储存、保管、邮寄、销售渠道等便利条件的；

（三）提供生产技术或者原料、辅料、包装材料、标签、说明书的；

（四）提供虚假药物非临床研究报告、药物临床试验报告及相关材料的；

（五）提供广告宣传的；

（六）提供其他帮助的。

第十条 办理生产、销售、提供假药、生产、销售、提供劣药、妨害药品管理等刑事案件，应当结合行为人的从业经历、认知能力、药品质量、进货渠道和价格、销售渠道和价格以及生产、销售方式等事实综合判断认定行为人的主观故意。具有下列情形之一的，可以认定行为人有实施相关犯罪的主观故意，但有证据证明确实不具有故意的除外：

（一）药品价格明显异于市场价格的；

（二）向不具有资质的生产者、销售者购买药品，且不能提供合法有效的来历证明的；

（三）逃避、抗拒监督检查的；

（四）转移、隐匿、销毁涉案药品、进销货记录的；

（五）曾因实施危害药品安全违法犯罪行为受过处罚，又实施同类行为的；

（六）其他足以认定行为人主观故意的情形。

第十一条 以提供给他人生产、销售、提供药品为目的，违反国家规定，生产、销售不符合药用要求的原料、辅料，符合刑法第一百四十条规定的，以生产、销售伪劣产品罪从重处罚；同时构成其他犯罪的，依照处罚较重的规定定罪处罚。

第十二条 广告主、广告经营者、广告发布者违反国家规定，利用广告对药品作虚假宣传，情节严重的，依照刑法第二百二十二条的规定，以虚假广告罪定罪处罚。

第十三条 明知系利用医保骗保购买的药品而非法收购、销售，金额五万元以上的，应当依照刑法第三百一十二条的规定，以掩饰、隐瞒犯罪所得罪定罪处罚；指使、教唆、授意他人利用医保骗保购买药品，进而非法收购、销售，符合刑法第二百六十六条规定的，以诈骗罪定罪处罚。

对于利用医保骗保购买药品的行为人是否追究刑事责任，应当综合骗取医保基金的数额、手段、认罪悔罪态度等案件具体情节，依法妥当决定。利用医保骗保购买药品的行为人是否被追究刑事责任，不影响对非法收购、销售有关药品的行为人定罪处罚。

对于第一款规定的主观明知，应当根据药品标志、收购渠道、价格、规模及药品追溯信息等综合认定。

第十四条 负有药品安全监督管理职责的国家机关工作人员，滥用职权或者玩忽职守，构成药品监管渎职罪，同时构成商检徇私舞弊罪、商检失职罪等其他渎职犯罪的，依照处罚较重的规定定罪处罚。

负有药品安全监督管理职责的国家机关工作人员滥用职权或者玩忽职守，不构成药品监管渎职罪，但构成前款规定的其他渎职犯罪的，依照该其他犯罪定罪处罚。

负有药品安全监督管理职责的国家机关工作人员与他人共谋，利用其职务便利帮助他人实施危害药品安全犯罪行为，同时构成渎职犯罪和危害药品安全犯罪共犯的，依照处罚较重的规定定罪从重处罚。

第十五条 对于犯生产、销售、提供假药罪、生产、销售、提供劣药罪、妨害药品管理罪的，应当结合被告人的犯罪数额、违法所得，综合考虑被告人缴纳罚金的能力，依法判处罚金。罚金一般应当在生产、销售、提供的药品金额二倍以上；共同犯罪的，对各共同犯罪人合计判处的罚金一般应当在生产、销售、提供的药品金额二倍以上。

第十六条 对于犯生产、销售、提供假药罪、生产、销售、提供劣药罪、妨害药品管理罪的，应当依照刑法规定的条件，严格缓刑、免予刑事处罚的适用。对于被判处刑罚的，可以根据犯罪情况和预防再犯罪的需要，依法宣告职业禁止或者禁止令。《中华人民共和国药品管理法》等法律、行政法规另有规定的，从其规定。

对于被不起诉或者免予刑事处罚的行为人，需要给予行政处罚、政务处分或者其他处分的，依法移送有关主管机关处理。

第十七条 单位犯生产、销售、提供假药罪、生产、销售、提供劣药罪、妨害药品管理罪的，对单位判处罚金，并对直接负责的主管人员和其他直接责任人员，依照本解释规定的自然人犯罪的定罪量刑标准处罚。

单位犯罪的，对被告单位及其直接负责的主管人员、其他直接责任人员合计判处的罚金一般应当在生产、销售、提供的药品金额二倍以上。

第十八条 根据民间传统配方私自加工药品或者销售上述药品，数量不大，且未造成他人伤害后果或者延误诊治的，或者不以营利为目的实施带有自救、互助性质的生产、进口、销售药品的行为，不应当认定为犯罪。

对于是否属于民间传统配方难以确定的，根据地市级以上药品监督管理部门或者有关部门出具的认定意见，结合其他证据作出认定。

第十九条 刑法第一百四十一条、第一百四十二条规定的"假药""劣药"，依照《中华人民共和国药品管理法》的规定认定。

对于《中华人民共和国药品管理法》第九十八条第二款第二项、第四项及第三款第三项至第六项规定的假药、劣药，能够根据现场查获的原料、包装，结合犯罪嫌疑人、被告人供述等证据材料作出判断的，可以由地市级以上药品监督管理部门出具认定意见。对于依据《中华人民共和国药品管理法》第九十八条第二款、第三款的其他规定认定假药、劣药，或者是否属于第九十八条第二款第二项、第三款第六项规定的假药、劣药存在争议的，应当由省级以上药品监督管理部门设置或者确定的药品检验机构进行检验，出具质量检验结论。司法机关根据认定意见、检验结论，结合其他证据作出认定。

第二十条 对于生产、提供药品的金额，以药品的货值金额计算；销售药品的金额，以所得和可得的全部违法收入计算。

第二十一条 本解释自 2022 年 3 月 6 日起施行。本解释公布施行后，《最高人民法院、最高人民检察院关于办理危害药品安全刑事案件适用法律若干问题的解释》（法释〔2014〕14 号）、《最高人民法院、最高人民检察院关于办理药品、医疗器械注册申请材料造假刑事案件适用法律若干问题的解释》（法释〔2017〕15号）同时废止。

最高人民法院关于第一审知识产权民事、行政案件管辖的若干规定

法释〔2022〕13号

（2021年12月27日最高人民法院审判委员会第1858次会议通过，自2022年5月1日起施行）

为进一步完善知识产权案件管辖制度，合理定位四级法院审判职能，根据《中华人民共和国民事诉讼法》《中华人民共和国行政诉讼法》等法律规定，结合知识产权审判实践，制定本规定。

第一条 发明专利、实用新型专利、植物新品种、集成电路布图设计、技术秘密、计算机软件的权属、侵权纠纷以及垄断纠纷第一审民事、行政案件由知识产权法院，省、自治区、直辖市人民政府所在地的中级人民法院和最高人民法院确定的中级人民法院管辖。

法律对知识产权法院的管辖有规定的，依照其规定。

第二条 外观设计专利的权属、侵权纠纷以及涉驰名商标认定第一审民事、行政案件由知识产权法院和中级人民法院管辖；经最高人民法院批准，也可以由基层人民法院管辖，但外观设计专利行政案件除外。

本规定第一条及本条第一款规定之外的第一审知识产权案件诉讼标的额在最高人民法院确定的数额以上的，以及涉及国务院部门、县级以上地方人民政府或者海关行政行为的，由中级人民法院管辖。

法律对知识产权法院的管辖有规定的，依照其规定。

第三条 本规定第一条、第二条规定之外的第一审知识产权民事、行政案件，由最高人民法院确定的基层人民法院管辖。

第四条 对新类型、疑难复杂或者具有法律适用指导意义等知识产权民事、行政案件，上级人民法院可以依照诉讼法有关规定，根据下级人民法院报请或者自行决定提级审理。

确有必要将本院管辖的第一审知识产权民事案件交下级人民法院审理的，应当依照民事诉讼法第三十九条第一款的规定，逐案报请其上级人民法院批准。

第五条 依照本规定需要最高人民法院确定管辖或者调整管辖的诉讼标的额标准、区域范围的，应当层报最高人民法院批准。

第六条 本规定自2022年5月1日起施行。

最高人民法院此前发布的司法解释与本规定不一致的，以本规定为准。

最高人民法院关于适用《中华人民共和国反不正当竞争法》若干问题的解释

法释〔2022〕9号

（2022年1月29日最高人民法院审判委员会第1862次会议通过，自2022年3月20日起施行）

为正确审理因不正当竞争行为引发的民事案件，根据《中华人民共和国民法典》《中华人民共和国反不正当竞争法》《中华人民共和国民事诉讼法》等有关法律规定，结合审判实践，制定本解释。

第一条 经营者扰乱市场竞争秩序，损害其他经营者或者消费者合法权益，且属于违反反不正当竞争法第二章及专利法、商标法、著作权法等规定之外情形的，人民法院可以适用反不正当竞争法第二条予以认定。

第二条 与经营者在生产经营活动中存在可能的争夺交易机会、损害竞争优势等关系的市场主体，人民法院可以认定为反不正当竞争法第二条规定的"其他经营者"。

第三条 特定商业领域普遍遵循和认可的行为规范，人民法院可以认定为反不正当竞争法第二条规定的"商业道德"。

人民法院应当结合案件具体情况，综合考虑行业

规则或者商业惯例、经营者的主观状态、交易相对人的选择意愿、对消费者权益、市场竞争秩序、社会公共利益的影响等因素，依法判断经营者是否违反商业道德。

人民法院认定经营者是否违反商业道德时，可以参考行业主管部门、行业协会或者自律组织制定的从业规范、技术规范、自律公约等。

第四条 具有一定的市场知名度并具有区别商品来源的显著特征的标识，人民法院可以认定为反不正当竞争法第六条规定的"有一定影响的"标识。

人民法院认定反不正当竞争法第六条规定的标识是否具有一定的市场知名度，应当综合考虑中国境内相关公众的知悉程度，商品销售的时间、区域、数额和对象，宣传的持续时间、程度和地域范围，标识受保护的情况等因素。

第五条 反不正当竞争法第六条规定的标识有下列情形之一的，人民法院应当认定其不具有区别商品来源的显著特征：

（一）商品的通用名称、图形、型号；

（二）仅直接表示商品的质量、主要原料、功能、用途、重量、数量及其他特点的标识；

（三）仅由商品自身的性质产生的形状，为获得技术效果而需有的商品形状以及使商品具有实质性价值的形状；

（四）其他缺乏显著特征的标识。

前款第一项、第二项、第四项规定的标识经过使用取得显著特征，并具有一定的市场知名度，当事人请求依据反不正当竞争法第六条规定予以保护的，人民法院应予支持。

第六条 因客观描述、说明商品而正当使用下列标识，当事人主张属于反不正当竞争法第六条规定的情形的，人民法院不予支持：

（一）含有本商品的通用名称、图形、型号；

（二）直接表示商品的质量、主要原料、功能、用途、重量、数量以及其他特点；

（三）含有地名。

第七条 反不正当竞争法第六条规定的标识或者其显著识别部分属于商标法第十条第一款规定的不得

作为商标使用的标志，当事人请求依据反不正当竞争法第六条规定予以保护的，人民法院不予支持。

第八条 由经营者营业场所的装饰、营业用具的式样、营业人员的服饰等构成的具有独特风格的整体营业形象，人民法院可以认定为反不正当竞争法第六条第一项规定的"装潢"。

第九条 市场主体登记管理部门依法登记的企业名称，以及在中国境内进行商业使用的境外企业名称，人民法院可以认定为反不正当竞争法第六条第二项规定的"企业名称"。

有一定影响的个体工商户、农民专业合作社（联合社）以及法律、行政法规规定的其他市场主体的名称（包括简称、字号等），人民法院可以依照反不正当竞争法第六条第二项予以认定。

第十条 在中国境内将有一定影响的标识用于商品、商品包装或者容器以及商品交易文书上，或者广告宣传、展览以及其他商业活动中，用于识别商品来源的行为，人民法院可以认定为反不正当竞争法第六条规定的"使用"。

第十一条 经营者擅自使用与他人有一定影响的企业名称（包括简称、字号等）、社会组织名称（包括简称等）、姓名（包括笔名、艺名、译名等）、域名主体部分、网站名称、网页等近似的标识，引人误认为是他人商品或者与他人存在特定联系，当事人主张属于反不正当竞争法第六条第二项、第三项规定的情形的，人民法院应予支持。

第十二条 人民法院认定与反不正当竞争法第六条规定的"有一定影响的"标识相同或者近似，可以参照商标相同或者近似的判断原则和方法。

反不正当竞争法第六条规定的"引人误认为是他人商品或者与他人存在特定联系"，包括误认为与他人具有商业联合、许可使用、商业冠名、广告代言等特定联系。

在相同商品上使用相同或者视觉上基本无差别的商品名称、包装、装潢等标识，应当视为足以造成与他人有一定影响的标识相混淆。

第十三条 经营者实施下列混淆行为之一，足以引人误认为是他人商品或者与他人存在特定联系的，人民法院可以依照反不正当竞争法第六条第四项予以认定：

（一）擅自使用反不正当竞争法第六条第一项、第二项、第三项规定以外"有一定影响的"标识；

（二）将他人注册商标、未注册的驰名商标作为企业名称中的字号使用，误导公众。

第十四条 经营者销售带有违反反不正当竞争法第六条规定的标识的商品，引人误认为是他人商品或者与他人存在特定联系，当事人主张构成反不正当竞争法第六条规定的情形的，人民法院应予支持。

销售不知道是前款规定的侵权商品，能证明该商品是自己合法取得并说明提供者，经营者主张不承担赔偿责任的，人民法院应予支持。

第十五条 故意为他人实施混淆行为提供仓储、运输、邮寄、印制、隐匿、经营场所等便利条件，当事人请求依据民法典第一千一百六十九条第一款予以认定的，人民法院应予支持。

第十六条 经营者在商业宣传过程中，提供不真实的商品相关信息，欺骗、误导相关公众的，人民法院应当认定为反不正当竞争法第八条第一款规定的虚假的商业宣传。

第十七条 经营者具有下列行为之一，欺骗、误导相关公众的，人民法院可以认定为反不正当竞争法第八条第一款规定的"引人误解的商业宣传"：

（一）对商品作片面的宣传或者对比；

（二）将科学上未定论的观点、现象等当作定论的事实用于商品宣传；

（三）使用歧义性语言进行商业宣传；

（四）其他足以引人误解的商业宣传行为。

人民法院应当根据日常生活经验、相关公众一般注意力、发生误解的事实和被宣传对象的实际情况等因素，对引人误解的商业宣传行为进行认定。

第十八条 当事人主张经营者违反反不正当竞争法第八条第一款的规定并请求赔偿损失的，应当举证证明其因虚假或者引人误解的商业宣传行为受到损失。

第十九条 当事人主张经营者实施了反不正当竞争法第十一条规定的商业诋毁行为的，应当举证证明其为该商业诋毁行为的特定损害对象。

第二十条 经营者传播他人编造的虚假信息或者误导性信息，损害竞争对手的商业信誉、商品声誉的，人民法院应当依照反不正当竞争法第十一条予以认定。

第二十一条 未经其他经营者和用户同意而直接发生的目标跳转，人民法院应当认定为反不正当竞争法第十二条第二款第一项规定的"强制进行目标跳转"。

仅插入链接，目标跳转由用户触发的，人民法院应当综合考虑插入链接的具体方式、是否具有合理理由以及对用户利益和其他经营者利益的影响等因素，认定该行为是否违反反不正当竞争法第十二条第二款第一项的规定。

第二十二条 经营者事前未明确提示并经用户同意，以误导、欺骗、强迫用户修改、关闭、卸载等方式，恶意干扰或者破坏其他经营者合法提供的网络产品或者服务，人民法院应当依照反不正当竞争法第十二条第二款第二项予以认定。

第二十三条 对于反不正当竞争法第二条、第八条、第十一条、第十二条规定的不正当竞争行为，权利人因被侵权所受到的实际损失、侵权人因侵权所获得的利益难以确定，当事人主张依据反不正当竞争法第十七条第四款确定赔偿数额的，人民法院应予支持。

第二十四条 对于同一侵权人针对同一主体在同一时间和地域范围实施的侵权行为，人民法院已经认定侵害著作权、专利权或者注册商标专用权等并判令承担民事责任，当事人又以该行为构成不正当竞争为由请求同一侵权人承担民事责任的，人民法院不予支持。

第二十五条 依据反不正当竞争法第六条的规定，当事人主张判令被告停止使用或者变更其企业名称的诉讼请求依法应予支持的，人民法院应当判令停止使用该企业名称。

第二十六条 因不正当竞争行为提起的民事诉讼，由侵权行为地或者被告住所地人民法院管辖。

当事人主张仅以网络购买者可以任意选择的收货地作为侵权行为地的，人民法院不予支持。

第二十七条 被诉不正当竞争行为发生在中华人民共和国领域外，但侵权结果发生在中华人民共和国领域内，当事人主张由该侵权结果发生地人民法院管辖的，人民法院应予支持。

第二十八条 反不正当竞争法修改决定施行以后人民法院受理的不正当竞争民事案件，涉及该决定施行前发生的行为的，适用修改前的反不正当竞争法；涉及该决定施行前发生、持续到该决定施行以后的行为的，适用修改后的反不正当竞争法。

第二十九条 本解释自 2022 年 3 月 20 日起施行。《最高人民法院关于审理不正当竞争民事案件应用法律若干问题的解释》（法释〔2007〕2 号）同时废止。

本解释施行以后尚未终审的案件，适用本解释；施行以前已经终审的案件，不适用本解释再审。

最高人民法院关于加强中医药知识产权司法保护的意见

法发〔2022〕34 号

为深入贯彻落实党的二十大精神，落实党中央、国务院关于中医药振兴发展的重大决策部署和《知识产权强国建设纲要（2021—2035 年）》有关要求，全面加强中医药知识产权司法保护，促进中医药传承精华、守正创新，推动中医药事业和产业高质量发展，制定本意见。

一、坚持正确方向，准确把握新时代加强中医药知识产权司法保护的总体要求

1. 指导思想。坚持以习近平新时代中国特色社会主义思想为指导，全面贯彻落实党的二十大精神，深入贯彻习近平法治思想，认真学习贯彻习近平总书记关于中医药工作的重要指示，深刻领悟"两个确立"的决定性意义，增强"四个意识"、坚定"四个自信"、做到"两个维护"，坚持以推动高质量发展为主题，在新时代新征程上不断提高中医药知识产权司法保护水平，促进中医药传承创新发展，弘扬中华优秀传统文化，推进健康中国建设，为以中国式现代化全面推进中华民族伟大复兴提供有力司法服务。

2. 基本原则。坚持以人民为中心，充分发挥司法职能作用，促进中医药服务能力提升，更好发挥中医药防病治病独特优势，更好保障人民健康。坚持促进传承创新，立足新发展阶段中医药发展需求，健全完善中医药知识产权司法保护体系，推动中医药传统知识保护与现代知识产权制度有效衔接，助力中医药现代化、产业化。坚持依法严格保护，正确适用民法典、知识产权部门法、中医药法等法律法规，切实维护社会公平正义和权利人合法权益，落实知识产权惩罚性赔偿，推动中医药创造性转化、创新性发展。坚持公正合理保护，合理确定中医药知识产权的权利边界和保护方式，实现保护范围、强度与中医药技术贡献程度相适应，促进中医药传承创新能力持续增强。

二、强化审判职能，全面提升中医药知识产权司法保护水平

3. 加强中医药专利保护。遵循中医药发展规律，准确把握中医药创新特点，完善中医药领域专利司法保护规则。正确把握中药组合物、中药提取物、中药剂型、中药制备方法、中医中药设备、医药用途等不同主题专利特点，依法加强中医药专利授权确权行政行为的司法审查，促进行政执法标准与司法裁判标准统一，不断满足中医药专利保护需求。结合中医药传统理论和行业特点，合理确定中医药专利权保护范围，完善侵权判断标准。严格落实药品专利纠纷早期解决机制，促进中药专利侵权纠纷及时解决。

4. 加强中医药商业标志保护。加强中医药驰名商标、传统品牌和老字号司法保护，依法妥善处理历史遗留问题，促进中医药品牌传承发展。依法制裁中医药领域商标恶意注册行为，坚决惩治恶意诉讼，遏制权利滥用，努力营造诚实守信的社会环境。严厉打击中医药商标侵权行为，切实保障权利人合法权益，促进中医药品牌建设。

5. 加强中药材资源保护。研究完善中药材地理标志保护法律适用规则，遏制侵犯中药材地理标志行为，引导地理标志权利正确行使，通过地理标志保护机制加强道地中药材的保护，推动中药材地理标志与特色产业发展、生态文明建设、历史文化传承及全面推进乡村振兴有机融合。依法加强中药材植物新品种权等

保护，推动健全系统完整、科学高效的中药材种质资源保护与利用体系。

6. 维护中医药市场公平竞争秩序。坚持规范和发展并重，加强对中医药领域垄断行为的司法规制，维护统一开放、竞争有序的中医药市场。依法制裁虚假宣传、商业诋毁、擅自使用中医药知名企业名称及仿冒中药知名药品名称、包装、装潢等不正当竞争行为，强化中医药行业公平竞争意识，促进中医药事业健康有序发展，切实维护消费者合法权益和社会公共利益。

7. 加强中医药商业秘密及国家秘密保护。依法保护中医药商业秘密，有效遏制侵犯中医药商业秘密行为，促进中医药技术传承创新。准确把握信息披露与商业秘密保护的关系，依法保护中药因上市注册、补充申请、药品再注册等原因依法向行政机关披露的中医药信息。妥善处理中医药商业秘密保护与中医药领域从业者合理流动的关系，在依法保护商业秘密的同时，维护中医药领域从业者正当就业创业合法权益。对经依法认定属于国家秘密的传统中药处方组成和生产工艺实行特殊保护，严惩窃取、泄露中医药国家秘密行为。

8. 加强中医药著作权及相关权利保护。依法把握作品认定标准，加强对中医药配方、秘方、诊疗技术收集考证、挖掘整理形成的智力成果保护和创作者权益保护。依法保护对中医药古籍版本整理形成的成果，鼓励创作中医药文化和科普作品，推动中医药文化传承发展。加强中医药遗传资源、传统文化、传统知识、民间文艺等知识产权保护，促进非物质文化遗产的整理和利用。依法保护对中医药传统知识等进行整理、研究形成的数据资源，支持中医药传统知识保护数据库建设，推进中医药数据开发利用。

9. 加强中药品种保护。依法保护中药保护品种证书持有者合法权益，促进完善中药品种保护制度，鼓励企业研制开发具有临床价值的中药品种，提高中药产品质量，促进中药市场健康有序发展。

10. 加强中医药创新主体合法权益保护。准确把握中医药传承与创新关系，依法保护以古代经典名方等为基础的中药新药研发，鼓励开展中医药技术创新活动。准确认定中医药企业提供的物质基础、临床试验条件与中医药研发人员的智力劳动对中医药技术成果形成所发挥的作用，准确界定职务发明与非职务发明的法律界限，依法支持对完成、转化中医药技术成果做出重要贡献的人员获得奖励和报酬的权利，不断激发中医药创新发展的潜力和活力。

11. 加大对侵犯中医药知识产权行为惩治力度。依法采取行为保全、制裁妨害诉讼行为等措施，及时有效阻遏中医药领域侵权行为。积极适用证据保全、证据提供令、举证责任转移、证明妨碍规则，减轻中医药知识产权权利人举证负担。正确把握惩罚性赔偿构成要件，对于重复侵权、以侵权为业等侵权行为情节严重的，依法支持权利人惩罚性赔偿请求，有效提高侵权赔偿数额。加大刑事打击力度，依法惩治侵犯中医药知识产权犯罪行为，充分发挥刑罚威慑、预防和矫正功能。

三、深化改革创新，健全中医药知识产权综合保护体系

12. 完善中医药技术事实查明机制。有针对性地选任中医药领域专业技术人员，充实到全国法院技术调查人才库。不断健全技术调查官、技术咨询专家、技术鉴定人员、专家辅助人员参与诉讼的多元技术事实查明机制。建立技术调查人才共享机制，加快实现中医药技术人才在全国范围内"按需调派"和"人才共享"。遴选中医药领域专业技术人员参与案件审理，推动建立专家陪审制度。完善中医药领域技术人员出庭、就专业问题提出意见并接受询问的程序。

13. 加强中医药知识产权协同保护。做好中医药领域不同知识产权保护方式的衔接，推动知识产权司法保护体系不断完善。深入推行民事、刑事、行政"三合一"审判机制，提高中医药知识产权司法保护整体效能。健全知识产权行政保护与司法保护衔接机制，加强与农业农村部、卫生健康委、市场监管总局、版权局、林草局、中医药局、药监局、知识产权局等协调配合，实现信息资源共享和协同，支持地方拓宽交流渠道和方式，推动形成工作合力。支持和拓展中医药知识产权纠纷多元化解决机制，依托人民法院调解

平台大力推进诉调对接，探索行政调解协议司法确认制度，推动纠纷综合治理、源头治理。

14. 提升中医药知识产权司法服务保障能力。健全人才培养培训机制，进一步提升中医药知识产权审判人才专业化水平。深刻把握新形势新要求，积极开展中医药知识产权司法保护问题的调查研究，研判审判态势，总结审判经验，及时回应社会关切。加强中医药知识产权法治宣传，建立健全案例指导体系，积极发布中医药知识产权保护典型案例，通过典型案例的审判和宣传加强中医药知识传播，营造全社会共同关心和支持中医药发展的良好氛围。

15. 加强中医药知识产权司法保护科技和信息化建设。提升中医药知识产权审判信息化水平，运用大数据、区块链等技术构建与专利、商标、版权等知识产权平台的协同机制，支持对知识产权的权属、登记、转让等信息的查询核验。大力推进信息化技术的普及应用，实现全流程审判业务网上办理，提高中医药知识产权司法保护质效。

16. 加强中医药知识产权司法保护国际交流合作。加强涉外中医药知识产权审判，依法平等保护中外权利人的合法权益，服务保障中医药国际化发展。坚持统筹推进国内法治和涉外法治，积极参与中医药领域国际知识产权规则构建，推进中医药融入高质量共建"一带一路"，助力中医药走向世界。

最高人民法院

2022 年 12 月 21 日

部门规章

商标代理监督管理规定

（2022 年 10 月 27 日国家市场监督管理总局令第 63 号公布　自 2022 年 12 月 1 日起施行）

第一章　总　则

第一条　为了规范商标代理行为，提升商标代理服务质量，维护商标代理市场的正常秩序，促进商标代理行业健康发展，根据《中华人民共和国商标法》（以下简称商标法）、《中华人民共和国商标法实施条例》（以下简称商标法实施条例）以及其他有关法律法规，制定本规定。

第二条　商标代理机构接受委托人的委托，可以以委托人的名义在代理权限范围内依法办理以下事宜：

（一）商标注册申请；

（二）商标变更、续展、转让、注销；

（三）商标异议；

（四）商标撤销、无效宣告；

（五）商标复审、商标纠纷的处理；

（六）其他商标事宜。

本规定所称商标代理机构，包括经市场主体登记机关依法登记从事商标代理业务的服务机构和从事商标代理业务的律师事务所。

第三条　商标代理机构和商标代理从业人员应当遵守法律法规和国家有关规定，遵循诚实信用原则，恪守职业道德，规范从业行为，提升商标代理服务质量，维护委托人的合法权益和商标代理市场正常秩序。

本规定所称商标代理从业人员包括商标代理机构的负责人，以及受商标代理机构指派承办商标代理业务的本机构工作人员。

商标代理从业人员应当遵纪守法，有良好的信用状况，品行良好，熟悉商标法律法规，具备依法从事商标代理业务的能力。

第四条　商标代理行业组织是商标代理行业的自律性组织。

商标代理行业组织应当严格行业自律，依照章程规定，制定行业自律规范和惩戒规则，加强业务培训和职业道德、职业纪律教育，组织引导商标代理机构和商标代理从业人员依法规范从事代理业务，不断提高行业服务水平。

知识产权管理部门依法加强对商标代理行业组织的监督和指导，支持商标代理行业组织加强行业自律和规范。

鼓励商标代理机构、商标代理从业人员依法参加商标代理行业组织。

第二章　商标代理机构备案

第五条　商标代理机构从事国家知识产权局主管的商标事宜代理业务的，应当依法及时向国家知识产权局备案。

商标代理机构备案的有效期为三年。有效期届满需要继续从事代理业务的，商标代理机构可以在有效期届满前六个月内办理延续备案。每次延续备案的有效期为三年，自原备案有效期满次日起计算。

第六条　商标代理机构的备案信息包括：

（一）营业执照或者律师事务所执业许可证；

（二）商标代理机构的名称、住所、联系方式、统一社会信用代码，负责人、非上市公司的股东、合伙人姓名；

（三）商标代理从业人员姓名、身份证件号码、联系方式；

（四）法律法规以及国家知识产权局规定应当提供的其他信息。

国家知识产权局能够通过政务信息共享平台获取的相关信息，不得要求商标代理机构重复提供。

第七条　商标代理机构备案信息发生变化的，应当自实际发生变化或者有关主管部门登记、批准之日起三十日内向国家知识产权局办理变更备案，并提交相应材料。

第八条　商标代理机构申请市场主体注销登记，备案有效期届满未办理延续或者自行决定不再从事商标代理业务，被撤销或者被吊销营业执照、律师事务所执业许可证，或者国家知识产权局决定永久停止受

理其办理商标代理业务的，应当在妥善处理未办结的商标代理业务后，向国家知识产权局办理注销备案。

商标代理机构存在前款规定情形的，国家知识产权局应当在商标网上服务系统、商标代理系统中进行标注，并不再受理其提交的商标代理业务申请，但处理未办结商标代理业务的除外。

商标代理机构应当在申请市场主体注销登记或者自行决定不再从事商标代理业务前，或者自接到撤销、吊销决定书、永久停止受理其办理商标代理业务决定之日起三十日内，按照法律法规规定和合同约定妥善处理未办结的商标代理业务，通知委托人办理商标代理变更，或者经委托人同意与其他已经备案的商标代理机构签订业务移转协议。

第九条　商标代理机构提交的备案、变更备案、延续备案或者注销备案材料符合规定的，国家知识产权局应当及时予以办理，通知商标代理机构并依法向社会公示。

第三章　商标代理行为规范

第十条　商标代理机构从事商标代理业务不得采取欺诈、诱骗等不正当手段，不得损害国家利益、社会公共利益和他人合法权益。

商标代理机构不得以其法定代表人、股东、合伙人、实际控制人、高级管理人员、员工等的名义变相申请注册或者受让其代理服务以外的其他商标，也不得通过另行设立市场主体或者通过与其存在关联关系的市场主体等其他方式变相从事上述行为。

第十一条　商标代理机构应当积极履行管理职责，规范本机构商标代理从业人员职业行为，建立健全质量管理、利益冲突审查、恶意申请筛查、投诉处理、保密管理、人员管理、财务管理、档案管理等管理制度，对本机构商标代理从业人员遵守法律法规、行业规范等情况进行监督，发现问题及时予以纠正。

商标代理机构应当加强对本机构商标代理从业人员的职业道德和职业纪律教育，组织开展业务学习，为其参加业务培训和继续教育提供条件。

第十二条　商标代理机构应当在其住所或者经营场所醒目位置悬挂营业执照或者律师事务所执业许

可证。

商标代理机构通过网络从事商标代理业务的，应当在其网站首页或者从事经营活动的主页面显著位置持续公示机构名称、经营场所、经营范围等营业执照或者律师事务所执业许可证记载的信息，以及其他商标代理业务备案信息等。

第十三条 商标代理机构从事商标代理业务，应当与委托人以书面形式签订商标代理委托合同，依法约定双方的权利义务以及其他事项。商标代理委托合同不得违反法律法规以及国家有关规定。

第十四条 商标代理机构接受委托办理商标代理业务，应当进行利益冲突审查，不得在同一案件中接受有利益冲突的双方当事人委托。

第十五条 商标代理机构应当按照委托人的要求依法办理商标注册申请或者其他商标事宜；在代理过程中应当遵守关于商业秘密和个人信息保护的有关规定。

委托人申请注册的商标可能存在商标法规定不得注册情形的，商标代理机构应当以书面通知等方式明确告知委托人。

商标代理机构知道或者应当知道委托人申请注册的商标属于商标法第四条、第十五条和第三十二条规定情形的，不得接受其委托。

商标代理机构应当严格履行代理职责，依据商标法第二十七条，对委托人所申报的事项和提供的商标注册申请或者办理其他商标事宜的材料进行核对，及时向委托人通报委托事项办理进展情况、送交法律文书和材料，无正当理由不得拖延。

第十六条 商标代理从业人员应当根据商标代理机构的指派承办商标代理业务，不得以个人名义自行接受委托。

商标代理从业人员不得同时在两个以上商标代理机构从事商标代理业务。

第十七条 商标代理机构向国家知识产权局提交的有关文件，应当加盖本代理机构公章并由相关商标代理从业人员签字。

商标代理机构和商标代理从业人员对其盖章和签字办理的商标代理业务负责。

第十八条 商标代理机构应当对所承办业务的案卷和有关材料及时立卷归档，妥善保管。

商标代理机构的记录应当真实、准确、完整。

第十九条 商标代理机构收费应当遵守相关法律法规，遵循自愿、公平、合理和诚实信用原则，兼顾经济效益和社会效益。

第四章 商标代理监管

第二十条 知识产权管理部门建立商标代理机构和商标代理从业人员信用档案。

国家知识产权局对信用档案信息进行归集整理，开展商标代理行业分级分类评价。地方知识产权管理部门、市场监督管理部门、商标代理行业组织应当协助做好信用档案信息的归集整理工作。

第二十一条 以下信息应当记入商标代理机构和商标代理从业人员信用档案：

（一）商标代理机构和商标代理从业人员受到行政处罚的信息；

（二）商标代理机构接受监督检查的信息；

（三）商标代理机构和商标代理从业人员加入商标代理行业组织信息，受到商标代理行业组织惩戒的信息；

（四）商标代理机构被列入经营异常名录或者严重违法失信名单的信息；

（五）其他可以反映商标代理机构信用状况的信息。

第二十二条 商标代理机构应当按照国家有关规定报送年度报告。

第二十三条 商标代理机构故意侵犯知识产权，提交恶意商标注册申请，损害社会公共利益，从事严重违法商标代理行为，性质恶劣、情节严重、社会危害较大，受到较重行政处罚的，按照《市场监督管理严重违法失信名单管理办法》等有关规定列入严重违法失信名单。

第二十四条 知识产权管理部门依法对商标代理机构和商标代理从业人员代理行为进行监督检查，可以依法查阅、复制有关材料，询问当事人或者其他与案件有关的单位和个人，要求当事人或者有关人员在一定期限内如实提供有关材料，以及采取其他合法必要合理的措施。商标代理机构和商标代理从业人员应当予以协助配合。

第二十五条 知识产权管理部门应当引导商标代理机构合法从事商标代理业务，提升服务质量。

对存在商标代理违法违规行为的商标代理机构或者商标代理从业人员，知识产权管理部门可以依职责对其进行约谈、提出意见，督促其及时整改。

第二十六条 知识产权管理部门负责商标代理等信息的发布和公示工作，健全与市场监督管理部门之间的信息共享、查处情况通报、业务指导等协同配合机制。

第五章　商标代理违法行为的处理

第二十七条 有下列情形之一的，属于商标法第六十八条第一款第一项规定的办理商标事宜过程中，伪造、变造或者使用伪造、变造的法律文件、印章、签名的行为：

（一）伪造、变造国家机关公文、印章的；

（二）伪造、变造国家机关之外其他单位的法律文件、印章的；

（三）伪造、变造签名的；

（四）知道或者应当知道属于伪造、变造的公文、法律文件、印章、签名，仍然使用的；

（五）其他伪造、变造或者使用伪造、变造的法律文件、印章、签名的情形。

第二十八条 有下列情形之一的，属于以诋毁其他商标代理机构等手段招徕商标代理业务的行为：

（一）编造、传播虚假信息或者误导性信息，损害其他商标代理机构商业声誉的；

（二）教唆、帮助他人编造、传播虚假信息或者误导性信息，损害其他商标代理机构商业声誉的；

（三）其他以诋毁其他商标代理机构等手段招徕商标代理业务的情形。

第二十九条 有下列情形之一的，属于商标法第六十八条第一款第二项规定的以其他不正当手段扰乱商标代理市场秩序的行为：

（一）知道或者应当知道委托人以欺骗手段或者其他不正当手段申请注册，或者利用突发事件、公众人物、舆论热点等信息，恶意申请注册有害于社会主义道德风尚或者有其他不良影响的商标，仍接受委托的；

（二）向从事商标注册和管理工作的人员进行贿赂或者利益输送，或者违反规定获取尚未公开的商标注册相关信息、请托转递涉案材料等，牟取不正当利益的；

（三）违反法律法规和国家有关从业限制的规定，聘用曾从事商标注册和管理工作的人员，经知识产权管理部门告知后，拖延或者拒绝纠正其聘用行为的；

（四）代理不同的委托人申请注册相同或者类似商品或者服务上的相同商标的，申请时在先商标已经无效的除外；

（五）知道或者应当知道转让商标属于恶意申请的注册商标，仍帮助恶意注册人办理转让的；

（六）假冒国家机关官方网站、邮箱、电话等或者以国家机关工作人员的名义提供虚假信息误导公众，或者向委托人提供商标业务相关材料或者收取费用牟取不正当利益的；

（七）知道或者应当知道委托人滥用商标权仍接受委托，或者指使商标权利人滥用商标权牟取不正当利益的；

（八）知道或者应当知道委托人使用的是伪造、变造、编造的虚假商标材料，仍帮助委托人提交，或者与委托人恶意串通制作、提交虚假商标申请等材料的；

（九）虚构事实向主管部门举报其他商标代理机构的；

（十）为排挤竞争对手，以低于成本的价格提供服务的；

（十一）其他以不正当手段扰乱商标代理市场秩序的情形。

第三十条 有下列情形之一的，属于商标法第十九条第三款、第四款规定的行为：

（一）曾经代理委托人申请注册商标或者办理异议、无效宣告以及复审事宜，委托人商标因违反商标法第四条、第十五条或者第三十二条规定，被国家知识产权局生效的决定或者裁定驳回申请、不予核准注册或者宣告无效，仍代理其在同一种或者类似商品上再次提交相同或者近似商标注册申请的；

（二）曾经代理委托人办理其他商标业务，知悉委托人商标存在违反商标法第四条、第十五条或者第三十二条规定的情形，仍接受委托的；

（三）违反本规定第十条第二款规定的；

（四）其他属于商标法第十九条第三款、第四款规定的情形。

第三十一条 有下列情形之一的，属于以欺诈、虚假宣传、引人误解或者商业贿赂等方式招徕业务的行为：

（一）与他人恶意串通或者虚构事实，诱骗委托人委托其办理商标事宜的；

（二）以承诺结果、夸大自身代理业务成功率等形式误导委托人的；

（三）伪造或者变造荣誉、资质资格，欺骗、误导公众的；

（四）以盗窃、贿赂、欺诈、胁迫或者其他不正当手段获取商标信息，或者披露、使用、允许他人使用以前述手段获取的商标信息，以谋取交易机会的；

（五）明示或者暗示可以通过非正常方式加速办理商标事宜，或者提高办理商标事宜成功率，误导委托人的；

（六）以给予财物或者其他手段贿赂单位或者个人，以谋取交易机会的；

（七）其他以不正当手段招徕商标代理业务的情形。

第三十二条 有下列情形之一的，属于商标法实施条例第八十八条第三项规定的在同一商标案件中接受有利益冲突的双方当事人委托的行为：

（一）在商标异议、撤销、宣告无效案件或者复审、诉讼程序中接受双方当事人委托的；

（二）曾代理委托人申请商标注册，又代理其他人对同一商标提出商标异议、撤销、宣告无效申请的；

（三）其他在同一案件中接受有利益冲突的双方当事人委托的情形。

第三十三条 商标代理机构通过网络从事商标代理业务，有下列行为之一的，《中华人民共和国反垄断法》《中华人民共和国反不正当竞争法》《中华人民共和国价格法》《中华人民共和国广告法》等法律法规有规定的，从其规定；没有规定的，由市场监督管理部门给予警告，可以处五万元以下罚款；情节严重的，处五万元以上十万元以下罚款：

（一）利用其客户资源、平台数据以及其他经营者对其在商标代理服务上的依赖程度等因素，恶意排挤竞争对手的；

（二）通过编造用户评价、伪造业务量等方式进行虚假或者引人误解的商业宣传，欺骗、误导委托人的；

（三）通过电子侵入、擅自外挂插件等方式，影响商标网上服务系统、商标代理系统等正常运行的；

（四）通过网络展示具有重大不良影响商标的；

（五）其他通过网络实施的违法商标代理行为。

第三十四条 市场监督管理部门依据商标法第六十八条规定对商标代理机构的违法行为进行查处后，依照有关规定将查处情况通报国家知识产权局。国家知识产权局收到通报，或者发现商标代理机构存在商标法第六十八条第一款行为，情节严重的，可以依法作出停止受理其办理商标代理业务六个月以上直至永久停止受理的决定，并予公告。

因商标代理违法行为，两年内受到三次以上行政处罚的，属于前款规定情节严重的情形。

商标代理机构被停止受理商标代理业务的，在停止受理业务期间，或者未按照本规定第八条第三款规定妥善处理未办结商标代理业务的，该商标代理机构负责人、直接责任人员以及负有管理责任的股东、合伙人不得在商标代理机构新任负责人、股东、合伙人。

第三十五条 国家知识产权局作出的停止受理商标代理机构办理商标代理业务决定有期限的，期限届满并且已改正违法行为的，恢复受理该商标代理机构业务，并予公告。

第三十六条 从事商标代理业务的商标代理机构，未依法办理备案、变更备案、延续备案或者注销备案，未妥善处理未办结的商标代理业务，或者违反本规定第十五条第四款规定，损害委托人利益或者扰乱商标代理市场秩序的，由国家知识产权局予以通报，并记入商标代理机构信用档案。

商标代理机构有前款所述情形的，由市场监督管理部门责令限期改正；期满不改正的，给予警告，情节严重的，处十万元以下罚款。

第三十七条 知识产权管理部门应当健全内部监督制度，对从事商标注册和管理工作的人员执行法律法规和遵守纪律的情况加强监督检查。

从事商标注册和管理工作的人员必须秉公执法，廉洁自律，忠于职守，文明服务，不得从事商标代理业务或者违反规定从事、参与营利性活动。从事商标注册和管理工作的人员离职后的从业限制，依照或者参照《中华人民共和国公务员法》等法律法规和国家有关规定执行。

第三十八条 从事商标注册和管理工作的人员玩忽职守、滥用职权、徇私舞弊，违法办理商标注册事项和其他商标事宜，收受商标代理机构或者商标代理从业人员财物，牟取不正当利益的，应当依法进行处理；构成犯罪的，依法追究刑事责任。

第三十九条 知识产权管理部门对违法违纪行为涉及的商标，应当依据商标法以及相关法律法规严格审查和监督管理，并及时处理。

第四十条 法律法规对商标代理机构经营活动违法行为的处理另有规定的，从其规定。

第四十一条 律师事务所和律师从事商标代理业务除遵守法律法规和本规定外，还应当遵守国家其他有关规定。

第四十二条 除本规定第二条规定的商标代理机构外，其他机构或者个人违反本规定从事商标代理业务或者与商标代理业务有关的其他活动，参照本规定处理。

第四十三条 本规定自 2022 年 12 月 1 日起施行。

医疗器械生产监督管理办法

（2022 年 3 月 10 日国家市场监督管理总局令第 54 号公布 自 2022 年 5 月 1 日起施行）

第一章 总 则

第一条 为了加强医疗器械生产监督管理，规范医疗器械生产活动，保证医疗器械安全、有效，根据《医疗器械监督管理条例》，制定本办法。

第二条 在中华人民共和国境内从事医疗器械生产活动及其监督管理，应当遵守本办法。

第三条 从事医疗器械生产活动，应当遵守法律、法规、规章、强制性标准和医疗器械生产质量管理规范，保证医疗器械生产全过程信息真实、准确、完整和可追溯。

医疗器械注册人、备案人对上市医疗器械的安全、有效负责。

第四条 根据医疗器械风险程度，医疗器械生产实施分类管理。

从事第二类、第三类医疗器械生产活动，应当经所在地省、自治区、直辖市药品监督管理部门批准，依法取得医疗器械生产许可证；从事第一类医疗器械生产活动，应当向所在地设区的市级负责药品监督管理的部门办理医疗器械生产备案。

第五条 国家药品监督管理局负责全国医疗器械生产监督管理工作。

省、自治区、直辖市药品监督管理部门负责本行政区域第二类、第三类医疗器械生产监督管理，依法按照职责负责本行政区域第一类医疗器械生产监督管理，并加强对本行政区域第一类医疗器械生产监督管理工作的指导。

设区的市级负责药品监督管理的部门依法按照职责监督管理本行政区域第一类医疗器械生产活动。

第六条 药品监督管理部门依法设置或者指定的医疗器械审评、检查、检验、监测与评价等专业技术机构，按照职责分工承担相关技术工作，为医疗器械生产监督管理提供技术支撑。

国家药品监督管理局食品药品审核查验中心组织拟订医疗器械检查制度规范和技术文件，承担重大有因检查和境外检查等工作，并对省、自治区、直辖市医疗器械检查机构质量管理体系进行指导和评估。

第七条 国家药品监督管理局加强医疗器械生产监督管理信息化建设，提高在线政务服务水平。

省、自治区、直辖市药品监督管理部门负责本行政区域医疗器械生产监督管理信息化建设和管理工作，按照国家药品监督管理局的要求统筹推进医疗器械生产监督管理信息共享。

第八条　药品监督管理部门依法及时公开医疗器械生产许可、备案、监督检查、行政处罚等信息，方便公众查询，接受社会监督。

第二章　生产许可与备案管理

第九条　从事医疗器械生产活动，应当具备下列条件：

（一）有与生产的医疗器械相适应的生产场地、环境条件、生产设备以及专业技术人员；

（二）有能对生产的医疗器械进行质量检验的机构或者专职检验人员以及检验设备；

（三）有保证医疗器械质量的管理制度；

（四）有与生产的医疗器械相适应的售后服务能力；

（五）符合产品研制、生产工艺文件规定的要求。

第十条　在境内从事第二类、第三类医疗器械生产的，应当向所在地省、自治区、直辖市药品监督管理部门申请生产许可，并提交下列材料：

（一）所生产的医疗器械注册证以及产品技术要求复印件；

（二）法定代表人（企业负责人）身份证明复印件；

（三）生产、质量和技术负责人的身份、学历、职称相关材料复印件；

（四）生产管理、质量检验岗位从业人员学历、职称一览表；

（五）生产场地的相关文件复印件，有特殊生产环境要求的，还应当提交设施、环境的相关文件复印件；

（六）主要生产设备和检验设备目录；

（七）质量手册和程序文件目录；

（八）生产工艺流程图；

（九）证明售后服务能力的相关材料；

（十）经办人的授权文件。

申请人应当确保所提交的材料合法、真实、准确、完整和可追溯。

相关材料可以通过联网核查的，无需申请人提供。

第十一条　省、自治区、直辖市药品监督管理部门收到申请后，应当根据下列情况分别作出处理：

（一）申请事项属于本行政机关职权范围，申请资料齐全、符合法定形式的，应当受理申请；

（二）申请资料存在可以当场更正的错误的，应当允许申请人当场更正；

（三）申请资料不齐全或者不符合法定形式的，应当当场或者在 5 个工作日内一次告知申请人需要补正的全部内容，逾期不告知的，自收到申请资料之日起即为受理；

（四）申请事项依法不属于本行政机关职权范围的，应当即时作出不予受理的决定，并告知申请人向有关行政机关申请。

省、自治区、直辖市药品监督管理部门受理或者不予受理医疗器械生产许可申请的，应当出具加盖本行政机关专用印章和注明日期的受理或者不予受理通知书。

第十二条　法律、法规、规章规定实施行政许可应当听证的事项，或者药品监督管理部门认为需要听证的其他涉及公共利益的重大行政许可事项，药品监督管理部门应当向社会公告，并举行听证。医疗器械生产许可申请直接涉及申请人与他人之间重大利益关系的，药品监督管理部门在作出行政许可决定前，应当告知申请人、利害关系人享有要求听证的权利。

第十三条　省、自治区、直辖市药品监督管理部门应当对申请资料进行审核，按照国家药品监督管理局制定的医疗器械生产质量管理规范的要求进行核查，并自受理申请之日起 20 个工作日内作出决定。现场核查可以与产品注册体系核查相结合，避免重复核查。需要整改的，整改时间不计入审核时限。

符合规定条件的，依法作出准予许可的书面决定，并于 10 个工作日内发给《医疗器械生产许可证》；不符合规定条件的，作出不予许可的书面决定，并说明理由，同时告知申请人享有依法申请行政复议或者提起行政诉讼的权利。

第十四条　医疗器械生产许可证证分为正本和副本，有效期为 5 年。正本和副本载明许可证编号、企业名称、统一社会信用代码、法定代表人（企业负责人）、住所、生产地址、生产范围、发证部门、发证日期和有效期限。副本记载许可证正本载明事项变更以及车间或者生产线重大改造等情况。企业名称、统一社会信用代码、法定代表人（企业负责人）、住所等项目应当与营业执照中载明的相关内容一致。

医疗器械生产许可证由国家药品监督管理局统一样式，由省、自治区、直辖市药品监督管理部门印制。

医疗器械生产许可证电子证书与纸质证书具有同等法律效力。

第十五条 生产地址变更或者生产范围增加的，应当向原发证部门申请医疗器械生产许可变更，并提交本办法第十条规定中涉及变更内容的有关材料，原发证部门应当依照本办法第十三条的规定进行审核并开展现场核查。

车间或者生产线进行改造，导致生产条件发生变化，可能影响医疗器械安全、有效的，应当向原发证部门报告。属于许可事项变化的，应当按照规定办理相关许可变更手续。

第十六条 企业名称、法定代表人（企业负责人）、住所变更或者生产地址文字性变更，以及生产范围核减的，应当在变更后30个工作日内，向原发证部门申请登记事项变更，并提交相关材料。原发证部门应当在5个工作日内完成登记事项变更。

第十七条 医疗器械生产许可证有效期届满延续的，应当在有效期届满前90个工作日至30个工作日期间提出延续申请。逾期未提出延续申请的，不再受理其延续申请。

原发证部门应当结合企业遵守医疗器械管理法律法规、医疗器械生产质量管理规范情况和企业质量管理体系运行情况进行审查，必要时开展现场核查，在医疗器械生产许可证有效期届满前作出是否准予延续的决定。

经审查符合规定条件的，准予延续，延续的医疗器械生产许可证编号不变。不符合规定条件的，责令限期改正；整改后仍不符合规定条件的，不予延续，并书面说明理由。

延续许可的批准时间在原许可证有效期内的，延续起始日为原许可证到期日的次日；批准时间不在原许可证有效期内的，延续起始日为批准延续许可的日期。

第十八条 医疗器械生产企业跨省、自治区、直辖市设立生产场地的，应当向新设生产场地所在地省、自治区、直辖市药品监督管理部门申请医疗器械生产许可。

第十九条 医疗器械生产许可证遗失的，应当向原发证部门申请补发。原发证部门应当及时补发医疗器械生产许可证，补发的医疗器械生产许可证编号和有效期限与原许可证一致。

第二十条 医疗器械生产许可证正本、副本变更的，发证部门应当重新核发变更后的医疗器械生产许可证正本、副本，收回原许可证正本、副本；仅副本变更的，发证部门应当重新核发变更后的医疗器械生产许可证副本，收回原许可证副本。变更后的医疗器械生产许可证编号和有效期限不变。

第二十一条 有下列情形之一的，由原发证部门依法注销医疗器械生产许可证，并予以公告：

（一）主动申请注销的；

（二）有效期届满未延续的；

（三）市场主体资格依法终止的；

（四）医疗器械生产许可证依法被吊销或者撤销的；

（五）法律、法规规定应当注销行政许可的其他情形。

第二十二条 从事第一类医疗器械生产的，应当向所在地设区的市级负责药品监督管理的部门备案，在提交本办法第十条规定的相关材料后，即完成生产备案，获取备案编号。医疗器械备案人自行生产第一类医疗器械的，可以在办理产品备案时一并办理生产备案。

药品监督管理部门应当在生产备案之日起3个月内，对提交的资料以及执行医疗器械生产质量管理规范情况开展现场检查。对不符合医疗器械生产质量管理规范要求的，依法处理并责令限期改正；不能保证产品安全、有效的，取消备案并向社会公告。

第二十三条 第一类医疗器械生产备案内容发生变化的，应当在10个工作日内向原备案部门提交本办法第十条规定的与变化有关的材料，药品监督管理部门必要时可以依照本办法第二十二条的规定开展现场核查。

第二十四条 任何单位或者个人不得伪造、变造、买卖、出租、出借医疗器械生产许可证。

第三章 生产质量管理

第二十五条 医疗器械注册人、备案人、受托生产企业应当按照医疗器械生产质量管理规范的要求，建立健全与所生产医疗器械相适应的质量管理体系并保持其有效运行，并严格按照经注册或者备案的产品技术要求组织生产，保证出厂的医疗器械符合强制性标准以及经注册或者备案的产品技术要求。

第二十六条 医疗器械注册人、备案人的法定代表人、主要负责人对其生产的医疗器械质量安全全面负责。

第二十七条 医疗器械注册人、备案人、受托生产企业应当配备管理者代表。管理者代表受法定代表人或者主要负责人委派，履行建立、实施并保持质量管理体系有效运行等责任。

第二十八条 医疗器械注册人、备案人、受托生产企业应当开展医疗器械法律、法规、规章、标准以及质量管理等方面的培训，建立培训制度，制定培训计划，加强考核并做好培训记录。

第二十九条 医疗器械注册人、备案人、受托生产企业应当按照所生产产品的特性、工艺流程以及生产环境要求合理配备、使用设施设备，加强对设施设备的管理，并保持其有效运行。

第三十条 医疗器械注册人、备案人应当开展设计开发到生产的转换活动，并进行充分验证和确认，确保设计开发输出适用于生产。

第三十一条 医疗器械注册人、备案人、受托生产企业应当加强采购管理，建立供应商审核制度，对供应商进行评价，确保采购产品和服务符合相关规定要求。

医疗器械注册人、备案人、受托生产企业应当建立原材料采购验收记录制度，确保相关记录真实、准确、完整和可追溯。

第三十二条 医疗器械注册人、备案人委托生产的，应当对受托方的质量保证能力和风险管理能力进行评估，按照国家药品监督管理局制定的委托生产质量协议指南要求，与其签订质量协议以及委托协议，监督受托方履行有关协议约定的义务。

受托生产企业应当按照法律、法规、规章、医疗器械生产质量管理规范、强制性标准、产品技术要求、委托生产质量协议等要求组织生产，对生产行为负责，并接受医疗器械注册人、备案人的监督。

第三十三条 医疗器械注册人、备案人、受托生产企业应当建立记录管理制度，确保记录真实、准确、完整和可追溯。

鼓励医疗器械注册人、备案人、受托生产企业采用先进技术手段，建立信息化管理系统，加强对生产过程的管理。

第三十四条 医疗器械注册人、备案人应当负责产品上市放行，建立产品上市放行规程，明确放行标准、条件，并对医疗器械生产过程记录和质量检验结果进行审核，符合标准和条件的，经授权的放行人员签字后方可上市。委托生产的，医疗器械注册人、备案人还应当对受托生产企业的生产放行文件进行审核。

受托生产企业应当建立生产放行规程，明确生产放行的标准、条件，确认符合标准、条件的，方可出厂。

不符合法律、法规、规章、强制性标准以及经注册或者备案的产品技术要求的，不得放行出厂和上市。

第三十五条 医疗器械注册人、备案人应当建立并实施产品追溯制度，保证产品可追溯。受托生产企业应当协助注册人、备案人实施产品追溯。

第三十六条 医疗器械注册人、备案人、受托生产企业应当按照国家实施医疗器械唯一标识的有关要求，开展赋码、数据上传和维护更新，保证信息真实、准确、完整和可追溯。

第三十七条 医疗器械注册人、备案人、受托生产企业应当建立纠正措施程序，确定产生问题的原因，采取有效措施，防止相关问题再次发生。

医疗器械注册人、备案人、受托生产企业应当建立预防措施程序，查清潜在问题的原因，采取有效措施，防止问题发生。

第三十八条 医疗器械注册人、备案人应当按照医疗器械生产质量管理规范的要求，对可能影响产品安全性和有效性的原材料、生产工艺等变化进行识别和控制。需要进行注册变更或者备案变更的，应当按照注册备案管理的规定办理相关手续。

第三十九条 新的强制性标准实施后，医疗器械注册人、备案人应当及时识别产品技术要求和强制性标准的差异，需要进行注册变更或者备案变更的，应当按照注册备案管理的规定办理相关手续。

第四十条 医疗器械注册人、备案人、受托生产企业应当按照医疗器械不良事件监测相关规定落实不良事件监测责任，开展不良事件监测，向医疗器械不良事件监测技术机构报告调查、分析、评价、产品风险控制等情况。

第四十一条 医疗器械注册人、备案人发现生产的医疗器械不符合强制性标准、经注册或者备案的产品技术要求，或者存在其他缺陷的，应当立即停止生产，通知相关经营企业、使用单位和消费者停止经营和使用，召回已经上市销售的医疗器械，采取补救、销毁等措施，记录相关情况，发布相关信息，并将医疗器械召回和处理情况向药品监督管理部门和卫生主管部门报告。

受托生产企业应当按照医疗器械召回的相关规定履行责任，并协助医疗器械注册人、备案人对所生产的医疗器械实施召回。

第四十二条 医疗器械生产企业应当向药品监督管理部门报告所生产的产品品种情况。

增加生产产品品种的，应当向原生产许可或者生产备案部门报告，涉及委托生产的，还应当提供委托方、受托生产产品、受托期限等信息。

医疗器械生产企业增加生产产品涉及生产条件变化，可能影响产品安全、有效的，应当在增加生产产品 30 个工作日前向原生产许可部门报告，原生产许可部门应当及时开展现场核查。属于许可事项变化的，应当按照规定办理相关许可变更。

第四十三条 医疗器械生产企业连续停产一年以上且无同类产品在产的，重新生产时，应当进行必要的验证和确认，并书面报告药品监督管理部门。可能影响质量安全的，药品监督管理部门可以根据需要组织核查。

第四十四条 医疗器械注册人、备案人、受托生产企业的生产条件发生变化，不再符合医疗器械质量管理体系要求的，应当立即采取整改措施；可能影响医疗器械安全、有效的，应当立即停止生产活动，并向原生产许可或者生产备案部门报告。

受托生产企业应当及时将变化情况告知医疗器械注册人、备案人。

第四十五条 医疗器械注册人、备案人、受托生产企业应当每年对质量管理体系的运行情况进行自查，并于次年 3 月 31 日前向所在地药品监督管理部门提交自查报告。进口医疗器械注册人、备案人由其代理人向代理人所在地省、自治区、直辖市药品监督管理部门提交自查报告。

第四章 监督检查

第四十六条 药品监督管理部门依法按照职责开展对医疗器械注册人、备案人和受托生产企业生产活动的监督检查。

必要时，药品监督管理部门可以对为医疗器械生产活动提供产品或者服务的其他单位和个人开展延伸检查。

第四十七条 药品监督管理部门应当建立健全职业化、专业化医疗器械检查员制度，根据监管事权、产业规模以及检查任务等，配备充足的检查员，有效保障检查工作需要。

检查员应当熟悉医疗器械法律法规，具备医疗器械专业知识和检查技能。

第四十八条 药品监督管理部门依据产品和企业的风险程度，对医疗器械注册人、备案人、受托生产企业实行分级管理并动态调整。

国家药品监督管理局组织制定重点监管产品目录。省、自治区、直辖市药品监督管理部门结合实际确定本行政区域重点监管产品目录。

省、自治区、直辖市药品监督管理部门依据重点监管产品目录以及医疗器械生产质量管理状况，结合医疗器械不良事件、产品投诉举报以及企业信用状况等因素，组织实施分级监督管理工作。

第四十九条 省、自治区、直辖市药品监督管理部门应当制定年度医疗器械生产监督检查计划，确定医疗器械监督管理的重点，明确检查频次和覆盖范围，综合运用监督检查、重点检查、跟踪检查、有因检查和专项检查等多种形式强化监督管理。

对生产重点监管产品目录品种的企业每年至少检查一次。

第五十条 药品监督管理部门组织监督检查时，应当制定检查方案，明确检查事项和依据，如实记录现场检查情况，并将检查结果书面告知被检查企业。需要整改的，应当明确整改内容和整改期限。

药品监督管理部门进行监督检查时，应当指派两名以上检查人员实施监督检查。执法人员应当向被检查单位出示执法证件，其他检查人员应当出示检查员证或者表明其身份的文书、证件。

第五十一条 药品监督管理部门对医疗器械注册人、备案人自行生产的，开展监督检查时重点检查：

（一）医疗器械注册人、备案人执行法律法规、医疗器械生产质量管理规范情况；

（二）按照强制性标准以及经注册、备案的产品技术要求组织生产，实际生产与医疗器械注册备案、医疗器械生产许可备案等内容的一致情况；

（三）质量管理体系运行持续合规、有效情况；

（四）法定代表人、企业负责人、管理者代表等人员了解熟悉医疗器械相关法律法规情况；

（五）管理者代表履职情况；

（六）法定代表人、企业负责人、管理者代表、质量检验机构或者专职人员、生产场地、环境条件、关键生产检验设备等变化情况；

（七）用户反馈、企业内部审核等所发现问题的纠正预防措施；

（八）企业产品抽检、监督检查、投诉举报等发现问题的整改落实情况；

（九）内部审核、管理评审、变更控制、年度自查报告等情况；

（十）其他应当重点检查的内容。

第五十二条 药品监督管理部门对医疗器械注册人、备案人采取委托生产方式的，开展监督检查时重点检查：

（一）医疗器械注册人、备案人执行法律法规、医疗器械生产质量管理规范情况；

（二）质量管理体系运行是否持续合规、有效；

（三）管理者代表履职情况；

（四）按照强制性标准以及经注册或者备案的产品技术要求组织生产情况；

（五）用户反馈、企业内部审核等所发现问题的纠正预防措施；

（六）内部审核、管理评审、变更控制、年度自查报告等情况；

（七）开展不良事件监测、再评价以及产品安全风险信息收集与评估等情况；

（八）产品的上市放行情况；

（九）对受托生产企业的监督情况，委托生产质量协议的履行、委托生产产品的设计转换和变更控制、委托生产产品的生产放行等情况；

（十）其他应当重点检查的内容。

必要时，可以对受托生产企业开展检查。

第五十三条 药品监督管理部门对受托生产企业开展监督检查时重点检查：

（一）实际生产与医疗器械注册备案、医疗器械生产许可备案等内容的一致情况；

（二）受托生产企业执行法律法规、医疗器械生产质量管理规范情况；

（三）法定代表人、企业负责人、管理者代表等人员了解熟悉医疗器械相关法律法规情况；

（四）法定代表人、企业负责人、管理者代表、质量检验机构或者专职人员、生产场地、环境条件、关键生产检验设备等变化情况；

（五）产品的生产放行情况；

（六）企业产品抽检、监督检查、投诉举报等发现问题的整改落实情况；

（七）内部审核、管理评审、年度自查报告等情况；

（八）其他应当重点检查的内容。

必要时，可以对医疗器械注册人、备案人开展检查。

第五十四条 药品监督管理部门对不良事件监测、抽查检验、投诉举报等发现可能存在严重质量安全风险的，应当开展有因检查。有因检查原则上采取非预先告知的方式进行。

第五十五条 药品监督管理部门对企业的整改情况应当开展跟踪检查。

跟踪检查可以对企业提交的整改报告进行书面审查，也可以对企业的问题整改、责任落实、纠正预防措施等进行现场复查。

第五十六条 医疗器械注册人和受托生产企业不在同一省、自治区、直辖市的，医疗器械注册人所在地省、自治区、直辖市药品监督管理部门负责对注册人质量管理体系运行、不良事件监测以及产品召回等法定义务履行情况开展监督检查，涉及受托生产企业相关情况的，受托生产企业所在地药品监督管理部门应当配合。

受托生产企业所在地省、自治区、直辖市药品监督管理部门负责对受托生产企业生产活动开展监督检查，涉及注册人相关情况的，应当由注册人所在地药品监督管理部门对注册人开展监督检查。

医疗器械注册人、受托生产企业所在地省、自治区、直辖市药品监督管理部门应当分别落实属地监管责任，建立协同监管机制，加强监管信息沟通，实现监管有效衔接。

第五十七条 医疗器械注册人和受托生产企业不在同一省、自治区、直辖市，医疗器械注册人、受托生产企业所在地省、自治区、直辖市药品监督管理部门需要跨区域开展检查的，可以采取联合检查、委托检查等方式进行。

第五十八条 跨区域检查中发现企业质量管理体系存在缺陷的，医疗器械注册人、受托生产企业所在地省、自治区、直辖市药品监督管理部门应当依据各自职责，督促相关企业严格按照要求及时整改到位，并将检查以及整改情况及时通报相关药品监督管理部门。

对受托生产企业监督检查中发现相关问题涉及注册人的，应当通报注册人所在地药品监督管理部门；发现可能存在医疗器械质量安全风险的，应当立即采

取风险控制措施，并将相关情况通报注册人所在地药品监督管理部门。注册人所在地药品监督管理部门接到通报后，应当立即进行分析研判并采取相应的风险控制措施。

对注册人监督检查中发现相关问题涉及受托生产企业的，应当通报受托生产企业所在地药品监督管理部门，联合或者委托受托生产企业所在地药品监督管理部门进行检查。

第五十九条 在跨区域检查中发现可能存在违法行为的，医疗器械注册人、受托生产企业所在地省、自治区、直辖市药品监督管理部门应当依据各自职责进行调查处理。违法行为处理情况应当及时通报相关药品监督管理部门。

需要跨区域进行调查、取证的，可以会同相关同级药品监督管理部门开展联合调查，也可以出具协助调查函商请相关同级药品监督管理部门协助调查、取证。

第六十条 第一类医疗器械备案人和受托生产企业不在同一设区的市，需要依法按照职责开展跨区域监督检查和调查取证的，参照本办法第五十六条至第五十九条的规定执行。

第六十一条 进口医疗器械注册人、备案人应当指定我国境内企业法人作为代理人，代理人应当协助注册人、备案人履行医疗器械监督管理条例和本办法规定的义务。

第六十二条 进口医疗器械的生产应当符合我国医疗器械生产相关要求，并接受国家药品监督管理局组织的境外检查。代理人负责协调、配合境外检查相关工作。

进口医疗器械注册人、备案人、代理人拒绝、阻碍、拖延、逃避国家药品监督管理局组织的境外检查，导致检查工作无法开展，不能确认质量管理体系有效运行，属于有证据证明可能危害人体健康的情形，国家药品监督管理局可以依照医疗器械监督管理条例第七十二条第二款的规定进行处理。

第六十三条 药品监督管理部门开展现场检查时，可以根据需要进行抽查检验。

第六十四条 生产的医疗器械对人体造成伤害或

者有证据证明可能危害人体健康的，药品监督管理部门可以采取暂停生产、进口、经营、使用的紧急控制措施，并发布安全警示信息。

监督检查中发现生产活动严重违反医疗器械生产质量管理规范，不能保证产品安全、有效，可能危害人体健康的，依照前款规定处理。

第六十五条 药品监督管理部门应当定期组织开展风险会商，对辖区内医疗器械质量安全风险进行分析和评价，及时采取相应的风险控制措施。

第六十六条 医疗器械注册人、备案人、受托生产企业对存在的医疗器械质量安全风险，未采取有效措施消除的，药品监督管理部门可以对医疗器械注册人、备案人、受托生产企业的法定代表人或者企业负责人进行责任约谈。涉及跨区域委托生产的，约谈情况应当通报相关药品监督管理部门。

第六十七条 省、自治区、直辖市药品监督管理部门应当建立并及时更新辖区内第二类、第三类医疗器械注册人、受托生产企业信用档案，设区的市级负责药品监督管理的部门应当依法按照职责建立并及时更新辖区内第一类医疗器械备案人、受托生产企业信用档案。

信用档案中应当包括生产许可备案和生产产品品种、委托生产、监督检查结果、违法行为查处、质量抽查检验、不良行为记录和投诉举报等信息。

对有不良信用记录的医疗器械注册人、备案人和受托生产企业，药品监督管理部门应当增加监督检查频次，依法加强失信惩戒。

第六十八条 药品监督管理部门应当在信用档案中记录企业生产产品品种情况。

受托生产企业增加生产第二类、第三类医疗器械，且与该产品注册人不在同一省、自治区、直辖市，或者增加生产第一类医疗器械，且与该产品备案人不在同一设区的市的，受托生产企业所在地药品监督管理部门还应当将相关情况通报注册人、备案人所在地药品监督管理部门。

第六十九条 药品监督管理部门应当公布接受投诉、举报的联系方式。接到举报的药品监督管理部门应当及时核实、处理、答复。经查证属实的，应当按

照有关规定对举报人给予奖励。

第七十条 药品监督管理部门在监督检查中，发现涉嫌违法行为的，应当及时收集和固定证据，依法立案查处；涉嫌犯罪的，及时移交公安机关处理。

第七十一条 药品监督管理部门及其工作人员对调查、检查中知悉的商业秘密应当保密。

第七十二条 药品监督管理部门及其工作人员在监督检查中，应当严格规范公正文明执法，严格执行廉政纪律，不得索取或者收受财物，不得谋取其他利益，不得妨碍企业的正常生产活动。

第五章 法律责任

第七十三条 医疗器械生产的违法行为，医疗器械监督管理条例等法律法规已有规定的，依照其规定。

第七十四条 有下列情形之一的，依照医疗器械监督管理条例第八十一条的规定处罚：

（一）超出医疗器械生产许可证载明的生产范围生产第二类、第三类医疗器械；

（二）在未经许可的生产场地生产第二类、第三类医疗器械；

（三）医疗器械生产许可证有效期届满后，未依法办理延续手续，仍继续从事第二类、第三类医疗器械生产；

（四）医疗器械生产企业增加生产产品品种，应当依法办理许可变更而未办理的。

第七十五条 未按照本办法规定办理第一类医疗器械生产备案变更的，依照医疗器械监督管理条例第八十四条的规定处理。

第七十六条 违反医疗器械生产质量管理规范，未建立质量管理体系并保持有效运行的，由药品监督管理部门依职责责令限期改正；影响医疗器械产品安全、有效的，依照医疗器械监督管理条例第八十六条的规定处罚。

第七十七条 违反本办法第十五条第二款、第四十二条第三款的规定，生产条件变化，可能影响产品安全、有效，未按照规定报告即生产的，依照医疗器械监督管理条例第八十八条的规定处罚。

第七十八条 有下列情形之一的，由药品监督管

理部门依职责给予警告，并处 1 万元以上 5 万元以下罚款：

（一）医疗器械生产企业未依照本办法第四十二条第二款的规定向药品监督管理部门报告所生产的产品品种情况及相关信息的；

（二）连续停产一年以上且无同类产品在产，重新生产时未进行必要的验证和确认并向所在地药品监督管理部门报告的。

第七十九条 有下列情形之一的，由药品监督管理部门依职责责令限期改正；拒不改正的，处 1 万元以上 5 万元以下罚款；情节严重的，处 5 万元以上 10 万元以下罚款：

（一）未按照本办法第十六条的规定办理医疗器械生产许可证登记事项变更的；

（二）未按照国家实施医疗器械唯一标识的有关要求，组织开展赋码、数据上传和维护更新等工作的。

第八十条 药品监督管理部门工作人员违反本办法规定，滥用职权、玩忽职守、徇私舞弊的，依法给予处分。

第六章　附　则

第八十一条 本办法自 2022 年 5 月 1 日起施行。2014 年 7 月 30 日原国家食品药品监督管理总局令第 7 号公布的《医疗器械生产监督管理办法》同时废止。

医疗器械经营监督管理办法

（2022 年 3 月 10 日国家市场监督管理总局令第 54 号公布　自 2022 年 5 月 1 日起施行）

第一章　总　则

第一条 为了加强医疗器械经营监督管理，规范医疗器械经营活动，保证医疗器械安全、有效，根据《医疗器械监督管理条例》，制定本办法。

第二条 在中华人民共和国境内从事医疗器械经营活动及其监督管理，应当遵守本办法。

第三条 从事医疗器械经营活动，应当遵守法律、法规、规章、强制性标准和医疗器械经营质量管理规范等要求，保证医疗器械经营过程信息真实、准确、完整和可追溯。

医疗器械注册人、备案人可以自行销售，也可以委托医疗器械经营企业销售其注册、备案的医疗器械。

第四条 按照医疗器械风险程度，医疗器械经营实施分类管理。

经营第三类医疗器械实行许可管理，经营第二类医疗器械实行备案管理，经营第一类医疗器械不需要许可和备案。

第五条 国家药品监督管理局主管全国医疗器械经营监督管理工作。

省、自治区、直辖市药品监督管理部门负责本行政区域的医疗器械经营监督管理工作。

设区的市级、县级负责药品监督管理的部门负责本行政区域的医疗器械经营监督管理工作。

第六条 药品监督管理部门依法设置或者指定的医疗器械检查、检验、监测与评价等专业技术机构，按照职责分工承担相关技术工作并出具技术意见，为医疗器械经营监督管理提供技术支持。

第七条 国家药品监督管理局加强医疗器械经营监督管理信息化建设，提高在线政务服务水平。

省、自治区、直辖市药品监督管理部门负责本行政区域医疗器械经营监督管理信息化建设和管理工作，按照国家药品监督管理局要求统筹推进医疗器械经营监督管理信息共享。

第八条 药品监督管理部门依法及时公开医疗器械经营许可、备案等信息以及监督检查、行政处罚的结果，方便公众查询，接受社会监督。

第二章　经营许可与备案管理

第九条 从事医疗器械经营活动，应当具备下列条件：

（一）与经营范围和经营规模相适应的质量管理机构或者质量管理人员，质量管理人员应当具有相关专业学历或者职称；

（二）与经营范围和经营规模相适应的经营场所；

（三）与经营范围和经营规模相适应的贮存条件；

（四）与经营的医疗器械相适应的质量管理制度；

（五）与经营的医疗器械相适应的专业指导、技术培训和售后服务的质量管理机构或者人员。

从事第三类医疗器械经营的企业还应当具有符合医疗器械经营质量管理制度要求的计算机信息管理系统，保证经营的产品可追溯。鼓励从事第一类、第二类医疗器械经营的企业建立符合医疗器械经营质量管理制度要求的计算机信息管理系统。

第十条 从事第三类医疗器械经营的，经营企业应当向所在地设区的市级负责药品监督管理的部门提出申请，并提交下列资料：

（一）法定代表人（企业负责人）、质量负责人身份证明、学历或者职称相关材料复印件；

（二）企业组织机构与部门设置；

（三）医疗器械经营范围、经营方式；

（四）经营场所和库房的地理位置图、平面图、房屋产权文件或者租赁协议复印件；

（五）主要经营设施、设备目录；

（六）经营质量管理制度、工作程序等文件目录；

（七）信息管理系统基本情况；

（八）经办人授权文件。

医疗器械经营许可申请人应当确保提交的资料合法、真实、准确、完整和可追溯。

第十一条 设区的市级负责药品监督管理的部门收到申请后，应当根据下列情况分别作出处理：

（一）申请事项属于本行政机关职权范围，申请资料齐全、符合法定形式的，应当受理申请；

（二）申请资料存在可以当场更正的错误的，应当允许申请人当场更正；

（三）申请资料不齐全或者不符合法定形式的，应当当场或者在 5 个工作日内一次告知申请人需要补正的全部内容。逾期不告知的，自收到申请资料之日起即为受理；

（四）申请事项不属于本行政机关职权范围的，应当即时作出不予受理的决定，并告知申请人向有关行政部门申请。

设区的市级负责药品监督管理的部门受理或者不予受理医疗器械经营许可申请的，应当出具加盖本行政机关专用印章和注明日期的受理或者不予受理通知书。

第十二条 法律、法规、规章规定实施行政许可应当听证的事项，或者药品监督管理部门认为需要听证的其他涉及公共利益的重大行政许可事项，药品监督管理部门应当向社会公告，并举行听证。医疗器械经营许可申请直接涉及申请人与他人之间重大利益关系的，药品监督管理部门在作出行政许可决定前，应当告知申请人、利害关系人享有要求听证的权利。

第十三条 设区的市级负责药品监督管理的部门自受理经营许可申请后，应当对申请资料进行审查，必要时按照医疗器械经营质量管理规范的要求开展现场核查，并自受理之日起 20 个工作日内作出决定。需要整改的，整改时间不计入审核时限。

符合规定条件的，作出准予许可的书面决定，并于 10 个工作日内发给医疗器械经营许可证；不符合规定条件的，作出不予许可的书面决定，并说明理由。

第十四条 医疗器械经营许可证有效期为 5 年，载明许可证编号、企业名称、统一社会信用代码、法定代表人、企业负责人、住所、经营场所、经营方式、经营范围、库房地址、发证部门、发证日期和有效期限等事项。

医疗器械经营许可证由国家药品监督管理局统一样式，由设区的市级负责药品监督管理的部门印制。

药品监督管理部门制作的医疗器械经营许可证的电子证书与纸质证书具有同等法律效力。

第十五条 医疗器械经营许可证变更的，应当向原发证部门提出医疗器械经营许可证变更申请，并提交本办法第十条规定中涉及变更内容的有关材料。经营场所、经营方式、经营范围、库房地址变更的，药品监督管理部门自受理之日起 20 个工作日内作出准予变更或者不予变更的决定。必要时按照医疗器械经营质量管理规范的要求开展现场核查。

需要整改的，整改时间不计入审核时限。不予变更的，应当书面说明理由并告知申请人。其他事项变更的，药品监督管理部门应当当场予以变更。

变更后的医疗器械经营许可证编号和有效期限

不变。

第十六条 医疗器械经营许可证有效期届满需要延续的，医疗器械经营企业应当在有效期届满前90个工作日至30个工作日期间提出延续申请。逾期未提出延续申请的，不再受理其延续申请。

原发证部门应当按本办法第十三条的规定对延续申请进行审查，必要时开展现场核查，在医疗器械经营许可证有效期届满前作出是否准予延续的决定。

经审查符合规定条件的，准予延续，延续后的医疗器械经营许可证编号不变。不符合规定条件的，责令限期整改；整改后仍不符合规定条件的，不予延续，并书面说明理由。逾期未作出决定的，视为准予延续。

延续许可的批准时间在原许可证有效期内的，延续起始日为原许可证到期日的次日；批准时间不在原许可证有效期内的，延续起始日为批准延续许可的日期。

第十七条 经营企业跨设区的市设置库房的，由医疗器械经营许可发证部门或者备案部门通报库房所在地设区的市级负责药品监督管理的部门。

第十八条 经营企业新设立独立经营场所的，应当依法单独申请医疗器械经营许可或者进行备案。

第十九条 医疗器械经营许可证遗失的，应当向原发证部门申请补发。原发证部门应当及时补发医疗器械经营许可证，补发的医疗器械经营许可证编号和有效期限与原许可证一致。

第二十条 有下列情形之一的，由原发证部门依法注销医疗器械经营许可证，并予以公告：

（一）主动申请注销的；

（二）有效期届满未延续的；

（三）市场主体资格依法终止的；

（四）医疗器械经营许可证依法被吊销或者撤销的；

（五）法律、法规规定应当注销行政许可的其他情形。

第二十一条 从事第二类医疗器械经营的，经营企业应当向所在地设区的市级负责药品监督管理的部门备案，并提交符合本办法第十条规定的资料（第七项除外），即完成经营备案，获取经营备案编号。

医疗器械经营备案人应当确保提交的资料合法、真实、准确、完整和可追溯。

第二十二条 必要时，设区的市级负责药品监督管理的部门在完成备案之日起3个月内，对提交的资料以及执行医疗器械经营质量管理规范情况开展现场检查。

现场检查发现与提交的资料不一致或者不符合医疗器械经营质量管理规范要求的，责令限期改正；不能保证产品安全、有效的，取消备案并向社会公告。

第二十三条 同时申请第三类医疗器械经营许可和进行第二类医疗器械经营备案的，或者已经取得第三类医疗器械经营许可进行第二类医疗器械备案的，可以免予提交相应资料。

第二十四条 第二类医疗器械经营企业的经营场所、经营方式、经营范围、库房地址等发生变化的，应当及时进行备案变更。必要时设区的市级负责药品监督管理的部门开展现场检查。现场检查不符合医疗器械经营质量管理规范要求的，责令限期改正；不能保证产品安全、有效的，取消备案并向社会公告。

第二十五条 对产品安全性、有效性不受流通过程影响的第二类医疗器械，可以免予经营备案。具体产品名录由国家药品监督管理局制定、调整并公布。

第二十六条 从事非营利的避孕医疗器械贮存、调拨和供应的机构，应当符合有关规定，无需办理医疗器械经营许可或者备案。

第二十七条 医疗器械注册人、备案人在其住所或者生产地址销售其注册、备案的医疗器械，无需办理医疗器械经营许可或者备案，但应当符合规定的经营条件；在其他场所贮存并销售医疗器械的，应当按照规定办理医疗器械经营许可或者备案。

第二十八条 任何单位和个人不得伪造、变造、买卖、出租、出借医疗器械经营许可证。

第三章　经营质量管理

第二十九条 从事医疗器械经营，应当按照法律法规和医疗器械经营质量管理规范的要求，建立覆盖采购、验收、贮存、销售、运输、售后服务等全过程的质量管理制度和质量控制措施，并做好相关记录，保证经营条件和经营活动持续符合要求。

第三十条 医疗器械经营企业应当建立并实施产品追溯制度,保证产品可追溯。

医疗器械经营企业应当按照国家有关规定执行医疗器械唯一标识制度。

第三十一条 医疗器械经营企业应当从具有合法资质的医疗器械注册人、备案人、经营企业购进医疗器械。

第三十二条 医疗器械经营企业应当建立进货查验记录制度,购进医疗器械时应当查验供货企业的资质,以及医疗器械注册证和备案信息、合格证明文件。进货查验记录应当真实、准确、完整和可追溯。进货查验记录包括:

(一)医疗器械的名称、型号、规格、数量;

(二)医疗器械注册证编号或者备案编号;

(三)医疗器械注册人、备案人和受托生产企业名称、生产许可证号或者备案编号;

(四)医疗器械的生产批号或者序列号、使用期限或者失效日期、购货日期等;

(五)供货者的名称、地址以及联系方式。

进货查验记录应当保存至医疗器械有效期满后2年;没有有效期的,不得少于5年。植入类医疗器械进货查验记录应当永久保存。

第三十三条 医疗器械经营企业应当采取有效措施,确保医疗器械运输、贮存符合医疗器械说明书或者标签标示要求,并做好相应记录。

对温度、湿度等环境条件有特殊要求的,应当采取相应措施,保证医疗器械的安全、有效。

第三十四条 医疗器械注册人、备案人和经营企业委托其他单位运输、贮存医疗器械的,应当对受托方运输、贮存医疗器械的质量保障能力进行评估,并与其签订委托协议,明确运输、贮存过程中的质量责任,确保运输、贮存过程中的质量安全。

第三十五条 为医疗器械注册人、备案人和经营企业专门提供运输、贮存服务的,应当与委托方签订书面协议,明确双方权利义务和质量责任,并具有与产品运输、贮存条件和规模相适应的设备设施,具备与委托方开展实时电子数据交换和实现产品经营质量

管理全过程可追溯的信息管理平台和技术手段。

第三十六条 医疗器械注册人、备案人委托销售的,应当委托符合条件的医疗器械经营企业,并签订委托协议,明确双方的权利和义务。

第三十七条 医疗器械注册人、备案人和经营企业应当加强对销售人员的培训和管理,对销售人员以本企业名义从事的医疗器械购销行为承担法律责任。

第三十八条 从事第二类、第三类医疗器械批发业务以及第三类医疗器械零售业务的经营企业应当建立销售记录制度。销售记录信息应当真实、准确、完整和可追溯。销售记录包括:

(一)医疗器械的名称、型号、规格、注册证编号或者备案编号、数量、单价、金额;

(二)医疗器械的生产批号或者序列号、使用期限或者失效日期、销售日期;

(三)医疗器械注册人、备案人和受托生产企业名称、生产许可证编号或者备案编号。

从事第二类、第三类医疗器械批发业务的企业,销售记录还应当包括购货者的名称、地址、联系方式、相关许可证明文件编号或者备案编号等。

销售记录应当保存至医疗器械有效期满后2年;没有有效期的,不得少于5年。植入类医疗器械销售记录应当永久保存。

第三十九条 医疗器械经营企业应当提供售后服务。约定由供货者或者其他机构提供售后服务的,经营企业应当加强管理,保证医疗器械售后的安全使用。

第四十条 医疗器械经营企业应当配备专职或者兼职人员负责售后管理,对客户投诉的质量问题应当查明原因,采取有效措施及时处理和反馈,并做好记录,必要时及时通知医疗器械注册人、备案人、生产经营企业。

第四十一条 医疗器械经营企业应当协助医疗器械注册人、备案人,对所经营的医疗器械开展不良事件监测,按照国家药品监督管理局的规定,向医疗器械不良事件监测技术机构报告。

第四十二条 医疗器械经营企业发现其经营的医疗器械不符合强制性标准、经注册或者备案的产品技术要求,或者存在其他缺陷的,应当立即停止经营,

通知医疗器械注册人、备案人等有关单位，并记录停止经营和通知情况。医疗器械注册人、备案人认为需要召回的，应当立即召回。

第四十三条 第三类医疗器械经营企业停业一年以上，恢复经营前，应当进行必要的验证和确认，并书面报告所在地设区的市级负责药品监督管理的部门。可能影响质量安全的，药品监督管理部门可以根据需要组织核查。

医疗器械注册人、备案人、经营企业经营条件发生重大变化，不再符合医疗器械经营质量管理体系要求的，应当立即采取整改措施；可能影响医疗器械安全、有效的，应当立即停止经营活动，并向原经营许可或者备案部门报告。

第四十四条 医疗器械经营企业应当建立质量管理自查制度，按照医疗器械经营质量管理规范要求进行自查，每年 3 月 31 日前向所在地市县级负责药品监督管理的部门提交上一年度的自查报告。

第四十五条 从事医疗器械经营活动的，不得经营未依法注册或者备案，无合格证明文件以及过期、失效、淘汰的医疗器械。

禁止进口、销售过期、失效、淘汰等已使用过的医疗器械。

第四章 监督检查

第四十六条 省、自治区、直辖市药品监督管理部门组织对本行政区域的医疗器械经营监督管理工作进行监督检查。

设区的市级、县级负责药品监督管理的部门负责本行政区域医疗器械经营活动的监督检查。

第四十七条 药品监督管理部门根据医疗器械经营企业质量管理和所经营医疗器械产品的风险程度，实施分类分级管理并动态调整。

第四十八条 设区的市级、县级负责药品监督管理的部门应当制定年度检查计划，明确监管重点、检查频次和覆盖范围并组织实施。

第四十九条 药品监督管理部门组织监督检查，检查方式原则上应当采取突击性监督检查，现场检查时不得少于两人，并出示执法证件，如实记录现场检查情况。检查发现存在质量安全风险或者不符合规范要求的，将检查结果书面告知被检查企业。需要整改的，应当明确整改内容以及整改期限，并进行跟踪检查。

第五十条 设区的市级、县级负责药品监督管理的部门应当对医疗器械经营企业符合医疗器械经营质量管理规范要求的情况进行监督检查，督促其规范经营活动。

第五十一条 设区的市级、县级负责药品监督管理的部门应当结合医疗器械经营企业提交的年度自查报告反映的情况加强监督检查。

第五十二条 药品监督管理部门应当对有下列情形的进行重点监督检查：

（一）上一年度监督检查中发现存在严重问题的；

（二）因违反有关法律、法规受到行政处罚的；

（三）风险会商确定的重点检查企业；

（四）有不良信用记录的；

（五）新开办或者经营条件发生重大变化的医疗器械批发企业和第三类医疗器械零售企业；

（六）为其他医疗器械注册人、备案人和生产经营企业专门提供贮存、运输服务的；

（七）其他需要重点监督检查的情形。

第五十三条 药品监督管理部门对不良事件监测、抽查检验、投诉举报等发现可能存在严重质量安全风险的，原则上应当开展有因检查。有因检查原则上采取非预先告知的方式进行。

第五十四条 药品监督管理部门根据医疗器械质量安全风险防控需要，可以对为医疗器械经营活动提供产品或者服务的其他相关单位和个人进行延伸检查。

第五十五条 医疗器械经营企业跨设区的市设置的库房，由库房所在地药品监督管理部门负责监督检查。

医疗器械经营企业所在地药品监督管理部门和库房所在地药品监督管理部门应当加强监管信息共享，必要时可以开展联合检查。

第五十六条 药品监督管理部门应当加强医疗器械经营环节的抽查检验，对抽查检验不合格的，应当及时处置。

省级以上药品监督管理部门应当根据抽查检验结论及时发布医疗器械质量公告。

第五十七条 经营的医疗器械对人体造成伤害或者有证据证明可能危害人体健康的,药品监督管理部门可以采取暂停进口、经营、使用的紧急控制措施,并发布安全警示信息。

监督检查中发现经营活动严重违反医疗器械经营质量管理规范,不能保证产品安全有效,可能危害人体健康的,依照前款规定处理。

第五十八条 药品监督管理部门应当根据监督检查、产品抽检、不良事件监测、投诉举报、行政处罚等情况,定期开展风险会商研判,做好医疗器械质量安全隐患排查和防控处置工作。

第五十九条 医疗器械注册人、备案人、经营企业对存在的医疗器械质量安全风险,未采取有效措施消除的,药品监督管理部门可以对医疗器械注册人、备案人、经营企业的法定代表人或者企业负责人进行责任约谈。

第六十条 设区的市级负责药品监督管理的部门应当建立并及时更新辖区内医疗器械经营企业信用档案。信用档案中应当包括医疗器械经营企业许可备案、监督检查结果、违法行为查处、质量抽查检验、自查报告、不良行为记录和投诉举报等信息。

对有不良信用记录的医疗器械注册人、备案人和经营企业,药品监督管理部门应当增加监督检查频次,依法加强失信惩戒。

第六十一条 药品监督管理部门应当公布接受投诉、举报的联系方式。接到举报的药品监督管理部门应当及时核实、处理、答复。经查证属实的,应当按照有关规定对举报人给予奖励。

第六十二条 药品监督管理部门在监督检查中,发现涉嫌违法行为的,应当及时收集和固定证据,依法立案查处;涉嫌犯罪的,及时移交公安机关处理。

第六十三条 药品监督管理部门及其工作人员对调查、检查中知悉的商业秘密应当保密。

第六十四条 药品监督管理部门及其工作人员在监督检查中,应当严格规范公正文明执法,严格执行廉政纪律,不得索取或者收受财物,不得谋取其他利益,不得妨碍企业的正常经营活动。

第五章　法律责任

第六十五条 医疗器械经营的违法行为,医疗器械监督管理条例等法律法规已有规定的,依照其规定。

第六十六条 有下列情形之一的,责令限期改正,并处 1 万元以上 5 万元以下罚款;情节严重的,处 5 万元以上 10 万元以下罚款;造成危害后果的,处 10 万元以上 20 万元以下罚款:

(一)第三类医疗器械经营企业擅自变更经营场所、经营范围、经营方式、库房地址;

(二)医疗器械经营许可证有效期届满后,未依法办理延续手续仍继续从事医疗器械经营活动。

未经许可从事第三类医疗器械经营活动的,依照医疗器械监督管理条例第八十一条的规定处罚。

第六十七条 违反医疗器械经营质量管理规范有关要求的,由药品监督管理部门责令限期改正;影响医疗器械产品安全、有效的,依照医疗器械监督管理条例第八十六条的规定处罚。

第六十八条 医疗器械经营企业未按照要求提交质量管理体系年度自查报告,或者违反本办法规定为其他医疗器械生产经营企业专门提供贮存、运输服务的,由药品监督管理部门责令限期改正;拒不改正的,处 1 万元以上 5 万元以下罚款;情节严重的,处 5 万元以上 10 万元以下罚款。

第六十九条 第三类医疗器械经营企业未按照本办法规定办理企业名称、法定代表人、企业负责人变更的,由药品监督管理部门责令限期改正;拒不改正的,处 5000 元以上 3 万元以下罚款。

第七十条 药品监督管理部门工作人员违反本办法规定,滥用职权、玩忽职守、徇私舞弊的,依法给予处分。

第六章　附　则

第七十一条 本办法下列用语的含义是:

医疗器械批发,是指将医疗器械销售给医疗器械生产企业、医疗器械经营企业、医疗器械使用单位或者其他有合理使用需求的单位的医疗器械经营行为。

医疗器械零售，是指将医疗器械直接销售给消费者个人使用的医疗器械经营行为。

第七十二条 从事医疗器械网络销售的，应当遵守法律、法规和规章有关规定。

第七十三条 本办法自 2022 年 5 月 1 日起施行。2014 年 7 月 30 日原国家食品药品监督管理总局令第 8 号公布的《医疗器械经营监督管理办法》同时废止。

药品网络销售监督管理办法

（2022 年 8 月 3 日国家市场监督管理总局令第 58 号公布 自 2022 年 12 月 1 日起施行）

第一章 总 则

第一条 为了规范药品网络销售和药品网络交易平台服务活动，保障公众用药安全，根据《中华人民共和国药品管理法》（以下简称药品管理法）等法律、行政法规，制定本办法。

第二条 在中华人民共和国境内从事药品网络销售、提供药品网络交易平台服务及其监督管理，应当遵守本办法。

第三条 国家药品监督管理局主管全国药品网络销售的监督管理工作。

省级药品监督管理部门负责本行政区域内药品网络销售的监督管理工作，负责监督管理药品网络交易第三方平台以及药品上市许可持有人、药品批发企业通过网络销售药品的活动。

设区的市级、县级承担药品监督管理职责的部门（以下称药品监督管理部门）负责本行政区域内药品网络销售的监督管理工作，负责监督管理药品零售企业通过网络销售药品的活动。

第四条 从事药品网络销售、提供药品网络交易平台服务，应当遵守药品法律、法规、规章、标准和规范，依法诚信经营，保障药品质量安全。

第五条 从事药品网络销售、提供药品网络交易平台服务，应当采取有效措施保证交易全过程信息真实、准确、完整和可追溯，并遵守国家个人信息保护的有关规定。

第六条 药品监督管理部门应当与相关部门加强协作，充分发挥行业组织等机构的作用，推进信用体系建设，促进社会共治。

第二章 药品网络销售管理

第七条 从事药品网络销售的，应当是具备保证网络销售药品安全能力的药品上市许可持有人或者药品经营企业。

中药饮片生产企业销售其生产的中药饮片，应当履行药品上市许可持有人相关义务。

第八条 药品网络销售企业应当按照经过批准的经营方式和经营范围经营。药品网络销售企业为药品上市许可持有人的，仅能销售其取得药品注册证书的药品。未取得药品零售资质的，不得向个人销售药品。

疫苗、血液制品、麻醉药品、精神药品、医疗用毒性药品、放射性药品、药品类易制毒化学品等国家实行特殊管理的药品不得在网络上销售，具体目录由国家药品监督管理局组织制定。

药品网络零售企业不得违反规定以买药品赠药品、买商品赠药品等方式向个人赠送处方药、甲类非处方药。

第九条 通过网络向个人销售处方药的，应当确保处方来源真实、可靠，并实行实名制。

药品网络零售企业应当与电子处方提供单位签订协议，并严格按照有关规定进行处方审核调配，对已经使用的电子处方进行标记，避免处方重复使用。

第三方平台承接电子处方的，应当对电子处方提供单位的情况进行核实，并签订协议。

药品网络零售企业接收的处方为纸质处方影印版本的，应当采取有效措施避免处方重复使用。

第十条 药品网络销售企业应当建立并实施药品质量安全管理、风险控制、药品追溯、储存配送管理、不良反应报告、投诉举报处理等制度。

药品网络零售企业还应当建立在线药学服务制度，由依法经过资格认定的药师或者其他药学技术人员开展处方审核调配、指导合理用药等工作。依法经过资格认定的药师或者其他药学技术人员数量应当与经营规模相适应。

第十一条 药品网络销售企业应当向药品监督管理部门报告企业名称、网站名称、应用程序名称、IP地址、域名、药品生产许可证或者药品经营许可证等信息。信息发生变化的，应当在10个工作日内报告。

药品网络销售企业为药品上市许可持有人或者药品批发企业的，应当向所在地省级药品监督管理部门报告。药品网络销售企业为药品零售企业的，应当向所在地市县级药品监督管理部门报告。

第十二条 药品网络销售企业应当在网站首页或者经营活动的主页面显著位置，持续公示其药品生产或者经营许可证信息。药品网络零售企业还应当展示依法配备的药师或者其他药学技术人员的资格认定等信息。上述信息发生变化的，应当在10个工作日内予以更新。

第十三条 药品网络销售企业展示的药品相关信息应当真实、准确、合法。

从事处方药销售的药品网络零售企业，应当在每个药品展示页面下突出显示"处方药须凭处方在药师指导下购买和使用"等风险警示信息。处方药销售前，应当向消费者充分告知相关风险警示信息，并经消费者确认知情。

药品网络零售企业应当将处方药与非处方药区分展示，并在相关网页上显著标示处方药、非处方药。

药品网络零售企业在处方药销售主页面、首页面不得直接公开展示处方药包装、标签等信息。通过处方审核前，不得展示说明书等信息，不得提供处方药购买的相关服务。

第十四条 药品网络零售企业应当对药品配送的质量与安全负责。配送药品，应当根据药品数量、运输距离、运输时间、温湿度要求等情况，选择适宜的运输工具和设施设备，配送的药品应当放置在独立空间并明显标识，确保符合要求、全程可追溯。

药品网络零售企业委托配送的，应当对受托企业的质量管理体系进行审核，与受托企业签订质量协议，约定药品质量责任、操作规程等内容，并对受托方进行监督。

药品网络零售的具体配送要求由国家药品监督管理局另行制定。

第十五条 向个人销售药品的，应当按照规定出具销售凭证。销售凭证可以以电子形式出具，药品最小销售单元的销售记录应当清晰留存，确保可追溯。

药品网络销售企业应当完整保存供货企业资质文件、电子交易等记录。销售处方药的药品网络零售企业还应当保存处方、在线药学服务等记录。相关记录保存期限不少于5年，且不少于药品有效期满后1年。

第十六条 药品网络销售企业对存在质量问题或者安全隐患的药品，应当依法采取相应的风险控制措施，并及时在网站首页或者经营活动主页面公开相应信息。

第三章 平台管理

第十七条 第三方平台应当建立药品质量安全管理机构，配备药学技术人员承担药品质量安全管理工作，建立并实施药品质量安全、药品信息展示、处方审核、处方药实名购买、药品配送、交易记录保存、不良反应报告、投诉举报处理等管理制度。

第三方平台应当加强检查，对入驻平台的药品网络销售企业的药品信息展示、处方审核、药品销售和配送等行为进行管理，督促其严格履行法定义务。

第十八条 第三方平台应当将企业名称、法定代表人、统一社会信用代码、网站名称以及域名等信息向平台所在地省级药品监督管理部门备案。省级药品监督管理部门应当将平台备案信息公示。

第十九条 第三方平台应当在其网站首页或者从事药品经营活动的主页面显著位置，持续公示营业执照、相关行政许可和备案、联系方式、投诉举报方式等信息或者上述信息的链接标识。

第三方平台展示药品信息应当遵守本办法第十三条的规定。

第二十条 第三方平台应当对申请入驻的药品网络销售企业资质、质量安全保证能力等进行审核，对药品网络销售企业建立登记档案，至少每六个月核验更新一次，确保入驻的药品网络销售企业符合法定要求。

第三方平台应当与药品网络销售企业签订协议，

明确双方药品质量安全责任。

第二十一条 第三方平台应当保存药品展示、交易记录与投诉举报等信息。保存期限不少于5年，且不少于药品有效期满后1年。第三方平台应当确保有关资料、信息和数据的真实、完整，并为入驻的药品网络销售企业自行保存数据提供便利。

第二十二条 第三方平台应当对药品网络销售活动建立检查监控制度。发现入驻的药品网络销售企业有违法行为的，应当及时制止并立即向所在地县级药品监督管理部门报告。

第二十三条 第三方平台发现下列严重违法行为的，应当立即停止提供网络交易平台服务，停止展示药品相关信息：

（一）不具备资质销售药品的；

（二）违反本办法第八条规定销售国家实行特殊管理的药品的；

（三）超过药品经营许可范围销售药品的；

（四）因违法行为被药品监督管理部门责令停止销售、吊销药品批准证明文件或者吊销药品经营许可证的；

（五）其他严重违法行为的。

药品注册证书被依法撤销、注销的，不得展示相关药品的信息。

第二十四条 出现突发公共卫生事件或者其他严重威胁公众健康的紧急事件时，第三方平台、药品网络销售企业应当遵守国家有关应急处置规定，依法采取相应的控制和处置措施。

药品上市许可持有人依法召回药品的，第三方平台、药品网络销售企业应当积极予以配合。

第二十五条 药品监督管理部门开展监督检查、案件查办、事件处置等工作时，第三方平台应当予以配合。药品监督管理部门发现药品网络销售企业存在违法行为，依法要求第三方平台采取措施制止的，第三方平台应当及时履行相关义务。

药品监督管理部门依照法律、行政法规要求提供有关平台内销售者、销售记录、药学服务以及追溯等信息的，第三方平台应当及时予以提供。

鼓励第三方平台与药品监督管理部门建立开放数据接口等形式的自动化信息报送机制。

第四章 监督检查

第二十六条 药品监督管理部门应当依照法律、法规、规章等规定，按照职责分工对第三方平台和药品网络销售企业实施监督检查。

第二十七条 药品监督管理部门对第三方平台和药品网络销售企业进行检查时，可以依法采取下列措施：

（一）进入药品网络销售和网络平台服务有关场所实施现场检查；

（二）对网络销售的药品进行抽样检验；

（三）询问有关人员，了解药品网络销售活动相关情况；

（四）依法查阅、复制交易数据、合同、票据、账簿以及其他相关资料；

（五）对有证据证明可能危害人体健康的药品及其有关材料，依法采取查封、扣押措施；

（六）法律、法规规定可以采取的其他措施。

必要时，药品监督管理部门可以对为药品研制、生产、经营、使用提供产品或者服务的单位和个人进行延伸检查。

第二十八条 对第三方平台、药品上市许可持有人、药品批发企业通过网络销售药品违法行为的查处，由省级药品监督管理部门负责。对药品网络零售企业违法行为的查处，由市县级药品监督管理部门负责。

药品网络销售违法行为由违法行为发生地的药品监督管理部门负责查处。因药品网络销售活动引发药品安全事件或者有证据证明可能危害人体健康的，也可以由违法行为结果地的药品监督管理部门负责。

第二十九条 药品监督管理部门应当加强药品网络销售监测工作。省级药品监督管理部门建立的药品网络销售监测平台，应当与国家药品网络销售监测平台实现数据对接。

药品监督管理部门对监测发现的违法行为，应当依法按照职责进行调查处置。

药品监督管理部门对网络销售违法行为的技术监测记录资料，可以依法作为实施行政处罚或者采取行政措施的电子数据证据。

第三十条 对有证据证明可能存在安全隐患的，药品监督管理部门应当根据监督检查情况，对药品网络销售企业或者第三方平台等采取告诫、约谈、限期整改以及暂停生产、销售、使用、进口等措施，并及时公布检查处理结果。

第三十一条 药品监督管理部门应当对药品网络销售企业或者第三方平台提供的个人信息和商业秘密严格保密，不得泄露、出售或者非法向他人提供。

第五章 法律责任

第三十二条 法律、行政法规对药品网络销售违法行为的处罚有规定的，依照其规定。药品监督管理部门发现药品网络销售违法行为涉嫌犯罪的，应当及时将案件移送公安机关。

第三十三条 违反本办法第八条第二款的规定，通过网络销售国家实行特殊管理的药品，法律、行政法规已有规定的，依照法律、行政法规的规定处罚。法律、行政法规未作规定的，责令限期改正，处5万元以上10万元以下罚款；造成危害后果的，处10万元以上20万元以下罚款。

第三十四条 违反本办法第九条第一款、第二款的规定，责令限期改正，处3万元以上5万元以下罚款；情节严重的，处5万元以上10万元以下罚款。

违反本办法第九条第三款的规定，责令限期改正，处5万元以上10万元以下罚款；造成危害后果的，处10万元以上20万元以下罚款。

违反本办法第九条第四款的规定，责令限期改正，处1万元以上3万元以下罚款；情节严重的，处3万元以上5万元以下罚款。

第三十五条 违反本办法第十一条的规定，责令限期改正；逾期不改正的，处1万元以上3万元以下罚款；情节严重的，处3万元以上5万元以下罚款。

第三十六条 违反本办法第十三条、第十九条第二款的规定，责令限期改正；逾期不改正的，处5万元以上10万元以下罚款。

第三十七条 违反本办法第十四条、第十五条的规定，药品网络销售企业未遵守药品经营质量管理规范的，依照药品管理法第一百二十六条的规定进行处罚。

第三十八条 违反本办法第十七条第一款的规定，责令限期改正，处3万元以上10万元以下罚款；造成危害后果的，处10万元以上20万元以下罚款。

第三十九条 违反本办法第十八条的规定，责令限期改正；逾期不改正的，处5万元以上10万元以下罚款；造成危害后果的，处10万元以上20万元以下罚款。

第四十条 违反本办法第二十条、第二十二条、第二十三条的规定，第三方平台未履行资质审核、报告、停止提供网络交易平台服务等义务的，依照药品管理法第一百三十一条的规定处罚。

第四十一条 药品监督管理部门及其工作人员不履行职责或者滥用职权、玩忽职守、徇私舞弊，依法追究法律责任；构成犯罪的，依法追究刑事责任。

第六章 附 则

第四十二条 本办法自2022年12月1日起施行。

食品相关产品质量安全监督管理暂行办法

（2022年10月8日国家市场监督管理总局令第62号公布 自2023年3月1日起施行）

第一章 总 则

第一条 为了加强食品相关产品质量安全监督管理，保障公众身体健康和生命安全，根据《中华人民共和国食品安全法》《中华人民共和国产品质量法》等有关法律、法规，制定本办法。

第二条 在中华人民共和国境内生产、销售食品相关产品及其监督管理适用本办法。法律、法规、规章对食品相关产品质量安全监督管理另有规定的从其规定。

食品生产经营中使用食品相关产品的监督管理按照有关规定执行。

第三条 食品相关产品质量安全工作实行预防为主、风险管理、全程控制、社会共治，建立科学、严格的监督管理制度。

第四条 国家市场监督管理总局监督指导全国食品相关产品质量安全监督管理工作。

省级市场监督管理部门负责监督指导和组织本行政区域内食品相关产品质量安全监督管理工作。

市级及以下市场监督管理部门负责实施本行政区域内食品相关产品质量安全监督管理工作。

第二章　生产销售

第五条 生产者、销售者对其生产、销售的食品相关产品质量安全负责。

第六条 禁止生产、销售下列食品相关产品：

（一）使用不符合食品安全标准及相关公告的原辅料和添加剂，以及其他可能危害人体健康的物质生产的食品相关产品，或者超范围、超限量使用添加剂生产的食品相关产品；

（二）致病性微生物，农药残留、兽药残留、生物毒素、重金属等污染物质以及其他危害人体健康的物质含量和迁移量超过食品安全标准限量的食品相关产品；

（三）在食品相关产品中掺杂、掺假，以假充真，以次充好或者以不合格食品相关产品冒充合格食品相关产品；

（四）国家明令淘汰或者失效、变质的食品相关产品；

（五）伪造产地，伪造或者冒用他人厂名、厂址、质量标志的食品相关产品；

（六）其他不符合法律、法规、规章、食品安全标准及其他强制性规定的食品相关产品。

第七条 国家建立食品相关产品生产企业质量安全管理人员制度。食品相关产品生产者应当建立并落实食品相关产品质量安全责任制，配备与其企业规模、产品类别、风险等级、管理水平、安全状况等相适应的质量安全总监、质量安全员等质量安全管理人员，明确企业主要负责人、质量安全总监、质量安全员等不同层级管理人员的岗位职责。

企业主要负责人对食品相关产品质量安全工作全面负责，建立并落实质量安全主体责任的管理制度和长效机制。质量安全总监、质量安全员应当协助企业主要负责人做好食品相关产品质量安全管理工作。

第八条 在依法配备质量安全员的基础上，直接接触食品的包装材料等具有较高风险的食品相关产品生产者，应当配备质量安全总监。

食品相关产品质量安全总监和质量安全员具体管理要求，参照国家食品安全主体责任管理制度执行。

第九条 食品相关产品生产者应当建立并实施原辅料控制，生产、贮存、包装等生产关键环节控制，过程、出厂等检验控制，运输及交付控制等食品相关产品质量安全管理制度，保证生产全过程控制和所生产的食品相关产品符合食品安全标准及其他强制性规定的要求。

食品相关产品生产者应当制定食品相关产品质量安全事故处置方案，定期检查各项质量安全防范措施的落实情况，及时消除事故隐患。

第十条 食品相关产品生产者实施原辅料控制，应当包括采购、验收、贮存和使用等过程，形成并保存相关过程记录。

食品相关产品生产者应当对首次使用的原辅料、配方和生产工艺进行安全评估及验证，并保存相关记录。

第十一条 食品相关产品生产者应当通过自行检验，或者委托具备相应资质的检验机构对产品进行检验，形成并保存相应记录，检验合格后方可出厂或者销售。

食品相关产品生产者应当建立不合格产品管理制度，对检验结果不合格的产品进行相应处置。

第十二条 食品相关产品销售者应当建立并实施食品相关产品进货查验制度，验明供货者营业执照、相关许可证件、产品合格证明和产品标识，如实记录食品相关产品的名称、数量、进货日期以及供货者名称、地址、联系方式等内容，并保存相关凭证。

第十三条 本办法第十条、第十一条和第十二条要求形成的相关记录和凭证保存期限不得少于产品保质期，产品保质期不足二年的或者没有明确保质期的，保存期限不得少于二年。

第十四条 食品相关产品生产者应当建立食品相关产品质量安全追溯制度，保证从原辅料和添加剂采购到产品销售所有环节均可有效追溯。

鼓励食品相关产品生产者、销售者采用信息化手段采集、留存生产和销售信息，建立食品相关产品质量安全追溯体系。

第十五条 食品相关产品标识信息应当清晰、真实、准确，不得欺骗、误导消费者。标识信息应当标明下列事项：

（一）食品相关产品名称；

（二）生产者名称、地址、联系方式；

（三）生产日期和保质期（适用时）；

（四）执行标准；

（五）材质和类别；

（六）注意事项或者警示信息；

（七）法律、法规、规章、食品安全标准及其他强制性规定要求的应当标明的其他事项。

食品相关产品还应当按照有关标准要求在显著位置标注"食品接触用""食品包装用"等用语或者标志。

食品安全标准对食品相关产品标识信息另有其他要求的，从其规定。

第十六条 鼓励食品相关产品生产者将所生产的食品相关产品有关内容向社会公示。鼓励有条件的食品相关产品生产者以电子信息、追溯信息码等方式进行公示。

第十七条 食品相关产品需要召回的，按照国家召回管理的有关规定执行。

第十八条 鼓励食品相关产品生产者、销售者参加相关安全责任保险。

第三章 监督管理

第十九条 对直接接触食品的包装材料等具有较高风险的食品相关产品，按照国家有关工业产品生产许可证管理的规定实施生产许可。食品相关产品生产许可实行告知承诺审批和全覆盖例行检查。

省级市场监督管理部门负责组织实施本行政区域内食品相关产品生产许可和监督管理。根据需要，省级市场监督管理部门可以将食品相关产品生产许可委托下级市场监督管理部门实施。

第二十条 市场监督管理部门建立分层分级、精准防控、末端发力、终端见效工作机制，以"双随机、一公开"监管为主要方式，随机抽取检查对象，随机选派检查人员对食品相关产品生产者、销售者实施日常监督检查，及时向社会公开检查事项及检查结果。

市场监督管理部门实施日常监督检查主要包括书面审查和现场检查。必要时，可以邀请检验检测机构、科研院所等技术机构为日常监督检查提供技术支撑。

第二十一条 对食品相关产品生产者实施日常监督检查的事项包括：生产者资质、生产环境条件、设备设施管理、原辅料控制、生产关键环节控制、检验控制、运输及交付控制、标识信息、不合格品管理和产品召回、从业人员管理、信息记录和追溯、质量安全事故处置等情况。

第二十二条 对食品相关产品销售者实施日常监督检查的事项包括：销售者资质、进货查验结果、食品相关产品贮存、标识信息、质量安全事故处置等情况。

第二十三条 市场监督管理部门实施日常监督检查，可以要求食品相关产品生产者、销售者如实提供本办法第二十一条、第二十二条规定的相关材料。必要时，可以要求被检查单位作出说明或者提供补充材料。

日常监督检查发现食品相关产品可能存在质量安全问题的，市场监督管理部门可以组织技术机构对工艺控制参数、记录的数据参数或者食品相关产品进行抽样检验、测试、验证。

市场监督管理部门应当记录、汇总和分析食品相关产品日常监督检查信息。

第二十四条 市场监督管理部门对其他部门移送、上级交办、投诉、举报等途径和检验检测、风险监测等方式发现的食品相关产品质量安全问题线索，根据需要可以对食品相关产品生产者、销售者及其产品实施针对性监督检查。

第二十五条 县级以上地方市场监督管理部门对食品相关产品生产者、销售者进行监督检查时，有权采取下列措施：

（一）进入生产、销售场所实施现场检查；

（二）对生产、销售的食品相关产品进行抽样检验；

（三）查阅、复制有关合同、票据、账簿以及其他有关资料；

（四）查封、扣押有证据证明不符合食品安全标准或者有证据证明存在质量安全隐患以及用于违法生产经营的食品相关产品、工具、设备；

（五）查封违法从事食品相关产品生产经营活动的场所；

（六）法律法规规定的其他措施。

第二十六条 县级以上地方市场监督管理部门应当对监督检查中发现的问题，书面提出整改要求及期限。被检查企业应当按期整改，并将整改情况报告市场监督管理部门。

对监督检查中发现的违法行为，应当依法查处；不属于本部门职责或者超出监管范围的，应当及时移送有权处理的部门；涉嫌构成犯罪的，应当及时移送公安机关。

第二十七条 市场监督管理部门对可能危及人体健康和人身、财产安全的食品相关产品，影响国计民生以及消费者、有关组织反映有质量安全问题的食品相关产品，依据产品质量监督抽查有关规定进行监督抽查。法律、法规、规章对食品相关产品质量安全的监督抽查另有规定的，依照有关规定执行。

第二十八条 县级以上地方市场监督管理部门应当建立完善本行政区域内食品相关产品生产者名录数据库。鼓励运用信息化手段实现电子化管理。

县级以上地方市场监督管理部门可以根据食品相关产品质量安全风险监测、风险评估结果和质量安全状况等，结合企业信用风险分类结果，对食品相关产品生产者实施质量安全风险分级监督管理。

第二十九条 国家市场监督管理总局按照有关规定实施国家食品相关产品质量安全风险监测。省级市场监督管理部门按照本行政区域的食品相关产品质量安全风险监测方案，开展食品相关产品质量安全风险监测工作。风险监测结果表明可能存在质量安全隐患的，应当将相关信息通报同级卫生行政等部门。

承担食品相关产品质量安全风险监测工作的技术机构应当根据食品相关产品质量安全风险监测计划和监测方案开展监测工作，保证监测数据真实、准确，并按照要求报送监测数据和分析结果。

第三十条 国家市场监督管理总局按照国家有关规定向相关部门通报食品相关产品质量安全信息。

县级以上地方市场监督管理部门按照有关要求向上一级市场监督管理部门、同级相关部门通报食品相关产品质量安全信息。通报信息涉及其他地区的，应当及时向相关地区同级部门通报。

第三十一条 食品相关产品质量安全信息包括以下内容：

（一）食品相关产品生产许可、监督抽查、监督检查和风险监测中发现的食品相关产品质量安全信息；

（二）有关部门通报的，行业协会和消费者协会等组织、企业和消费者反映的食品相关产品质量安全信息；

（三）舆情反映的食品相关产品质量安全信息；

（四）其他与食品相关产品质量安全有关的信息。

第三十二条 市场监督管理部门对食品相关产品质量安全风险信息可以组织风险研判，进行食品相关产品质量安全状况综合分析，或者会同同级人民政府有关部门、行业组织、企业等共同研判。认为需要进行风险评估的，应当向同级卫生行政部门提出风险评估的建议。

第三十三条 市场监督管理部门实施食品相关产品生产许可、全覆盖例行检查、监督检查以及产品质量监督抽查中作出的行政处罚信息，依法记入国家企业信用信息公示系统，向社会公示。

第四章 法律责任

第三十四条 违反本办法规定，法律、法规对违法行为处罚已有规定的，依照其规定执行。

第三十五条 违反本办法第六条第一项规定，使用不符合食品安全标准及相关公告的原辅料和添加剂，以及其他可能危害人体健康的物质作为原辅料生产食品相关产品，或者超范围、超限量使用添加剂生产食品相关产品的，处十万元以下罚款；情节严重的，处二十万元以下罚款。

第三十六条 违反本办法规定，有下列情形之一的，责令限期改正；逾期不改或者改正后仍然不符合要求的，处三万元以下罚款；情节严重的，处五万元以下罚款：

（一）食品相关产品生产者未建立并实施本办法第九条第一款规定的食品相关产品质量安全管理制度的；

（二）食品相关产品生产者未按照本办法第九条第二款规定制定食品相关产品质量安全事故处置方案的；

（三）食品相关产品生产者未按照本办法第十条规定实施原辅料控制以及开展相关安全评估验证的；

（四）食品相关产品生产者未按照本办法第十一条第二款规定建立并实施不合格产品管理制度、对检验结果不合格的产品进行相应处置的；

（五）食品相关产品销售者未按照本办法第十二条建立并实施进货查验制度的。

第三十七条 市场监督管理部门工作人员，在食品相关产品质量安全监督管理工作中玩忽职守、滥用职权、徇私舞弊的，依法追究法律责任；涉嫌违纪违法的，移送纪检监察机关依纪依规依法给予党纪政务处分；涉嫌违法犯罪的，移送监察机关、司法机关依法处理。

第五章　附　则

第三十八条 本办法所称食品相关产品，是指用于食品的包装材料、容器、洗涤剂、消毒剂和用于食品生产经营的工具、设备。其中，消毒剂的质量安全监督管理按照有关规定执行。

第三十九条 本办法自 2023 年 3 月 1 日起施行。

规范性文件

农业农村部　最高人民法院最高人民检察院　工业和信息化部公安部　市场监管总局　国家知识产权局关于保护种业知识产权打击假冒伪劣套牌侵权营造种业振兴良好环境的指导意见

农种发〔2022〕2 号

各省、自治区、直辖市农业农村（农牧）、公安、市场监管、知识产权厅（局、委）、工业和信息化主管部门、高级人民法院、人民检察院，新疆生产建设兵团农业农村局、工业和信息化局、公安局、市场监管局、知识产权局和新疆维吾尔自治区高级人民法院生产建设兵团分院、新疆生产建设兵团人民检察院：

为深入贯彻党中央、国务院关于推进种业振兴和加强知识产权保护的决策部署，落实《全国人民代表大会常务委员会关于修改〈中华人民共和国种子法〉的决定》，提高种业知识产权保护水平，严厉打击假冒伪劣、套牌侵权等违法犯罪行为，加快营造种业振兴良好环境，现提出如下指导意见。

一、总体要求

以习近平新时代中国特色社会主义思想为指导，深入贯彻党的十九大和十九届历次全会精神，落实知识产权强国建设纲要和种业振兴行动方案部署要求，以强化种业知识产权保护为重点，坚持部门协同、上下联动、标本兼治，综合运用法律、经济、技术、行政等多种手段，推行全链条、全流程监管，既立足解决当前突出问题，又着力构建打基础利长远的体制机制，有效激励原始创新，全面净化种业市场。力争到 2023 年，建立起较为完备的种业知识产权保护制度体系，假冒伪劣、套牌侵权等违法犯罪行为得到有效遏制；到2025年，种业知识产权保护能力显著提升，种业自主创新环境持续优化。

二、加快法律法规制修订，夯实种业知识产权保护制度基础

（一）推动修订法律法规及配套规章。贯彻实施新修改的种子法，推进植物新品种保护条例修订，研究制定实质性派生品种制度的实施步骤和方法，提高种业知识产权保护水平。研究修订植物新品种保护条例实施细则（农业部分）、非主要农作物品种登记办法等配套规章，实施新修订的主要农作物品种审定办法、农作物种子生产经营许可管理办法和农业植物品种命名规定，健全以植物新品种权为重点的种业知识产权保护法律法规体系。（农业农村部、国家知识产权局等单位部门按职责分工负责）

（二）强化种业知识产权保护制度建设。研究制定加强涉种业刑事审判工作的指导意见，加大对危害种业安全犯罪的惩处力度。编制种业企业知识产权保护指南，制定合同范本、维权流程等操作指引。各地结合实际研究制定保护种业知识产权相关制度。（各级法院、检察院、公安、农业农村、知识产权等单位部门按职责分工负责）

三、加强司法保护，严厉打击侵害种业知识产权行为

（三）加大种业知识产权司法保护力度。加强种业知识产权案件审判工作，深入推进种业知识产权民事、刑事、行政案件"三合一"审判机制改革。积极运用涉及植物新品种、专利的民事及行政案件集中管辖机制，打破地方保护主义，提高保护专业化水平。强化案件审理，严格执行《最高人民法院关于审理侵害植物新品种权纠纷案件具体应用法律问题的若干规定（二）》。对反复侵权、侵权为业、伪造证书、违法经营等情形的侵权行为实施惩罚性赔偿，在法律范围内从严惩处。充分利用举证责任转移等制度规定，降低维权成本，提高侵权代价。加强种业领域商业秘密保护，完善犯罪行为认定标准。强化案例指导，促进裁判规则统一。深入研究严重侵害植物新品种权行为

入刑问题。（各级法院、检察院、公安、农业农村、市场监管、知识产权等单位部门按职责分工负责）

（四）健全行政执法和刑事司法衔接机制。农业农村部门要加强与公安、检察院、法院等部门单位的沟通衔接，建立健全信息共享、案情通报、案件移送机制，联合开展重大案件督查督办。加快制定出台农产品质量安全领域行政执法与刑事司法衔接工作办法，依法严惩种业违法犯罪行为。推进行政执法和刑事司法立案标准协调衔接，完善案件移送要求和证据标准。提高假劣种子检验鉴定水平，公布有资质的种子检测机构名单，强化刑事打击技术支撑。建立健全损失认定和涉案物品保管、处置机制。（各级法院、检察院、公安、农业农村、市场监管、知识产权等单位部门按职责分工负责）

四、强化技术和标准支撑，提高品种管理水平

（五）提高主要农作物品种审定标准。实施《国家级稻品种审定标准（2021年修订）》和《国家级玉米品种审定标准（2021年修订）》，激励育种原始创新。适时推进大豆、小麦、棉花品种审定标准修订，适当提高DNA指纹差异位点数、产量指标和抗性指标，有效解决品种同质化问题。严格国家和省级品种审定绿色通道及联合体试验监管，建立健全品种试验主体资质评价和退出机制。规范同一适宜生态区引种备案，依法加大审定品种撤销力度。（农业农村部及各省级农业农村部门按职责分工负责）

（六）推进非主要农作物登记品种清理。以向日葵为突破口，持续开展登记品种清理，并逐步拓展到其它非主要农作物。充分利用分子检测技术手段，以具有植物新品种权的品种为重点，严格处理违法违规申请登记行为，依法撤销一批违法违规登记品种。（农业农村部及各省级农业农村部门按职责分工负责）

（七）探索实施品种身份证管理。加强品种标准样品管理，制定农作物品种标准样品管理办法，实现审定、登记和保护样品统一管理。完善种子、种畜禽检验检测技术标准，加快品种分子检测技术研发和标准研制，建立健全品种标准样品库和DNA指纹数据

库。推进种业数字化建设，依托种业大数据平台，整合品种试验、测试、管理和种子生产经营等信息，做到"一品种、一名称、一标样、一指纹"，推动实现全流程可追溯管理，促进品种身份信息开放共享。（农业农村部及各省级农业农村部门按职责分工负责）

五、严格行政执法，加大种业违法案件查处力度

（八）持续开展种业监管执法活动。组织开展常态化专项整治行动，持续保持高压严打态势，突出重要品种、重点环节和关键时节，加强种子企业和市场检查，对违法行为发现一起、查处一起。对检查发现问题及投诉举报集中或多次受到处罚的企业，加大检查抽查频次。以制种企业生产备案、委托合同、品种权属和亲本来源等内容为重点，开展制种基地检查，利用大数据手段强化制种基地监管，严厉打击盗取亲本、抢购套购、无证生产等违法行为。积极探索实施种子质量认证制度。加强种畜禽生产经营许可管理和质量检测，强化冻精等畜禽遗传物质监管。（各级农业农村、市场监管等部门按职责分工负责）

（九）加大重大案件查处力度。以假冒伪劣、套牌侵权、非法生产经营转基因种子等为重点，加大案件查办力度，对涉嫌构成犯罪的案件，及时移送公安机关处理。对于跨区域、重大复杂案件由部级挂牌督办、省级组织查处，做到一处发现、全国通报、各地联查。加大对电商网络销售种子监管力度，加快建立分工明确、处置及时、协同联动的工作机制。对群众反映集中、社会关注度高、套牌侵权多发的重点区域和环节，要重拳出击、整治到底、震慑到位。（各级农业农村、工业和信息化、公安、市场监管等部门按职责分工负责）

六、推进社会监督共治，构建种业创新发展良好环境

（十）加强行业自律和信用建设。充分发挥各级种业行业协会的协调、服务、维权、自律作用，引导规范企业行为。中国种子协会要加强企业信用等级评价，发布种业知识产权保护倡议书，提供法律咨询服务。实施信用风险分类监管，健全失信联合惩戒机制。

建立市场主体"黑名单"制度，将有严重违法和犯罪等行为的企业纳入"黑名单"。（各级农业农村、市场监管、知识产权及行业协会等部门单位按职责分工负责）

（十一）建立健全社会共治机制。充分发挥仲裁、调解、公证等机制作用，强化种业行业社会共治。加强社会和群众监督，各地各部门要畅通投诉举报渠道，及时收集违法线索，提高查办时效，实现精准打击。鼓励建立举报奖励机制。强化普法宣传和培训，推动学法用法守法，引导市场主体综合运用植物新品种权、专利权、商标权等多种知识产权保护手段，提高知识产权保护水平。（各级农业农村、市场监管、知识产权部门按职责分工负责）

七、强化组织保障，确保各项任务落实落地

（十二）加强组织领导。各地各单位各部门要高度重视，按照职责分工，明确主体责任，抓好组织落实，推动构建法制完善、监管有力、执法严格、行业自律的种业监管执法体系，全面提高知识产权保护法治化水平。农业农村部会同有关单位部门强化统筹协调、完善工作机制，对地方有关单位部门加强业务指导和督促。各省级农业农村部门要牵头抓好种业知识产权保护和监管执法工作，狠抓重点任务落实。（各有关单位部门按职责分工负责）

（十三）压实属地责任。将保护种业知识产权、打击假冒伪劣和套牌侵权等工作列入种业振兴党政同责、全国打击侵犯知识产权和制售假冒伪劣商品工作考核，强化责任落实。各地要落实属地责任，紧盯重大案件、重要领域、重点地区，努力破解重点难点问题。建立健全激励约束机制，对工作成效突出的地区、单位、部门及个人进行表扬，对推诿扯皮、不作为乱作为等情况及时通报并督促整改。（各有关单位部门按职责分工负责）

（十四）培养专业人才队伍。充实种业行业监管、农业综合执法和司法队伍人员配备，加强技术装备条件建设，强化行政执法和司法人员专业培训，确保队伍稳定、能力提升。鼓励企业加强法务团队和能力建

设，依法维护自身权益，不断提升知识产权保护能力和水平，共同营造种业法治环境。（各有关单位部门按职责分工负责）

（十五）加强宣传引导。加大种业知识产权保护宣传力度，鼓励引导权利人依法维权，提高知识产权保护意识。联合开展重点案件总结宣传，发布种业知识产权典型案例。加大案件查处曝光力度，全面营造种业创新有活力、发展有动力、市场有秩序的种业振兴氛围。（各有关单位部门按职责分工负责）

农业农村部　最高人民法院
最高人民检察院　工业和信息化部
公　安　部　市场监管总局
国家知识产权局

2022 年 1 月 28 日

国家知识产权局　最高人民法院最高人民检察院　公安部国家市场监督管理总局印发《关于加强知识产权鉴定工作衔接的意见》的通知

国知发保字〔2022〕43 号

各省、自治区、直辖市知识产权局、高级人民法院、人民检察院、公安厅（局）、市场监管局（厅、委），解放军军事法院、军事检察院、新疆生产建设兵团知识产权局、新疆维吾尔自治区高级人民法院生产建设兵团分院、新疆生产建设兵团人民检察院、公安局、市场监管局：

为全面贯彻党的二十大精神，充分发挥鉴定在知识产权执法和司法中的积极作用，深化知识产权管理执法部门与司法机关在知识产权鉴定工作中的合作，强化知识产权全链条保护，国家知识产权局、最高人民法院、最高人民检察院、公安部、国家市场监督管理总局联合制定了《关于加强知识产权鉴定工作衔接的意见》。现予以印发，请认真贯彻执行。执行中遇到重大问题，请及时向国家知识产权局、最高人民法院、最高人民检察院、公安部、国家市场监督管理总局请

示报告。

特此通知。

国家知识产权局　最高人民法院
最高人民检察院　公　安　部
国家市场监督管理总局

2022 年 11 月 22 日

关于加强知识产权鉴定工作衔接的意见

为全面贯彻党的二十大精神，深入落实中共中央、国务院印发的《知识产权强国建设纲要（2021—2035年）》和中共中央办公厅、国务院办公厅印发的《关于强化知识产权保护的意见》，推动落实《国家知识产权局关于加强知识产权鉴定工作的指导意见》，建立完善知识产权鉴定工作体系，提升知识产权鉴定质量和公信力，充分发挥鉴定在执法和司法中的积极作用，深化知识产权管理执法部门与司法机关在知识产权鉴定工作中的合作，强化知识产权全链条保护，现就加强知识产权鉴定工作衔接制定本意见。

一、知识产权鉴定是指鉴定人运用科学技术或者专门知识对涉及知识产权行政和司法保护中的专业性技术问题进行鉴别和判断，并提供鉴定意见的活动。

二、知识产权鉴定主要用于协助解决专利、商标、地理标志、商业秘密、集成电路布图设计等各类知识产权争议中的专业性技术问题。

三、知识产权鉴定意见经查证属实，程序合法，才能作为认定案件事实的根据。

四、国家知识产权局、最高人民法院、最高人民检察院、公安部、国家市场监督管理总局建立健全协商机制，及时研究解决知识产权鉴定工作面临的重大问题，充分发挥知识产权鉴定在强化知识产权全链条保护工作中的作用。

五、国家知识产权局、最高人民法院、最高人民检察院、公安部、国家市场监督管理总局健全信息共享机制，推动建立知识产权鉴定信息共享平台，推动跨部门跨区域信息共享，实现有关知识产权鉴定信息的行政、司法互联互通。

六、国家知识产权局、最高人民法院、最高人民

检察院、公安部、国家市场监督管理总局共同加强对知识产权鉴定机构和鉴定人员的培训和培养，开展新兴领域涉及的知识产权鉴定问题研究，不断完善知识产权鉴定方法手段，利用信息化手段，加强知识产权鉴定能力的提升。

七、国家知识产权局、最高人民法院、最高人民检察院、公安部、国家市场监督管理总局共同推动知识产权鉴定专业化、规范化建设，开展知识产权鉴定程序、技术标准和操作规范方面的沟通协作，构建知识产权鉴定机构遴选荐用机制，建立知识产权鉴定机构名录库，实现名录库动态调整。将通过贯彻知识产权鉴定标准的鉴定机构纳入名录库并予以公开，供相关行政机关、司法机关、仲裁调解组织等选择使用。开展知识产权鉴定机构互荐共享工作，建立对知识产权鉴定机构和鉴定人员从业情况的互相反馈机制，共同推进知识产权鉴定工作的规范化和法制化。

八、引导行业自律组织加强诚信体系建设，强化自律管理，建立执业活动投诉处理制度，完善行业激励惩戒机制。对存在严重不负责任给当事人合法权益造成重大损失、经人民法院依法通知拒不出庭作证、故意作虚假鉴定等严重失信行为的知识产权鉴定人、鉴定机构，相关部门可实施联合惩戒。构成犯罪的，依法追究刑事责任。

九、本意见由国家知识产权局、最高人民法院、最高人民检察院、公安部、国家市场监督管理总局负责解释。

十、本意见自发布之日起施行。

国家药监局综合司关于加强医疗器械生产经营分级监管工作的指导意见

药监综械管〔2022〕78号

各省、自治区、直辖市和新疆生产建设兵团药品监督管理局：

为贯彻实施《医疗器械监督管理条例》，贯彻落实《医疗器械生产监督管理办法》《医疗器械经营监督管理办法》要求，进一步加强医疗器械生产经营监管工作，科学合理配置监管资源，依法保障医疗器械安全有效，推动医疗器械质量安全水平实现新提升，现提出以下指导意见。

一、总体要求

各级药品监督管理部门应当认真贯彻落实《医疗器械监督管理条例》《医疗器械生产监督管理办法》《医疗器械经营监督管理办法》要求，按照"风险分级、科学监管，全面覆盖、动态调整，落实责任、提升效能"的原则，开展医疗器械生产经营分级监管工作，夯实各级药品监管部门监管责任，建立健全科学高效的监管模式，加强医疗器械生产经营监督管理，保障人民群众用械安全。

二、开展医疗器械生产分级监管

（一）落实生产分级监管职责。国家药品监督管理局负责指导和检查全国医疗器械生产分级监管工作，制定医疗器械生产重点监管品种目录；省、自治区、直辖市药品监督管理部门负责制定本行政区域医疗器械生产重点监管品种目录，组织实施医疗器械生产分级监管工作；设区的市级负责药品监督管理的部门依法按职责负责本行政区域第一类医疗器械生产分级监管的具体工作。

（二）结合实际确定重点监管品种目录。国家药品监督管理局根据医疗器械产品风险程度制定并动态调整医疗器械生产重点监管品种目录（见附件1）；省、自治区、直辖市药品监督管理部门应当综合分析本行政区域同类产品注册数量、市场占有率、生产质量管理总体水平和风险会商情况等因素，对国家药品监督管理局制定的目录进行补充，确定本行政区域医疗器械生产重点监管品种目录并进行动态调整。

对于跨区域委托生产的医疗器械注册人，由注册人所在地省、自治区、直辖市药品监督管理部门负责研究确定其产品是否纳入本行政区域医疗器械生产重点监管品种目录。

（三）制定分级监管细化规定。省、自治区、直辖市药品监督管理部门应当结合本行政区域产业发展、企业质量管理状况和监管资源配备情况，制定并印发医疗器械生产分级监管细化规定，明确监管级别划分原则，以及对不同监管级别医疗器械注册人备案人、受托生产企业的监督检查形式、频次和覆盖率。

监管级别划分和检查要求可以按照以下原则：

对风险程度高的企业实施四级监管，主要包括生产本行政区域重点监管品种目录产品，以及质量管理体系运行状况差、有严重不良监管信用记录的企业；

对风险程度较高的企业实施三级监管，主要包括生产除本行政区域重点监管品种目录以外第三类医疗器械，以及质量管理体系运行状况较差、有不良监管信用记录的企业；

对风险程度一般的企业实施二级监管，主要包括生产除本行政区域重点监管品种目录以外第二类医疗器械的企业；

对风险程度较低的企业实施一级监管，主要包括生产第一类医疗器械的企业。

涉及多个监管级别的，按照最高级别进行监管。

一般情况下，对实施四级监管的企业，每年全项目检查不少于一次；对实施三级监管的，每年检查不少于一次，其中每两年全项目检查不少于一次；对实施二级监管的，原则上每两年检查不少于一次；对实施一级监管的，原则上每年随机抽取本行政区域25%以上的企业进行监督检查，并对新增第一类医疗器械生产企业在生产备案之日起3个月内开展现场检查，必要时对生产地址变更或者生产范围增加的第一类医疗器械生产企业进行现场核查。监督检查可以与产品注册体系核查、生产许可变更或者延续现场核查等相结合，提高监管效能。

全项目检查是指药品监督管理部门按照医疗器械生产质量管理规范及相应附录，对监管对象开展的覆盖全部适用项目的检查。对委托生产的医疗器械注册人备案人开展的全项目检查，应当包括对受托生产企业相应生产活动的检查。

（四）动态调整监管级别。省、自治区、直辖市药品监督管理部门应当根据医疗器械生产分级监管细化规定，结合监督检查、监督抽验、不良事件监测、产品召回、投诉举报和案件查办等情况，每年组织对本行政区域医疗器械注册人备案人、受托生产企业风险程度进行科学研判，确定监管级别并告知企业。对于当年内医疗器械注册人备案人、受托生产企业出现严重质量事故，新增高风险产品、国家集中带量采购中选产品、创新产品等情况，应当即时评估并调整其监管级别。

对于长期以来监管信用状况较好的企业，可以酌情下调监管级别；对于以委托生产方式或者通过创新医疗器械审评审批通道取得产品上市许可，以及跨区域委托生产的医疗器械注册人，仅进行受托生产的受托生产企业，国家集中带量采购中选产品的医疗器械注册人备案人、受托生产企业应当酌情上调监管级别。具体调整方式由省、自治区、直辖市药品监管部门结合本行政区域企业整体监管信用状况、企业数量和监管资源配比等情况确定。

（五）根据监管级别强化监督检查。省、自治区、直辖市药品监督管理部门应当按照分级监管规定，制定年度监督检查计划，明确检查频次和覆盖率，确定监管重点；坚持问题导向，综合运用监督检查、重点检查、跟踪检查、有因检查和专项检查等多种形式强化监督管理。监督检查可以采取非预先告知的方式进行，重点检查、有因检查和专项检查原则上采取非预先告知的方式进行。

对于通过国家药品监督管理局创新医疗器械审评审批通道取得产品上市许可的医疗器械注册人及其受托生产企业，应当充分考虑创新医疗器械监管会商确定的监管风险点和监管措施；对于因停产导致质量管理体系无法持续有效运行的企业，应当跟踪掌握相关情况，采取有针对性的监管措施。

三、开展医疗器械经营分级监管

（六）落实经营分级监管职责。国家药品监督管理局负责指导和检查全国医疗器械经营分级监管工作，并制定医疗器械经营重点监管品种目录；省、自治区、直辖市药品监督管理部门负责指导和检查设区的市级负责药品监督管理的部门实施医疗器械经营分级监管工作；设区的市级负责药品监督管理的部门负责制定本行政区域医疗器械经营重点监管品种目录，组织实施医疗器械经营分级监管工作；县级负责药品监督管理的部门负责本行政区域内医疗器械经营分级监管具体工作。

对于跨设区的市增设库房的医疗器械经营企业，按照属地管理原则，由经营企业和仓库所在地设区的市级负责药品监督管理的部门分别负责确定其监管级别并实施监管工作。

（七）结合实际确定重点监管品种目录。国家药品监督管理局根据医疗器械产品和产品经营风险程度，制定并动态调整医疗器械经营重点监管品种目录（见附件2）；设区的市级负责药品监督管理的部门应当综合分析产品监督抽验、不良事件监测、产品召回、质量投诉、风险会商情况等因素，对国家药品监督管理局制定的目录进行补充，确定本行政区域医疗器械经营重点监管品种目录并进行动态调整。

对于跨设区的市增设库房的医疗器械经营企业，由库房所在地设区的市级负责药品监督管理的部门负责确定其库存的产品是否属于本行政区域医疗器械经营重点监管产品。

（八）制定分级监管细化规定。设区的市级负责药品监督管理的部门应当根据本行政区域医疗器械经营的风险程度、经营业态、质量管理水平和企业监管信用情况，结合医疗器械不良事件及产品投诉状况等因素，制定并印发分级监管细化规定，明确监管级别划分原则，以及对不同监管级别医疗器械经营企业的监督检查形式、频次和覆盖率。

监管级别划分和检查要求可以按照以下原则进行：

对风险程度高的企业实施四级监管，主要包括"为其他医疗器械注册人、备案人和生产经营企业专门提供贮存、运输服务的"经营企业和风险会商确定的重点检查企业；

对风险程度较高的企业实施三级监管，主要包括本行政区域医疗器械经营重点监管品种目录产品涉及的批发企业，上年度存在行政处罚或者存在不良监管信用记录的经营企业；

对风险程度一般的企业实施二级监管，主要包括除三级、四级监管以外的经营第二、三类医疗器械的批发企业，本行政区域医疗器械经营重点监管品种目录产品涉及的零售企业；

对风险程度较低的企业实施一级监管，主要包括除二、三、四级监管以外的其他医疗器械经营企业。

涉及多个监管级别的，按最高级别对其进行监管。

实施四级监管的企业，设区的市级负责药品监督管理的部门每年组织全项目检查不少于一次；实施三级监管的企业，设区的市级负责药品监督管理的部门每年组织检查不少于一次，其中每两年全项目检查不少于一次；实施二级监管的企业，县级负责药品监督管理的部门每两年组织检查不少于一次，对角膜接触镜类和防护类产品零售企业可以根据监管需要确定检查频次；实施一级监管的企业，县级负责药品监督管理的部门按照有关要求，每年随机抽取本行政区域25%以上的企业进行监督检查，4年内达到全覆盖。必要时，对新增经营业态的企业进行现场核查。

全项目检查是指药品监督管理部门按照医疗器械经营质量管理规范及相应附录，对经营企业开展的覆盖全部适用项目的检查。对"为其他医疗器械注册人、备案人和生产经营企业专门提供贮存、运输服务的"经营企业开展的全项目检查，应当包括对委托的经营企业的抽查。

（九）动态调整监管级别。设区的市级负责药品监督管理的部门应当根据医疗器械经营分级监管细化规定，在全面有效归集医疗器械产品、企业和监管等信息的基础上，每年组织对本行政区域医疗器械经营企业、跨设区的市增设库房的医疗器械经营企业进行评估，科学研判企业风险程度，确定监管级别并告知企业。对于新增经营业态等特殊情况可以即时确定或调整企业监管级别。

对于长期以来监管信用情况较好的企业，可以酌情下调监管级别；对于存在严重违法违规行为、异地增设库房、国家集中带量采购中选产品和疫情防控用产品经营企业应当酌情上调监管级别。具体调整方式由设区的市级负责药品监管的部门结合本行政区域企业整体监管信用状况、企业数量和监管资源配比等情况确定。

（十）根据监管级别强化监督检查。地方各级负责药品监督管理的部门应当根据监管级别，制定年度监督检查计划，明确检查重点、检查方式、检查频次和覆盖率。检查方式原则上应当采取突击性监督检查，鼓励采用现代信息技术手段实施监督管理，提高监管效率和水平。

四、加强监督管理，提高监管效能

（十一）加强组织领导。各级药品监督管理部门要切实提高政治站位，充分认识在监管对象数量大幅增加、注册人备案人制度全面实施、经营新业态层出不穷的形势下，进一步加强分级监管、提升监管效能、推进风险治理的重要意义。各省级药品监督管理部门要按照国家药品监督管理局统一部署，加强统筹协调，发挥主导作用，建立健全跨区域跨层级协同监管机制，强化协作配合，加强对市、县级负责药品监督管理的部门工作的监督指导，上下联动，一体推进医疗器械生产经营分级监管工作。

（十二）加强问题处置。地方各级药品监督管理部门应当贯彻"四个最严"要求，对检查发现的问题，严格依照法规、规章、标准、规范等要求处置，涉及重大问题的，应当及时处置并向上级药品监督管理部门报告。对于产业发展中出现的新问题，相关药品监管部门应当及时调整完善分级管理细化规定，实现监管精准化、科学化、实效化，确保监管全覆盖、无缝

隙。各省级药品监督管理部门要定期组织专家研判本行政区域医疗器械生产经营安全形势，分析共性问题、突出问题、薄弱环节，提出改进措施，形成年度报告。

（十三）加强能力建设。各级药品监督管理部门要持续加强能力建设，完善检查执法体系和稽查办案机制，充实职业化专业化检查员队伍，加强稽查队伍建设，创新检查方式方法，强化检查稽查协同和执法联动。各级药品监督管理部门要查找监管能力短板，明确监管能力建设目标和建设方向，丰富监管资源，促进科学分配，助推医疗器械产业高质量发展，更好地满足人民群众对医疗器械安全的需求。

本指导意见自 2023 年 1 月 1 日起施行。原国家食品药品监督管理总局《关于印发〈医疗器械生产企业分类分级监督管理规定〉的通知》（食药监械监〔2014〕234 号）、《关于印发国家重点监管医疗器械目录的通知》（食药监械监〔2014〕235 号）、《关于印发〈医疗器械经营企业分类分级监督管理规定〉的通知》（食药监械监〔2015〕158 号）和《医疗器械经营环节重点监管目录及现场检查重点内容》（食药监械监〔2015〕159 号）同时废止。

国家药监局综合司

2022 年 9 月 7 日

七、附 录

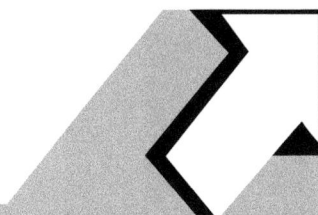

VII. Attachment

2022 年反侵权假冒工作大事记

1 月

1 月，国务院印发《"十四五"市场监管现代化规划》，对推进我国市场监管现代化作出全面部署。《规划》指出，"十四五"时期要以习近平新时代中国特色社会主义思想为指导，全面贯彻党的十九大和十九届历次全会精神，立足新发展阶段，完整、准确、全面贯彻新发展理念，构建新发展格局，坚持统筹发展和安全、效率和公平、活力和秩序、国内和国际，围绕"大市场、大质量、大监管"一体推进市场监管体系完善和效能提升，推进市场监管现代化，着力营造市场化法治化国际化营商环境、激发市场活力，强化公平竞争政策基础地位、维护市场秩序，坚守安全底线、增强人民群众获得感幸福感安全感，完善质量政策和技术体系、全面提升质量水平，维护和优化高效、有序、统一、安全的超大规模市场，切实推动高质量发展，为全面建设社会主义现代化国家开好局、起好步提供有力支撑。《规划》明确了"十四五"时期市场监管现代化的基本原则，提出六项重点任务，从五方面完善保障措施。

1 月，国家知识产权局印发《2022 年全国知识产权行政保护工作方案》，就全年知识产权行政保护工作作出部署安排。《方案》从四个方面部署 14 项主要任务。一是夯实行政保护工作基础，强化检查考核评估和满意度调查，完善知识产权保护标准政策体系，持续打击非正常专利申请和恶意商标注册行为，深化知识产权大保护工作机制建设；二是突出行政保护主责主业，加强专利侵权行政裁决，强化商标保护业务指导，加强地理标志保护监管；三是聚焦行政保护重要环节和时间节点，护航北京 2022 年冬奥会和冬残奥会等重大活动，突出关系公共利益和人民群众切身利益的食品药品、种业、公共卫生等重点领域，聚焦知识产权保护规范化市场、电子商务平台等关键环节，紧盯春节、五一、中秋、国庆等重要时间节点强化保护；四是创新行政保护工作机制，优化快速协同保护机制，积极推动智能化保护监管，深入推进试点示范。

1 月，经国务院知识产权战略实施工作部际联席会议同意，联席会议办公室印发《知识产权强国建设纲要和"十四五"规划实施年度推进计划》，明确 2021 年至 2022 年度贯彻落实《知识产权强国建设纲要（2021 — 2035 年）》和《"十四五"国家知识产权保护和运用规划》，推进知识产权强国建设的七方面 115 项重点任务和工作措施。

1 月，国家互联网信息办公室、国家发展和改革委员会、工业和信息化部、公安部、国家安全部、财政部、商务部、中国人民银行、国家市场监督管理总局、国家广播电视总局、中国证券监督管理委员会、国家保密局、国家密码管理局等十三部门联合修订发布《网络安全审查办法》，自 2022 年 2 月 15 日起施行。《办法》将网络平台运营者开展数据处理活动影响或者可能影响国家安全等情形纳入网络安全审查，并明确掌握超过 100 万用户个人信息的网络平台运营者赴国外上市必须向网络安全审查办公室申报网络安全审查。根据审查实际需要，增加证监会作为网络安全审查工作机制成员单位，同时完善了国家安全风险评估因素等内容。

1 月 1 日，《区域全面经济伙伴关系协定》（RCEP）正式生效，文莱、柬埔寨、老挝、新加坡、泰国、越南等 6 个东盟成员国和中国、日本、新西兰、澳大利亚等 4 个非东盟成员国正式开始实施协定。中国将与 RCEP 成员方一道，积极参与和支持 RCEP 机制建设，为 RCEP 经济技术合作作出贡献，共同推动提高协定的整体实施水平，持续提升区域贸易投资自由化便利化，将 RCEP 打造成为东亚经贸合作主平台。

1月5日，全国药品监督管理工作会议在京召开。会议以习近平新时代中国特色社会主义思想为指导，深入学习贯彻党的二十大精神，贯彻落实中央经济工作会议部署，总结2022年和过去五年工作，研究部署2023年和今后一段时期药品监管现代化建设重点任务，动员全系统干部职工以饱满精神和昂扬斗志，奋力谱写药品监管事业改革发展新篇章。会议以视频方式召开。中央和国家机关有关部门同志受邀参会。国家药监局机关各司局主要负责同志、稽查专员，各直属单位党政主要负责同志，各省、自治区、直辖市及新疆生产建设兵团药品监管部门班子成员、机关处室负责同志分别在主会场和分会场参加会议。

1月20日，全国公安机关依法严厉打击制售假药劣药犯罪重点攻坚专项工作动员部署视频会议召开。会议强调，要认真贯彻落实习近平总书记重要指示精神和党中央决策部署，增强"四个意识"、坚定"四个自信"、做到"两个维护"，按照中央政法工作会议和全国公安厅局长会议要求，提高政治站位，强化责任担当，采取有力措施，集中开展依法严厉打击制售假药劣药犯罪重点攻坚专项工作，切实维护药品安全和人民群众生命健康，以实际行动迎接党的二十大胜利召开。

1月26日，农业农村部在京召开全国农产品质量安全监管工作会议，要求各级农业农村部门坚持统筹发展和安全，"守底线""拉高线"同步推，"保安全""提品质"一起抓，不断巩固农产品质量安全稳定向好态势，贡献农业农村高质量发展。

1月28日，中央网信办会同国家发展改革委、工业和信息化部、市场监管总局召开促进互联网企业健康持续发展工作座谈会，深入学习贯彻习近平总书记重要讲话精神，贯彻落实党的十九届六中全会精神和中央经济工作会议等相关重要会议部署，进一步认清形势、明确方向，统一思想、坚定信心，总结经验、把握规律，优化环境、激发活力，推动互联网企业健康持续发展，以实际行动迎接党的二十大胜利召开。座谈会上，人民网、京东、快手、小米、美团等5家互联网企业负责人就新形势下互联网企业健康持续发展提出对策和建议。大家纷纷表示，将坚定信心决心，

把握发展机遇，发挥创新优势，在深化改革中提质增效，积极打造一流企业，为推进网络强国建设、全面建设社会主义现代化国家作出应有贡献。中央网信办、国家发展改革委、工业和信息化部、市场监管总局相关司局负责同志，27家互联网企业负责人参加会议。

2月

2月5日，中国向世界知识产权组织提交《工业品外观设计国际注册海牙协定》加入书，该协定于5月5日在中国生效。《海牙协定》是适用于工业设计领域的国际知识产权协定，与《商标国际注册马德里协定》和《专利合作条约》共同构成工业产权领域三大服务体系，由世界知识产权组织（WIPO）管理。通过该协定，申请人向受理局提交一份单一的国际申请后，就可能在若干个缔约方获得工业品外观设计保护。

2月24日至25日，全国市场监管系统执法稽查工作暨2022民生领域"铁拳"行动部署会在安徽省合肥市举行。会议总结2021年执法稽查工作和"铁拳"行动开展情况，部署2022年重点工作和"铁拳"行动。会议要求，2022年要围绕"民意最盼、危害最大、市场监管风险和压力最大"领域，聚焦关系人民群众生命健康安全的重点商品、重点领域和重点行业，持之以恒开展"铁拳"行动。要严厉查处食用油掺杂掺假、食品非法添加、油品质量违法、"神医""神药"等虚假违法广告、医疗美容领域虚假宣传、翻新"黑气瓶"、超期未检电梯、面向未成年人开展"无底线营销"等违法行为，将"规定动作"与"自选动作"相结合，握指成拳，查办"铁案"，打宣并重，切实打出震慑和声势，构建以点带面的长效机制。

2月28日，全国公安机关"昆仑2022"专项行动动员部署视频会议召开。会议强调，要认真学习贯彻习近平总书记重要指示精神，按照公安部党委部署要求，切实增强工作责任感紧迫感，深入开展"昆仑2022"专项行动，依法严厉打击食药环和知识产权犯罪，努力为党的二十大胜利召开创造安全稳定的政治社会环境。会议通报了"昆仑2021"专项行动总体情况。北京、内蒙古、山东、广东、四川、陕西等地公安机关负责同志作会议交流发言。部属有关局级单位

负责同志和各省区市公安厅局有关负责同志参加会议。

3月

3月，市场监管总局发布修订后的《医疗器械生产监督管理办法》和《医疗器械经营监督管理办法》，自2022年5月1日起施行。医疗器械安全与人民群众健康息息相关，两个办法严格贯彻落实"四个最严"要求，落实《医疗器械监督管理条例》规定，全面落实医疗器械注册人备案人制度，优化行政许可办理流程，强化监督检查措施，完善监督检查手段，夯实企业主体责任，并进一步加大对违法行为的处罚力度。

3月14日，最高人民检察院发布检察机关依法惩治制售假冒伪劣商品犯罪典型案例。这次发布的案例重点关注消费者食品安全问题，充分体现新修订的《关于办理危害食品安全刑事案件适用法律若干问题的解释》精神，突出检察机关从严打击危害食品安全犯罪的鲜明立场。该批典型案例共9件，分别是：王某某销售伪劣产品案，赵某涛等人生产、销售注水牛肉案，H电缆公司生产、销售伪劣产品案，孔某某等人生产、销售伪劣产品案，申某某等人生产、销售伪劣桶装水案，陈某某等人生产、销售有毒、有害食品案，彭某某、李某某生产、销售有毒、有害食品案，四川K化肥有限公司生产、销售伪劣产品案，吕某某等人电信诈骗案。其中6个案例涉及到食品安全问题，其他案例涉及电缆、柴油、农资等民生领域问题。

3月14日，最高人民检察院发布检察机关依法惩治制售假冒伪劣商品犯罪典型案例。这次发布的案例重点关注消费者食品安全问题，充分体现新修订的《关于办理危害食品安全刑事案件适用法律若干问题的解释》精神，突出检察机关从严打击危害食品安全犯罪的鲜明立场。该批典型案例共9件，分别是：王某某销售伪劣产品案，赵某涛等人生产、销售注水牛肉案，H电缆公司生产、销售伪劣产品案，孔某某等人生产、销售伪劣产品案，申某某等人生产、销售伪劣桶装水案，陈某某等人生产、销售有毒、有害食品案，彭某某、李某某生产、销售有毒、有害食品案，四川K化肥有限公司生产、销售伪劣产品案，吕某某等人电信诈骗案。其中6个案例涉及到食品安全问题，其他案例涉及电缆、柴油、农资等民生领域问题。

3月15日，最高人民检察院发布12件检察机关食品药品安全公益诉讼典型案例，紧盯食品药品生产、销售新形势下人民群众关注的新问题，并对如何办理新类型案件提供了可推广、可复制的经验。12件典型案例中，涉及食品安全领域案件4件，药品安全领域案件8件。其中8件药品领域典型案例涉及药品的生产、经营、使用等多个环节，包含药品生产质量、非法经营、虚假宣传、医疗机构用药安全等多类问题。

3月21日，农业农村部、最高人民法院、最高人民检察院、工业和信息化部、公安部、市场监管总局、供销合作总社等七部门在京联合召开2022年全国农资打假专项治理行动视频会议。公安部、市场监管总局分别对各自领域农资打假工作进行了部署。会议强调，要坚持标本兼治、打防结合、属地管理、部门协同，深入开展农资打假专项治理行动，为粮食安全和农产品质量安全保驾护航。

3月25日，国家互联网信息办公室、国家税务总局、国家市场监督管理总局联合发布《关于进一步规范网络直播营利行为促进行业健康发展的意见》，着力构建跨部门协同监管长效机制，加强网络直播营利行为规范性引导，鼓励支持网络直播依法合规经营，促进网络直播行业发展中规范、规范中发展。

4月

4月13日，由中国贸促会、中国专利保护协会和美国知识产权所有人协会（IPO）共同主办的2022年中美企业知识产权交流会在京成功举办，中美双方70余位企业代表线上线下出席会议。与会代表还就新业态新科技发展对知识产权的影响、商业秘密保护议题进行了深入讨论。

4月21日，最高人民法院举行新闻发布会，发布《最高人民法院关于第一审知识产权民事、行政案件管辖的若干规定》《最高人民法院关于印发基层人民法院管辖第一审知识产权民事、行政案件标准的通知》以及《中国法院知识产权司法保护情况（2021年）》，正式启动第14次"知识产权宣传周"活动。

4月22日，2022中国知识产权保护高层论坛以线上线下相结合的方式在京举办，论坛主题为"全面加强知识产权保护　优化创新环境和营商环境"。国家知识产权局专利局负责同志，局有关部门负责同志，中央有关部门和北京市相关负责同志，世界知识产权组织中国办事处代表、知识产权领域专家代表和创新主体代表等在主会场参加论坛。论坛在全国 30 个省区市、15 个计划单列市或副省级城市设置 56 个线上分会场，地方知识产权管理部门的负责同志通过线上方式参加。

4 月 24 日，全国保护种业知识产权打击假冒伪劣套牌侵权视频会议在北京召开。会议强调，要深入学习贯彻习近平总书记重要指示批示精神，把思想行动统一到中央决策部署上来，落实中央种业振兴行动有关要求，强化知识产权保护，严厉打击种业假冒伪劣、套牌侵权违法犯罪行为，净化种业市场环境。

4 月 25 日，最高人民检察院与国家知识产权局联合举办《关于强化知识产权协同保护的意见》会签活动。《意见》共九部分 17 条，针对建立常态化联络机制、建立健全信息共享机制等作出了具体部署。《意见》的出台，对进一步深化行政保护和司法保护协作配合，健全完善行刑衔接机制，推动构建知识产权协同保护体系，提升知识产权司法和行政综合保护效能具有重要意义。

4 月 26 日，全国打击侵权假冒工作领导小组办公室发布《中国知识产权保护与营商环境新进展报告（2021）》。《报告》分析了 2021 年国际国内形势，呈现了各地、各部门在统筹协调、法治建设、重点整治、司法保护、监管创新、宣传教育、国际合作等方面新进展，阐述了提升投资贸易便利度、扩大市场准入开放度、增强市场竞争公平度、提高政务服务满意度方面的新成效。《报告》指出，中国保护知识产权、打击侵权假冒工作的不懈努力，为建设创新型国家、推动高质量发展、促进世界科技进步、助力全球经济复苏发挥了积极作用，获得国际社会肯定与赞誉。世界知识产权组织发布《2021 年全球创新指数报告》显示，中国排名第 12 位，较 2020 年上升 2 位，位居中等收入经济体之首，持续保持创新引领积极态势。

4 月 26 日，国家知识产权局印发《关于组织开展2022 年"知识产权服务万里行"活动的通知》，正式启动 2022 年"万里行"活动。本次活动以"知识产权服务走基层、助力知识产权强国建设"为主题，旨在深入实施《知识产权强国建设纲要（2021—2035 年）》和《"十四五"国家知识产权保护和运用规划》，以知识产权服务推进知识产权高效运用，激发全社会创新活力，更好支撑实体经济高质量发展。

5 月

5 月 5 日，《工业品外观设计国际注册海牙协定》和《关于为盲人、视力障碍者或其他印刷品阅读障碍者获得已出版作品提供便利的马拉喀什条约》在中国正式生效实施，对我国经济社会发展有着重要意义，同时标志着中国向深度参与世界知识产权治理迈出新的步伐。

5 月 10 日，国家药监局召开全面加强药品监管能力建设工作交流与推进会，总结《国务院办公厅关于全面加强药品监管能力建设的实施意见》印发一年来的工作进展和成效，交流分享工作经验和做法，推进全系统以更大力度加强药品监管能力建设，进一步加快提升监管工作的科学化、法治化、国际化、现代化水平。会议以视频方式举行。国家药监局相关司局和直属单位负责同志，各省、自治区、直辖市及新疆生产建设兵团药品监管部门负责人及相关同志、四个审评检查分中心负责同志分别在主会场和分会场参加会议。

6 月

6 月 8 日至 9 日，2022 年中美欧日韩知识产权五局（IP5）合作局长系列会议以视频形式举行，会议由欧洲专利局轮值主办。会议通过了《2022 年中美欧日韩知识产权五局合作局长联合声明》。联合声明庆祝了产业界参与五局合作十周年，总结了十年来五局合作的重要成果，明确了五局和产业界未来的合作重点。会上，五局局长授权了全球案卷、协作式检索和审查试点、新兴技术 / 人工智能合作路线图以及专利实践协调等五局合作项目成果及下一步工作计划，并就五局未来围绕可持续发展开展长期合作达成共识。

6月26日，中国国际地理标志品牌合作大会以"线上会议＋线上展览"的方式成功举办。本次会议由中国贸促会和河北省人民政府共同主办，是中国贸促会聚焦地理标志专门打造的国际交流合作平台。会议邀请到葡萄牙驻华大使馆、柬埔寨驻上海领事馆、德国工商大会、意大利对外贸易委员会、波兰投资贸易局等驻华使领馆、国际商协会代表线上参会；京东集团、盒马鲜生等企业与参会地理标志企业开展线上对接洽谈；线上参会人员500余人。

6月30日，2022年度海外知识产权纠纷应对指导工作会议在北京召开。来自国家知识产权局、中国贸促会、海外知识产权纠纷应对指导理事会成员单位、相关地方知识产权管理部门和国家海外知识产权纠纷应对指导中心地方分中心的160余名代表通过线上线下方式参会。会上，国家知识产权局知识产权保护司作海外知识产权纠纷应对指导工作报告，中国知识产权研究会汇报了海外知识产权纠纷应对指导中心相关工作开展情况，理事成员单位、地方知识产权管理部门和地方分中心代表作典型发言。

7月

7月5日，2022年全国打击侵权假冒工作电视电话会议在京召开。时任中共中央政治局常委、国务院总理李克强作出重要批示。批示指出：保护知识产权就是保护创业创新，打击侵权假冒事关人民群众健康安全。近年来，各地区各有关部门不断强化知识产权保护，坚决打击侵权假冒违法犯罪行为，有力维护了市场公平竞争和群众利益，但仍有大量工作要做。要以习近平新时代中国特色社会主义思想为指导，认真贯彻党中央、国务院决策部署，坚持法规建设与打击惩治并举，强化统筹协作，层层压实责任，加强知识产权全链条保护，深入开展重点领域专项整治。进一步推进跨部门、跨领域、跨区域执法联动，积极运用"双随机、一公开"监管、信用监管等有效方式，深化国际合作，加快打造市场化法治化国际化营商环境，更大激发市场活力和社会创造力，为促进创业创新、推动经济持续健康发展、保障和改善民生作出更大贡献。

时任国务委员、全国打击侵权假冒工作领导小组组长王勇出席会议并讲话。他强调，要深入贯彻习近平总书记关于加强知识产权保护、打击侵权假冒的重要指示精神，落实李克强总理批示要求，进一步压紧压实责任措施，扎实深入做好打击侵权假冒各项工作，切实维护公平公正市场秩序和消费者合法权益，以实际行动迎接党的二十大胜利召开。

7月13日，"弘正气 提质量"知识产权代理行业行风建设年活动启动仪式在京举行，知识产权代理机构代表庄严承诺，宣读行业公约，共塑职业道德。启动仪式上，知识产权代理行业从业三十年代表发出"弘正气 提质量"宣言并作主题发言；现场颁发了"行风建设志愿者证书"和"商标代理服务证明商标使用许可证书"；发布了《知识产权代理行业服务公约》。"全国专利商标代理公共服务平台"微信小程序同日上线。

7月15日，国家药监局召开药品安全专项整治工作领导小组会议，学习贯彻习近平总书记关于加强药品安全工作的重要指示精神，传达国务院集中打击整治危害药品安全违法犯罪工作领导小组第一次会议精神，听取药品安全专项整治工作情况汇报，部署推进下一步工作。会议强调，要全面落实习近平总书记重要指示精神，按照国务院集中打击整治危害药品安全违法犯罪工作领导小组第一次会议部署要求，坚持严厉打击违法犯罪与强化日常监管、完善长效机制相结合，集中查处一批大案要案，消除一批风险隐患，加快提升监管能力、完善监管机制、消除监管盲区，切实保障药品安全形势稳定，维护人民群众用药安全。

7月22日，中国国际经济贸易仲裁委员会知识产权仲裁中心揭牌仪式暨知识产权保护与争议解决研讨会在京成功举办。活动中，贸仲委分别与中华商标协会、中国专利保护协会签署合作协议。最高人民法院、司法部、国家知识产权局有关司局负责同志，仲裁员、律师、专利代理人、行业专家等近百人参加活动，全球超过165万人次线上观看活动直播。

8月

8月14日，由国家知识产权局、陕西省政府共同主办的第六届丝绸之路博览会"一带一路"知识产权合作论坛在西安举行。论坛以"加强知识产权保护　创造幸福美好生活"为主题，采取线下线上相结合的方式，为"一带一路"沿线国家和地区以及社会各界提供知识产权交流合作平台。论坛包括主旨演讲和圆桌论坛等环节，邀请了有关国际知识产权组织、"一带一路"沿线国家、跨国企业、政府机构、高校、新闻媒体和知名专家学者等代表参加。

8月18日，根据《数字经济伙伴关系协定》（DEPA）联合委员会的决定，中国加入DEPA工作组正式成立，全面推进中国加入DEPA的谈判。下一步，中国将与成员国在中国加入DEPA工作组框架下深入开展加入谈判，努力推进中国加入进程，力争尽早正式加入DEPA，为与各成员加强数字经济领域合作、促进创新和可持续发展作出贡献。DEPA由新西兰、新加坡、智利于2019年5月发起、2020年6月签署，是全球首份数字经济区域协定。

8月23日，国务院食品安全办、中央文明办、中央网信办、最高人民法院、最高人民检察院、教育部、工业和信息化部、公安部、司法部、生态环境部、交通运输部、农业农村部、商务部、文化和旅游部、卫生健康委、海关总署、市场监管总局、广电总局、银保监会、粮食和储备局、林草局、民航局、共青团中央、中国科协、中国贸促会、供销合作总社、中国国家铁路集团有限公司27部门联合印发《关于开展2022年全国食品安全宣传周活动的通知》。《通知》指出，2022年全国食品安全宣传周以"共创食安新发展　共享美好新生活"为主题，于8月29日启动。宣传周期间，国家层面将举办主场活动、论坛、训练营、研讨会等多种形式的重点活动。同时，最高人民检察院、教育部、工业和信息化部、公安部、交通运输部、农业农村部、卫生健康委、海关总署、粮食和储备局、民航局、中国科协、供销合作总社、中国国家铁路集团有限公司、市场监管总局14部门将分别举办"部委主题日"活动，内容涵盖法律法规宣讲、食品安全抽检监测技能大比武、食品安全与营养健康科普宣教、数字赋能食品安全研讨、打击危害食品安全犯罪工作案例分享、质量安全建设培训等。

8月26日，由中国贸促会、成都市人民政府、国际商会主办的第四届国际工商知识产权论坛在北京、成都两地成功举办。来自政府、国际组织、商协会和企业代表200余人现场参会，3万余人线上参会。

9月

9月1日，2022年全国"质量月"活动启动仪式暨中央企业质量提升标准创新大会在京举行，一年一度的全国"质量月"活动正式拉开帷幕。时任国务委员、国家质量强国建设协调推进领导小组组长王勇出席会议并讲话。国家质量强国建设协调推进领导小组成员单位负责同志、地方政府负责同志、行业协会代表、各中央企业主要负责同志、民营企业代表在现场或线上参会。大会由市场监管总局、国资委共同举办。会上，对关于进一步加强中央企业质量和标准化工作的指导意见作了说明，视频发布了中央企业质量发展报告和中央企业标准领跑者成果。大会宣布2022年全国"质量月"活动启动。该活动以"推动质量变革创新　促进质量强国建设"为主题，由市场监管总局、国家发展改革委等21个部门和单位共同举办。

9月1日，2022年中国国际服务贸易交易会打击侵权假冒高峰论坛在北京国家会议中心举办。本次论坛以"保护知识产权、共享放心消费"为主题，由世界知识产权组织、市场监管总局、北京市政府、全国打击侵权假冒工作领导小组办公室、中国消费者协会共同主办。世界知识产权组织中国办事处、欧盟驻华使团等代表发言，国家知识产权局、商务部、最高人民法院分享了经验，相关行业协会、中外企业代表和专家作了对话交流。全国打击侵权假冒工作领导小组成员单位、北京市打击侵权假冒工作领导小组成员单位，市场监管相关部门，以及部分国家驻华使馆、行业组织、企业代表参会。

9月9日，国家药监局发布《关于加强医疗器械生产经营分级监管工作的指导意见》，指导各地药品监管部门在医疗器械注册人制度下更好地开展医疗器械生产经营监管工作。《指导意见》自2023年1月1日起施行。

9月15日，由中国国家知识产权局主办的第十四次金砖国家知识产权局局长会议以视频形式举行。此次会议全面落实《北京宣言》要求，扎实推进专利、商标和外观设计等领域合作。会上，金砖五局局长共同批准更新《金砖知识产权合作运行指南框架》。该更新文件为金砖五局未来合作提供了更加明确的指引，并将"知识产权支撑联合国2030年可持续发展议程"写入合作目标，将数字技术、知识产权保护和管理纳入未来合作内容，进一步完善了合作机制。会议审议了金砖五局8个合作领域的工作进展，批准了《金砖五局人工智能审查规则对比研究报告》《金砖五局外观设计视图提交要求对比研究报告》《金砖五局商标申请和审查程序对比手册》等多项成果。

10月

10月24日至28日，中美欧日韩商标五局（TM5）合作和外观设计五局（ID5）合作年度系列会议以线上线下混合模式举行，会议由欧盟知识产权局轮值主办，国家知识产权局在线参加会议。

10月26日，国家药监局发布新修订《药品召回管理办法》，自11月1日起施行。新版《办法》包括总则、调查与评估、主动召回、责令召回、附则等五章共33条。

10月28日，经国务院同意，国家发展改革委、商务部公开发布第52号令，全文发布《鼓励外商投资产业目录（2022年版）》，自2023年1月1日起施行。本次修订在保持已有鼓励政策基本稳定的基础上，按照"总量增加、结构优化"原则进一步扩大鼓励外商投资范围。《鼓励目录》总条目1474条，与2020年版相比净增加239条、修改167条。

11月

11月1日，《促进个体工商户发展条例》正式施行，进一步明确了个体工商户的法律地位，统筹发展和安全、纾困和培育、活力和秩序，开展分型分类帮扶，优化营商环境，加强权益保护，将"放管服"改革成果制度化、规范化，促进个体工商户持续健康发展。

11月5日，第五届中国国际进口博览会"保护知识产权 打击侵权假冒国际合作"虹桥分论坛在上海国家会展中心举办。本次论坛以"保护知识产权 打击侵权假冒国际合作"为主题，由商务部、市场监管总局、全国打击侵权假冒工作领导小组办公室、世界知识产权组织共同主办。中央宣传部、海关总署、最高人民检察院代表及苏州市市长分享了经验，全球反假冒机构、同济大学等代表发言，相关行业协会、中外企业及地方法院代表作对话交流。全国打击侵权假冒工作领导小组成员单位，地方市场监管部门，以及部分国家驻华使（领）馆、行业组织、企业代表参会。

11月10日，全国打击侵权假冒工作领导小组办公室组织开展2022年全国侵权假冒伪劣商品统一销毁行动。主会场设在四川省绵阳市，北京、河北、辽宁、吉林、黑龙江、上海、江苏、浙江、安徽、江西、山东、河南、湖北、广东、广西、陕西、甘肃等17个省（区、市）设分会场，主、分会场同步销毁。据统计，销毁商品包括侵权假冒伪劣食品药品、服装鞋帽、烟酒、盗版非法出版物等逾30大类100多个品种，重量超过3000吨，货值达5亿元。销毁坚持无害化处理原则，采取拆解、填埋、焚烧等方式进行，符合绿色环保相关规定。

11月10日，由国家药监局主办，中国药学会、人民网·人民健康承办的2022年"全国安全用药月"启动仪式暨第七届中国药品安全论坛在京举办。作为我国药品安全领域重要的品牌宣传活动，"全国安全用药月"活动自2007年起已连续举办15届，持续普及药品安全知识、推进社会共治。2022年"全国安全用药月"为11月中旬至12月中旬，活动期间，各级药品监管部门将组织形式多样的宣传活动，开展药品安全网络知识竞赛、寻找身边最美药师和药品安全知识系列科普宣传等，增进公众对药品监管工作的了解，增强对药品安全的认知。

11月14日，第九届中国公平竞争政策国际论坛在京开幕。论坛由市场监管总局（国家反垄断局）、国务院反垄断委员会办公室主办，总局竞争政策与大数据中心、北京市市场监管局承办，主题为"公平竞争、统一市场与高质量发展"。论坛作为首届中国公平竞争政策宣传周（11月14日至18日）开场活动，标志着中国公平竞争政策宣传周正式拉开序幕。

11月18日，以"加强知识产权转化运用 助力中小企业创新发展"为主题的第十九届上海知识产权国际论坛在沪开幕。上海知识产权国际论坛由国家知识产权局、世界知识产权组织和上海市人民政府共同主办。论坛期间，与会嘉宾就"强化知识产权运营服务 助推产业高质量发展""促进中小企业成长的开放创新与知识产权运用""创新知识产权运营 助力中小企业发展"等话题开展了深入交流。

11月25日，中国国际品牌创新论坛暨品牌创新委员会成立大会在福建省石狮市举办。论坛以"海上丝绸之路 助力品牌传播"为主题，国内政商学界代表围绕世界经济与科技变革下品牌的出海、破局之道发表演讲。会上，中国国际商会品牌创新委员会正式成立。本届论坛是第八届中国（泉州）海上丝绸之路国际品牌博览会的重要活动，由中国国际商会、中国国际公共关系协会共同主办，福建省贸促会、泉州市人民政府承办，约200人线下参会。

11月29日，国家药监局召开农村药品安全专项整治工作会议，总结深入开展药品安全专项整治行动以来农村和城乡接合部药品安全专项整治工作情况，分析当前形势任务，研究部署深化农村药品安全专项整治的工作措施。会上，河北、安徽、广东、四川、新疆省（区）药监局交流了各辖区农村药品安全专项整治工作经验。黑龙江、江苏、贵州、云南、宁夏省（区）药监局进行了书面交流。

12月

12月8日，2022中国品牌论坛在京举办。本届论坛由人民日报社主办，主题为"推动中国品牌建设高质量发展"。政府主管部门代表、企业负责人、专家学者等约120人参加并开展深入研讨交流。

12月14日，最高人民检察院发布一批药品安全公益诉讼典型案例。这批典型案例紧盯药品生产、销售、使用、宣传、寄递等各环节的安全问题，集中呈现检察机关办理各类型药品安全公益诉讼案件的做法和成效，为办理此类案件提供可推广、可复制的经验。

12月22日，为健全完善中医药知识产权司法保护体系，推动中医药传统知识保护与现代知识产权制度有效衔接，最高人民法院发布《关于加强中医药知识产权司法保护的意见》，为中医药知识产权司法实践提供明确指引。